Renate Hebauf

»Du wirst nach Amerika gehen«

Das Buch erzählt die bislang ungeschriebene Geschichte von jüdischen Kindern, die zwischen 1934 und 1945 getrennt von ihren Eltern mit Kinderverschickungen aus Frankfurt am Main in die USA gerettet werden konnten. Anhand von zahlreichen Biografien schildert die Autorin exemplarisch die oft tragische Ausreise von Kindern aus Deutschland, die ihre Eltern meist nicht wiedersahen. Vor dem Hintergrund der historischen Ereignisse verfolgt sie deren unterschiedliche Fluchtwege, Zwischenstationen und individuelle Rettungsgeschichten. Auch politische und gesellschaftliche Zusammenhänge sowie die Bemühungen und Schwierigkeiten der Hilfsorganisationen werden in dem Buch thematisiert. Dabei kommen zahlreiche ehemalige Kinderflüchtlinge selbst zu Wort sowie auch einzelne ihrer Nachkommen. Mit Belgien, Frankreich, Spanien und Portugal nimmt das Buch außerdem Länder in den Blick, die für viele Kinder zu wichtigen, teils jahrelangen Zwischenstationen wurden.

Beginnend mit den ersten Kinderverschickungen im Herbst 1934 auf direktem Wege von einem Nordseehafen in die USA, gefolgt von den Kinderkonvois nach dem Novemberpogrom über die Zwischenstationen Belgien und Frankreich und den Verschickungen nach Kriegsbeginn 1939 und 1940 mit Hilfe der Quäker über italienische Häfen, bis hin zu den Evakuierungen der Kinder aus Südfrankreich 1941 und 1942 und schließlich der unterstützten Flucht zu Fuß über die Pyrenäen und weiter über Spanien bis nach Portugal – zum rettenden Hafen in Lissabon, werden die Biografien der Kinder in das Zeitgeschehen eingebettet.

Das Buch schildert das neue Leben der Kinder auch nach ihrer Ankunft in den USA. Viele waren traumatisiert und oft die einzigen Überlebenden ihrer Familien. Thematisiert werden die Schwierigkeiten der ehemaligen Flüchtlingskinder, ohne eine eigene Familie in einer neuen Gesellschaft mit anderer Sprache und Kultur zurechtzukommen, aber auch ihre außerordentliche Fähigkeit, die Katastrophen und traumatischen Erlebnisse ihrer Kindheit zu überwinden. Es wird deutlich, dass ein Länder und Kontinente übergreifendes Netzwerk von Hilfsorganisationen und das persönliche, teilweise lebensgefährliche Engagement sehr vieler Menschen guten Willens notwendig waren, um diese Kinder so zu retten, dass sie sich in ihrem Aufnahmeland ein gutes und auch erfolgreiches Leben aufbauen konnten.

Renate Hebauf studierte Germanistik, spanische und lateinamerikanische Literatur und Pädagogik in Frankfurt am Main und Barcelona (M.A.). Sie war Öffentlichkeitsreferentin bei der Gewerkschaft ÖTV in Frankfurt am Main und Stuttgart und beim Hessischen Ministerium für Frauen, Arbeit und Sozialordnung sowie Redakteurin und Autorin des Magazins *Mitbestimmung* der Hans-Böckler-Stiftung in Düsseldorf. Als freie Journalistin und Autorin forscht sie seit mehr als zwanzig Jahren zum Thema Nationalsozialismus und Judenverfolgung in ihrer Geburtsstadt Frankfurt am Main, speziell zu den Biografien jüdischer Familien. Neben zahlreichen Artikeln und Buchbeiträgen zu diesem Schwerpunkt gab sie mit ihrem 2010 veröffentlichten Buch *Gaußstraße 14. Ein »Ghettohaus« in Frankfurt am Main* erstmals einen Einblick in die Verfolgungsgeschichte und den bedrohten Alltag der jüdischen Bewohnerinnen und Bewohner eines Frankfurter Mehrfamilienhauses, das während der NS-Zeit zur Konzentration jüdischer Menschen vor ihrer Deportation missbraucht wurde.

Renate Hebauf

»Du wirst nach Amerika gehen«

Flucht und Rettung unbegleiteter jüdischer Kinder aus Frankfurt am Main in die USA zwischen 1934 und 1945

Brandes & Apsel

Für Richard und Hendrik

Auf Wunsch informieren wir Sie regelmäßig mit unseren Katalogen
Frische Bücher und *Psychoanalyse-Katalog*. Wir verwenden Ihre Daten
ausschließlich für die Zusendung unserer beiden Kataloge laut der
EU-Datenschutzrichtlinie und dem BDS-Gesetz.
Bitte senden Sie uns dafür eine E-Mail an info@brandes-apsel.de mit Ihrer Postadresse.
Außerdem finden Sie unser Gesamtverzeichnis mit aktuellen Informationen im Internet
unter: www.brandes-apsel.de sowie www.kjp-zeitschrift.de

Ermöglicht wurde die Realisierung dieses Buches durch die freundliche Unterstützung
folgender Institutionen:

Chaja Stifung in Frankfurt am Main, Citoyen Stiftung, Ernst-Ludwig-Chambré-Stiftung
zu Lich und dem Kulturamt der Stadt Frankfurt am Main.

CHAJA STIFTUNG STIFTUNG CITOYEN aktiv für Bürgersinn STADT KULTURAMT FRANKFURT AM MAIN

In Zusammenarbeit mit der Initiative Stolpersteine Frankfurt am Main e. V.

1. Auflage 2022

DTP: Brandes & Apsel Verlag
Umschlag: Brandes & Apsel Verlag, unter Verwendung eines Titelfotos des *Aufbau* vom
3. Oktober 1941 zur Ankunft der Kinder am 24. September 1941 mit der Serpa Pinto in New
York. Fotograf: Leo Lieb. Quelle: Aufbau-Archive bei der Jüdischen Medien AG Zürich.
Druck: STEGA TISAK d. o. o., Printed in Croatia
Gedruckt auf einem nach den Richtlinien des Forest Stewardship
Council (FSC) zertifizierten, säurefreien, alterungsbeständigen
und chlorfrei gebleichten Papier.

Bibliografische Information der Deutschen Nationalbibliothek:
Die Deutsche Nationalbibliothek verzeichnet diese Publikation
in der Deutschen Nationalbibliografie; detaillierte bibliografische
Daten sind im Internet über www.ddb.de abrufbar.

ISBN 978-3-95558-318-7

Inhalt

Teil 2 – Kurzbiografien

Zum Gedenken

an die eineinhalb Millionen im Holocaust ermordeten Kinder

»Jeden Tag kommen verängstigte Eltern in unser Büro und flehen uns an, bei der Rettung ihrer Kinder zu helfen. Wir können nur einigen wenigen helfen. Ich schreibe an Cecelia und bitte um mehr Visa, um mehr jüdische Kinder aus Deutschland herauszuholen.«

Käte Rosenheim

»Wie können Roosevelt und seine Berater nur befürchten, dass ein paar Kinder, jüdische Kinder, den ›New Deal‹ ruinieren, anderen das Essen aus dem Mund nehmen und eine Last für unsere Gesellschaft sein werden? All dies geschieht, während ich weiß, dass jeden Tag mehr und mehr in Konzentrationslager und in den Tod geschickt werden. Ich kann mir keinen Moment Ruhe gönnen.«

Cecilia Razovsky

»Die Notlage der jüdischen Kinder in Deutschland hängt mit der antisemitischen Stimmung in Amerika zusammen, die, angeheizt durch Isolationismus und politische Gleichgültigkeit, ein System hervorgebracht hat, das Tausende von Kindern lieber sterben lässt, als ihnen Zuflucht zu gewähren.«

Frances Perkins

Abkürzungen

ADL	Anti-Defamation League
AFSC	American Friends Service Committee
AIU	Alliance Israélite Universelle
AJ	Armée Juive (auch: Organisation Juive de Combat, OJC)
AJC	American Jewish Committee
AMEROSE	American OSE Committee
AVOES	Auslandsvertretung der österreichischen Sozialisten
BHEK	Basler Hilfe für Emigrantenkinder (ab 1935: SHEK)
CAAVAA	Comité d'Aide et d'Assistance aux Victimes de l'Antisémitisme en Allemagne
CAEJR	Comité d'Assistance aux Enfants juifs réfugiés
CAHJP	Central Archives for the History of the Jewish People
CAR	Comité d'Assistance aux Réfugiés
CIC	Counter Intelligence Corps
Comité	Comité Israélite pour les Enfants venant d'Allemagne et d'Europe centrale Réfugiés en France
DP	Displaced Person
EIF	Éclaireurs Israélites de France
EJCA	European Jewish Children's Aid (vor 1942: German Jewish Children's Aid)
ERC	Emergency Rescue Committee
FIEF	Foyer International d'Études Françaises
GJCA	German Jewish Children's Aid (ab 1942: European Jewish Children's Aid)
HHStAW	Hessisches Hauptstaatsarchiv Wiesbaden
HIAS	Hebrew Immigrant Aid Society
HICEM	Zusammenschluss Hebrew Immigrant Aid Association (HIAS), Jewish Colonization Association (JCA) und Emigdirect (1927–1945)
HOA	Hebrew Orphan Asylum
HStAD	Hessisches Staatsarchiv Darmstadt
ISG	Institut für Stadtgeschichte Frankfurt am Main
IKG	Israelitische Kultusgemeinde Wien
INS	Department of Labor-Immigration and Naturalization Service
ITS	International Tracing Service
JCA	Jewish Colonization Association
JCCA	Jewish Child Care Association
JFCS	Jewish Family and Children's Services, San Francisco

JMF	Jüdisches Museum Frankfurt am Main
JDC	(American Jewish) Joint Distribution Committee (The Joint)
JTA	Jewish Telegraphic Agency
KAJ	K'hal Adath Jeshurun, Frankfurt am Main
NRS	National Refugee Service
NCJW	National Council of Jewish Women
OASI	Œuvre d'Aide Sociale Israélite aux populations évacuées d'Alsace et de Lorraine
OJC	Organisation Juive de Combat (auch: Armée Juive, AJ)
OJMCHE	Oregon Jewish Museum and Center for Holocaust Education
ORT	Organisation, Reconstruction, Travail
OSE	Œuvre de Secours aux Enfants
OTC	One Thousand Children Inc.
SAK	Schweizer Arbeitsgemeinschaft für Kriegsgeschädigte Kinder (1940–41) (ab 1942: SRK-Kinderhilfe/Secours Suisse aux Enfants)
SDAP	Sozialdemokratische Arbeiterpartei
SER	Service d'evacuation et de regroupement
SERE	Service d'evacuation et de regroupement des enfants
SHAEF	Supreme Headquarters Allied Expeditionary Force
SHEK	Schweizerisches Hilfswerk für Emigrantenkinder (bis 1935: Basler Hilfe für Emigrantenkinder)
SRK	Schweizer Rotes Kreuz
SSDI	Social Security Death Index
UNIDO	United Nations Industrial Development Organization
USC	Unitarian Service Committee
USCOM	United States Committee for the Care of European Children
USHMM	United States Holocaust Memorial Museum, Washington, D.C.
VHA	Visual History Archive der USC Shoah Foundation
YMCA	Young Men's Christian Association

Einführung

Es war im Juni 2009, da standen sie eines Tages vor unserem Haus, Vater Harry und Sohn Jason Gutman aus den USA. Sie betrachteten die Hausfassade und die Stolpersteine, die dort seit 2006 im Bürgersteig liegen. Offensichtlich waren sie auf der Suche nach einer Verbindung zur Vergangenheit, der ihrer Familie zu diesem Haus. Auf Nachfragen stellte sich heraus, dass Harry Gutmans Eltern und seine ältere Schwester Ruth in den letzten Monaten vor ihrer Deportation und Ermordung im September 1942 hier gewohnt hatten. Es war ihre letzte Bleibe gewesen als Untermieter mit weiteren Untermietern auf engstem Wohnraum in einem »Ghettohaus«, in dem jüdische Menschen vor ihrer Deportation konzentriert wurden. Ihn, ihren damals elfjährigen Sohn Heinz-Siegfried, hatten sie Ende 1939 mit einer Kinderverschickung in die USA retten können. So erzählte es Harry Gutman, der einzige Überlebende seiner Familie.

Die Geschichte der Familie Gutmann war mir bereits durch meine Recherchen zu meinem Buch *Gaußstraße 14. Ein »Ghettohaus« in Frankfurt am Main*[1] bekannt, das 2010, ein Jahr nach dieser Begegnung, erschienen ist. Entsprechend glücklich war ich über dieses zufällige Zusammentreffen mit einem weiteren Zeitzeugen, durch den ich zusätzliche Details der Familiengeschichte erfahren und noch in mein Buch aufnehmen konnte. Harry Gutmans Rettungsgeschichte mit einer Kinderverschickung in die USA, die ich darin in nur zwei Sätzen zusammengefasst habe, war für mich damit aber keineswegs erledigt. Sie wurde vielmehr zum Keim für ein neues Projekt, dessen Ergebnis mit diesem Buch vorliegt.

Trotz meiner jahrelangen Beschäftigung mit der NS-Zeit in Frankfurt, wusste ich vor dieser Begegnung mit Harry nicht, dass eine aus privaten jüdischen Organisationen und Einzelpersonen bestehende US-Initiative schon Jahre vor den Novemberpogromen mit Unterstützung staatlicher Institutionen ein Hilfs- und Rettungsprogramm für jüdische Kinder und Jugendliche aus Deutschland gestartet hatte. Mit diesem, so lernte ich, wurden ab Herbst 1934 unbegleitete jüdische Kinder in kleinen Gruppen in die USA gebracht und betreut. Wer waren die Kinder, die so wie Harry ohne ihre Eltern aus Frankfurt in die USA geschickt wurden? Aus welcher Situation heraus trafen die Eltern die schwere Entscheidung, sich von ihren Kindern auf unbestimmte Zeit zu trennen? Auf welchen Wegen konnten die Kindergruppen nach Kriegsbeginn in die USA gelangen? Wie ist es den Kindern in ihrem neuen Leben dort ergangen? Wurden sie nach Kriegsende mit ihren Eltern wieder vereint? Was wurde aus ihnen? Diese Fragen trieben mich ebenso an wie der Wunsch, mich einmal mit einem positiven Thema der NS-Zeit, einer Rettungsgeschichte zu befassen, die bei aller Tragik der Umstände für die Kinder nicht mit dem gewaltsamen Tod endete, sondern ins Leben führte.

Ausschlaggebend dafür, dass ich den Kindern, ihren Eltern und den Menschen, die ihnen geholfen hatten, mit einem Buch Beachtung schenken wollte, war schließlich die

1 Hebauf (2010).

Feststellung, dass zu diesem Thema kaum etwas bekannt und veröffentlicht war. Zu Beginn meiner Recherchen 2015/16 lagen zu dem gesamten Themenkomplex »Kindertransporte aus Frankfurt am Main« nur wenige Veröffentlichungen vor, obwohl Frankfurt nach 1938 das organisatorische Zentrum für die Kindertransporte aus dem gesamten süddeutschen Raum gewesen war. Wertvolle Erkenntnisse zum Thema Rettung unbegleiteter jüdischer Kinder aus Frankfurt am Main während der NS-Zeit verdankten wir bis dato vor allem den Veröffentlichungen der Frankfurter Historikerin Helga Krohn. Sie hatte seinerzeit auch auf die Komplexität des Themas hingewiesen und darauf, dass »in Frankfurt und für Frankfurt am Main bisher keine wirklich relevante Forschungsarbeit zu diesem Thema betrieben wurde.«[2]

Das hat sich inzwischen geändert. Auch weil die letzte Gruppe der Überlebenden des Holocaust zu Wort kommt, ist das Thema Kindertransporte bzw. Kinderverschickungen in den letzten Jahren stärker in den Fokus gekommen. So haben im Herbst 2018 Angelika Rieber und Till Lieberz-Groß mit dem Buch *Rettet wenigstens die Kinder* eine grundlegende Arbeit über die Verschickung unbegleiteter jüdischer Kinder aus Frankfurt herausgegeben.[3] Sieben Autorinnen haben dafür zahlreiche Biografien von Kindern erforscht und beschrieben, die zwischen 1938 und 1940 mit Kindertransporten vor allem nach Großbritannien, aber auch in andere Länder gebracht wurden. Darunter sind auch Kinder aus zwei Familien, die zunächst nach Frankreich und von dort in die USA kamen.

Frankfurter Kinder, die mit den vom *Israelitischen Waisenhaus* organisierten Kinderverschickungen nach Frankreich und weiter in die USA kamen, kommen auch in der ebenfalls 2018 erschienen Biografie *Arthur und Lilly* der Wiener Historikerin Lilly Maier vor. Sie erzählt die Geschichte des französischen Kindertransports am Beispiel der Lebensgeschichte eines jüdischen Jungen, der im Frühjahr 1939 aus Wien nach Montmorency bei Paris kam. Wie die Frankfurter Kinder, lebte er in verschiedenen französischen Heimen der Kinderhilfsorganisation *Œuvre de Secours aux Enfants* (OSE) und gehörte zu den rund 300 Kindern, die 1941 unter der Schirmherrschaft des *United States Committee for the Care of European Children* (USCOM) und durch ein Netzwerk zahlreicher Hilfsorganisationen über Spanien und Portugal in die USA gerettet wurden.[4]

Die in diesen beiden Publikationen erwähnten Frankfurter Kinder waren auch Gegenstand meiner zeitgleichen Recherchen und sind daher mit ihren Biografien unter anderen auch in meinem Buch vertreten. Fast 90 Jahre nach den ersten Kinderverschickungen hat die Stadt Frankfurt im September mit dem »*Waisen-Karussell*« der isrealischen Künstlerin Yael Bartana an der Ecke Kaiserstraße, Gallusanlage ein Denkmal eingeweiht, das an diese dramatischen Rettungen erinnert. Zeitgleich wurde eine Ausstellung des Exilarchivs der Deutschen Nationalbibliothek zum Thema Kinderemigration aus Frankfurt am Main von September 2021 bis Mai 2022 gezeigt.

Nicht nur in Deutschland, auch in den USA selbst blieb das über ein Jahrzehnt hinweg von dort ausgehende, Kontinente und Länder überspannende Rettungsprojekt lange Zeit

2 Krohn et al. (1995) und Krohn (1999), S. 92.

3 Rieber & Lieberz-Groß (2018).

4 Maier (2018).

unbeachtet. Nicht einmal die ehemaligen Kinder selbst hatten bis ins fortgeschrittene Alter eine Ahnung davon, dass sie Teil einer größeren Geschichte waren und viele andere in den USA ihr Schicksal teilten. Die Kinder, die in den Heimen in Frankreich zusammen gelebt hatten, organisierten als erste bereits 1985 und 1989 internationale Treffen mit öffentlicher Aufmerksamkeit. Judith Tydor Baumel machte das Rettungsprojekt, durch das ihre aus Frankfurt am Main stammenden Halbgeschwister Camilla Tidor (verh. Maas) und Manfred Tidor (Tydor) den Holocaust überlebt hatten, zum Thema ihrer Doktorarbeit und legte 1990 die erste vollständige Geschichte der Rettung und Integration der unbegleiteten Kinder in die USA vor.[5] Mit dem Ziel, die Kinder und die Personen und Organisationen zu »entdecken« und ausfindig zu machen, die deren Rettung und Integration ermöglicht hatten, gründeten Iris Posner[6] und Lenore Moskowitz im Jahr 2000 die Organisation *One Thousand Children Inc.* (OTC). Mit ihren Recherchen konnten sie rund 1.400 Namen von unbegleiteten Kindern identifizieren und rund 600 von ihnen noch ausfindig machen. Auf einer von Posner und Moscowitz organisierten ersten nationalen Konferenz 2002 in Chicago kamen etwa 75 ehemalige Kinderflüchtlinge zu einem ersten Treffen und Austausch zusammen, darunter auch Lotte (geb. Goldschmidt) Magnus aus Frankfurt. 2004 erschien in den USA unter dem Titel *Don't Wave Goodbye*, eine von Philip Jason und Iris Posner herausgegebene Anthologie mit über drei Dutzend Memoiren, Dokumenten und Fotografien unbegleiteter Kinderflüchtlinge sowie Berichten von Personen, die die Kinder gerettet hatten. Darin fand ich auch einige Berichte von Frankfurter »Kindern«.

Dem *YIVO Institute for Jewish Research* in New York übergab die *One Thousand Children Inc.* (OTC) bei der Einstellung ihrer Aktivitäten 2013 ihre Dokumentation und Website. Aus diesem Anlass fand dort eine zweite Abschlusskonferenz statt, an der auch die gebürtigen Frankfurter Harry Gutman (Heinz-Siegfried Gutmann) und Larry Hahn (Lothar Hahn) teilnahmen. Sie trafen sich dort zum ersten Mal nach über 70 Jahren wieder. Im Dezember 1939 waren sie von Frankfurt in derselben Gruppe von zehn Kindern mit Hilfe der Quäker über Genua in die USA gekommen.

Die Aktivitäten, öffentlichen Veranstaltungen und Publikationen der OTC trugen maßgeblich dazu bei, dass die Dimension des Rettungsprojekts und die Geschichten der Betroffenen in der amerikanischen Öffentlichkeit und weit darüber hinaus bekannt und als Teil der Geschichte des Holocaust anerkannt wurden. Sie waren auch für mich ein wichtiger Fundus für meine Recherchen.

Von September 2004 bis Ende Januar 2005 fand unter dem Titel *Aus Kindern wurden Briefe* im Berliner *Centrum Judaicum* eine Ausstellung der *Stiftung Neue Synagoge*,

5 Tydor Baumel (1990).

6 Iris Posner war als Sozialwissenschaftlerin, Autorin und Mitautorin wissenschaftlicher Studien und als Kommunikationsberaterin für mehrere große amerikanische Unternehmen tätig. Als Kunstfotografin und Filmemacherin gewann sie einen Preis beim *New York International Film and Television Festival*. Von 2000 bis 2013 war sie Vorsitzende der OTC. und betätigt sich seitdem als freie Künstlerin. Sie engagiert sich heute für vertriebene Kinder, die in den USA und in anderen Ländern auf der Suche nach einem »Zuhause« in Zeltstädten und provisorischen Unterkünften leben müssen.

Abb. 1: Larry (Lothar) Hahn und Harry Gutman (Heinz Siegfried Gutmann) bei der OTC-Veranstaltung 2013 in New York.

Berlin statt, die sich zusammen mit dem gleichnamigen Begleitband[7] erstmals der Rettung von über 12.000 unbegleiteten jüdischen Kindern aus Deutschland und anderen Ländern widmete und auch deren Rettung in die USA thematisierte.

Da es zu den Verfolgungsstrategien der Nazis gehört hatte, jüdische Institutionen und ihre Archive zu zerstören und zu plündern, war ich – wie alle, die zum Thema Kindertransporte bzw. Kinderverschickungen forschen, damit konfrontiert, dass die Archive, der dafür zuständigen Institutionen, in Frankfurt die *Jugendhilfe der Jüdischen Wohlfahrtspflege* und in Berlin die *Abteilung Kinderauswanderung der Zentralwohlfahrtsstelle der Reichsvertretung der deutschen Juden* (ab 1935 *Reichsvertretung der Juden in Deutschland*) – zerstört oder nur rudimentär überliefert waren. Das trifft auch auf die Unterlagen des Frankfurter *Israelitischen Waisenhauses* sowie die des Frankfurter Quäkerbüros zu, die die Quäker zum Schutz der Hilfesuchenden selbst vernichtet hatten. Ähnlich verhält es sich in dem von den Deutschen besetzten Frankreich und annektierten Elsass, das auch für viele Frankfurter Kinder zur Zwischenstation wurde. Vor diesem Hintergrund spielten Quellen wie veröffentlichte Lebensberichte ehemaliger Kinderflüchtlinge in Form der erwähnten Anthologie, als Audiointerviews, Zeitungsartikel oder in Buchform erschienenen Autobiografien eine zentrale Rolle bei meiner Recherche. Als eine wunderbare Quelle diente mir das *Visual History Archive* des von Steven Spielberg gegründeten *Shoah Foundation Institute (heute: USC Shoah Foundation*). Etliche,

7 Maierhof et al. (2004).

die als unbegleitete Kinder in die USA kamen, hatten in den 1990er bis Anfang der 2000er Jahre hier ihre Erinnerungen in einem Videozeugnis hinterlegt. Allerdings war der Zugang zu dieser Datenbank in Frankfurt erst ab 2018 über die Universitätsbibliothek möglich.

Eine wichtige Ergänzung zu den persönlichen Schilderungen waren die im *Hessischen Hauptstaatsarchiv* in Wiesbaden aufbewahrten Akten der NS-Behörden sowie die Akten aus der Nachkriegszeit, insbesondere die der Entschädigungsbehörde. Die Entschädigungsakten der »Kinder« sind allerdings nur teilweise zugänglich, weil sie noch Datenschutzfristen unterliegen. Bei dem geforderten Nachweis, dass die Person vor mindestens zehn Jahren verstorben ist, spielt die Recherche in der US-Online-Datenbank *Social Security Death Index* (SSDI) eine wesentliche Rolle.

Da bisher keine Namenslisten der aus Frankfurt am Main verschickten Kinder aufgefunden wurden, musste ich zunächst in einer Art Querfeldein-Spurensuche nach Kindern forschen, die aus Frankfurt in die USA gerettet wurden. Durch hilfreiche Hinweise von anderen Frankfurter Forscherkolleginnen und -kollegen sowie über den Archivar des *United States Holocaust Memorial Museum* (USHMM) in Washington, Ron Coleman, und die Gründerin der OTC, Iris Posner, bekam ich das erste Dutzend Namen zusammen. Eine der wichtigsten Quellen, die rund tausend Akten, die die *German Jewish Children's Aid* (GJCA) zu jedem einzelnen Kind angelegt hatte, und die ebenfalls im Archiv des *YIVO Institute for Jewish Research* in New York liegen, halfen bei der Identifizierung von Frankfurter Kindern nicht weiter, da sie ausschließlich alphabetisch nach Namen sortiert und auch nicht digitalisiert sind. Als sehr hilfreich erwiesen sich dagegen die online zugänglichen Schiffslisten der *The Statue of Liberty – Ellis Island Foundation Inc.* in New York.

Einen anfänglichen und nachhaltigen Aufschwung nahmen meine Recherchen mit dem Videointerview mit Lotte (geb. Goldschmidt) Magnus, das über Youtube frei zugänglich war. Mit Spannung und Empathie lauschte ich den Erzählungen der damals etwa 70-Jährigen, ihrem mit leichtem Frankfurter Akzent getönten Englisch, das mir aus der Kindheit von meinen amerikanischen Verwandten vertraut war. Immer wieder bin ich begeistert und dankbar für diese Technik und Methode der audiovisuellen Zeitzeugenberichte, die uns sogar über den Tod hinaus eine Person und ihre Geschichte nahebringen können.

Wie ich anhand ihres Geburtsjahres 1920 schon vermutet hatte, war Lotte (geb. Goldschmidt) Magnus nicht mehr am Leben. Ich hatte an ihre Söhne geschrieben, deren Namen sie im Interview erwähnt und deren Adresse ich über das amerikanische Telefonbuch *White Pages* herausgefunden hatte. Lange kam keine Antwort. Später erfuhr ich den Grund: Meine Anfrage hatte zunächst Verwunderung und Vorbehalte darüber ausgelöst, welches Interesse eine deutsche Nichtjüdin wohl daran haben könnte, die Geschichte von Lotte (geb. Goldschmidt) Magnus und ihrer Familie zu erzählen. Ich bin bis heute froh und dankbar, dass der Familienrat zu meinen Gunsten entschied: *»Wir sind uns alle einig, dass es für die Zukunft von Vorteil wäre, Geschichten wie die unserer Mutter mit allen zu teilen, die ein Interesse an der Vergangenheit haben«*, schrieb der Sohn Ronald Magnus. Auch Lottes Nichte Doris Melnick schrieb mir und schickte gleich einige Familienfotos mit. *»Wie alle Familien, die den Holocaust überlebt haben, haben wir eine besondere*

Geschichte zu erzählen. Ich bin dankbar, dass Sie die Geschichte unserer Familie weitergeben«, schrieb sie. Sie sei diejenige in der Familie, die es sich zur Verpflichtung gemacht habe, niemals zu vergessen und dafür zu sorgen, dass künftige Generationen das auch nicht tun, erklärte sie. Als langjähriges Mitglied der *Initiative Stolpersteine Frankfurt am Main e. V.* schlug ich ihr daraufhin vor, in Frankfurt Stolpersteine für ihre Tante und die ganze Familie zu verlegen. Doris war sofort von dieser Idee angetan und ein gutes Jahr später, im November 2017, kamen ihre Tochter und ihre Cousine aus den USA anlässlich der Stolpersteinverlegungen für ihre Familie nach Frankfurt. Am 3. Juni 2018 konnte ich Doris dann persönlich kennenlernen, als sie mit ihrem Cousin in Frankfurt die Stolpersteine ihrer Familie besuchte und an einem sehr emotionalen Treffen mit den Nachkommen der Familie Salomons, ehemaligen Freunden und Nachbarn ihrer Familie, teilnahm. Erst anlässlich einer Stolpersteinverlegung für die Opfer des Holocaust und Überlebenden beider Familien hatten sie zum ersten Mal voneinander erfahren. Ich durfte dabei sein und miterleben, wie sie sich an diesem sonnigen Junitag in Frankfurt kennenlernten und den durch die Verfolgung, Flucht und Deportation zwischen ihren Vorfahren gewaltsam zerrissenen Faden der Freundschaft wieder aufnahmen.

Die meisten der einst in die USA geretteten unbegleiteten Kinder aus Frankfurt der Jahrgänge 1920 bis 1934, die ich ausfindig machen konnte und deren Biografien ich hier erzähle, waren zu Beginn meiner Recherchen bereits gestorben. In einigen, leider nicht in allen Fällen konnte ich noch deren Nachkommen ausfindig machen und Kontakt zu ihnen aufnehmen. Dabei spielten manchmal glückliche Zufälle und Umwege bei der Recherche eine Rolle. So stieß ich eines Tages auf ein Foto von Lilli Frankel Bythiner und ihrem Ehemann, das jemand auf das niederländische Online-Gedenkportal *Joods Monument* eingestellt hatte. Dort hätte ich nie danach gesucht. Auf Nachfrage wegen der Bildrechte bekam ich die E-Mail-Adresse einer Frau mit holländisch klingendem Namen, bei der ich anfragte, ob ich das Foto für mein geplantes Buch verwenden dürfte. Die zustimmende Antwort kam sofort. Die gebürtige Niederländerin stellte sich als verwitwete Schwiegertochter der verstorbenen Lilli Frankel Bythiner vor, die mich gleich auch in Kontakt mit der Tochter von Lillis ebenfalls bereits verstorbener Schwester Eva Frankel Haber brachte. So begann ein Austausch über die Familie Fränkel mit den in den USA lebenden Nachkommen. Die Verbindung zum *Joods Monument* entstand über Lillis Ehemann, Klaus John Bythiner, der mit seinen Eltern und der Schwester 1936 aus Berlin nach Amsterdam geflohen war, bevor er 1937 von dort in die USA kommen konnte. Beide Eltern sowie seine Schwester wurden von den deutschen Besatzern von Holland nach Auschwitz und Sobibor deportiert und dort ermordet.

Solche Zufallsfunde gab es auch, wenn ich bei der Recherche Umwege einschlug, beispielsweise über den Geburtsort der Mutter oder des Vaters des Kindes. Dies kann lohnend sein, da es inzwischen fast überall neben den Geschichtsvereinen auch lokale Stolpersteininitiativen und Forschende gibt, die die Geschichte der einstigen Jüdischen Gemeinden und Familien vor Ort dokumentieren. Über eine Internetrecherche nach dem Geburtsort des Vaters von Friedrich Mayer stieß ich auf einen Artikel über die Stolpersteinverlegung für dessen in Auschwitz ermorderte Schwestern. Darin wurde der Neffe der Opfer, *»der bekannte Erziehungswissenschaftler und Kreativitätsforscher«* Frederick

Mayer, zitiert. Diese Information über seinen in den USA angenommenen Vornamen eröffnete mir den Zugang zu vielen weiteren Informationen über sein Leben nach seiner Ankunft in den USA, sowohl zu den in seinen Büchern veröffentlichten Erinnerungen als auch zu einem seiner engen Freunde in Wien.

Zufälle spielten bei meinen Recherchen immer wieder eine Rolle: So traf ich 2017 auf einem Begegnungsabend zum Auftakt der Stolpersteinverlegungen, an dem auch Angehörige der Opfer aus der ganzen Welt teilnahmen, Dr. Richard Torban. Er war aus Südkalifornien nach Frankfurt gekommen, um an der Gedenkzeremonie für seine ermordeten Großeltern Rosenstein, seine Tante Susanne Kahn sowie seine überlebende Mutter teilzunehmen. Durch seinen Redebeitrag erfuhr ich, dass seine Mutter, Renee Torban, geb. Renate Rosenstein, aus Frankfurt 1940 mit einer der Quäkerverschickung über Italien in die USA gekommen war. Wir verabredeten uns zu einem Gespräch und er überließ mir die Kopie ihres Reisepasses, den er mitgebracht hatte.

Emotionale Höhepunkte waren für mich vor allem die persönlichen Kontakte, insbesondere die mit noch in den USA lebenden ehemaligen Kindertransportkindern. Harry Gutman konnte ich leider nicht als Interviewpartner gewinnen, obwohl die freundschaftliche Verbindung zu ihm und seinem Sohn bis heute besteht. Traumatisiert durch die erzwungene Trennung von seiner Familie und deren Ermordung konnte und wollte Harry lange nicht über seine schweren Kindheits- und Jugendjahre sprechen. Dazu gehörte auch die erste Zeit in den USA, die er in nicht weniger als 13 verschiedenen Pflegefamilien verbringen musste. Mit seinem beharrlichen Interesse an der Geschichte seines Vaters gelang es dem Sohn Jason schließlich, die Mauer des Schweigens zu durchbrechen, die sein Vater um sich errichtet hatte. Jason hat zahlreiche Gespräche mit seinem Vater geführt und bearbeitet die Aufzeichnungen nun für eine eigene Veröffentlichung.

Zu den acht »Kindern« aus Frankfurt, mit denen ich noch Kontakt aufnehmen konnte, gehörten Ernst Valfer und Eric Greene (früher: Erich Grünebaum). Zu ihnen entwickelte sich eine regelmäßige Korrespondenz und schließlich eine »Brieffreundschaft« per E-Mail. Als ich in Begleitung meines Sohnes Hendrik im September 2019 endlich aufbrach, um die Beiden zu besuchen, waren sie schon hochbetagt, 94 und 91 Jahre alt, aber noch rüstig und aktiv. Es wurde eine wunderbare Reise, deren Höhepunkte die Begegnungen mit den Freunden waren, beginnend bei Ernst und seiner Frau Lois in Berkeley, Kalifornien, und abschließend mit einem Besuch bei Eric und seiner Frau Eileen in Durango, Colorado. Wir ahnten damals nicht, dass diese Reise und Begegnungen schon wenige Monate später nicht mehr möglich gewesen wären. Im März 2020, als die Corona-Pandemie auch das Reisen auf unabsehbare Zeit verbot, schickte uns Erics Sohn Jeff die traurige Nachricht vom Tod seines Vaters. Eric Greene war am 19. März 2020 in Durango, Colorado, im Kreis seiner Familie friedlich gestorben.

Die in meinem Buch beschriebene Flucht- und und Rettungsgeschichte von unbegleiteten jüdischen Kindern aus Frankfurt am Main in die USA steht exemplarisch für die aller jüdischen Kinder aus Deutschland, die dieses Schicksal teilten. Der lokale Bezug und die dadurch bessere Verfügbarkeit von Quellen erlauben einen detaillierten Blick auf den jeweiligen familiären Hintergrund und Kontext sowie die Umstände unter denen die Kinder in die USA kamen. Ich konzentriere mich dabei ausschließlich auf Kinder,

Abb. 2: Eric Greene im Gespäch mit der Autorin in Durango, Colorado, September 2019.

Abb. 3: Ernst Valfer im Gespräch mit der Autorin in Berkeley, Kalifornien, September 2019.

die in Frankfurt am Main wohnten, ungeachtet der Tatsache, dass etliche von ihnen wegen der massiven Verfolgung in ihren ländlichen Gemeinden mit ihren Familien erst dorthin geflüchtet waren. In der Darstellung folge ich grundsätzlich dem chronologischen Ablauf der historischen Ereignisse und beschreibe auch die Aufnahmepolitik von Regierungen sowie die Aktionen und Schwierigkeiten von Hilfsorganisationen und Individuen sowohl in den USA als auch in einzelnen Ländern, die für die Kinder zu Zwischenstationen auf ihrem Weg dorthin wurden. Vor diesem Hintergrund konzentriert sich mein Blick vor allem auf die Einzelschicksale der Kinder und ihre Erlebnisse. Soweit wie möglich kommen sie dabei selbst zu Wort. Alle Zitate aus dem Englischen, Französischen und Spanischen habe ich selbst übersetzt. Da die meisten Kinder in den USA ihre Namen amerikanisiert haben, steht jeweils einer der beiden Namen in Klammern.

Die Schilderung beginnt mit der Situation der Kinder nach 1933 und der ersten Phase der Kinderverschickungen auf direktem Wege von einem deutschen oder französischen Hafen in die USA zwischen Herbst 1934 und Herbst 1938. Es folgen Kinder, die nach der Zäsur des Novemberpogroms 1938 von Belgien und Frankreich aufgenommen wurden, Länder, die durch den Fortgang der Ereignisse zu ihrer längeren Zwischenstation wurden. Nach Kriegsbeginn 1939 bis zum Kriegseintritt Italiens im Juni 1940 stehen solche Kinder im Mittelpunkt, die mit einer von den Quäkern organisierten Kinderverschickung aus Frankfurt über italienische Häfen in die USA kamen. Anlässlich des Überfalls der Deutschen Wehrmacht auf Belgien und des Einmarschs in Frankreich im Mai/Juni 1940 wird die zweite Flucht der Kinder aus den Brüsseler und Pariser Heimen ins unbesetzte Südfrankreich und deren Überlebenssituation dort geschildert und schließlich ihre Verschickung 1941 und 1942 aus dem kollaborierenden Vichy-Frankreich über Spanien und Portugal in die USA.

Auch der Weg der letzten Kinderflüchtlinge 1941 aus dem Deutschen Reich ab Berlin in einem versiegelten Eisenbahnwaggon durch Frankreich bis Spanien und von dort nach Lissabon und in die USA wird an einem Beispiel beschrieben. Den Abschluss der Fluchtgeschichten bilden die Erlebnisse der Kinder, die in Südfrankreich zuletzt versteckt gelebt hatten und 1944 unterstützt vom französisch-jüdischen Widerstand und einer amerikanischen Hilfsorganisation zu Fuß aus Frankreich über die Pyrenäen flüchten und nach Zwischenaufenthalten in spanischen und portugiesischen Heimen in Januar 1945 die USA erreichen konnten.

Das Leben der Kinder war mit ihrer Rettung und Ankunft in den USA nicht zu Ende, sondern lag noch vor ihnen. Daher beschreibe ich auch die Erfahrungen dieser Kinder in den USA. Die meisten von ihnen hatten mindestens einen Elternteil im Holocaust verloren und waren oft die einzigen Überlebenden ihrer Familien. Obwohl die traumatischen Erlebnisse aus ihrer Kindheit und Jugend, vor allem der Verlust der Eltern, ihr Leben nachhaltig prägten und die Bedingungen, unter denen sie ihr neues Leben in Pflegefamilien mit fremder Sprache und Kultur in den USA beginnen mussten, schwierig waren, erwiesen sich diese Kinder als Gruppe nicht nur als ausgesprochen widerstands- und anpassungsfähig, sondern in ihrem Erwachsenenleben auch als außerordentlich erfolgreich. Zum Gesamtbild, das unabgeschlossen bleiben muss, gehört auch ein Teil mit knapp 60 Kurzbiographien.

Mit meinem Buch möchte ich die bisherigen Veröffentlichungen zum Thema Kindertransporte um einen wichtigen und bisher weitgehend unerforschten Teil dieser Geschichte ergänzen. Meine Studie zeigt am Beispiel Frankfurt am Main, wie unterschiedlich die Fluchtwege und wie individuell die Schicksale der unbegleiteten Kinder waren, die während der Jahre 1934 bis 1945 in die USA kamen. Sie zeigt auch, dass ein Länder und Kontinente übergreifendes Netzwerk von Hilfsorganisationen und das persönliche, teilweise lebensgefährliche Engagement sehr vieler Menschen mit gutem Willen notwendig waren, um diese Kinder auch in ihrem Aufnahmeland USA so zu retten, dass sie sich in die neue Gesellschaft integrieren und ein gutes Leben führen konnten.

Renate Hebauf, Frankfurt am Main, im Januar 2022

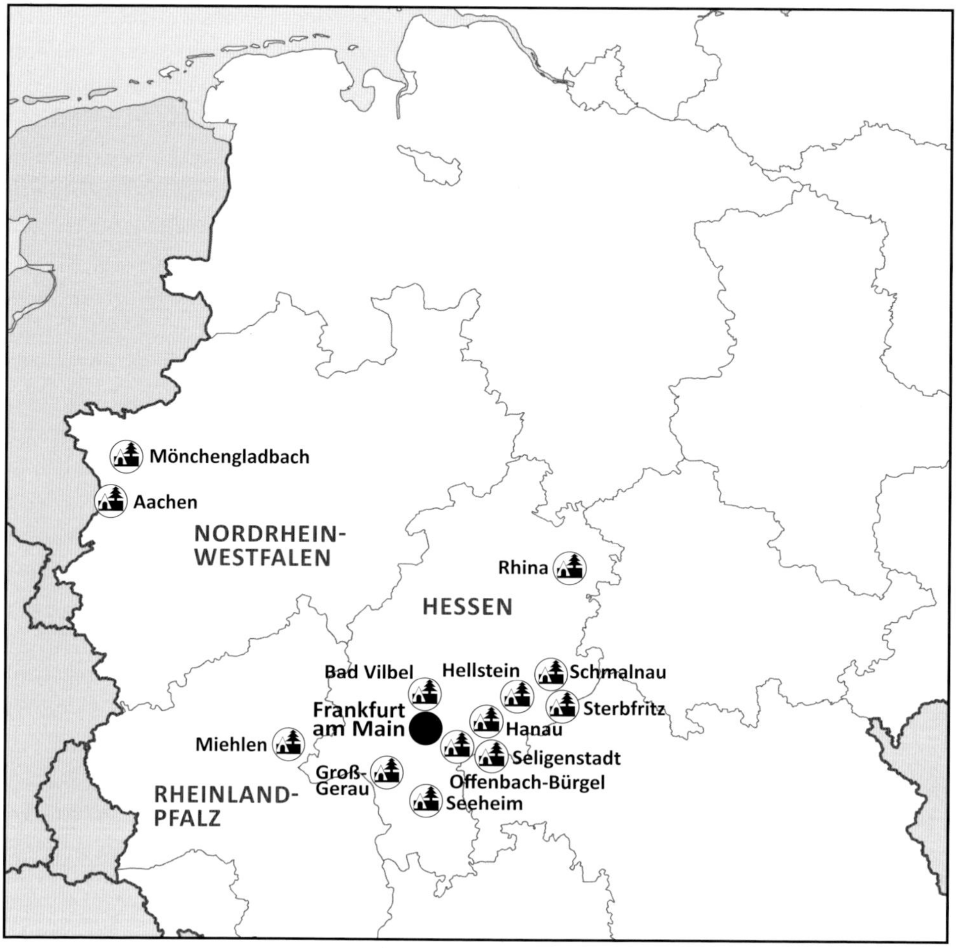

Karte 1: Herkunft vor der Ankunft in Frankfurt am Main

Bildlegende zu Karten 1 bis 3

Ursprünglicher Herkunftsort

Ort des Fluchtaufenthalts

Ausschiffungshafen

Neuer Wohnort in den USA

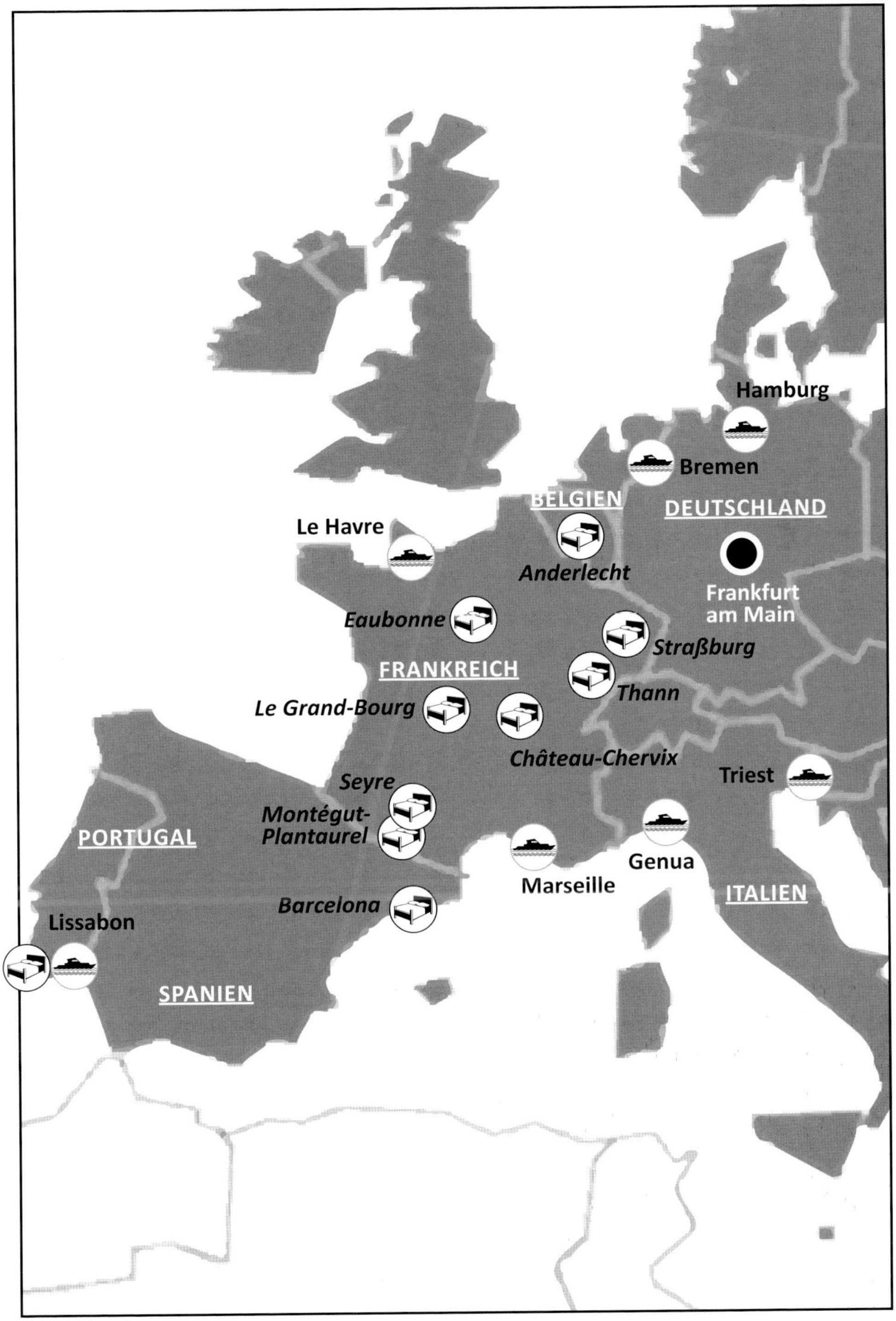

Karte 2: Fluchtaufenthalte und Ausschiffungshäfen in Europa

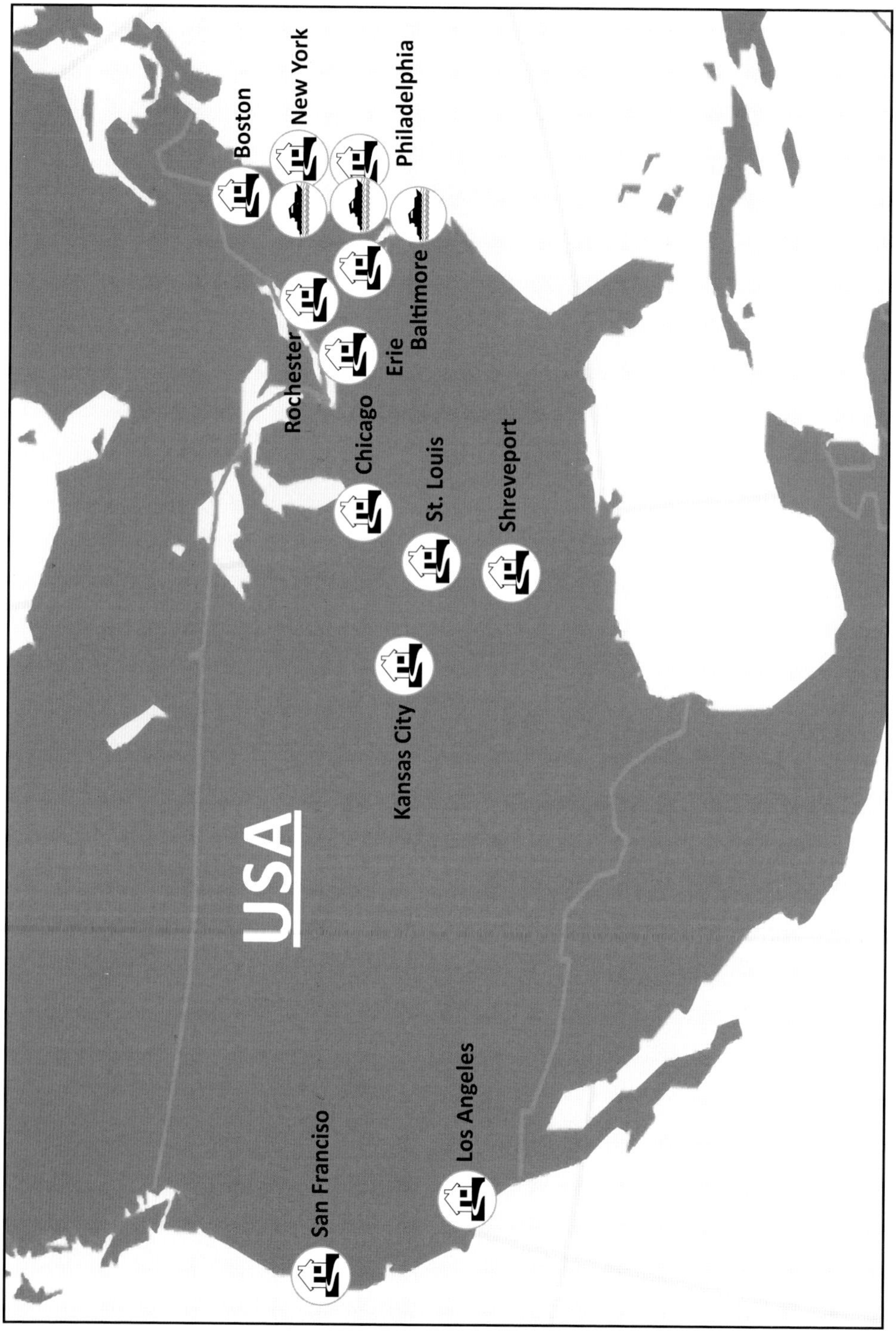

Karte 3: Ankunftshäfen und neue Wohnorte in den USA

Teil I

Flucht und Rettung unbegleiteter jüdischer Kinder

Nach 1933 – ausgegrenzt, drangsaliert, wie Luft behandelt

Nach der Machtübernahme der Nationalsozialisten war für die jüdischen Kinder die alltägliche Diskriminierung spürbar. Als schwächste Glieder der Gesellschaft waren sie den antisemitischen Anpöbeleien, Ausgrenzungen und Drangsalierungen hilflos ausgesetzt. Auch in Frankfurt beschimpften, verprügelten und quälten aufgehetzte Kinder schon 1933 jüdische Schüler und Schülerinnen auf ihrem Weg zur Schule oder beim Spielen auf der Straße. In der Friedberger Anlage passten sie Schüler und Schülerinnen der *Samson-Raphael-Hirsch-Schule* ab und warfen ihre Schulranzen in den Weiher. An öffentlichen Schulen beteiligten sich auch Lehrer an der Diskriminierung und Demütigung jüdischer Kinder.[8] Schon in diesem ersten Jahr der Naziherrschaft nahmen in Frankfurt viele jüdische Eltern ihre Söhne und Töchter von den öffentlichen Schulen und meldeten sie am *Philanthropin*, der Schule des liberalen Reformjudentums, an. Dort stieg die Schülerzahl an den höheren Zweigen, Realschule und Gymnasium von 379 Schülerinnen und Schüler 1933 bis auf 701 Schülerinnen und Schüler 1934 um fast das Doppelte an.[9]

Im April 1933 wurde mit dem *Gesetz gegen die Überfüllung deutscher Schulen und Hochschulen* für jüdische Kinder ein Numerus clausus (1,5 Prozent) eingeführt, der sie von weiterführenden Bildungsinstitutionen weitgehend ausschloss. Das Gesetz war ein erster Schritt zur »Rassentrennung« an den Schulen. Angesichts dieser Entwicklungen schauten jüdische Eltern mit Angst und großer Sorge auf die Zukunft ihrer Kinder. Dies umso mehr, da Bildung als zentrales Mittel der Emanzipation und der gesellschaftlichen Teilhabe im jüdischen Selbstverständnis traditionell einen sehr hohen Stellenwert hatte. Der Anteil jüdischer Kinder auf weiterführenden Schulen war überproportional hoch.[10]

Ernst (Ernest) Stock, Jahrgang 1924, verließ im Mai 1933 die städtische *Friedrich-Ebert-Schule*, in die er 1931 eingeschult worden war, und wechselte auf das *Philanthropin*. Mit ihrem pädagogisch-politischen Programm einer demokratischen Schule für alle Kinder war die *Friedrich-Ebert-Schule* in den 1920er Jahren als Modellprojekt des *Neuen Frankfurt* angetreten. Am Bornheimer Hang hatte der Architekt Ernst May diesem Programm mit einem modernen Schulgebäude eine architektonische Form gegeben. Die Eltern Leopold und Julie Stock nahmen ihren Sohn von dieser Schule,

8 Vgl. Ortmeyer (1994), S. 55 und 59.

9 Das *Gemeindeblatt der Israelitischen Gemeinde Frankfurt am Main* zitiert in seiner Januarausgabe 1933–1934, Heft 5, den auf der Sitzung der Gemeindevertretung der Israelitischen Gemeinde Frankfurt am Main vom 30. November 1933 vorgelegten Etatentwurf zum Unterrichtswesen für das zweite Halbjahr 1933/34: Es sei »eine mäßige Erhöhung des Zuschusses für das *Philanthropin* vorgesehen, die durch die größeren Aufgaben dieser Schule infolge der neuen Verhältnisse bedingt ist«.

10 Heuberger & Krohn (1988), S. 97.

weil die Nationalsozialisten nach ihrer Machtübernahme deren humanistisch-demokratische Grundsätze innerhalb kürzester Zeit zerstört hatten und jüdische Schüler ausgegrenzt wurden. Ernest Stock erinnert sich:

> *1933, nach Hitlers Machtantritt, gab es drastische Veränderungen. Ich wurde von anderen Kindern auf meinem Schulweg belästigt, und mein Klassenlehrer, ein Herr Habicht, verschlimmerte die Dinge noch mit seinen antisemitischen Bemerkungen in der Klasse.*[11]

Im April 1933 wurde die Schule in *Dietrich-Eckart-Schule* umbenannt, in perfider Weise nach einem Schriftleiter des *Völkischen Beobachter*, dem Hauptverantwortlichen für die Verleumdung und Verunglimpfung der Person Friedrich Eberts. Es folgte die politische »Säuberung« des Lehrerkollegiums mit Unterstützung zahlreicher Denunzianten. Sechs von 16 Lehrkräften, darunter Schulleiter Arthur Berg, mussten die Schule verlassen. Sie wurden degradiert, versetzt und entlassen. Jüdische Schüler wurden vertrieben, Elternbeiräte aufgelöst und Lehrpläne verändert.[12]

Lotte Goldschmidt (verh. Magnus), die zum Zeitpunkt der Machtübernahme der Nationalsozialisten 13 Jahre alt war und sich bereits seit ihrer Einschulung im geschützten jüdischen Umfeld des *Philanthropin* bewegte, erfuhr die Diskriminierungen nur mittelbar:

> *Wir hatten in unserer Pfadfindergruppe einige von staatlichen Schulen, die uns erzählten, was los war. Sie waren mehr und mehr Anfeindungen ausgesetzt, weil sie jüdisch waren, bis zu dem Punkt, dass sie die Schulen verlassen mussten. 1933 hatten wir eine große Zunahme an zusätzlichen Schülern an meiner jüdischen Schule. [...] Es war so viel voller in meiner Klasse und es gab keine Aussicht auf zusätzliche Lehrer oder Klassen.*[13]

Mit dem Erlass vom 10. September 1935 wurde in Deutschland mit den *Nürnberger Gesetzen* die »Rassentrennung« an den staatlichen Schulen zum Gesetz erhoben. Ab 1936 sollten »arische« Kinder nicht mehr mit jüdischen im selben Klassenraum lernen. Gesonderte Klassen wurden vorgeschrieben. Soweit möglich sollten jüdische Kinder auf eine jüdische Schule gehen.

Ernst Valfer, Jahrgang 1925, besuchte von 1931 bis 1932 die *Holzhausenschule* und nach dem Umzug der Familie in die Gutleutstraße bis 1934 die Frankfurter *Karmeliterschule*. Während er in diesen beiden Schulen keinen offenen Antisemitismus erlebt hatte, änderte sich das, als er 1935 Schüler der *Sachsenhäuser Oberrealschule* wurde.

---

11 Stock (2014), S. 23.

12 Frieß (2007). Online: https://www.frankfurt1933-1945.de/nc/beitraege/show/1/thematik/schule-und-bildung/artikel/der-frankfurter-reformschulversuch-1930-1937/suche/Reformschule/ [Stand 10. August 2019].

13 Magnus, Lotte (geb. Goldschmidt): Interview am 17. Juli 1992 in Portland, Oregon. Oregon Jewish Museum and Center for Holocaust Education (OJMCHE). Online: https://www.youtube.com/watch?v=J9lKgA3p3BIundhttps://www.youtube.com/results?search_query=Lotte+Magnuns+Pt+II [Stand am 22. Juni 2016].

1937 musste er die Schule verlassen, weil der Direktor seine Sicherheit nicht mehr garantieren konnte. Die für die jüdischen Schüler durch die Ausgrenzung und Propaganda zunehmend bedrohliche und verwirrende Atmosphäre an den öffentlichen Schulen wird in den Schilderungen von Ernst Valfer deutlich:

Anstatt »Guten Morgen, Herr Lehrer«, sagte die Klasse »Heil Hitler« und machte den obligatorischen Gruß. Wenn du den Gruß nicht gemacht hast, wurdest du vor der ganzen Klasse lächerlich gemacht und beschuldigt, dass du Deutschland gegenüber keinen Respekt zeigst. Und wenn du den Gruß gemacht hast, machte man sich lustig über dich, weil du als Jude den Namen Hitlers und das Dritte Reich grüßt. So wurde alles, was man tat, missbilligt. Dann sahen wir Propagandafilme, und mir wurde sehr schnell unwohl. Ich musste, wie so viele andere Kinder, sehr vorsichtig sein, wie ich nach Hause ging, weil hin und wieder andere Kinder darauf warteten, uns eine gute Tracht Prügel zu verabreichen. Ich verließ die Schule, als es unhaltbar wurde, als beide, sowohl meine Eltern und ich als auch der Direktor meinten, dass mein weiterer Verbleib dort nicht nur nicht erwünscht, sondern wirklich unmöglich war.[14]

Ernst Valfer wechselte auf das *Philanthropin*.

Da es in vielen kleinen Dörfern keine jüdischen Schulen oder nur einklassige Volksschulen gab, in denen keine eigene Klasse für die wenigen jüdischen Kinder am Ort eingerichtet werden konnte, waren diese Kinder ab Herbst 1935 ganz vom Schulbesuch ausgeschlossen. Um ihre Kinder weiter zur Schule schicken zu können, mussten die Eltern eine jüdische Schule in einem größeren Nachbarort suchen. War der Schulweg zu weit, nahmen Eltern auch die Trennung von ihren Kindern in Kauf und schickten sie in Kinderheime oder zu Verwandten an Orte, wo es jüdische Schulen gab. Ab 1936 zogen deshalb auch viele Eltern aus den Landgemeinden der Umgebung mit ihren Kindern nach Frankfurt. Gleichzeitig flüchteten sie vor dem alltäglichen Terror der ortsansässigen Nazis, der ihre Existenzgrundlage zerstörte. Auf der Suche nach neuen Verdienstmöglichkeiten und einem Leben in der städtischen Anonymität, fanden sie in der großen Jüdischen Gemeinde von Frankfurt auch eine Solidargemeinschaft, die sie mit zahlreichen sozialen Einrichtungen sowohl bei der beruflichen Umorientierung als auch bei der Emigration unterstützte.

Als **Erich Grünebaum (Eric Greene)**, Jahrgang 1928, in seinem kleinen Heimatort Hellstein 1934 in die einklassige Volksschule eingeschult wurde, praktizierte man dort bereits die »Rassentrennung«. Er erinnert sich:

Die etwa 30 Schüler saßen in nach Altersklassen aufsteigenden Reihen, die jüngsten vorne und die ältesten hinten. Nur wir jüdischen Schüler, einschließlich mir als dem Jüngsten, saßen ganz hinten im Raum, wo man uns praktisch ignorieren konnte. Vergeblich versuchte ich, die Aufmerksamkeit des Lehrers zu erregen, um ihm mein Wissen zu zeigen. Bald hatte ich mich daran gewöhnt, dass ich wie Luft behandelt wurde.[15]

14 Valfer, Ernst: Interview 52608, VHA sowie Interview mit Ernst Valfer: The Tauber Holocaust Library oral history archive of the *Jewish Family and Children's Services*, San Francisco (JFCS).

15 Greene (2000).

Abb 4: Erich und Johanna Grünebaum vor der Hellsteiner Volksschule an ihrem letzten Schultag, 1935.

Abb. 5: Familie Grünebaum in Hellstein, 1937. Im Hintergrund, die Großmutter, Jette Steinberger aus Dettelbach.

Der Lehrer habe nie auch nur ein Wort an ihn gerichtet. Fragen habe er nicht stellen, an Schulausflügen und sportlichen Aktivitäten der Schule nicht teilnehmen dürfen. 1935, ein Jahr nach seiner Einschulung, wurden Erich und seine Schwester Johanna sowie die anderen jüdischen Kinder des 400-Seelen-Dorfes am Rande des Vogelsbergs vom Schulbesuch ganz ausgeschlossen. Vor der Eingangstreppe der Schule wurde ein Foto »Erinnerung an meine Schulzeit« gemacht.
Ein gutes Jahr lang fuhren Johanna und Erich daraufhin jeden Tag mit dem Zug zur Jüdischen Schule in den Nachbarort Birstein. Dort unterrichtete das Ehepaar Levi inzwischen auch die vielen aus den öffentlichen Schulen verbannten jüdischen Kinder aus den umliegenden Dörfern. Statt Schulgeld brachten Erich und Johanna täglich eine Kanne Milch mit. Im Frühjahr 1937 wurde die Jüdische Schule in Birstein zwangsweise geschlossen.

Um deren Schulbildung willen fassten die Eltern Jonas und Else Grünebaum zum ersten Mal den schweren Entschluss, sich von ihren Kindern zu trennen. Sie schickten die Geschwister im Oktober 1937 zu den Verwandten nach Speyer. Die älteste Schwester der Mutter, Bertha, war mit dem Lehrer Sigmund Marx[16] verheiratet und hatte angeboten, die beiden Kinder aufzunehmen. Sigmund Marx war seit 1933 in Speyer als staatlich angestellter Lehrer an der Jüdischen Schule tätig. Seit 1936 war er auch Rabbiner der Gemeinde. Die Familie Marx wohnte nur wenige Gehminuten von der Synagoge

16 Sigmund Marx war ein Bruder des Leiters des Frankfurter *Israelitischen Waisenhauses*, Isidor Marx.

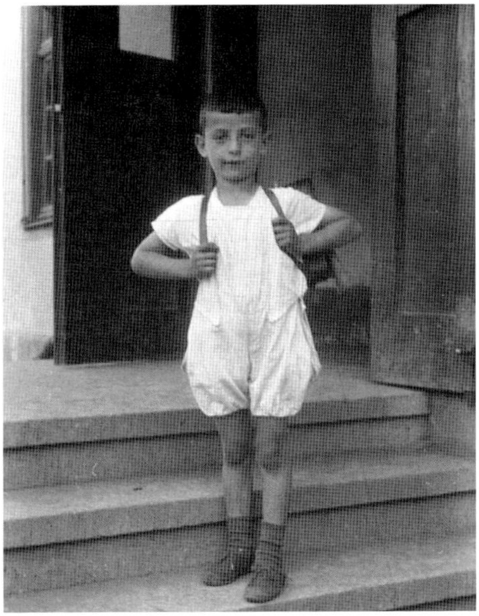

Abb. 6: Fritz Strauß an seinem ersten Schultag, 1932, in Miehlen.

Abb. 7: Fritz an seinem letzten Schultag, 1934.

entfernt, in deren Obergeschoss die Schule untergebracht war. Hier wurden die Geschwister Grünebaum von ihrem Onkel in einer Klasse zusammen mit etwa 20 jüdischen Kindern, darunter ihren Cousins Julius (geb. 1922) und Ernst (geb. 1925), unterrichtet.

Für **Fritz Strauß (Fred Strauss)**, Jahrgang 1926, kam der Abschied von der einklassigen Volksschule in seiner Heimatgemeinde Miehlen im Rheingau-Taunus-Kreis bereits 1934, zwei Jahre nach seiner Einschulung. Seine Mutter Martha Strauß meldete ihn von der Dorfschule ab, weil die Situation für ihn dort unerträglich geworden war. *»Ich konnte es nicht mehr aushalten. Die anderen Kinder haben mich geschubst und regelmäßig verprügelt, auch mit Steinen beworfen. Niemand hat mir geholfen«*,[17] erzählt er. Selbst nach fast 60 Jahren fällt es ihm noch schwer, über diese in seiner frühen Kindheit erlittenen Grausamkeiten zu sprechen. Auch der Lehrer demütigte ihn: *»Eines Tages zwang er mich, beim christlichen Morgengebet aufzustehen und das Gebet laut mitzusprechen.«*[18] Bis dahin sei es selbstverständlich gewesen, dass die jüdischen Kinder bei dem Gebet sitzen bleiben durften. Wie in Hellstein wurden auch in der Schule in Miehlen die jüdischen Kinder in die letzte Sitzreihe verbannt.

Bevor die Nationalsozialisten an die Macht kamen und die Schikanen anfingen, hatte Fritz eine normale, glückliche Kindheit gehabt. Obwohl ohne Vater, wuchs er mit seiner Mutter Martha und seinen Großeltern Jakob und Trautchen Strauß in einer warmen

17 Strauss, Fred (Fritz Strauß): Interview 21926, VHA.

18 Ebenda.

und behüteten Atmosphäre auf. In den sehr einfachen familiären Verhältnissen gab es ein lebendiges Familienleben, zu dem auch seine Tanten, die vier Schwestern seiner Mutter, und deren Familien, gehörten. Die Beziehungen zu den Nachbarn waren gut. Da es nur drei jüdische Kinder im Dorf gab, hatte Fritz nur nichtjüdische Freunde. Ein- bis zweimal in der Woche kam ein Lehrer, der den jüdischen Kindern Hebräisch- und Religionsunterricht erteilte. Der Großvater, ein frommer Mann, betrieb im Erdgeschoss des Wohnhauses der Familie eine koschere Metzgerei. Als die Nationalsozialisten als eine der ersten antijüdischen Maßnahmen 1933 das Schächtverbot erließen, bezog er noch eine Zeit lang das koschere Fleisch aus Wiesbaden. Dann musste er den Laden schließen.

Martha Strauß meldete ihren Sohn im *Israelitischen Waisenhaus* in Frankfurt an. Wie Fred Strauss erinnert, wurde er dort von den Heimleitern **Isidor** und **Rosa Marx** sehr herzlich aufgenommen. *»Tante Rosa und Onkel Isidor waren sehr nett zu uns und behandelten uns, als wären wir ihre eigenen Kinder«*,[19] betont er. Im Waisenhaus fand Fritz nicht nur eine warme und schützende Umgebung gegen die feindliche Umwelt, sondern auch viele neue Freunde, die in einer ähnlichen Situation waren wie er selbst. Einer seiner besten Freunde wurde der ein Jahr ältere **Heinz Schuster** aus Sterbfritz. Wie viele Kinder im Waisenhaus, kam auch er aus einem kleinen Dorf, in dem für jüdische Kinder der Schulbesuch nicht mehr möglich war.

Zusammen mit den gleichaltrigen Kindern des Waisenhauses besuchte Fritz zunächst die Jüdische Volksschule am Röderbergweg und später die *Samson-Raphael-Hirsch-Schule* der *Israelitischen Religionsgesellschaft* am Tiergarten. Zwar wurden die Heimkinder wegen ihrer Kopfbedeckung auf ihrem Schulweg von den nichtjüdischen Kindern regelmäßig überfallen, jetzt war Fritz aber nicht mehr allein, sondern Teil einer Gruppe, die sich gemeinsam wehren konnte. Als es den jüdischen Kindern schließlich verboten wurde, sich gegen uniformierte Hitlerjungen zu wehren, blieb ihnen nur noch übrig, als Gruppe davonzurennen, um sich in Sicherheit zu bringen.[20] Ab und zu bekam Fritz im Waisenhaus Besuch von seiner Mutter oder einer Tante aus Frankfurt. Die Ferien verbrachte er immer zuhause in Miehlen.

Heinz (Henry) Schuster, Jahrgang 1926, hatte in seinem Heimatdorf Sterbfritz im Main-Kinzig-Kreis schwierige Zeiten erlebt. Er hatte bereits eine Odyssee durch mehrere Schulen hinter sich, als er Ende 1936 im Alter von zehn Jahren im Frankfurter *Israelitischen Waisenhaus* aufgenommen wurde. In Sterbfritz, wo seine Familie seit Generationen verwurzelt gewesen war, war er mit seinen beiden älteren Schwestern in gut situierten Verhältnissen aufgewachsen. Der Vater, Abraham Schuster, hatte am Ort ein gutgehendes Textilgeschäft mit angeschlossenem Versandhandel betrieben, bevor es durch den Nazi-Boykott aufgegeben werden musste. Die zunehmende wirtschaftliche Not in Verbindung mit der Ausgrenzung und den alltäglichen Schikanen, denen die jüdische Familie im Dorf ausgesetzt war, hatten 1935 zum frühen Herztod des Vaters geführt. In demselben Jahr bekam Heinz in der Volksschule von Sterbfritz einen antisemitischen Lehrer, der auch

19 Ebenda.

20 Das »Gesetz gegen heimtückische Angriffe auf Staat und Partei und zum Schutz der Parteiuniformen« vom 20. Dezember 1934 (RGBl. I S. 1269) bestrafte jeden, der es wagte, sich gegen Uniformierte zu wehren.

Mitglied der NSDAP war. Er machte es sich zur Aufgabe, die jüdischen Kinder regelmäßig zu demütigen und zu quälen. Nachdem dieser Lehrer Heinz zweimal lebensgefährlich misshandelt hatte, brachte die Mutter, Rosa Schuster, ihren Sohn kurz entschlossen bei Verwandten im thüringischen Mühlhausen unter. Dort sowie in Burghaun, wo er anschließend in Pflege kam, konnte er eine jüdische Schule besuchen.

Um den Schikanen der ortsansässigen Nazis zu entgehen und eine neue Existenzgrundlage zu finden, verließen die Mutter und die beiden Schwestern Sterbfritz. Nachdem die Mutter in Frankfurt eine Stelle als Haushälterin und für Heinz einen Platz im *Israelitischen Waisenhaus* gefunden hatte, holte sie ihn zu sich nach Frankfurt. Da Heinz weder bei ihr noch bei seinen älteren Schwestern wohnen konnte, die beide als Kindermädchen in Würzburg und im nahen Offenbach in jüdischen Privathaushalten arbeiteten, war das Waisenhaus eine gute Alternative.[21] Hier konnte Heinz zusammen mit den anderen Waisenhauskindern die nahe gelegene *Samson-Raphael-Hirsch-Schule* am Tiergarten besuchen. In seinen Lebenserinnerungen schreibt er:

> *Das Waisenhaus war nicht weit von der Wohnung entfernt, in der meine Mutter arbeitete. Deshalb konnte ich jeden Sonntag vom Waisenhaus mit der Straßenbahn zu ihr fahren und den Tag mit ihr verbringen. Glücklicherweise hatte auch meine Schwester Bertel nun eine Stelle in Frankfurt gefunden. Sie war Kindermädchen beim Direktor des jüdischen Altersheimes im Röderbergweg. Altersheim und Waisenhaus lagen direkt nebeneinander. Es war fast so, als wohnten wir unter dem gleichen Dach.*[22]

Später wurden auch die Mutter und die zweite Schwester im benachbarten Altenheim angestellt. Nach der Emigration der Leiter des Altenheims wurde Rosa Marx leitende Direktorin der Einrichtung.

Ein US-Hilfsprogramm für deutsch-jüdische Kinder

Bereits im Laufe des Jahres 1933 reagierten jüdische Gruppen in den USA zunehmend besorgt auf die Nachrichten über die Judenverfolgung in Deutschland. Man veranstaltete Treffen, um zu überlegen und zu planen, wie möglichst viele jüdische Kinder aus Deutschland in die USA gebracht werden könnten. Solche weitsichtigen Planungen trafen allerdings auf eine schwierige innenpolitische Situation. Aufgrund der wirtschaftlichen Depression – 1933 lag der Anteil der Arbeitslosen unter der erwerbsfähigen Bevölkerung in den USA bei über 25 Prozent – war die Aufnahmebereitschaft im Land alles andere als günstig. Fremdenfeindlichkeit, der Wunsch nach Abschottung und ein hartnäckiger Antisemitismus beherrschten die Stimmungslage und führten zu einer restriktiven Einwanderungspolitik, bei der wirtschaftliche Kriterien im Vordergrund standen und die Einwanderungsquoten über Jahre hinweg nicht ausgeschöpft wurden.

21 Schuster (2011), S. 51ff. sowie Schuster, Henry (Heinz): Interview 10065, VHA.

22 Schuster (2011), S. 63f.

Auch die amerikanischen Juden, unabhängig davon, wann sie eingewandert waren, hatten lange nur eine geringe Vorstellung von der prekären Situation der deutschen Juden und von der Nachhaltigkeit des Nationalsozialismus in Deutschland. Zumindest darin unterschieden sie sich wenig von den nichtjüdischen Amerikanern oder von den Juden deutscher Herkunft, die anfänglich auch nicht glaubten, dass der Antisemitismus des Jahres 1933 von Dauer sein könnte.

Die 1933 bei den größten jüdischen Organisationen vorherrschende Einstellung, dass es besser wäre, statt höhere Einwanderungsquoten zu fordern, außenpolitisch zu agieren, etwa mit ökonomischem Boykott oder Protestaktionen, erklärt Tydor Baumel mit der Stimmungslage unter den amerikanischen Juden:

> *Viele amerikanische Juden, die sich als voll ausgereifte Amerikaner fühlten, fürchteten, dass sie vor dem Hintergrund des bestehenden Antisemitismus ihre eigene prekäre Situation als Juden in einer ökonomisch schwierigen Zeit gefährden würden, wenn sie ihre verfolgten Glaubensgenossen aufnähmen. Abgesehen von der finanziellen Bürde, bestanden auch soziale und kulturelle Unterschiede. Das Auftauchen einer großen Gruppe »Deutsch sprechender Neulinge« gefährdete die hart errungene soziale Akzeptanz einer bedeutenden Zahl amerikanischer Juden und drehte die Uhr für diejenigen zurück, die sich erfolgreich assimiliert hatten.*[23]

Trotz der widrigen Rahmenbedingungen unternahm das *American Jewish Committee* (AJC), die politische Organisation der nicht-zionistischen Elite der amerikanischen Juden, die ersten Schritte zu einem praktischen Hilfsplan, jüdische Kinder von Deutschland in die USA zu holen. Zusammen mit anderen jüdischen Gruppen bereiteten sie das Projekt vor. Man vertraute darauf, dass die Gruppe der Kinder bei der Negativhaltung der Amerikaner gegenüber der Einwanderung verfolgter deutscher Juden in mehrfacher Hinsicht eine Ausnahme bildete: Kinder konnten wegen ihrer Schutzbedürftigkeit eher mit der Sympathie und dem Mitgefühl der Amerikaner rechnen, und sie stellten keinerlei Bedrohung als Konkurrenten auf dem Arbeitsmarkt dar. Außerdem ermöglichten es die bestehenden Einwanderungsgesetze dem Arbeitsministerium, *The Unites States Immigration and Naturalization Service* (INS)[24], Sicherheiten, die eine Privatorganisation für unbegleitete Kinder stellte, zu akzeptieren. **Frances Perkins**,[25] 1933 von US-Präsident F. D. Roosevelt zur Arbeitsministerin ernannt, stand dem Projekt wohlwollend gegenüber.[26]

23 Tydor Baumel (1990), S. 14f.

24 Das INS war von 1933–1940 eine Agentur des US-Departments of Labor und des US-Department of Justice.

25 Frances Perkins (geb. 1882 in Boston, Mass., gest. 1965 in New York) war die erste Frau, die in ein Regierungskabinett berufen wurde und diente während der gesamten Regierungszeit von Präsident F. D. Roosevelt (1933–1945) als Arbeitsministerin. Als Einzige im Kabinett setzte sie sich für eine Liberalisierung der Einwanderungsprozeduren ein und suchte nach Mitteln und Wegen, um möglichst vielen jüdischen Flüchtlingen die Einreise in die Vereinigten Staaten zu ermöglichen.

26 Vgl. Zucker (2004), S. 175.

In Verhandlungen mit der Regierung kam man schließlich überein, dass eine privat finanzierte Organisation eine Pilotgruppe von 250 deutsch-jüdischen Kindern in die USA bringen könnte. Nur Kinder, die in Deutschland geboren waren, sollten berücksichtigt werden, damit sie unter der deutschen Quote einreisen konnten. Denn anders als später in Großbritannien kamen die Flüchtlingskinder nicht in eine von den erwachsenen Flüchtlingen getrennte gesetzliche Kategorie. Vielmehr basierten die Verfahren zu ihrer Einreise auf einer Spezialklausel in den Einwanderungsgesetzen.

Um diesen Plan sowie die damit verbundenen Aufgaben der Integration der Kinder in die amerikanische Gesellschaft umzusetzen, wurde am 13. April 1934 die *German Jewish Childrens Aid* (GJCA) als Dachorganisation gegründet.[27] Salomon Löwenstein wurde der Direktor, die erfahrene und gut venetzte Sozialarbeiterin **Cecilia Razovsky**[28] (genannt CR), Schrift- und Geschäftsführerin. Zuständige Leiterin für die Vermittlung der Kinder in die Familien (*placement director*) wurde die Sozialarbeiterin **Lotte Marcuse**[29], eine deutsche Immigrantin. Sie wurde für die Kinder zu einem Gesicht der Organisation, da sie meist bei deren Ankunft im Hafen dabei war und sich auch persönlich um die Vermittlung jedes einzelnen Kindes kümmerte.

Was die Spezialklausel in den Einwanderungsgesetzen betrifft, einigte man sich darauf, dass die Kinder mit einem Gemeinschaftsaffidavit[30] der GJCA einreisten und die Organisation eine 500-Dollar-Garantie pro Kind stellte, dass es der öffentlichen Fürsorge nicht zur Last fallen wird. Die unbegleiteten Kinder profitierten bis 1938 von der restriktiven Einwanderungspolitik. Da die für Deutschland festgelegten Einwanderungsquoten jahrelang nicht ausgeschöpft wurden, konnten sie über das Gemeinschaftsaffidavit auf den nicht beanspruchten Quotenplätzen einreisen.

Die GJCA würde den über private Spenden finanzierten Transfer der Kinder in die USA in Zusammenarbeit mit den deutsch-jüdischen Hilfsorganisationen (*Hilfsverein der Juden in Deutschland* und der *Abteilung Kinderauswanderung der Reichsvertretung*) arrangieren und nach Ankunft der Kinder für sie sorgen. Dazu gehörte die Unterbringung der

27 Hinter dieser Dachorganisation standen der *American Jewish Congress*, *American Jewish Committee* (AJC), *B'nai B'rith*, *National Council of Jewish Women* (NCJW), *Hebrew Immigrant Aid Society* (HIAS), *American Jewish Joint Distribution Committee* (JDC, auch bekannt als *The Joint*), *National Conference of Jewish Social Workers* und das *Committee on German Jewish Immigration Policy*.

28 Cecilia Razovsky (1891–1968) wurde in St. Louis, Missouri, als Tochter mittelloser jüdischer Emigranten aus Litauen geboren. Sie hatte an der *Chicago School of Civics and Philanthropy* studiert, war ab 1917 am United States Children's Bureau in Washington als Inspektorin der Abteilung Kinderarbeit tätig gewesen und hatte für das *National Council of Jewish Women* (NCJW) Immigrationsangelegenheiten bearbeitet.

29 Lotte Marcuse hatte in Berlin und Heidelberg Politik, Geschichte und Philosophie studiert und in Anerkennung ihrer Hilfsdienste für Familien von Soldaten während des Ersten Weltkriegs eine staatliche Qualifikation in Sozialarbeit erhalten. Mit fast 34 Jahren kam sie 1921 in die USA, um sich dort weiterzubilden. Hier übernahm sie Führungspositionen in zahlreichen Organisationen, die in der Rettung und Ansiedlung von Flüchtlingen aktiv waren, und baute Kontakte im In- und Ausland auf.

30 Es handelte sich um ein Blankoaffidavit, das mit Regierungszustimmung von einer akkreditierten Organisation ausgestellt werden konnte.

Kinder in Pflegefamilien, die von zugelassenen Kinderpflegeagenturen überprüft wurden. Von diesen Agenturen würden die Kinder bis zum Alter von 21 Jahren überwacht und von Sozialarbeitern und Sozialarbeiterinnen betreut werden. Bis mindestens zum vollendeten 16. Lebensjahr sollten sie zur Schule gehen und vorher nicht erwerbstätig werden.

Die GJCA brachte bis 1939 nur Kinder aus Deutschland in die USA. Von 1939 bis 1941 reisten auch Kinder aus Österreich, der Tschechoslowakei und später aus Transitländern wie England, Holland und Belgien zusammen mit den deutschen Kindern ein. Auch die jüdischen Flüchtlingskinder, die ab Mitte 1941 über Frankreich, Spanien und Portugal in die Vereinigten Staaten kamen, wurden nach ihrer Ankunft von der GJCA betreut. 1942 benannte sich die Organisation entsprechend der veränderten Herkunft der Flüchtlingskinder in *European Jewish Children's Aid* (EJCA) um.[31]

Aus Angst vor Rechtspopulisten und Antisemiten wurde die Rettungsinitiative von Anfang an als eine Art Undercoveroperation gehandhabt. Ein Eilschreiben wurde an ausgewählte Organisationen wie das *National Council of Jewish Women* (NCJW), *B'nai B'rith* und andere geschickt, das auf die GJCA-Gründung hinwies und dazu aufrief, in ihren zahlreichen lokalen Organisationen Familien zu benennen, die bereit wären, ein Kind aufzunehmen sowie Spenden für die Überfahrt der Kinder zu sammeln. Dieses Schreiben enthielt den ausdrücklichen Vermerk »no publicity!«[32]

Da man unbedingt vermeiden wollte, dass die Kinder als Gruppe auffielen, achtete man darauf, dass sie nicht wie in Belgien und Frankreich in Heimen oder an demselben Ort untergebracht, sondern auf Familien quer durch das Land verteilt wurden. Die Kinder sollten ihr vorheriges Leben hinter sich lassen und möglichst vollständig in der amerikanischen Gesellschaft aufgehen. Die Gastfamilien, die dies beantragten, konnten etwa 500 US-Dollar im Jahr an Pflegegeld pro Kind erhalten. Viele stellten diesen Antrag.

Nach einem Jahr waren die Vorbereitungen und Verhandlungen mit dem INS, dem *State Department* sowie dem *US-Children's Bureau*, abgeschlossen und im Herbst 1934 konnten die ersten Kindergruppen ins Land gebracht werden. In den ersten beiden Monaten November und Dezember 1934 kamen insgesamt 53 Kinder aus Deutschland in den USA an. Im April 1935 waren bereits 146 deutsch-jüdische Kinder unter der Schirmherrschaft der GJCA in den USA. Obwohl das INS die Entscheidung, 250 Kinder in die USA zu bringen, unterstützte, geriet der Einwanderungsplan im Juni 1935, noch bevor die ersten 250 Visa vergeben waren, ins Stocken. Da die Kinder nur bei Familien derselben Religionszugehörigkeit untergebracht werden durften und öffentliche Aufrufe über die Medien untersagt waren, gab es nicht ausreichend Familien, die Kinder aufnehmen wollten. Auch gab es zu wenig unbezahlte Pflegeplätze. Deshalb reichten die finanziellen Mittel der GJCA nicht aus, um bei der jährlichen Unterstützung der Gastfamilien mit 500 Dollar pro Kind das Programm weiter auszubauen. Obwohl als Wohlfahrtsorganisation staatlich anerkannt, erhielt die GJCA keinerlei staatliche Zuschüsse und litt immer unter Geldmangel. Man versuchte vergeblich, das *American Jewish Joint Distribution Committee* (JDC, *The Joint*) in die Verantwortung zu nehmen. Anstatt das Programm zu

31 Tydor Baumel (1990), S. 50.
32 Posner (2013).

unterstützen zog es diese Organisation aus Gründen der Kosteneffizienz vor, Kinder in Deutschland zu unterstützen oder ihnen eine Passage nach Palästina zu finanzieren. Im Juni 1935 telegrafierte die GJCA der *Abteilung Kinderauswanderung der Zentralwohlfahrtstelle* in Berlin, vorerst keine Kinder mehr zu schicken, und sandte stattdessen zwei Monate später 800 Dollar zur Unterstützung für Kinder nach Deutschland, deren Familien getrennt worden waren. Wegen der fehlenden Fonds funktionierte die GJCA nur noch im reduzierten Umfang und das Programm nahm nie wirklich richtig Fahrt auf.

Die vom *State Department* genehmigten 250 Visa waren erst im August 1936 aufgebraucht und Cecilia Razowsky von der GJCA musste die Berliner *Abteilung Kinderauswanderung*, die weitere Kinder schicken wollte, vertrösten:

> *Im Rahmen unseres derzeitigen Abkommens mit der Regierung können wir nicht mehr als zweihundertfünfzig eidesstattliche Erklärungen schicken, obwohl wir, wie ich Ihnen bereits angedeutet habe, hoffen, dass wir, sobald diese zweihundertfünfzig Kinder hier sind, in der Lage sein werden, eine kleine zusätzliche Gruppe zu organisieren.*[33]

1937 wurden dann noch einmal 120 zusätzliche Visa für unbegleitete Kinder genehmigt. Bis zum 1. März 1938, am Vorabend der durch den »Anschluss« Österreichs ausgelösten Flüchtlingskrise, hatte die Organisation 351 Kindern aus Deutschland unter ihrer Schirmherrschaft zur Flucht verholfen, und ihre Direktoren dachten daran, das Projekt ganz einzustellen.[34]

Nach der Statistik der Berliner *Abteilung Kinderauswanderung* konnten 80 Kinder im Jahr 1935 in die USA gebracht werden, 1936 waren es 77 Kinder und 1937 stieg ihre Zahl auf 93. Im Krisenjahr 1938 konnten nur 46 Kinder auf diesem Weg in die USA gelangen.[35] Dieser Entwicklung stand die wachsende Not der jüdischen Familien in Deutschland und ihre Suche nach einem sicheren Land für sich und ihre Kinder gegenüber.

Selbsthilfe und Helfende in Deutschland und Frankfurt am Main

Mit ihrem Plan, 250 Kinder in die USA zu bringen, hatte sich die GJCA 1934 an die deutsch-jüdischen Hilfsorganisationen gewandt. Während die damals noch selbstständige *Zentralwohlfahrtsstelle der Juden in Deutschland* in Berlin diese Initiative begeistert aufnahm[36], stieß der Plan bei deutschen Fürsorgern und Fürsorgerinnen anfänglich eher auf Skepsis bis Ablehnung, da das Projekt die Trennung von Eltern und Kindern vorsah. Erst als man sie davon überzeugt hatte, dass die Kinder, sobald sie das Erwachsenenalter erreichten, Affidavits, das heißt, die für die Einwanderung notwendigen Bürgschaften,

33 Brief von Cecilia Razowsky an Käte Rosenheim am 18. August 1936. YIVO, RG-249, GJCA, case file of Eva Fränkel.

34 Tydor Baumel (1990), S. 19.

35 Maierhof (2004a), S. 204.

36 Ebenda, S. 207.

für ihre Eltern ausstellen konnten, fanden sich Familien, die an dem Projekt teilnehmen wollten.[37]

Abgesehen von den Zionisten war 1933/34 die Haltung gegenüber der Auswanderung bei den jüdischen Gemeinden in Deutschland noch eher negativ bis ambivalent. Von der Politik der Nationalsozialisten, die man als vorübergehendes Übel ansah, wollte man sich von seinem Patriotismus und Zugehörigkeitsgefühl nicht abbringen lassen. Schließlich konnte auch niemand die künftige Entwicklung voraussehen. *»Der Hilfsverein steht auf dem Standpunkt, dass die deutschen Juden in ihrer Heimat, deren Schicksal das ihrige ist, in der Hoffnung auf ein würdiges Weiterleben ausharren wollen«*, unterstrich der stellvertretende Vorsitzende des *Hilfsverein der deutschen Juden*, Max Warburg, anlässlich der Generalversammlung in Berlin im Frühsommer 1934. Er räumte aber ein:

> *Erscheint es aber deutschen Juden aus wirtschaftlichen Gründen und der Zukunft der Kinder wegen unmöglich, in Deutschland zu bleiben, und ergibt sich infolgedessen eine wirtschaftliche und ideelle Notwendigkeit zur Auswanderung, so legt der Hilfsverein den größten Wert darauf, daß diese sorgfältigst vorbereitet wird. Der Hilfsverein betrachtet es als seine Pflicht, denen, die den schweren Entschluß gefaßt haben, ihr Vaterland zu verlassen, bei der Gründung einer neuen Existenz zu helfen.*[38]

Nach den Erinnerungen von **Max Hermann Maier**,[39] 1936 bis 1938 Leiter der für Auswanderungsfragen zuständigen Beratungsstelle des *jüdischen Hilfsvereins für Hessen-Nassau und Hessen*, lag von 1933 bis 1935 der Schwerpunkt der Arbeit auf der durch berufliche Umschulungen oder Sprachunterricht sorgfältig vorbereiteten *»geplanten Wanderung«*. Nach Inkrafttreten der *Nürnberger Gesetze* und der Einführung der »Rassentrennung« in den Schulen habe man sich dann immer mehr auf *»die unterstützte und beratende Flucht«* konzentriert, um möglichst schnell möglichst viele jüdische Menschen aus Deutschland herauszubringen. Und mit Blick auf die Kinderverschickungen bemerkt Maier:

> *»Anfänglich wurden von erfahrenen jüdischen Wohlfahrtspflegern gegen die Trennung von Familien ohne die Gewähr späterer Vereinigung sehr ernsthafte Bedenken erhoben. Sie waren an sich berechtigt, erfassten aber nicht das Ausmaß der Bedrohung in Deutschland.«*[40]

37 Tydor Baumel (1990), S. 18.

38 *Gemeindeblatt der Israelitischen Gemeinde Frankfurt am Main*, Juli 1934, Heft 11, S. 439f.

39 Max Hermann Maier, geb. am 25. Juni 1891 in Frankfurt am Main, hatte nach dem Abitur Rechtswissenschaften und Nationalökonomie in Freiburg, München, Berlin und Kiel studiert und sich in den 1920er Jahren in Frankfurt als Anwalt niedergelassen. 1936 übernahm er die Leitung der Beratungsstelle des *Jüdischen Hilfsvereins für Hessen-Nassau und Hessen*, wo er Auswanderungswillige beriet und ihnen Hilfe zur Flucht leistete. Während des Novemberpogroms 1938 gelang ihm mit Ehefrau und Nichte die Flucht über Holland nach Brasilien, wo sie sich in der deutschen Kolonie Rolandia niederließen.

40 Maier (1963), S. 385.

Schon 1933 hatte es bei der *Reichsvertretung der deutschen Juden*[41] bzw. bei der entsprechenden Abteilung für Auswanderung in Berlin immer häufiger Anfragen von Eltern gegeben, die ihre Kinder im Ausland unterbringen wollten. So wurde im Dezember 1933 schließlich die *Abteilung Kinderauswanderung der Zentralwohlfahrtsstelle der deutschen Juden* in Berlin eingerichtet.[42] Seit Januar 1934 leitete **Käte Rosenheim,**[43] langjährige Sekretärin des Preußischen Innenministers Carl Severing, Regierungsrätin und bis zu ihrer Entlassung 1933 im Wohlfahrtsdezernat der Berliner Polizeibehörde tätig, die neu gegründete Abteilung. Zwischen dem 1. November 1934 und 30. September 1941 organisierte Rosenheim mit ihrem Team die Flucht von insgesamt 7.253 unbegleiteten Kindern ins europäische Ausland und nach Übersee. Von diesen Kindern gelangten 627 in die USA.[44]

»Schon 1933 zeigte sich die Notwendigkeit, jüdische Kinder zu Schul- und Berufsausbildungszwecken im Ausland unterzubringen«, berichtete Käte Rosenheim rückblickend in einem Referat, das sie 1937 während der Jahrestagung des *Jüdischen Frauenbundes* hielt.[45] Ab Frühjahr 1934 arbeitete die *Abteilung Kinderauswanderung* eng mit der GJCA in New York zusammen und organisierte gemeinsam mit ihr und den Jugendfürsorgestellen der Jüdischen Gemeinden vor Ort die Kinderverschickungen.[46] Entgegen allen Erwartungen war die Resonanz auf das US-Hilfsprogramm enorm: 785 Bewerbungen aus dem Deutschen Reich gingen bis Dezember 1934 bei der *Abteilung Kinderauswanderung* in Berlin ein, bei 250 vom *State Department* für die Einwanderung unbegleiteter Kinder genehmigten Visa.

Die GJCA hatte Kriterien für die Auswahl der Kinder festgelegt. Es sollten Kinder sein, die

- zwar in ihren Familien lebten, aber als jüdische Familie isoliert waren,
- nicht mit ihren Familien zusammenlebten und deren Existenz durch die unsicheren und instabilen Verhältnisse bedroht wurde,
- Verwandte in den USA hatten oder
- aus Familien kamen, in denen es Probleme gab, für alle ein Visum zu erhalten.[47]

41 Die 1933 als Reaktion auf die Ausgrenzung und Verfolgung der Juden gegründete Interessensvertretung musste sich mit Inkrafttreten der *Nürnberger Gesetze* 1935 in *Reichsvertretung der Juden in Deutschland* umbennenen.

42 1935 wurde diese Abteilung in die *Reichsvertretung der Juden in Deutschland* integriert.

43 Käte Rosenheim (1892–1979) stammte aus einer assimilierten jüdischen Familie in Berlin. Sie besuchte von 1909 bis 1912 die von Alice Salomon gegründete *Soziale Frauenhochschule*, wo sie sich zur professionellen Sozialarbeiterin für gehobene Tätigkeiten in der sozialen Verwaltung ausbilden ließ. Zusätzlich machte sie eine Ausbildung zur Säuglingsschwester und arbeitete in verschiedenen Bereichen der Wohlfahrtspflege.

44 Vgl. Statistik der *Abteilung Kinderauswanderung* vom September 1941. Bundesarchiv Berlin, R 8150, Nr. 31, Bl. 224. Zit. n. Maierhof (2004a), S. 204.

45 Maierhof (2004a), S. 205.

46 Die GJCA-Geschäftsführerin Cecilia Razovsky machte mehrere Besuche bei Käthe Rosenheim und ihren Mitarbeiter und Mitarbeiterinnen in Berlin.

47 Ebenda, S. 208 sowie *Joint Distribution Committee* (JDC) Archives, New York, 33/44, File 233.

In Frankfurt war die *Abteilung Jugendfürsorge* der *Jüdischen Wohlfahrtspflege* die zuständige Stelle, an die sich Eltern wenden mussten, wenn sie ihr Kind über das Hilfsprogramm in die USA schicken wollten. **Dr. Ralph Bergel**,[48] Geschäftsführer der *Jüdischen Wohlfahrtspflege* in Frankfurt, erinnerte sich:

> *Die Jugendfürsorge übernahm auch die Verantwortung für die Auswahl der Kinder und Jugendlichen, denen jüdische Organisationen in den Vereinigten Staaten eine neue Heimat boten. Da ihre Zahl beschränkt war, mußte eine besonders sorgfältige Auslese getroffen werden, um Kindern, Eltern und den ausländischen Organisationen gerecht zu werden. Eltern und Kinder auf diese Trennung, die für manche leider eine dauernde wurde, vorzubereiten, war eine äußerst schwierige Aufgabe.*[49]

Für Eltern getaufter Kinder jüdischer Herkunft war bei den Protestanten das *Büro Pfarrer Grüber* beim *Evangelischen Verein der Inneren Mission* zuständig. Bei den Katholiken kümmerte sich das Auswanderer-Hilfswerk der Katholischen Kirche, der St. Raphaelsverein um die »nichtarischen« Christen. Diese Stellen leiteten Anträge von Eltern an ihre Zentralen in Berlin weiter, die sich dort wiederum mit ihren Listen ausgewählter Kinder an die *Abteilung Kinderauswanderung* der Reichsvertretung wandten.

Für die Auswahl der Kinder spielten die Fürsorger und Fürsogerinnen vor Ort eine zentrale Rolle. Nachdem die Bewerbungen der Eltern bei den lokalen Hilfsorganisationen eingegangen waren, überprüften diese die geistige und körperliche Gesundheit der Kinder sowie deren Familiensituation. Sie verfassten ein Persönlichkeitsbild des Kindes und schätzten die Dringlichkeit seiner Auswanderung ein. Diese Angaben fanden Eingang in einen Fragebogen, der zusammen mit der Bewerbung an die *Abteilung Kinderauswanderung* in Berlin geschickt wurde.

Das bürokratische Prozedere nahm einige Monate in Anspruch: Eltern, die für ihr Kind einen Antrag gestellt hatten, bekamen von der *Abteilung Kinderauswanderung* ein Merkblatt mit den erforderlichen Unterlagen und mussten einen Fragebogen für die Auslandsunterbringung ausfüllen. Dieser Fragebogen enthielt Angaben zu den Personalien, den Vermögensverhältnissen, zu Erziehungs- und Ausbildungsfragen. Als Unterlagen mussten eingereicht werden: Gesundheitszeugnis, Geburtsurkunde, Zeugnisse, Gutachten der Lehrer und der Fürsorger und Fürsogerinnen, Vollmacht der Erziehungsberechtigten sowie Passfotos.

Käte Rosenheim und ihre Mitarbeitenden hatten dann die Aufgabe, die von den örtlichen Jugendfürsorgestellen der Jüdischen Gemeinden eingereichten Anträge der Eltern zu bearbeiten und die Kinder in Abstimmung mit der GJCA auszusuchen. Dieser transnationale Dialog zur Umsetzung der vorgegebenen Kriterien kreiste in der Korrespondenz der beteiligten Organisationen diesseits und jenseits des Atlantiks hauptsächlich um zwei Fragen: Wer war besonders hilfsbedürftig und wer erschien besonders geeignet für das Programm und versprach eine möglichst gute Eingliederung in die amerikanische

48 Dr. Ralph Bergel, geb. 1901 in Marburg/Lahn, war von 1928 bis 1939 Geschäftsführer der *Jüdischen Wohlfahrtspflege* in Frankfurt am Main. Im Januar 1939 emigrierte er über England in die USA.

49 Bergel (1963), S. 294.

Gesellschaft?[50] Im Laufe der Jahre bekamen wegen der Knappheit an Pflegefamilien die Wünsche und Ansprüche der potenziellen Pflegeeltern an die Kinder bei deren Auswahl ein stärkeres Gewicht.

Sobald im GJCA-Büro in New York die vollständigen Unterlagen der ausgewählten Kinder aus Berlin eingegangen waren, bemühte man sich dort auf Grundlage der Angaben zur religiösen Ausrichtung, des Milieus und der sozialen Verhältnisse der Familie sowie der Berichte der Fürsorger und Fürsogerinnen, eine geeignete Pflegefamilie für das Kind zu finden. War die Familie gefunden, wurde beim INS in Washington die Zustimmung zu einem Affidavit beantragt. Nach Erteilung des Affidavits wurden das amerikanische Konsulat und die *Abteilung Kinderauswanderung* in Deutschland informiert. Letztere wendete sich nun an die Eltern und an den *Hilfsverein der Juden in Deutschland*. Der Hilfsverein vereinbarte daraufhin einen Termin beim amerikanischen Konsulat in Stuttgart für die Eltern und das Kind. Dort wurde das Kind medizinisch untersucht. War es gesund, wurde das Visum erteilt, und die Eltern mussten bei den deutschen Behörden einen Pass für ihr Kind beantragen. Nach Ausstellung des Passes organisierte die *Abteilung Kinderauswanderung* die Ausreise und schickte den Eltern weitere Informationen über die Ausreise und die Ausrüstung.[51]

Die *Abteilung Kinderauswanderung* sorgte auch für die Reisebegleitung der Kinder. Jede Gruppe von etwa 15 bis 20 Kindern wurde bei der Überfahrt von Mitarbeitenden oder Hilfskräften der *Abteilung Kinderauswanderung* begleitet. Da eine pädagogische Ausbildung verlangt wurde, waren es meist Kindergärtner und Kindergärtnerinnen oder Lehrer und Lehrerinnen wie Ellis Pincoffs,[52] die die Kindergruppen begleiteten. Sie reisten mit einem Besuchervisum und übergaben die Kinder bei der Ankunft im Hafen von New York den Mitarbeitenden der GJCA. Sie verpflichteten sich, nach Deutschland zurückzukehren, um die weitere Gewährung von Besuchsvisa für Transportbegleiter und -begleiterinnen durch die amerikanischen Konsulate nicht zu gefährden. Ausnahmen waren solche Begleiter und Begleiterinnen, die bereits im Besitz eines Visums für die USA waren und alle anderen Auswanderungsformalitäten erfüllt hatten. Auch unbegleitete Kinder, die auf der Basis privater Vereinbarungen mit einem eigenen Visum in die USA, meist zu Verwandten, reisten, wurden bei der Überfahrt mitbetreut. Sie wurden als »Anschlusskinder« bezeichnet.

50 Hartig (2015), S. 9.

51 Maierhof (2004a), S. 208ff.

52 Ellis Pincoffs war bis 1937 Lehrerin an der *Theodor-Herzl-Schule* in Berlin und anschließend für den *Hilfsverein der Juden in Deutschland* tätig. Sie begleitete Kindergruppen 1938, 1939 und 1940. Sie konnte in die USA emigrieren.

»Lotte, Du wirst nach Amerika gehen«

Offenbar warben amerikanisch-jüdische Hilfsorganisationen auch mit Vorträgen in Deutschland für das Hilfsprogramm. Darauf, dass es in Frankfurt eine solche Veranstaltung gegeben hat, weisen die Erinnerungen von Thea Kahn Landauer aus dem pfälzischen Eisenberg hin. Wie sie berichtet, wurde ihr Vater 1934 auf einer seiner Geschäftsreisen nach Frankfurt dort zum Vortrag eines Repräsentanten der *Hebrew Immigrant Aid Society* (HIAS) eingeladen und erfuhr so von dem amerikanischen Programm, Hunderte Kinder aus Deutschland in die USA zu bringen.[53]

Thea Kahn gehörte zur dritten Kindergruppe, die aus Deutschland mit einem Gemeinschaftsaffidavit der GJCA zu einer Pflegefamilie in die USA reiste und dort am 24. November 1934 ankam. Zur ersten Kindergruppe, die am 9. November 1934 in New York ankam, gehörten neun Jungen im Alter von elf bis 14 Jahren. Sie kamen ausschließlich aus gut situierten Familien aus Berlin und Umgebung und wurden alle bei Pflegefamilien in New York City und Umgebung untergebracht. Am 11. November 1934 kam eine zweite Gruppe von neun Kindern, darunter die ersten drei Mädchen an. Der Anteil der Mädchen stieg bei jeder Gruppe, bis er mit dem der Jungen gleich lag.

Mit einer Gruppe von 14 Jungen und Mädchen, die am 7. Dezember New York erreichte, kam **Lotte Goldschmidt (verh. Magnus)** aus Frankfurt am Main in die USA. Sie erinnerte sich auch nach mehr als 60 Jahren noch genau an den Septembertag 1934, als sie von der Entscheidung ihrer Eltern erfuhr, sie nach Amerika zu schicken.

> *Als ich von der Schule nach Hause kam, stand Luise, mein Kindermädchen, weinend an der Haustür. Ich erschrak, weil ich dachte, meinem Vater wäre etwas passiert. Auf meine Frage, was los sei, schickte sie mich zu meiner Mutter ins Wohnzimmer. Warum weint Luise, wollte ich von ihr wissen. Daraufhin erklärte sie mir: »Du fährst morgen nach Stuttgart, um dort dein Visum abzuholen. Du wirst nach Amerika gehen.«*[54]

Die Nachricht kam für die damals 14-Jährige völlig überraschend und gab ihrem Leben eine ganz neue Wendung. Den Entschluss, ihre Tochter Lotte aus dem von den Nationalsozialisten beherrschten Deutschland herauszubringen, wo Juden immer mehr ausgegrenzt und jüdischen Kindern die Zukunft verbaut wurde, hatten die Eltern Adolf und Lilly Goldschmidt schon vor Monaten gefasst. Über Else Rothschild, die jüngere Schwester der Mutter, hatten sie von dem privat finanzierten Programm amerikanisch-jüdischer Hilfsorganisationen erfahren. Als Privatsekretärin des Geschäftsführers der *Jüdischen Wohlfahrtspflege* in Frankfurt, Dr. Ralph Bergel, hatte Else Rothschild Einblick in dessen Korrespondenz. Sie hatte gleich an ihre Nichte Lotte gedacht und an die schwierige wirtschaftliche und persönliche Situation der Familie.[55]

---

53 Vgl. Thea Kahn Lindauer: *There Must Be an Ocean Between Us: Letters of Separation and Survival* (2002). Auszug zit. n. Jason & Posner, Iris (2004), S. 183f.

54 Magnus, Lotte (geb. Goldschmidt): Interview (1992).

55 Laut Beate Gohl hatte die Jüdische Wohlfahrtspflege 1933 ihren Sitz in der Langestraße, später umbenannt in Hans-Handwerk-Straße 30 und ab Ende 1934 in der Königswarther Straße, später umbenannt in Quinckestraße 26 (vgl. Gohl, 1997, S. 30).

Das einst gut gehende Geschäft für Schneidereibedarf in der Frankfurter Innenstadt hatte der Vater 1933 infolge der Wirtschaftskrise aufgeben und in die Wohnung der Familie in der Beethovenstraße 60 verlegen müssen. Mit dem Nazi-Boykott hatte sich die ökonomische Situation der Familie weiter verschlechtert. Lotte Magnus erinnerte sich, dass sie mit Geldknappheit zu kämpfen hatten und der Haushaltshilfe ein oder zwei Monatsgehälter schuldig bleiben mussten. Anfang 1934 war Lottes älterer Bruder Hans aus Frankreich zurückgekehrt, weil er dort keine Arbeitserlaubnis erhalten hatte. Jetzt arbeitete er als Reisender im schlecht laufenden väterlichen Geschäft *A. Goldschmidt & Co.* Der Vater, dem sich Lotte besonders verbunden fühlte, war wegen seiner Behinderung und der zunehmenden Existenzsorgen häufig niedergeschlagen. Er hatte sich nach seiner Rückkehr als Soldat aus dem Ersten Weltkrieg mit der Spanischen Grippe infiziert und als Folge davon sein Gehör verloren. Wegen seiner Taubheit war er nur noch eingeschränkt arbeitsfähig.

Die Eltern hätten positiv auf den Vorschlag ihrer Tante reagiert, sich um einen Platz für Lotte bei einer Kinderverschickung zu bewerben: *»Mein Vater und meine Mutter sagten zu Tante Else: ›Schau mal, was du tun kannst. Wir haben niemanden in Amerika, der uns Affidavits ausstellen würde. Das wäre vielleicht ein Weg, wie wir wenigstens eine von uns, unsere Jüngste, aus dem Land bringen könnten‹«*,[56] so Lotte (geb. Goldschmidt) Magnus. Die Eltern hätten auch gehofft, vielleicht später selbst über diese Brücke in die USA kommen zu können, falls sich ihre Situation weiter verschlechtern würde.

Die Nachricht von der bevorstehenden Reise nach Amerika löste bei Lotte widersprüchliche Gefühle aus. Nach dem ersten Schock und der Angst vor dem Unbekannten, überwogen bald Neugier und Abenteuerlust.

> *Als darüber gesprochen wurde, dass ich Deutschland verlassen sollte, machte mir das Angst. Es war aber auch aufregend, denn es war ein neues Abenteuer. Man konnte damit rechnen, dass man irgendwo anders hingehen und nicht das ganze Leben in Frankfurt bleiben würde. Bei den Pfadfindern hatten wir ja auch die Vorstellung, dass wir nach Palästina gehen würden.*[57]

Befördert wurde Lottes Vorfreude auch dadurch, dass die Eltern ihrer Tochter sagten, der Aufenthalt sei nur für ein Jahr. *»Mir war immer unklar, ob sie das nur gesagt hatten, um mich zu beruhigen, oder ob sie wirklich daran glaubten«*, so Lotte (geb. Goldschmidt) Magnus. Nur aufgrund dieser Perspektive habe sie die Monate vor der Abreise richtig genießen können. *»Meine Eltern gewährten mir in dieser Zeit mehr Freiheiten, da es ihre letzte Gelegenheit war, großzügig zu sein. Die letzten Wochen daheim waren wunderbar.«*[58]

Welche amerikanische Hilfsorganisation ihr die Reise und den Aufenthalt ermöglicht hatte, darin gingen die Erinnerungen von Lotte (geb. Goldschmidt) Magnus und die ihres sechseinhalb Jahre älteren Bruders Hans auseinander. Während sie überzeugt war, es sei

56 Magnus, Lotte (geb. Goldschmidt): Interview (1992).

57 Ebenda.

58 Ebenda.

das *Felix Warburg Committee* gewesen, war ihr Bruder der Meinung, *B'nai B'rith* habe sie gefördert. Die Unterlagen darüber waren bei irgendeinem ihrer Umzüge verloren gegangen.

1934 war die Mitnahme von Umzugsgut noch nicht beschränkt, und im Nachhinein habe sie sich gewünscht, ihre Mutter hätte ihr mehr Sachen von der Familie mitgegeben, so Lotte (geb. Goldschmidt) Magnus. Weil sie selbst annahm, der Aufenthalt sei beschränkt, hatte sie nur ein kleines Fotoalbum mit eigenen Aufnahmen von interessanten Orten und von ihren Freunden dabei. Viele Familienfotos waren nicht darin. Dieses Album sei das Einzige, was ihr über all die Jahre geblieben sei, seit sie ihr Frankfurter Zuhause verlassen hatte. Mit einem Schrankkoffer und einem kleinen Handkoffer mit überwiegend Kleidung trat sie die große Reise an. Einige neue Sachen hatte die Mutter in der Zeit von September bis November extra für sie anfertigen lassen. *»Ich war damals schon so groß wie heute, sodass meine Mutter keine Angst haben musste, dass ich aus den Sachen herauswachse.«*[59]

Ende November 1934 kam der Tag des Abschieds. Der Vater war auch mit zum Frankfurter Hauptbahnhof gekommen. *»Wenn Du bis zu Deinem 16. Geburtstag nicht wieder zuhause bist, siehst Du mich nicht lebend wieder«*,[60] habe er zu ihr gesagt, erzählt Lotte (geb. Goldschmidt) Magnus. Die Mutter konnte als Begleitperson ihrer Tochter und der zwölfjährigen **Hilde Levi (verh. Hilda Levy)**, die als zweites Kind aus Frankfurt, einen Platz bekommen hatte, mit nach Hamburg fahren. Dort trafen sich die 14 Jungen und Mädchen der Reisegruppe und ihre Begleiterinnen. Am 29. November ging die Gruppe an Bord des Passagierdampfers der Hapag-Linie *SS New York*. Wegen der rauen See dauerte die Überfahrt elf anstatt sieben Tage. Von der Reise mit Halt in Southampton und Calais bekam Lotte wegen ihrer Seekrankheit in den ersten Tagen nicht viel mit:

> *Ich wollte sterben, weil ich vom ersten Tag an seekrank war. Es war sehr stürmisch. Wir Kinder waren in der dritten Klasse untergebracht, zu zweit in einer Kabine. Ich lag zuerst nur im Bett, stand nur auf, um ins Bad zu gehen, aber nicht zum Essen. Nach sechs Tagen kam die Stewardess und zwang mich, Haferbrei und Grapefruit zu essen. Es war immer ein Kampf, mich zum Essen zu bringen. Grapefruit kannte ich überhaupt noch nicht. Sie hatte recht, dass ich mich besser fühlen würde, wenn ich etwas gegessen hätte. Von da ab ging die Reise besser.*[61]

Als das Schiff am 7. Dezember 1934 im Hafen von New York einlief, war Lotte nicht mehr seekrank: *»Als wir die Freiheitsstatue sahen, war ich sehr beeindruckt und dachte daran, was mir meine Mutter alles über Amerika erzählt hatte«*,[62] erinnerte sie sich. Die Kindergruppe wurde von Lotte Marcuse und den Mitarbeitenden der GJCA in Empfang genommen. An diese offizielle Begrüßung erinnerte sich Lotte Magnus nicht mehr, nur daran, dass ein Onkel ihrer Cousine, der schon seit Anfang der 1920er Jahre in den USA war, am Pier stand, um sie zu begrüßen. Auch eine Frau Katzenstein, die mit einem

59 Ebenda.
60 Ebenda.
61 Ebenda.
62 Ebenda.

Abb. 8: Lotte Goldschmidt mit ihren Eltern Lilly und Adolf Goldschmidt im Sommer 1934 in der Beethovenstraße 60.

Bruder ihres Vaters befreundet war, war gekommen, um sie abzuholen. Die ersten Tage sollte Lotte bei ihr und einer anderen Freundin in New York bleiben, weil die GJCA noch keine Gastfamilie für sie gefunden hatte. Erst später erfuhr Lotte, dass die Familie, die zugesagt hatte, sie aufzunehmen, im letzten Moment abgesprungen war.

Nach etwa einer Woche meldete sich das Ehepaar Klopfer und erklärte sich bereit, Lotte vorerst aufzunehmen. Eigentlich hatten sie nur einen Jungen haben wollen. Als sie dann einen Jungen aus Nürnberg gefunden hatten, durfte Lotte trotzdem bleiben. Das Paar mit deutsch-jüdischen Wurzeln in Augsburg hatte zwei kleine Jungen von vier und zwei Jahren und lebte in einem, wie Lotte fand, *»schönen kleinen Haus mit vier Schlafzimmern«* in Abington, einem Vorort von Philadelphia, Pennsylvania.

Im Dezember 1934 fing Lotte dort in der 8. Klasse mit der Schule an. Wegen ihres Nachholbedarfs in Englisch und amerikanischer Geschichte wurde sie zwei Klassen niedriger eingestuft. Den locker freundlichen Umgang zwischen Lehrern und Schülern an der amerikanischen Schule empfand Lotte als sehr angenehmen Kontrast zu ihren deutschen autoritären Schulerfahrungen. Sie lernte schnell Englisch und wurde bald eine der besten Schülerinnen. Im September 1935 konnte sie auf die High School wechseln.

Sie und ihr Mitbewohner aus Nürnberg waren die einzigen Flüchtlingskinder, die diese Stadt je gesehen hatte. Vorbehalte gegenüber Flüchtlingen oder Antisemitismus gehörten nicht zu Lottes Erfahrungen. Allerdings begegnete ihr eine große Unwissenheit, was die Situation der Juden in Deutschland betraf:

> *Die Leute dort wussten gar nichts über die finsteren Machenschaften der Nazis in Deutschland. Viele, auch meine Klassenkameraden, verstanden deshalb nicht, warum wir hier waren. Erst als Amerika im Dezember 1941 in den Krieg eintrat, verstanden sie, was ich durchgemacht hatte mit der Trennung von meinen Eltern und welcher Situation ich entkommen war.*[63]

Lottes Gasteltern dagegen waren über die Entwicklungen in Deutschland gut informiert. Hubert Klopfer, der aus einer schon vor Generationen zum Katholizismus konvertierten Augsburger Bankiersfamilie stammte und seit 1926 in den USA lebte, erhielt regelmäßig Berichte seiner Verwandten. Auch Lotte erfuhr einiges über ihren Briefwechsel mit den Eltern und mit ihrer Tante Else Rothschild. Allerdings war Offenheit bei Auslandsbriefen wegen der Briefzensur nicht mehr möglich und gefährlich. Man war zunehmend gefordert, zwischen den Zeilen zu lesen. Als Lotte im Herbst 1935 – das Jahr ihres ursprünglich geplanten Aufenthaltes war fast abgelaufen – ihrer Tante Else schrieb und fragte, wann sie nach Frankfurt zurückkommen könne, bekam sie von ihr keine Antwort. Stattdessen kam ein Brief ihres Frankfurter Onkels Alfred Ettlinger, der einen Auslandsaufenthalt genutzt hatte, um ihr im Auftrag seiner Schwägerin zu antworten: *»Er schrieb, dass es Selbstmord wäre, wenn ich zurückkäme, und Klopfers bestätigten, was der Onkel geschrieben hatte. Es war ein Schock für mich, denn ich realisierte, dass ich meine Familie und meine Freunde vielleicht nicht wiedersehen würde«*,[64] so Lotte. Die Trennung von ihrer Familie wurde angesichts dieser Perspektive immer schmerzlicher, was sie aber niemandem zeigte: *»Ich hatte meine Gefühle; oft konnte ich es kaum erwarten, bis es Zeit war, ins Bett zu gehen, um zu weinen«*, sagte sie, fügte aber hinzu: *»Ich war einfach noch nie ein Mensch, der sehr viele Gefühle gezeigt hat. Ich bin nicht sehr theatralisch.«*[65]

Sie habe einen Jungen gekannt, erzählt Lotte Magnus, der es nicht aushielt, von seiner Familie getrennt zu sein und der von den USA zurück nach Deutschland gegangen sei. Was aus ihm geworden sei, wisse sie nicht. Ihr Bruder wäre damals gerne in die USA gekommen, hätte aber niemanden gehabt, der ihm ein Affidavit geben konnte, und sie selbst hätte ihm als Minderjährige keines ausstellen können.

Im November 1936 – die »Rassegesetze« und der Entzug der Bürgerrechte hatten die Situation der Juden in Deutschland weiter verschlechtert – kamen wochenlang keine Briefe mehr aus Frankfurt. Erst nach zwei Monaten erfuhr Lotte über Verwandte, was dort mit ihrer Familie passiert war: Ihre Mutter, Lilly Goldschmidt, hatte aus Verzweiflung über die schlechte finanzielle Situation und über all das, was den Juden angetan wurde, versucht, sich das Leben zu nehmen. Der Bruder Hans hatte sie gefunden und ins Krankenhaus gebracht. Da die Haushaltshilfe Luise Nerper aufgrund der Rassegesetze nicht mehr bei der Familie beschäftigt werden durfte und Adolf Goldschmidt nicht allein zuhause bleiben konnte, hatte der Arzt ihn ebenfalls ins Krankenhaus eingewiesen. Dort hatte man ihm gesagt, dass seine Frau vielleicht nicht durchkommen würde.

63 Ebenda.

64 Ebenda.

65 Director Knudsen (2002).

Die Vorstellung, dass er ohne sie mit seiner Behinderung in Nazideutschland nicht überleben konnte, war für ihn wahrscheinlich der Auslöser dafür gewesen, sich das Leben zu nehmen. Er war am 7. November 1936 im Israelitischen Krankenhaus in der Gagernstraße gestorben. Die Mutter hatte den Suizidversuch überlebt und war auf dem Weg der Besserung.

Als sie nach ihrer Genesung wieder schrieb, erfuhr Lotte, dass sie das Geschäft aufgelöst hatte und ihren Lebensunterhalt jetzt teilweise mit der Untervermietung von zwei Zimmern der großen Wohnung in der Beethovenstraße 60 bestritt. Es gab auch gute Nachrichten: Hans hatte eine Stelle als Reisender in der Schmuckfirma eines jüdischen Eigentümers gefunden und konnte die Mutter finanziell unterstützen. Im Dezember 1937 verlobte sich Hans mit Ellen Kastellan, die er im Sommer 1935 im Jüdischen Sportverein *TSV Schild* kennengelernt hatte. Am 24. März 1938 heirateten die beiden standesamtlich und wurden am 10. April 1938 in der Westend-Synagoge getraut. Nachdem Hans zu seiner jungen Frau und den Schwiegereltern Herbert und Anna Kastellan in die Bürgerstraße 87 (heute: Wilhelm-Leuschner-Straße 83) gezogen war, gab die Mutter Lilly Goldschmidt die Wohnung in der Beethovenstraße 60 auf und bezog im zweiten Stock der Liebigstraße 27b ein Zimmer als Untermieterin.

Eine Familie löst sich auf

Genau einen Monat nach Lotte Goldschmidt, am 29. Dezember 1934, fuhr der 13-jährige **Heinz Auerhan (Hy Mossler)** mit demselben Schiff, der *SS New York*, von Hamburg mit einer Kindergruppe nach New York. Die Gruppe bestand aus neun Jungen und einem Mädchen im Alter zwischen zehn und 14 Jahren. Heinz Auerhan war der Einzige aus Frankfurt. Das Schiff erreichte am 8. Januar 1935 den New Yorker Hafen.[66] Heinz kam nach Chicago zu Phil und Roseline Mossler, die eine Tochter hatten.

Bis zu seiner Abreise hatte Heinz zusammen mit seinen Eltern Felix und Camilla Auerhan sowie seinem vier Jahre jüngeren Bruder **Egon Auerhan (Edward/Ed Mossler)** in einer Wohnung im dritten Stock der Baustraße 10 gewohnt. Dort betrieb der Vater ein kleines Geschäft für Haushaltsartikel. Die Mutter war Hausfrau und machte ab und zu Näharbeiten. Die Familie gehörte zum liberalen Judentum und besuchte die Hauptsynagoge. Hier hatte Heinz im September 1934 seine Bar Mizwa gefeiert. Beide Brüder waren Schüler am *Philanthropin.*

Wie **Ed Mossler** erinnerte, war der Weggang seines geliebten Bruders eine schmerzliche Wende in seinem Leben. Der Tag des Abschieds sei für ihn der bis dahin traurigste Tag in seinem Leben gewesen: *»Nach dem Abschied von Heinz am Frankfurter Hauptbahnhof haben Vater und ich zuhause zusammen im Wohnzimmer gesessen und geweint«*,[67] erzählt er.

66 The Statue of Liberty – Ellis Island Foundation, Inc. Passenger Search: Online: https://heritage.statueofliberty.org/ [Stand 18. Dezember 2019].

67 Mossler, Edward (Egon Auerhan): Interview 35767, VHA.

Abb. 9: Familie Auerhan zu Besuch bei den Großeltern in Berlin um 1927.

Abb. 10: Egon mit seinen Eltern Felix und Camilla Auerhan um 1936.

Die Eltern hätten früh erkannt, dass es in Deutschland keine Zukunft für ihre Kinder gab und mit ihm darüber gesprochen, dass sie auch ihn in die USA schicken wollten. Es sollte aber noch Jahre dauern, bis Egon seinem geliebten Bruder folgen konnte. Vorerst bedeutete der Abschied von ihm für den Neunjährigen auch die fortschreitende Auflösung des Familienlebens in Frankfurt. Die Ehe der Eltern, die sich häufig gestritten hatten, wurde im August 1937 geschieden. Obwohl Egon beim Vater bleiben wollte, dem er sich eng verbunden fühlte, wurde das Sorgerecht der Mutter zugesprochen. Diese vermied die absehbaren Spannungen und brachte Egon fern von Frankfurt und seinem Vater in Köln in einem jüdischen Waisenhaus unter.

Das *Abraham-Frank-Haus* in der Aachener Straße 443 in Köln war ein orthodox geführtes jüdisches Heim, in dem sich Egon wohlfühlte. Er hatte aber nicht nur seine Familie, sondern auch seine gewohnte Frankfurter Umgebung und seine Schulfreunde am *Philanthropin* verloren, der Schule, die er schon seit seiner Einschulung besucht hatte. Der Vater konnte ihn aus finanziellen Gründen in Köln in den nächsten Jahren nur ein einziges Mal besuchen, die Mutter kam nur einmal jährlich. Obwohl es ihm in dem Kölner Heim gut gegangen sei, habe er die Zeit dort weitgehend vergessen. Aus seiner Kindheit habe er nur von Frankfurt eine lebendige und gute Erinnerung behalten, berichtet Edward Mossler in dem Interview.

»Mein Vater hat sich verständlicherweise von seiner Mutter abgeschoben gefühlt und war deswegen lange voller Groll und Wut gegen sie«, erklärt der Sohn Ronald Mossler, der sich als Psychologe mit der Geschichte seines Vaters beschäftigt hat. Erst in späteren Jahren habe dieser verstanden, dass seine Mutter Camilla die treibende Kraft bei seiner Rettung gewesen war und alles dafür getan hatte, auch ihn in den USA in Sicherheit zu bringen.

»Mit diesem Ziel hat sie wahrscheinlich nach der Scheidung energisch für das Sorgerecht gekämpft und Egon in einem Heim entfernt von Frankfurt untergebracht, wo er gut versorgt und sicher war. Nur so konnte sie sich intensiv um die Auswanderung kümmern und das nötige Geld dafür als Haushälterin verdienen«,[68] ist Ronald Mossler überzeugt.

Frankfurt im Zeichen der »Rassentrennung«

Anlässlich der Olympischen Spiele 1936 in Berlin schaute die Welt auf ein Deutschland, das sich weltoffen und tolerant gab. Auch in Frankfurt verschwanden während dieser Wochen die diskriminierenden Schilder gegen Juden an den Orten, an denen man mit ausländischen Gästen rechnen musste. Aber unter der glatten Oberfläche liefen Diskriminierung und Verfolgung weiter.

Die im September 1935 erlassenen *Nürnberger Gesetze*, das Reichsbürger- und das Blutschutzgesetz, bedeuteten für die Juden in Deutschland eine schwere Demütigung und hatten ihre Situation gravierend verschlechtert: Sie hatten ihre Bürgerrechte verloren und waren zu bloßen Staatsangehörigen ohne Wahlrecht degradiert worden. Sie durften sich nicht mehr Deutsche nennen, nur noch »Juden in Deutschland«. Das *Gesetz zum Schutz des deutschen Blutes und der deutschen Ehre* erklärte auch Deutsche zu Juden, die keiner jüdischen Religionsgemeinschaft mehr angehörten. Es verbot sexuelle Beziehungen und die Eheschließungen zwischen »Juden« und »Ariern« und stellte sie unter strenge Strafen. Darüber hinaus durften Juden keine christlichen weiblichen Hausangestellten unter 45 Jahren mehr beschäftigen.

Im Alltag zeigten diese Gesetze eine rasche und konsequente Wirkung durch die Ausgrenzung aus dem öffentlichen Leben auf allen Ebenen. Als Vereine, auch Sportvereine, ihre jüdischen Mitglieder ausschlossen, traf das auch die Kinder. Die nationalsozialistische Zwangsvorstellung von der »Rassenschande« führte im Sommer 1936 auch in Frankfurt dazu, dass Juden aus den städtischen Freibädern und dem Hallenschwimmbad ausgeschlossen wurden. Die Schilder »Juden unerwünscht«, die an den Eingängen angebracht wurden, galten auch für jüdische Kinder und Jugendliche. Wenn sie schwimmen gehen wollten, mussten sie bis nach Frankfurt-Niederrad fahren. Das dortige Licht- und Luftbad am Main war seit Mai 1936 das einzige Schwimmbad, das Juden noch benutzen durften.[69]

Die »Rassentrennung« wurde ab dem Schuljahr 1936 auch für die staatlichen weiterführenden Schulen verbindlich. Für die jüdischen Schülerinnen und Schüler mussten gesonderte Klassen eingerichtet oder diese auf bestehende jüdische Schulen verteilt werden. Hinzu kamen die jüdischen Kinder, die aus den Landgemeinden mit ihren Eltern nach Frankfurt zogen. Die orthodoxen unter ihnen gingen auf die *Samson-Raphael-Hirsch-Schule* der *Israelitischen Religionsgesellschaft* am Tiergarten. Aber die meisten jüdischen Schüler wechselten nun zum *Philanthropin*. Dort reichte durch die

68 Korrespondenz der Autorin mit Ronald Mossler im Mai/Juni 2021.

69 Kommission zur Erforschung der Geschichte der Frankfurter Juden (Hrsg.) (1963), S. 365ff.

gestiegene Schülerzahl das Gebäude in der Hebelstraße nicht mehr, um alle Klassen aufzunehmen. Man richtete Unterrichtsräume in anderen Gebäuden der Jüdischen Gemeinde ein, so in der Eckenheimer Landstraße 16 sowie in der Bleichstraße 8 und im Hermesweg 5–7.

Zum Schulalltag der jüdischen Kinder gehörte in dieser Zeit, dass ständig neue Kinder hinzu kamen, die man erst kennenlernen musste. Immer häufiger musste man auch Abschied nehmen von Schulfreunden und -freundinnen. Denn als Reaktion auf die *Nürnberger Gesetze* und die zunehmenden Repressionen verließen 1.318 jüdische Frankfurter und Frankfurterinnen im Jahr 1936 Deutschland. Durch die Flucht der Familien ins Ausland sank die Schülerzahl in den nächsten Jahren auch am *Philanthropin* wieder. Etwas gemindert wurde dieser Rückgang durch die Kinder, deren Eltern aus den Landgemeinden nach Frankfurt flohen.

Unter den 80 unbegleiteten Kindern, die Deutschland und ihre Familien 1935 über die Berliner *Abteilung Kinderauswanderung* verließen, waren aus Frankfurt die 14-jährige **Lilli Fränkel (Frankel, verh. Bythiner)** und der 14-jährige **Karl-Heinz Strauß (Charles Henry Strauss)**. Sie gehörten zu einer Gruppe von zwölf Kindern, neun Jungen und drei Mädchen, die am 12. Februar 1935 von Hamburg mit der *SS Manhattan* nach New York fuhren und dort am 20. Februar 1935 ankamen. Zu einer weiteren Gruppe von 16 Kindern, 13 Jungen und drei Mädchen, die sich nur zwei Tage später, am 14. Februar 1935 in Hamburg mit der *SS New York* einschiffte, gehörten aus Frankfurt **Ruth Wellhöfer (verh. Sommer)** und **Günter (Gary) Grass**. Diese Gruppe kam am 24. Februar 1935 im New Yorker Hafen an. Mit demselben Ziel ging am 12. April 1935 der zwölfjährige **Rolf Westerfeld (Ralph Westerfield)** aus Frankfurt in einer kleinen Gruppe von vier Kindern, zwei Jungen und zwei Mädchen, in Bremen an Bord der *SS Bremen*. Die Gruppe kam am 18. April 1935 im Hafen von New York an.[70]

Rolf Westerfeld war in gutsituierten Verhältnissen im Holzhausenviertel aufgewachsen und hatte wie seine ein Jahr jüngere Schwester Gretel zunächst die *Holzhausenschule* und dann das *Philanthropin* besucht. Sein Vater, ein erfolgreicher Wirtschaftstreuhänder, wurde nach der Machtübernahme der Nationalsozialisten von der Gestapo verfolgt und musste schon 1933 ins Ausland fliehen. 1934 zogen Rolf und Gretel mit der Mutter in die Kronberger Straße 20 um. Die Geschwister besuchten das *Philanthropin* und ab Herbst 1934 die Privatschule von Anny Hamann in der Telemannstraße 13. Den Hintergrund des Wechsels auf die Privatschule schilderte die Schwester Gretel später gegenüber der Entschädigungsbehörde:

> *Die wiederholten Besuche durch die Gestapo, einmal kamen sie sogar während der Nacht, die Aufregungen durch die mir unerklärlichen Verfolgungen, der Schrecken innerhalb der Familie, erzeugten in mir ein solches Angstgefühl, dass ich mich fürchtete, allein in die Schule zu gehen oder mit anderen Kindern im Freien zu spielen.*[71]

70 The Statue of Libertry – Ellis Island Foundation, Inc. Passenger Search: Online: https://heritage.statueofliberty.org/ [Stand 18. Dezember 2019].

71 HHStAW, Abt. 518, Nr. 77991.

Weil Gretel sich weigerte, zur Schule zu gehen, habe der Schularzt des *Philanthropin* der Mutter empfohlen, die Geschwister auf die in der Nähe ihrer Wohnung gelegene Privatschule zu schicken. Da die Familie den Vater und ihre Existenzgrundlage verloren hatte, bekamen beide Kinder einen Platz für die Verschickung in die USA. Gretel konnte ihrem Bruder 1937 folgen.

Zu den 77 Kindern, die 1936 aus Deutschland in die USA geschickt werden konnten, gehörten aus Frankfurt der 15-jährige **Friedrich (Frederick/Fred) Mayer**, der 14-jährige **Ernst Weinberg (Ernest Walton)** sowie die 14-jährige **Ruth Kaufmann**. Die beiden Jungen gingen in einer Gruppe von 13 Kindern, bestehend aus drei Mädchen und zehn Jungen, am 14. Oktober 1936 in Hamburg an Bord der *SS President Roosevelt* und kamen am 24. Oktober 1936 in New York an. Begleitet wurde diese Gruppe bei der Überfahrt von der Berliner Krankenschwester Eva Auerbach. An Bord war auch Käte Rosenheim, die Leiterin der Berliner *Abteilung Kinderauswanderung*, die nach New York reiste, um dort mit Hilfsorganisationen zu verhandeln. Ruth Kaufmann ging am 29. Oktober 1936 in einer Gruppe von 16 Kindern, neun Jungen und sieben Mädchen in Hamburg an Bord der *SS New York* und kam am 6. Novemeber in New York an.

Von Frankfurt in ein kalifornisches Waisenhaus

Frederick (Friedrich) Mayer erinnerte sich später:

> *Auf dem Schiff, mit dem ich 1936 in die Vereinigten Staaten auswanderte, bin ich mir sehr einsam und isoliert vorgekommen, weil ich gerade erst fünfzehn Jahre alt war und die lange Fahrt ganz allein durchstehen musste. Mein Vater und meine Mutter blieben in Deutschland zurück, und an Bord war niemand, der sich wirklich um mich gekümmert hätte. Die Kabine, in der ich die fünf Tage und Nächte zubrachte, die die Reise dauerte, war heiß und stickig, und ich litt sehr unter der Trennung von meinen Eltern und der Seekrankheit.*[72]

In seiner Erinnerung ist die Überfahrt auf die Hälfte der wirklichen Reisezeit zusammengeschrumpft, die anderen Kinder und die Betreuerin, mit denen er reiste, sind wie ausgelöscht, geblieben sind nur die kindlichen Gefühle der Einsamkeit und Isolation, des Trennungsschmerzes und das Elend der Seekrankheit.

Dabei hatte sich Friedrich, wie er schreibt, zuerst sehr gefreut, als ihm die Eltern ihren Entschluss mitteilten, ihn in die USA zu schicken, in *»das Land der Cowboys und Indianer, ein Land der Abenteuer und der Freiheit«*, wie er es sich in seiner kindlichen Phantasie ausmalte. *»Dann aber kam der Abschied, und alle meine Freude war vergessen, denn ich wußte nicht, wann ich meine Eltern wiedersehen würde. Ich hatte das Gefühl, es wäre ein Abschied für immer, und es gab eine furchtbare Szene auf dem Bahnsteig in Frankfurt.«*[73]

72 Mayer (1984), S. 11.

73 Ebenda, S. 19.

Auch Friedrich hatte bedrückende Jahre des sozialen Abstiegs und der Ausgrenzung erlebt. Mit seinem älteren Bruder Wilhelm war er in Hanau in wohlhabenden Verhältnissen aufgewachsen. Sein Vater war Direktor der dortigen Filiale der *Dresdener Bank* gewesen. *»Wir lebten in einer großen Wohnung im besten Viertel der Stadt, es gab bei uns viele Dinge, die sich in dieser Zeit der ökonomischen Krise und Massenarbeitslosigkeit nur sehr wenige Leute leisten konnten«*, schildert er die familiären Verhältnisse. Er habe aber früh auch Einblick in das Leben armer Leute gehabt, da sein Kindermädchen ihn oft zu ihrer Familie mitnehmen durfte, in deren einfacher, aber herzlicher und offener Atmosphäre er sich immer wohler gefühlt habe als Zuhause. Nach der Machtübernahme der *NSDAP* 1933 seien fast alle seine Lehrer am Hanauer Gymnasium Nazis gewesen. *»Einige waren SA-Mitglieder, andere trugen mit Stolz ihre SS-Uniform. Ohne Ausnahme verherrlichten sie militärische Aggressivität und militärische Tugenden«*,[74] schrieb er später. 1933 wurde Friedrich zum ersten Mal von Hitlerjungen verprügelt. *»Schließlich kam der Tag, an dem ich mich nicht mehr auf die Straße wagte. Die deutschen Kinder duften mit mir nicht mehr Fußball spielen und ich fühlte mich entsetzlich einsam.«* Er habe öfter an Selbstmord gedacht, weil er sich *»von der Welt vor unserer Haustür bedroht«* fühlte. Der Vater habe später einen Selbstmordversuch unternommen.[75] Siegmund Mayer wurde im April 1934 zwangsweise pensioniert, weil er Jude war. Die Eltern schickten den älteren Bruder Wilhelm auf ein Internat nach England. Die Familie musste die alte Wohnung und den großzügigen Lebensstil aufgeben und zog nach Frankfurt. Dort besuchte Friedrich den gymnasialen Zweig des *Philanthropin* bis zu seiner Ausreise in die USA.

»Ich kann die Erleichterung nicht beschreiben, die mich überkam, als ich nach endlos scheinenden Tagen und Nächten die Freiheitsstatue sah. Nicht nur daß ich damit wußte, daß die Reise zu Ende war, sondern auch weil sich meine Vorstellung von einem freien Land eng mit diesem Wahrzeichen verband«,[76] beschreibt er seine Ankunft in den USA. Aber auch im Waisenhaus *Vista del Mar*[77] in Los Angeles, in dem er die kommenden Jahre lebte, blieb er einsam und isoliert.

> *Von außen wirkte die Anlage, die wir bewohnten, gepflegt und freundlich, wir hatten sogar einen eigenen Tennisplatz und wurden jeden Morgen mit dem Bus zur Schule gebracht. Drinnen aber herrschte eine unpersönliche Kälte. [...] Meine Hoffnung, man würde mich in den USA nicht mehr als Außenseiter behandeln, erfüllte sich nicht, denn auch im Waisenhaus lebte ich isoliert, und die anderen Jungen ließen oft ihre Wut an*

74 Mayer (2011), S. 88.

75 Mayer (1984), S. 18.

76 Ebenda, S. 19.

77 Das Jüdische Waisenhaus *Vista del Mar* wurde nach dem von Reformern entwickelten »cottage plan«, einer neuen Form von Waisenhäusern gebaut und 1925 im Westen Los Angeles eröffnet. Auf einem großzügigen Gelände errichtet, bestand es aus fünf großen zweistöckigen Häusern für je 18 Kinder und eine Pflegemutter sowie dem Haus des Heimleiters, Joseph Bonapart, einer Krankenstation, einer Wäscherei und mehreren kleinere Wohnungen für das Personal. Joseph Bonapart war der Bruder von Benjamin Bonapart, der das Waisenhaus *Homewood Terrace* in San Francisco leitete und das nach demselben Prinzip familienähnlicher Gruppen aufgebaut war.

mir aus. Für sie war ich jemand aus einer anderen Welt, der nicht zu ihnen gehörte. Sie reagierten darauf mit einer dumpfen Brutalität, die mir sehr zu schaffen machte.[78]

Seine Isolation als Flüchtlingskind sei noch dadurch verstärkt worden, dass er an den Besuchstagen als Einziger ganz allein gewesen sei.

Trotz aller anfänglichen Schwierigkeiten machte er eine guten High School-Abschluss und konnte sein Studium der Philosophie und Pädagogik an der *University of Southern California* in Los Angeles 1944 mit einer Promotion mit »summa cum laude« abschließen. Als Professor für diese Fächer an der Universität von Redlands, Kalifornien, machte er eine bemerkenswerte wissenschaftliche Karriere. Mit seinen Publikationen erlangte er internationale Bekanntheit und beeinflusste nachhaltig die Entwicklung der modernen Pädagogik.

Als **Ruth Kaufmann** die Überfahrt von Hamburg nach New York am 29. Oktober 1936 antrat, blieben ihre Eltern Rosa und Julius Kaufmann sowie ihr zwei Jahre jüngerer Bruder Martin in Frankfurt zurück. Auch Ruth und ihr Bruder waren in wohlhabenden Verhältnissen aufgewachsen. Der Vater, ein gelernter Bankkaufmann, hatte in den 1920er Jahren in Frankfurt Karriere gemacht. 1922 war er stellvertretender Direktor der *Westbank AG* geworden und hatte dort die Börsenabteilung und das Effektengeschäft geleitet. Seit 1925 war er als leitender Direktor beim *Verein Kollektiv-Skonto e. V.*, der Liquidationskasse für sämtliche Termingeschäfte an der Frankfurter Effektenbörse, zuständig gewesen. Die Familie war Anfang der 1930er Jahre in eine große Wohnung in der Staufenstraße 28 gezogen. Ruth hatte die *Elisabethenschule* und ihr Bruder Martin die *Wöhlerschule* besucht.

Mit der Machtübernahme der Nationalsozialisten hatte sich das Leben der jüdischen Familie schlagartig verändert. Im Juni 1933 war Julius Kaufmann auf Betreiben der Nationalsozialisten bei der Bank von einem Tag auf den anderen vor die Tür gesetzt worden. Nachdem ihn SA-Leute am Betreten seines Büros gehindert hatten, wurde er gezwungen, sich mit einer vorzeitigen Auflösung seines Arbeitsvertrages einverstanden zu erklären. Die Familie verlor ihre Existenzgrundlage. Noch im selben Jahr musste Ruth die *Elisabethenschule* verlassen, nachdem die Nationalsozialisten dort den Schuldirektor Dr. Arnold Sander durch den NSDAP-Mann Alfred Bär ersetzt hatten. Sie wechselte auf die jüdische Reformschule *Philanthropin*. 1935 musste auch ihr Bruder Martin die *Wöhlerschule* verlassen und wurde ebenfalls Schüler am *Philanthropin*. Dort kam er in die Klasse von Ernst Stock, mit dem er sich anfreundete.

Die Mutter Rosa Kaufmann, die als junge Frau im Kaufhaus Hansa gearbeitet und ihre Berufstätigkeit nach der Heirat 1921 aufgegeben hatte, sah sich nun gezwungen, zum Familieneinkommen beizutragen. Sie absolvierte einen Schnellkursus in Pralinen- und Konfitürenfertigung. Unter dem Firmennamen *ROKA-Pralinen* stellte sie jetzt in der Wohnung Pralinen auf Bestellung her. Auch der Vater arbeitete überwiegend zu Hause. Er hatte im Januar 1934 ein Gewerbe als Vermögensverwalter und -revisor angemeldet und beteiligte sich auch an der *Kohlenhandlung Schwarz OHG* im Grüneburgweg

78 Mayer (1984), S. 21.

37. Die große 6-Zimmer-Wohnung in der Staufenstraße 28 war zur Arbeits- und Produktionsstätte der Familie geworden.[79]

Ruth gehörte zu den Kindern, die bereits 1934 von der GJCA für eine Kinderverschickung registriert worden war. Daher wurde ihr Reisepass schon am 10. Oktober 1934 ausgestellt. Wegen der Schwierigkeiten der GJCA, für alle 250 Kinder eine Pflegefamilie zu finden, musste sie fast zwei Jahre auf ihre Abreise warten.[80]

Abb. 11: Passfoto von Ruth Kaufmann von 1934.

Am 27. Oktober 1936 vormittags musste Ruth sich wie die anderen 15 Kinder ihrer Gruppe im Hamburger Büro der GJCA melden. Anschließend traf sie die Kinder ihrer Reisegruppe in der Gepäckhalle der *Hapag Lloyd*. Sie hatte sie bereits einige Wochen vorher anlässlich der Erteilung des Visums im Amerikanischen Konsulat in Stuttgart kennengelernt. Zur Gruppe gehörten die damals 13-jährige Ilse Hamburger aus Bad Kissingen und die 14-jährige Ruth Schlamme aus Würzburg. Ihren Aufzeichnungen verdanken wir die Einzelheiten zum Reiseverlauf. Diese enthalten auch die Namen der anderen Kinder der Gruppe, darunter den von Ruth Kaufmann aus Frankfurt.[81]

Am Abreisetag, den 29. Oktober 1936, mussten sich die Kinder um neun Uhr morgens von ihren Eltern verabschieden, die sie nicht zum Schiff begleiten durften. Dann wurden sie mit dem Zug zum *Cuxhafener Pier* gebracht, wo sie gleich an Bord des Passagierdampfers *SS New York* gingen. Frau Lublind und eine weitere, nicht namentlich erwähnte, von der Berliner *Abteilung Kinderauswanderung* beauftragte Frau, begleiteten die Gruppe bis New York. Auf dem Schiff wurden die Kinder in kleinen Zweibettkabinen untergebracht. Um 13 Uhr lief der Dampfer aus dem Hamburger Hafen aus. Am nächsten Morgen ankerte das Schiff vor der Küste von Southampton, um weitere Passagiere aufzunehmen. Um sieben Uhr abends ging es noch einmal im französischen Hafen Cherbourg vor Anker, bevor es den Kanal zum offenen Atlantik hin verließ. Die Passagiere erwartete eine stürmische Überfahrt. Viele Kinder, darunter auch Ruth Kaufmann, waren tagelang seekrank.

79 HHStAW, Abt. 518, Nr. 19417; 19465.

80 HHStAW, Abt. 518, Nr. 19471.

81 Hamburger Phillips, Ilse (1936): *My diary!* Zit. n. Jason & Posner (2004), S. 133–141 sowie Schlamme Schnitzer, Ruth (1936): *Letters*. Zit. n. Jason & Posner (2004), S. 142–150.

Mit Ausnahme der Maschinenräume durften sich die Kinder auf dem Schiff frei bewegen. Zum Unterhaltungsprogramm gehörten eine Schiffsführung, ein Kinderfest mit Kakao, Cookies und abschließendem Gruppenfoto sowie ein Kostümfest. Darüber hinaus standen den Kindern Tipp Kick, Tischtennis, Karten- und andere Spiele zur Verfügung. Die Mahlzeiten nahmen sie in einem separaten Kinderspeisesaal ein. Am 6. November, dem letzten Morgen an Bord, frühstückten die Kinder schon um sieben Uhr und gingen danach an Deck. *»Vom Schiffsende können wir die Freiheitsstatue sehen«*,[82] schrieb Ilse Hamburger in ihr Tagebuch. Um 12 Uhr mittags lief das Schiff im New Yorker Hafen ein. Die Kinder wurden noch einmal vom Arzt untersucht, bevor sie um 14.30 Uhr das Schiff verlassen durften.

Am Kai warteten die Mitarbeiterinnen des GJCA und begrüßten die Kinder. Unter ihnen war auch Käte Rosenheim, die Leiterin der Berliner *Abteilung Kinderauswanderung*, die am 24. Oktober zusammen mit der vorigen Kindergruppe nach New York gekommen war.[83]

Ruth Kaufmann war eines der wenigen Kinder, das nicht in einer Pflegefamilie, sondern, auf Wunsch ihrer Eltern, in einem Jüdischen Waisenheim untergebracht wurde. Sie reiste mit dem Zug weiter nach San Francisco. Am 10. November 1936 traf sie im dortigen Jüdischen Waisenhaus *Homewood Terrace*[84] ein, das für die nächsten Jahre ihr Zuhause wurde. Von dort aus besuchte sie die *Lowell High School* in San Francisco, die sie im Januar 1941 abschloss. In dieser Zeit nahm *Homewood Terrace* zahlreiche weitere Flüchtlingskinder aus Europa auf. Ab 1941 ließ sich Ruth Kaufmann auf der *Gallagher Marsh Business School* in San Francisco als Buchhalterin ausbilden. 1942 verließ sie *Homewood Terrace* und verdiente sich in diesem Beruf fortan ihren eigenen Lebensunterhalt.

Zu den 93 Kindern, die über die Berliner *Abteilung Kinderauswanderung* 1937 in die USA kamen, gehörten aus Frankfurt die elfjährige **Else Heilbronn (Elsa, verh. Epstein)**, die am 9. April in einer Gruppe von 14 Kindern, zehn Jugen und vier Mädchen, in Hamburg an Bord der *SS Hansa* ging und am 17. April 1937 in New York ankam, außerdem die elfjährige **Anneliese Grünebaum (Ann Greenbaum, verh. Davis)** und die 15-jährige **Eva Fränkel (Frankel, verh. Haber)**, die im französischen Le Havre am 1. September 1937 in einer Gruppe von 17 Kindern, zehn Mädchen und sieben Jungen, an Bord des Ozeandampfers *SS Paris* nach New York gingen und am 8. September dort

82 Hamburger Phillips, Ilse (1936): *My diary!* Zit. n. Jason & Posner (2004), S. 138.

83 Schlamme Schnitzer, Ruth (1936): *Letters*. Zit. n. Jason & Posner (2004), S. 150.

84 Die 1921 an der Ocean Ave. von San Francisco errichteten neuen Gebäude des 1876 gegründeten *Pacific Hebrew Orphan Asylum* waren mit einem geänderten fortschrittlichen Konzept der Heimerziehung und einer Umbenennung der Institution verbunden: Statt einer tristen, beengten institutionellen Umgebung, waren die Kinder in Homewood Terrace in mehreren in einem Eukalyptushain gelegenen Häusern auf einem großzügigen Gelände als Familiengruppen untergebracht. Die stigmatisierende Bezeichnung Waisenhaus kam im Namen nicht mehr vor. Eda Pell, die zu den aus dem Deutschen Reich geflüchteten Kindern in *Homewood Terrace* gehörte, bezeichnete es als »a good place to be«. Auch Ernst Valfer verbrachte 1941 hier seine ersten Wochen in San Francisco. Siehe online: https://www.jweekly.com/2007/01/12/the-life-and-death-of-homewood-terrace/ [Stand 18. März 2019].

ankamen. Kurz vor dem Jahreswechsel, am 29. Dezember 1937, trat auch die bereits erwähnte 14-jährige **Gretel Westerfeld (Greta Westerfield, verh. Moses)**, in Hamburg in einer kleinen Gruppe von fünf Kindern, zwei Mädchen und drei Jungen, die Überfahrt auf der *SS Washington* nach New York an, das sie am 6. Januar 1938 erreichte.

Über Le Havre nach New York

Anneliese Grünebaum,[85] das einzige Kind von Alfred und Louise (Liesel) Grünebaum, wurde am 21. Juli 1926 in Frankfurt geboren. Anneliese lebte mit ihren Eltern zunächst in Oberursel. Die Familie kehrte aber 1928 nach Frankfurt zurück. Dort betrieb der Vater, seit 1924 als Mitinhaber und nach Ausscheiden seines Bruders 1933 als Alleininhaber, eine Textilfabrik für Damenbekleidung sowie ein 1931 gegründetes Geschäft *Difa-Moden*. Bis 1930, als Alfred Grünebaum das Haus Eschersheimer Landstraße 405 erwarb, wohnte die Familie in einer Wohnung in der Nähe des Zoos in der Pfingstweidstraße 9. Dann zog die vierjährige Anneliese mit ihren Eltern an den Rand des westlich der Eschersheimer Landstraße gelegenen, erst in den 1920er Jahren neu mit Villen bebauten Dichterviertel. Die neuen Nachbarn in dem bürgerlichen Milieu waren Kaufleute, Architekten, Rechtsanwälte. In unmittelbarer Nachbarschaft, in der Ganghoferstraße 24, nur drei Gehminuten entfernt, wohnte ab 1931 auch der jüdische Fabrikant Otto Frank mit seiner Familie. Die mit Anneliese gleichaltrige Margot Frank war die ältere Schwester von Anne Frank und wurde 1932 zusammen mit ihr in die *Ludwig-Richter-Grundschule* am Eschersheimer Lindenbaum eingeschult.

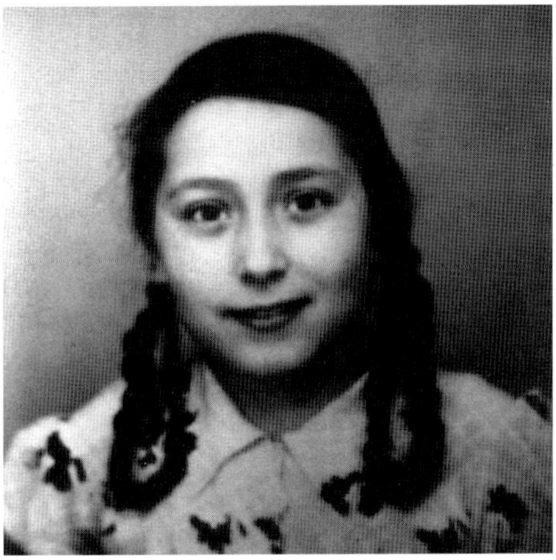

Abb. 12: Anneliese Grünebaum, 1937.

Diese von Martin Elsässer konzipierte Freiflächenschule war eine der Reformschulen des *Neuen Frankfurt* und hatte ein pädagogisch und sozialpolitisch fortschrittliches Lehrkonzept. Statt des starren Frontalunterrichts praktizierte man hier mehr naturbezogenes freies Lernen im »kameradschaftlichen« Verhältnis zwischen Lehrern und Schülern. Der Einzugsbereich der Schule erstreckte sich vom Dichterviertel bis zum Weißen Stein und brachte Kinder unterschiedlicher sozialer Schichten zusammen. Neben Margot Frank hatte Anneliese noch vier weitere jüdische Klassenkameradinnen.[86]

85 Korrespondenz der Autorin mit der Tochter Miriam Davis, Maryland, USA, sowie HHStAW, Abt. 518, Nr. 36923; 12600; 73908.

86 Steen & v. Wolzogen, (1990), S. 57f.

Als Mitbegründer der *Radikaldemokratischen Partei* war der Rektor der Schule, Walter Hüsken, einer der ersten, die bereits im April 1933 von den Nationalsozialisten entlassen wurden. Von Annelieses Klasse verließen zwei der jüdischen Schülerinnen 1933 die Schule, die anderen wie auch Anneliese blieben oft und lange dem Unterricht fern.

Auch für das Familienleben der Grünebaums brachte das Jahr 1933 einschneidende Veränderungen. Die Eltern ließen sich scheiden. Die Mutter zog aus und die siebenjährige Anneliese blieb bei ihrem Vater in der Eschersheimer Landstraße 405, verbrachte aber auch Tage bei ihrer Mutter. Die Großeltern, Gerson und Rosa Grünebaum, die über viele Jahre in Frankfurt-Bornheim eine Metzgerei betrieben hatten, zogen nun ins Haus ihres Sohnes, um sich um ihre Enkelin zu kümmern. 1935 wechselte Anneliese zunächst auf die *Holzhausenschule*, wo jüdische Klassen eingerichtet werden sollten und schließlich aufs *Philanthropin*. Hier war sie bis zum Abschluss der fünften Klasse und ihrer Emigration in die USA Schülerin.[87]

In den USA angekommen, wurde die elfjährige Anneliese nach einem Zwischenaufenthalt in einem Heim der GJCA in New York City von ihrer Tante Hattie und deren Mann Albert Grauer in Great Neck, New York, aufgenommen. Die Grauers hatten einen Sohn Billy und eine Tochter Alice, die elf und sechs Jahre älter als Anneliese waren. Als die Mutter Liesel 1938 ebenfalls in die USA kommen konnte, übergaben ihr die Verwandten ihre Tochter. Anneliese lebte einige Zeit bei ihrer Mutter in New York. Aber das Zusammenleben scheiterte, und Anneliese kehrte zu den Verwandten nach Great Neck zurück.

In Great Neck besuchte Anneliese vom 9. September 1937 bis 30. Januar 1939 die *Lakeville School* und anschließend bis 13. März 1941 die *Great Neck Junior Senior High School*. Danach wechselte sie auf die *Julia Richman High School*, wo sie im Juni 1944 ihren Abschluss machte.

Eva Fränkel folgte ihrer ein Jahr älteren Schwester Lilli, die schon seit zweieinhalb Jahren in den USA war. Die Schwestern waren mit ihren Eltern im April 1933 aus Stettin nach Frankfurt gezogen, nachdem der Vater dort die Herrenwäschefabrik *M. & L. Strauss* gekauft hatte. Die Familie, die religiös liberal war, wohnte zunächst in der Bürgerstraße 87 (heute: Wilhelm-Leuschner-Straße 83). Eva hatte wie ihre Schwester Lilli in Stettin nach der Grundschule ein Lyzeum besucht. In Frankfurt wurden beide Schwestern Schülerinnen am *Philanthropin*. Es sei der Familie in Frankfurt für kurze Zeit sehr gut gegangen, berichtete die Schwester Lilli (geb. Fränkel) Bythiner nach Kriegsende. Sie hätten eine Haushaltshilfe und einen Chauffeur beschäftigt. Aber die nationalsozialistischen und antisemitischen Beschränkungen hätten es für den Vater immer schwieriger gemacht, sein Geschäft erfolgreich zu führen.[88] Wie Iwan Fränkel an die GJCA schrieb, hatte er innerhalb kurzer Zeit sein gesamtes Vermögen verloren und musste das Unternehmen 1935 aufgeben.[89] Eine Textilvertretung, die er danach begann, scheiterte ebenfalls und wurde im Februar 1936 abgemeldet. Danach war der Vater nur noch geringfügig bei der Jüdischen Gemeinde beschäftigt.

87 Ebenda.

88 HHStAW, Abt. 518, Nr. 11328.

89 YIVO, RG-249, GJCA, case file of Eva Fränkel.

Wegen der schlechten wirtschaftlichen Verhältnisse der Familie und der beschränkten Bildungsmöglichkeiten seiner Kinder, hatte der Vater schon im Herbst 1934 für beide Töchter einen Antrag für eine Kinderverschickung in die USA gestellt. Die Eltern hatten dann aber entschieden, dass Eva noch zu Hause bleiben sollte. Nach Lillis Abreise in die USA im Februar 1935 war Eva mit den Eltern in eine kleinere Wohnung in der Beethovenstraße 50a gezogen. An Ostern 1936 verließ sie das *Philanthropin*, um bis 1937 eine Haushaltungsschule zu besuchen. Danach arbeitete sie einige Monate bis zu ihrer Abreise in einem Haushalt. Die wirtschaftliche Situation der Familie hatte sich so verschlechtert, dass sie die eigene Wohnung aufgeben und in die Joseph-Haydn-Straße 73 (heute: Mendelssohnstraße) in Untermiete ziehen musste.

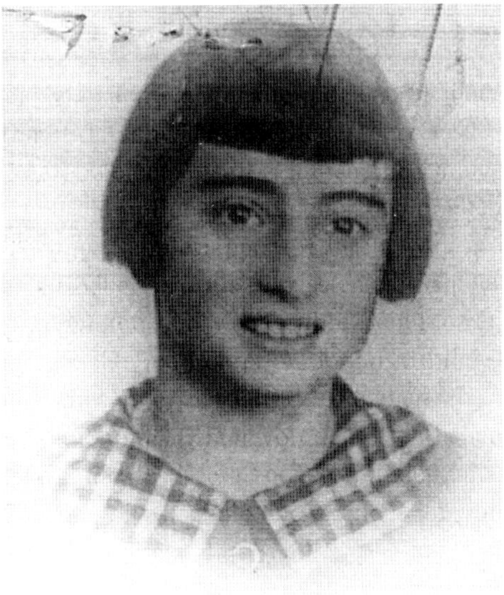

Abb. 13: Eva Fränkel, 1934.

Bei der Ankunft im New Yorker Hafen wurde Eva von ihrer Schwester Lilli am Pier stürmisch begrüßt. Sie war mit ihrer Pflegemutter Mrs. Shick gekommen, die sich bereit erklärt hatte, auch Eva aufzunehmen.[90] So konnten die Schwestern bis zu Lillis Auszug 1939 wieder zusammen wohnen. Eva besuchte wie ihre Schwester die *George Washington High School* in New York und ab Juni 1939 eine Friseur- und Kosmetikfachschule. Sie arbeitete zunächst als Kosmetikerin und danach als Angestellte in einer Handschuhfabrik.

Kein Ort, nirgendwo

Die durch den Einmarsch der Wehrmacht in Österreich am 12. März 1938 und die Massenverhaftungen unter den österreichischen Juden nach dem »Anschluss« ausgelöste Flüchtlingskrise, veränderte auch die Ausgangslage für die Kinderverschickungen in die USA. Von den 180.000 österreichischen Juden waren 30.000 jüdische Schulkinder unter zwölf Jahren. Im New Yorker Büro der Organisation gingen nach dem »Anschluss« massenweise Briefe von Angst gepeinigten jüdischen Eltern aus Österreich ein. Doch die Organisation hatte nach wie vor das Problem, genug Aufnahmefamilien zu finden, und in Wien musste man die Strukturen der Zusammenarbeit erst aufbauen. Viele Briefe kamen auch von deutschen Eltern, die besorgt waren, dass die Zahl der Kinder, die man aus Österreich schickte, von der Zahl der deutschen Kinder abgezogen würde.

90 Ebenda.

Zwar wurde das Flüchtlingsproblem im Frühjahr 1938 endlich als internationales Problem anerkannt, aber alle Hoffnungen, die sich auf die von den USA im Juli 1938 einberufene internationale Flüchtlingskonferenz in Evian richteten, wurden bitter enttäuscht. Das potenteste Aufnahmeland USA erhöhte seine deutsch-österreichische Einwanderungsquote auch angesichts der zunehmenden Not der jüdischen Bevölkerung nicht und machte auch keinerlei Angebote zur Aufnahme von Flüchtlingen außerhalb seiner regulären Einwanderungsgesetze. Die Vertreter der USA sagten lediglich zu, dass ihr Land künftig die deutsch-österreichische Quote voll ausschöpfen würde. Alle anderen Länder verstanden dies als Signal, gar nichts für die Flüchtlinge zu tun.

Auch bei den Flüchtlingsorganisationen war die Enttäuschung groß. Es war nicht nur keine Lösung des Problems in Sicht, für die GJCA verschlechterten sich sogar die Rahmenbedingungen ihrer Arbeit. Die deutsche Quote war bis 1938 nicht ausgeschöpft gewesen. Deswegen konnten genehmigte unbegleitete Flüchtlingskinder aus Deutschland automatisch auf einem der nicht benutzten Quotenplätze einreisen. Ab 1939, als die deutsche Quote mit 27.370 Visaempfängern voll ausgeschöpft wurde, mussten sich die Kinder zusammen mit den Erwachsenen in die Warteschlange stellen. Die Auswirkungen waren sofort spürbar. Während das Arbeitsministerium der GJCA noch im August 1938 die Erlaubnis für zwanzig Kinder pro Monat gegeben hatte, reduzierte die Quotenregelung die Gesamtzahl der Kinder, die 1938 wirklich kamen, auf 74.[91]

Unter den lediglich 46 Kindern die über die Berliner *Abteilung Kinderauswanderung* im Krisenjahr 1938 in die USA gebracht werden konnten, waren aus Frankfurt **Fritz (Fred) Rosenberg** und **Heinz (Harry) Rosenthal**, die am 9. Februar in einer Gruppe von zehn Jungen und sechs Mädchen in Hamburg an Bord der *SS Manhattan* gingen, sowie **Martin Buxbaum**, der am 31. März in Hamburg auf der *SS Hansa* in einer Gruppe von neun Kindern Deutschland in Richtung New York verließ.

Fritz (Fred) Rosenbergs Familie war durch die NS-Verfolgung schon im Herbst 1933 auseinandergebrochen. Bis zum Alter von neun Jahren war Fritz zusammen mit seinem älteren Bruder Ernst in Bad Homburg im eigenen Haus in der Dorotheenstraße 38 aufgewachsen und hatte die dortige Grundschule besucht. Der Vater, Willi Rosenberg, war Teilhaber der *Homburger Cognacbrennerei* des Großvaters Sigmund Rosenberg gewesen. 1932 war die Familie nach Groß-Gerau zu den Großeltern mütterlicherseits gezogen, wo der Vater in der Firma *Hirsch & Söhne Branntweinbrennerei, Destillation, Likör- und Essigfabrik* gearbeitet hatte, die sein Schwiegervater Heinrich Hirsch zusammen mit dessen Cousin Hugo Hirsch betrieb. Fritz Großvater, Heinrich Hirsch, ein angesehener, politisch, sozial und wirtschaftlich engagierter Mann, langjähriges Mitglied des Gemeinderats in Groß-Gerau, wurde nach der Machtübernahme von den Nationalsozialisten aller Ämter enthoben und von NSDAP-Anhängern mehrmals verprügelt. Wie Fritz' Mutter, Betty Rosenberg, nach Kriegsende berichtete, musste ihr Vater aus Groß-Gerau fliehen und sich an verschiedenen Orten, zuletzt in Frankfurt, verstecken.[92]

91 Vgl. Tydor Baumel (1990), S. 20.
92 HHStAW, Abt. 518, Nr. 49639; 34434.

Im Sommer 1933 erlebte Fritz, wie ein Polizeibeamter und zwei NSDAP-Männer auf der Suche nach seinem Großvater die elterliche Wohnung durchsuchten und seinen Vater verhafteten, nachdem sie dort seinen nicht angemeldeten Armeerevolver aus dem Ersten Weltkrieg gefunden hatten. Willi Rosenberg wurde in einem Gerichtsverfahren in Darmstadt wegen illegalem Waffenbesitz zu einem Monat Gefängnis unter Anrechnung der Untersuchungshaft verurteilt. Nach seiner Entlassung konnte er nicht nach Groß-Gerau zurückkehren, da die ortsansässigen Nationalsozialisten, denen dieses Urteil zu milde war, damit drohten, ihn in ein Konzentrationslager zu bringen. Er blieb bei Freunden in Frankfurt und in Bad Homburg und floh im November 1933 zusammen mit Fritz 13-jährigem Bruder Ernst nach Holland. Auch Fritz und seine Mutter verließen Groß-Gerau und zogen zu den Großeltern Hirsch, die inzwischen in Frankfurt in der Wolfsgangstraße 49 wohnten. Während Fritz bei den Großeltern blieb, die sich für ihn um einen Platz bei einer Kinderverschickung in die USA bemühten, folgte die Mutter im Juni 1935 dem Vater und dem Bruder nach Amsterdam. Im November 1935 zog Fritz mit den Großeltern in die Holzhausenstraße 59.

Die Briefe der mit der Familie Hirsch befreundeten Johanna Kossmann aus Groß-Gerau an einen in die USA geflüchteten Verwandten werfen ein Schlaglicht auf die Ereignisse in Fritz Rosenbergs Familie in den Jahren 1937 und 1938. Im Frühjahr 1937 schreibt sie:

> *[...] war am Samstag in Frankfurt, besuchte ich mal Heinrich Hirsch, den Leuten geht es sehr, sehr schlecht. Herr Hirsch hat ein Auge herausgenommen bekommen, es ist traurig, sind beide alte Leute geworden; dieselben nehmen jede Unterstützung an und zu den Feiertagen hat Dein Vater diesen schon Lebensmittelpakete geschickt; ist das nicht traurig? Sie hätten gerne, daß Fritz, ihr Enkel, nach Amerika kommen könnte; höre mal rechts und links, ob eine amerikan. Familie den Jungen aufnehmen würde. Herr Hirsch hat schon alle möglichen Schritte getan, aber sie müssen einen Anhaltspunkt haben.*[93]

Fritz Situation bei den Großeltern wurde in den kommenden Monaten durch die schwere Krankheit seines Großvaters immer bedrückender. Am 26. November 1937 starb Heinrich Hirsch und wurde am 28. November auf dem Frankfurter Neuen Jüdischen Friedhof beerdigt. In einem Brief vom 29. November 1937 berichtete Johanna Kossmann: *»Willi Rosenberg ist jetzt wieder frei und wurde nach Italien abgeschoben. Betty (die 2. Tochter) und ihr Sohn Ernst sind noch in Amsterdam und Fritz ist noch bei seiner Großmutter in Frankfurt und hofft bald ... nach U. S. A. zu kommen.«*[94]

Der Vater, der in Holland keine Arbeit gefunden hatte, wollte in Italien sein Glück versuchen. Bei einem vorübergehenden Aufenthalt in Bad Homburg und Frankfurt war er von der Gestapo verhaftet worden. Allen Juden, die aus dem Ausland zurückkehrten,

93 Brief von Johanna Kossmann an den 1936 nach Chicago geflohenen Martin Marx vom 5. April 1937. Zit. n. Vorndran & Ziegler (1989). Vgl. online: http://www.erinnerung.org/gg/haeuser/ab7.html [Stand 20. Dezember 2020].

94 Brief vom 29. November 1937. Ebenda.

drohte die Einweisung als »Schulungshäftlinge« ins KZ Dachau.[95] Ende Dezember schreibt Kossmann: *»Wie ich hörte, kommt Fritz Rosenberg, der Enkel von Heinrich Hirsch, jetzt in eine Familie nach U.S.A.«*[96] Am 24. Januar 1938 schreibt sie: *»Fritz Rosenberg, der Junge von Betty, fährt diese Woche nach Stuttgart (um eine Kontingentnummer zur Ausreise beim amerikanischen Konsulat zu erhalten), dann kommt (er) auch fort.«*[97]

Am 17. Februar 1938 kam Fritz Rosenberg mit der Kindergruppe in New York an. Er reiste weiter zu seiner Pflegefamilie in La Palma, Kalifornien, wo er bis September 1938 die High School besuchte. Kurz nach seiner Ankunft in den USA waren seine Mutter und sein Bruder dem Vater nach Italien gefolgt, wo die Familie wieder vereint war. Aber im Herbst und Winter 1938, Fritz besuchte inzwischen die *High School of California* in Los Angeles, häuften sich die schlechten Nachrichten aus Deutschland: Am 6. November 1938 starb in Frankfurt die Großmutter Lina Hirsch. Der Vater, der auch in Italien keine Arbeit gefunden hatte, kehrte nach Deutschland zurück und wurde beim Novemberpogrom im KZ Dachau inhaftiert. Nach seiner Entlassung am 29. Dezember 1938 ließen sich die Eltern scheiden. Auch die Mutter und der Bruder durften nicht in Italien bleiben. Erst im Juni 1939 wusste Fritz die Mutter und den Bruder in Sicherheit. Sie hatten eine Aufenthaltsgenehmigung für England bekommen. In London arbeitete die Mutter wieder, wie schon in Italien, als Hausangestellte.

1941 machte Fritz seinen High School-Abschluss in Los Angeles. Anschließend studierte er, unterbrochen durch seinen zweijährigen Militär- und Kriegsdienst (1944–1946), an verschiedenen Universitäten Ökonomie. Nach Kriegsende erfuhr er, dass sein Vater, Willi Rosenberg, der die letzten Jahre in Bad Homburg gelebt hatte, im Frühjahr 1942 von Frankfurt nach Polen deportiert und dort in einem Vernichtungslager ermordet worden war.[98] 1947, nach zwölf Jahren der Trennung, kam seine Mutter aus England zu ihm in die USA. Sein Bruder heiratete in England und wanderte später mit seiner Familie nach Rhodesien in Afrika aus.

Martin Buxbaum war das älteste Kind aus einer kinderreichen Familie. Der Vater war vier Jahre lang arbeitslos gewesen und hatte seit August 1937 wieder eine Stelle als kaufmännischer Angestellter bei der Frankfurter Firma *Heinemann & Söhne*. Die Familie, die zum liberalen Judentum gehörte, wohnte mit den fünf Kindern in einer 4-Zimmer-Wohnung in der Herderstraße 4. Martin besuchte die Grundschule des *Philanthropin*. Neben der prekären wirtschaftlichen Situation der Familie gab auch ein Bericht über die bedrohliche Situation, in der sich Martin befand, dem Antrag der Eltern bei der GJCA die notwendige Dringlichkeit. In einem Statement, das die GJCA am 24. Januar 1938 an das Arbeitsministerium mit der Bitte um Unterstützung schickte, wird dies konkretisiert:

95 Vgl. Eichler (1999), S. 241, sowie Hebauf (2010), S. 51.

96 Brief vom 21. Dezember 1937. Zit n.: Vorndran & Ziegler (1989). Vgl. online: http://www.erinnerung.org/gg/haeuser/ab7.html [Stand 20. Dezember 2020].

97 Brief vom 24. Januar 1938. Ebenda.

98 HHStAW, Abt. 518, Nr. 49612; 49613; 49716; HHStAW, Abt. 519/3, Nr. 5556; 14539.

Dieser Junge ist in ernsthafte Schwierigkeiten geraten, weil er seinem jüngeren Bruder zur Hilfe kam, der auf seinem Rückweg von der Schule von einer Gruppe Nazi-Kindern angegriffen wurde. Als die Gruppe bemerkte, dass Martin kam, um seinen Bruder zu retten, richteten sie sich gegen ihn, und durch den anschließenden Kampf hat dieser Junge tatsächlich Grund, um sein Leben zu fürchten. Er wird jetzt zur Schule eskortiert, und nach seiner Rückkehr muss er in seinem Elternhaus eingesperrt werden und darf nicht mehr auf der Straße spielen. Aus diesem Grund ist seine Abreise aus Deutschland sehr dringend, und wir beeilen uns, seine Papiere so schnell wir können ins Ausland zu bringen.[99]

Abb. 14: Martin Buxbaum um 1937.

Betont wird in dem Statement auch, dass weder Martin noch seine Familie von der GJCA erwarten, dass er eine *»umfangreiche Ausbildung«* erhält und er so schnell wie möglich versuchen will, selbst für seinen Unterhalt zu sorgen. Bereits am 7. Februar 1938 konnte Cecilia Razovsky, die Leiterin der GJCA, das Affidavit für Martin Buxbaum an das Stuttgarter Konsulat sowie den Hilfsverein in Berlin schicken.

Von den neun Kindern, mit denen Martin die Überfahrt an Bord der *SS Hansa* machte, waren zwei »Anschlusskinder«, das heißt, sie kamen mit einem eigenen Visum auf Grundlage einer privaten Vereinbarung mit Verwandten in die USA und wurden lediglich während der Überfahrt von der Begleiterin Ellis Pincoffs, einer ehemaligen Lehrerin aus Berlin, mitbetreut. Heinz Birnbrey, ein Junge aus der Gruppe, schrieb später zu der Überfahrt: *»Wir kamen mit einem wunderschönen Schiff herüber, und obwohl die Schiffscrew Nazi-Embleme trug, ebenso wie einige Passagiere, wurden wir mit Respekt behandelt und hatten während der Reise keine Probleme.«*[100]

Nach der Ankunft am 8. April 1938 im New Yorker Hafen und einer Nacht im *Washington Hotel* in der Lexington Ave., wurde Martin vorübergehend bei seinem in der Bronx lebenden Onkel Julius Löwenstein, einem Bruder seiner Mutter, untergebracht. Die GJCA hatte Martin auf einer »Notfallbasis« aufgenommen und deshalb für ihn noch keine Pflegefamilie gefunden. Einige Wochen später wurde er von einer Pflegefamilie in demselben New Yorker Stadtteil aufgenommen. Martin besuchte die *Metropolitan Vocational High School*, wo er einen Kurs für Schiffsingenieurwesen absolvierte.

99 YIVO, RG-249, GJCA, case file of Martin Buxbaum.
100 Vgl. Birnbrey, Henry (2000): *My Story*. Zit. n. Jason & Posner (2004), S. 154f.

Martin erfüllte die anfangs in ihn gesetzte Erwartung und sorgte früh selbst für seinen Lebensunterhalt. Nach Abschluss des vierten Semesters verließ er die Schule und nahm einen Monat vor seinem 18. Geburtstag eine Arbeitsstelle an. Im Januar 1943 heiratete er 19-jährig und wurde im Februar 1943 in die US-Armee eingezogen.

Im Mai 1940 hatte die *Abteilung Kinderauswanderung* in Berlin bei der GJCA einen Aufnahmeantrag für Martins jüngere Geschwister Alfred und Margot gestellt, der allerdings erfolglos blieb. Die beiden Geschwister wurden im November 1941 mit den Eltern und anderen Geschwistern ins Ghetto Minsk deportiert und ermordet. Niemand konnte sich zum Zeitpunkt der Antragstellung allerdings vorstellen, dass eine Ablehnung des Antrags für die Kinder eine solch tödliche Konsequenz haben würde.

Vertrieben aus Hellstein

Erich und **Johanna Grünebaum** waren noch in Speyer bei ihren Verwandten, als sie im Sommer 1938 die Nachricht erhielten, dass ihre Eltern gezwungen worden waren, Haus und Hof in Hellstein zu verlassen und inzwischen in Frankfurt wohnten. Die Nazi-Behörden hatten Jonas und Else Grünebaums Haus- und Grundstückseigentum in Hellstein ausgesucht, um damit eine »arische« Familie zu entschädigen, die anderswo dem Bau eines Truppenübungsgeländes hatte weichen müssen. Die Grünebaums mussten ihr Haus innerhalb von 24 Stunden räumen, und ihren Heimatort, in dem die Familie seit vielen Generationen gelebt hatte, verlassen.

Ihre Existenzgrundlage hatten sie schon vorher verloren: Der kleine von der Mutter betriebene Lebensmittelladen musste wegen des Boykotts schon bald nach 1933 geschlossen werden. Auch seinen Viehhandel konnte Jonas Grünebaum kaum noch aufrechterhalten, seit am 17. Juli 1935 SA-Leute die jüdischen Viehhändler auf dem Wächtersbacher Viehmarkt verprügelt und vertrieben hatten. Wie Tausende Juden aus den Landgemeinden vor ihnen, flüchteten auch Else und Jonas Grünebaum nach Frankfurt. Dort fanden sie im Jüdischen Altersheim der *Männer- und Frauenkrankenkasse* in der Rechneigrabenstraße 18–20 Arbeit als Hausmeister und Betreuerin sowie eine Unterkunft.

Für Erich und Johanna bedeutete die Nachricht von der Vertreibung der Eltern, dass sie nicht mehr nach Hause zurückkehren konnten. *»Hellstein war nicht mehr unser Zuhause«*, schreibt **Eric Greene (Erich Grünebaum)** in seiner Autobiografie. Mit der Verbannung aus dem Dorf seiner Kindheit endete für ihn auch die Kindheit selbst. Ein neues Zuhause war nicht in Sicht. *»Als Kind sah ich Hellstein nicht wieder. Als ich es das nächste Mal sah, war ich Soldat in der Uniform der United States Army.«*[101]

Während eines einwöchigen Besuchs der Kinder bei den Eltern in Frankfurt in den Sommerferien 1938 erlebte Erich die Eltern als Entwurzelte und seinen Vater als schwach und gedemütigt.

101 Greene (2000).

Sie wohnten in einem einzigen Zimmer in der oberen Etage eines der Personalhäuser hinter dem Altersheim. Was sie an Möbeln mitgebracht hatten, war in einem gemieteten Raum einen Häuserblock entfernt untergestellt. […] Sehr deprimierend war es für mich zu sehen, dass Papa Hilfsarbeiten für andere Leute machte. Er versuchte, seine Arbeit als interessant darzustellen. Er zeigte mir den Heizungsraum im Keller des Altenheims, für den er zuständig war und versuchte mich mit der Größe der Ausstattung und seiner Verantwortung zu beeindrucken. Es war aber nicht das Zuhause, und er war außerhalb seines Elements.[102]

Weil es in ihrer Unterkunft beengt war und sie tagsüber arbeiten mussten, hatten die Eltern ihre Kinder für die Ferienspiele angemeldet, die das *Israelitische Waisenhaus* während der Sommerferien in einer Art Tagescamp am Buchrainweiher bei Offenbach veranstaltete. Dort traf Erich zum ersten Mal mit Kindern zusammen, mit denen er im Frühjahr 1939 nach Frankreich und zwei Jahre später in die USA geschickt werden und mit denen ihn eine lebenslange Freundschaft verbinden sollte.[103]

Mit dabei am Buchrainweiher (siehe Foto) und dann bei den Verschickungen nach Frankreich und später in die USA waren **Elfriede Meyer (verh. Schloss)** und **Hermann (Herman) Bacharach**, beide geb. 1926, sowie der damals erst siebenjährige **Werner Dreifuß (Dreifuss)**.

Abb. 15: Ferienspiele des *Israelitischen Waisenhauses* am Buchrainweiher im Sommer 1938. 1. Reihe links außen: Werner Dreifuß; 2. Reihe: Erich Grünebaum (4. v. l.); 3. Reihe: Hermann Bacharach (3. v. l.), Elfriede Meyer (5. v. l.); 4. Reihe: Johanna Grünebaum (3. v. l.).

102 Ebenda.
103 Ebenda.

Die zwölfjährige **Elfriede Meyer** lebte zu diesem Zeitpunkt seit einem guten Jahr im *Israelitischen Waisenhaus* und besuchte wie die anderen Waisenhauskinder die *Samson-Raphael-Hirsch-Schule*. Im Frühjahr 1937, nach dem Tod ihres Vaters, war sie zusammen mit ihrer Mutter Recha aus München Gladbach (später: Mönchengladbach) zu den Frankfurter Verwandten gezogen. Elfriede kannte Frankfurt bereits von ihren jährlichen Sommerferienaufenthalten bei ihrer Großmutter in der Rubensstraße 18. Warum ihre Mutter sie im Waisenhaus untergebracht hatte und nicht in dem großzügigen Haus der Familie Scheuer in Sachsenhausen, erklärt sich Elfriede Schloss, wie sie seit ihrer Heirat in den USA heißt, damit, dass die Mutter von den Kinderverschickungen des Waisenhauses gewusst haben musste und sie außer Landes bringen wollte. Auch Elfriede hatte nur gute Erinnerungen an das Waisenhaus: *»Ich war vollkommen glücklich dort. An den Wochenenden habe ich meine Familie in Sachsenhausen besucht, und sie konnten auch jederzeit zu mir ins Waisenhaus kommen.«*[104]

Werner Dreifuß lebte schon seit seinen Kleinkindtagen im *Israelitischen Waisenhaus*. In seinen Lebenserinnerungen schreibt er, dass er sich nur an die Zeit dort und nicht mehr an das Zusammenleben mit seiner Mutter Henny Dreifuß in Darmstadt erinnern kann. Seine Mutter habe ihn wegen ihrer schlechten finanziellen Verhältnisse ins Waisenhaus gebracht und dann noch ein paar Mal dort besucht. Auch er denkt gern an die Zeit im Waisenhaus zurück, wo er sich immer zuhause gefühlt habe.[105]

Hermann (Herman) Bacharach war seit 1936 oder 1937 im *Israelitischen Waisenhaus*. Er war in Seligenstadt zur Welt gekommen und hatte seinen Vater, den Metzger Bernhard Bacharach, schon im Alter von fünf Jahren verloren. Seine verwitwete Mutter Selma Bacharach war mit ihm aus Seligenstadt geflohen, nachdem man sie dort aufgrund von Denunziationen schwer schikaniert und zu einer Geld- und Gefängnisstrafe verurteilt hatte. Laut Adressbuch war sie vermutlich 1936 nach Frankfurt gekommen, wo sie eine Stelle als Hausangestellte angenommen hatte. Da sie sich als Alleinerziehende nicht selbst um Hermann kümmern konnte, hatte sie den Elfjährigen im *Israelitischen Waisenhaus* untergebracht. Dort war Hermann auch mit **Heinz (Henry) Schuster** und **Fritz Strauß (Fred Strauss)** befreundet. Diese Beiden fehlen auf dem Gruppenfoto, vermutlich weil sie die Ferien bei ihren Familien verbrachten.

104 Telefoninterview der Autorin mit Elfriede Schloss am 5. Januar 2016 in San Diego, CA.
105 Dreifuss (2016), S. 7.

Novemberpogrom 1938 – Reaktionen und Rettungsinitiativen

Während der vier Pogromtage vom 10. bis 13. November 1938 wurden in Frankfurt sämtliche großen Synagogen angezündet und niedergebrannt. Eine Ausnahme war die Westend-Synagoge. Den Brand dort löschte die Feuerwehr, weil die Nachbarhäuser gefährdet waren. Vor allem im Ostend und in der Innenstadt, aber auch im Nordend wurden Einrichtungen der Jüdischen Gemeinden, Geschäfte sowie Häuser und Wohnungen jüdischer Einwohner zerstört und geplündert. Mehr als 3.000 jüdische Männer wurden in Frankfurt in ihren Wohnungen verhaftet und in der Festhalle eingesperrt. Anschließend wurden sie in die KZs Buchenwald und Dachau deportiert, wo sie wochenlang misshandelt wurden. 61 Frankfurter, darunter **Ruth Kaufmanns** Vater, überlebten das nicht. Auch von den aus Buchenwald Zurückgekehrten starben noch etliche an den dort erlittenen Misshandlungen und Demütigungen. Einige Männer konnten der Verhaftung entgehen, indem sie tagelang mit der Bahn durch Deutschland fuhren oder sich außerhalb von Frankfurt bei nichtjüdischen Freunden versteckten.

Traumatische Erlebnisse verbanden sich für die Kinder und Jugendlichen mit den Tagen des Pogroms. Viele wurden Augenzeugen, wie ihre Väter, Lehrer oder Betreuer verhaftet und oft auch wie sie gedemütigt und misshandelt wurden. Sie erlebten, wie SA-Leute und Hitlerjungen in ihr Zuhause, das elterliche Geschäft oder das Kinderheim einbrachen und es verwüsteten und wie Eltern und Erzieher, die bislang Verlässlichkeit,

Abb. 16: Brennende Synagoge am Börneplatz.

Schutz und Stabilität verkörpert hatten, selbst voller Angst, schutz- und hilflos der Gewalt ausgesetzt waren.

Ernst Valfer musste zusammen mit seiner Mutter Frieda ohnmächtig mit ansehen, wie die Gestapo seinen Vater, Heinrich Valfer, am frühen Morgen des 11. November 1938 in der Wohnung in der Gutleutstraße 85 verhaftete und mit anderen jüdischen Männern zur Festhalle brachte.

> *Zwei Männer in schwarzen Ledermänteln kamen zu uns nach Hause. Sie zeigten meinem Vater ihre Gestapo-Marke und sagten: »Sie müssen mit uns kommen.« Ich war ruhig, natürlich erschüttert. Meine Mutter war sehr erschüttert und weinte. Dann sagte einer der Gestapo-Männer: »Der Junge muss auch mitkommen.« Meine Mutter flehte, dass ich doch erst 13 Jahre alt sei und dass sie doch kein Kind unter 16 Jahren festnehmen dürften. Da ließen sie mich da.*[107]

Seine Mutter sei dann zur Festhalle gegangen, wohin alle verhafteten jüdischen Männer gebracht wurden, um nach dem Vater zu sehen. Nach ihrer Rückkehr habe sie erzählt, dass sie gar nicht bis zur Halle kommen konnte, weil sie von Tausenden Leuten umringt war, die schrien: »Tötet die Juden!«[108]

Das Geschäft, die *Weinhandlung und Cognac-Destillation »Johann Müller & Co. Kellerei Germania«* in der Schleusenstraße 15 hatte der Vater bereits Monate zuvor aufgeben müssen, den Namen Germania hatte er als Jude bereits 1935 verloren. Während der Pogromtage plünderten SA-Leute das Lager im Keller der Schleusenstraße und zerschlugen alle Fässer mit Hämmern und Äxten. Damit, dass der Vater im Konzentrationslager war, sei er emotional völlig überfordert gewesen, erinnerte sich Ernst Valfer:

> *Ich bin damals mit der Situation nicht fertig geworden und habe versucht, das zu überdecken, indem ich mich über alles lustig machte. Ich spielte meinen Freunden und der Familie dumme Streiche und witzelte ständig herum, und das während wir beglaubigte Dokumente kopierten, die bewiesen, dass mein Vater ausgezeichneter Soldat des Ersten Weltkriegs war und während wir alles taten, um ihn aus dem Konzentrationslager herauszuholen.*[109]

Ernst Valfer erinnerte sich auch an das Wiedersehen mit seinem Vater, der nach etwa vier bis sechs Wochen aus dem Konzentrationslager entlassen worden war.

> *Ich lag im Bett, als mein Vater hereinkam. Er weinte – ich hatte meinen Vater noch nie zuvor weinen gesehen. Er war ein sehr korrekter Deutscher, aber er kam heim und sein Kopf war kahl rasiert. Er sah furchtbar aus. Er küsste mich im Bett, aber er konnte mehrere Tage nicht sprechen. Alles, was er sagen konnte, war: »Furchtbar, furchtbar«.*[110]

Ernest (Ernst) Stock erzählt, dass er an diesem kalten klaren Novembertag 1938 im obersten Stockwerk des *Philanthropin* zusammen mit einer kleinen Gruppe von Schul-

---

107 Telefoninterview der Autorin mit Ernest Valfer am 9. Oktober 2016 in Berkeley, CA.
108 Valfer, Ernst: Interview 52608, VHA.
109 Ebenda.
110 Ebenda.

kameraden in dem langen Schulkorridor am Fenster gestanden hatte. Sie hätten still zugeschaut, wie die Synagoge in der Nähe in Flammen aufging.

> *Einige Mädchen der 4. Klasse, die mutig genug waren, an diesem Morgen zur Schule zu kommen, liefen von ihrem leeren Klassenraum zur Treppe. Als sie an uns vorbeikamen, sahen wir, dass einigen von ihnen die Tränen übers Gesicht liefen. Die wenigen Minuten, die wir ohne ein Wort zu sprechen dort standen, unsere Augen auf die dicke, in den klaren blauen Himmel aufsteigende Rauchsäule geheftet, erschienen mir wie Stunden. Dann wandte ich mich langsam ab und ging in meinen Klassenraum, zum letzten Mal. Auf der Tafel standen noch die neuen Worte unserer gestrigen Englisch-Stunde mit ihrer deutschen Übersetzung. EARLY TO BED AND EARLY TO RISE – MAKES A MAN HEALTHY AND WISE. Der schrille Klang der Schulglocke schreckte mich auf. Der Zehn-Sekunden-Ton schien endlos in den verlassenen Fluren. Als es in der Schule endlich wieder still war, hatte ich meine Bücher gepackt und rannte die breite Treppe hinunter, indem ich zwei und drei Stufen auf einmal nahm. Ich hörte nicht auf zu rennen, bis ich die Tür meines Elternhauses erreicht hatte. Nur einige Meter hinter mir war eine Bande HJler, die aus Leibeskräften »Jude« schrie und versuchte, mich mit Steinen und Glasstücken zu treffen, die sie mir hinterherwarfen. Zitternd vor Angst und Erschöpfung, schaffte ich es die Treppe hochzukommen. Als bester Läufer meiner Klasse war ich mit ein paar blauen Flecken davongekommen.*[111]

Henry (Heinz) Schuster erinnert sich an die Pogromtage im *Israelitischen Waisenhaus*:

> *Am 9. November kamen SA-Leute in das Waisenhaus und rissen die Torah-Rollen aus dem heiligen Schrein, warfen sie auf den Boden und trampelten darauf herum. Sie lachten und hatten ihren Spaß daran. Sie wurden bei dieser Gelegenheit nicht gewalttätig gegen irgendjemand von uns oder gegen einen unserer Lehrer. Dann verließen sie das Haus. Am nächsten Tag waren die Mädchen mit uns Jungen zusammen im oberen Stockwerk im Speisesaal, wegen der gefährlichen Situation. Wir aßen dort alle zusammen zu Mittag, es gab Rotkohl, als eine andere SA-Gruppe hereinkam. Sie suchten die Betreuer. Glücklicherweise versteckte sich Isidor Marx unter einem der Tische, wo man ihn wegen der langen Tischdecken nicht sehen konnte. Aber sie ergriffen zwei Lehrer und die älteren Jungen, die über 16 Jahre waren, schlugen sie vor den anderen Kindern und nahmen sie mit. Nach ein paar Tagen ließen sie sie wieder frei, und sie kamen ins Waisenhaus zurück.*[112]

Auch **Fred Strauss (Fritz Strauß)** berichtet, dass etwa die Hälfte der Kinder, darunter er selbst, sich aus Angst unter dem Tisch versteckt hatten. Nach diesen Ereignissen hätten sie längere Zeit das Waisenhausgelände aus Sicherheitsgründen nicht verlassen dürfen. *»Für uns war das Ausgehverbot nicht so schlimm, denn wir waren im Waisenhaus genug Kinder und nicht auf Kinder von außerhalb angewiesen«*, bemerkt er.[113]

---

111 Stock (2014), S. 26f.

112 Schuster, Henry (Heinz): Interview 10065, VHA.

113 Strauss, Fred (Fritz Strauß): Interview 21926, VHA.

Etwa sechs Wochen nach den Pogromtagen, am 27. Dezember 1938, nahm Fritz an der Beerdigung seines Großvaters Jakob Strauß auf dem Neuen Jüdischen Friedhof an der Eckenheimer Landstraße teil. Die schrecklichen Erlebnisse der letzten Wochen waren zu viel für den alten Mann gewesen. Ein Mob aus aufgehetzten und planvoll geführten Nazis hatte in Miehlen in der Nacht vom 9. auf den 10. November 1938 die Häuser der jüdischen Familien zerstört und die Möbel aus den Fenstern auf die Straße geworfen. Auch im Haus der Großeltern hatten sie gewütet und sogar einen Brand gelegt, der aber noch rechtzeitig gelöscht werden konnte. In der Synagoge hatte der Mob die Inneneinrichtung demoliert, die Kultgegenstände geplündert und das ganze Gebäude unter Wasser gesetzt. Nach den Gewalttaten wurden die Großeltern zusammen mit den Miehlener Juden aus dem Ort vertrieben und auf einem Lastwagen nach Frankfurt gefahren, wo sie in einem jüdischen Altersheim Aufnahme fanden.[114]

Erich Grünebaum (Eric Greene) kam am 11. November zusammen mit seiner Schwester Johanna aus Speyer am Frankfurter Busbahnhof an. Bei den Verwandten in Speyer hatten die Geschwister die Wohnung nicht verlassen dürfen, während die Synagoge und mit ihr die Jüdische Schule niedergebrannt wurden. Sie hatten miterlebt, wie ihr Onkel, der Rabbiner und Lehrer Sigfried Marx, verhaftet worden war. In der Nacht hatten auch die jüdischen Frauen, Kinder und alten Leute das linksrheinische Speyer verlassen müssen, da sich Juden in dem grenznahen Gebiet zu Frankreich nicht mehr aufhalten durften. Die Geschwister waren mit ihrer Tante Bertha und den beiden Cousins zu Bekannten nach Mannheim geflüchtet, die sie notdürftig unterbrachten. Am nächsten Morgen hatte die Tante die Geschwister mit dem Bus zu ihren Eltern nach Frankfurt geschickt.

Eric Greene: *»Es lag immer noch ein Brandgeruch in der Luft, als wir am Frankfurter Busdepot ankamen, wo Mama uns abholte. Im Flüsterton erzählte sie uns, dass auch in Frankfurt in der vorletzten Nacht die Synagogen niedergebrannt wurden.«* Bevor sie zusammen das Busdepot verließen, um die Straßenbahn zu nehmen, gab die Mutter, Else Grünebaum, ihren Kindern Verhaltensanweisungen: *»›Sprecht nicht untereinander‹, sagte sie uns, ›für den Fall dass euch jemand belauscht.‹ Sie wies uns auch an, uns in der Straßenbahn nicht zu setzen, sondern uns auf die hintere Plattform zu stellen.«*[115]

Bei der Fahrt durch die Stadt sahen Erich und Johanna die Spuren der Zerstörung und des Vandalismus an den Geschäften und Wohnhäusern von Juden. Sie spürten die Atmosphäre der Feindseligkeit und Bedrohung. Eric Greene: *»Man hatte uns Juden den Krieg erklärt, wir waren der Feind.«*[116]

Am Börneplatz, den die Nationalsozialisten in Dominikanerplatz umbenannt hatten, stiegen sie aus und blickten auf die ausgebrannte Kuppel und die Reste der einst so schönen Synagoge. Das Zimmer der Eltern in einem Nebengebäude hinter dem Altersheim der *Israelitischen Männer- und Frauenkrankenkasse* bewohnten sie jetzt zu viert. Während die Eltern tagsüber nebenan im Altersheim ihrer Arbeit als Betreuerin und

114 Vgl. Maier-Hussing (1997), S. 19–23.
115 Greene (2000).
116 Ebenda.

Hausmeister nachgingen, durften Erich und Johanna das Zimmer vorerst nicht verlassen. *»Wir wurden ermahnt, uns so wenig wie möglich zu zeigen.«*[117] Die Eltern mussten viel arbeiten, denn wie der Vater, Jonas Grünebaum, den Kindern erzählte, waren sie im Altersheim personell stark unterbesetzt, seit die jüdischen Männer während des Pogroms alle verhaftet worden waren. Er selbst war nur noch dort, weil jemand die technischen Arbeiten machen musste, um den Heimbetrieb aufrecht zu erhalten.

Durch ein Fenster des elterlichen Zimmers blickte man direkt auf die ausgebrannte Synagoge. Hier beobachtete Erich an einem der nächsten Tage, wie eine Gruppe Zivilisten die Zerstörungsarbeit an dem Gebäude vollendete:

> *Der Rahmen dessen, was eine Kupferkuppel gewesen war, lag inmitten der ausgebrannten vier Wände. Sie hatten das Stahlgerüst der Kuppel mit Ketten an einer Planierraupe befestigt und versuchten, es durch den Torbogen, der einmal der Haupteingang gewesen war, herauszuziehen. Das Kuppel-Gerüst war aber zu groß für die schmale Öffnung. Wie sehr die Planierraupe auch zerrte, die Mauern wollten nicht zerbersten, um die Öffnung zu erweitern. Ich dachte, dass Gott die Arbeiter bestrafte, indem er sie bei der endgültigen Zerstörung unseres Gebetshauses dumm aussehen ließ.*[118]

Nach den Gewalterfahrungen der Pogromtage im November 1938 war auch den letzten noch Unentschlossenen klar geworden, dass sie das Land so schnell wie möglich verlassen mussten. Inzwischen gab es aber außer den USA praktisch kaum noch ein Land, das jüdische Flüchtlinge aufnahm. Und in die USA führte der einzige Weg über einen langwierigen, bürokratischen Einwanderungsprozess. Vor den amerikanischen Konsulaten bildeten sich nach dem Pogrom lange Schlangen von Antragstellenden. Während noch im Juni 1938 auf den Wartelisten der deutschen Quote 139.163 Leute gestanden hatten, war diese Zahl ein Jahr später, im Juni 1939, auf 309.782 hinaufgeschnellt.

Die Eltern hätten immer geglaubt, ihnen könne nichts passieren, weil sie schon sehr lange in Deutschland und in Frankfurt lebten und weil der Vater aktiver Soldat im Ersten Weltkrieg gewesen war, erzählte **Ernst Valfer**. *»Rechtzeitig wegzugehen, war ihnen nicht möglich, weil sie nicht so flexibel waren und vor allem weil sie in ihrem Selbstverständnis Deutsche waren.«* Als ihnen im Sommer 1938 klar geworden sei, dass sie das Land verlassen mussten, sei es schon zu spät gewesen. Sie hätten über die Verwandten in den USA ein Affidavit bekommen, das wäre aber wertlos geworden, denn ihre Quotennummer auf der Warteliste für ein US-Visum sei so hoch gewesen, dass sie sechs Jahre, also bis 1944, hätten warten müssen, bis sie an der Reihe gewesen wären.[119]

Als der Vater aus dem KZ Buchenwald zurückgekommen sei, hätten die Eltern vergeblich versucht, Deutschland irgendwie zu verlassen.

117 Ebenda.
118 Ebenda.
119 Valfer, Ernst: Interview 52608, VHA.

Sie gaben eine Menge Geld aus und kauften Visa auf dem Schwarzmarkt. Die gab es für alle möglichen Länder und stellten sich dann als falsch heraus. [...] Aber selbst in dieser Situation hat mein Vater noch nicht an extreme Maßnahmen gedacht wie nach Russland oder China zu gehen, wohin man noch konnte. Er wollte in ein westliches Land. [120]

Auch **Eric Greene (Erich Grünebaum)** berichtete, sein Vater hätte lange fest daran geglaubt, dass die Verfolgung eine vorübergehende Situation wäre und er als verwundeter Kriegsveteran nicht so betroffen wäre wie einige der großen jüdischen Geschäftsleute. *»Mein Vater war Mitglied beim ›Reichsbund Jüdischer Frontsoldaten‹ und ein wahrer deutscher Patriot; ein Jude, der in die deutsche Gesellschaft aufgenommen wurde. Unsere Wurzeln in Hellstein waren tief; es war unvorstellbar, dass wir unseren Familiensitz verlassen würden.«*[121] Eric denkt rückblickend, dass seine Eltern nie etwas unternommen hatten, um in ein anderes Land zu kommen.

Schreckensnachrichten von zu Hause

Von den Novemberpogromen 1938 erfuhren die bereits ausgereisten Kinder in den USA zuerst über die amerikanische Presse und erst verzögert über Briefe ihrer Angehörigen aus Frankfurt. Die 18-jährige **Lotte Goldschmidt** las über die Gewalttaten gegen die Juden zunächst in den Zeitungen, die voll waren mit Berichten über die Ereignisse im Deutschen Reich. Lotte wohnte in einem Studentenwohnheim in Greeley, Colorado, wo sie am College eine Lehrerausbildung für Hauswirtschaft machte. Sie verbrachte zermürbende Tage und Wochen der Ungewissheit und der Sorgen um ihre Familie. Am 24. November, dem *Thanksgiving Day*, erhielt sie endlich einen Brief von ihrer Mutter, der ihre schlimmen Befürchtungen bestätigte. Hans und Ellens Vater sind nicht mehr hier, hatte die Mutter in der üblichen verklausulierten Sprache zur Umgehung der Briefzensur geschrieben. Lotte verstand sofort, dass ihr Bruder und dessen Schwiegervater Herbert Kastellan verhaftet und in ein Konzentrationslager eingeliefert worden waren.

Unverzüglich ging Lotte mit dem Brief zu Prof. Wallace Wait und seiner Frau Francis, die die Pflegschaft für sie inzwischen übernommen hatten.[122] Diese erklärten sich angesichts der Ereignisse gleich bereit, selbst Affidavits für Hans und seine Frau Ellen auszustellen und weitere Bürgschaften für Lottes Familie und die ihrer Schwägerin über wohlhabende Freunde zu besorgen. Nach ein paar Tagen konnte Lotte die Dokumente nach Frankfurt schicken. Im Februar 1940 konnten ihr Bruder Hans mit seiner Frau Ellen mit Hilfe dieser Affidavits über England in die USA kommen.

Auch **Ruth Kaufmann** im Jüdischen Waisenhaus in San Francisco erfuhr von der Verhaftung und Verschleppung ihres Vaters und bald darauf von dessen gewaltsamen Tod.

120 Ebenda.

121 Greene (2000).

122 Lotte nahm später deren Namen an und führte ihn zusätzlich zu ihrem Geburtsnamen und später zu ihrem Ehenamen.

»Ende 1938 erhielt ich die furchtbare Nachricht, dass mein Vater im KZ Buchenwald umgebracht worden war«,[123] schreibt sie später in einem Bericht an die Entschädigungsbehörde. Ihr Vater war in den Tod getrieben worden, weil er die Misshandlungen und Demütigungen im KZ Buchenwald nicht mehr ertragen hatte. Bald darauf, Anfang 1939, schrieb ihr die Mutter, dass sie ihren inzwischen 14-jährigen Bruder Martin mit einer Kinderverschickung nach Belgien in Sicherheit bringen konnte. Die Adresse der Brüsseler Familie, die ihn aufgenommen hatte, fügte sie bei. Rosa Kaufmann wohnte im Frühjahr 1939 zwar noch in der großen Wohnung der Familie in der Staufenstraße 28, musste diese aber bereits mit sechs weiteren jüdischen Untermietern teilen.[124] Auch die Großmutter mütterlicherseits, Flora Leichtentritt, lebte noch in Frankfurt im Jüdischen Altenheim der *Israelitischen Männer- und Frauenkrankenkasse* in der Rechneigrabenstraße 18–20.

USA – öffentliche Empörung ohne Konsequenzen

Die Schreckensmeldungen nach der Annexion Österreichs waren die ersten gewesen, die die »Schallmauer des amerikanischen Isolationismus« durchbrochen hatten, wie es der Exil-Literatur-Wissenschaftler Hans-Albert Walter formuliert.[125] Schon hier hatte sich in Meinungsumfragen gezeigt, dass die spontane Empörung der Mehrheit der amerikanischen Bevölkerung über die nationalsozialistischen Verbrechen schnell wieder abgeklungen war, als es um die Bereitschaft ging, die Opfer des Terrors im eigenen Land aufzunehmen. Stimmten im März 1938 nur 17 Prozent der Aufnahme einer größeren Zahl jüdischer Flüchtlinge aus Deutschland zu, während 75 Prozent dagegen waren, so war diese Diskrepanz zwischen öffentlicher Empörung und praktischen Konsequenzen nach den Pogromtagen im November 1938 nicht viel anders: Zwar missbilligten 94 Prozent der US-Bevölkerung nach einer Umfrage unmittelbar danach die Behandlung der Juden in Deutschland. Im gleichen Monat November lehnten aber 71 Prozent der Befragten die Aufnahme einer größeren Zahl von jüdischen Flüchtlingen aus Deutschland ab. Während acht Prozent keine Meinung hatten, waren nur 21 Prozent für die Aufnahme von Flüchtlingen in größerer Zahl.

Die gegenüber Flüchtlingen aufgeschlossenen Gruppen, die eine Erhöhung der Quote befürworteten, waren eine Minderheit, die sich entsprechend defensiv verhielt. Das traf auch auf die rund acht Millionen amerikanischen Juden zu. Größtenteils treue Anhänger von Roosevelts Politik, wollten sie ihren Präsidenten nicht mit der Forderung nach Liberalisierung der Einwanderungsgesetze unter Druck setzen. Auch der durch Umfrageergebnisse belegte Antisemitismus bot eine reale Grundlage für ihre Ängste und Zurückhaltung. Im Kongress spiegelte sich das darin wider, dass die wenigen ausländerfreundlichen Gesetzesinitiativen fehlschlugen.

Dabei bildeten auch Kinder keine Ausnahme: Die *Wagner-Rogers Bill*, ein Gesetzentwurf, der im Februar 1939 vom demokratischen Senator Robert R. Wagner (New York)

123 HHStAW, Abt. 518, Nr. 19471.
124 Datenbank Volkszählung 1939, Mai 1939. Bundesarchiv.
125 Walter (1984), S. 408.

im Senat und von der republikanischen Abgeordneten Edith N. Rogers (Massachusetts) im Repräsentantenhaus in identischem Wortlaut eingebracht wurde und die Einwanderung von 20.000 deutschen Flüchtlingskindern innerhalb von zwei Jahren außerhalb der deutschen Quote vorsah, scheiterte in beiden Häusern. Dies obwohl in dem Entwurf durch Unterhaltsgarantien von Privatleuten und Hilfsorganisationen sichergestellt werden sollte, dass die Kinder nicht der öffentlichen Fürsorge zur Last fielen. Dies auch, obwohl sich im Rahmen einer Kampagne des *Non Secretarian Committee for German Refugee Children* innerhalb weniger Wochen unaufgefordert 5.000 Leute bei dieser überparteilichen und überkonfessionellen Hilfs- und Förderorganisation der Befürworter gemeldet hatten, die ein Flüchtlingskind aufnehmen und für seinen Unterhalt sorgen wollten. Trotz all dieser Anstrengungen und der Unterstützung der Gewerkschaftsdachverbände sowie zahlreicher prominenter Amerikaner aus allen Gesellschaftsschichten, war das Abstimmungsergebnis in den Einwanderungsausschüssen beider Häuser im Mai 1939 so negativ, dass Senator Wagner seinen Gesetzentwurf selbst zurückzog.[126]

Umfrageergebnisse bestätigten diese Entscheidung: Von dem Markt- und Meinungsforschungsinstitute *Gallup* zur Aufnahme von 10.000 deutschen Flüchtlingskindern befragt, waren im Januar 1939 nur 26 Prozent der Befragten dafür, 66 Prozent dagegen und acht Prozent hatten keine Meinung. Bei einer Umfrage der *Cincinnati Post* unter 1.000 Frauen (die meisten darunter Hausfrauen) während der zweiten Runde des Anhörungsverfahrens Ende Mai 1939 sprachen sich 77,3 Prozent gegen, 21,4 Prozent für die Aufnahme einer größeren Zahl europäischer Flüchtlingskinder aus, lediglich 1,3 Prozent hatten keine Meinung.[127]

Die gesamte amerikanische Bevölkerung war auch noch nach den Novemberpogromen fern davon, die Gefahr und deren Dimension zu erfassen, in der sich die deutschen Juden befanden. Eine Ausnahme bildeten diejenigen, die aus Nazi-Deutschland geflohen waren und mit ihren Angehörigen dort in Kontakt standen.

Reaktionen der europäischen Nachbarländer

Die Nachbarländer, schockiert über den Gewaltausbruch gegen Juden in Deutschland und Österreich, hielten dennoch ihre Grenzen geschlossen. Auf Initiative und Druck ihrer jüdischen Hilfsorganisationen erklärten sie sich jedoch bereit, eine begrenzte Anzahl jüdischer Kinder aufzunehmen. Die Bedingung war, dass diese nur vorübergehend im Land bleiben und dem Staat nicht zur Last fallen würden. Zu den Ländern, die eine größere Zahl von Kindern aufnahmen, gehörten die Niederlande mit rund 1.500 Kindern, das kleine Belgien mit rund 1.000 Kindern und Frankreich mit rund 600 Kindern. Schweden nahm 500 Kinder (mit Palästina-Zertifikaten), die Schweiz 260 Kinder auf.

Hauptaufnahmeland für jüdische Flüchtlingskinder aus Deutschland, Österreich und der Tschechoslowakei war Großbritannien, das zwischen Dezember 1938 und Kriegsbe-

126 Ebenda, S. 415ff.
127 Ebenda.

ginn 1939 rund 10.000 Kindern die Einreise ermöglichte. Noch im November 1938 hatte die britische Regierung nach der Intervention einflussreicher britischer Juden und der Quäker die Einreisebestimmungen trotz ihrer bereits erfüllten Einwanderungsquoten gelockert. Es erging ein Aufruf an die britischen Familien, Pflegekinder aufzunehmen, und schon ab Dezember 1938, in Frankfurt bisher nachweisbar ab Februar 1939,[128] konnten jüdische Kinder bis zum Alter von 17 Jahren einwandern, sofern ein privater Förderer oder eine Pflegefamilie für sie gefunden wurde. Die Erwartung der britischen Regierung, diese Demonstration guten Willens könne die USA dazu bringen, ihre Einreisebestimmungen ebenfalls zu lockern, wurde nicht erfüllt.[129]

Die Auswanderung von Kindern war zu diesem Zeitpunkt ganz im Sinne der nationalsozialistischen Vertreibungspolitik. Deshalb unterstützten die nationalsozialistischen Behörden die Kinderverschickungen mit einer beschleunigten Ausstellung von Kinderpässen. Das belegt ein Schnellbrief des »Reichsführers SS« und Chefs der Deutschen Polizei im Reichsministerium des Inneren, Heinrich Himmler, vom 31. Dezember 1938 an sämtliche Landesregierungen: *»Im Interesse der Auswanderung der jüdischen Kinder und Jugendlichen ersuche ich daher, die Passbehörden umgehend anzuweisen, Kinderausweise und Reisepässe an die fraglichen Personen mit größtmöglicher Beschleunigung auszustellen.«*[130]

Israelitisches Waisenhaus – die Kinder herausbringen

Nach dem Novemberpogrom verstärkten zahlreiche jüdische Lehrer und Erzieher ihre Bemühungen, Kinder aus Deutschland herauszubringen. Sie schrieben an Kollegen und Freunde im Ausland und suchten nach Geldgebern.[131] Ein herausragendes Beispiel für dieses Engagement ist das von **Isidor Marx**[132], der seit 1918 zusammen mit seiner Frau **Rosa** das *Israelitischen Waisenhaus* am Röderbergweg 87 leitete.

128 Vgl. Rieber & Lieberz-Groß (2018), S. 20.

129 Heim (2009), S. 45.

130 Zit. n. Göpfert (1999), S. 66.

131 Die Korrespondenzen dazu sind zwar nicht überliefert, dennoch ist nachweisbar, dass die Rettung zahlreicher Kinder aus Heimen ins Ausland ihrem Einsatz zu danken war. Vgl. Krohn (1999), S. 94f.

132 Isidor Marx, geboren am 28. Januar 1886 in Bödigheim, Baden als Sohn von Salomon Marx und Dina Baer, studierte an der Israelitischen Lehrerbildungsanstalt in Würzburg und arbeitete als Lehrer in Randegg im Landkreis Konstanz. Dort verlobte er sich 1911 mit Rosa Schwab, die am 26. November 1888 in Randegg geboren wurde. 1912 bis 1918 war er Lehrer in Gailigen am Hochrhein, wo seine drei Kinder geboren wurden: Hanna (verh. Scheuer) im März 1913, Esther (verh. Neumann) im Februar 1915 und Moses im Dezember 1915. 1939 gelang Isidor Marx die Flucht ins Exil nach England. Rosa Marx leitete das Waisenhaus bis zu ihrer Deportation aus Frankfurt 1942. Sie wurde an einem unbekannten Ort ermordert. Isidor Marx emigrierte nach Kriegsende in die USA und lebte in Newark, New Jersey. Er starb am 24. November 1986 mit 82 Jahren und wurde im King Solomon Memorial Park (Clifton, Passaic County, New Jersey) beigesetzt. Vgl. online: http://www.alemannia-judaica.de/boedigheim_synagoge.html [Stand 1. November 2021].

Abb. 17: Isidor Marx.

Abb. 18: Rosa Marx.

Das 1874 gegründete Waisenhaus war ursprünglich für 75 Waisenkinder eingerichtet worden, hatte aber seine Pforten ab etwa 1935 auch für Kinder geöffnet, deren Eltern, bedingt durch die Verfolgung, in wirtschaftliche Not geraten waren und nicht mehr selbst für ihre Kinder sorgen konnten. Hinzu kam, dass viele Eltern aus den umliegenden Landgemeinden um Aufnahme ihrer Kinder gebeten hatten, um sie vor den täglichen Angriffen in den Schulen und auf der Straße in Sicherheit zu bringen und um ihnen den weiteren Schulbesuch zu ermöglichen. Mit den Jahren der zunehmenden Verfolgung hatte sich das Haus immer mehr zu einer Notunterkunft entwickelt, in der die Zahl der Kinder ständig stieg, während die finanziellen Ressourcen der Waisenhausstiftung schrumpften. Dafür sorgten rückläufige Jahresbeiträge aufgrund ausgewanderter Mitglieder und geringere Spendenaufkommen. Auch vor dem Hintergrund dieser Entwicklung hatte Isidor Marx für seine Schützlinge schon frühzeitig nach Wegen ins Ausland gesucht, während die Organisationen der *Reichsvertretung* sich noch bemühten, die Familien nicht auseinanderzureißen.[133]

Insbesondere unmittelbar nach dem Novemberpogrom, als die Gestapo in Frankfurt alle jüdischen Einrichtungen, auch die Schulen und die Einrichtungen der Jüdischen Wohlfahrtspflege, vorübergehend geschlossen hatte, spielte Isidor Marx eine zentrale Rolle als Anlaufstelle für Eltern in Not und bei den Kinderverschickungen ins Ausland. Es gab einen regelrechten Ansturm auf die Einrichtung. Da das Ehepaar Marx alle Kinder aufnahm, die man ihnen brachte, war das Haus am Röderbergweg 87 bald völlig überbelegt.

133 Ebenda.

Abb. 19: *Israelitische Waisenhaus* Röderbergweg 87 (o. J.).

Von dem trotz der Überbelegung liebevollen Umgang dort erzählt der damals sechsjährige **Max Feiner** in seinen Erinnerungen. Er wurde kurz nach dem Novemberpogrom mit seinen beiden älteren Geschwistern ins Waisenhaus gebracht, weil der Vater im KZ Buchenwald und die Mutter im Krankenhaus waren.

> *Das Leben dort war so angenehm, wie man es sich nur wünschen konnte, wir wurden von freundlichen Krankenschwestern und freiwilligen Helferinnen betreut, die, obwohl streng, wie Ersatzeltern für uns waren, die uns fütterten und individuell badeten und uns zu einer regelmäßigen Zeit ins Bett brachten (wir stellten uns jeden Abend an, um einen Gute-Nacht-Kuss und eine kleine Süßigkeit zu bekommen).*[134]

Dass der Waisenhausleiter Marx auch für die nationalsozialistischen Behörden eine wichtige Rolle einnahm, weil er half, die durch das Pogrom entstandene Not zu lindern und zur Beruhigung der Lage beizutragen, geht aus einem Brief von Isidor Marx hervor, den er 1959 an die Entschädigungsbehörde schrieb. Hier schildert er die Situation unmittelbar nach dem Pogrom:

> *Am Abend des Tages nach der Kristallnacht kam eine Anzahl von Hohen Herren der SS und Gestapo ins Waisenhaus – dessen Belegzahl am 11.11.1938, dem Tag nach der Kristallnacht, fast verdoppelt worden war durch unzählige Kinder von der Umgebung. Deren Väter waren in Konzentrationslager gekommen, sie selber waren unter der grössten Furcht durch unsagbare Behandlung in den verschiedenen Dörfern der Umgegend, und ihre Mütter baten herzlichst um Aufnahme ihrer Kinder ins Waisenhaus.*

134 Aufzeichnungen des 18-jährigen Max Feiner, übermittelt von seinem Sohn Bob Feiner, USA.

Selbstredend nahm ich sie gerne auf – (Ich musste ganz selbstständig handeln, da alle meine Vorstände entweder im Konzentrationslager oder geflohen waren.)
Die Herren waren, ich muss gestehen, freundlich, aber anderweis streng sachlich und sagten etwa Folgendes: »Wir haben Sie selbst nicht ins Konzentrationslager getan, weil wir sie brauchen: Es werden sehr viel Kinder heimatlos werden. Sie müssen alle Kinder, die wir ihnen schicken, restlos aufnehmen.«
Ich wollte sagen: »Meine Herren, Sie sehen selbst, wir sind mehr als überbelegt – in jedem Bett zwei Kinder und andere auf dem Boden schlafend.« (Da flüsterte einer der Herren mir zu: »Sag Ja, Du bist in Lebensgefahr!« Da gab mir Gott einen Gedanken ein: »Meine Herren«, sagte ich, »ich habe mit Erlaubnis der Behörden in den Jahren seit 1934 schon viele Kinder ins Ausland verbracht, es kamen aber immer wieder viel mehr Kinder herein, als ich zur Auswanderung bringen konnte.
Ich habe aber sehr viele Freunde und Gönner im Ausland, wie Schweiz, Holland, Belgien, England, Frankreich und namentlich Palästina; darf ich denen telegrafieren, telefonieren, und sie um Aufnahme von Kindern bitten?« Antwort: »Ihre Telegramme und Telefone werden nicht zensiert werden.«
Die Telefon- und Telegraph-Rechnung des Waisenhauses für die nächste Nacht zeigte Hunderte von Mark an – mit dem Erfolg, dass während der Nacht schon und während des folgenden Tages viele Zusagen, telefonisch, telegraphisch und schriftlich einliefen.[135]

Abb. 20: Channukka 1938 im Israelitischen Waisenhaus in Frankfurt. Spendenpostkarte. Vordere Reihe (v. l. n. r.): Günther Wertheimer, Fritz Strauß, Josef (Seppl) Einhorn, unbekannt; hintere Reihe (v. l. n. r.): Isidor Marx, unbekannt, Hermann Bacharach, Naftalie Oppenheimer; horizontale Reihe (r. v.): Walter Salomon, Lehrer Baumann; schräg gegenüber: Lehrer Seligmann (Angaben von Fred Strauss).

135 HHStAW, Abt. 519/6, Nr. Ffm 12875.

In einem Pessach-Brief, den er ein halbes Jahr nach dem Pogrom an seine ehemaligen Schützlinge im Ausland schickte, schilderte er die drangvolle Enge und die Versorgungsprobleme im Heim, erwähnt aber auch die Kinderverschickungen:

> *Ich selbst habe noch eine größere Aufgabe mitübernehmen müssen; die sogenannte Kinderverschickung ins Ausland, die ich, als in den ersten Tagen alle Wohlfahrtsorganisationen aufgehoben waren, zunächst allein organisieren musste. Es ist mir damals mit Gottes Hilfe und dank des Verständnisses guter Freunde im Ausland gelungen, eine grössere Anzahl Kinder, nicht nur aus unserem Haus, sondern von Frankfurt & weiterer Umgebung nach dem Ausland zu bringen.*[136]

Nach den Gewalttaten der Novemberpogrome suchten viele verzweifelte Eltern nach einer Möglichkeit, ihre Kinder auf schnellstem Wege im Ausland in Sicherheit zu bringen. Dort sollten sie warten, bis die Familie die Visa für die Emigration in die USA oder in ein anderes Überseeland bekommen hatte. Die Nachricht über Kinderverschickungen des Waisenhauses verbreitete sich wie ein Lauffeuer unter den Eltern. Isidor Marx Bemühungen, Waisenhauskinder auch in den USA unterzubringen, blieben in den kommenden Monaten jedoch erfolglos. In dem bereits erwähnten Pessach-Brief an seine ehemaligen Schützlinge heißt es dazu: *»Unser früherer Vorsitzender, Herr Prof. Dr. Werner,*[137] *ist drei Tage vor dem grossen Unglückstag* [d. h. der »Kristallnacht«, R. H.] *mit den größten Hoffnungen auf Unterbringung von Kindern in Amerika nach dorten gefahren – leider hat er in diesen über vier Monaten noch kein einziges Kind unterbringen können.«*[138]

Die ersten Kinder kamen bereits wenige Tage nach dem Pogrom, am 15. und 22. November sowie Anfang Dezember 1938, mit Kinderverschickungen des *Israelitischen Waisenhauses* in die Niederlande, darunter auch **Erich Grünebaums (Eric Greene)** Schwester Johanna. Die Kinder wurden in Holland vor allem in Waisenhäusern, aber auch in Familien untergebracht. Über Isidor Marx, der gewissermaßen zur Familie gehörte, hatten die Eltern Grünebaum das Angebot bekommen, ihre Kinder kurzfristig an einer

136 Schuster (2011), S. 93.

137 Moritz Werner (1873–1939) wurde in Frankfurt geboren und war Schüler an der *Wöhlerschule*, an der sein Vater, Josef Werner, Latein, Altgriechisch und Deutsch unterrichtete. Er studierte in Berlin Anglistik, Romanistik und Germanistik und legte dort 1895 die Doktorprüfung ab. 1897 machte er seinen Abschluss für das höhere Lehramt und unterrichtete danach zwei Jahre an einer Privatschule in London, bevor er 1900 nach Frankfurt zurückkehrte. Hier unterrichtete er von 1902 bis 1904 an der *Muster-* und an der *Klingerschule* und danach fast 30 Jahre lang am *Lessing-Gymnasium* Französisch, Englisch, Deutsch und Latein. Für seine verdienstvolle Tätigkeit in zahlreichen Frankfurter Kulturinstitutionen erhielt er 1932 die Goethe-Plakette der Stadt Frankfurt. Als Jude 1933 aus dem Schuldienst entlassen, beteiligte er sich am Aufbau des Jüdischen Lehrhauses. In seiner Eigenschaft als Vorsitzender des Kuratoriums des *Israelitischen Waisenhauses* bemühte er sich um Ausreisevisa für Waisenkinder. Unter Verzicht auf seine Pensionsansprüche gelang ihm im November 1938 mit seiner Frau die Ausreise in die USA, wo er im März 1939 eine Dozentenstelle am *Yeshiva College* in New York erhielt. Körperlich und seelisch erschöpft starb er im Dezember 1939 in einer armseligen Dachkammer eines Nursing-Hauses.

138 Zit. n. Krohn (1999), S. 98. In voller Länge ist der Brief abgedruckt in Schuster (2011), S. 92ff.

Kinderverschickung nach Holland teilnehmen zu lassen. Aus Unsicherheit überließen sie der 13-jährigen Johanna und dem zehnjährigen Erich die Entscheidung.

Eric beschreibt, warum er und seine Schwester getrennte Wege gingen, was ihm schließlich das Leben rettete:

> *Hanni packte die Gelegenheit beim Schopfe, wieder nach Holland zu gehen. Sie hatte im vorigen Jahr dort bei ihrer Tante Ruth eine tolle Zeit verbracht und war begierig wieder hinzukommen. Da ich nicht eingeladen gewesen war, und deshalb immer noch schmollte wie ein Zehnjähriger schmollt, der von unserer Tante beleidigt wurde, wollte ich nicht nach Holland.*[139]

Die Entscheidung für Johannas Abreise sei so kurzfristig getroffen worden, dass die Eltern nicht einmal dazu kamen, sie mit einer ordentlichen Garderobe auszustatten.

Martha Wertheimer[140] unterstützte das Ehepaar Marx bei den Vorbereitungen der ersten Kinderverschickungen des Waisenhauses nach dem Novemberpogrom. Sie hatte Ende September 1938 ihren Posten als Schriftleiterin beim *Israelitischen Familienblatt* in Berlin aufgegeben und lebte seitdem wieder in ihrer Geburtsstadt Frankfurt. Unmittelbar nach dem ersten Tag des Pogroms hatte sie sich der Jüdischen Gemeinde zur Verfügung gestellt. Diese hatte sie als Betreuerin im überfüllten *Israelitischen Waisenhaus* eingesetzt, *»in dem kein Hauslehrer mehr war, nur noch die Frauen für Küche und Schlafsäle, und dazu füllte sich das Haus jede Stunde mehr mit Flüchtlingskindern aus Hessen und Bayern«*,[141] wie sie später ihrem Freund in den USA schrieb.

In einem Artikel im *Jüdischen Nachrichtenblatt* »Kinder werden verschickt – Momentbilder aus einem jüdischen Waisenhaus« schildert sie ihre persönlichen Eindrücke aus diesen Tagen und gewährt einen atmosphärisch-intimen Einblick in den dramatischen Moment des Abschieds und Aufbruchs der Kinder vor ihrer Verschickung:

> *[...] Der Morgen kommt, an dem bei uns im Waisenhaus lange Tische auf dem Korridor vor den Fenstern stehen, und auf ihnen liegen in gleichmäßigen kleinen Bündeln Unterwäsche, Nachtanzüge, Socken, Hosen, Pullover und Jacken, frisch gewaschen und ordentlich ausgeflickt, liegen warme Handschuhe, Mützen, Schals. Aber der Mensch lebt nicht von der äußeren Wärme allein. Auch der kleinste Koffer muss noch Platz haben für das wichtigste Besitztum, für ein Märchenbuch, ein Legespiel, eine Puppe, einen Malkasten. Unsere Buben haben mich, die nicht mitpackt und daher über eine wohltuende Neutralität verfügt, als Vorinstanz eingerichtet: am kritischen*

139 Greene (2000).

140 Martha Wertheimer (1890–1942) beendete ihr Studium der Geschichte, Anglistik und Germanistik an der Universität Frankfurt am Main mit der Promotion. Sie war 15 Jahre lang als Journalistin für die *Offenbacher Zeitung* tätig. Nach ihrer Entlassung aus »rassischen« Gründen, übernahm sie etwa 1935 die Feuilletonredaktion des *Israelitischen Familienblatts* in Berlin. Sie betätigte sich auch literarisch, als Vortragende und als Kabarettistin. Ab 1939 leitete sie die Jugendfürsorge der Jüdischen Wohlfahrtspflege in Frankfurt am Main. Sie wurde im Juni 1942 von ihrem Geburtsort Frankfurt am Main ins Vernichtungslager Sobibor deportiert und ermordet.

141 Brief von Martha Wertheimer an Dr. Guggenheim vom 27. Mai 1939. Zit. n. Arbeitsstelle zur Vorbereitung des Frankfurter Lern- und Dokumentationszentrum des Holocaust (1996), S. 5.

Tag des Einpackens hält mir immer wieder einer etwas vor die Augen, was eigentlich mitmüsste, und ob es noch könnte. Ich muß viel Phantasie einschalten, diesmal zum Ausreden statt Einreden. Denn eine Eisenbahn ist schließlich völlig überflüssig, wenn man selbst stundenlang in der richtigen sein darf, und ein Steinbaukasten findet Ersatz im verheißenen neuen Heim [...] Später freilich, als die Koffer und die Kinder weg und die Eisenbahn, der Baukasten und das Pferdchen herrenlos sind ...
Nun, die Kinderheime drüben werden ihnen so etwas zum Ersatz geboten haben, und wills Gott sind wir und das gesamte andere Spielzeug glücklich vergessen.[142]

Im Dezember 1938 durften die jüdischen Institutionen und Schulen in Frankfurt wie im gesamten Reich wieder öffnen. Nachdem sich nach neun Wochen ihrer Mitarbeit auch die Situation im Waisenhaus personell wieder etwas stabilisiert hatte, übernahm Martha Wertheimer Mitte Januar 1939 die Leitung der *Abteilung Jugendfürsorge der Jüdischen Wohlfahrtspflege* und begann mit dem Aufbau der Organisation von Kinderverschickungen aus dem gesamten süd- und südwestdeutschen Raum, die in die Zuständigkeit der Frankfurter Gemeinde fielen.

Zu den Ländern, die sehr schnell nach dem Pogrom auf den Hilferuf aus Frankfurt reagierten, gehörte Frankreich, speziell Elsass-Lothringen, dorthin konnte Isidor Marx eine Gruppe von rund 50 Kindern bereits am 6. Dezember 1938 schicken. Auch die Schweiz reagierte sofort. Das *Schweizerische Hilfswerk für Emigrantenkinder* (SHEK) sagte Isidor Marx zehn Tage nach dem Pogrom zu, 100 Kinder aufzunehmen. Mit einem solchen Gesuch hatte er sich über Schweizer Freunde an die eidgenössische Fremdenpolizei gewandt. Die Entscheidung, insgesamt 300 jüdische Kinder für maximal sechs Monate aufzunehmen, war das Ergebnis langwieriger und zäher Verhandlungen zwischen **Nettie Sutro**,[143] der Gesamtleiterin des SHEK, und dem Chef der Schweizer Fremdenpolizei, Heinrich Rothmund. Treibende Kraft für die Aufnahme der bedrohten jüdischen Kinder war die Leiterin der Basler Sektion der SHEK, **Georgine Gerhard**,[144] gewesen. Die Aktion blieb eine Ausnahme und beschränkte sich in der Zahl der tatsächlich

142 *Jüdisches Nachrichtenblatt* vom 3. Januar 1939.

143 Nettie Sutro-Katzenstein, geb. Nanette Gerstle (1889–1967) wuchs in einer jüdischen Familie in München auf, wo sie 1915–1919 Philosophie und Soziologie studierte. Sie war mit dem Neurologen Erich Katzenstein verheiratet, mit dem sie zwei Söhne hatte. Mit ihrem Mann flüchtete sie nach der gewalttätigen Niederschlagung der Münchener Räterepublik 1919 in die Schweiz. 1921 promovierte sie an der Universität Bern. Die Katzensteins zogen später nach Zürich, wo Ernst Toller, Jakob Wassermann und Martin Buber zu ihrem Freudeskreis gehörten. Nettie arbeitete als Lehrerin, Übersetzerin und freie Mitarbeiterin für den Rundfunk. 1933 war sie Gründungsmitglied des *»Comité d'aide aux enfants des émigrés allemands, Schweizersektion«* (ab 1935: SHEK).

144 Georgine Gerhard (1886–1971) war in einer Lehrerfamilie in Basel aufgewachsen. Sie schloss 1906 das Studium am Lehreinnenseminar in Basel ab. 1919 musste sie ihre Lehrtätigkeit an der Töchterschule Basel wegen eines Gehörleidens aufgeben und wurde Schulsekretärin und Berufsberaterin. 1916 war sie Mitbegründerin der Vereinigung für Frauenstimmrecht Basel und Umgebung, als deren Präsidentin sie von 1917–1922 und 1935–1941 amtierte. 1933 war sie Gründungsmitglied des *Comité d'aide aux enfants des émigrés allemands, Schweizersektion* und gründete 1934 die *Basler Hilfe für Emigrantenkinder* (BHEK, ab 1935: SHEK).

aufgenommenen Kinder schließlich auf lediglich 260, weil sich einzelne Kantone weigerten, Kinder aufzunehmen, obwohl es aufnahmebereite Familien gab.[145] Unter den 96 Kindern aus Frankfurt und ganz Süddeutschland, die am 5. Januar 1939 als erste Flüchtlingskinder von Frankfurt nach Basel reisten, war auch der Neffe von Isidor Marx und Cousin von Erich Grünebaum, Julius Marx.[146] Bis auf zwei Kinder, die nach Palästina gebracht werden konnten, und einige wenige, die 1941 allein durch Vichy-Frankreich, Spanien und Portugal reisten und sich in Lissabon nach New York einschifften, um zu ihren Eltern zu gelangen, blieben alle diese Kinder bis Kriegsende in der Schweiz.[147]

145 Krohn (1999), S. 100ff.

146 In der Frankfurter Gruppe war auch Ruth Siegel, die in den 1950er Jahren in die USA kam und dort als Sexualtherapeutin und Sachbuchautorin unter dem Namen Ruth Westheimer bzw. Dr. Ruth sehr bekannt wurde. Vgl. Häsler (1976).

147 Fred (Fritz) Rosenberg aus Frankfurt lebte in einem Kinderheim in Langenbruck, bis er im Sommer 1941 als 15-Jähriger allein zu seiner Mutter in die USA reiste. Mit der Bahn fuhr er durch Frankreich, Spanien und Portugal und verließ Lissabon mit demselben Schiff (*Nyassa*), auf dem auch die dritte USCOM-Kindergruppe in die USA gebracht wurde. Vgl.: Rosenberg, Fred (Fritz): Interview 43530, VHA. Auch die Geschwister Louis und Erna Levin aus Frankfurt, 15 und zwölf Jahre alt, gelangten auf diesem Weg noch Ende November 1941, kurz vor dem amerikanischen Kriegseintritt, zu ihren Eltern in die USA. Vgl. Kartotek der 300-Kinder-Aktion im Schweizerischen Bundesarchiv Bern: J2.55#1000/1246#192*.

Zufluchtsorte in Europa – die Beispiele Belgien und Frankreich

Auch Belgien gehörte zu den Ländern, die noch im November 1938 Kinder aufnahmen. Unter dem Eindruck des Pogroms hatte der damalige belgische Justizminister Joseph Pholien noch im selben Monat die Aufnahme einer ersten Gruppe von 250 jüdischen Kindern aus Deutschland und Österreich bewilligt. Aus dem Briefwechsel des Justizministers mit dem Premierminister Paul-Henri Spaak geht hervor, dass Minister Pholien zweimal Kontingente von 250 Flüchtlingskindern bewilligte, plus von nicht angekündigten weiteren 250 Kindern.[148] Die Einreisebedingung war auch hier daran geknüpft, dass die Kinder nicht älter als 14 Jahre waren, nur vorübergehend in Belgien blieben und dass private Geldgeber für die Aufnahme und Versorgung der Kinder und Jugendlichen bereitstanden.

Der Vizepräsident der Brüsseler israelitischen Gemeinschaft und Vorsitzende des von ihm 1933 gegründeten Komitee zur Hilfe und Unterstützung der Opfer des Antisémitismus in Deutschland, *Comité d'Aide et d'Assistance aux Victimes de l'Antisémitisme en Allemagne* (CAAVAA), **Max Gottschalk**,[149] hatte sofort nach der »Kristallnacht« das *Comité d'Assistance aux Enfants juifs réfugiés* (CAEJR), Komitee zur Rettung jüdischer Kinder, gegründet. Es bestand im Wesentlichen aus ehrenamtlich arbeitenden jüdisch-belgischen Frauen der gehobenen Gesellschaftsschicht, namentlich **Renée de Becker-Remy**,[150] **Marguérite Goldschmidt-Brodsky**[151] und **Lilly Felddegen**.[152] Der engagierten und hingebungsvollen ehrenamtlichen Arbeit dieser Frauen und der eines kleinen Stabs bezahlter Mitarbeitender war es zu verdanken, dass zwischen November 1938 und Mai 1940 (als die Deutsche Wehrmacht Belgien überfiel) fast 1.000 jüdische Kinder über das CAEJR nach Belgien gebracht und betreut werden konnten. Gleich nachdem das CAEJR im November 1938 sein Büro in der Brüsseler Rue Joseph Dupont 2 eröffnet hatte, ging dort eine Flut von Anfragen ein. Die Korrespondenz des CAEJR belegt, dass

148 Vgl. Reed (2015), S. 11.

149 Max Gottschalk (1889–1976) war ein bekannter belgischer Anwalt und eine Persönlichkeit der Brüsseler Jüdischen Gemeinde. Er hatte sowohl Führungspositionen in der belgischen Regierung und Wissenschaft als auch im Genfer *Bureau International du Travail* inne. Vgl. Reed (2015), S. 9f.

150 Renée de Becker-Rémy (1903–1987) war die Tochter von Zoë Lucie Betty Lambert, einer geborenen de Rothschild (1863–1916), und Léon Lambert (1851–1919), dem Repräsentanten des Rotschild-Hauses in Brüssel.

151 Marguerite (Guetia) Goldschmidt-Brodsky (1884–1973) war die Präsidentin des CAEJR. Sie war die Ehefrau von Alfred Edouard Goldschmidt, der als prominenter Industrieller und Finanzleiter des *Belgischen Roten Kreuzes* seinen Einfluss nutze, um das Komitee und die Arbeit seiner Frau aktiv zu unterstützen.

152 Lilly Felddegen (1896–1996) war gebürtige Schweizerin und nichtjüdische Ehefrau eines belgisch-jüdischen Unternehmers. Vgl. Reed (2015), S. 10.

neben Anfragen von lokalen jüdischen Wohlfahrtsorganisationen im Auftrag von Familien ihrer Stadt oder Region, sich auch Hunderte Eltern direkt an das Kinderhilfskomitee wendeten.[153]

Das CAEJR organisierte gemeinsam mit der *Zentralen Wohlfahrtsstelle, Abteilung Kinderauswanderung* in Berlin und dem ihr unterstehenden *Provinzialverband für die Israelitische Wohlfahrtspflege Rheinland* in Köln, der für die Kinderverschickung nach Belgien zuständig war, die Ausreise der Kinder aus Deutschland und empfing sie in Brüssel. Das CAEJR organisierte die Unterkünfte für die Kinder in Heimen oder bei Familien in ganz Belgien, erledigte den gesamten Schriftverkehr für den Aufenthalt in Belgien und kümmerte sich auch um die Spendenakquise und um Möglichkeiten zur Emigration für die Kinder, etwa in die USA.[154]

Der vorgeschriebene Ablauf war so, dass die Familien ihre Kinder zu einem festgelegten Termin zum Jüdischen Wohlfahrtsbüro in die Rubensstraße 33 nach Köln schicken mussten. Dort wurden die Gruppen zusammengestellt und mit dem Zug unter Begleitung von Personal des *Belgischen Roten Kreuzes* nach Brüssel geschickt. Wie oft solche organisierten Gruppen in Köln für die Fahrt nach Belgien gesammelt wurden, ist nicht bekannt. Manche der Kinder, die das CAEJR betreute, waren illegal über die belgische Grenze gekommen, andere in Begleitung eines Elternteils, der dann dort nicht für sie sorgen konnte.[155]

Das CAEJR beschaffte einen Teil der Finanzmittel von Familien, die in der Lage waren, für ihr Kind eine monatliche Unterstützung zu zahlen, die meisten Familien lebten allerdings bereits in prekären Verhältnissen und durften aus Deutschland auch kein Geld ins Ausland überweisen. Einen Teil der Finanzierung generierte das Komitee über staatliche Zuschüsse und private Spenden. Auch die belgische Königin sowie ein Komitee von Anwältinnen unterstützten die Arbeit des CAEJR mit einer Spende. Nach ihrer Ankunft versuchte man, die Weiterreise der Kinder in die USA zu ermöglichen. Ebenso wie aus Deutschland und den Niederlanden wurden, auch aus Belgien 1939 mehrere kleine Gruppen von Kindern unter der Schirmherrschaft der GJCA in die USA gebracht. Nach der Besetzung des Landes durch die Deutschen konnten nur noch die Kinder ausreisen, deren Visum bereits davor ausgestellt worden war.[156]

Nach einem Bericht des Komitees vom 10. Dezember 1939 lebten 330 vom Komitee betreute Kinder mit ihren Eltern oder Verwandten in Belgien. Mehr als 100 Kinder waren in Kinderheimen untergebracht, darunter 45 Jungen im Heim *Herbert Speyer*[157] im Brüsseler Vorort Anderlecht, das vom *Foyer des Orphelins*,[158] einer gemeinnützigen

153 Vgl. Reed (2015), S. 11.
154 Prior (2015), S. 17 u. 118.
155 Reed (2015), S. 12.
156 Tydor Baumel (1990), S. 83.
157 Herbert Speyer (1870–1942) war belgischer Senator und Leiter des belgischen Rats der Jewish Agency. Er hatte dem *Comité d'Aide et d'Assistance aux Victimes de l'Antisémitisme en Allemagne* (CAAVAA) einen sehr großen Betrag gespendet.
158 Das *Foyer des Orphelins* hatte mehrere Einrichtungen in Belgien, in denen vom CAEJR betreute Kinder zeitweise unterkamen. Während der deutschen Besatzung gewährte die Organisation

Abb. 21: Kinder aus Deutschland und Österreich im belgischen Kinderheim *Herbert Speyer* in Anderlecht/Brüssel. Vordere Reihe: Willi Wolpert (3. v. l.), Manfred Tidor (6. v. l.).

Organisation für Waisen, betrieben wurde. Mehr als 30 Mädchen kamen im Heim *Général Bernheim*[159] in Zuen, am nördlichen Stadtrand von Brüssel unter.[160]

Unter den Frankfurter Kindern, die nach dem Novemberpogrom über das CAEJR in Belgien aufgenommen wurden, waren die achtjährige **Camilla Tidor (verh. Maas)** und ihr siebenjähriger Bruder **Manfred Tidor (Tydor)**, die Brüder **Gustav (Gabriel/Gus)** und **Manfred (Fred) Manasse**, sieben und drei Jahre alt, sowie der achtjährige **Wilhelm (William/Willi) Wolpert**.

Die Eltern von Camilla und Manfred Tidor, Chaskel und Berta Tidor, waren polnische Staatsbürger und stammten beide aus orthodoxen jüdischen Familien aus Bochnia im Südosten von Polen. Der Vater war Eigentümer der *Metallhandlung S. Feuchtwanger & Co.* in Frankfurt gewesen. Die Familie hatte vor 1933 in gut situierten Verhältnissen gelebt. Etwa 1935 hatte Chaskel Tidor beschlossen, nach England zu emigrieren. 1938 hatte er dafür die notwendigen Einreisepapiere für die gesamte Familie, inklusive der Schwiegereltern in Polen, erhalten. Letztere aber wollten ihr Heim und ihre gut gehende Textilfabrik in Polen nicht verlassen, und Berta Tidor wollte nicht ohne ihre Eltern nach England ziehen. Deshalb war die Familie in Frankfurt geblieben. Im Zuge der »Polen-Aktion«

diesen Kindern in ihren Einrichtungen Schutz und ermöglichte ihnen, dort den Krieg zu überleben.

159 Gen. Louis Bernheim (1861–1931) war ein belgischer Offizier und General jüdischer Herkunft; Mittel zur Errichtung des Heims wurden von der belgischen Kaufhausfamilie Bernheim zur Verfügung gestellt.

160 Reed (2015), S. 21ff.

Ende Oktober 1938 war der Vater verhaftet und nach Polen abgeschoben worden. Die Mutter Berta mit den Kindern wurde an der polnischen Grenze abgewiesen und zurück nach Frankfurt geschickt. Nachdem Camilla Ende November 1938 auf dem Schulweg mit Steinen beworfen worden und mit einer Kopfwunde und einem Nervenschock nach Hause gekommen war, bemühte sich die Mutter darum, die Kinder im Ausland in Sicherheit zu bringen. Im März 1939 konnte sie beide mit einer Kindergruppe nach Belgien schicken.

Während das Kinderhilfskomitee CAEJR Manfred Tidor im Kinderheim *Herbert Speyer* im Brüsseler Vorort Anderlecht untergebracht hatte, war Camilla bei einer katholisch-belgischen Familie in Brüssel aufgenommen worden. Camilla Maas (Tidor) hat positive Erinnerungen an die Familie:

> *Die Familie hatte neben mir noch zwei andere deutsch-jüdische Mädchen aufgenommen. Sie hatten einen Sohn, Jean-Marie, der ungefähr elf Jahre alt und ein sehr hübscher Junge war. Sie waren eine katholische Familie und betrieben in ihrem Stadthaus eine katholische Tagesschule. Ich erinnere mich, dass ich in der Klasse saß und Französisch lernte. Ab und zu ging ich mit der Familie in die Kirche, aber nur dann, wenn ich wollte.*[161]

Diese Familie sei ein Beispiel dafür, dass es während des Kriegs gutherzige und großzügige Menschen gegeben habe, betont sie.

In demselben Brüsseler Heim wie Manfred Tidor wurde auch **Willi (William) Wolpert** aufgenommen. In Frankfurt zurückgeblieben waren seine Eltern Emil und Thekla Wolpert und seine fünfjährige Schwester Maria Marion sowie die Großeltern mütterlicherseits, Meier und Hedwig Spier, geb. Rosenblatt, die 1938 aus Groß-Zimmern nach Frankfurt geflohen waren. Alle zusammen wohnten in der Erdgeschosswohnung der Thomasiusstraße 11 im Frankfurter Nordend. Der Vater konnte 1939 nach England fliehen. Dorthin wollte er seine Familie nachholen, was durch den Kriegsausbruch im September 1939 verhindert wurde.

Auch **Gustav (Gabriel/Gus)** und **Manfred (Fred) Manasse** kamen nach ihrer Ankunft in Belgien im März 1939 in einem Brüsseler Kinderheim unter. Ihr Vater, der Fabrikant Alfred Manasse, war bis zum Novemberpogrom 1938 Geschäftsführer und zusammen mit der Mutter, Trude Manasse, Miteigentümer der *Schuhfabrik Mainperle* in Offenbach-Bürgel gewesen. Zusammen mit ihren Eltern und ihrer kleinen Schwester Miriam hatten die Brüder in einer 4-Zimmer-Wohnung im zweiten Stock der Hans-Handwerk-Straße (heute: Langestraße) 32 gewohnt. Während des Novemberpogroms hatte der Nazi-Mob das Wohnungsmobiliar der Familie zerstört. Der Vater wurde verhaftet und in das KZ Buchenwald verschleppt, wo er bis 29. November 1938 inhaftiert blieb. Kurz nach seiner Entlassung aus dem Konzentrationslager, Anfang 1939, wurden er und Trude Manasse gezwungen, ihre sämtlichen Geschäftsanteile an der Schuhfabrik zu veräußern. Das Unternehmen wurde »arisiert« und firmierte künftig unter dem Namen *Ziegler + Dullstein*.

161 Tidor Maas, Camilla & Cudzillo, Sahrah (2001): *»From the Next Generation: Uprooted during the Holocaust«*. Zit n.: Jason & Posner (2004), S. 95.

Abb. 22: Vierter Geburtstag von Manfred Manasse am 27. Juli 1939 in Brüssel. Linke Seite vorn (v. l. n. r.): Manfred Manasse, Alfred Manasse, drei Verwandte; rechte Seite vorn (v. l. n. r.): Gustav Manasse, Marion Falk.

Abb. 23: Avenue Voltaire in Brüssel, 27. Juli 1939. Marion Falk sowie Gustav, Manfred und Alfred Manasse (v. l. n. r.).

Am 5. Mai 1939, bevor er das Passagierschiff *St. Louis* nach Havanna/Kuba bestieg, schrieb Alfred Manasse an das belgische Hilfskomitee CAEJR in Brüssel und bedankte sich für die Aufnahme seiner Söhne.[162] Er hatte die Überfahrt nach Kuba mit dem Ziel der Weiterwanderung in die USA für sich allein gebucht, um erst einmal Fuß zu fassen und die Familie so bald wie möglich nachzuholen. Eine gemeinsame Ausreise der ganzen Familie sei zu diesem Zeitpunkt nicht möglich gewesen, erzählt **Fred (Manfred) Manasse**: *»Weil unsere Großmutter krank war und nicht weg wollte, blieb unsere Mutter mit unserer kleinen Schwester Miriam in Frankfurt, um sie zu pflegen.«*[163] Trude Manasse kümmerte sich nicht nur um ihre Schwiegermutter und ihre Tochter Miriam, sondern auch um die geschäftliche Abwicklung der gemeinsamen Anteile an der Schuhfabrik.

Alfred Manasse und die überwiegend jüdischen Passagiere der *St. Louis* mussten schließlich nach Europa zurückkehren, weil die korrupte kubanische Regierung ihre Visa für ungültig erklärt und ihnen die Einreise verweigert hatte. Auch die USA und Kanada hatten die Aufnahme der Flüchtlinge abgelehnt. Schließlich genehmigte die belgische Regierung die Landung des Schiffes in Antwerpen. Aufgrund der Drohungen der deutschen NS-Regierung, alle jüdischen Passagiere nach ihrer Rückkehr in ein Konzentrationslager zu sperren, hatten sich inzwischen verschiedene Länder bereit erklärt, eine gewisse Anzahl von ihnen mit einem Transitvisum aufzunehmen. Die Niederlande nahmen 181, Frankreich 224, Großbritannien 254 und Belgien 214 Passagiere auf.

Alfred Manasse entschied sich für Belgien, um in der Nähe seiner Kinder sein zu können. Er zog nach Brüssel als Untermieter zu einer Emigrantenfamilie und verbrachte jedes Wochenende gemeinsam mit seinen Söhnen. *»Im Juli 1939 haben wir in Brüssel zusammen mit unserem Vater meinen 4. Geburtstag gefeiert und im Dezember den 8. Geburtstag von Gustav«,*[164] erinnerte sich Fred Manasse, der Belgien als *»einen guten Ort«* und die Zeit dort in kindlich glücklicher Erinnerung behalten hat. Alfred Manasses Bemühungen, den Rest der Familie aus Frankfurt nach Belgien zu holen, scheiterten wegen des Kriegsausbruchs. Der Briefkontakt brach ab, und Frau und Tochter saßen in Deutschland fest.

Zwischenstation Frankreich

Nach den USA war Frankreich das Hauptaufnahmeland für jüdische Flüchtlinge aus Deutschland, Österreich, Polen und der Tschechoslowakei. Es war auch ein herausragendes Beispiel für die Länder, die Flüchtlingen nur als Zwischenstation zu ihrem eigentlichen Zielland dienten. Die vielen Transitaufenthalte und wiederholten Einreisen sind wahrscheinlich der Grund, dafür, dass die Schätzungen der Flüchtlingszahlen für Frankreich weit auseinandergehen und teilweise mit bis zu 800.000 sehr hoch liegen.[165]

162 Vgl. Reed (2015), S. 16.

163 Manasse, Fred (Manfred): Interview 37818, VHA.

164 Fred Manasse discusses the Holocaust: Kindertransport – Hidden Children – The Story, with Host Paul Levine and Guest Fred Manasse on CCTV. Online: http://www.sculpturebyfredmanasse.com/?page_id=80 [Stand 11. August 2021].

165 Vgl. Sonnert & Holton (2008), S. 35 Tabelle 1.2 Fluchtziele (ausgenommen die USA).

War Frankreich anfänglich durch seine freizügige Aufnahmepraxis ein bevorzugtes Exilland für NS-Flüchtlinge, so hatten auch hier im Laufe der 1930er Jahre infolge der wirtschaftlichen Krise und gestiegener Arbeitslosigkeit fremdenfeindliche und antisemitische Stimmungen zu einer eher restriktiven Flüchtlingspolitik geführt. Ein Dekret vom 2. Mai 1938, mit dem die Daladier-Regierung dieser Stimmung entsprochen und die Ausweisung von Ausländern ohne festen Wohnsitz und Arbeitserlaubnis angeordnet hatte, richtete sich zwar nicht explizit gegen Juden. Unter den davon betroffenen illegal ins Land gekommenen politisch und rassisch Verfolgten waren aber viele Juden.

Als einziges demokratisches Land protestierte Frankreich aus Rücksicht auf ein geplantes Nichtangriffsabkommen mit dem Deutschen Reich nicht gegen das antijüdische Pogrom im November 1938. Quasi als Präventivmaßnahme für den Fall eines massenhaften Zustroms von deutschen und österreichischen jüdischen Flüchtlingen erließ die französische Regierung wenige Tage nach dem Pogrom, am 12. November 1938, ein Dekret, mit dem der Innen- bzw. Kolonialminister die Einweisung von Ausländern in Lager anordnen konnte. Damit schuf sie noch zu Friedenszeiten eine Rechtsgrundlage für eine umfassende Internierung von Exilierten und Emigranten, die später die massenhafte Einweisung ausländischer Juden in die südfranzösischen Lager ermöglichte.

Unter den Zehntausenden von Flüchtlingen, die zwischen 1933 und 1939 nach Frankreich kamen, waren viele Kinder und Jugendliche, von denen einige allein kamen, auf sich allein gestellt waren und kein oder kaum Französisch sprachen. Ab 1933 unternahmen zahlreiche Hilfsorganisationen Anstrengungen zur Aufnahme der Flüchtlinge. Um ihre Aktivitäten zu koordinieren, schlossen sich mehrere Gruppen im Juli 1936 zusammen, indem sie das Flüchtlingshilfskomitee *Comité d'Assistance aux Réfugiés* (CAR) gründeten. Um die Kinder kümmerte sich ab Ende 1938 das von der Baronin **Germaine de Rothschild**[166] unter dem Dach des CAR gegründete *Comité Israélite pour les Enfants venant d'Allemagne et d'Europe centrale Réfugiés en France* (*Comité*), Israelitisches Komitee für aus Deutschland und Mitteleuropa nach Frankreich geflüchtete Kinder, das ab Anfang 1939 über die von der Baronin **Yvonne Fanny de Gunzbourg**[167] gesponserte Kinderhilfswerk *Œuvre de Secours aux Enfants* (OSE), agierte.[168]

Unabhängig davon hatten als Erste in Frankreich die Elsässer in Straßburg bereits seit 1936 eine effiziente Aufnahme von aus Deutschland geflohenen jüdischen Kindern und

166 Baronin Germaine de Rothschild (1884–1975) wurde, ihrer Zeit entsprechend, oft mit dem Namen ihres Mannes als Baronin Edouard de Rothschild benannt. Sie beschäftigte ein Team von Sozialarbeitern, um 30 Flüchtlingsfamilien zu unterstützen, sponserte ein jüdisches Jugendzentrum der Beneï Israël ebenso wie das Rothschild-Waisenhaus. Vgl. Hobson Faure (2019), S. 7.

167 Yvonne Fanny de Gunzbourg (1882–1969) war eine geborene Deutsch de la Meurthe, deren Familie 1843 aus dem Elsass nach Paris gekommen war. Sie war die Cousine von Germaine de Rothschild und mit Baron Pierre de Gunzbourg verheiratet, mit dem sie vier Kinder hatte. Die Gunzbourgs (ursprünglich Günzburgs) waren eine über Generationen einflussreiche russisch-jüdische Familie von Handelsleuten aus St. Petersburg. Dort vertraten sie im 19. Jahrhundert die Interessen des Großherzogs von Hessen, der sie dafür 1871 als eine der wenigen jüdischen Familien weltweit mit dem erblichen Adelstitel belohnte. Vor der Russischen Revolution floh die Familie nach Frankreich. Vgl. Maier (2018), S. 71.

168 Vgl. Zeitoun (2011).

Jugendlichen organisiert und junge Emigranten in ihre Gemeinde integriert.[169] So hatten die zionistische Jugend in Elsass-Lothringen *He' haloutz* und das *Palästina-Büro* seit dem Machtantritt der Nationalsozialisten einige Hundert junge Flüchtlinge aus Deutschland in ihre zahlreichen landwirtschaftlichen Ausbildungszentren aufgenommen, wo sie sich auf die Einwanderung nach Palästina, unter Umgehung der britischen Einwanderungsbeschränkungen, vorbereiten konnten.[170] Auch das *Israelitische Waisenhaus* für Mädchen in Straßburg, *Orphelinat Israélite des Jeunes Filles*, hatte seit Jahren Erfahrung mit unbegleiteten Flüchtlingskindern. Immer wieder hatte die Einrichtung ihre Türen für jüdische Kinder geöffnet, die oft allein von der anderen Rheinseite über die Brücke von Kehl kamen, während sich deren Eltern um die Auflösung ihrer Wohnungen und Geschäfte und um die Vorbereitung der Auswanderung kümmern mussten.[171]

Generell waren die Jüdischen Gemeinden von Straßburg sowie der elsässischen und lothringischen Orte durch die gemeinsame Sprache und vielfältigen, auch familiären Beziehungen zu den Gemeinden auf der anderen Rheinseite von dem Schicksal jüdischer Flüchtlinge aus Deutschland von Anfang an besonders berührt und betroffen. Hier war man sich daher früher als in Paris oder anderen grenzfernen Landesteilen bewusst, dass die Gefahr des Nationalsozialismus und Antisemitismus sich nicht auf die deutschen Juden allein begrenzte. Es waren junge, überwiegend zionistisch orientierte Aktive in der Straßburger Jüdischen Gemeinde, etwa die Jüdischen Pfadfinder, Mitglieder der elsässischen Sektion der *Éclaireurs Israélites de France* (EIF), die schon 1936 mit der Gründung des *Comité de coordination de la jeunesse juive* (Komitee zur Koordinierung der jüdischen Jugend) alle jüdischen Jugendbewegungen zusammenschlossen, um sie gegen die nationalsozialistische Gefahr zu mobilisieren.[172] Diese jungen Aktiven aus der Straßburger Jüdischen Gemeinde spielten nach der Besetzung Frankreichs durch die Deutschen im kollaborierenden Vichy-Frankreich eine herausragende Rolle bei der Rettung jüdischer Kinder und Jugendlicher.

Da zwischen der Frankfurter *Israelitischen Religionsgesellschaft*, der auch das *Israelitische Waisenhaus* angehörte, und der strenggläubigen Straßburger Israelitischen Religionsgesellschaft *Société Israélite Religieuse de Strasbourg*[173] traditionell enge Beziehungen bestanden, hatte Isidor Marx eine Liste mit Namen von Kindern, um deren Aufnahme er bat, an jüdische Hilfsorganisationen sowohl nach Paris als auch nach Straßburg geschickt. Während man in Paris noch nicht auf die Aufnahme von Kindern vorbe-

169 Ebenda.

170 Hazan & Weill (2011), S. 49.

171 Vgl. Heymann (2004).

172 Lazare (1996), S.22.

173 Die *Société Israélite Religieuse de Strasbourg* war 1882 von elsässischen Familien gegründet worden, die sich von den liberal ausgerichteten Gemeinden absetzen und einem traditionellen Ritus folgen wollten. Zu ihr gehörten neben Elsässern auch zahlreiche Familien aus Deutschland, Polen und Mitteleuropa. Unter den Deutschen waren seit 1933 auch viele Flüchtlinge aus Frankfurt. Die 1893 unter dem Namen der Israelitischen Religionsgemeinschaft *Etz-Haim* neu errichtete Synagoge in der Rue Kageneck folgte dem von dem Frankfurter Rabbiner Samson Raphel Hirsch begründeten Ritus. Vgl. Hazan & Weill (2011), S. 89.

reitet war,[174] zeigten sich die Elsässer sehr flexibel. **Andrée Salomon**,[175] die sich seit Jahren in Straßburg in mehreren jüdischen Wohlfahrts- und Flüchtlingshilfsorganisationen, wie im Kinderkomitee der Straßburger Kultusgemeinde, für die Aufnahme junger Flüchtlinge aus Deutschland engagierte, weist auf die guten Beziehungen zwischen Straßburg und Frankfurt hin und berichtet:

> *Am Tag nach der Kristallnacht bat der Direktor des Israelitischen Waisenhauses dieser Stadt* [Frankfurt, R. H.] *uns um Hilfe. Man schickte ihm jeden Tag Kinder, deren Väter in Dachau interniert waren. Es war ihm gelungen, einige von ihnen nach Basel zu schicken, aber das war nicht ausreichend. Wir beschlossen deshalb, eine gesonderte Aktion außerhalb unserer bestehenden Ausschüsse zu machen.*[176]

Salomon hatte wesentlichen Anteil an der schnellen und unbürokratischen Aufnahme der Kinder aus Frankfurt und aus anderen südwestdeutschen Orten. Die 30-jährige Elsässerin hatte bei der Präfektur Bas-Rhin die Einreiseerlaubnis für die Frankfurter Kinder erwirkt und ein vorläufiges Gruppenvisum erhalten, mit dem sie die Kinder an der Grenzstation Kehl abholen konnte. Sie hatte auch die jüdischen Hilfsorganisationen überzeugt, die Kosten für deren Aufnahme zu übernehmen und sich an der Suche nach Gastfamilien sowie an der Organisation von Heimplätzen für die Kinder beteiligt. Bereits am 6. Dezember 1938 konnten 52 Kinder aus Frankfurt mit einer Waisenhausgruppe nach Straßburg fahren.

»Schicken Sie uns die Kinder«

Da die meisten Väter in den Wochen nach dem Pogrom noch in den Konzentrationslagern waren, mussten die Mütter allein die schwere Entscheidung treffen, sich von ihren Kindern auf ungewisse Zeit zu trennen. Sie ergriffen die Initiative und beantragten einen Platz für ihre Kinder bei einer der Verschickungen des *Israelitischen Waisenhauses* und der Jüdischen Wohlfahrtspflege.

---

174 Rosenthal, Manfred: Interview 37219, VHA. Rosenthal berichtet, dass seine Gastmutter, Frau Metzger, von Thann nach Paris fuhr, um die nötigen Papiere für ihn zu bekommen. Dort habe die Baronin Germaine Edouard de Rothschild ihr geraten, Manfred solle sich einer Gruppe von Kindern des *Israelitischen Waisenhauses* anschließen, die nach Straßburg kommen werde.

175 Andrée Salomon (1908–1985) wurde in Grussenheim (Haut-Rhin) als Tochter eines Metzgers und einer Schneiderin geboren. 1928/29 gründete sie zusammen mit Freunden (Robert Gamzon und Frédéric Hammel) die elsässische Sektion der Jüdischen Pfadfinder (*Éclaireurs Israélites d'Alsace*), die dann in die EIF integriert wurde, sowie die zionistische Jugendbewegung Hatikva. Über ihr Engagement im Flüchtlingshilfskomitee der Straßburger Jüdischen Gemeinde (*Comité de secours aux réfugiés allemands*) kam sie zur OSE. Dort spielte sie während des Krieges und der deutschen Besatzung eine zentrale Rolle bei der Befreiung jüdischer Kinder aus den Lagern des Vichy-Regimes und bei der Rettung von Flüchtlingskindern vor der Deportation. Vgl. Hazan & Weill (2011), S. 12 u. 49f.

176 Ebenda.

Das tat auch Julie Stock, deren Mann Leopold während der Pogromtage verhaftet und ins KZ Buchenwald deportiert worden war. Im Rückblick auf die Ereignisse unmittelbar nach den Pogromtagen schrieb Julie Stock in ihr Tagebuch:

> *Kaum war Vati 2 Tage gewaltsam aus dem Hause weg, da wollten Ernst & Lotte nicht mehr in Deutschland bleiben – das Wort »Kinderauswanderung«, über Nacht wurde es zum Schlagwort – welche Mutter wollte nicht das Beste ihres Kindes. Sofort in der ersten Minute, da ich von einer Verschickung von Kindern hörte, wandte ich mich an den bekannten Herrn Marx vom Israel. Waisenhaus, dass er mir helfen sollte, die Kinder aus der herrschenden Aufregung herauszubringen.*[177]

Dass in Frankreich schnell eine Unterkunft für die beiden Kinder **Ernst (Ernest)** und **Lotte Stock** bei guten Bekannten gefunden wurde, erleichterte die Entscheidung der Mutter. Ernsts bester Freund und Schulkamerad aus dem *Philanthropin*, Karlheinz Schweber, war schon im Frühjahr 1936 mit seinen Eltern nach Thann im Elsass gezogen. Nach dem Novemberpogrom hatte Ernst ihm geschrieben, dass er nur noch aus Deutschland weg wollte. Kurze Zeit danach hatte Frau Schweber bei der Mutter angerufen und gesagt: *»Schicken Sie uns die Kinder.«*

Die Familie Stock lebte inzwischen im Baumweg 57. Nachdem Leopold Stock, bedingt durch Wirtschaftskrise und Nazi-Boykott, gezwungen gewesen war, den gemeinsam mit seinem Schwager betriebenen Lebensmittelgroßhandel *Hirsch & Stock* in der Hammelsgasse aufzugeben, war die Familie von der großzügigen Wohnung in der Luxemburger Allee 4 in immer bescheidenere Wohnungen umgezogen. 1938 stand auch die Familie Stock in der langen Warteschlange für amerikanische Visa.

Wie aus einem Schreiben an die Eltern hervorgeht, das Isidor Marx im November 1938 auch an die Stocks geschickt hatte, war eine Verschickung von Waisenhauskindern ins Elsass bereits für den 30. November 1938 geplant und von den Behörden auch genehmigt worden.[178] In dem Schreiben ist auch von einem »Anschlusstransport« die Rede. Offenbar war der Abreisetermin um eine Woche auf den 6. Dezember 1938 verschoben worden.

Die Glasbögen des Frankfurter Hauptbahnhofs im bleichen Licht der winterlichen Morgendämmerung und die kaum zu unterdrückenden Tränen seiner Mutter bei der letzten Umarmung sind unauslöschliche Bilder im Gedächtnis von **Ernest (Ernst) Stock** geblieben. An jenem Morgen des 6. Dezember 1938 verabschiedeten sich der damals 14-Jährige und seine zehnjährige Schwester Lotte in der Halle des Frankfurter Hauptbahnhofs auf ungewisse Zeit von ihrer Mutter.[179] Treff- und Abschiedspunkt für Eltern und Kinder war der Blumenstand in der Bahnhofshalle, da die Familienangehörigen die Kinder nicht bis zum Zug auf den Bahnsteig begleiten durften. Man befürchtete herzzerreißende Abschiedsszenen, die Aufmerksamkeit erregt hätten.

177 Stock (2004), S. 56f.
178 Ebenda, S. 57.
179 Stock (2014), S. 28.

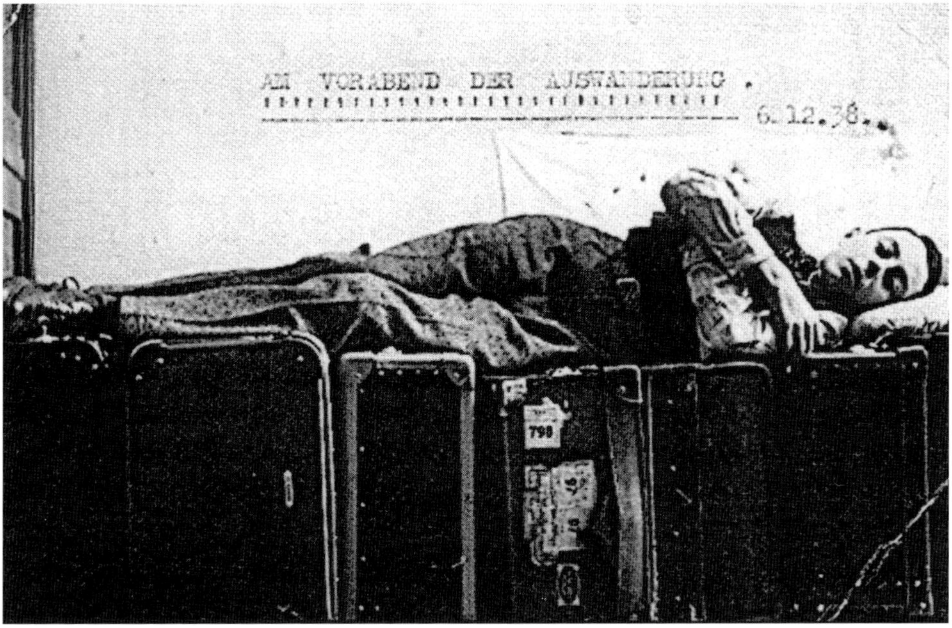

Abb. 24: Ernst Stock am Vorabend der Abreise nach Straßburg.

Zu den Waisenhauskindern, die mit nach Straßburg fuhren, gehörte auch die achtjährige **Hannelore Berney (Annette, verh. Sussman)**.[180] Sie war während der Tage des Novemberpogroms mit anderen Schulkindern vom Heim des *Jüdischen Frauenbundes* in Neu-Isenburg ins Frankfurter *Israelitische Waisenhaus* gebracht worden. Sie hatte miterlebt, wie SA-Leute und Hitlerjungen das Neu-Isenburger Heim, in dem sie aufgewachsen war, überfielen, das Hauptgebäude verwüsteten und das Wohnhaus der Schulkinder niederbrannten.[181] Sie sei beim Abschied im Frankfurter Hauptbahnhof das einzige Kind gewesen, das keine Verwandten dabeihatte, erzählt sie. Die Leiterin des Waisenhauses, Rosa Marx, habe sie zum Bahnhof begleitet und ihr zum Abschied gesagt: *»Ich werde dir schreiben, so weißt du, dass du nicht vergessen bist.«* [182]

180 Zur Gruppe der Waisenhauskinderverschickung gehörten neben den hier genannten unter anderen Max Ahrend (geb. 26. Juli 1926 in Frankfurt); Julius Binamovitch; Margot Diamand (geb. 1932 in Frankfurt, Interview der Autorin mit dem Bruder Max Diamond am 10. Juni 2004 in Frankfurt); Hermann Lehrer (geb. 26. August 1928 in Frankfurt), Ernst Marx (geb. 8. November 1925 in Gelnhausen); Paulette Stern (geb. 5. Juni 1933 in Frankfurt); Harry Wolff (geb. 2. Mai 1928 in Leipzig); Hella Zellmann (geb. 8. März 1927 in Frankfurt) und ihr Bruder Max Zellmann (geb. 12. März 1928 in Frankfurt).

181 Gedenkbuch für das Heim des *Jüdischen Frauenbundes* in Neu-Isenburg (1907–1942). »Unter der NS-Herrschaft«. Online: http://gedenkbuch.neu-isenburg.de/das-heim/unter-der-ns-herrschaft/ [Stand 12. August 2021].

182 Sussman, Annette (Hannelore Berney): Interview 20217, VHA.

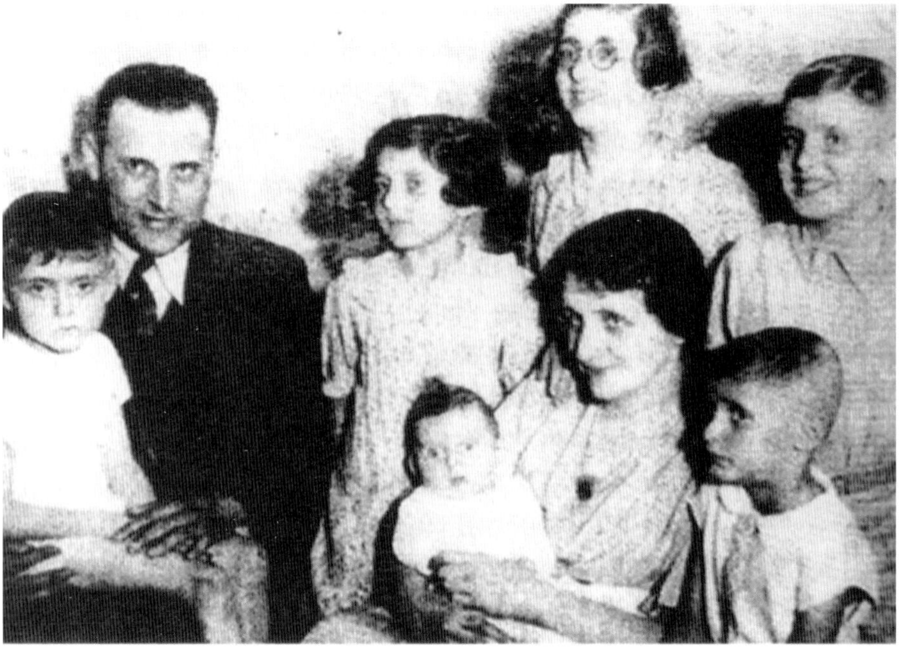

Abb. 25: Familie Hirsch 1937 in Frankfurt am Main.
Hintere Reihe (v. l. n. r.): Hermann mit Benjamin, Gustl, Flora und Anselm
vordere Reihe (v. l. n. r.): Mathilde mit Werner und Jakob.

Während ihr Mann, der Zahnarzt Dr. Hermann Hirsch, noch im KZ Buchenwald inhaftiert war, hatte auch Mathilda Hirsch allein die Entscheidung getroffen, die fünf ältesten ihrer sieben Kinder nach Frankreich zu schicken. Sie hatte alles dafür Notwendige organisiert und begleitete die 13-jährige **Flora (verh. Spiegel)**, den elfjährigen **Anselm (Asher)**, die zehnjährige **Gustl (Sarah, verh. Shartar)**, den siebenjährigen **Jakob (Jack)** und den sechsjährigen **Benjamin (Ben)** an diesem Wintermorgen zum Frankfurter Hauptbahnhof. Die beiden Jüngsten, den 21 Monate alten **Werner** und die acht Monate alte **Roselene**, hatte sie für einige Stunden in die Obhut einer Bekannten gegeben. Alle drei Söhne stimmten rückblickend darin überein, dass ihr Vater der Trennung der Familie niemals zugestimmt hätte und dass sie ihre Rettung allein seiner Abwesenheit und der Entschlossenheit und Weitsicht ihrer Mutter zu verdanken hatten.[183]

Der erst sechsjährige **Benjamin Hirsch** dachte noch in der Bahnhofshalle, er und seine Geschwister würden eine kurze Vergnügungsreise machen:

Ich sah, wie sich Asher [Anselm], *Flo* [Flora] *und Sarah* [Gustl] *weinend an Mama klammerten. Ich konnte mir immer noch keinen Grund für all diese Traurigkeit denken,*

183 Hirsch (2006), S. 84; Hirsch (2010), S. 36; Hirsch, Jack (Jakob): Interview 14215, VHA, sowie Hirsch, Ben (Benjamin): Interview 12431, VHA. Zur Biografie von Benjamin Hirsch und seiner Familie siehe auch: Bruch (2018), S. 128–135.

da wir doch nur zu einer kurzen Reise nach Paris aufbrachen, der »Lichterstadt«. Niemand hatte mir gesagt, es würde ein kurzer Aufenthalt werden; das muss ich mir selbst vorgestellt haben.[184] (Anm. v. R. H.)

Die Kinder waren dabei gewesen, als Gestapo-Männer mit Hunden in ihre Wohnung in der Grünestraße 30 im Frankfurter Ostend eingedrungen waren und ihren Vater mitgenommen hatten. Kurz darauf habe jemand der Mutter von *Kindertransporten* erzählt, die vom Leiter des Frankfurter *Israelitischen Waisenhauses* organisiert würden, so Benjamin Hirsch in seinem Buch. *»Mutter hatte eine Tante und Papa zwei Brüder, die in Paris lebten, von denen sie sicher war, dass sie uns dort unterbringen konnte.«* [185] Mit ihrem Cousin **Jacob Cohn (Jaques, Bô)**[186] in Straßburg hatte Mathilda Hirsch vereinbart, dass er die Kinder am Straßburger Hauptbahnhof abholen und in einem späteren Zug weiter zu den Verwandten nach Paris begleiten sollte. Benjamin Hirsch erinnerte sich, dass dieser »Onkel Bô« sie in Straßburg zum Haus einer Verwandten ihres Vaters brachte, die ihnen ein Mittagessen servierte und dass er anschließend mit ihnen im Zug nach Paris fuhr.[187]

Zur Kindergruppe, die an diesem Dienstagmorgen abreiste, gehörte auch der zwölfjährige **Manfred Rosenthal**. Er war im Frankfurter Hauptbahnhof vielleicht das einzige Kind, das auch von seinem Vater begleitet wurde. Milan Rosenthal hatte an den Pogromtagen mit Lungenentzündung im Bett gelegen und mit Hilfe eines ärztlichen Attests der Festnahme und Deportation entgehen können. Auch die Mutter Erna und der ältere Bruder Hermann Rosenthal waren mit zum Bahnhof gekommen. Ebenso wie Ernst und Lotte Stock war Manfred Rosenthal von einer befreundeten, aus Frankfurt geflüchteten jüdischen Familie nach Thann eingeladen worden. Für seinen Bruder hatten die Eltern bereits die Ausreise nach England vorbereitet.[188]

Für die Kinder, die Frankfurt an diesem 6. Dezember 1938 verließen, waren Briefe künftig die einzige Möglichkeit, mit ihren Eltern und Verwandten in Verbindung zu bleiben. Isidor Marx begleitete die Gruppe im Zug bis Straßburg, um dort persönlich deren Unterbringung zu überwachen.[189]

---

184 Hirsch (2006), S. 84f.

185 Ebenda.

186 Jacob (Jacques) Cohn (1916–1974) wurde in Straßburg als viertes Kind des aus Rawitsch im einst preußischen Posen stammenden Berthold Cohn und der aus Frankfurt am Main stammenden Sara Cohn, geb. Posen, geboren. Sein 1930 verstorbener Vater war Vorsitzender der strenggläubigen Straßburger Kagenbek-Synagoge gewesen. Jacques war Erzieher und Französischlehrer und arbeitete während der deutschen Besatzung Frankreichs für die OSE und andere jüdische Hilfsorganisationen, u. a. im Sommer 1941 als Leiter der Ferienkolonie von La Chevrette im OSE-Heim *Montintin* oder als Leiter des EIF-Büros für spirituelle und religiöse Ausbildung; Vgl. online: https://www.ose-france.org/je-decouvre/histoire/les-grandes-figures-de-lose/ [Stand 5. Dezember 2020].

187 Hirsch (2006), S. 33.

188 Rosenthal, Manfred: Interview 37219. VHA. Zur Biografie von Manfred Rosenthal und seiner Familie siehe auch: Rieber (2018), S.162–175.

189 Stock (2014), S. 28.

In der jüdischen Gemeinde von Straßburg war man gut auf die Ankunft der Kinder aus Frankfurt vorbereitet. **Andrée Salomon** war an diesem Dienstagmittag bei den Helferinnen, die die Kinder an der Grenzstation an der Kehler Brücke abholten und bei ihrer Ankunft im Straßburger Hauptbahnhof betreuten. Auch später hielt sie zu etlichen Kindern weiter Kontakt.

Bevor der Zug den Rhein, die Grenze mit Frankreich, überqueren durfte, so die Erinnerung von **Ernest (Ernst) Stock**, durchsuchten die deutschen Zollbeamten das Gepäck der Kinder sorgfältig nach Geld. Erlaubt war lediglich die Mitnahme von 10 Reichsmark. *»Auf der anderen Seite der Brücke, als der Zug langsam in den Straßburger Bahnhof hineinzockelte, belästigte uns niemand mehr mit Gepäckkontrolle«*, erzählt er. *»Sogar die jüngsten von uns fühlten plötzlich, dass wir freie Luft atmeten.«*[190] Auf dem Bahnsteig des Straßburger Hauptbahnhofs hätten freiwillige Helferinnen mit Kakao und einem warmen Mittagessen auf sie gewartet und den Kindern anschließend geholfen, in die Busse zu steigen, die sie zu ihren Unterkünften brachten.

Ein zwölfjähriger Junge aus der Frankfurter Gruppe, der nur seinen Vornamen Max angab, schrieb 45 Jahre nach seiner Ankunft auf dem Straßburger Bahnhof:

> *Mit einer Kindergruppe aus Frankfurt hatte ich meine Familie verlassen und war hilflos und verängstigt, als ich am 6. Dezember 1938 am Straßburger Bahnhof ankam. Auf dem Bahnsteig inmitten des Tumults aus Rufen, Fragen ohne Antworten, fasste mich eine Hand am Arm und Frau Salomon, denn es war sie, sagte zu mir: »Man wird sich um dich kümmern, Max, auf dich wartet schon eine liebevolle Familie.«*[191]

Die in Straßburg erscheinende Zeitung *Tribune Juive* brachte eine kleine Notiz über die Ankunft der Kinder aus Frankfurt:

> *In Straßburg sind am Dienstag 52 Waisenkinder aus Frankfurt eingetroffen, die von der Bahnhofsmission in Kehl abgeholt und hierher gebracht wurden. Die jüdischen Institutionen und Private haben die Kinder übernommen; weitere Transporte werden in den nächsten Tagen eintreffen.*[192]

In derselben Ausgabe erschien auch eine kleine, mit dem Kürzel A. S. gezeichnete Reportage über den Empfang der Kinder, die vermutlich von Andrée Salomon stammt. Dort hieß es:

> *Wie alle in meinem Umfeld konnte ich die Gefühle, die mich überkamen, kaum beherrschen beim Anblick dieser freudestrahlenden Jugend und der gleichzeitig angestauten Trauer beim Gedanken an die Gründe, die diese erste Gruppe von Kindern unter 15 Jahren veranlasst hatte, nach Frankreich zu kommen.*[193]

---

190 Ebenda, S. 27f.

191 Témoignages sur Andrée Salomon. Extrait de Hommage a Andrée Salomon (1982). Online: http://judaisme.sdv.fr/perso/dirige/asalomon/asal2.htm [Stand 12. August 2021].

192 *Tribune Juive* (1923). 12. September 1938. https://gallica.bnf.fr/service/engine [Stand 1. November 2021].

193 Ebenda.

Auch die Geschwister Stock und Manfred Rosenthal machten auf dem Straßburger Bahnhof die Bekanntschaft von Andrée Salomon. Sie begleitete die Drei zum Straßburg-Basel-Express, mit dem sie bis Mulhouse fuhren, wo ihre Gastfamilien sie für die gemeinsame Fahrt im Regionalzug nach Thann abholten. Beim Abschied am Zug in Straßburg gab Andrée Salomon den Kindern ihre Telefonnummer und bot ihnen an, sich auch künftig um Rat und Hilfe an sie zu wenden. Ein Angebot, das **Ernst Stock** schon bald in Anspruch nahm.

Die anderen Frankfurter Kinder wurden teilweise in Familien untergebracht, bis eine andere Lösung gefunden werden konnte. Andere kamen in Einrichtungen der Jüdischen Gemeinde unter: Mädchen aus dem Frankfurter Waisenhaus, unter ihnen **Hannelore Berney**, wurden im Straßburger Israelitischen Waisenhaus für Mädchen, *Orphelinat Israélite de Jeunes Filles*, aufgenommen, vier Jungen kamen in Hagenau im *Les Cigognes*, dem Israelitischen Waisenhaus für Jungen unter.[194]

Während des Sommers wurden auch die Ferienkolonie der Gemeinde in Schirmeck im Vallée de la Bruche (Breuschtal) sowie ein Kinderferienhaus in Bourbach-le-Haut in den südlichen Vogesen genutzt.

Die fünf Hirsch-Geschwister wurden nach ihrer Ankunft in Paris auf mehrere Verwandte verteilt: Der ältere Bruder des Vaters, August Hirsch, und seine Frau Helene, die keine Kinder hatten, nahmen Flora und Gustl mit in ihre Pariser Wohnung. Jacob Cohns älterer Bruder, **Marcus Cohn**,[195] brachte Anselm und Jakob vorerst zu deren Mutter Sara Cohn. Der sechsjährige Benjamin hätte eigentlich zu einem weiteren Bruder des Vaters kommen sollen. Da dieser ihn nicht aufnehmen konnte, kam er zur Familie Samuels, einer befreundeten Nachbarsfamilie des Onkels. Obwohl sich Benjamin bei der Familie und deren zweijähriger Tochter wohlfühlte, litt er sehr unter der Trennung von seinen Geschwistern.[196]

Nach vier Wochen bei ihrer Tante wurden Anselm und Jakob von ihrem Onkel Marcus Cohn in der *École Maïmonide* aufgenommen, einem orthodoxen jüdischen Internat im Pariser Vorort Boulogne-Billancourt, dessen Leiter er war. Cohn habe das Internat als ein *»ambitioniertes pädagogisches Projekt, das die westliche Kultur mit den authentischen Quellen der jüdischen Kultur verband«*, verstanden, schrieb der Historiker Lucien Lazare über dieses Reformprojekt.[197]

194 In dem von Aron-Marc Rehns 1904 gegründeten Waisenhaus für Jungen wurden nach 1933 bis 1939 zahlreiche Flüchtlingskinder aus Nazi-Deutschland aufgenommen. In dieser Zeit wurde das Heim von Sylvain Koch und seiner Ehefrau geleitet. Vier Jungen aus dem Frankfurter *Israelitischen Waisenhaus* wurden am 6. Dezember 1938 hier aufgenommen: Julius Binamovitch, Hermann Lehrer, Harry Wolff und Max Zellmann. Sie blieben in Hagenau bis zum Einmarsch der Deutschen im Mai 1940. Die Leidensgeschichte der vier Frankfurter in dem Haguenauer Waisenhaus und ihre Odyssee durch Frankreich ist auf der Basis der Berichte von Hermann Lehrer nacherzählt in dem Buch von Frédéric Ankaoua: *Là où m'attend la liberté* (2019).

195 Marcus Cohn (1906–1998), der Bruder von Jaques Cohn, wurde in Straßburg geboren. Der Pädagoge war Professor am *Séminaire israélite de France* und an der *École Pratique des Hautes Études*. 1936 gründete er die *École Maïmonide*, deren Direktor er wurde.

196 Hirsch (2006), S. 34.

197 Lazare (1996), S. 22.

Die Geschwister **Stock** und **Manfred Rosenthal** lebten während des Winters im elsässischen Thann bei ihren Gastfamilien Schweber und Metzger. Sie trafen sich öfter zum gemeinsamen Spiel und, wie sich Manfred Rosenthal erinnert, auch zum Schlittenfahren.[198] Während Lotte und Manfred in Thann die Grundschule besuchten, war Ernst nicht mehr schulpflichtig und ohne Unterricht. Mit Unterstützung von **Andrée Salomon** fand er im Frühjahr 1939 in Straßburg eine Lehrstelle bei einem Fotografen und einen Platz in der dortigen *École du Travail*, einem Lehrlingswohnheim der jüdischen Gemeinde. Andrée Salomon sorgte auch für seine Integration in die Gemeinde. Sie lud ihn am Schabbat zu sich und ihrem Mann Tobie ein, reichte ihn in ihrer Familie herum und brachte ihn in Kontakt mit der Straßburger Sektion der jüdischen Pfadfinder (EIF), denen er sich anschloss.

Mit seinen Pfadfinderkameraden machte er Wandertouren durch die Vogesen und traf sich mit ihnen im Jüdischen Gemeindezentrum. Zum ersten Mal in seinem Leben nahm er gerne an Gottesdiensten zum Schabbat teil und besuchte interessante Vorträge und Diskussionen, die dort zu religiösen Themen angeboten wurden. *»Meine Mitgliedschaft bei den jüdischen Pfadfindern war vielleicht der Faktor, der meine jüdische Identität am meisten befördert hat«*, schreibt er rückblickend auf seine positiven Erfahrungen in den acht Monaten im Straßburger jüdischen Milieu. Er habe hier zum ersten Mal die Selbstverständlichkeit des Jüdischseins erfahren, wie es sie in Deutschland schon lange nicht mehr gab:

> *Die Freiheit, in einer Demokratie zu leben, schloss jetzt auch die Freiheit, Jude zu sein, ein, was begeisternd war. Die Leute, zwischen denen ich mich bewegte, lebten ihr Judentum als etwas Natürliches, sie waren weder stolz darauf, noch versuchten sie es zu verbergen. Es war ein Teil ihrer Persönlichkeit, genauso wie das Französische und das Elsässische.*[199]

Beeindruckt war Ernst auch von der Leichtigkeit, mit der seine neuen Freunde zwischen ihrer Alltagssprache, dem Elsässischen und dem Französischen und Hochdeutschen hin und her wechselten.

Zehn französische Visa für Frankfurter Kinder

Als das Berliner Büro der *Abteilung Kinderauswanderung* nach seiner Zwangsschließung im Dezember 1938 wieder öffnen durfte, sahen sich die Mitarbeiterinnen dort einer nicht zu bewältigenden Flut von Anträgen aus allen Teilen Deutschlands gegenüber. Nachdem am 23. November im *Jüdischen Nachrichtenblatt*[200] die Meldung erschienen war, dass ein in Holland gegründetes Hilfskomitee 1.500 jüdische Kinder aus Deutschland aufnehmen wollte, hatten sich viele Eltern direkt an dieses Komitee oder die *Abteilung Kinderaus-*

198 Rosenthal, Manfred: Interview 37219, VHA.

199 Ebenda, S.47.

200 *Jüdisches Nachrichtenblatt* vom 23. November 1938. Das *Jüdische Nachrichtenblatt*, das in Berlin und Wien erschien und von der Gestapo zensiert wurde, war nach dem Novemberpogrom die einzige noch zugelassene jüdische Zeitung.

wanderung der Reichsvertretung in Berlin gewandt, um einen Platz für ihr Kind zu bekommen. In einer Meldung im *Jüdischen Nachrichtenblatt* vom 9. Dezember 1938 wies die *Reichsvertretung* darauf hin, dass Anfragen direkt an die *Abteilung Kinderauswanderung* der *Reichsvertretung* in Berlin oder die ausländischen Hilfsorganisationen zwecklos seien und nur zu Verzögerungen führten.

Am 17. Dezember 1938 schildert Käte Rosenheim in einem Brief der New Yorker Kollegin Lotte Marcuse ihre Arbeitsbelastung:

> *Durch den ungeheuren Andrang der letzten Wochen und die zum Teil in großer Überstürzung in Marsch gesetzten Sammeltransporte nach England und Holland sind wir trotz vervielfachter Hilfskräfte so in Arbeit ertrunken, daß wir zu geordneter Einzelarbeit nur schwer kommen, trotzdem wir alle von früh bis in die Nacht arbeiten. Es ist ja auch bei dieser Fluktuation und dem Mangel an geschulten jüdischen Mitarbeitern unendlich schwer, Ergänzungskräfte für eine so plötzlich anwachsende Arbeit zu beschaffen.*[201]

Am 14. Juli 1939 konnte Käte Rosenheim im *Jüdischen Nachrichtenblatt* berichten, dass die *Abteilung Kinderauswanderung* in den sechs Monaten seit Dezember bereits 5.281 Kinder von Deutschland aus im Ausland untergebracht hatte. Eine vergleichsweise kleine Zahl davon, 109 Kinder, konnten im gesamten Jahr 1939 in die USA gebracht werden.[202]

In Frankfurt hatte die Leiterin der für die Kinderauswanderung des gesamten süddeutschen Raums zuständigen Jugendfürsorge der Jüdischen Wohlfahrtspflege, Martha Wertheimer, ein Büro in einem Schulsaal der ehemaligen israelitischen Volksschule am Röderbergweg eingerichtet. In den neun Monaten von Jahresanfang 1939 bis Kriegsbeginn arbeiteten auch sie und ihre Mitarbeiterinnen dort zeitweise bis zur Erschöpfung, um die zahlreichen Anträge von Eltern zu bearbeiten und die Kindertransporte zu organisieren, die in diesem Zeitraum vor allem nach Großbritannien, aber auch in die Nachbarländer gingen. Sie, wie auch Isidor Marx, begleiteten mehrere dieser Transporte persönlich. Im Januar 1939 kamen, wie einem Artikel im *Jüdischen Nachrichtenblatt* zu entnehmen ist, die Kinderverschickungen in Frankfurt noch sehr langsam in Gang: *»Die Anforderungen von den Komitees gehen überaus spärlich ein, und das Ergebnis dieser Sachlage sind überfüllte Sprechstunden mit Hilfe suchenden Vätern und Müttern, denen immer nur die gleiche negative Antwort gegeben werden muss. – Das ist besonders in Frankfurt der Fall«*, heißt es dort. Die Gerüchte, dass *»fortwährend Kinder fortkommen«*,[203] entsprächen nicht den Tatsachen, da aus Frankfurt lediglich drei Kinder am 31. Januar mit einem kleinen Transport nach Belgien gekommen seien und am 1. Februar 20 Kinder

201 YIVO, GJCA, MKM 8.4., Folder 72: Käte Rosenheim an Lotte Marcuse, 17. Dezember 1938 von ihrer Wohnung in Berlin-Schmargendorf, Marienbader Str. 9, aus. Zit. n. Maierhof (2004a), S. 218.

202 Ebenda, S. 204.

203 *Jüdisches Nachrichtenblatt* vom 10. Februar 1939. Leo Baeck Institute, New York; *Jüdisches Nachrichtenblatt* Ausgabe Berlin (23. November 1938 bis 4. Juni 1943). Online: https://archive.org/details/juedischesnachberlin [Stand 12. August 2021].

nach England, für die dort bereits eine Garantie vorlag.[204] Anfang März konnte man dann im *Jüdischen Nachrichtenblatt* lesen, dass im Februar insgesamt fünf Transporte der jüdischen Kinderauslandsverschickung Frankfurt nach Belgien, England und Holland verlassen hatten, darunter aber nur 28 Kinder aus der Frankfurter Gemeinde gewesen waren.[205] Die zweite, vom *Israelitischen Waisenhaus* gemeinsam mit der Abteilung Jugendfürsorge der Gemeinde organisierte Kinderverschickung nach Frankreich verließ Frankfurt am 8. März 1939, diesmal mit dem Ziel Paris.

Anders als in England oder Belgien, wo nur eine Hilfsorganisation für die Rettung und Betreuung von Flüchtlingskindern zuständig war, engagierten sich in Frankreich, abgesehen von der unabhängigen elsässischen Initiative, auf nationaler Ebene zunächst mehrere jüdische Hilfsorganisationen sowie Privatpersonen für die Aufnahme der Kinder. Direkt nach dem Novemberpogrom hatte sich die *Alliance Israélite Universelle* (AIU) in Paris darum bemüht, die Rettung von Kindern auf der nationalen Ebene zu koordinieren. Gemeinsam mit dem Kinderhilfswerk OSE hatte diese Organisation im Dezember 1938 erreicht, dass die Regierung ein Abkommen unterzeichnete, bis maximal eintausend Einreisevisa für deutsche und österreichische jüdische Kinder unter der Bedingung auszustellen, dass für deren Unterhalt gesorgt wird, bis sie volljährig sind.[206]

Ähnlich wie in Belgien spielten auch in Frankreich vor allem Frauen aus der wohlhabenden Oberschicht des französisch-jüdischen Adels, die Baroninnen **Germaine de Rothschild** und **Yvonne Fanny de Gunzbourg**, eine zentrale Rolle bei der Aufnahme der Kinder und der Gründung von Heimen zu ihrer Unterbringung. Wie die Historikerin Laura Hobson Faure aufzeigt, standen diese Frauen mit ihren Aktivitäten in einer philanthropischen Tradition ihrer Familien: *»Die ›Philanthropie von Mutter zu Tochter‹ bildete einen wesentlichen Teil der jüdischen Frauenidentitäten der Oberschicht und ermöglichte es den Philanthropinnen, eine wichtige Rolle in der Flüchtlingskrise zu spielen.«*[207] Anstatt ein Leben in Muße zu führen, so Hobson Faure, hätten sie ihren familiären Wohlstand und Einfluss – sie verfügten über Personal zur Betreuung ihrer Kinder und ihres Haushalts – genutzt, um sich ihrer philanthropischen Tätigkeit zu widmen. Eine Ausnahme in dieser Hinsicht war die aus den einfachen ländlichen Verhältnissen eines elsässischen Dorfes stammende Tochter eines Metzgers, **Andrée Salomon**, die auch während der deutschen Besatzung eine führende Position bei der OSE und der Kinderrettung einnahm.

Das Ende Dezember 1938 von der Baronin **Germaine de Rothschild** in Paris unter dem Dach des CAR gegründete *Comité* erfüllte die Regierungsanforderungen am besten. Es übernahm nicht nur die Garantie für die Kosten des Lebensunterhalts der Kinder, sondern auch für deren Erziehung und Ausbildung für die kommenden Jahre. Daher entschied der französische Innenminister, ausschließlich mit dem *Comité* über Visa für

204 Es handelte sich um die Gruppe der Kinder, für die Angehörige oder Freunde in England Unterhaltsgarantien abgegeben hatten und deren Unterbringung sichergestellt war. Die schließlich weitaus größere andere Gruppe wurde von den Fürsorgestellen in der Reihenfolge der Dringlichkeit vorgeschlagen.

205 *Jüdisches Nachrichtenblatt* vom 3. März 1939.

206 Caron (1999), S. 307f.

207 Hobson Faure (2019), S. 6f.

Flüchtlingskinder zu verhandeln, und erteilte diesem am 31. Januar 1939 die Erlaubnis, zweihundert Kinder zwischen zwei und 15 Jahren nach Frankreich zu holen.[208] Das *Comité* arbeitete eng mit anderen Hilfsorganisationen zusammen: Hauptsponsoren waren das amerikanisch-jüdische Hilfswerk *American Jewish Joint Distribution Committee* (JDC, *The Joint)* sowie die Familien Rothschild und de Gunzbourg. Die Familie Rothschild stellte ihr ehemaliges Jagdschloss *La Guette* in der Nähe von Lagny-sur-Marne für die Unterbringung von Flüchtlingskindern zur Verfügung und betrieb dort ab Februar 1939 ein eigenes Heim unter der Leitung des deutschen Emigranten **Ernst Jablonski**[209] und seiner aus Riga stammenden Frau **Lydia, geb. Hillmann**. Mit der Einrichtung und Organisation von Heimen für die Flüchtlingskinder beauftragte das *Comité* die OSE.

Das ursprünglich 1912 im russischen Sankt Petersburg von jüdischen Ärzten gegründete Kinderhilfswerk OSE mit Ablegern in mehr als 30 Ländern verfügte über jahrzehntelange Erfahrungen mit Pogromen und Verfolgung in Ost- und Mitteleuropa und der Inobhutnahme und Erziehung von traumatisierten Kindern in beschützenden Heimen. 1933, nach dem Verbot durch die Nationalsozialisten, hatte die Organisation ihre internationale Zentrale von Berlin nach Paris verlegt. Hier hatte die OSE vor dem Hintergrund der Probleme, die durch die große Zahl an jüdischen Flüchtlingen und den zunehmenden Antisemitismus in Frankreich entstanden waren, 1934 ihre medizinisch-soziale Arbeit aufgenommen und in Montmorency ein Kindertagesheim, *La Petite Colonie*, für kranke und unterernährte Vorschulkinder armer russischer und polnischer Flüchtlinge eröffnet. Im Herbst 1938 sollte das Tagesheim zu einer dauerhaften Unterkunft für diese Kinder ausgebaut werden. Als nach dem Novemberpogrom die Kinderrettungsaktion in Frankreich anlief, entschied sich die OSE, aus der *Petite Colonie* stattdessen ein Heim für Flüchtlingskinder aus Deutschland und Österreich zu machen. Zusätzlich pachtete die OSE die *Villa Helvetia* in Montmorency, ein ehemaliges Urlaubshotel für vermögende Schweizer, um dort ein Heim für etwa 80 bis 100 Flüchtlingskinder einzurichten. Die Miete und den Ausbau des alten Hotels finanzierte die Baronin de Gunzbourg mit einer großzügigen Spende. Mit ihrer und der Unterstützung ihres Ehemanns kaufte die OSE im Laufe des Jahres noch zwei weitere Häuser in der unmittelbaren Umgebung von Montmorency, die *Villa La Chesnaie* und *Les Tourelles*.

208 Hofreiter (2010), S. 83f.

209 Ernst Jablonski (1913–1988) auch unter seinem *Résistance*-Namen Jouhy bekannt, wurde in Berlin geboren. Er studierte dort Elektrotechnik, Psychologie, Soziologie und Geschichte und absolvierte eine Ausbildung in Adlers Psychoanalyse. 1933 emigrierte er nach Paris, wo er an der *Sorbonne* pädagogische Psychologie studierte. Nach seiner Internierung 1939 war er von 1941 bis 1943 Erzieher im OSE-Heim Chabannes. Knapp seiner Festnahme durch die Deutschen entgangen, schloss er sich mit seiner Frau Lydia in Lyon der deutschen Sektion der *Résistance Francs-tirenrs et Partisan-Main d'œuvre immigrée* (FTP-MOI) an. Nach dem Krieg leiteten er und Lydia ein Heim für überlebende Kinder des KZ Buchenwald. 1951 kehrte er nach Deutschland zurück und wurde Lehrer an der Odenwaldschule, 1968/69 hatte er einen Lehrauftrag für Pädagogik an der *Goethe-Universität Frankfurt am Main*, wo er ein Institut zur Dritten Welt gründete. Als Verfechter der deutsch-französischen Aussöhnung gründete er 1961 in La Bégude-de-Mazenc im Département Drôme das *Foyer International d'Études Françaises* (FIEF).

Leitender Direktor aller vier Heime in und um Montmorency wurde der Wiener Pädagoge und Sozialist **Ernst Papanek**.[210] Seine Frau, die Psychiaterin Dr. **Helene Papanek**, war für die medizinische Betreuung der Kinder zuständig. Ein Team aus jungen Lehrerinnen und Lehrern sowie Betreuerinnen und Betreuern mit sozialpädagogischer Ausbildung wurde eingestellt. Sie waren wie die Kinder selbst jüdische Flüchtlinge aus Österreich und Deutschland und mit deren Sprache und Kultur vertraut.

Die Entscheidung, die Kinder anders als in England und den USA kollektiv in Heimen anstatt einzeln in Familien unterzubringen, basierte in Frankreich sowohl auf den positiven historischen Erfahrungen der OSE mit der kollektiven Unterbringung als auch auf den Traditionen der französischen Philanthropie.[211]

Als ab Februar 1939 Kinder in mehreren Gruppen aus der Pfalz, Berlin, Wien, Frankfurt am Main und anderen Orten in Montmorency ankamen, waren die OSE-Heime allerdings noch nicht bezugsfertig. Ein Teil der Kinder wurde im Rothschild'schen Heim *La Guette* aufgenommen, die anderen vorübergehend in anderen Einrichtungen wie dem *Rothschild-Krankenhaus*, der *École Maïmonide* untergebracht.

Das *Comité* bemühte sich in den kommenden Monaten, Visa für die Einreise von weiteren Kindern zu erwirken. Doch die französische Regierung verhängte wegen der zunehmenden Kriegsgefahr eine absolute Sperre der Kindereinwanderung. Schon im Januar 1939 hatte sich durch die parallele Flüchtlingskrise in Spanien abgezeichnet, dass Außenminister Bonnet keine weiteren kollektiven Visa für Flüchtlingskinder ausstellen würde. Das ebenfalls über den Stand der Verhandlungen informierte JDC (*The Joint*) stellte Ende Januar mit Bedauern fest:

> *[...] es ist von Bedeutung darauf hinzuweisen, dass die gesamte Situation der Kinder und die Situation der deutschen und österreichischen Flüchtlinge allgemein, heute auf traurige Weise von den Ereignissen in Spanien beeinflusst ist. Es wird fast täglich damit gerechnet, dass Horden spanischer Flüchtlinge über die Westgrenze kommen werden, und dies wird sicherlich eine ernste Situation in Frankreich schaffen, unter der die Flüchtlinge aus Deutschland leiden werden.*[212]

Das *Comité* konnte allerdings für etwa hundert auf illegalem Weg, unter anderem ins Elsass eingereiste Kinder, rückwirkende Aufenhaltsbewilligungen erhalten.

---

210 Ernst Papanek (1900–1973) wurde in Wien geboren und war dort in der sozialistischen Kinder- und Jugend- sowie in der Schulreformbewegung aktiv. Er hatte in Wien zunächst Medizin, vor allem Kinderheilkunde, sowie Psychiatrie und Psychologie u. a. bei Alfred Adler studiert, dann Pädagogik und Soziologie. Nach dem Lehrerexamen 1925 setzte er sein Studium bis 1927 am Pädagogischen Institut fort. Seit 1932 vertrat er die *Sozialdemokratische Arbeiterpartei* (SDAP) bis zu deren Verbot im Februar 1934 im Wiener Gemeinderat. Im Februar 1934 musste er nach dem Dollfuß-Putsch aus Österreich fliehen. Nach Aufenthalten in der Tschechoslowakei und in der Schweiz kämpfte er im Spanischen Bürgerkrieg. 1937 kam er als Flüchtling mit gültigem Visum für die USA nach Frankreich, wohin er seine Familie, die Ärztin Helene Papanek und die beiden Söhne, 1938 nachholte.

211 Vgl. Hobson Faure (2019), S. 8f.

212 JDC, AR 1933–45, France, Letter from Troper to Hyman, January 27, 1939. Zit. n. Hobson Faure (2019), S. 12f.

Obwohl für Frankfurt bisher keine Listen oder andere Unterlagen der von dort verschickten Kinder gefunden werden konnten,[213] ermöglicht die überlieferte Korrespondenz der *Israelitischen Kultusgemeinde Wien* (IKG) mit den französischen Hilfsorganisationen auch einen Blick auf die Frankfurt am Main betreffende Entwicklung.[214] Am 20. Februar 1939 erhielt die *IKG Wien* vom *Comité* ein Schreiben, das auch an die *Abteilung Kinderauswanderung der Reichsvertretung* in Berlin und die Jugendfürsorge der Frankfurter *Jüdischen Wohlfahrtspflege* gegangen sein muss. Es enthielt die Information, dass 200 Visa zur Einreise jüdischer Kinder aus dem Deutschen Reich im Alter von unter 15, möglichst unter 14 Jahren, genehmigt wurden und wie diese Visa aufgeteilt werden: Es entfielen 100 auf Wien, 50 auf Berlin, 40 auf Mainz und zehn auf Frankfurt. Das Wiener Kontingent sollte auf zwei Transporte von jeweils 50 Kindern aufgeteilt werden. Dass für eine Kinderverschickung von Frankfurter jüdischen Kindern Anfang März nur zehn Visa bewilligt wurden, hing vermutlich damit zusammen, dass schon im Dezember über die unabhängige Initiative der Gemeinden von Elsass-Lothringen Frankfurter Kinder ins Land gekommen waren, für die dann Visa ausgestellt werden mussten.

Das Schreiben enthielt auch Erklärungen zur bürokratischen Abwicklung der Kinderverschickung. Verlangt wurden für jedes Kind: eine siebenfache Einverständniserklärung der Eltern, ein fünffach ausgefertigtes ärztliches Zeugnis von einem beim französischen Konsulat akkreditierten Arzt und drei Fotografien. Weitere Kriterien waren, dass kein physischer oder moralischer Tadel vorhanden sein dürfe, in anderen Worten: kranke oder behinderte Kinder waren nicht erwünscht, nicht einmal Kinder mit Lernschwierigkeiten. Voraussetzungen waren auch ein gewisser Erziehungsgrad und Ernst der persönlichen Lage. Der Vater, die Mutter oder ein gesetzlicher Vormund mussten eidesstattlich erklären, dass das Kind ausschließlich diesem *Comité* anvertraut wird und dass sie nie *»aus der Tatsache, dass ihr Kind in Frankreich ist, einen Vorwand zur Einreichung eines Gesuchs um Aufenthaltsgenehmigung für sich selbst in Frankreich ableiten oder irgendwelche Ansprüche in dieser Hinsicht machen«*.[215]

213 Die Korrespondenz bezüglich Kinderverschickungen der Frankfurter Jüdischen Wohlfahrtspflege ist bislang nicht aufgefunden worden. Nachgefragt bei Helga Krohn.

214 Die Korrespondenz der IKG, Wien, befindet sich im CAHJP, Jerusalem, Archiv der IKG Wien, A/1985; Film Q 24/388.

215 Zit. n. Hofreiter (2010), S. 83f.

D

Exemplaire à conserver par l'Enfant.

COMITÉ ISRAÉLITE POUR LES ENFANT
VENANT D'ALLEMAGNE ET DE L'EUROPE CENTRA

RÉCEPTION - HÉBERGEMENT - ÉDUCATION
38, RUE DU MONT THABOR, PARIS (Ier)
TÉLÉPHONE : OPÉRA 99-42

Je soussigné Grünebaum Jonas
(nom de famille et prénoms du père ou de la mère ou du tuteur ou du répondant)
déclare par la présente confier au "COMITÉ ISRAÉLITE POUR LES E
D'ALLEMAGNE ET DE L'EUROPE CENTRALE" ou à tel autre organisme désigné par cette œuvre ou éventuellement par les autorités compétentes:

l'enfant Grünebaum Erich Israel
(nom et prénoms)
né le 8.Juli 1928 à Hellstein/Hessen nationalité deutsch
(ville et pays)
résidant actuellement à Speyer a/Rh. Hauptstr.
(adresse complète)

enfant dont je suis : père - mère - tuteur ou(*)
(préciser les liens de parenté)

Ledit enfant est le fils - la fille(*) de :

père Nom de famille : Grünebaum Prénoms : Jonas
Né le 3.März 1896 à Hellstein/Hessen Nationalité : deutsch
Adresse actuelle : Frankfurt (ville et pays) a/M. Rechneigrabenstr. 18.

Profession (diplômes et qualités) früher Viehhändler jetzt Hausangestellter

mère Nom de famille : Grünebaum Prénoms Else Sara
Nom de jeune fille: Steinberger Née le 6. 2.1897 à Dettelbach (ville et pays)
Adresse actuelle : Frankfurt a/M. Nationalité : deutsch
Profession (diplômes et qualités)

Renseignements complémentaires sur la famille de l'enfant (santé, milieu social, situation matérielle, etc.) : Die Familie ist gesund. Der Vater früher Viehhändler seit 1933 arbeitslos, hat seit einem Jahr Stelle als Hausangestellter. Ländlich kleinbürgerliches Millieu.

Si cette déclaration est signée par un tuteur ou par un répondant, indiquer l'adresse et la profession de celui-ci :

En conséquence, la dite œuvre israélite ou tel autre organisme à lui substitué, agissant sous le contrôle du Comité Central des Réfugiés créé par arrêté du Ministre des Affaires étrangères en date du 29 décembre 1938, aura tous droits et pouvoirs à l'effet de veiller à la protection de la santé et des intérêts moraux de l'enfant susdit jusqu'à l'âge de 18 ans, étant précisé que le Comité n'encourra aucune responsabilité de ce chef et que je l'en dégage expressément.

Le présent mandat ne pourra être annulé que dans le cas où j'obtiendrais un domicile fixe dans un pays quelconque et où j'aurais les sommes nécessaires pour faire venir chez moi mon enfant - mon pupille (*) et subvenir à ses besoins. Toutefois il est bien entendu que dans ce dernier cas, je ne demanderai plus au "Comité Israélite pour les Enfants venant d'Allemagne et de l'Europe Centrale" ou à l'organisme qui lui aurait été substitué, de s'en charger à nouveau.

A Frankfurt a/M., le 6. März 1939.

SIGNATURE LÉGALISATION

Jonas Grünebaum

Formule d'identité établie par les soins du Comité Central des Réfugiés, 102, rue de l'Université, Paris (VIIe)
(Créé par arrêté ministériel en date du 29 Décembre 1938)

(*) Rayer la mention inutile.

Abb. 26: Einverständniserklärung des Vaters von Jonas Grünebaum gegenüber dem *Comité*.

»Weine nicht Papa, wir werden uns bald wiedersehen!«

Am Morgen des 8. März 1939 versammelten sich wieder Kinder und ihre Angehörigen in der Halle des Frankfurter Hauptbahnhofs, um mit einer vom *Israelitischen Waisenhaus* organisierten Gruppe nach Paris zu fahren. Die meisten hatten vorher, wenn auch einige nur kurzfristig, im Waisenhaus gewohnt und kannten sich bereits. Es waren: Hermann Bacharach, Werner Dreifuß, Albert Eisemann, Erich Grünebaum, Elfriede Meyer, Joseph Moses, Gertrude Pfifferling, Heinz Schuster, Fritz Strauß und Ernst Valfer.

Eric Greene (Erich Grünebaum) erzählt, er habe es dem Engagement seiner Tante **Bertha Marx** zu verdanken gehabt, dass er einen Platz bei der Kinderverschickung nach Paris bekommen hatte. Sie habe Kontakte in Frankreich zur OSE gehabt und Kinderverschickungen dorthin organisiert. Sie habe auch dafür gesorgt, dass ihr jüngerer Sohn, sein Cousin **Ernst Marx**, mit der ersten Waisenhausgruppe nach Straßburg und weiter nach Paris gekommen sei. Er, der seinen Cousin Ernst bewunderte, sei begierig gewesen, ihm nach Paris zu folgen.

Dass seine Tante Bertha Marx auch für die Kinderverschickung am 8. März 1939 als Begleitperson eingeteilt war und die Absicht hatte, anschließend in Frankreich zu bleiben, habe es für seine Eltern leichter gemacht, ihn dafür anzumelden, so Eric Greene. Die Tante habe schließlich auch erreicht, dass er vorzeitig aus dem Jüdischen Krankenhaus in der Gagernstraße entlassen wurde, so dass die notwendigen Einreisedokumente noch beschafft werden konnten. In das Krankenhaus hatte man Erich, kaum dass er im Dezember im *Israelitischen Waisenhaus* aufgenommen worden war, mit hoch ansteckendem Scharlach in eine Quarantänestation eingeliefert.

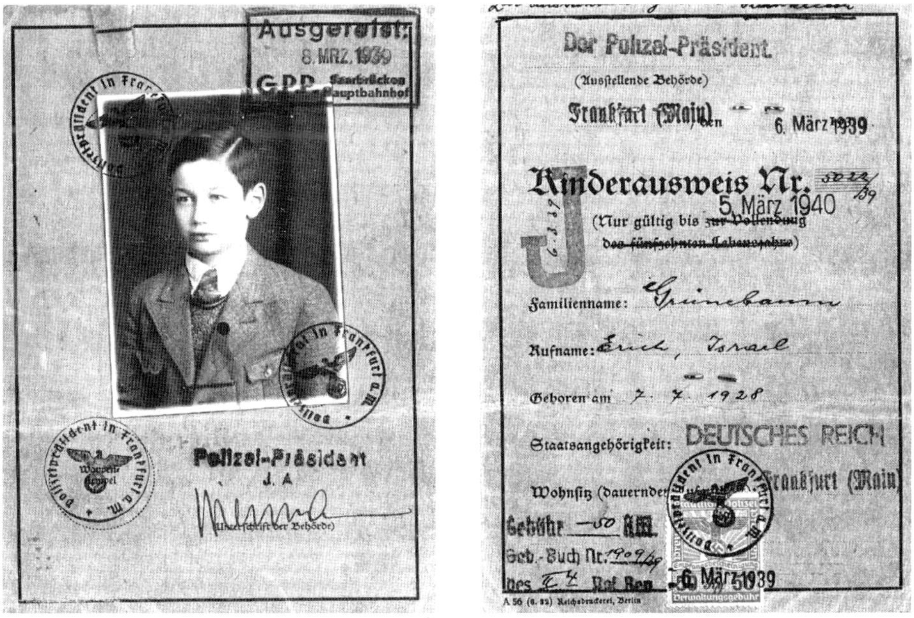

Abb. 27: Kinderausweis von Erich Grünebaum mit Ausreisestempel.

Für den damals zehnjährigen Erich Grünebaum war es der zweite Abschied von seinen Eltern. Nach seinen Erinnerungen durften die Eltern die Kinder an diesem Morgen im Hauptbahnhof bis zum Zug begleiten, der um neun Uhr über Saarbrücken nach Paris abfahren sollte. Auch 40 Kinder aus Mainz gehörten zur Gruppe von insgesamt 50 Kindern, die an diesem Morgen nach Paris fuhren.

Die Abschiedsszene am Frankfurter Hauptbahnhof steht Eric Greene noch vor Augen:

> *Unsere Eltern standen zusammen auf dem Bahnsteig, während wir Kinder uns alle aus den Zugfenstern lehnten und unser letztes Auf Wiedersehen sagten. Da sah ich das erste und einzige Mal in meinem Leben meinen Papa weinen. Das verblüffte mich so, dass ich nicht wusste, was ich zu ihm und Mama sagen sollte. Als sich der Zug schließlich langsam in Bewegung setzte, rief ich mit meiner zehnjährigen Weisheit: »Weine nicht Papa, wir werden uns bald wiedersehen!« Als der Zug um neun Uhr morgens an diesem 8. März 1939 aus dem Frankfurter Hauptbahnhof hinausfuhr, sah ich meine Eltern zum letzten Mal.*[216]

Elfriede Meyer (verh. Schloss) erzählte, ihre Mutter habe ihr eines Tages erklärt, dass sie mit einem Kindertransport nach Frankreich fahren würde, wo sie die Möglichkeit hätte, zur Schule zu gehen. Frankreich habe die Mutter gewählt, weil es das Deutschland am nächsten gelegene Land war und kein Wasser sie trennte.

> *Am Abend vor meiner Abreise aus Frankfurt hatten wir ein gemeinsames Essen mit meiner Familie. An diesem Abend ging ich mit einer großen Papiertüte auf den Dachboden und füllte sie mit Familienbildern, die ich heute noch habe. Außer den Fotos nahm ich zwei Gebetbücher mit meinem Namen und Widmung und Kindergedichte mit bis in die Vereinigten Staaten.*[217]

Ernst Valfer berichtete, seine Mutter, bis dahin eine traditionelle Hausfrau, habe sich in bewunderungswürdiger Weise um alles gekümmert, während sein Vater im KZ Buchenwald war: darum ihren Mann freizubekommen, um das Geschäftliche, den Haushalt, die Vorbereitungen zur Emigration und darum, sein Leben zu retten. Sie habe von den Kinderverschickungen des Waisenhauses gewusst und erreicht, dass sie ihn aus Deutschland hinausbrachten: *»Sie ging zum Direktor des Israelitischen Waisenhauses in Frankfurt und sagte: ›Wir haben Ihnen in der Vergangenheit immer großzügig gespendet. Jetzt müssen Sie etwas für uns tun. Bringen Sie unseren Sohn raus.‹«*[218]

Vom Morgen des Abschieds erzählt Ernst Valfer:

> *Ich erinnere mich, dass ich meiner Mutter, die nicht mit zum Bahnhof kommen wollte, Auf Wiedersehen sagte. Sie setzte ihre tapfere Miene auf, aber ich bin mir sicher, in dem Moment, als die Tür ins Schloss fiel, brach sie zusammen. Ich wusste das damals nicht, wollte es auch nicht wissen. Mein Vater brachte mich zum Bahnhof, und er weinte bitterlich. Ich war ruhig, teilweise, weil ich nicht wusste, dass dies eine Trennung*

216 Greene (2000).
217 Telefoninterview der Autorin mit Elfriede (geb. Meyer) Schloss, San Diego am 5. Januar 2016.
218 Valfer, Ernst: Interview 52608, VHA.

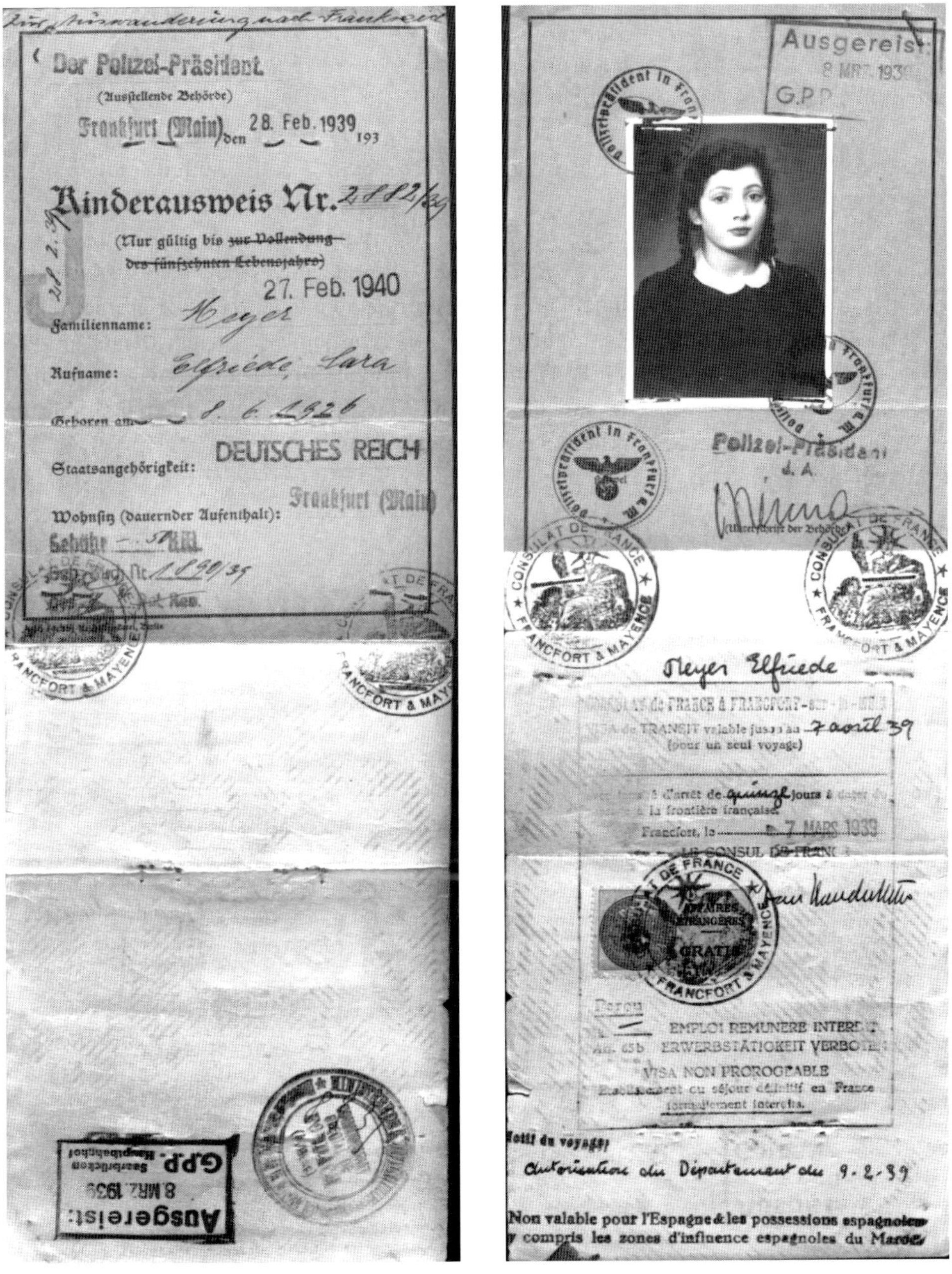

Der Polizei-Präsident
(Ausstellende Behörde)
Frankfurt (Main), den 28. Feb. 1939 193

Kinderausweis Nr. 2882/39
(Nur gültig bis ~~zur Vollendung des fünfzehnten Lebensjahres~~)
27. Feb. 1940

Familienname: Meyer
Rufname: Elfriede Sara
Geboren am 8. 6. 1926
Staatsangehörigkeit: DEUTSCHES REICH
Wohnsitz (dauernder Aufenthalt): Frankfurt (Main)

Ausgereist:
8 MRZ 1939
G.P.P.

Polizei-Präsident
I. A.

Meyer Elfriede

VISA de TRANSIT valable jusqu'au 7 avril 39
(pour un seul voyage)

à la frontière française
Francfort, le 7 MARS 1939

EMPLOI REMUNERE INTERDIT
ERWERBSTÄTIGKEIT VERBOTEN
VISA NON PROROGEABLE

Motif du voyage:
Autorisation du Département du 9-2-39

Non valable pour l'Espagne & les possessions espagnoles y compris les zones d'influence espagnoles du Maroc

Abb. 28: Kinderausweis von Elfriede Meyer.

Abb. 29: Ernst und seine Mutter Frieda Valfer in Frankfurt, 1938.

Der Polizei-Präsident
(Ausstellende Behörde)
Frankfurt (Main), den … März 1939
Kinderausweis Nr.
(Nur gültig bis ~~zur Vollendung des fünfzehnten Lebensjahres~~)
28. Feb. 1940
Familienname: Strauss
Rufname: Fritz Israel
Geboren am 14. 9. 1926
Staatsangehörigkeit: DEUTSCHES REICH
Wohnsitz (dauernder Aufenthalt): Frankfurt (Main)
Gebühr –.50 RM
Geb.-Buch Nr. 1890/39
A 56 (6. 32) Reichsdruckerei, Berlin

Abb. 30: Kinderausweis von Fritz Strauß.

fürs Leben war. Ich glaubte wirklich, dass sie irgendwie bald herauskommen und wir wieder zusammensein würden. Teilweise war es auch ein sehr gut aufgebauter Verteidigungsmechanismus. Ich hatte schließlich sechs Jahre unter dieser speziellen Form des Antisemitismus und der Verfolgung gelebt. [...] Ich hatte, selbst wenn ich geschlagen wurde, gelernt, es nicht so schlimm zu finden. Ich hatte eine steife Oberlippe, um es zu verdrängen, runterzuschlucken und so zu tun, als wäre nichts passiert.[219]

Sein Vater habe ihm beim Abschied ein Lebensmotto mit auf den Weg gegeben, nach dem er sich in seinem bisherigen Leben, soweit es ihm möglich gewesen sei, gerichtet habe: *»Tue recht und fürchte niemand.«* Seinem Vater habe dieses Motto allerdings nicht geholfen.

Fritz Strauß (Fred Strauss) konnte sich am Frankfurter Hauptbahnhof von seiner Mutter verabschieden, die mit ihrem Mann aus Köln gekommen war. Sie war nach ihrer Heirat dorthin gezogen und hieß jetzt Falkenstein. Dem Ehepaar Falkenstein gelang 1939 die Flucht über Mexiko ins US-amerikanische Exil.

Auch für den zwölfjährigen **Heinz (Henry) Schuster**, der seit 1936 im Waisenhaus gelebt hatte, war es schon der zweite Abschied von der Mutter und den Schwestern. In seinen Erinnerungen schreibt er:

Abb. 31: Abschiedsfoto von Heinz Schuster mit seiner Mutter Rosa und seiner Schwester Berthel.

219 Ebenda.

Ich kann mir vorstellen, wie schwer dieser Abschied für meine Mutter war, die schon ahnte, dass sie ihren einzigen Sohn nie wiedersehen würde. Sie hatte viel mehr Angst um meine Sicherheit als um ihre eigene, und während sie mir einen letzten Abschiedskuss gab, sagte sie mir, sie würde mich immer lieb haben und dass ich tapfer bleiben sollte.[220]

Er habe gehofft, seine Mutter und seine beiden Schwestern würden irgendwann nachkommen.

Henry Schuster schildert auch die Erfahrungen mit den deutschen Zollbeamten an der deutsch-französischen Grenze: »*Sie kontrollierten mein Gepäck scharf und fanden meinen einzigen wertvollen Besitz: meinen silbernen Kiddusch-Kelch. Er wurde zusammen mit Wertsachen, die sie im Gepäck anderer Kinder entdeckten, beschlagnahmt.*«[221] Die deutschen Beamten hätten die Kinder grob unfreundlich behandelt und mit Schimpfwörtern angeschrien. An der Grenze hätten sie aussteigen und in einen französischen Zug wechseln müssen.

Ernst Valfer hatte Glück, dass seine Koffer nicht geöffnet wurden. Was er damals nicht ahnte und erst nach seiner Ankunft in Montmorency entdeckte:

Meine Mutter hatte eingewickelt in meine Kleidung die große schwere goldene Taschenuhr meines Vaters in meinem Gepäck herausgeschmuggelt. Die Uhr hätte mein Vater eigentlich abliefern müssen. Aber er hatte eine billigere goldene Uhr gekauft, die er stattdessen abgeliefert hatte. In der goldenen Uhrkette waren auch noch die zwei Goldringe meiner Großeltern eingefügt. Sie waren nicht wertvoll, aber ein Andenken.[222]

Auch seinen silbernen Kiddush-Becher für den Schabbat-Wein habe seine Mutter mit eingepackt. In Paris übergab Ernst all diese Wertsachen seinem dort lebenden Onkel. Dessen Tochter habe ihm nach dem Krieg alles zurückgegeben. Die goldene Taschenuhr hat er heute noch. Ernst wusste, dass er außer dem Onkel in Paris auch noch eine Tante, eine Cousine seiner Mutter, im lothringischen Metz hatte. Seine Mutter habe sie informiert, dass der Zug nach Paris dort einen Aufenthalt hat: »*Als wir in Metz hielten, kam meine Tante zum Zug, begrüßte mich und gab mir etwas Geld. Das und das Wissen, dass ich einen Onkel in Paris hatte, gab mir das Gefühl, in Frankreich eine Familie zu haben*«, erklärt er.[223]

Gegen Abend des 8. März kam der Zug mit den Kindern am Pariser Gare du Nord an. Wie **Henry (Heinz) Schuster** berichtet, war die Baronin Rothschild selbst am Bahnsteig, begrüßte die Kinder auf Deutsch und begleitete die Gruppe anschließend zum *Rothschild-Krankenhaus*. Sie seien dort als erste Kindergruppe angekommen. Bald darauf seien weitere Kinder eingetroffen, unter anderen aus Berlin und Stettin.

220 Schuster (2011), S. 80.
221 Ebenda, S. 81.
222 Telefoninterview der Autorin mit Ernest Valfer am 9. Oktober 2016 in Berkeley, CA.
223 Ebenda.

Abb. 32: Ankunft der Kinder am 8. März 1939 auf dem Bahnsteig des Pariser Gare du Nord.

Abb. 33: Die Kinder beim Verlassen des Bahnhofsgebäudes in Begleitung ihrer Betreuerinnen, darunter Bertha Marx.

Im *Rothschild-Krankenhaus* war eine Station für die Kinder vorbereitet worden, mit einem Schlafsaal für die Jungen und einem für die Mädchen. Dort wurden die Kinder medizinisch untersucht und nach zwei Tagen auf verschiedene Kinderheime verteilt. Von der Frankfurter Gruppe kamen **Heinz Schuster, Erich Grünebaum** und **Fritz Strauss** für die nächsten drei bis vier Wochen zusammen in das orthodox-jüdische Internat *École Maïmonide* in Bois de Boulogne. Dort trafen sie **Anselm** und **Jakob Hirsch** aus Frankfurt, die seit Dezember 1938 die Schule besuchten.[224] **Erich Grünebaum** sah dort seinen Cousin **Ernst Marx** wieder. Dieser Neffe von Isidor Marx war im Dezember mit der ersten Kindergruppe nach Straßburg gekommen und nach zwei Wochen weiter nach Paris geschickt worden, um dort das orthodoxe Internat zu besuchen. Die deutschen Flüchtlingskinder bildeten an der *École Maïmonide*, an der Französisch und Hebräisch die vorherrschenden Sprachen waren, eine kleine deutschsprachige Minderheit unter den französisch-jüdischen Schülern.

Weil das Internat während der Pessach-Ferien seine Pforten schloss, wurden die drei Frankfurter zurück ins *Rothschild-Krankenhaus* gebracht. Dort konnten sie eine Woche lang alleine den riesigen Schlafsaal bewohnen und auf Einladung der Baronin Rothschild und einiger Damen des *Comités* ein touristisches Programm in Paris genießen, das alle nachhaltig beeindruckte.

Danach wurden die Drei zum *Château de Maubuisson* in einem mittelalterlichen Kloster bei Pontoise (Val-d-Oise) in der Nähe von Paris gebracht, wo sie zusammen mit allen anderen Kindern einige Ferienwochen über Pessach verbrachten. In dieser Zeit entstanden erste gruppenübergreifende Freundschaften, von denen viele weit über die Zeit in Frankreich hinaus Bestand hatten, wie Erich Grünebaums Freundschaft mit dem gleichaltrigen Oswald Kernberg aus Wien. Am Ende dieser Ferienwochen konnten die Kinder die frisch renovierte *Villa Helvetia* in Montmorency beziehen. Hinzu kamen noch einige Kinder, die allein kamen oder von ihren Verwandten gebracht wurden, so dass die Zahl der Flüchtlingskinder in Montmorency bis Mai 1939 die Zahl von 200 überstieg.

Abb. 34: Postkarte der *Villa Helvetia*.

224 Hirsch (2006), S. 33.

Ernst Papanek – leidenschaftlicher Pädagoge und Sozialist

In Montmorency begann für die Kinder das Zusammenleben in einer besonderen Gemeinschaft, deren Kraftzentrum und Seele der begabte und leidenschaftliche Wiener Pädagoge Ernst Papanek war. Ursprünglich hatte Papanek die Stelle als Generaldirektor für die OSE-Kinderheime nur für sechs Monate übernommen, um dann mit seiner Familie in die USA zu emigrieren. Angesichts des Kriegsausbruchs ließ er aber im Herbst 1939 sein Visum verfallen, um seine Schützlinge, die Flüchtlingskinder, nicht verlassen zu müssen.
Von den Ideen des demokratischen Sozialismus inspiriert, führte Papanek in den OSE-Heimen fortschrittliche Erziehungsmethoden ein, die auch eine sozialpsychologische Betreuung umfassten. Sie waren darauf ausgerichtet, die von den Erlebnissen in ihren Heimatländern traumatisierten Kinder wieder glücklich zu machen und ihnen den Weg zu ebnen, um freie und verantwortungsbewusste Erwachsene zu werden. Mit seiner Überzeugung, dass sich die Kinder am besten durch das Zusammenleben und die gegenseitige Unterstützung in einer Gruppe entwickeln könnten, orientierte sich Papanek an der Individualpsychologie des Psychotherapeuten und Sozialisten Alfred Adler. In Wien hatte er an dem von Adler geleiteten Institut seine Lehrerausbildung gemacht. Papanek wollte den verschreckten und misshandelten Kindern die Angst, das Misstrauen und die Minderwertigkeitsgefühle nehmen, unter denen die meisten von ihnen aufgrund der jahrelangen Verfolgung und Ausgrenzung litten. Das galt gleichermaßen für die Schuldgefühle, die die Kinder bedrückten, weil sie ihre Eltern zurücklassen mussten. Wie ängstlich und verschüchtert die Kinder anfangs waren, schildert Papanek in seiner Autobiografie:

> *Als wir dann hinausgingen, standen sie alle da und warteten darauf, zu hören, was sie tun sollten. Sie stellten keine Fragen; sie versuchten nicht, ein wenig umherzustreichen. Sie befolgten nur die Anweisungen und Vorschläge, die ihnen gemacht wurden. Und so wussten wir nun endlich, was unsere erste Aufgabe war: Wir mussten ihnen zeigen, wie man spielt. Wir mussten sie lehren, Kinder zu sein.*[225]

Für die Kinder, die aus ihren Schulen ausgegrenzt worden waren, war vor allem ein geregelter Schulunterricht von großer Bedeutung. Nur wenige ältere Kinder, die bereits Französischunterricht gehabt hatten, wie **Ernst Valfer**, besuchten die öffentliche Schule. Für alle anderen fand der tägliche Unterricht während dieses ersten Jahres in Frankreich in den OSE-Häusern statt. Ein Schwerpunkt von Papaneks pädagogischem Konzept war die Schule nach dem Vorbild von Otto Glöckels »Wiener Schulreform«. Dessen »Arbeitsschule« ließ den Kindern im Gegensatz zur traditionellen »Paukschule« einen großen Spielraum, ihre Interessen und Begabungen selbst zu entdecken. Merkmale, die auch Papanek umsetzte, waren: eine spielerische kindgerechte Lernatmosphäre mit lebensnahen Themen, der gemeinsame Unterricht von Jungen und Mädchen, der Verzicht auf Hausaufgaben und Noten und die Öffnung der Klassenzimmers zum »echten Leben« durch Unterricht im Freien und zahlreiche Exkursionen.

225 Papanek & Linn, Edward (1975), S. 48 bzw. dt. Ausgabe (1980), S. 59.

Abb. 35: Feier zum 39. Geburtstag von Ernst Papanek in Montmorency am 20. August 1939. Unter den Kindern mit Kopfbedeckung, Hermann Bacharach, Anselm Hirsch, Fritz Strauß, Heinz Schuster und Werner Dreifuß.

Neben der geistigen wurde auch ein Schwerpunkt auf die praktisch-handwerkliche Ausbildung der Kinder gelegt. Die OSE arbeitete mit der *Organisation, Reconstruction, Travail* (ORT)[226] zusammen, die in jedem der OSE-Häuser gut ausgestattete Werkstätten betrieb. Die älteren Jungen wurden zu Schreinern oder Schustern und die älteren Mädchen zu Schneiderinnen ausgebildet.

Die erlittene Verfolgung sollten die Kinder nicht als unvermeidliches Schicksal empfinden. Um sie zu befähigen und zu ermutigen, gegen alle Schwierigkeiten zu kämpfen und selbst für ihre Angelegenheiten einzutreten, führte Papanek eine Art Kinderrepublik ein. Die Heimkinder bekamen weitgehende Mitverwaltung oder Mitbestimmung am Alltagsleben. In der Schule wurden Klassen- und Schulsprecher gewählt, und die Kinderheime bekamen eine eigene Verfassung, die das Zusammenleben aller Bewohner ohne Ansehen des Alters regeln sollte. Ergänzt durch eine Heimordnung wurde sie in einem ersten Entwurf von den Erwachsenen vorgeschlagen und von den Kindern diskutiert, ergänzt und in ihrer eigenen Sprache neu geschrieben. Alle Kinder ab acht Jahren hatten in der verabschiedeten Fassung ein aktives und passives Wahlrecht und wählten verschiedene Vertretungen, von der Zimmervertretung über das Hauskomitee bis hin zum Heim übergreifenden Rat und Disziplinarrat. Hier erarbeiteten sie die Wünsche und Vorschläge,

226 Die 1880 in Russland gegründete Organisation förderte unter der jüdischen Bevölkerung die Ausbildung in handwerklichen und landwirtschaftlichen Berufen.

die sie dann Papanek und den anderen Erziehern vorlegten. Durch ihre Einbindung in ihre eigene Verwaltung sollten die Kinder demokratische Strukturen, Rechte und Pflichten einer Gemeinschaft einüben. Damit sollte auch ihr Selbstbewusstsein und Verantwortungsgefühl entwickelt und gestärkt werden. Darüber hinaus wurden in den Häusern Konferenzen und Diskussionen, Theateraufführungen und Sportveranstaltungen sowie zahlreiche Feste organisiert, bei denen die Kinder selbst Akteure waren.

Unterstützung für seine fortschrittlich-liberalen Erziehungsmethoden bekam Ernst Papanek hauptsächlich von der Baronin de Gunzbourg sowie von einigen wohlhabenden liberalen französischen Juden. Bei den eher konservativ eingestellten Mitgliedern der OSE stießen sie jedoch eher auf Skepsis bis Ablehnung, was auch zu einigen Konflikten führte. Weil Papanek selbst keine Beziehung zur jüdischen Religion hatte und auch seine beiden Söhne nicht religiös erzog, wurde ihm immer wieder vorgeworfen, er habe als Leiter zu wenig Beziehung zur jüdischen Kultur. Papanek hatte jedoch Respekt vor dem Glauben der orthodoxen Kinder und deren Eltern. Er befürwortete schließlich die Gründung eines eigenen Heimes für diese Kinder vor allem aus seinem Gefühl der Verpflichtung gegenüber ihren Eltern, die er als seine eigentlichen Auftraggeber ansah. Ihm war immer wichtig, dass die Kinder ihre Sprache und Religion als wichtige Bindeglieder zu ihren Eltern bewahren konnten und sich nicht von ihnen entfremdeten.[227]

Villa La Chesnaie – ein Heim für orthodoxe Kinder

Ursprünglich war ein solches Heim für die orthodoxen Kinder vom *Comité* nicht vorgesehen gewesen; man hatte sogar ausdrücklich darum gebeten, keine orthodoxen Kinder nach Frankreich zu schicken, weil diese komplizierter zu versorgen seien. Diese Bitte war aber bei den jüdischen Gemeinden in Frankfurt und Wien aus ungeklärten Gründen nicht angekommen oder einfach ignoriert worden. Es waren zusammen mit den Frankfurter Kindern insgesamt 40 orthodoxe Flüchtlingskinder per Kinderverschickungen gekommen, für die eine koschere Küche eingerichtet werden musste.[228] Ernst Papanek schildert die Situation in seiner Autobiografie:

> *Es wurde uns bald klar, daß das Zusammenleben von orthodoxen und nicht-orthodoxen Kindern nicht funktionieren würde. Vor allem war die orthodoxe Gemeinde verständlicherweise sehr besorgt, weil unsere fortschrittlichen Erziehungsmethoden ihrer völlig autoritären Auffassung gänzlich widersprachen. Dazu gehörte das Problem der Koedukation.*[229]

227 Papanek (1980), S.27f.
228 Vgl. Maier (2018), S. 101f.
229 Ebenda, S. 64.

Abb. 36: Frühsport auf der Terrasse der *Villa La Chesnaie.*

Abb. 37: *Villa La Chesnaie* in Eaubonne.

Als die OSE der Einsicht Papaneks folgte und im Juni 1939, wenige Wochen nach der Fertigstellung der *Villa Helvetia*, im etwa fünf Kilometer entfernten Eaubonne in der *Villa La Chesnaie* ein eigenes Heim für die orthodoxen Kinder eröffnete, zogen die Frankfurter noch einmal um.

Unter der Bedingung, dass er in allen erzieherischen Fragen der Alltagspraxis die Leitung behielt, erklärte sich Ernst Papanek damit einverstanden, dass die orthodoxe Gemeinde die Heimleitung bestimmte und für die Einhaltung der religiösen Rituale und Speisevorschriften zuständig war. Man einigte sich darauf, dass die *Villa La Chesnaie* ein *»Heim für orthodoxe Kinder und nicht ein orthodoxes Kinderheim«* sein sollte.

Obwohl nicht alle Kinder der Frankfurter Waisenhausgruppe von Hause aus strenggläubig waren, galten sie offiziell als orthodoxe Gruppe des Frankfurter *Israelitischen Waisenhauses* und zogen auch geschlossen nach Eaubonne. Nicht nur **Elfriede Meyer (verh. Schloss)** war in einer nicht-religiösen Familie aufgewachsen und hatte sich erst im Frankfurter Waisenhaus an den orthodoxen Alltag gewöhnt. Auch **Ernst Valfer** war religiös liberal erzogen. Seine Familie gehörte der Westend-Synagoge an. Dort hatte Ernst im Juli 1938 seine Bar Mizwa bei dem Jugendrabbiner Heinrich Lemle gefeiert.[230] *»Solange ich in Frankreich war, war ich orthodox, weil das Waisenhaus, mit dem ich kam, orthodox war«*, erzählt er. *»Meine Eltern haben gesagt: ›Sie haben Dich herausgebracht, Du bleibst mit ihnen zusammen. Wenn sie orthodox sind, bist Du auch orthodox.‹«*[231] In **Heinz Schusters** Familie in Sterbfritz hatte nur die Mutter die Religionsgesetze befolgt. Mit dem streng orthodoxen Milieu sei er erst bei seinem Eintritt ins Frankfurter Waisenhaus in Berührung gekommen, schreibt er. *»Die Regeln im Waisenhaus waren viel*

230 Heinrich Lemle wurde 1909 in Augsburg geboren und starb 1979 in Rio de Janeiro, Brasilien. Er war von 1934 bis 1938 als Jugendrabbiner in der Israelitischen Gemeinde Frankfurt tätig und unterstützte den einzig verbliebenen liberalen Rabbiner Georg Salzberger. Beim Novemberpogrom 1938 wurde Lemle verhaftet und in das KZ Buchenwald deportiert. Nach seiner Freilassung konnte er im Dezember 1938 nach England fliehen. Von dort wanderte Lemle 1940 nach Brasilien aus. 1942 gründete er eine liberale jüdische Gesamtgemeinde in Rio de Janeiro. Er wurde 1952 Oberrabbiner von Brasilien und danach Professor der Hebräischen Sprache an der Universität Rio de Janeiro.

231 Valfer, Ernst: Interview 52608, VHA.

Abb. 38: Anselm und Jakob Hirsch mit ihrem Freund Oswald Kernberg aus Wien im Sommer 1939 in Eaubonne.

strenger als die, die ich in Sterbfritz, Mühlhausen und Burghaun kennengelernt hatte.«[232] **Erich Grünebaum** dagegen war aus seiner Familie mit dem orthodoxen Leben vertraut, ebenso wie **Werner Dreifuß**, der im Waisenhaus aufgewachsen war.

Auch **Jakob** und **Anselm Hirsch**, die von ihren Verwandten nach Eaubonne gebracht wurden, stammten aus einer strenggläubigen Frankfurter Familie, die der ultraorthodoxen *Israelitischen Religionsgesellschaft* angehörte.

Der Alltag der Kinder in Eaubonne war streng nach den religiösen Regeln gegliedert, von den drei täglichen Gebeten in der Heim eigenen Synagoge, über die Einhaltung der Speisevorschriften bis hin zum Besuch der vier Kilometer entfernten Synagoge am Schabbat. Den religiösen Unterricht bestritten die zwei orthodoxen Gemeinden in Paris, die einen Rabbiner nach Eaubonne schickten. Mädchen und Jungen lebten getrennt in zwei Flügeln der *Villa La Chesnaie*. Die Jungen unterschieden sich auch äußerlich von den Kindern in den anderen Häusern, weil sie immer französische Baretts als vorgeschriebene Kopfbedeckung trugen. Durch gemeinsame Veranstaltungen wie Feste und Sportwettkämpfe, aber auch durch die Gremien der Mitbestimmung, kamen sie regelmäßig in Kontakt mit den nicht-religiösen Kindern. Ernst Valfer wurde mehrfach zum Heimsprecher von Eaubonne gewählt.

Die *Villa La Chesnaie* war der erste Ort, an dem die Frankfurter Kinder eine längere Zeit, etwa ein Jahr, blieben und das Gefühl entwickeln konnten, angekommen zu sein. Da sie nach Altersgruppen untergebracht waren, entstanden hier neue dauerhafte Freundschaften.

232 Schuster (2011), S. 65.

Den Sommer 1939 hat **Eric Greene (Erich Grünebaum)** in glücklicher Erinnerung. Er, der in den vergangenen Jahren zum einsamen Jungen geworden war, fühlte sich zum ersten Mal zugehörig: *»Es dauerte eine Weile, bis ich realisierte, dass ich wirklich hierher gehörte. Dies waren meine Freunde, wir hatten viel gemeinsam. Ich war in meiner Altersgruppe, und ich würde nicht mehr ausgeschlossen werden, von nichts und aus keinem Grund mehr.«* [233] Die inmitten des Städtchens Eaubonne gelegene *Villa La Chesnaie* beschreibt er als einen Ort der Freiheit und Geborgenheit: *»Es war ein wunderschönes Anwesen mit einem weitläufigen Gelände, das von einem Zaun und einem Sichtschutz aus Büschen und Bäumen im Inneren des Zauns umgeben war.«* [234]

Die Kinder der *OSE*-Heime waren aber nicht von der Außenwelt abgeschlossen. Ernst Papanek wollte auf keinen Fall, dass die Heime sich zu »Inseln des Glücks« in Form eines Ghettos entwickelten. Der regelmäßige Kontakt mit der französischen Umwelt durch Exkursionen und durch den Französischunterricht sollten dem entgegenwirken und zur Integration in die französische Gesellschaft beitragen. Auch die französische Öffentlichkeit und die Medien interessierten sich für die Flüchtlingskinder: **Eric Greene** erinnert sich an einen anhaltenden Besucherstrom von Würdenträgern in Eaubonne und auch an einen Tag, an dem sie mit Tricolore-Fähnchen in der Hand auf dem Rasen vor laufenden Filmkameras posierten. Ausflüge in die Stadt habe es regelmäßig gegeben, auch Kinobesuche. **Elfriede Meyer** berichtet von Besuchen der Baronin Rothschild, die immer wieder Gruppen von Kindern in ihrer Limousine nach Paris in den Louvre und auf Stadtbesichtigungen mitnahm. Und **Ernst Valfer** erwähnt wiederholte Einladungen bei französischen Familien zum Schabbat.

Die Sonntage waren offizielle Besuchstage in den OSE-Heimen für die Kinder, die Verwandte in Frankreich hatten oder deren Eltern inzwischen dort lebten. Für die vielen anderen Kinder, die keinen Besuch von ihrer Familie bekommen konnten, waren es Heimwehtage.

Einige wenige Kinder wie **Erich Grünebaum** und **Ernst Valfer** hatten Verwandte in Paris, die ebenfalls geflüchtet waren und manchmal zu Besuch nach Eaubonne kamen: Er sei von vielen Kindern beneidet worden, erzählt Eric, als er an seinem elften Geburtstag am 7. Juli 1939 von seinen Verwandten, der Familie Marx, zu einem Tagesausflug nach Paris abgeholt wurde. Auch Ernst Valfers Onkel kam an einem Sonntag aus Paris zu Besuch und verbrachte ein paar Stunden zusammen mit seinem Neffen.

»Ich denke, es gab dort kein einziges Kind, das nicht glücklich war«, meinte **Elfriede (geb. Meyer) Schloss**, die auf den Aufenthalt in Eaubonne als eine schöne Zeit zurückblickt. *»Soweit wir überhaupt glücklich sein konnten, war ich es dort«*, sagte auch **Ernst Valfer**. Als Psychologe hat er sich rückblickend aber auch mit dem befasst, was unter der alltäglichen Oberfläche blieb:

233 Greene (2000).

234 Ebenda.

Abb. 39:
Frankfurter Kinder in Eaubonne, 1939.
Vordere Reihe: Elfriede Meyer,
Werner Dreifuß (v. l. n. r.); hintere Reihe:
Hermann Bacharach, Heinz Schuster
und Fritz Strauß (v. l. n. r.).

Abb. 40:
Frankfurter Kinder in Eaubonne, 1939.
Vordere Reihe: Werner Dreifuß, unbekannt (v. l. n. r.);
mittlere Reihe: Elfriede Meyer, unbekannt (v. l. n. r.);
hintere Reihe: Ernst Valfer, unbekannt,
Hermann Bacharach, Fritz Strauß, Heinz Schuster,
unbekannt.

Wir alle vermissten unsere Eltern – niemand hatte seine Eltern dabei. Wir waren in eine Reihe wunderbar geführter Heime gekommen. […] Und wir taten so, als wäre die Welt normal. Ich bin mir sicher, wir alle wussten, tief in uns drin, dass die Welt für uns tragisch war. Die einzige Zeit, in der wir uns gehen ließen und weinten, war am Schabbat-Abend, als wir französische und deutsche Lieder sangen.

Besonders ein Lied, das von der Sehnsucht nach der Mutter handelte, habe sie zum Weinen gebracht. *»Aber wir alle versteckten das Weinen sehr gekonnt voreinander, zu unserem eigenen Schaden«*, betont Ernst Valfer.[235]

Ernst hatte aus Frankfurt sein Akkordeon mitgebracht, mit dem zog er sich zurück, wenn er sich einsam fühlte. Dann spielte er und sang dazu melancholische deutsche und französische Lieder. *»Was ich sehr oft sang, war das Lied des chinesischen Prinzen Sou-Chong aus Franz Léhars Operette ›Das Land des Lächelns‹, bei dem der Refrain lautet: ›Immer zufrieden, wie's immer sich fügt. Lächeln trotz Weh und tausend Schmerzen. Doch wie's da drin aussieht, geht niemand etwas an.‹ Das wurde auch zu meinem Motto.«* [236]

235 Valfer, Ernst: Interview 52608, VHA.
236 Ebenda.

Auch **Henry (Heinz) Schuster** beschreibt sein Heimweh in seinem Erinnerungsbuch:

> *Ich sehnte mich nach meiner Mutter und meinen Schwestern, ich sehnte mich danach, nach Hause zu gehen, und wünschte mir, alles wäre, wie es einmal war. Ich versuchte mit aller Willenskraft, die Zeit zurückzudrehen und die Vergangenheit wieder ins Leben zu rufen, doch ich konnte es nicht. Ich weinte mich in den Schlaf und hasste wiederum meine Schwäche.*[237]

Ein überraschender Besuch aus Frankfurt Mitte Mai 1939 hatte ihn daran erinnert, wie weit er von zu Hause weg war und sein Heimweh ausgelöst. Der Waisenhausleiter Isidor Marx, von den Kindern nur »Onkel Isidor« genannt, war nach Eaubonne gekommen und hatte plötzlich auf dem Fußballfeld vor ihm gestanden. Die Freude war auf beiden Seiten groß gewesen.

Wie er berichtete, hatte er 35 Waisenhauskinder im April nach Palästina, in die Nähe von Haifa begleitet, wo sie jetzt in einem Jugenddorf lebten. Henry Schuster zitiert Isidor Marx Worte aus seiner Erinnerung:

> *Ich bin in Palästina gewesen, doch ich hatte Heimweh. Ich war auf dem Weg nach Frankfurt, um meine Arbeit im Waisenhaus wiederaufzunehmen, als ein Bekannter mich fand und mich warnte, dorthin zu gehen. Ich weiß nicht, von wem die Nachricht kam, der Bote sagte es mir nicht oder wusste es selbst nicht. Doch der Bote war unnachgiebig. Ich sollte nicht nach Frankfurt reisen, da die Nazis immer noch nach mir suchten. Fänden sie mich, wer weiß, was sie mir antun würden. Mich verhaften sicherlich, wahrscheinlich auch töten, wie so viele andere. In Deutschland war ich nicht sicher. Also versuche ich, nach England zu gelangen. Meine Kinder sind dort, und ich möchte bei ihnen sein.*[238]

Isidor Marx hatte während seines Aufenthalts in Frankreich im Sommer 1939 auch **Andrée Salomon** besucht. Sie hatte ihn beschworen, nicht nach Deutschland zurückzukehren, sondern nach England zu gehen. Dies geht aus einem Brief hervor, den Isidor Marx 1945, nach der Befreiung Frankreichs, an Andrée Salomon schrieb und worin er sich für ihre moralische Unterstützung bedankte:

> *Ich werde nie vergessen, was du in diesen dunklen Tagen der Katastrophe für mich getan hast, als ich mich außerhalb meines Hauses befand, mit der Absicht, zu meiner geliebten Frau zurückzukehren, aber ich fürchtete, von den Nazis getötet zu werden; erinnerst du dich an die Geschichte des Omer-Kalenders? Du hast mir gesagt: Du darfst nie wieder nach Nazi-Deutschland zurückkehren. Und in meiner Not, in meiner Einsamkeit – ich wurde von meiner geliebten Frau getrennt – du hast mich auf deine charmante Weise unterstützt – du hast die Rolle der Säule für diese verblasste Pflanze gespielt, die Herr Isidore Marx hieß. Du hast mir Lebenskraft gegeben!*[239]

237 Schuster (2011), S. 96.
238 Ebenda, S. 91.
239 Brief von Isidor Marx an Andrée Salomon vom 2. April 1945. Zit. n. Hazan & Weill (2011), S. 220f.

Im Laufe des Jahres 1939 waren weitere Kinder in die Heime nach Montmorency gekommen. Darunter waren etliche, die von ihren Eltern oder Verwandten der OSE anvertraut worden waren, weil diese nicht mehr für sie sorgen konnten. Auch der zehnjährige gebürtige Frankfurter **Hans Wilhelm Singer** hatte einige Monate bei seinen Verwandten in Metz verbracht, bevor diese ihn zur OSE brachten. Seine Mutter Gitel Singer lebte in Paris mit Verwandten und bestritt dort ihren Unterhalt als Schwarzmarkthändlerin. Sie hatte sich erfolglos bei der OSE um eine Stelle beworben, um bei ihrem jüngsten Sohn sein zu können. Wilhelms Vater war nach Italien geflüchtet und seine drei Geschwister konnten teils mit Unterstützung der GJCA vom letzten Wohnort der Familie in Saarbrücken aus in die USA gelangen.

Im August 1939 nahm die OSE 35 Kinder auf, die mit ihren Eltern in Frankreich Zuflucht gefunden hatten, nachdem ihnen als Passagiere des Dampfers *St. Louis* die Einreise in Kuba sowie in den USA und Kanada verweigert worden war. Diese Kinder wurden von ihren Eltern getrennt untergebracht, die gezwungen wurden, in einem französischen Internierungslager zu leben. Zum Empfang der Kinder, die fortan »Kubaner« genannt wurden, veranstalteten die Kinder in der *Villa Helvetia* ein großes Fest. Sie wurden zunächst dort und in der *Villa La Chesnaie* untergebracht, bevor sie in das neu eröffnete Haus *Les Tourelles* einzogen.

Die Kriegsjahre 1939/1940 – erneute Flucht und neue Fluchtwege

Bei Ausbruch des Krieges 1939 sah sich die OSE vor der Aufgabe, Hunderte von Kindern aus der Pariser Region in Sicherheit zu bringen, darunter auch die rund 300 Kinder in den Montmorency-Heimen. Deshalb begann die OSE damit, in den ländlichen Regionen Südfrankreichs, wo Eigentum nicht teuer war, Schlösser (Châteaux) anzumieten, die ganze Gemeinschaften aufnehmen konnten. 14 Heime wurden zwischen 1939 und 1943 eröffnet. Die ersten großen Landhäuser *Chaumont*, *Chabannes* und *Masgelier* wurden im Département Creuse angemietet und im November 1939 beziehungsweise Anfang 1940 eröffnet sowie ein Heim für die Vorschulkinder, La Feuilleraie in Boulouris-sur-Mer an der Cote d'Azur. Ebenfalls Anfang 1940 wurde ein Heim für orthodoxe Kinder, das Château des Morelles unter Leitung von Rabbi Zalman Schneerson in Broût-Vernet im Département Allier, eröffnet.

Unter den 283 überwiegend jüdischen Kindern, die Ernst Papanek und sein Team in den ersten Kriegsmonaten in ihrer Obhut hatten, war auch eine Gruppe von 30 teils nichtjüdischen Kindern sozialdemokratischer Flüchtlinge, darunter die Söhne von Ernst und Lena Papanek. Sie kamen kurz nach Kriegsbeginn dirckt von ihrem Ferienlager in Plessis-Robinson bei Paris und wurden daher »Robinsoner« genannt. Sie zogen zusammen mit den »Kubanern« in das größte der Heime, *Les Tourelles* in Soisy-sous-Montmorency, das im September 1939 neu eröffnet wurde.

Auch das jüngste der Hirsch-Geschwister, der siebenjährige **Benjamin**, wurde 1939 von seiner Pflegefamilie nach Montmorency gebracht, wo er in der *Villa Helvetia*, dem Heim für die kleineren Kinder, wohnte.

Abgerissene Verbindung zu Daheim

Der 1. September 1939, der Tag des deutschen Überfalls auf Polen und Beginn des Zweiten Weltkriegs, war ein Freitag. **Eric Greene (Erich Grünebaum)** beschreibt Ernst Papaneks überraschenden Besuch in Eaubonne an diesem Nachmittag: *»Wir waren gerade dabei, uns auf den Schabbat vorzubereiten, da kam Ernst Papanek überraschend vom Les Tourelles [...] er gab sofort bekannt, dass er alle auf dem östlichen Rasenplatz bei der hohen Treppe sehen wollte, die er oft für seine Ansprachen benutzte.«*[240] Dort hielt der Direktor eine Ansprache, die er auch in den anderen Heimen gehalten hatte und die mit den Worten begann: *»Ich habe sehr ernste Nachrichten für euch.«*[241] In aller Offenheit informierte er die Kinder über die jüngsten politischen Ereignisse und den bevorstehenden Krieg. Um sie aus ihrer ängstlichen Erstarrung zu holen und zu beruhigen,

240 Greene (2000).
241 Papanek (1980), S. 28.

erklärte er ihnen, welche Vorbereitungen zu ihrem Schutz geplant waren, an denen sie sich aktiv beteiligen sollten.

Obwohl ihnen Ernst Papanek immer wieder versicherte, dass Franzosen und Engländer Widerstand gegen die Nazis leisten und sie beschützen werden, blieb für die Kinder die eigene Situation doch unübersichtlich. *»Wir waren im Krieg und waren nicht in unserem Land, das wir stets als unsere Heimat betrachtet hatten. Frankreich war der Feind, gegen den unsere Väter gekämpft hatten, und nun waren wir hier, und sie waren dort. Es war eine sehr verwirrende Zeit für uns deutsch-jüdische Flüchtlingskinder«*, kommentierte Eric Greene.[242]

Es blieb die Angst um die Familie in Deutschland. Am meisten traf die Kinder die Nachricht, dass sie vorerst keine Briefe mehr von ihren Lieben zu Hause erwarten konnten. Durch den Krieg war der Postverkehr bis auf weiteres unterbrochen. In den zurückliegenden Monaten waren die wöchentlichen Briefe zwischen den Kindern und ihren Familien ein wichtiges und starkes Band gewesen, das nun abgerissen war und das sie sehr vermissten. Allerdings hatten einige Kinder wie **Elfriede Meyer** Verwandte in der Schweiz oder in einem anderen neutralen Land, die bald die Weiterleitung der Briefe auch für andere Kinder übernahmen.

In den nächsten Wochen waren die Kinder mit Probealarmen beschäftigt und halfen beim Ausbau des Weinkellers der *Villa La Chesnaie* zum Luftschutzkeller und bei der Anbringung von schwarzen Vorhängen zur Verdunkelung. Da die befürchteten Angriffe der Deutschen ausblieben, begannen sich die Kinder an die Fliegeralarme und Nächte im Luftschutzkeller zu gewöhnen und vertrieben sich anfänglich die Zeit dort mit Singen oder Geschichten erzählen, wie sich **Henry (Heinz) Schuster** erinnerte: *»Einmal saß ich neben Ernst Valfer, dessen Eltern Opernfans waren und die Liebe zu dieser Kunstform in ihm geweckt hatten. Im Bunker trug Ernst die Libretti zahlreicher Opern, die er mit seinen Eltern besucht hatte, fast wörtlich vor. Die Handlungen der Opern waren großartig.«*[243] Das Singen und Geschichten-Erzählen habe dann aufgehört, als sich der Alarm fast jede Nacht wiederholte, so Ernst Papanek. Alle hätten sich daran gewöhnt, in drei Stufen zu schlafen, im Bett, auf dem Sessel im Luftschutzkeller und wieder im Bett.

Abgesehen von den nächtlichen Störungen änderte sich sonst grundsätzlich wenig am gewohnten Alltag der Kinder während der Periode des »Sitzkrieges«, die in Frankreich »Drole de Guerre« genannt wurde. Papanek schrieb in seinen Erinnerungen:

> *Während dieser Zeit strömten die Kinder herein, sie kamen nicht mehr in Gruppen und auch nicht mehr direkt aus Deutschland, sondern wurden einzeln von einer Untergrundstelle zur anderen befördert. Im Frühling 1940 hatten wir sechzehnhundert Kinder in elf Heimen, über ganz Frankreich verstreut; ein zwölftes Heim sollte eröffnet werden.*[244]

242 Greene (2000).
243 Schuster (2011), S. 97.
244 Papanek (1980), S. 41.

Evakuierung aus dem Elsass

Anders als für die Kinder in den OSE-Heimen bei Paris, bedeutete der Kriegsbeginn für die Kinder im elsässischen Grenzgebiet eine weitere Etappe auf ihrer Flucht. Kurz vor der Kriegserklärung Frankreichs vom 3. September 1939 evakuierten die Franzosen das Gebiet zwischen der Maginot-Linie und der deutsch-französischen Grenze einschließlich der Stadt Straßburg. Im Elsass entsprach diese Zone einem Band von 5 bis 8 Kilometern entlang des Rheins und betraf 520.000 Französinnen und Franzosen. Jeder konnte 30 Kilo Gepäck und Verpflegung für vier Tage mitnehmen. Die Evakuierung wurde mit der Bahn organisiert. Es gab aber auch die Möglichkeit, sich individuell eine neue Unterkunft zu suchen. Die Bewohner des Département Bas-Rhin, darunter 9.000 Juden, kamen in die südfranzösischen Départements Dordogne, Indre und Haute-Vienne. Insgesamt verließen etwa 15.000 Juden und Jüdinnen bei Kriegsbeginn Elsass-Lothringen und blieben in Südfrankreich.[245]

Als **Ernst Stock** am 23. August 1939 von einem Pfadfindersommercamp in der Bretagne nach Straßburg zurückkam, berichteten die Zeitungen über den Hitler-Stalin-Pakt, und sein Arbeitgeber war bereits zur Luftwaffe eingezogen worden. Wegen der bevorstehenden Evakuierung der Zivilbevölkerung aus dem Grenzgebiet und Straßburg ins innere Frankreichs stand auch die *École du Travail* vor der Schließung. Die Familie Schweber in Thann war im Aufbruch. Sie wollten ins südfranzösische Nizza fliehen, wo Vater Schwebers Firma eine Niederlassung hatte. Ihr Angebot, ihn und seine Schwester mit dorthin zu nehmen, wollte Ernst nicht annehmen. Er entschied sich dafür, mit Lotte zur Familie Reiss nach Vaucresson bei Paris zu fahren. Willy Reiss war ein Frankfurter Freund seines jetzt in New York lebenden Onkels, der schon seit 1933 mit seiner Frau und zwei Kindern im französischen Exil lebte. Zwei weitere Kinder waren inzwischen in Frankreich geboren worden. Willy Reiss hatte angeboten, die Geschwister im Kriegsfall bei sich aufzunehmen. Ernst holte Lotte in Thann ab und verabschiedete sich von den Schwebers und seinem Freund Karlheinz.[246] Zeit für den Abschied von den Straßburger Freunden blieb nicht mehr, da diese entweder schon eingezogen worden waren oder sich auf ihre kurz bevorstehende Evakuierung ins Périgord vorbereiteten.

Bald nach ihrer Ankunft bei der Familie Reiss erklärte Frankreich Deutschland den Krieg und Willy Reiss wurde als »feindlicher Ausländer« interniert. Von der Internierung betroffen waren alle männlichen Ausländer ab 16 Jahren. Ernst hatte Glück, dass er erst 15 geworden war. Trotz der Unterbrechung der Postverbindung nach Deutschland hatten

245 Vgl. Friedländer (2007), S. 490.

246 Karlheinz Schweber, später Charles Harles Schweber (geb. 28. Dezember 1924 in Frankfurt am Main) arbeitete nach der Besetzung Frankreichs durch die Deutschen für den *Maquis* als Übersetzer im deutschen Wehrmachtshauptquartier. Er wurde verraten, verhaftet und kam ins Lager Drancy. Von dort wurde er am 30. Mai 1944 nach Auschwitz deportiert und danach in das KZ Mauthausen überstellt. Als er kurz vor Kriegsende, am 13. April 1945 in Ebensee, einem Außenlager des KZ Mauthausen, ums Leben kam, war er 20 Jahre alt. Vgl. Gedenkbuch Bundesarchiv. Online: https://www.bundesarchiv.de/gedenkbuch/de970888 und https://www.mauthausen-memorial.org [Stand 12. August 2021].

die Stock-Geschwister Glück im Unglück: Ihr Vater war auf seinem Weg nach England im kriegsneutralen Holland gestrandet, weil sein Visum wegen des Kriegsausbruchs ungültig geworden war. Holland gewährte ihm daraufhin Asyl. So konnte der Vater bis auf weiteres als Vermittlungsstation für die familiäre Kommunikation dienen. Zu ihm kamen sowohl die Briefe der Mutter aus Frankfurt als auch die der Kinder aus Frankreich.

Auch **Manfred Rosenthal** verließ im August 1939 Straßburg, wo er eine Zeitlang mit Ernst Stock in der *École du Travail* gewohnt hatte. Anders als dieser hatte er sich aber in der Grenzstadt am Rhein einsam gefühlt. Er bekam schließlich einen Platz in dem neu eröffneten OSE-Heim *Les Tourelles* in Soisy-sous-Montmorency, in dem die älteren nicht-religiösen Kinder wohnten. *»Als der Krieg absehbar war, wollten die Metzgers nicht länger die Verantwortung für mich haben«*, erzählte er. *»Deshalb kontaktierten sie die OSE, die zusagte, für mich einen Platz in einem ihrer Heime zu suchen.«*[247]

Andrée Salomon hatte bereits Anfang Januar 1939 den Kontakt zur OSE hergestellt. Damals war sie nach Paris gereist, um ihre Arbeit im Kinder-*Comité* in Straßburg mit den landesweiten Bemühungen um Aufnahme von Flüchtlingskindern zu koordinieren und den Status der Kinder im Elsaß zu legalisieren. Obwohl das nicht gelungen war, konnte sie bei dieser Gelegenheit die Beziehung zur Baronin Rothschild und ihrem *Comité* sowie zur OSE aufnehmen und erhielt von der OSE die Zusage, dass diese mit ihr zusammenarbeiten und ihre Schützlinge in einem ihrer noch zu eröffnenden Häuser aufnehmen werde.

Bei der Evakuierung von Straßburg zog **Andrée Salomon** mit einigen deutschen Flüchtlingskindern, die noch keinen Platz in einem OSE-Heim bekommen hatten, in das inzwischen leer stehende Ferienheim der Jüdischen Gemeinde in Bourbach-le-Haut, einem Dorf in den Hochvogesen im Département Haut-Rhin. Dort blieb sie mit den Kindern über den Winter bis zum Frühjahr 1940. Hier in der schönen Gebirgslandschaft der südlichen Vogesen hatten noch vor Kurzem die Jungen des Hagenauer und die Mädchen des Straßburger Waisenhauses unbeschwerte Ferienwochen mit ihren Betreuern und Bereuerinnen der Straßburger EIF verbracht. Auf einem Foto, das Andrée Salomon mit einigen Kindern zeigt und sehr wahrscheinlich während dieses Ferienaufenthalts im Sommer 1939, vielleicht aber auch nach Kriegsbeginn aufgenommen wurde, ist auch **Hannelore Berney** abgebildet.[248] Die glückliche Ferienzeit in den Vogesen wurde durch die Kriegserklärung Frankreichs und Englands und die allgemeine Mobilmachung jäh abgebrochen. Die Kinder mussten sofort mit dem Zug in ihre Heime nach Hagenau und Straßburg zurückgebracht werden.

247 Rosenthal, Manfred: Interview 37219, VHA.

248 Annette Sussman erinnert sich nicht, in welchen Heimen sie untergebracht war. Es ist daher auch möglich, dass sie mit Andrée Salomon nach Kriegsbeginn in der Kinderkolonie in Bourbach-le-Haut war, bis diese im Frühjahr 1940 nach La Bourboule evakuierte wurde. Vgl.: Sussman, Annette (Hannelore Berney): Interview 20217, VHA. Über den Aufnahmeort des Fotos gibt es unterschiedliche Angaben: Laut Georges Weill, dem Neffen von Andrée Salomon, entstand es in Bourbach-le-Haut, vgl. Hazan & Weill (2011), S. 55. Das USHMM verortet die Aufnahme in Marseille. Zum Ferienaufenthalt in Bourbach-le-Haut, siehe auch Akanaoua (2019), S. 57–59.

Abb. 41: Andrée Salomon mit Flüchtlingskindern in Bourbach le Haut in den Vogesen im Sommer 1939. Links neben ihr Hannelore Berney (Annette Sussman).

Während die Jungen in Hagenau, das außerhalb der Evakuierungszone lag, in ihrem Heim bleiben konnten, wurden die Mädchen des *Orphelinat des jeunes filles* sowie die Kleinkinder des *Le Nid* wegen der vollständigen Evakuierung von Straßburg nach Vélines in der Dordogne gebracht. Dort waren sie bis zum Ende des Winters 1939/40 in einer Ferienkolonie untergebracht. Wegen der unkomfortablen und unhygienischen Bedingungen in Vélines suchten **Laure Weil** und **Fanny Schwab**[249] von der Straßburger Jüdischen Gemeinde eine andere Unterkunft für sie. Sie fanden sie in Arès im Bassin d'Arcachon, wo sie ein Sanatorium anmieten konnten.

249 Laure Weil (1875–1952) und Fanny Schwab (1898–1991) leiteten vor dem Krieg in Straßburg ein Heim für Schüler, Studenten und Lehrlinge sowie ein Heim für junge Frauen, Arbeiterinnen, Schülerinnen und Lehramtsstudentinnen. Im Dezember 1939 waren sie in Périgueux an der Gründung der Sozialen Hilfsorganisation für die aus Elsass und Lothringen evakuierte jüdische Bevölkerung (*Œuvre d'Aide Sociale Israélite aux populations évacuées d'Alsace et de Lorraine*, OASI) beteiligt, die hauptsächlich über das JDC (*The Joint*) finanziert wurde. Schwab bildete Helferinnen aus, die regelmäßig die Flüchtlinge in den Départements Corrèze, Haute-Vienne, Jura, Ain, Savoyen und Haute-Savoie besuchten und betreuten. Später beteiligten sich beide Frauen an der Befreiung von Kindern aus den Lagern sowie an der Verteilung von Flüchtlingskindern in nichtjüdische Institutionen und damit an ihrer Rettung vor der Deportation. Vgl. Laure Weil à Périgueux. Extrait de la brochure Laure Weil, sa vie, son œuvre, éditée en 1969. Online: http://judaisme.sdv.fr/today/laurew/perigueu.htm [Stand 12. August 2021].

Frankfurt nach Kriegsbeginn

Mit dem Kriegsbeginn im September 1939 wurden die Fluchtwege in die europäischen Nachbarländer abgeschnitten. Geschlossen wurde insbesondere das weit geöffnete Tor nach England, durch das die *Abteilung Kinderauswanderung der Reichsvertretung* in Zusammenarbeit mit den Gemeinden vor Ort in den neun Monaten bis Kriegsbeginn rund 4.000 Kinder auf der Insel unterbringen konnte. Nach dem 1. September konnten Kinder, die noch auf der Warteliste für England standen, die Reise nicht mehr antreten. Lediglich in die USA konnten noch Kinder geschickt werden. Der bürokratische Aufwand, auch nur ein Kind in die USA zu bringen, blieb allerdings hoch. Denn das *State Department* hatte seine restriktive Handhabung der Einwanderungsgesetze auch nach Kriegsbeginn nicht aufgegeben, als die USA das einzig sichere Zielland für Flüchtlinge geworden war.

Auch die Reise dorthin wurde erheblich beschwerlicher. Durch den Krieg waren die inzwischen verminten Nordseehäfen für die zivile Schifffahrt ebenso gesperrt wie die französischen Atlantikhäfen. Kindergruppen mit einem Visum für die USA konnten nicht mehr die gewohnte Route über Southampton in England nach New York nehmen, sondern mussten mit der Bahn über Italien, Portugal, Holland oder Schweden gebracht werden. Der Hafen von Genua wurde zu einem der Zentren für die Auswanderung nach Übersee, bis auch dieser Fluchtweg durch den Eintritt Italiens an der Seite Deutschlands in den Zweiten Weltkrieg am 10. Juni 1940 abgeschnitten wurde.

Die *Jugendfürsorge* der Jüdischen Wohlfahrtspflege in Frankfurt konnte auch nach Kriegsbeginn noch Kinder in die USA schicken, wie aus einem Brief der Leiterin Martha Wertheimer vom 2. März 1940 an ihren in New York lebenden Freund Siegfried Guggenheim hervorgeht: *»Die Arbeit? Die gleiche wie im Sommer: ich versuche, Kinder zu verschicken, und zur Zeit geht es nur noch in die U.S.A. Viel Arbeit, aber doch auch wieder lohnend [...]«*[250]

Auch im Waisenhaus am Röderbergweg ließen die Bemühungen nicht nach, weitere Kinder aus Frankfurt herauszubringen. Rosa Marx leitete inzwischen das Heim alleine. Isidor Marx war nach England geflüchtet. Die englische Regierung hatte ihm eine Aufenthaltsgenehmigung gewährt, so wie zuvor seinem Sohn Moses, seinen beiden Töchtern Hannah Scheuer und Esther Neumann. Kurze Zeit nach seiner Ankunft gründete Isidor Marx in Northampton ein Internat für die geretteten Kinder.

250 Arbeitsstelle zur Vorbereitung des Frankfurter Lern- und Dokumentationszentrum des Holocaust (1996), S. 15.

Quäker als Retter[251]

Auch das Frankfurter Quäkerbüro in der Hochstraße 8 organisierte nach Kriegsbeginn Kinderverschickungen in die USA. Die Quäker in Frankfurt versuchten bereits seit 1933, jüdische Kinder vor Verfolgung und Diskriminierung zu schützen, indem sie sie im Ausland unterbrachten. Mit der Eröffnung eines Quäkerinternats auf dem Landgut *Eerde* hatten sie in der niederländischen Provinz Overijssel im Sommer 1934 dafür einen eigenen Zufluchtsort außerhalb Deutschlands geschaffen. Das Internat orientierte sich an den Konzepten des Reformpädagogen Hermann Lietz und an den Quäkerwerten tätige Nächstenliebe, soziales Engagement und Toleranz. Diese Schule stand unter der Aufsicht eines Internationalen Komitees der Freunde und verstand sich als Angebot an Eltern, deren Kinder wegen rassischer oder politischer Diskriminierung die deutschen Schulen verlassen mussten. Bewerbungen für das Internat liefen über private Kontakte und über das Frankfurter Quäkerbüro.

Durch enge Kontakte zu den Quäkern in den USA und Großbritannien verfügten die Frankfurter Quäker über ein internationales Netzwerk. Bereits 1934 führte der Geschäftsführer des *American Friends Service Committee* (AFSC), **Clarence Pickett**,[252] in Berlin Gespräche, um *»die barbarische Behandlung von Juden zukünftig zu verhindern«* und jüdische Flüchtlinge in den USA und anderswo zu unterstützen. Während Vertreter jüdischer Hilfsorganisationen bei den NS-Behörden gar nicht vorgelassen wurden, waren die Quäker dort geduldet und konnten auf der mittleren Beamtenebene über ihre Anliegen verhandeln.[253]

Das Frankfurter Quäkerbüro unter der Leitung von **Rudolf Schlosser**[254] befand sich zunächst in der Liebigstraße 16 und ab 1939 in der Hochstraße 8. Es war Anlaufstelle für Verfolgte aus dem ganzen südwestdeutschen Raum und entwickelte sich nach 1933 zu einem zweiten internationalen Hilfszentrum neben Berlin. Der ehemalige Pfarrer und Reformpädagoge gehörte zu den 24 namentlich bekannten Vertrauensleuten der Quäker, die seit 1933 für politisch, religiös und »rassisch« verfolgte Menschen in Frankfurt Ansprechpartner waren.

Die Quäker unterstützten vor allem die Emigration von aus dem Judentum Ausgetretenen und Konfessionslosen, halfen aber im Prinzip und soweit ihre Möglichkeiten reichten allen Verfolgten. Sie berieten Familien und halfen dabei, Unterlagen zur Auswanderung

251 Vgl. Bonavita (2014).

252 Clarence E. Pickett (1884–1965) wurde in Cissna Park/Illinois in eine Quäkerfamilie hineingeboren. Er studierte Theologie u. a. in *Harvard*, war Pastor und Professor am *Earlham College* und von 1929 bis 1950 Generalsekretär des AFSC.

253 Zit. n. Bonavita (2014), S. 164.

254 Rudolf Schlosser (1880–1944) wuchs in einer protestantischen Gießener Pfarrersfamilie auf. Er hatte in Halle, Marburg und Gießen Theologie studiert. Nach verschiedenen Stationen als Landpfarrer trat er 1916 eine Pfarrstelle in Chemnitz an. Nach dem Ersten Weltkrieg verließ er das Pfarramt und die Evangelische Kirche und engagierte sich als Direktor von Heimen für schwer erziehbare Jugendliche in Chemnitz, Lübeck und im sächsischen Bräunsdorf für deren Resozialisierung. Nach 1933 entlassen, begann er für die Quäker zu arbeiten. Er starb bei einem Fliegerangriff am 11. Dezember 1944.

einzureichen. In Frankfurt arbeitete die kleine Gruppe eng mit der Auswanderungsberatung der Jüdischen Gemeinde, dem *Büro Pfarrer Grüber*, und bis Kriegsbeginn mit dem britischen Konsul Robert T. Smallbones in Frankfurt zusammen.

Dass Kinder aus Frankfurt durch Vermittlung des Quäkerbüros auch schon vor 1938 ihren Weg per Kinderverschickung in die USA gefunden haben, ist bisher nicht belegt, da alle schriftlichen Unterlagen zum Schutz der Betroffenen vernichtet wurden.[255] Spätestens ab 1939 unterstützten die amerikanischen Quäker, das *American Friends Service Committee* (AFSC), die Arbeit der GJCA, indem sie für die jüdischen Organisationen die Verhandlungen mit den deutschen Regierungsstellen übernahmen. Wie Zeitzeugenaussagen ehemaliger Kinder belegen, organisierte das Frankfurter Quäkerbüro zwischen 1939 und 1941 auch die Verschickung von Gruppen unbegleiteter jüdischer Kinder vom Frankfurter Hauptbahnhof über italienische Häfen in die USA.

Nachdem die britischen Quäker und Quäkerinnen Frankfurt wegen des Krieges verlassen mussten und das britische Konsulat seine Pforte geschlossen hatte, spielten die amerikanischen Quäker eine wichtige Rolle für alle, die einen Fluchtweg in die USA suchten. Im Frankfurter Quäkerbüro empfingen Florence Cook und Robert Balderston zusammen mit dem Leiter Rudolf Schlosser noch bis Ende des Jahres 1939 Hilfesuchende oder suchten sie in ihren Wohnungen auf. Sie hielten den Kontakt zum amerikanischen Konsulat in Stuttgart sowie zu den Quäkerinnen in der AFSC-Zentrale in Philadelphia und arbeiteten auch eng mit Martha Wertheimer von der *Jugendfürsorge der Jüdischen Wohlfahrtspflege* zusammen. Um die Postzensur zu umgehen, fuhren sie manchmal zu »Freunden« nach Amsterdam und gaben dort die Briefe des Frankfurter Büros nach Amerika auf. Ab 1940 hielt Schlosser offenbar alleine die Sprechstunden im Frankfurter Quäkerzentrum ab und arbeitete dabei eng mit den amerikanischen Mitarbeitende des Berliner Quäkerzentrums zusammen.[256]

Wie der damals 14-jährige **Gerd Hahn** später erzählte, erhielten seine Eltern im September 1939 einen Telefonanruf der amerikanischen Quäker aus dem Frankfurter Quäkerbüro:

> *Sie luden uns ein, in ihr Büro zu kommen. Wer damals einen Anruf von einer amerikanischen Organisation bekam, ist sofort hingegangen. Meine Mutter, mein Bruder und ich gingen zum Quäkerbüro. Dort sagten sie uns, sie wüssten von unseren Schwierigkeiten, ein Visum für die USA zu bekommen. Sie boten an, meinen Bruder und mich zusammen mit acht anderen Kindern in die USA zu bringen. Sie würden die Kosten und alle nötigen Formalitäten übernehmen. Sie bräuchten dazu nur das Einverständnis der Eltern.*[257]

Wieder zuhause hätten die Eltern ein langes ernsthaftes Gespräch geführt, so Gerd Hahn. Die Entscheidung, ihn und den erst sechsjährigen Halbbruder **Lothar (Lawrence/Larry)** nach Amerika zu schicken, sei für sie sehr schwer gewesen. *»Sie wussten ja nicht, ob sie uns je wiedersehen würden.«* Schweren Herzens hätten sie sich dafür entschieden, das

255 Bonavita (2014), S. 153.
256 Ebenda, S. 190ff.
257 Hahn, Gerd: Interview 23703, VHA.

Abb. 42: Familie Hahn mit Verwandten in Fechenheim um 1928.
Heinrich Hahn (vorne stehend),
im Auto Gerd Hahn, Mutter Else, Großmutter Hanna, geb. Teilhaber (v. l. n. r.),
hinter dem Auto Großvater Leopold Hahn.

Angebot der Quäker anzunehmen. Gerd Hahn meinte, es sei auch für die Eltern selbst der einzige Weg gewesen, ihre Einwanderungschancen in die USA zu verbessern.

Seit sein Geschäft 1936 durch den Boykott zugrunde gegangen war, hatte sich der Metzgermeister Heinrich Hahn vergeblich um ein Visum für die USA bemüht. Das Affidavit, das sein in New York lebender Bruder Gustav geschickt hatte, war vermutlich zu »schwach«, wie man seinerzeit sagte. Das bedeutete, dass dessen Vermögen als Bürgschaft für die ganze Familie nicht ausreichend war.

Der Entschluss, Frankfurt-Fechenheim und Deutschland zu verlassen, wo die Familie Hahn schon seit vielen Generationen gelebt hatte, war ein Akt äußerster Verzweiflung. Heinrich Hahn hatte im eigenen Wohnhaus der Familie in Alt-Fechenheim 125 eine Metzgerei betrieben, die er von seinem Vater übernommen hatte. Vor 1933 war er Mitglied bei der Fechenheimer Feuerwehr und im Kegelverein gewesen und mit den anderen Männern aus dem Ort zum Apfelwein gegangen. Er hatte als Soldat im Ersten Weltkrieg gekämpft und das *Eiserne Kreuz* erhalten.

Auch er selbst habe vor 1933 viele nichtjüdische Freunde gehabt, die sich dann von ihm abgewandt hätten, erzählt Gerd Hahn. Auf seinem Schulweg wurde er beschimpft und auch mal mit Steinen beworfen. Im Herbst 1935 musste er die Schule in Fechenheim verlassen und auf eine jüdische Schule wechseln. Mehrmals wurden im Haus der Familie die Fensterscheiben eingeworfen. Als beim Novemberpogrom 1938 SA-Horden ins Haus eindrangen, war die väterliche Metzgerei schon längst geschlossen. Die Familie Hahn hatte sich ins Obergeschoss geflüchtet. Dort hatte Heinrich Hahn sich am oberen Treppenabsatz mit seinem Ochsenziemer postiert, um seine Familie notfalls mit Gewalt zu verteidigen. Unter den Tätern, die im Erdgeschoss die Fensterscheiben und die gesamte Wohnungs- und Ladeneinrichtung zerschlugen, war auch ein guter Bekannter des Vaters. *»Er erblickte meinen Vater und schaute ihm für einen Moment in die Augen. Dann sagte er: ›Es tut mit Leid, Heinrich‹, und befahl den anderen: ›Genug jetzt, raus hier!‹«*,[258] so Gerd Hahn.

Am nächsten Tag war Gerd dabei, als sein Vater verhaftet und mitgenommen wurde. Nach fünf schrecklichen Wochen im KZ Buchenwald kam Heinrich Hahn wegen seiner Auszeichnungen aus dem Ersten Weltkrieg wieder frei. Anschließend wurde er zur Zwangsarbeit in Friesland verpflichtet.

Der Kriegsbeginn brachte zwar nicht den Gewaltausbruch gegen die Juden, den viele, auch die Familie Hahn, befürchtet hatten. Es wurden aber zahlreiche weitere antijüdische Verordnungen und Verbote erlassen, die das Leben der jüdischen Bevölkerung noch weiter einschränkten und ihre Existenz bedrohten. Ab dem ersten Tag des Krieges durften Juden nach 20 Uhr bis morgens sechs Uhr das Haus nicht mehr verlassen. Wurde man denunziert oder ertappt, weil man das Ausgehverbot nicht einhielt und es nicht rechtzeitig nach Hause schaffte, drohten Verhaftung und Gefängnis oder sogar Konzentrationslager. Juden waren auch von der Lebensmittelrationierung besonders betroffen. Bestimmte Lebensmittel bekamen sie überhaupt nicht mehr. Außerdem durften sie nur in wenigen Verkaufsstellen mit beschränkten Öffnungszeiten einkaufen, die nur für Juden ausgewiesen wurden. *»Dort gab es nur Abfälle, beispielsweise die Köpfe und Schwänze von Fischen«*, erinnerte sich Gerd Hahn. *»Wir, die die Bevölkerung immer mit Nahrungsmitteln versorgt hatten, hatten jetzt selbst nicht genug zu essen.«* Nur sehr wenige Leute hätten ihnen geholfen und ihnen nachts Essen an die Hintertür gebracht.[259]

Die Quäker hätten sich um alle Formalitäten gekümmert, die für die Ausreise nötig waren, berichtete Gerd Hahn:

> *Sie brachten uns zu den notwendigen Gesundheitsuntersuchungen zum Stuttgarter Konsulat, sie organisierten den Transport und sorgten für eine Begleitperson, die uns im Zug bis München brachte. Dort stiegen wir in einen Zug nach Genua, wo wir uns am 10. Dezember 1939 auf der SS Saturnia nach New York einschifften.*[260]

Ihre Gruppe von zehn Kindern zwischen sechs und 15 Jahren sei von sämtlichen erwachsenen Emigranten auf dem Schiff betreut worden. Lothar, der Jüngste, sei während der Überfahrt für die Passagiere zu einer Art Maskottchen geworden. Gerd Hahn: *»Er war bei allen auf dem Schiff bekannt, weil er jedes Mal, wenn die See stürmischer wurde, gerufen hat: ›Schma Israel, das Schiff geht unter!‹«*[261]

Als die *SS Saturnia* am 21. Dezember 1939 im Hafen von New York einlief, warteten dort schon Gustav und Lena Hahn, um die beiden Neffen abzuholen. Gerd und Lothar wurden aber mit der Gruppe in eines der Aufnahmezentren gebracht, die die GJCA seit 1939 rund um New York City in verschiedenen Institutionen wie beispielsweise dem *Cla-*

258 Ebenda.
259 Ebenda.
260 Ebenda.
261 Ebenda.

ra de Hirsch Home, dem *Hebrew Orphans Asylum* oder der *Pleasantville College School* eingerichtet hatte. Da inzwischen immer mehr traumatisierte Kinder ankamen, wurden diese nicht wie in den ersten Jahren sofort zu den Pflegeeltern weitergeschickt, sondern zunächst bei einem Aufenthalt in einem Aufnahmezentrum sowohl von professionellen als auch ehrenamtlichen Kräften medizinisch und psychologisch betreut.[262]

Tante und Onkel hätten darauf bestanden, sie in ihrer Familie aufzunehmen, erzählt Gerd Hahn, so hätten sie schließlich zu ihnen in die New Yorker Bronx ziehen können

Gerd und Lothar Hahn hatten Glück. Bereits nach einigen Monaten, im April 1940, konnten die Eltern ebenfalls über Genua zu ihnen nach New York kommen. Die gesamte Familie Hahn lebte dann zusammen in der Bronx, wo Vater und Onkel zusammen in einer Großmetzgerei arbeiteten. Im darauf folgenden Jahr 1941 schaffte es sogar die 76-jährige Großmutter Hannchen Hahn, die Fechenheim noch nie zuvor verlassen hatte, über Berlin mit einem versiegelten Waggon zur spanischen Grenze und von dort weiter nach Lissabon zu kommen, wo sie nach wochenlangem Aufenthalt allein in der portugiesischen Hauptstadt an Bord eines Dampfers nach New York gehen konnte.

Heinz-Siegfried Gutmann[263] hatte nicht so viel Glück wie seine Reisegefährten Gerd und Lothar Hahn. Der Elfjährige musste nicht nur seine Eltern Isidor und Alice Gutmann, sondern auch seine Schwester Ruth in Frankfurt zurücklassen. Sie hatte mit ihren fast 17 Jahren die Altersgrenze für die Kinderverschickungen schon überschritten. Härtefallkriterien wie ein inhaftierter oder verstorbener Elternteil, über dic 17-Jährige ausnahmsweise einen Platz bekamen, trafen auf die Familie Gutmann nicht zu.

Bis zur Abreise hatte Heinz mit den Eltern und seiner Schwester in der Julius-Heymann-Straße 6 gewohnt und das *Philanthropin* besucht. Der Vater Isidor Gutmann war Mitinhaber eines Großhandelsgeschäfts für Kurzwaren und Stickgarne an der Neuen Zeil gewesen. Die Familie hatte in gutbürgerlichen Verhältnissen gelebt und bis zum Novemberpogrom zwei christliche Hausangestellte beschäftigt, eine Köchin und ein Kindermädchen, die ihnen auch weiterhin die Treue hielten. Kurz nach dem Pogrom wurde das Geschäft zwangsweise geschlossen. In den Pogromtagen hatte der Vater sich der Verhaftung und Deportation entziehen können, indem er tagelang mit dem Zug auf der Strecke Frankfurt-Berlin hin und her gefahren war, auf seiner Brust deutlich sichtbar für alle, sein *Eisernes Kreuz*.

Die Familie Gutmann hatte zwar Verwandte in den USA, die Eltern hatten diese aber nicht als Aufnahmefamilie angegeben. Das soll Lotte Marcuse von der GJCA, die für die Unterbringung der Kinder zuständig war, empört haben, als mehrere Cousins von Heinz zum Hafen kamen, um ihn zu begrüßen, erzählte der Sohn Jason Gutman.

Heinz kam zunächst zu einer Familie in Erie, Pennsylvania, die von der dortigen Jüdischen Gemeinde unterstützt wurde. Er lebte in den nächsten Jahren in nicht weniger als zwölf weiteren Pflegefamilien an verschiedenen Orten. Vergebens wartete und hoffte er darauf, dass seine Familie ihm folgen würde. Nach dem Krieg erfuhr er, dass seine Eltern

262 Vgl. Zucker, Bat-Ami (2008), S. 47f.

263 Vgl. Hebauf (2010), S. 145–147. Die Informationen zum Leben von Harry Gutman in den USA beruhen auf Angaben seines Sohnes Jason Gutman.

und die Schwester am 24. September 1942 von Frankfurt nach Estland deportiert und dort ermordet worden waren. Über Zeitpunkt und Umstände ihres Todes ist nichts bekannt.

Zur Kindergruppe, die am 8. Dezember 1939 vom Frankfurter Hauptbahnhof mit dem Zug nach Genua fuhr und dort an Bord der *SS Saturnia* ging, gehörten auch die Schwestern **Margot** und **Ruth Bauer**, 14 und 13 Jahre alt, die 15-jährige **Hannelore Herz (Harriet, verh. Goldsmith)** sowie die 14-jährige **Marion Lore Stern**, deren Eltern aus Wien kommend in Genua mit an Bord kamen.

Im Januar 1940 ist eine weitere von den Quäkern organisierte Kinderverschickung in die USA über den italienischen Hafen Triest belegt, an der vier Frankfurter Kinder und Jugendliche teilnahmen: Die Schwestern **Hella** und **Sonja A.**, 14 und neun Jahre alt, **Edith Feiner (verh. Sarett)** und **Werner Grünebaum (Gruenebaum)**, beide 16 Jahre alt. Die Gruppe von neun Kindern und Jugendlichen ging am 3. Januar 1940 in Triest an Bord der *SS Vulcania* und erreichte den Hafen von New York am 17. Januar 1940.

Edith Feiner schrieb aus Lissabon, wo das Schiff noch Passagiere aufnahm und die Kinder eine Stadtbesichtigung machen konnten, eine Ansichtskarte an ihren Vater in die Strafanstalt Preungesheim. Die Gestapo hatte eine Ordnungswidrigeit zum Anlass genommen, um Heinrich Feiner einige Wochen, nachdem er im Februar 1939 aus dem KZ Buchenwald entlassen worden war, erneut zu verhaften. *»Unser Transport besteht aus 9 Kindern, 4 Jungen und 5 Mädchen. [...] Ich habe Palmen und den Vesuv gesehen«*, schreibt sie. Die Karte schließt Edith mit dem Wunsch: *»Gebe Gott, dass ich etwas ausrichten kann.«*

Edith hatte zwei jüngere Brüder, **Walter** und **Max**, die noch bei der Mutter in Frankfurt waren und ihr in die USA folgen sollten. Wie Max, der jüngere Bruder, berichtet, hatten er und seine Geschwister während des Pogroms im November 1938 miterlebt, wie die Gestapo-Leute den Vater in der Wohnung in der Obermainstraße 18 zum ersten Mal mitgenommen hatten: *»Wir sahen vom Fenster aus, dass sie ihn auf einen Lastwagen luden, auf dem schon viele andere jüdische Männer waren, die sie gleichzeitig verhaftet hatten. Wir waren wie erstarrt.«*[264] Danach sei die Mutter so verzweifelt gewesen, dass sie in ein Krankenhaus musste, berichtet er. Dora Feiner wurde ins *Rothschild-Krankenhaus* eingewiesen. Wegen ihrer Angstzustände, die einen durchaus realen Hintergrund hatten, wurde sie in die *Nervenklinik der Stadt und Universität Frankfurt am Main* und anschließend in die *Landesheilanstalt Herborn* überwiesen.[265] Die Geschwister wurden im *Israelitischen Waisenhaus* aufgenommen. Sie seien dort *»sehr gut behandelt worden«*, betont Max Feiner. Viele andere Kinder im Heim seien in derselben Situation wie ihre Familie gewesen und hätten Schreckliches erzählt.

Die Eltern Heinrich (Chaim) und Dora Feiner waren polnische Staatsbürger, die inzwischen staatenlos waren. Der Vater, der als Soldat im Ersten Weltkrieg für Österreich gekämpft hatte, war Schneidermeister und hatte seit Anfang der 1920er Jahre in Frankfurt eine Damenschneiderei betrieben. Die Kinder wurden 1923, 1927 und 1931 in Frankfurt geboren und hatten bis zum Novemberpogrom die *Samson-Raphael-Hirsch-Schule* be-

264 Feiner, Max: Interview 25307, VHA.
265 HHStAW, Abt. 2072/2, Nr. 5721.

Hermann Marx wurde später in die Frankfurter Festhalle und danach ins KZ Buchenwald verschleppt. Er durfte keine Medikamente mitnehmen, obwohl er herzkrank war. Seine Nichte Irmgard, die ihrem ebenfalls verhafteten Vater Wäsche und Lebensmittel aufs Polizeipräsidium brachte, berichtete, dort hätten die Beamten zu Hermann Marx gesagt: *»Da, wo du hingehst, brauchst du keine Pillen mehr.«* Schwer krank und kahl geschoren kam Hermann Marx nach vier Wochen schwerster Haft nach Hause zurück. Er war fortan nicht mehr arbeitsfähig und in ständiger ärztlicher Behandlung.

Einige Tage nach der Verhaftung von Hermann Marx und der darauf folgenden Geschäftsaufgabe zog die Familie zu einer Tante nach Frankfurt. Martha Marx fand in Frankfurt eine Arbeit bei der Jüdischen Wohlfahrtspflege. Im März 1939 fanden sie eine Wohnung im zweiten Stock der Kantstraße 5, dem Haus einer jüdischen Eigentümerin. Ruth hatte eigentlich Laborantin werden wollen, aber als Jüdin keine Lehrstelle bekommen. Sie arbeitete zunächst in der Hemdenfabrik von Verwandten als Näherin, bis deren Firma 1938 zwangsweise schließen musste. Danach war sie im jüdischen Altersheim in der Wöhlerstraße beschäftigt. Die ehemalige Haushaltshilfe Anna Scherer unterstützte die Familie in Frankfurt, indem sie ihnen bei Dunkelheit Lebensmittel brachte.

Hans wusste von den Sorgen seiner Eltern:

> *Ab 1936 fingen sie an, sich um ein Visum zu bemühen. Wir hörten von anderen, daß sie nach Shanghai oder Rio gingen. Unser Problem bestand darin, daß wir nicht genügend Geld hatten. Meine Eltern waren deshalb sehr verzweifelt, insbesondere als mein Vater aus dem KZ Buchenwald kam. Sie haben dann krampfhaft nach einem Auswanderungsland gesucht, aber es hat sich nichts ergeben, das Geld reichte nicht.*[271]

In New York wurden Hans und Ruth Marx von ihrer New Yorker Tante, einer Schwester der Mutter, aufgenommen. Martha Marx konnte ihren Kindern im Juni 1941 in die USA folgen. Es sei für sie ein großes Problem gewesen, ihre Eltern zurücklassen zu müssen, da nur sie selbst ein Visum bekommen hatte, erzählte Hans Marx. Da Martha Marx blond und blauäugig war und nicht jüdisch aussah, habe ein Lufthansa-Kapitän sie auf seinem Flug nach Madrid mitgenommen. Von dort reiste sie per Bahn über Sevilla nach Portugal und schiffte sich in Lissabon auf einem Frachtdampfer nach New York ein. Die 800 Dollar für die Überfahrt hatte eine Tante in Cleveland gezahlt. Ruth und Hans waren glücklich mit ihrer Mutter wieder vereint.

Im April 1940 konnte eine weitere kleine Gruppe von elf Kindern, darunter drei aus Frankfurt, mit Hilfe der Quäker, über Genua nach New York gebracht werden: Die Frankfurter waren **Egon Auerhan (Edward Mossler)** sowie die Brüder von Edith Feiner, **Walter** und **Max Feiner**. Der italienische Passagierdampfer *Conte di Savoia* verließ am 16. April 1940 den Hafen von Genua und lief am 25. April 1940 im New Yorker Hafen ein.

Egon Auerhan hatte die letzten drei Jahre seit der Scheidung seiner Eltern in einem Kölner Kinderheim gelebt. *»Bei der Kristallnacht erfuhr ich zum ersten Mal puren Terror«*, erzählt er. *»Das ging nicht nur eine Nacht, sondern anschließend immer weiter.*

271 Beck et al. (1990), S. 69f.

Juden waren ab da Freiwild.«[272] Er schildert die Ereignisse am 12. November 1938, dem Tag seiner Bar Mizwa: *»Während meiner Bar Mizwa-Feier kam die Gestapo ins Heim und verhaftete einige Juden. Als sie mitbekamen, dass es eine Bar Mizwa gab, fragten sie: ›Wer ist Bar Mizwa?‹ Ich meldete mich und sie sagten zu mir: ›Dann bist du jetzt also ein Mann und kannst mitkommen.‹«*[273] Er habe sich nicht einschüchtern lassen und eine provozierende Antwort gegeben. Daraufhin hätten sie ihn zusammen mit fünf anderen jüdischen Männern ins KZ Buchenwald verschleppt. Er erinnert sich nicht, wie lange er dort war, nur an die Kälte. Er habe aber nicht sehr gelitten und auch keine Angst gehabt, weil sich seine Mithäftlinge sehr gut um ihn gekümmert hätten. Er sei in seinem Leben noch nie so gut behandelt worden. Als die Lagerleitung realisiert habe, dass er erst 13 war, hätten sie ihn sofort zurück nach Köln geschickt.

Ein anderes Erlebnis ein Jahr danach war für ihn aber so traumatisch, dass es ihm auch viele Jahrzehnte danach schwerfällt, davon zu berichten: Eine Gruppe Hitlerjungen überfielen seine Schule und sperrten ihn und die anderen jüdischen Jungen und Mädchen in ein Klassenzimmer ein. Dort quälten und erniedrigten sie die Kinder mit einem perversen Spiel. Sie übernahmen die Rolle von sadistischen Lehrern, die den Kindern Fragen stellten und sie bestraften, wenn sie diese nicht beantworten konnten. Dazu zogen die Hitlerjungen ihre Koppelgürtel aus, schnallten die jüdischen Kinder, auch die Mädchen, damit auf den Schulbänken fest, zogen ihnen die Unterhosen herunter und schlugen sie.

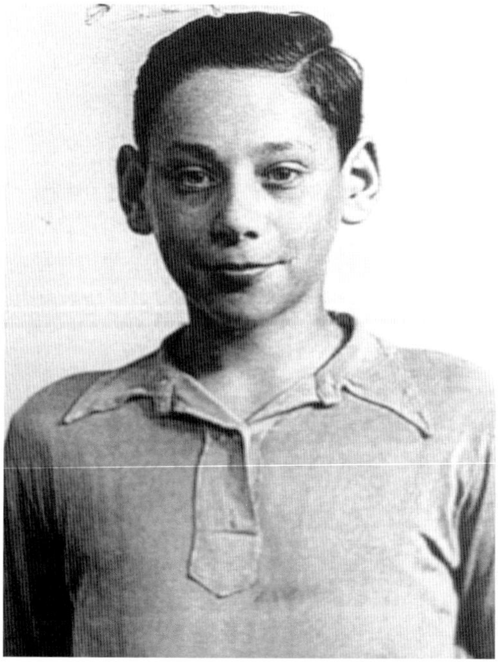

Abb. 47: Egon Auerhan etwa 1939

272 Mossler, Edward (Egon Auerhan): Interview 35767, VHA.
273 Ebenda.

Kurze Zeit nach diesem brutalen Überfall erkrankte Egon an Diphtherie. Nach seiner Entlassung aus dem Krankenhaus, Ende November oder Anfang Dezember 1939, sagte ihm seine Mutter, dass sein Visum für die USA in Stuttgart bereit liege. Seit sein Bruder in den USA war, hätten sie immer wieder darüber gesprochen, dass auch er dorthin gehen würde. Die Mutter begleitete ihn nach Stuttgart. Beider Angst, er könne die notwendigen Gesundheitsuntersuchungen wegen der gerade erst überstandenen Diphtherie vielleicht nicht bestehen, erwies sich als unbegründet. Er bekam sein Visum.

Große Reisevorbereitungen habe er nicht getroffen, nur einen kleinen Koffer gepackt. Die Mutter habe ihm ein Federbett in einem Schrankkoffer mitgegeben, das er später nie benutzte, weil es viel zu warm war. *»Ich freute mich auf die Schiffsreise, es war ein Abenteuer«*, erinnert sich Edward (Ed) Mossler (Egon Auerhan). Seine Mutter hätte ihn in Köln abgeholt und sei mit ihm in einem früheren Zug nach Mainz gefahren, um sich dort mit dem Vater zu treffen. Es sei *»ein ziemlich glückliches Treffen«* mit seinen geschiedenen Eltern im Wartesaal des Mainzer Hauptbahnhofs gewesen. Seine Eltern hätten wohl gewusst, dass sie ihn nicht wiedersehen würden.[274]

Nach der Ankunft in New York fuhr Egon mit dem Zug nach Chicago zu seinem Bruder und dessen Pflegeeltern Phil und Rosaline Mossler. Sie hatten für ihn gebürgt und sich bereit erklärt, auch ihn aufzunehmen. Dass es sich dabei weniger um Großzügigkeit, als um ein Geschäft gehandelt habe, davon geht der Sohn Ronald Mossler aus:

> *Rosaline wollte Heinz unbedingt offiziell adoptieren, weil sie anscheinend Angst hatte, Camilla könnte in die USA kommen und ihn zurückfordern. Ich vermute, dass Rosaline Camilla überzeugt hat, ihre Rechte an Heinz als Gegenleistung für die Patenschaft für Egon abzutreten. Rosaline zeigte dann ihre wahre Motivation, als sie meinen Vater nach nur kurzer Zeit in der Familie zurückwies.*[275]

Mit Egon, der kein Wort Englisch konnte, sprachen die Mosslers nur am ersten Abend Deutsch. Er ging gleich zur Schule und lernte schnell Englisch. Aber seiner Pflegemutter konnte er nichts recht machen, wie er erzählt. Weil sie ihn ablehnte, musste er nach wenigen Monaten seinen Bruder und die Familie Mossler erneut verlassen. Er kam vorübergehend bei seiner Tante, einer Schwester seiner Mutter in Evansville, Indiana, unter. Weil er dort auch nicht bleiben konnte, brachte ihn die GJCA nach zwei Monaten bei einer anderen Pflegefamilie in Chicago unter. Auch dort fühlte er sich nicht wirklich angenommen. Der inzwischen 16-Jährige begann auf eigenen Füßen zu stehen, arbeitete in Grocery Stores und fürs Theater. Als Schüler an der *Hidepark High School* sei er in Mathematik zwar den amerikanischen Kindern weit voraus gewesen, er habe aber die meiste Zeit damit verbracht, seinen Lebensunterhalt zu verdienen. Von seinen 14 Dollar Wochenlohn gab er neun Dollar an die Familie ab, bis er 1943 mit 18 Jahren in die US-Armee eintrat und auszog.

274 Ebenda.

275 Korrespondenz der Autorin mit Ronald Mossler, Mai 2021.

Der achtjährige **Max** und sein 13-jähriger Bruder **Walter Feiner** hatten viele Briefe von ihrer Schwester Edith aus den USA erhalten und waren froh, endlich auf dem Weg dorthin zu sein. Die Situation ihrer Familie war in den letzten Monaten immer bedrohlicher geworden. Die Namen der Brüder hatten während ihres Waisenhausaufenthalts zwar auf einer vorläufigen, im Januar 1939 erstellten Liste für eine von Isidor Marx organisierte Kinderverschickung nach Palästina gestanden,[276] aber die Eltern hatten sich für die USA entschieden. Als der Vater nach seiner Entlassung aus dem KZ Buchenwald die Kinder am 6. Februar 1939 wieder nach Hause geholt hatte, wohin auch die Mutter zurückgekehrt war, hätten die Eltern Kontakt zur amerikanischen Hilfsorganisation HIAS aufgenommen, erzählt Max. *»Die Eltern sagten uns, dass wir weggehen würden. Wir könnten aber nicht zusammen gehen.«*[277]

Im Frühsommer 1939 wurde die Familie aus ihrer Wohnung im ersten Stock der Obermainstraße 18 vertrieben. *»Wir wurden gezwungen, aus unserer ziemlich angenehmen 5-Zimmer-Wohnung (die die Gestapo beschlagnahmt hatte) in eine schmutzige 3-Zimmer-Dachwohnung zu ziehen, die wir uns mit mehreren Familien teilen mussten«*, berichtet Max.[278] Er erinnert sich, dass die Mutter ihm dort kurz nach dem Umzug zu seinem achten Geburtstag am 7. Juli 1939 eine kleine Feier organisiert hatte. Auch an die zweite Verhaftung des Vaters nach Kriegsbeginn, als bereits Dreiviertel ihrer jüdischen Nachbarn ins Ausland geflohen waren, erinnert sich Max deutlich:

> *Es passierte an einem Morgen. Dieses Mal klopften sie nicht einmal mehr an die Tür, die halb aufgebrochen war, sondern kamen direkt ins Schlafzimmer und zerrten meinen Vater fast wortlos aus dem Bett. Ich brauche nicht zu betonen, dass wir unfähig waren uns zu widersetzen. Das war das letzte Mal, das ich meinen Vater sah, bis auf einen gelegentlichen Besuch im Gefängnis.*[279]

Im Februar 1940, kurz vor ihrer Abreise, hatten die Brüder mit der Mutter noch Walters Bar Mizwa gefeiert. Die kostbare Tischdecke, die sie bei der Feier benutzt hatten, gab ihnen die Mutter mit auf die Reise, ein Erinnerungsstück, das Max Feiner sein Leben lang aufbewahrte und aus dem sehr viel später seine Frau Zipporah den Trauungsbaldachin für seine Tochter Ruth anfertigte.

Über den Tag der Abreise berichtet Max: *»Als mein Bruder und ich am Frankfurter Hauptbahnhof waren, verabschiedete unsere Mutter sich unter Tränen von uns. Sie sagte: ›Wir werden uns wiedersehen.‹ Ich dachte: ›Vielleicht sehen wir uns nicht mehr wieder.‹«*[280]

Auf der einwöchigen Überfahrt mit dem Ozeandampfer *Conte di Savoia* von Genua nach New York hätten sie Englischunterricht bekommen, erinnert sich Max. Während sein Bruder Walter häufig seekrank gewesen sei, habe er sich viele Filme auf Englisch angesehen, unter anderen *Micky Mouse*. Bei ihrer Ankunft im Hafen von New York war

276 Vgl. Krohn (1999), S. 34.
277 Feiner, Max: Interview 25307, VHA.
278 Aufzeichnungen des 18-jährigen Max Feiner, übermittelt von seinem Sohn Bob Feiner, USA.
279 Ebenda.
280 Ebenda.

Abb. 48: Walter und Max mit der Mutter Dora Feiner vor ihrer Abreise, 1940.

Edith am Kai, um sie zu begrüßen. *»Die erste Nacht verbrachten wir in einem ganz tollen Hotel in New York. Dann fuhren wir mit Edith im Zug nach Boston, Massachusetts, zu unserer Gastfamilie.«*[281]

Bei Mrs. Feinstein in Dorchester, einem Stadtteil von Boston, waren Max und Walter nur ein paar Wochen, bis sie zu einem Sommeraufenthalt geschickt wurden. Im Herbst kamen sie nach Mattapan bei Boston zu dem Ehepaar Perlman, die noch mehrere andere Flüchtlingskinder aufgenommen hatten. *»Mrs. Perlman war wie eine Mutter zu mir«*, sagt Max. Er besuchte in Mattapan die Mittelschule und danach die High School in Boston.

Wenige Wochen nach der Ankunft der Brüder erhielten die Geschwister die Nachricht vom Tod ihres Vaters am 24. Juni 1940 im KZ Sachsenhausen. Dorthin hatte ihn die Gestapo nach seiner Entlassung aus der Haftanstalt Preungesheim am 8. Mai 1940 verschleppt.[282] Eine Urne mit der angeblichen Asche ihres Mannes, die man ihr gegen

281 Ebenda.

282 HHStAW, Abt. 409/4, Nr. 1566.

Bezahlung zuschickte, ließ Dora Feiner in Frankfurt auf dem Neuen Jüdischen Friedhof bestatten. Edith korrespondierte mit der Mutter bis zum Kriegseintritt der USA im Dezember 1941. Nach Kriegsende erfuhren die Geschwister, dass auch ihre Mutter Opfer des Holocaust geworden war.

Max wäre gerne wie sein Bruder Walter als amerikanischer Soldat nach Deutschland gegangen, um gegen die Nazis zu kämpfen, war aber noch zu jung. Er blieb bis 1948 bei den Perlmans. Als Mrs. Perlman nach dem Tod ihres Mannes das Haus verkaufen musste, ging er zurück zu seiner ersten Pflegefamilie nach Dorchester.

Flucht aus Belgien

Am 10. Mai 1940 überfiel die Deutsche Wehrmacht die neutralen Staaten Holland, Belgien und Luxemburg. Eine Massenflucht von Zivilisten vor der heranrückenden deutschen Wehrmacht in Richtung Süden hatte eingesetzt. Zwei Millionen Belgier und, nach der Kapitulation Belgiens am 28. Mai, auch acht Millionen Franzosen flohen in Zügen, Autos, auf Fahrrädern oder zu Fuß nach Südfrankreich. Unter den am meisten gefährdeten Flüchtlingen aus Belgien und Nordfrankreich waren jüdische Kinder aus Deutschland und Österreich, die seit November 1938 in diesen Ländern Aufnahme gefunden hatten.

Nachdem die Deutschen Belgien überfallen hatten und Brüssel bombardierten, entschlossen sich auch **Camilla Tidors (verh. Maas)** Gasteltern, nach Südfrankreich zu fliehen und Camilla mitzunehmen. Die unvergesslichen Erlebnisse dieser Flucht schildert sie in ihren Erinnerungen:

> *Wir fuhren im Auto, und die Landstraße war verstopft mit tausenden Anderer, die auch flüchteten. Zuerst kamen wir im Auto bei einer Geschwindigkeit von fünf bis zehn Meilen pro Stunde nur langsam vorwärts. Bald sahen wir ein, dass wir das Auto hauptsächlich schieben mussten, um Benzin zu sparen. Dann begannen die Deutschen, die Autos und die Leute auf der Straße mit Tieffliegern zu beschießen. Auf der Straße war es nicht mehr sicher. Die ersten Tage verbrachten wir außer Sichtweite in den Straßengräben und fuhren oder schoben die Autos, solange keine deutschen Flugzeuge am Himmel waren. Den letzten Teil der Strecke zur französischen Grenze legten wir zu Fuß in der Sicherheit der Nacht zurück. An der Grenze ließen wir das Auto stehen und nahmen einen Zug ins Innere von Frankreich.*[283]

Dort übergab die Familie Camilla der OSE, um sich selbst nicht zu gefährden und nicht weiter die Verantwortung für ein jüdisches Kind tragen zu müssen. Die OSE brachte Camilla in ihrem Heim *Château du Masgelier* im Département Creuse unter. Camilla wusste nach dieser Flucht längere Zeit nicht, wo ihr Bruder Manfred war und ob er überhaupt noch lebte.

283 Tidor Maas & Cudzillo (2001), S. 95.

Mit einem der letzten Züge nach Frankreich verließen die etwa 100 jüdischen Jungen und Mädchen der beiden Brüsseler Flüchtlingsheime *Herbert Speyer* und *Général Bernheim* am 14. Mai 1940 Belgien mit ihren Betreuenden, dem Ehepaar **Gaspard** und **Lucienne DeWaay**[284] vom Heim *Herbert Speyer* und **Elka Frank**,[285] der Leiterin des Mädchenheims *Général Bernheim*. Unter den Jungen des Heims Speyer waren die Frankfurter **Manfred Tidor**, Camillas Bruder und **Wilhelm Wolpert**. Der Gruppe waren außerdem einige Kinder angeschlossen, die vorher in anderen Einrichtungen oder in Familien gewesen waren, darunter die Frankfurter Brüder **Gustav (Gabriel/Gus)** und **Manfred (Fred) Manasse**.

Mit dem deutschen Überfall auf Belgien hatten sich auch für Alfred Manasse die Ereignisse überschlagen: Nachdem er von der jüdischen Gemeinde Brüssel von der Evakuierung der beiden Brüsseler Heime in Anderlecht und Zuen erfahren hatte, konnte er erreichen, dass sich seine beiden Söhne dieser Gruppe anschließen konnten.

Kurz bevor die Deutschen Brüssel besetzten, verfügte der belgische Justizminister, dass alle männlichen Deutschen und Österreicher über 18 Jahre als mögliche Saboteure verhaftet und interniert werden müssten. Davon waren auch diejenigen betroffen, die vor dem Nazi-Regime nach Belgien geflohen waren. Alfred Manasse kam zunächst in ein belgisches Internierungslager. Von den deutschen Besatzern wurde er, nachdem die Deutschen auch Frankreich besetzt hatten, zusammen mit anderen deutschsprachigen Juden in das vom kollaborierenden Vichy-Regime betriebene Internierungslager Gurs verschleppt. Dort traf er im Oktober 1940 die Verwandten seiner Frau wieder, die im Rahmen der »Bürkel-Aktion« aus Baden-Baden dorthin deportiert worden waren.

Die Tagebucheinträge der damals 16-jährigen Edith Goldapper[286] aus Wien, die im Mädchenheim *Général Bernheim* gewohnt hatte, vermitteln einen Eindruck von der strapaziösen Flucht der Kinder aus Brüssel nach Südfrankreich.[287] Danach verließen die Mädchen des Heims *Général Bernheim* mit der Leiterin Madame Frank und Mademoi-

284 Lucienne Dewaay (geb. 1913) leitete die Küche und den Haushalt des Heims *Herbert Speyer* und ihr Mann Gaspard Dewaay (1910–1989), der früher Sportlehrer und Straßenbahnschaffner gewesen war, hatte dort seit 1939 die Leitung inne. Beide begleiteten im Mai 1940, Lucienne war mit ihrem zweiten Kind schwanger, die Heimkinder nach Südfrankreich und betreuten sie bis zu ihrer Rückkehr nach Belgien im September 1940. Vgl. Goldapper, Edith (1940): *Edith Goldapper berichtet über ihre Flucht aus Belgien nach Frankreich im Mai und Juni 1940. Jawohl, es ist der 10. Mai 1940, der Krieg in Belgien.* Online: https://die-quellen-sprechen.de/05-152.html, [Stand 13. November 2019].

285 Elka Frank (*1915) flüchtete aus Deutschland nach Palästina, wo sie den Belgier Alexandre Frank heiratete und 1936 mit ihm nach Brüssel ging. Ab 1939 leitete sie das Kinderheim *Général Bernheim* bei Brüssel, nach dem deutschen Angriff begleitete sie ihre Schützlinge nach Südfrankreich. Bis zu ihrer Flucht 1943 nach Spanien war sie Betreuerin in der Kinderkolonie in Seyre und im Schloss *La Hille*. Vgl. Goldapper (1940).

286 Edith Goldapper (Rosenthal) (*1924), aufgewachsen in Wien, gelangte im Dezember 1938 mit einem Kindertransport nach Belgien, lebte bis zur Evakuierung nach Frankreich im Mai 1940 in Kinderheimen und Pflegefamilien. 1940–1943 hielt sie sich in Südfrankreich in der Kinderkolonie *La Hille* auf. Im Dezember 1943 flüchtet sie in die Schweiz und emigriert nach dem Krieg in die USA.

287 Goldapper (1940).

selle Lea[288] am Nachmittag des 14. Mai ihr Heim in Zuen. Mit der Straßenbahn fuhren sie nach Anderlecht, um die Jungen des Heims Speyer abzuholen und gemeinsam zum Bahnhof Schaerbeek im Brüsseler Zentrum zu fahren. Nach fünf Stunden Wartezeit auf dem mit Flüchtlingen überfüllten Bahnhof, konnten die Kinder schließlich gegen 23 Uhr in zwei für sie reservierte Viehwaggons einsteigen, die Jungen in den einen und die Mädchen in den anderen. *»Von zu Hause haben wir genügend Proviant zum Essen mitgenommen, sodass wir diesbezüglich nichts zu befürchten haben. Außerdem gibt es in jeder Stadt, wo wir halten, gute Leute, die uns zu Essen bringen«*,[289] schrieb Edith Goldapper in ihrem Tagebuch. Als sie nachts nach Abbeville, in der Nähe von Dieppe, kamen, erlebten sie ein großes Bombardement.

Dem erst vierjährigen **Manfred Manasse** war durch die gekonnte Ablenkung eines Betreuers die Gefahr nicht bewusst: *»Ich habe die Fahrt als eine große Zaubershow in Erinnerung«*, erzählte er. *»Denn einer unserer Betreuer lenkte uns Kinder von der gefährlichen Situation ab, indem er Zaubertricks vorführte und verschiedene Gegenstände aus seinem Ärmel zauberte. Es gab ein kleines vergittertes Fenster und ich erinnere mich, dass ich Lichtblitze gesehen und viel Lärm gehört habe, die ich für einen Teil dieser Zaubershow hielt.«*[290] Erst sehr viel später, als er schon über 50 war, habe er bei einem Treffen mit anderen, die bei dem Transport dabei waren, erfahren, dass sie bombardiert worden waren.

Laut Edith Goldappers Tagebuch war die Gruppe vier Tage und vier Nächte unterwegs, bevor sie am 19. Mai in Seyre im Département Haute-Garonne ankamen. Dort mussten sie, anstatt der erwarteten Unterkunft in einem Schloss, eine Notunterkunft in Stallgebäuden eines zum Schloss gehörenden Bauernhofs beziehen. Goldapper beschreibt die erste Zeit in dieser primitiven unmöblierten Unterkunft:

> *Wir betreten das Haus: kein Tisch, kein Stuhl, kein Bett. Eine richtige Wüste. Unsere Sachen legen wir in eine Ecke, und dann versuchen wir bei dem Bauern von gegenüber etwas Holz zu bekommen. Bald haben unsere Jungens einige Tische und Bänke gezimmert, und wir können das Abendbrot einnehmen, das uns die Bauern bringen. In verschiedenen anderen Zimmern legt man Stroh hinein. Dort werden wir dann schlafen. So bleiben wir ungefähr 3 Wochen. Dann bekommen wir Bretter und die Jungens stellen Betten her. Es ist alles sehr primitiv, aber wir sind ungeheuer glücklich.*[291]

Wer eigentlich den Zufluchtsort Seyre für die Unterbringung der Kindergruppe und ihrer Betreuerinnen und Betreuer ausgesucht hatte, danach hätten sie als Kinder nicht gefragt, erzählte Walter W. Reed. Der gebürtige Würzburger und Autor des Buches *The Children of La Hille*, einer umfassenden Geschichte dieser aus Belgien geflüchteten Gruppe, hieß damals Werner Rindsberg und war einer der Jugendlichen aus dem *Heim Herbert Speyer*. Erst Jahrzehnte später, bei einem Besuch 1997 bei dem inzwischen 90-jährigen Schlosseigentümer Gaston de Capèle d'Hautpoul erfuhr er, dass 1939 Beauftragte der Regional-

288 Lea Gillis, Lehrerin; ebenda.

289 Ebenda.

290 Manasse, Fred (Manfred): Interview 37818, VHA.

291 Goldapper (1940).

regierung gekommen waren, um geeignete Immobilien für die mögliche Unterbringung von Flüchtlingen im Fall einer deutschen Invasion zu finden und zu bestimmen.[292]

»In den Zeiten, als ›Management‹ üblicherweise in den Händen von Männern lag, übernahm der Direktor des Heims Speyer, Gaspard DeWaay, die Rolle des Leiters unserer Kolonie«,[293] schreibt Walter W. Reed. Er würdigt die »unschätzbaren Verdienste« von »Onkel Gaspard«, der die Kinder in Sicherheit gebracht hatte. Mit Blick darauf, dass DeWaay bei den Kindern wegen seiner strengen autoritären Art unbeliebt war, weckt Reed Verständnis für die schwierige Situation des damals erst 29-Jährigen, der nicht jüdisch war und über keine spezielle Ausbildung oder Erfahrung in der Betreuung von Kindern verfügte: *»Man kann nur vermuten, wie er sich fühlte, als er sich am 19. Mai 1940 in einem abgelegenen Dorf wiederfand, umgeben von Unsicherheit und verantwortlich für 100 Kinder, ohne die Mittel und die Unterstützung des belgischen Frauen-Komitees und des belgischen Foyers, das ihn eingestellt hatte.«*[294]

Die politische Situation verlor auch in den nächsten Wochen nichts von ihrer Bedrohlichkeit: Am 10. Juni 1940 trat Italien an der Seite Deutschlands in den Krieg ein, am 14. Juni besetzten die deutschen Truppen Paris und am 17. Juni, weniger als einen Monat nach der Ankunft der Gruppe in Seyre, trat der französische Premierminister Paul Reynard zurück. Der gefeierte Kriegsheld aus dem Ersten Weltkrieg Maréchal Philippe Pétain wurde zum Präsidenten der nach Vichy geflüchteten französischen Regierung ernannt. Am 22. Juni 1940 unterzeichnete Pétain einen Waffenstillstandsvertrag mit Deutschland und Italien, der einer bedingungslosen Kapitulation Frankreichs gleichkam. Dieser Vertrag teilte Frankreich in zwei Zonen, die von den Deutschen besetzte Zone des nördlichen Frankreich sowie eines Streifens entlang der Atlantikküste bis nach Bordeaux sowie die unbesetzte südliche Zone des Vichy-Regimes von Pétain.

Nach dem Inkrafttreten des Waffenstillstands beruhigte sich zwar die Situation. Aber die Pétain-Regierung wurde von den Deutschen nur unter der Bedingung toleriert, dass sie kollaborierte. So verpflichtete sich die neue französische Regierung in Artikel 19, alle in Frankreich sowie in den französischen Besitzungen befindlichen Deutschen, die von der deutschen Reichsregierung namhaft gemacht werden, auf Verlangen auszuliefern.

Seyre – Entbehrungen in der Abgeschiedenheit

Auch in der unbesetzten Zone requirierten die Deutschen Lebensmittel, Fahrzeuge und andere Materialien, weshalb die Bevölkerung auch hier unter Lebensmittelknappheit und anderen alltäglichen Härten zu leiden hatte. Wie Reed beschreibt, war es für die Erwachsenen der Kinderkolonie in Seyre die größte tägliche Herausforderung, die fast hundert Kinder und Erwachsenen einigermaßen satt zu bekommen. Die Köchin des Mädchenheims in Zuen, Flora Schlesinger, eine Emigrantin aus Österreich, die diese Aufgabe auch

292 Reed (2015), S. 38.
293 Ebenda, S. 41.
294 Ebenda.

Abb. 49: Flüchtlingskinder in Seyre, unter ihnen vier Frankfurter:
Manfred Tidor (v. r.), daneben Manfred Manasse, Gustav Manasse (hinten 2. v. r.),
Wilhelm Wolpert (links daneben).

in Seyre übernahm, habe wahre Wunder bei der Zubereitung von Mahlzeiten vollbracht und das ohne eine richtige Küchenausstattung und ohne ausreichend Lebensmittel. Dennoch litten alle unter der Monotonie des Speiseplans, auf dem täglich Gerichte aus gekochtem Maismehl standen.

Weil alles so primitiv war und es nicht genug zu essen gab, hatte **Fred (Mamfred) Manasse** eher unangenehme Erinnerungen an das Jahr in Seyre. Er hob aber auch die große Freiheit hervor, die er als eines der jüngsten Kinder dort genoss: *»Wir Kleinen durften tun und lassen, was wir wollten. Weil wir nichts hatten, versuchten wir, Spiele zu erfinden«*, erzählt er.[295]

Die Kinder waren in drei Gruppen eingeteilt, die Ältesten, die Mittleren und die Kleinen, mit täglichen Pflichtaufgaben für jedes Mitglied, wobei die Gruppe der Ältesten, die 16- bis 18-Jährigen, das Sagen hatten. Jedes der jüngeren Kinder wurde von einem oder mehreren Älteren betreut. Viele der Zwölf- und 13-Jährigen wurden zu Küchendiensten eingeteilt oder zu Arbeiten wie Holzsammeln und Saubermachen. Die Ältesten fanden bald Arbeit bei den umliegenden Bauern und versorgten die Gemeinschaft mit zusätzlichen Lebensmitteln.[296]

Manfred Manasse, Manfred Tidor und **Wilhelm Wolpert** gehörten in Seyre zu den fast 30 Kindern, die zu jung waren, um die bedrohliche politische Entwicklung wahr-

295 Manasse, Fred (Manfred): Interview 37818, VHA.
296 Reed (2015), S. 43f.

zunehmen und sich Sorgen darüber zu machen, was auf sie zukommen wird. Der damals achtjährige **Manfred Tidor** erinnerte sich später: *»Abgesehen von der Abwesenheit meiner Eltern und meiner Schwester, nach denen ich mich sehnte und wegen denen ich womöglich auch weinte, war ich mir keiner Gefahr bewusst. So kam ich ohne die langanhaltenden Traumata davon, unter denen meine älteren Kameraden gelitten haben mussten.«*[297] **Manfred Manasse** war erst drei Jahre alt gewesen, als er seine Mutter in Frankfurt verließ, sodass er sich kaum noch an sie erinnerte. *»Ich hatte meinen großen Bruder, der war meine Familie«*, berichtete er.[298]

Die Kinder ab zwölf oder 13 Jahren dagegen bekamen mit, was um sie herum vorging: sowohl die alltäglichen Kämpfe um knappe Lebensmittel und die anderen Beschränkungen als auch die niedergeschlagene Stimmung nach dem verlorenen Krieg. *»[...] was um uns herum vorging und was kommen würde, verwandelte sich in eine nicht endende Sorge. Und über allem stand die Trennung von unseren Eltern, Geschwistern und Verwandten, die noch durch die Abgelegenheit unseres neuen Refugiums verstärkt wurde«*,[299] so Reed.

Abb. 50: Die Kinderkolonie in Seyre im Herbst 1940.

297 Ebenda, S. 59.
298 Manasse, Fred (Manfred): Interview 37818, VHA.
299 Reed (2015), S. 43.

Im August kam Elka Franks Ehemann Alex nach Seyre, nachdem er von der belgischen Armee demobilisiert worden war. Zu dieser Zeit machten sich viele belgische und andere nichtjüdische Flüchtlinge aus dem Norden wieder auf den Heimweg. Im September kehrten auch Gaspard und Lucienne DeWaay, die in Seyre ihr zweites Kind bekommen hatten, nach Brüssel zurück. Alex und Elka Frank übernahmen die Leitung des Heims.

Die Präsidentin des CAEJR, Marguerite Goldschmidt-Brodsky, war mit ihrem Mann ebenfalls nach Südfrankreich geflohen und wohnte etwa 160 Kilometer nördlich von Seyre in Cahors. Vermittelt über ihren Mann, der als Schatzmeister und Vorstandsmitglied des *Belgischen Roten Kreuzes* über gute Beziehungen zum *Schweizer Roten Kreuz* verfügte, konnte Madame Goldschmidt-Brodsky die Leitenden der im Frühjahr 1940 gegründeten lokalen Kinderhilfsorganisation in Toulouse, *Schweizerische Arbeitsgemeinschaft für Kriegsgeschädigte Kinder* (SAK), **Maurice** und **Elinor Dubois**, dafür gewinnen, die Verantwortung für die Flüchtlingskinder in Seyre im Herbst 1940 vom CAEJR zu übernehmen. Goldschmidt-Brodsky sowie der inzwischen aus Belgien nach New York geflüchtete Max Gottschalk erreichten außerdem, dass auch das JDC (*The Joint*) die Kinder in Seyre finanziell unterstützte. Die Dubois brachten schließlich die dringend benötigten Lebensmittel und Kleidung nach Seyre. Das *Schweizer Rote Kreuz* vermittelte auch den Briefverkehr zu den Eltern in Nazi-Deutschland sowie Patenschaften von Schweizern und Schweizerinnen, die für die Kolonie Geld spendeten und Päckchen an die Kinder schickten.

»Während der ersten Monate unseres Aufenthalts in Seyre hielten viele von uns, die Verwandte in den Vereinigten Staaten hatten, die Hoffnung aufrecht, dass sie bald eine Erlaubnis erhalten würden, zu ihnen zu kommen«, schreibt Reed.[300] Diese Erwartung, mit der auch die SAK die Verantwortung für die Kindergruppe übernommen hatte, erfüllte sich 1940 aber nur für vier Kinder. Alle anderen wurden mit dem Herbst und kommenden Winter mit neuen Schwierigkeiten konfrontiert:

Das Vichy-Regime hatte sich inzwischen etabliert und verfolgte die Ziele seiner »Nationalen Revolution«. Diese Politik unter dem Motto »Travail, Famille, Patrie« war nicht nur autoritär, traditionalistisch-klerikal und neutral im Krieg Hitlers gegen die Alliierten, sondern auch antisemitisch. Am 3. Oktober 1940 erließ das Vichy-Regime mit dem »Judenstatut« die ersten antijüdischen Gesetze, mit denen Juden definiert wurden. Alle Juden mussten sich registrieren lassen. In einem nächsten Schritt wurden die Präfekten autorisiert, Juden ohne Grund in speziellen Lagern zu internieren oder sie in den kleineren Dörfern unter Polizeiaufsicht, »résidence forcée«, zu stellen. Diese Gesetze hatte das Vichy-Regime quasi in Eigeninitiative erlassen, ohne dass die deutschen Besatzer dies gefordert hatten.

»Nahrungsmittelknappheit, Krankheiten, Geldmangel, die Auswirkungen des Winterwetters in einer ungeheizten Scheune ohne warme Kleidung, die andauernden Kriegspläne der Deutschen und die deklamierte Politik des Antisemitismus des Vichy-Regimes machten das Leben in Seyre brüchig und prekär«, schreibt Reed.[301]

300 Ebenda, S. 58.
301 Ebenda S. 59f.

Was im Sommer kein Problem dargestellt hatte, die fehlende Heizung, wurde in den extrem kalten Wintermonaten 1940/41 für alle Bewohner in Seyre zur Tortur. Die Küche war der einzige heizbare Raum, in dem man sich etwas aufwärmen konnte. Hier drängten sich die Kinder manchmal so, dass die Köchin, Frau Schlesinger, nicht mehr richtig arbeiten konnte. Um sich in den eiskalten Räumen einigermaßen warm zu halten, schliefen die Kinder zu Dritt im Bett, mit drei Wolldecken übereinander. Weil es nicht genügend warme Kleidung gab und die Ernährung mangelhaft blieb, bekamen die Kinder entzündete Geschwüre am Körper. Da sie auf Strohsäcken schlafen mussten und auch die sanitären Verhältnisse primitiv waren, breiteten sich die Läuse aus. Prophylaktisch mussten die Köpfe der Kinder deshalb kahl geschoren werden.

Trotz aller Härten der primitiven Verhältnisse und des Winters, trotz der durch die antisemitische Einstellung der Regierung verursachten Ängste, habe sich in Seyre eine familiäre Vertrautheit untereinander entwickelt, und es sei gelungen, ein lebendiges Gemeinschaftsleben aufrecht zu erhalten, so Reed.

Seit November 1940 verstärkte **Irène Frank**, die in Wien geborene Mutter von **Alex Frank**, die dünne Personaldecke in Seyre. Sie war aus Belgien zu ihrem Sohn und ihrer Schwiegertochter geflohen und unterrichtete als engagierte Lehrerin die kleineren Kinder. In ihrem Tagebuch beschrieb sie die Eigenarten ihrer Schüler. Über den fünfjährigen **Manfred Manasse** notierte sie:

> *Manfred, der Zweitjüngste, war ein besonderes Kind. Sehr unabhängig und intelligent, war er kein angenehmer Junge. Ich glaube, er war unglücklich, und seine Hauptwaffe, wann immer er fühlte, dass die Dinge nicht nach seinen Wünschen liefen, war, zu schreien und zu brüllen, so dass ihn Alex unbarmherzig mit seinem Teller vor die Tür schickte. Er sah immer verwahrlost und ungepflegt aus. Als er dann sechs Monate später mein Schüler war, fand ich ihn lernbegierig und intelligent. Sein Hauptproblem war es gewesen, etwas Nützliches zu tun zu haben und zu lernen.*[302]

Die Schweizer sorgten schließlich für eine neue Unterkunft, die für ein Kinderheim besser geeignet war. Das 80 Kilometer südlich von Toulouse gelegene, leer stehende *Château de La Hille* in Montégut-Plantaurel im Département Ariège wurde angemietet. Es lag einsam und war näher an der spanischen Grenze. Allerdings musste es zuerst in Stand gesetzt werden. Im Februar 1941 zogen die älteren Jungen und einige Mädchen in das Schloss, um es zu renovieren und Möbel zu bauen. Es dauerte noch bis Mai 1941, bis Elka und Alexander Frank mit den jüngeren Kindern dorthin nachkommen konnten.

302 Ebenda, S. 64f.

Flucht und Vertreibung aus dem Elsass

Im Mai 1940 mussten auch die 32 Jungen des jüdischen Waisenhauses *Cigogne* in Hagenau das 1939 außerhalb der Evakuierungszone gelegen hatte, vor den heranrückenden deutschen Truppen fliehen. Die lokalen Behörden evakuierten die Kinder zusammen mit der Heimleitung, dem Ehepaar Koch, und dem übrigen Personal sowie den Bewohnern des dortigen jüdischen Altersheims. Mitten in der Nacht gingen sie zu Fuß in die Nachbargemeinde Schweighouse-sur-Moder. Von dort fuhren sie in einem Güterzug nach Corcieux in den Vogesen.[303] Nach einigen Tagen Aufenthalt wurden sie per Bahn in die Dordogne weitergeleitet. In Périgueux bei der Exilgemeinde von Straßburg am frühen Morgen des 4. Juli angekommen, wurden die Jungen in rudimentäre Baracken auf dem Gelände des Krankenhauses in Trélissac am Rande von Périgueux für die nächsten Monate untergebracht. Im Januar 1941 konnten sie zusammen mit den Mädchen des *Orphelinat des jeunes filles* und den Kleinkindern des *Le Nid* in ein neu errichtetes komfortables Heim in Bergerac ziehen. Die Mädchen hatten ihr Heim in Ariège in der Bucht von Arcachon verlassen müssen, weil Ariège nach der Unterzeichnung des Waffenstillstands zu dem von den Deutschen besetzten Gebiet gehörte. Mitarbeiterinnen des *Roten Kreuzes* brachten die Kinder nach Bergerac. Im Juli/August 1941 wurden die in Bergerac verbliebenen deutschen Flüchtlingskinder, darunter auch **Hannelore Berney (verh. Annette Sussman)** und andere Frankfurter Kinder, die mit den Straßburger und Hagenauer Waisenhäusern dorthin evakuiert worden waren, auf OSE-Heime verteilt. Hannelore Berney kam ins laizistische Heim *Château du Masgelier* bei Grand-Bourg im Département Creuse.

Zwischen dem 15. und dem 22. Juni 1940 wurden das Elsass und Lothringen, das heißt die französischen Départements Bas-Rhin, Haut-Rhin und Moselle, quasi annektiert und deutscher Zivilverwaltung unter der Leitung des badischen Gauleiters Robert Wagner und des Gauleiters der Saarpfalz Josef Bürckel unterstellt. Am 18. Juni 1940 besetzten die Deutschen Straßburg. Eine Klausel des Waffenstillstandsvertrags sah die Abschiebung der jüdischen Bevölkerung aus Elsass-Lothringen in die unbesetzte Zone vor. Am 16. Juli 1940 mussten Tausende noch verbliebene Jüdinnen und Juden alles zurücklassen und ihre Heimat verlassen. Sie wurden auf Lastwagen über die Demarkationslinie nach Vichy-Frankreich deportiert. Ein Dreivierteljahr später beschlagnahmten die Deutschen ihr Eigentum und ihre Vermögenswerte. Die bei Kriegsbeginn 1939 nach Südfrankreich evakuierten Juden sowie andere politisch unerwünschte Personen (Kommunisten, französische Patrioten, Roma und Sinti etc.) durften nicht nach Elsass-Lothringen zurückkehren, das als »judenrein« erklärt wurde. Im September 1940 brannten die deutschen Besatzer die Straßburger Synagoge sowie die Synagogen in den elsässischen Dörfern nieder.

In Ausweitung der Klausel aus der Waffenstillstandsvereinbarung mit Frankreich wies Hitler im Oktober 1940, ohne vorherige Konsultation der Vichy-Regierung, Wagner und

303 Online: http://judaisme.sdv.fr/today/laurew/perigueu.htm [Stand 1. November 2020]; Hermann Lehrer erinnert sich dagegen, dass sie in der Nacht zum Ortsrand von Hagenau liefen und dort in Militärlastern nach Bischwiller und weiter mit dem Zug nach Obernai und mit dem Bus nach Grendelbruch in den Vogesen fuhren. Vgl. Ankaoua (2019), S. 61ff.

Bürckel an, auch die jüdische Bevölkerung der angrenzenden deutschen Gebiete Baden, Pfalz und Saar in einer Überraschungsaktion über die Demarkationslinie zu deportieren. Die Franzosen schickten die Menschen in die Lager der Vichy-Zone, vor allem nach Gurs, Rivesaltes, Le Vernet und Les Milles. Den französischen Behörden erklärten die Deutschen, diese Juden würden bald nach Madagaskar geschickt.[304]

Als blinde Passagiere in die USA

Unter den acht bis zehn Millionen Menschen, die im Mai/Juni 1940 vor den deutschen Truppen in Chaos und Panik des *»débâcle«* Richtung Süden flohen, waren etwa 100.000 Jüdinnen und Juden. Zu ihnen gehörten auch die Geschwister **Ernst (Ernest)** und **Lotte Stock**. Sie hatten auf Intervention von Andrée Salomon beim amerikanischen Konsul in Paris gerade noch rechtzeitig ihr Visum für die USA bekommen, bevor sie sich vom Pariser Vorort Vaucresson am 13. Juni, kurz vor dem Einmarsch der Deutschen in Paris, mit Fahrrädern auf den Weg machten. Sie wussten, dass ihre Mutter inzwischen über Holland in die USA ausreisen konnte, und wollten versuchen, mit einem Schiff zu ihr zu gelangen. Ihr erstes Ziel war Clermont-Ferrand. Dort wohnte inzwischen Andrée Salomon mit ihrem Mann, der mit der Straßburger Universität dorthin ausgelagert worden war. Salomon hatte eine kleine Gruppe deutscher Flüchtlingskinder aus dem Vogesendorf Bourbach-le-Haut nach Clermont-Ferrand gebracht. Die Kinder waren zunächst in einem gemieteten Haus untergebracht und kamen dann ins *Hotel des Anglais* in La Bourboule außerhalb von Clermont. Die Familie Rothschild, die hierher geflüchtet war, hatte das Hotel für die Kinder ihres Heims *La Guette* angemietet, die bei der deutschen Besetzung hierher evakuiert worden waren. Als die Rothschilds in die USA emigrierten, wurden alle diese Kinder von *La Guette* auf OSE-Heime verteilt.

Ernst und Lotte Stock trafen am 17. Juni bei ihrer Vertrauten Andrée Salomon ein und baten sie um Rat und Hilfe für die Weiterreise. In seinen Lebenserinnerungen[305] schildert Ernest Stock detailliert die dramatische Flucht und ihre Weiterreise über Bordeaux, Biarritz und per Auto und Bahn durch Spanien bis nach Lissabon. Nach Überwindung zahlreicher Schwierigkeiten und mit der Unterstützung zahlreicher gutwilliger Menschen, gelang es den Geschwistern schließlich, sich auf dem Schiff *SS Manhattan*, das am 12. Juli 1940 aus dem Hafen von Lissabon auslief, zu verstecken, bis das Schiff auf hoher See war. An Bord waren ausschließlich aus Frankreich evakuierte US-Bürger, die in die Vereinigten Staaten zurückgebracht wurden. Am 18. Juli kamen Ernst und Lotte im Hafen von New York an, wo sie mit ihrer Mutter, Julie Stock, glücklich wieder vereint waren.

304 Friedländer (2007), S. 473.
305 Stock (2014), S. 91ff.

Evakuierung der OSE-Heime

Mit dem Überfall auf die Beneluxländer am 10. Mai 1940 hatten auch der OSE-Vorstand und **Ernst Papanek**, der Direktor der OSE-Heime, Vorkehrungen zur Evakuierung der rund 150 Kinder in Montmorency getroffen.

»Sofort nahmen wir unsere Kinder aus den französischen Schulen. Im Falle eines Bombenangriffs wollten wir sie beisammen haben und jeden Augenblick zum Aufbruch bereit sein«, so Papanek in seinen Erinnerungen.[306] Jedes Kind bekam einen kleinen Sack mit dem Nötigsten an Kleidung und Essensproviant, der stets griffbereit neben dem Bett lag. Der Direktor ging nun täglich von Haus zu Haus und informierte die Kinder auf einer großen Landkarte über die militärische Situation.

Für den Fall, dass sie fliehen mussten, stellte er ihnen in Aussicht, dass sie in dem leer stehenden *Château de Montintin* bei Limoges unterkommen könnten. Es war aber unsicher, ob dort für die Eaubonner ein orthodoxes Leben möglich war. Das Anfang 1940 neu eröffnete, orthodox geführte OSE-Heim *Château des Morelles* in Broût-Vernet bei Vichy erklärte sich schließlich bereit, 15 Kinder aus Eaubonne aufzunehmen. Das waren aber nicht genug Plätze für alle. So sahen sich die Eaubonner Kinder nicht nur mit dem schweren Abschied von der gewohnten Umgebung, sondern auch noch mit einer bevorstehenden Aufteilung ihrer gewachsenen Gemeinschaft konfrontiert. Papanek wollte den Heimsprecher **Ernst Valfer** entscheiden lassen, wer von ihnen ins *Château des Morelles* und wer mit Papanek ins *Château de Montintin* gehen sollte. *»Ich habe ihm gesagt, dass ich diese gravierende Entscheidung nicht treffen kann, da die Verantwortung für mich zu groß ist«*, berichtet Ernst Valfer.[307] Schließlich wählte Papanek selbst die Kinder für das Heim in Broût-Vernet aus, die er für die strenggläubigen hielt. Zu diesen Kindern gehörten die Frankfurter **Anselm** und **Jakob Hirsch, Joseph Moses, Albert Eisemann** und **Gertrude Pfifferling**. Unter den kleineren Kindern der *Villa Helvetia*, die ins OSE-Heim *Château du Masgelier* bei Grand-Bourg im Département Creuse gebracht wurden, war **Benjamin Hirsch**. **Manfred Rosenthal**, der seit Sommer 1939 im *Les Tourelles* war, kam ins *Château de Chaumont* bei Mainsat, ebenfalls im Département Creuse und von dort später ins *Château de Montintin*.

Kurz vor Beginn der Vorbereitungen zur Evakuierung der Heime, hatte **Fritz Strauß** einen Termin beim amerikanischen Konsulat in Paris bekommen, an dem er sein Visum für die USA abholen sollte. Seine Mutter war inzwischen in den USA und hatte ihm von dort ein Affidavit geschickt. Aber noch vor diesem Termin wurde das amerikanische Konsulat wegen des Einmarschs der Deutschen nach Bordeaux verlegt. So wurde Fritz Strauß mit den anderen Kindern nach Südfrankreich evakuiert und musste noch ein Jahr warten, bis er zu seiner Mutter fahren konnte.

Am 6. Juni, wenige Tage bevor die Deutschen Paris besetzten, erhielt die OSE von der Regierung endlich eine Reisegenehmigung für alle Kinder unter fünfzehn Jahren. Papanek wurde beauftragt, sofort nach Limoges vorauszufahren und das leer stehende *Château de*

306 Papanek (1980), S. 135

307 Valfer, Ernst: Interview 52608. VHA.

Montintin für die Flüchtlingskinder anzumieten. Gleichzeitig setzten die OSE-Mitarbeiter alle Hebel in Bewegung, um bei der Bahn Waggons anzumieten, in denen die Kinder am nächsten Morgen nachkommen konnten. Papanek reiste am 7. Juni 1940 mit seiner Familie und einigen Erziehern voraus. In seinen Erinnerungen beschreibt er diese Zugfahrt unter den schrecklichen Bedingungen der Massenflucht, mit Menschen auf den Zugdächern und an den Stufen, die unterwegs an Tunneleinfahrten oder durch den Rauch der Lokomotive ums Leben kamen. Er beschreibt auch, wie sie in den frühen Morgenstunden den Eigentümer des *Château de Montintin*, der in der Nähe des Schlosses wohnte, aus dem Bett klingelten, um ihm zu sagen, dass sie sein Schloß für jüdische Flüchtlingskinder mieten wollten. Die anfängliche Ablehnung des Eigentümers konnte Papanek schließlich mit dem Angebot einer sehr hohen Summe in Zustimmung verwandeln.[308]

Das 30 Kilometer südlich von Limoges einsam gelegene, von Wald umgebene *Château de Montintin* gehörte zur Gemeinde Chateau-Chervix und befand sich nicht weit von der Bahnstrecke Paris-Toulouse. Es erwies sich als ein vernachlässigtes zweistöckiges Gebäude mit einem großen Bankettsaal. Nachdem der Eigentümer sein Inventar ausgeräumt hatte, waren die Räume bis auf einen fest verankerten Billardtisch völlig kahl, ohne ein einziges Möbelstück.

»Früh am nächsten Morgen verließen die jungen Frankfurter Waisenkinder Eaubonne, um zusammen mit den Kindern der Villa Helvetia und der Petite Colonie den Zug nach Süden zu nehmen«, erinnert sich **Amalia Kanner**, die Köchin von Eaubonne.[309] Ihre drei kleinen Töchter waren unter den Kindern, die an diesem Morgen des 8. Juni 1940 mit dem Zug nach Limoges fuhren, während sie selbst zusammen mit drei jungen Lehrern mangels gültiger Reisepapiere in Eaubonne zurückbleiben musste.

Eric Greene (Erich Grünebaum), der seit frühester Kindheit ein großer Eisenbahnfan war, erinnerte sich, dass der Personenwaggon mit der Aufschrift *»Seulement Pour Les Enfants«*, in den die Kinder einstiegen, einer der ältesten der Französische Nationalen Eisenbahngesellschaft war: *»Für die Evakuierung von Paris war offenbar aus allen Ecken eines jedes Bahnhofs alles in Dienst gestellt worden, was noch rollte«*, schreibt er.[310] Auch die längst ausrangierten Waggons wurden gebraucht, um die Flüchtenden aufzunehmen. Wie alle Züge war auch dieser völlig überfüllt, und die alten Holzbänke reichten nicht aus, so dass viele Kinder die lange Fahrt auf dem Boden sitzend verbrachten. Der Zug fuhr sehr langsam, musste immer wieder stehen bleiben und umgeleitet werden, weil Strecken oder Bahnhöfe von deutschen Fliegerbomben getroffen worden waren. Unterwegs sahen die Kinder die Zerstörungen des Krieges und das Elend der Flüchtlinge auf den Straßen, die oft parallel zur Eisenbahnlinie liefen. Eric Greene (Erich Grünebaum) beschrieb es so:

Es gab einige ausgebrannte Häuser, Autowracks auf den Straßen und überall waren Menschen auf den Landstraßen unterwegs nach Süden, weg von der einmarschierenden deutschen Armee. Wir sahen abgeschossene Flugzeuge mit britischen

308 Ebenda, S. 147ff.
309 Kanner, & Rosenzweig Kugler (1997), S. 185.
310 Greene (2000).

und französischen Markierungen [...] Der Andrang der Menschen auf den Straßen war so groß, dass kein Fahrzeug schneller fahren konnte als im Schritttempo. Die gesamte französische Nation schien in Panik zu sein.[311]

Die Kinder brauchten einen ganzen Tag für eine Strecke, die man unter normalen Verhältnissen in drei Stunden zurückgelegt hätte. Da immer noch mehr Menschen in den Zug drängten, taten die Kinder es den anderen Passagieren gleich und warfen Teile ihres Gepäcks aus dem Fenster, um Platz für mehr Passagiere zu schaffen. Als sie endlich im Bahnhof von Limoges einfuhren, wartete dort schon **Ernst Papanek** auf sie. Er hatte mit dem Stationsvorsteher ausgehandelt, dass die Kinder im Zug bleiben durften und sie auf einer Nebenstrecke weiter bis zu einer näher an *Montintin* gelegenen kleineren Station gefahren wurden. Dort holten OSE-Betreuer die Kinder mit gemieteten Fahrzeugen ab.

Die 23 Jugendlichen über 15 Jahren, die als Erwachsene galten, mussten mit ihren Erziehern und dem OSE-Vorstand bis zum 10. Juni auf eine Reisegenehmigung warten. Als sie erteilt wurde, war die deutsche Armee auf weniger als 15 Kilometer Entfernung von den OSE-Heimen vorgerückt. Da am selben Tag auch die Regierung Reynaud aus Paris flüchtete und Italien Frankreich den Krieg erklärte, waren Reisepapiere oder Zugreservierungen im allgemeinen Flüchtlingschaos inzwischen obsolet geworden. Die meisten Jugendlichen konnten mit dem OSE-eigenen Transportwagen mit nach *Montintin* fahren. Einige fuhren mit einem OSE-Mitarbeiter im Auto und die übrigen sechs Jungen machten sich zu Fuß auf den Weg. Am 14. Juni, als die Deutschen Paris besetzten, waren immer noch einige der Jugendlichen auf der Straße unterwegs. In den folgenden Tagen erreichten jedoch alle zur allgemeinen Erleichterung wohlbehalten das neue Zuhause im *Château de Montintin*. Auch die Köchin Amalie Kanner konnte sich nach *Montintin* durchschlagen und war dort wieder mit ihren drei Töchtern vereint.[312]

Château de Montintin

Das *Château de Montintin* sah von außen aus wie eine mittelalterliche Ritterburg. Es hatte eine große Terrasse und war von einem Terrain mit zahlreichen Nebengebäuden umgeben, in denen das Lehrpersonal untergebracht wurde. Das Haupthaus war innen kahl, als die Kinder einzogen. Anfangs mussten alle auf dem Boden schlafen, bis die OSE alte Eisenbetten beschaffen konnte. Auch selbstgebaute Möbel machten das Schloss bald wohnlicher. Boris Ginodman, der Leiter der Tischlerei in Montmorency, hatte in seinem Wagen von dort das Werkzeug mitgebracht. Er fällte zusammen mit den Jugendlichen im umliegenden Wald Bäume und richtete eine Schreinerwerkstatt ein. Hier bauten die Jugendlichen in den nächsten Wochen Tische, Bänke und Schränke.

311 Ebenda.
312 Vgl. Papanek (1980), S. 156ff.

Abb. 51: Das Château de Montintin.

»Um uns so schnell wie möglich wieder ein Gefühl von Normalität zu vermitteln, wurde ein Schulraum organisiert, und die Lehrer unterrichteten wieder«,[313] berichtete **Eric Greene (Erich Grünebaum)**. Schwierigkeiten habe ihm bereitet, dass anfangs die orthodoxen Speisegesetze wegen der Lebensmittelknappheit außer Kraft gesetzt wurden. *»Seit meiner Geburt war ich an die religiösen Speisegesetze gewöhnt, und ich konnte sie nicht so einfach ignorieren.«* Diese und andere Unannehmlichkeiten hätten sie aber hingenommen. Am wichtigsten sei gewesen, dass er und die Kinder, mit denen er seit mehr als einem Jahr gemeinsame Erfahrungen gemacht hatte, immer noch zusammen waren. *»Durch die geteilten Entbehrungen waren wir damals womöglich enger zusammen als eine Familie. Die Gruppe gab uns ein Gefühl der Sicherheit, solange wir zueinander hielten, konnte uns nichts wirklich Schlimmes passieren«*[314]

Alle seien erleichtert gewesen als kurze Zeit nach ihrer Ankunft in *Montintin* das Waffenstillstandsabkommen geschlossen wurde. Jetzt mussten sie nachts keine Vorschriften zur Verdunkelung mehr einhalten und nicht mehr die *»schrecklich stinkenden Gasmasken«* überallhin mitnehmen. Und sie waren froh, nicht in der von den Deutschen besetzten Zone zu sein.

In der ersten Zeit in *Montintin* bekam **Erich Grünebaum** einen Überraschungsbesuch. Sein »Schutzengel«, Tante Berthel, die aus Paris nach Limoges fliehen könnte, kam nach *Montintin,* um ihren Sohn Ernst dort unterzubringen. Zusammen mit ihr und seinem

313 Greene (2000).
314 Ebenda.

Cousin Ernst machte Erich einen Tagesausflug zu dem in der Nähe des *Château de Montintin* gelegenen Lagers, in dem sein Onkel Sigmund Marx interniert war. *»So schlimm fand ich es dort gar nicht«*, habe er auf dem Rückweg seine Meinung eines Zwölfjährigen geäußert und daraufhin eine Belehrung seiner Tante erhalten, die er niemals mehr vergessen habe. Sie habe gesagt: *»Ein Mensch kann wochenlang zuhause bleiben, keinen Fuß vor die Tür setzen und das genießen, aber sobald man ihm sagt, dass er nicht hinausgehen darf, ist der Moment gekommen, an dem er hinausgehen will.«*[315]

Einige Wochen nach ihrer Ankunft in *Montintin* zogen die rund 40 orthodoxen Kinder, darunter die Frankfurter Waisenhausgruppe, gemeinsam mit ihrer Leiterin Frau Krakowski, deren Ehemann und der Köchin, Amalia Kanner, vom Haupthaus in ein hundert Meter südlich davon gelegenes Nebengebäude des Schlosses. Das *Chevrette* (Zicklein) genannte, aus Natursteinen gebaute Haus grenzte an einen Kastanienhain und hatte auch eine kleine Scheune, die Raum für unterschiedliche Aktivitäten bot. Da Boris Ginodman in seinem Auto auch die Torah mitgebracht hatte, fanden in der Chevrette auch wieder Gottesdienste statt. **Heinz (Henry) Schuster**: *»Um es wie ein Zuhause einzurichten, nahmen wir unsere Sefer Tora und andere Gegenstände zur Ausübung der Religion mit uns. Mit diesen Dingen in unserer Nähe fühlten wir uns wohl.«*[316] Tagsüber waren die orthodoxen Kinder abgesehen von den Mahlzeiten meist mit den anderen Kindern im Haupthaus, wo sich die Werkräume befanden und der Unterricht stattfand.

Zum geordneten Tagesablauf in *Montintin* gehörte die Morgengymnastik vor dem Frühstück oder ein Lauf durch den Wald. **Elfriede (geb. Meyer) Schloss** erinnerte sich: *»Wir mussten jeden Morgen aus unserem Schlafraum runterkommen und unsere Gymnastikübungen machen, und wir durften keine langen Hosen tragen, auch wenn es richtig kalt war.«*[317]

Den Vormittag verbrachten die Kinder bei der beruflichen Ausbildung in den Werkstätten, die Mädchen nähten und die Jungen machten Schreinerarbeiten oder reparierten Schuhe. Normaler Unterricht fand am Nachmittag statt. Als Vorbereitung für die Weiteremigration wurde neben Französisch und Deutsch auch Englisch und Spanisch unterrichtet. Die orthodoxen Kinder lernten zusätzlich Hebräisch. Vor dem Abendessen war Zeit zum Briefeschreiben oder zum Spielen auf dem Schlossgelände. Danach spielten die Kinder Domino, Karten- oder Brettspiele. Helene Papaneks Nachfolger, der Heimarzt Dr. Hirschmann, war ein beliebter Schachpartner. Zu den täglichen Pflichten der Kinder gehörte wie schon in Montmorency, dass sie sich an der Hausarbeit beteiligten. Dazu gehörten das Putzen der Zimmer, Reparaturarbeiten zur Instandhaltung des Hauses, Mitarbeit in der Küche oder im Gemüsegarten.

Die älteren Jungen gingen in den Wald, um Bäume zu fällen und Feuerholz für die kalte Jahreszeit zu machen. *»Wir fällten große Bäume mit der Hand, mit einer Doppelsäge, sägten das Holz klein und spalteten es mit Äxten. Es war eine schwere, anstrengende Arbeit. Diejenigen von uns, die diese freiwillige Arbeit machten, bekamen beim Essen*

315 Ebenda.

316 Schuster (2011), S. 103.

317 Telefoninterview der Autorin mit Elfriede Schloss am 5. Januar 2016 in San Diego, CA.

eine Schwerarbeiterzulage, und die bestand aus einem gekochten Ei, damals eine Rarität«, berichtete **Ernst Valfer**.[318]

Der damals 14-jährige **Heinz (Henry) Schuster** erzählte:

> *Mehrere ältere Jungs meldeten sich freiwillig zur Arbeit bei den örtlichen Förstern, um zu lernen, wie man Bäume fällt und in Rundholz schneidet. Ich ging mit ihnen in den Wald. Die Arbeit war schwer, aber ich genoss jede Minute. Als Belohnung erhielten wir täglich ein paar Brotlaibe, eine größere Ration als die anderen Kinder, doch viel davon teilten wir gern mit ihnen.*[319]

Der lange Arm der deutschen Besatzer reichte auch in die unbesetzte Zone und zwang noch während des Sommers **Ernst Papanek**, mit seiner Familie aus Frankreich zu fliehen. Er stand auf einer der Listen von politischen Gegnern, denen die Deutschen in Frankreich habhaft werden wollten. Der sozialistische Bürgermeister von Limoges warnte ihn vor seiner bevorstehenden Verhaftung. Er sowie seine der *Sozialistischen Partei* nahestehenden Mitarbeitenden sollten sofort das Land verlassen, auch um die Kinder in *Montintin* nicht in Gefahr zu bringen. Als auch noch eine Spezialeinheit der Gestapo in Limoges eingetroffen war, entschlossen sich die Papaneks schweren Herzens, *Montintin* und die Kinder zu verlassen. Papanek spürte bei seinem Abschied die große Enttäuschung und Angst vieler Kinder, für die er zu einer wichtigen Person, einer beschützenden Vaterfigur geworden war. *»Denn obwohl die Kinder sehr wohl wussten, dass ich getötet werden könnte, wenn ich bliebe, drängte es sie doch zu der Frage, ob sie nicht getötet werden würden, weil ich ging«*, erinnerte er sich. Als er ihnen sagte, dass er, sobald er in den Vereinigten Staaten angekommen sei, versuchen wolle, sie hinüberzubringen, habe er zum ersten Mal gefühlt, dass sie ihm misstrauten.[320]

Ernst und **Lene Papanek** mit ihren beiden Söhnen und etwa ein Dutzend Erzieher und Erzieherinnen machten sich auf den Weg nach Montauban, wo sich die *Auslandsvertretung der österreichischen Sozialisten* (AVOES) befand. Dorthin folgten ihnen auch die meisten »Robinsoner« mit ihren sozialistischen Eltern. Ernst Papanek erhielt eines der 50 Emergency Visa die das *American Federation of Labor* aus dem von Präsident Roosevelt kreierten 1.000 Visa umfassenden Notfallvisa-Programm für die Rettung von bekannten von den Deutschen gesuchten Politikern und Gewerkschaftsfunktionären erhalten hatte.[321]

---

318 Valfer, Ernst: Interview 2608, VHA.

319 Schuster (2011), S. 103.

320 Papanek (1980), S. 161.

321 Ebenda, S. 165. Im Juni 1940 wurde das *Emergency Rescue Committee* (ERC) eingerichtet, das die Einwanderung einer ausgewählten Gruppe von Flüchtlingen aus Südfrankreich außerhalb der jährlichen Quoten ermöglichen sollte. Es handelte sich vor allem um bekannte Persönlichkeiten aus Kultur und Wissenschaft, die man für die Vereinigten Staaten für besonders wertvoll hielt, aber auch um von der Gestapo bedrohte Exilpolitiker und Gewerkschafter. Etwa tausend Visa wurden an verschiedene Hilfsorganisationen verteilt.

Die Route über die Pyrenäen war bis kurz nach dem Waffenstillstand der einfachste Weg gewesen, Frankreich zu verlassen. Am Hauptübergangspunkt in Hendaye an der Atlantikküste durften etwa 25 bis 50 Flüchtlinge täglich mit gültigen Pässen und Visa für ein Bestimmungsland die französisch-spanische Grenze überqueren. Bis Anfang September 1940 war auch die Grenzstation in Cebère am Mittelmeer noch für 25 Ausreisende täglich offen. Danach führten die französischen Behörden Ausreisevisa (exit visa) ein, deren Erteilung Monate dauern konnte. Weitere Beschränkungen der spanischen und portugiesischen Bürokratie folgten im Herbst 1940 bei der Ausstellung von Transitvisa durch diese Länder.[322]

Die Papaneks wurden am 7. August 1940 von *Résistance*-Leuten von Montauban nach Marseille gebracht, wo sie nach einer Woche und einigen Schwierigkeiten alle Papiere beisammen hatten. Da die Vichy-Behörden Papanek als von den Deutschen gesuchtem Emigranten keine Exit-Visa ausstellten, bereitete der französische Widerstand für die Familie die illegale Ausreise vom Grenzort Cebère mit der Bahn nach Portbou vor. Nach weiteren Aufregungen gelang den Papaneks der Grenzübertritt und sie konnten von Portbou weiter nach Barcelona fahren. Als Sozialist, der sich im Spanischen Bürgerkrieg auf Seiten der Republikaner engagiert hatte, fühlte sich Ernst Papanek im faschistischen Franco-Spanien in Gefahr und erst in Sicherheit, als er und seine Familie schließlich die Grenze nach Portugal überquert hatten. Am 3. September bestiegen sie schließlich im Hafen von Lissabon ein Schiff nach New York, wo sie am 12. September 1940 ankamen.[323]

Ernst Papanek hatte schon einige Zeit vor seinem Weggang die Lehrerin **Asta Imbert** zu seiner Nachfolgerin bestimmt. Angesichts der politischen Situation sollte der neue Direktor jemand sein, *»der es verstand, mit einer selbstherrlichen Obrigkeit provinzieller Art, die nicht unbedingt mit uns sympathisierte, fertig zu werden«*.[324] Imbert war Französin, katholisch und unpolitisch. Deshalb hielt er sie für am geeignetsten, die Kinder in dem sich etablierenden autoritären und antisemitischen Regime zu beschützen. Imbert heiratete später Hermann Bodek, einen Wiener Professor, der die Kinder in Deutsch unterrichtete.

Ernst Papanek hatte Asta Imbert in seiner Autobiografie als eine eher unauffällige Lehrerin beschrieben, die keine Führungsqualitäten besaß. **Eric Greene (Erich Grünebaum)** schildert in seinen Erinnerungen eine Begegnung mit ihr:

> *Nach ein paar Monaten in der Holzwerkstatt begann ich mich mit dieser Arbeit zu langweilen und dachte, es würde mir besser gefallen im Gemüsegarten zu arbeiten, da ich in einer ländlichen Umgebung in Hellstein aufgewachsen bin. Ich sprach die damalige Direktorin, eine Französin, an und bat um einen Wechsel; ich sprach Deutsch mit ihr, da sie mit beiden Sprachen vertraut war. Sie schaute mich scharf an und sagte auf Französisch: »Komm wieder und frage mich nochmal, wenn du deine Bitte auf Französisch vortragen kannst.«*[325]

322 Vgl. Friedländer (2007), S. 469f.

323 Zu einer detaillierten Beschreibung von Papaneks Flucht siehe Maier (2021), S. 163–169.

324 Papanek (1980), S. 160.

325 Ebenda.

Nach dem Weggang Papaneks und vieler liberaler Lehrer blieben zwar wichtige Elemente seiner Pädagogik wie die Schülermitverwaltung und der handwerkliche Unterricht erhalten, aber die Atmosphäre veränderte sich bald. Wegen des häufigen Personalwechsels gab es wenig Zusammenhalt beim Lehrpersonal. Es entwickelten sich Spannungen zwischen dem Rest der Anhänger der progressiven Papanek-Pädagogik und den übrigen Lehrern. Madame Krakowski, die orthodoxe Leiterin der *Chevrette*, bekam immer mehr Einfluss auf die Erziehung. Anders als in Montmorency nahm die jüdische Tradition zunehmenden Raum ein und bestimmte vor allem die strengen Regeln im Umgang zwischen Jungen und Mädchen. Annäherungen untereinander wurden streng bestraft. **Ernst Valfer**, der mit 15 Jahren inzwischen einer der Jugendlichen war, erzählte:

> *Ich war lange Jahre sehr schüchtern, denn in Frankreich hatte ich nie gelernt, wie man mit Frauen umgeht. In Montintin war alles sehr streng. Mein bester Freund wurde beim Küssen erwischt und damit bedroht, dass man ihn in ein anderes Heim schicken werde. Ich hatte eine Freundin, wir gingen zusammen spazieren, wir trauten uns aber nie, auch nur Händchen zu halten.*[326]

Ernst Valfer war auch in *Montintin* wieder gewählter Heimsprecher und anders als die meisten Kinder über die Spannungen zwischen dem Lehrpersonal gut informiert. Er berichtete:

> *In Montintin gab es eine Spaltung zwischen zwei Fraktionen der Erwachsenen. Ich hatte eine klare Meinung dazu, und weil ich idealistisch und sehr naiv war, stellte ich mich als Schülerpräsident der Chevrette offen auf die Seite der liberaleren Gruppe, die schließlich den Kampf verlor. Die siegreiche Seite wurde von der französischen Direktorin Asta Imbert und ihrem Liebhaber Hermann Bodek angeführt. Nach der Niederlage der liberalen Pädagogen-Gruppe nahm mich Bodek zur Seite und sagte mir, wenn ich mich jemals wieder in die Angelegenheiten der Erwachsenen einmischen würde, dann würde er mich den Deutschen übergeben.*[327]

Angesichts des Selbstverständnisses und der Verpflichtung der OSE, die Kinder in ihren Heimen in jeder Hinsicht und insbesondere vor den Deutschen zu beschützen, war diese Drohung eines Lehrers ihrer Einrichtung eine Ungeheuerlichkeit. Bodek sei kurz vor seiner Abreise nach Amerika noch einmal nach Versöhnung suchend auf ihn zugekommen, erzählt **Ernst Valfer**:

> *Er sagte, lass uns einen Spaziergag machen. So gingen wir zusammen durch den Wald und er sagte, er würde sich für mich freuen und alles sei vergeben. Er gab mir einen kleinen gelben Zettel, auf den er in Griechisch das Zitat eines Philosophen geschrieben hatte. Er übersetzte es, und es bedeutete: ›Nur durch Leiden wird der Mensch erzogen.‹ Ich habe meinen Teil dazu beigetragen.*[328]

---

326 Gespräch der Autorin mit Ernst Valfer am 6. September 2019 in Berkeley, CA.
327 Zit. n. Maier (2018), S. 156.
328 Valfer, Ernst: Interview 52608, VHA.

Seit Inkrafttreten des französischen »Judenstatuts« im Oktober 1940 wurde auch für die Bewohner von *Montintin* die Situation bedrohlicher. Einige ausländische OSE-Mitarbeitenden in *Montintin* wurden verhaftet und im Lager Gurs interniert, darunter Amalia Kanner. Weil sie Kinder im Heim hatte, wurde Amalia Kanner schnell wieder freigelassen, während die anderen erst nach einiger Zeit nach *Montintin* zurückkamen. Kanner schrieb:

> *Die lokalen Regierungsvertreter versprachen uns, ohne dass sie dazu autorisiert gewesen wären, dass sie uns Mitarbeiter vor Verhaftung schützen würden. Aber wie konnte ich zufrieden sein, wenn unseren OSE-Häusern nur eine teilweise Verschonung gewährt wurde? Die örtlichen Behörden beschützten nicht die jüdischen Kinder.*[329]

In der Tat betraf die Gefahr, verhaftet und interniert zu werden, die Jugendlichen ab 16 Jahren, die nach der Definition des »Judenstatut« Erwachsene waren. **Ernst Valfer** berichtete, dass die französische Sicherheitspolizei manchmal nachts nach *Montintin* kam und ausländische Erwachsene und ältere Kinder mitnahm.

> *Sie kamen auch tagsüber, dann konnten wir sie schon von Weitem die Straße heraufkommen sehen. Wenn wir so ein verdächtiges Auto sahen, schlugen wir Alarm und rannten aus dem Haus in den Wald, wo wir uns versteckten. Wenn wir am Abend hörten, dass weitere Razzien zu erwarten waren, blieben wir im Wald und schliefen dort.*[330]

In dieser Zeit existentieller Bedrohung und Angst war es um so wichtiger, das Leben für die Kinder so normal wie möglich zu gestalten. Dazu wurden zahlreiche Aktivitäten organisiert: Alle französischen und jüdischen Feste wurden gefeiert, es gab Sportfeste und Fußballturniere, die das Sportkomitee der Schülermitverwaltung organisierte, eine Redaktion gab eine Wandzeitung heraus und ein Wiener Lehrer führte Pfadfindergruppen ein. *»Es gab für jeden etwas, damit alle mitmachen konnten«*, beschrieb **Eric Greene (Erich Grünebaum)** diese gelungenen Bemühungen, alle Kinder in Gemeinschaftsaktivitäten einzubinden und zu stärken.[331]

Der Einbruch der kalten Jahreszeit brachte in *Montintin* keine vergleichbaren Härten wie in der Kinderkolonie in Seyre. Alle Räume waren mit Holzöfen ausgestattet, und der umliegende Wald lieferte genug Holz zum Heizen. Ein ständiges Problem blieb aber auch hier die Lebensmittelknappheit, die sich mit dem Winter verschärfte. Während in den Sommer- und Herbstmonaten der Gemüsegarten sowie Beeren, Kirschen, Äpfel und Kastanien die Mahlzeiten bereichert hatten, verschlechterte sich das Nahrungsangebot im Winter 1940/41. Die Verantwortlichen des Heims versuchten deshalb, Bauern in der Umgebung zu finden, die ihnen zusätzliche Grundnahrungsmittel verkaufen konnten, wie etwa Kartoffeln, Kohlrüben und Topinambur.[332]

Besonders das Topinambur blieb den Kindern als ungenießbar in Erinnerung. **Henry (Heinz) Schuster** erzählt, dass die Jungen, die körperlich arbeiteten wie er, immer

329 Kanner & Rosenzweig Kugler (1997), S. 224.
330 Valfer, Ernst: Interview 52608, VHA.
331 Greene (2000).
332 Vgl. Plas & Kiener (2006), S. 352.

hungrig waren und viele Mädchen ihre Essensrationen mit ihnen teilten. **Ernst Valfer** erinnert sich, dass das *»kostbarste Geschenk«*, das er in seinem ganzen Leben jemand gemacht hat, ein Stück Brot war. Er hatte es einem geliebten Mädchen geschenkt, obwohl er selbst sehr hungrig war. *»Wir litten alle unter der schlechten Ernährung«*, erklärt auch **Eric Greene (Erich Grünebaum)** und nennt Durchfallerkrankungen und eitrige Hautausschläge, die bei ihm und anderen Kindern infolge der Mangelernährung auftraten.

Es fehlte auch an warmer Kleidung für den Winter und an festen Schuhen. Viele Kinder trugen inzwischen die Holzschuhe (sabots), die damals in Frankreich unter der Landbevölkerung, die sich oft keine Lederschuhe leisten konnte, verbreitet waren. **Eric Greene** berichtet, dass er an einem kalten Wintermorgen zusammen mit seinem Freund Oswald Kernberg zum Milchholen bei einem Bauern der Umgebung eingeteilt war. *»Ich hatte nicht genug Kleidung, um in der bitteren Morgenkälte über die Felder zu laufen. Ein anderer Junge aus unserer Gruppe, von dem ich mir Kleidung geliehen hatte, musste deshalb solange im Bett bleiben, bis wir wieder zurück waren.«*

Die Zimmergemeinschaft mit den anderen Jungen sei in *Montintin* zu einer richtigen Familie zusammengewachsen, erinnert er sich: *»Keiner von uns wird jemals unser Jahr im Château de Montintin vergessen. Wir haben gemeinsam gelebt, wir haben gemeinsam geschlafen, wir waren gemeinsam hungrig, und wir haben gemeinsam glückliche Erfahrungen geteilt. Die Nähe, die wir in dieser schwierigen Zeit untereinander fühlten, ist schwer in Worte zu fassen«*, schreibt Eric Greene.[333]

Die Knappheit an Lebensmitteln und anderen Dingen des täglichen Bedarfs hing auch damit zusammen, dass die OSE in finanziellen Schwierigkeiten war. Die Spendensammlung der OSE, die von Baronin **Yvonne Fanny de Gunzbourg** und dem Amerikanischen OSE-Komitee in New York gesponsert wurden, reichte nicht aus. Der Hauptanteil kam vom *American Joint Distribution Committee* (JDC, *The Joint*). Da amerikanisches Geld nicht direkt nach Frankreich geschickt werden durfte, musste es in einem komplizierten Verfahren über die Schweiz oder Portugal geschleust werden. So schmuggelten OSE-Mitarbeiter Gold in einem Auto mit doppelten Boden oder transportierten Bündel von Banknoten unter einem Fahrradsattel. Es dauerte oft Monate, bis das Geld in den OSE-Heimen ankam. Diese Zeit konnte nur durch die Hilfsbereitschaft der Bauern der Umgebung überbrückt werden, die auch in *Montintin* immer wieder Lebensmittel auf Kredit lieferten.

Ende des Jahres 1940 war die Zahl der Kinder in allen elf OSE-Heimen, auch in *Montintin*, stark angestiegen. Denn nach der deutschen Invasion nahm die OSE auch jüdische Flüchtlingskinder aus Belgien und den Niederlanden sowie französische Kinder auf, deren mittellose Eltern sich nicht um sie kümmern konnten. Insgesamt 1.600 Kinder hatte die OSE Ende 1940 unter ihrer Obhut. Deutsch war nun auch in *Montintin* nicht mehr die alleinige Sprache.[334]

333 Greene (2000).
334 Vgl. Maier (2018), S. 149.

Ein transatlantisches Rettungsnetzwerk

Die politische Situation in Vichy-Frankreich wurde immer gefährlicher für die Juden. Die Mehrheit der Bevölkerung in der nicht besetzten Zone hatte die antijüdische Gesetzgebung im allgemeinen positiv aufgenommen. Lediglich 14 von 42 Präfekten berichteten von öffentlichen Reaktionen auf das Statut, von diesen registrierten Reaktionen waren neun positiv und eine gemischt. Auch die Oberen der französischen katholischen Kirche erteilten dem »Judenstatut« ihre Zustimmung. Als das Gesetz offiziell angekündigt wurde, protestierte kein einziger katholischer Geistlicher. Einige Bischöfe unterstützten die antijüdischen Maßnahmen sogar ganz offen.[335] Auch die Entfernung der Juden aus dem Öffentlichen Dienst, die bereits im Sommer mit einem Erlass vom 17. Juli 1940 beschlossen wurde, ging ohne Proteste oder Solidaritätskundgebungen mit den Entlassenen über die Bühne. Die französischen akademischen Institutionen des höheren Bildungswesens waren mit der Vertreibung der jüdischen Mitglieder ihres Lehrkörpers sowohl den Deutschen in der besetzten Zone als auch den Vichy-Behörden durch Eigeninitiative zuvorgekommen.[336]

Die Sammellager für »feindliche Ausländer« wurden zu Internierungslagern für ausländische Juden umfunktioniert. Ende 1940 waren bereits 20.000 bis 30.000 ausländische Juden in Lagern der unbesetzten Zone interniert.[337] Die Zustände in diesen Lagern, Kälte, Lebensmittelknappheit und mangelnde Hygiene forderten eine zunehmende Zahl an Opfern besonders unter den jüngsten Kindern. Die OSE beteiligte sich ab Herbst 1940 wie zahlreiche andere, auch nichtjüdische Hilfsorganisationen (EIF, AFSC, Unitarier, Secours Suisse, YMCA), an den medizinisch-sozialen Hilfsdiensten für die Flüchtlinge in den Lagern. Die Hilfsorganisationen hatten sich im November 1940 zum *Comité de Nimes* zusammengeschlossen und so von der Regierung die Genehmigung erwirkt, die Lager zu betreten und dort ihre soziale Arbeit aufzunehmen. Anfang 1941 begannen die OSE und andere damit, die Kinder aus den schrecklichen Verhältnissen der Lager zu befreien und in ihren Heimen aufzunehmen. Auch dies war auf legalem Weg möglich. So hatte **Andrée Salomon** als Repräsentantin der OSE beispielsweise im Februar 1941 die amtliche Erlaubnis erhalten, 50 Kinder (in Realität waren es 48) aus Gurs herauszubringen und im Heim *Pupille de la Nation* in Aspet (Haute-Garonne) unterzubringen. Voraussetzung dafür war gewesen, dass die OSE die finanzielle Verantwortung für jedes Kind übernahm und die Eltern ihr schriftliches Einverständnis gegeben hatten. Die schwierigste Aufgabe war, die Eltern davon zu überzeugen, dass sie sich zum Wohl ihrer Kinder von ihnen trennen mussten. Auch die Kinder selbst mussten auf die Trennung vorbereitet werden. Unter den 48 Kindern, die Gurs verlassen konnten, war auch der am 12. November 1934 in Frankfurt am Main geborene sechsjährige **Rolf Hess**. Er gehörte zu den sechs Kindern

335 Friedländer (2007), S. 492ff.

336 Ebenda, S. 506.

337 Vgl. Ammerschubert (2004), S. 93.

aus Aspet, die im Juni 1942 mit der letzten Kinderverschickung aus Frankreich in die USA gerettet werden konnten.

Angesichts der zunehmenden Bedrohung war es das Ziel der OSE, so viele ihrer Schützlinge wie möglich auf schnellstem Weg außer Landes zu bringen, möglichst in die USA. Dabei hoffte die OSE vor allem auf die Unterstützung durch **Ernst Papanek** und ihre amerikanische Zweigstelle AMEROSE.[338] Auch die Kinder setzten ihre Hoffnungen auf Ernst Papanek. *»Wir waren alle überzeugt, dass wir schließlich die Vereinigten Staaten erreichen würden«*, schrieb **Eric Greene (Erich Grünebaum)** in seinen Erinnerungen. Ernst Papaneks Abreise in die USA sei für sie mit der optimistischen Vorstellung verbunden gewesen, *»dass wir mit unserem Leiter in Amerika, ihm alle bald folgen würden, da Ernst Papanek wie ein Vater für uns war«*. Er berichtet auch von einer Wandzeitung, die nach Papaneks Weggang am Schwarzen Brett im Haupthaus aufgehängt worden war: *»Jemand hatte unter Ernsts Foto als Bildunterschrift geschrieben: ›Er ist der, der uns die Visa besorgen wird.‹ Unter dem Bild Präsident Roosevelts stand die Bildunterschrift: ›Er ist der, der uns die Visa gibt.‹«*[339]

Was die Kinder nicht wissen konnten: Das Vertrauen darauf, dass Präsident Roosevelt an ihrem Schicksal Anteil nahm und sich für sie einsetzte, war weniger gerechtfertigt. Auch nach Ausbruch des Krieges hatten die USA an ihrer restriktiven Einwanderungspolitik festgehalten: *»Es sieht so aus, als habe die Angst vor feindlichen Agenten, die sich möglicherweise als Flüchtlinge ins Land schleichen konnten, bedeutenden Einfluß auf die amerikanischen Entscheidungen gehabt«*,[340] schreibt Saul Friedländer zum anhaltenden Isolationismus Amerikas. Diese Angst vor der »fünften Kolonne«[341] teilte auch Präsident Roosevelt, wenn auch womöglich nur aus wahltaktischen Gründen. Ein Hauptvertreter der restriktiven Einwanderungspolitik war der stellvertretende Staatssekretär und Sonderassistent im Außenministerium (*State Department*) Breckinridge Long, dessen Tagebücher Friedländer als einen Beleg für seinen Antisemitismus nennt.[342] Von 1940 bis 1944 Leiter der Abteilung für Einwanderungsvisa (*Immigrant Visa Division*), verschärfte er die Einreiseanforderungen derart, dass nur noch halb so viele Bewilligungen erteilt wurden. Der Historiker David Wyman resumiert, *»da weder Roosevelt noch Hull [Cordell Hull, US-Staatssekretär, Anm. v. Reed] viel Aufmerksamkeit auf die Tragödie der europäischen Juden richteten, lag die Hauptverantwortung für die amerikanische Rettungspolitik bei Long und seinen Untergebenen. Statt mit Sensibilität für die menschlichen Werte, um die es dabei ging, behandelte Long die Situation mit einer stark nationalistischen Einstel-*

338 Die 1929 gegründete AMEROSE wurde seit 1939 von dem polnischen Emigranten Dr. Leon Wulman geleitet.

339 Greene (2000).

340 Friedländer (2007), S. 464.

341 Der Begriff kommt aus dem Spanischen Bürgerkrieg und bezeichnete die Anhänger der Aufständischen, die nach dem Franco-Putsch in den von der gewählten Regierung kontrollierten Gebieten geblieben waren. Im Zweiten Weltkrieg wurden damit Bürger aus den Staaten der Achsenmächte bezeichnet, die unter den Generalverdacht gestellt wurden, im Interesse ihrer Herkunftsländer feindlich und subversiv gegen die USA zu handeln.

342 Friedländer (2007), S. 465.

lung.« Wyman führt weiter aus, dass *»seine Untergebenen seine Fremdenfeindlichkeit teilten. Ihre Einstellung beeinflussten nicht nur die Visa-Politik, sondern die gesamte Antwort der Abteilung auf die europäisch-jüdische Katastrophe.«*[343]

Daran, dass das Rettungsprojekt bedrohte jüdische Kinder aus Frankreich in die USA zu bringen, schließlich im Sommer 1940 trotz aller Widerstände zustande kam, hatten viele Hilfsorganisationen sowie Personen diesseits und jenseits des Atlantiks einen Anteil. Sie hatten immer wieder die Aufmerksamkeit auf die Situation der Flüchtlinge in Frankreich gelenkt. Auch die internationale Kritik am Isolationismus der USA angesichts der Flüchtlingsnot im von den Nazis besetzten Europa hatte im Sommer 1940 den nötigen politischen Druck erzeugt, um das Thema »Aufnahme von Kindern« wieder auf die Tagesordnung zu setzten.

Im Juni 1940, nachdem Theodore Roosevelt nach vielen internen Machtkämpfen von seiner Partei wieder als Kandidat für die Präsidentschaft nominiert war, ergriff die First Lady Eleanor Roosevelt[344] die Initiative und gründete das *United States Committee for the Care of European Children* (USCOM), das US-Komitee zur Betreuung europäischer Kinder. In dieser überkonfessionellen von der Regierung unabhängigen Hilfsorganisation, die sich das Ziel setzte, Kinder jedweder Nationalität oder Religion vom europäischen Kontinent zu retten, übernahm sie selbst die Funktion der Ehrenpräsidentin. Vorsitzender wurde Marshall Field III., eine populäre Persönlichkeit, Investmentbanker, Philanthrop und Millionenerbe des Chicagoer Marschall-Field-Kaufhauses. Er startete eine große Spendenkampagne für das Projekt.

Ursprünglich war die Organisation gegründet worden, um Kinder aus dem von einer deutschen Invasion bedrohten Großbritannien in die USA zu evakuieren. Diese Rettungsaktion musste aber schon nach einigen Monaten wieder eingestellt werden, nachdem das Schiff *City of Benares*, das Flüchtlingskinder nach Kanada bringen sollte, von einem deutschen U-Boot torpediert worden war und 77 der 90 Kinder an Bord beim Schiffsuntergang ertrunken waren. Offenbar schätzte die USCOM die Gefährdung der Kinder in Frankreich immerhin so hoch ein, dass sie das Risiko eines Torpedoangriffs auf die Schiffe in Kauf nahm.

Zu den Personen, die das Rettungsprojekt mit auf den Weg brachten, gehörte auch **Ernst Papanek**. Seit seiner Ankunft im September 1940 in New York setzte er sich über seine Mitarbeit bei der AMEROSE dafür ein, »seine Kinder« nach Amerika zu holen. Die Rahmenbedingungen dieser Bemühungen waren alles andere als günstig. Da die AMEROSE anfangs nicht über die Mittel verfügte, ihn fest einzustellen, musste er tagsüber einem Job nachgehen, um sich und die Familie zu erhalten, und konnte sich nur in seiner freien Zeit um die Emigration der Kinder kümmern. Er versuchte auch über die Presse das öffentliche Interesse auf das Schicksal seiner Schützlinge in Vichy-Frankreich

343 Wyman (1984) Zit. n. Reed (2015), S. 74.

344 Eleanor Roosevelt (1884–1962) setzte sich als First Lady nicht nur für die Bürgerrechte der Afroamerikaner und Frauenrechte ein. Sie engagierte sich auch für die Aufnahme von jüdischen Flüchtlingskindern. Sie gehörte zu den Prominenten, die die *Wagner-Rogers Bill* unterstützten, mit der die Aufnahme von 20.000 zusätzlichen jüdischen Kindern aus dem Deutschen Reich außerhalb der festgesetzten Quoten ermöglicht werden sollte.

zu lenken. Am 26. Dezember 1940 erschien ein Artikel in der Tageszeitung *New York Post* mit der Überschrift »Papa Papaneks 500 Kinder – Sie leiden in Europa, aber er hofft, sie zu retten.«[345] Papaneks Bemühungen, für die 250 Kinder aus den OSE-Heimen, die schließlich Visa bekommen sollten, in den USA Heime zu gründen, um sein erfolgreiches Konzept der Gruppenerziehung auch dort zu praktizieren, scheiterten allerdings an den gänzlich anderen Vorstellungen der GJCA und dem Negativimage, das der Heimerziehung in den USA anhaftete. Insbesondere Lotte Marcuse beharrte auf ihrem Konzept, die Kinder zu trennen und einzeln über die ganzen USA verteilt in Familien unterzubringen.

Auch **Lilly Felddegen**, die bereits 1939 nach New York emigrierte frühere Geschäftsführerin und Vorstandsmitglied der belgischen Kinderhilfsorganisation CAEJR, kämpfte vergeblich darum, alle 100 Kinder, die in der Kinderkolonie in Seyre zu einer Art Familie zusammengewachsen waren, gemeinsam in die Vereinigten Staaten zu holen. Unterstützt wurde sie von **Max Gottschalk**, der ebenfalls in die USA geflüchtet war. Seine guten Beziehungen vor Ort nutzend, hatte er dem *State Department* die verlangte Garantie der belgischen Exilregierung in London vorgelegt, dass die Kinder nach dem Krieg nach Belgien zurückkehren könnten. Das hätte dem *State Department* ermöglicht, den Kindern Besuchervisa auszustellen, wie dies seinerzeit für die britischen Kinder geschehen war. Aber das *State Department* erklärte jüdische Kinder vom europäischen Kontinent als ungeeignet für Besuchervisa. Anstatt wie Felddegen und Gottschalk gehofft hatten, alle ihre Schützlinge vor der drohenden Deportation zu retten, gelang ihnen das nur für 17 Kinder. Immerhin hatten ihre unermüdlichen Interventionen bewirkt, dass »ihre Kinder« überhaupt bei den USCOM-Transporten berücksichtigt wurden.

Das USCOM nahm eine bedeutende Rolle für die Verschickungen der überwiegend jüdischen Kinder von Frankreich nach Amerika ein, weil es die rechtliche Grundlage für die Einreise der Kinder schuf. So wurde der Organisation, wie zuvor bereits der GJCA, ein Gemeinschaftsaffidavit bewilligt, das sie in die Lage versetzte, Flüchtlingskinder direkt aus Europa in die USA zu bringen. Die Rettung war aber ein Gemeinschaftswerk. USCOM arbeitete in einem Netzwerk mit vielen weiteren Hilfsorganisationen auf beiden Seiten des Atlantiks zusammen. So erleichterte und finanzierte das *American Joint Distribution Committee* (JDC, *The Joint*) die Auswanderung von Kindern ohne amerikanische Verwandte und übernahm zusammen mit dem *National Refugee Service* die Transportkosten der Kinder. HICEM[346] kümmerte sich vorbereitend um die Formalitäten für französische Ausreisevisa, spanische und portugiesische Transitvisa und Schiffsreservierungen ab Lissabon, dem mittlerweile einzigen europäischen Hafen, in dem noch Schiffe nach Übersee fuhren. Eine sehr wichtige Rolle spielte auch die Zusammenarbeit des USCOM mit dem AFSC, der größten Quäkerorganisation mit Sitz in Philadelphia. Die Quäker wurden mit der Vertretung des USCOM sowie der Organisation der Kinderverschickungen vor Ort beauftragt. Sie verfügten über langjährige Erfahrungen in der

345 Vgl. Maier (2018), S. 175. Maier hatte den Artikel in Papaneks Nachlass in der New York Public Library entdeckt.

346 HICEM war ein 1927–1945 bestehender Zusammenschluss von drei jüdischen Emigrationsgesellschaften: *Hebrew Immigrant Aid Association* (HIAS), *Jewish Colonization Association* (JCA) und *Emigdirect*, deren Ziel es war, die Emmigration von juden aus Europa zu unterstützen.

Flüchtlingsbetreuung in Südfrankreich. Schon während des Spanischen Bürgerkriegs hatten sie dort Flüchtlingen in den Internierungslagern geholfen und Heime zur Betreuung von Flüchtlingskindern und Kriegswaisen gegründet. Durch ihre strikte Neutralität hatten sie Zugang und auch ausgezeichnete Beziehungen zu allen Behörden vor Ort, den französischen ebenso wie den amerikanischen und sogar zu den deutschen.

Das Problem, dass jüdische Kinder in den USA nur von jüdischen Organisationen betreut werden durften, löste die überkonfessionelle USCOM, indem sie mit der jüdischen GJCA zusammenarbeitete. Sobald die Kinder im Land waren, übernahm die GJCA die Verantwortung für deren weitere Betreuung und Unterbringung. Auch die *Young Men's Christian Association* (YMCA) und das *Unitarian Service Committee* (USC) unterstützten das Projekt. Um den Ablauf zu testen, organisierte **Martha Sharp**, eine Mitarbeiterin der Unitarier, im Dezember 1940 eine erste USCOM-Verschickung. Sie hatte vom *State Department* Visa für 29 Kinder in Südfrankreich erhalten, von denen die meisten allerdings keine Juden waren. Auch künftig wollte die USCOM als überkonfessionelle Organisation, dass bei den Kinderverschickungen immer auch Kinder anderer Konfession unter den Teilnehmenden sein sollten.

Das Rettungsprojekt nahm im Januar 1941 konkrete Formen an. Nachdem es im November 1940 den ersten Kontakt zwischen den Quäkern in Marseille und der OSE in Montpellier gegeben hatte, forderten die Quäker die jüdische Hilfsorganisation auf, eine Liste mit 500 Namen von potenziellen Kandidaten zu erstellen. Ende Januar schickte der Generalsekretär der OSE, Lazare Gourwitch, eine engere Auswahlliste mit 250 Kindern an das AMEROSE-Büro in New York.[347]

Die ersten hundert Visa für die erste Verschickung wurden im März 1941 genehmigt. Von diesem Kontingent bekam die OSE 70, die übrigen 30 wurden auf andere Hilfsorganisationen verteilt, die ihre Kinder in die USA bringen wollten, darunter die *Secours Suisse*, die 10 Visa für die Kinder in Seyre erhielt. Auch Kinder aus dem früheren Rothschild-Heim *La Guette*, deren Betreuung nach der Flucht der Rothschilds in die USA von der OSE übernommen worden war, wurden berücksichtigt.

Die AFSC und die OSE waren in einem gemeinsamen Team für die Auswahl der Kinder in den Heimen zuständig, wobei die Quäker bzw. der Leiter des europäischen Quäkerbüros Howard Kershner in Marseille die letzte Entscheidung traf. Die Kriterien zur Auswahl der Kinder wurden von der USCOM vorgegeben. *»Es ging darum, möglichst gesunde, problemlose und bevorzugt intelligente Kinder auszuwählen, damit diese einen guten Eindruck in Amerika machen und weitere Transporte genehmigt werden würden«*, schreibt Maier und führt weiter aus: *»Der Druck, die vermeintlich richtigen Kinder auszuwählen, lastete schwer auf allen Beteiligten. Besonders aber auf den OSE-Mitarbeitern vor Ort, die im Gegensatz zu den Quäkern die Kinder persönlich kannten.«*[348]

Während die Amerikaner möglichst junge Kinder wollten, weil diese besser in Pflegefamilien zu vermitteln waren, versuchte die OSE vor allem die älteren Jugendlichen auf die Liste zu bringen, die von Verhaftung und Internierung bedroht waren.

347 Maier (2018), S.175f.
348 Ebenda., S. 177.

Die Quäker, zu deren Grundsätzen strikte Legalität gehörte, warfen der OSE nicht ganz zu Unrecht vor, bestimmte Details wie gesundheitliche Probleme, die gegen die Auswahlkriterien verstießen, zu verschleiern. Die benötigten Gesundheitsbescheinigungen für die Kinder stellten die Heimärzte der OSE aus, was bestimmte Spielräume zuließ. Das bestätigte auch Andrée Salomon, die seit 1940 die Sozialabteilung der OSE in Vichy-Frankreich leitete. Aus ihren Erinnerungen lässt sich auch herauslesen, wie schwierig es war, im Rahmen der vorgegebenen USCOM-Kriterien humane Entscheidungen bei der Auswahl der Kinder zu treffen:

> *Zu den eher unerwarteten Bedingungen gehörte eine Bestimmung, die manchmal verhinderte, dass ein Kleinkind unter fünf Jahren zusammen mit seinen Geschwistern auswanderte. Darüber hinaus traf der Vertreter der Quäker in Marseille, der für die ordnungsgemäße Ausführung der technischen Klauseln der Vereinbarung verantwortlich war, extreme Vorsichtsmaßnahmen und verweigerte Geschwistern, die sich nur in der Nähe der Altersgrenze befanden, häufig die Aufnahme.*[349]

Während die Auswahlkommission, mit der Andrée Salomon eng kooperierte, von Heim zu Heim unterwegs war, arbeitete sie selbst zusammen mit dem Leiter des medizinisch-sozialen Zentrums der OSE in Marseille, das die medizinischen Abschlussuntersuchungen der Kinder durchführte. Sie erinnerte sich an aufregende Situationen, etwa als sie drei mit Krätze infizierte Kinder in buchstäblich letzter Minute noch heimlich zur Schnelltherapie ins Krankenhaus bringen mussten. Oder daran, dass im letzten Moment festgestellt wurde, dass die größere Schwester zu nahe an der Altersgrenze war und eine zusätzliche Genehmigung des Innenministers benötigte. Parallel zu den Vorbereitungen der Überfahrt der ersten Kindergruppe verhandelten die US-Hilfsorganisationen mit den entsprechenden Regierungsstellen bereits über weitere Kinderverschickungen. Im März 1941 hatte die OSE in Montpellier eine Liste mit Namen von 500 internierten Kindern als potenziellen Emigrationskandidaten an die HICEM geschickt. Von einigen individuellen Fällen abgesehen, hing es vom Erfolg dieser Verhandlungen ab, ob diese Kinder Einreisevisa erhalten würden. Vorsorglich erstellten die OSE-Mitarbeiter mehr als 1.000 individuelle Auswanderungsdossiers, für die die jeweilige Zustimmung der Eltern eingeholt, medizinische und psychologische Gutachten, Lebensläufe, Passfotos und Vollmachten in zigfacher Ausfertigung für jedes Kind angefertigt werden mussten. Dass diese enorme Leistung schließlich nur etwas mehr als 300 Kindern die Einreise in die USA ermöglichen würde, bevor die Massendeportationen aus Frankreich begannen, konnten sie nicht ahnen.

349 Hazan & Weill (2011), S. 114f.

Abschied und Aufbruch in ein neues Leben

Nach den Erinnerungen von **Eric Greene (Erich Grünebaum)** verbreitete sich im April 1941 auch unter den Kindern in *Montintin* die Nachricht, dass bald Kinder in die USA fahren sollten. *»Schließlich wurden wir eines Tages offiziell informiert, dass wir in die USA emigrieren würden. Ich war auf der Liste.«*[350] Erics Freude darüber enthielt einen Wermutstropfen, denn sein bester Freund Oswald Kernberg war nicht auf der Liste der Kinder, die für die erste Gruppe vorgesehen waren. Unter den ausgewählten Kindern waren aber alle, die mit ihm aus Frankfurt nach Frankreich gekommen waren. Dann begannen bald die Vorbereitungsprozeduren: medizinische Untersuchungen beim Heimarzt, Ausfüllen von Fragebögen, Auswahl von Kleidern für die Reise und der wichtigen persönlichen Dinge. Denn jedes Kind durfte nur einen kleinen Koffer mitnehmen. **Ernst Valfer** trennte sich deshalb von seinem Akkordeon, das ihn oft in seinem Trennungsschmerz begleitet hatte. 1935 hatten es ihm seine Eltern geschenkt. Jetzt schenkte er es Horst Rotholz,[351] der sich selbst beigebracht hatte darauf zu spielen und der wie so viele in *Montintin* zurückbleiben musste. Auch er habe zunächst nicht auf der Liste für den ersten, sondern auf der für den zweiten Transport gestanden, erzählt Ernst Valfer. *»Ernst Papanek hat dann interveniert und mich auf die Liste gebracht. Denn mein 16. Geburtstag war schon im Juli, dann wäre ich beim zweiten Transport im August nicht mehr mitgekommen, weil ich zu alt gewesen wäre.«*[352] Ältere Kinder wurden nach den USCOM-Kriterien nur als Begleiter ihrer jüngeren Geschwister zugelassen.

Unter den 111 Kindern dieser ersten Verschickung aus Frankreich waren 17 Kinder aus Frankfurt beziehungsweise solche, die dort geboren waren. Die meisten Kinder (64) waren 13 Jahre und älter, 36 Kinder waren unter 13 Jahren. Nur zwei Kinder waren nichtjüdisch.

Am Tag vor der Abreise, Mitte Mai, saßen die beiden Freunde **Erich Grünebaum** und **Oswald Kernberg** zusammen auf dem Hügel vor dem Haupthaus und nahmen Abschied voneinander: *»Oswald weinte wie ein Baby. Er konnte nicht verstehen, warum er zurückgelassen wurde«*, erzählt Eric Greene. *»Es gab nur sehr wenig, was ich ihm sagen konnte, außer ihm zu versichern, dass er wahrscheinlich beim nächsten Transport dabei sein würde.«*[353] So sollte es auch wirklich kommen, trotzdem sahen sich die Freunde in den USA erst nach 15 Jahren wieder.

Den Abschied von *Montintin* und den Kindern, die nicht mitkommen konnten, erlebten auch die glücklichen Auserwählten mit gemischten Gefühlen: *»Freude, weil wir*

350 Greene (2000).

351 Horst Rotholz, geb. am 4. Juli 1924 in Breslau/Schlesien, wurde kurz nach seinem 16. Geburtstag verhaftet und ins KZ Drancy verschleppt. Von dort wurde er am 2. September 1942 nach Auschwitz deportiert und ermordet. Ein Foto, auf dem er mit Ernst Valfers Akkordeon und anderen jugendlichen Musikern aus *Montintin* abgebildet ist, findet man unter: Château de Montintin durant la Seconde Guerre mondiale (WWII). Online: http://www.ajpn.org/sauvetage-Chateau-de-Montintin-19.html [Stand 12. August 2021].

352 Korrespondenz der Autorin mit Ernst Valfer 11. Juni 2018.

353 Greene (2000).

nach Amerika fuhren und Traurigkeit, weil wir viele Freunde zurückließen, ohne die Gewissheit, dass sie uns folgen würden oder ob ich sie je wiedersehen würde«, schreibt **Werner Dreifuss (Dreyfuß)** in seinen Memoiren.[354] Auch **Eric Greene** erinnert sich an die Abschiedsszene: *»Alle Kinder, die nicht mitfahren konnten, standen schweigsam im Kreis, wünschten uns viel Glück und beneideten uns gleichzeitig um unser Glück.«* Nach dem Eindruck der Köchin Amalia Kanner gab es *»wenig offensichtliche Eifersucht unter denen, die nicht gingen, obwohl sie enttäuscht gewesen sein mussten. Sie schienen sich über das Glück ihrer Freunde zu freuen. Das Leben all dieser Kinder war so oft aus dem Lot geraten, dass sie Veränderung und Trennung als normal hinnahmen.«* Erleichternd habe gewirkt, dass bei der Abreise der ersten Gruppe schon bekannt gewesen sei, dass eine zweite Gruppe folgen würde, für die schon einige Jugendliche ausgewählt worden waren. *»Statt einer feierlichen Verabschiedung sagten diese Glücklichen zueinander: ›Wir sehen uns in ein paar Wochen in Amerika.‹«*[355]

Nach einer langen Zugfahrt kamen die Kinder in Marseille an, wo sie in verschiedenen Einrichtungen in der Umgebung untergebracht wurden. **Erich Grünebaum** und **Ernst Valfer** wohnten mit anderen Kindern in einem Kloster. Auch die Kinder aus den anderen Heimen trafen ein: Es gab ein Wiedersehen mit den Frankfurtern **Anselm (Asher)** und **Jakob (Jack) Hirsch, Albert (Al) Eisemann, Joseph (Joe) Moses** und **Gertrude Pfifferling (verh. Jeannette Eisemann)**, die aus dem orthodoxen OSE-Heim *Château des Morelles* in Broût-Vernet kamen. In diesem Heim waren die beiden Schwestern der Hirsch-Brüder, **Flora (verh. Spiegel)** und **Gustl (Sarah, verh. Shartar)**, zurückgeblieben. Ihr Onkel August Hirsch[356] hatte sie erst vor wenigen Wochen dort hingebracht, wo sie nach längerer Trennung für kurze Zeit mit ihren Brüdern zusammen sein konnten. Die Mädchen waren mit Onkel und Tante nach dem Einmarsch der Deutschen von Paris nach Le Mont-Dore (Puy-de-Dôme) geflohen, einem Ferienort in den Bergen, etwa 50 Kilometer von Clermont-Ferrand. Der Onkel war für die *Résistance* tätig und hatte darüber von den geplanten Kinderverschickungen nach Amerika erfahren. Flora und Gustl waren für den zweiten Kinderkonvoi vorgemerkt.

Mit einer anderen Gruppe aus dem OSE-Heim *Château du Masgelier* kam auch der siebenjährige Bruder **Benjamin (Ben) Hirsch** nach Marseille. Er musste aber wegen starker Bauchschmerzen, die fälschlich als Blinddarmentzündung diagnostiziert wurden, zurückbleiben und wurde nach Broût-Vernet zu seinen Schwestern gebracht. Nach der Erinnerung von Anselm Hirsch durfte auf seinem Platz die 15-jährige **Ruth Sänger**, eine frühere Klassenkameradin seiner Schwester Flora aus der *Samson-Raphel-Hirsch-Schule*, mit nach Amerika fahren. Sie wäre sonst wahrscheinlich nicht mehr berücksichtigt worden, da sie schon nahe an ihrem 16. Geburtstag war.[357] Bevor sie nach *Montintin* gekommen war, hatte sie bei einer Pflegefamilie in Vichy gelebt.

354 Dreifuss (2016), S. 34.

355 Kanner & Rosenzweig Kugler (1997), S. 225f.

356 August Hirsch, geb. 8. Oktober 1897 in Frankfurt am Main, lebte mit seiner Frau im Pariser Exil. Der 45-Jährige wurde am 6. März 1943 von Drancy in das KZ Majdanek deportiert und dort ermordet. Vgl. Hirsch (2006), S. 42f.

357 Hirsch (2010), S. 44.

Marseille – Wettlauf mit der Zeit

In Marseille musste jedes einzelne Kind auf dem amerikanischen Konsulat persönlich vorgestellt werden. Die Kinder wurden von einem Arzt des amerikanischen Konsulats medizinisch untersucht und ihre Fingerabdrücke abgenommen. Dort wurde das *Affidavit in Lieu of Passport* ausgestellt am 22. Mai 1941.

Eric Greenes (Erich Grünebaum) Erinnerung an Marseille ist vor allem damit verbunden, dass er dort zum ersten Mal das Meer sah. Drei Begleitpersonen der Quäker betreuten die Kinder während des etwa zweiwöchigen Aufenthalts in der Hafenstadt. Sie machten ihnen diese Zeit so angenehm wie möglich, unternahmen Ausflüge mit ihnen und sorgten für ihre Zerstreuung.

Auch wenn die Kinder davon nicht viel spürten, waren die Tage in Marseille für ihre erwachsenen Begleiter, die OSE-Mitarbeitenden Isaac und Masha Chomski und besonders für Howard Kershner und seine Mitarbeitenden, die im Marseiller Büro des AFSC für die Organisation und Koordination der Reise zuständig waren, ein Wettlauf mit der Zeit und ein nervenaufreibender bürokratischer Marathon. Wegen eines Missverständnisses in der Korrespondenz mit ihrer Zentrale in Philadelphia war man beim AFSC in Marseille fälschlich davon ausgegangen, dass die Kinder ein spezielles Gruppenvisum statt der regulären Quotenvisa bekommen sollten. So entstanden Zeitverzögerungen, weil nun für jedes einzelne Kind vier Visa verschiedener Ämter benötigt wurden: ein Ausreisevisum der französischen Behörden, je ein Transitvisum der spanischen und portugiesischen Konsulate sowie ein Einreisevisum für die USA des amerikanischen Konsulats.

Ein Brief von Howard Kershner vom 20. Mai 1941 an seine Kollegen Picket, Vail und Rich in Philadelphia spiegelt die Schwierigkeiten in letzter Minute wider:

> *Die Quoten-Nummern und die Anweisungen an den hiesigen Konsul kamen erst vorgestern an, und es ist nun fast unmöglich, die aufwändigen Visa für 100 Kinder vorzubereiten, die portugiesischen und spanischen Visa zu bekommen und die Kinder innerhalb der verbleibenden acht Tage aus dem Land zu bekommen. Mit dem guten Willen des Konsulats und Tag- und Nachtarbeit hoffen wir, dass dies gelingt.*[358]

Der Zeitdruck erhöhte sich noch dadurch, dass das gebuchte Schiff in Lissabon früher auslaufen sollte als geplant. Allein 444 Fotos mussten von den Kindern gemacht werden, weshalb die AFSC-Mitarbeitenden die Kinder auf der Canabière, der Pracht- und Geschäftsstraße von Marseille, vor allen verfügbaren Fotoautomaten in Schlangen aufstellen mussten. Weil Heftklammern in Frankreich Mangelware waren, der portugiesische Konsul aber darauf bestand, dass die Fotos in die Pässe geheftet wurden, brachten die AFSC-Mitarbeitenden Stunden damit zu, die Fotos per Hand zu befestigen. Allen Bonell vom AFSC-Büro in Marseille beschreibt in seinem Abschlussbericht an Vail eindrucksvoll das ganze bürokratische Drama, das sich bis einen Tag vor der geplanten Abreise der Kinder bei ungewissem Ausgang abspielte. Schließlich hätten sämtliche diplomatischen

358 Gerneral Files, 1941, Foreign Service (France-Marseille, Ltrs. from Oct.) to (Germany-Berlin Center) box, AFSC-Archives, Philadelphia, PA. Zit. n. Gumpert (2002).

52

3a Septemter

305

AFFIDAVIT IN LIEU OF PASSPORT

REPUBLIC OF FRANCE
DEPARTMENT OF BOUCHES DU RHONE
CITY OF MARSEILLE
CONSULATE OF THE UNITED STATES
OF AMERICA

SS.

Before me, William L. PECK ~~XXX~~ Consul of the United States of America, in and for the district of Marseille, France, duly commissioned and qualified, personally appeared Fritz STRAUSS who, being duly sworn, deposes and says :

That his full name is Fritz STRAUSS and resides at MARSEILLE FRANCE

That he was born on 14th september 1926 at Miehlen (Germany)

That he is single, married to

That he is the bearer of no valid passport or other document for travel to the United States because. he is a German refugee

That this affidavit has been executed to serve in lieu of a passport to allow him to proceed to the United States.

DESCRIPTION :

Height : 5' and 3"
Weight : 116 Lbs
Hair : dark brown
Eyes : brown
Marks : none
Complexion : dark

Fritz Strauss
Fritz STRAUSS

PHOTOGRAPH ATTACHED AMERICAN CONSULAR SERVICE

Subscribed and sworn to before me this 22nd day of May 1941.

William L. PECK
~~XXXXX~~ Consul of the United States of America.

Service No. 5917
No Fee Prescribed.

Abb 52: *Affidavit in Lieu of Passport* von Fritz Strauß.

Register, inklusive einer kleinen Bestechung, gezogen werden müssen, um alle benötigten Papiere rechtzeitig zusammenzubekommen.[359]

Mit der Organisation der Kinderverschickungen aus Frankreich in die USA hatten die Quäker eine Herkulesaufgabe übernommen, deren Schwierigkeiten für sie nicht absehbar gewesen waren. Ihren persönlichen Einsatz und ihre Leistungen für dieses Rettungsprojekt kann man nicht genug würdigen. Zu der Herausforderung, inmitten des vom Krieg zerrütteten Europas für mehrere hundert Kinder Visa für mehrere Länder zu beschaffen, kam der zeitaufwändige, aber notwendige tägliche Informationsaustausch mit der AFSC-Zentrale in Philadelphia. Die Quäker standen unter einem enormen Erfolgsdruck. Von ihrer effizienten Organisation und Koordination der Reisevorbereitungen hing nicht nur die sichere Ankunft der Kinder ab, sondern auch, ob weitere Kindergruppen auf diesem Weg folgen konnten.

Ihren vollen Einsatz zur Rettung der Kinder erbrachten die AFSC-Mitarbeitenden, obwohl dieses Hilfsprojekt innerhalb der Quäkerorganisation umstritten war. Nicht nur wich es von den traditionellen Aufgaben der Quäker ab, Hilfsleistungen für eine große Anzahl notleidender Menschen in Kriegszeiten zu erbringen, es band auch enorme finanzielle und personelle Ressourcen zugunsten von vergleichsweise wenigen Begünstigten. *»Die Ausgaben für die Emigration dieser Kinder waren sehr hoch, und es stellt sich uns die Frage, ob die Ausgaben gerechtfertigt waren oder nicht, wenn man die anderen Verwendungszwecke betrachtet, die mit den entsprechenden Mitteln hätten getätigt werden können«*, schreibt Allen Bonnell aus Marseille in seinem oben angeführten Abschlussbericht.[360] Niemand, auch die Quäker nicht, konnte zu diesem Zeitpunkt wissen, dass die ausländischen Juden in Frankreich bald in die Vernichtungslager deportiert und ermordet werden würden.

Wie Bonnell berichtet, fühlten er und seine Kolleginnen und Kollegen eine große Erleichterung, als sie am Samstag, den 31. Mai früh morgens um sechs Uhr den Kindern und den sie Begleitenden im abfahrenden Zug hinterherwinkten. Die Quäker hatten die Kinder noch mit ausreichend Reiseproviant ausgestattet, und das Quäkerbüro in Toulouse versorgte sie während des dreistündigen Aufenthalts dort zusätzlich mit heißen Getränken und einigen Snacks. Jedes Kind musste während der Reise bis zur Ankunft in New York eine Identitätskarte um den Hals tragen. Auf der Karte waren die Adressen des AFSC in Marseille aufgedruckt, darunter der Vor- und Nachname des Kindes und seine Transportnummer sowie der Name und Abfahrtsort des Schiffes. Es folgte ein Text in Englisch und Französisch:

> *Bei einem Notfall, telegrafieren Sie an eine der oben angegebenen Adressen in Marseille oder Philadelphia, je nach Standort. Geben Sie bitte meinen Namen und die Nummer an und beschreiben Sie meine Situation. Vergessen Sie nicht, Ihre volle Adresse anzugeben. Sie werden sofort eine Antwort erhalten, und Ihre Ausgaben werden Ihnen vollständig erstattet.*

359 Brief von Allen Bonnell an James G. Vail vom 18. Juni 1941; AFSC-Archives, Philadelphia, PA.
360 Ebenda.

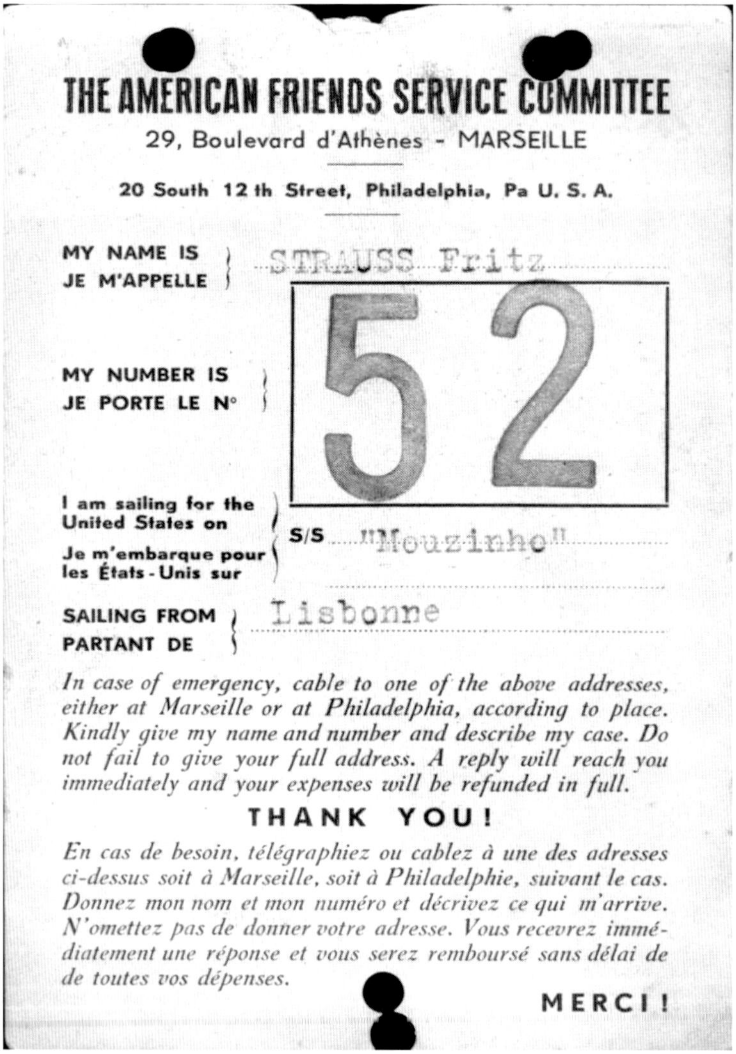

THE AMERICAN FRIENDS SERVICE COMMITTEE
29, Boulevard d'Athènes - MARSEILLE
20 South 12 th Street, Philadelphia, Pa U. S. A.

MY NAME IS / JE M'APPELLE: STRAUSS Fritz

MY NUMBER IS / JE PORTE LE N°: 52

I am sailing for the United States on / Je m'embarque pour les États-Unis sur: S/S "Mouzinho"

SAILING FROM / PARTANT DE: Lisbonne

In case of emergency, cable to one of the above addresses, either at Marseille or at Philadelphia, according to place. Kindly give my name and number and describe my case. Do not fail to give your full address. A reply will reach you immediately and your expenses will be refunded in full.

THANK YOU!

En cas de besoin, télégraphiez ou cablez à une des adresses ci-dessus soit à Marseille, soit à Philadelphie, suivant le cas. Donnez mon nom et mon numéro et décrivez ce qui m'arrive. N'omettez pas de donner votre adresse. Vous recevrez immédiatement une réponse et vous serez remboursé sans délai de de toutes vos dépenses.

MERCI!

Abb. 53: Identifikationskarte von Fritz Strauß.

Auf dem Weg zur spanischen Grenze hielt der Zug kurz am Bahnhof von Oloron, in der Nähe des Internierungslagers Gurs. Einige Kinder hatten Eltern, die dort interniert waren, und sie sollten die Gelegenheit haben, sich von ihnen zu verabschieden. Die Lagerkommandantur hatte kooperiert und die Eltern mit einem Lastwagen aus dem Lager zum Bahnhof gebracht. In den wenigen Minuten, die sich Eltern und Kinder dort wiedersahen, spielten sich erschütternde Szenen ab: Kinder erkannten ihre von den Entbehrungen gezeichneten Eltern kaum wieder; ein siebenjähriges Mädchen konnte mit seiner Mutter nicht mehr sprechen, weil es die Muttersprache im Jahr der Trennung verlernt hatte. Die Kinder, obwohl selbst hungrig, hatten ihre morgendlichen Essensrationen aufgespart und überreichten sie ihren Eltern als Geschenk. Bei diesem Abschied und auch noch danach flossen viele Tränen.

Bei der AFSC gingen die Meinungen auseinander, ob man auch bei den nachfolgenden Gruppen dieses Abschiedstreffen wiederholen sollte: Margret Frawly, die bei der AFSC-Zentrale in Philadelphia das Projekt USCOM-Kinder mit den Partnerorganisationen koordinierte, schreibt im Juli 1941 an Allen Bonnell in Marseille:

> *Wir hoffen, dass Ihr bei einer zweiten Gruppe verhindert, dass sich eine solche Szene wiederholt. Wir verstehen zwar, dass dies Ihnen den Anschein geben könnte, gefühllos zu sein, aber angesichts der emotionalen Verstörungen, die sich aus diesem Treffen entwickelt haben, glauben wir, dass es das Beste ist, den Kindern eine solche herzzerreißende Szene zu ersparen.*[361]

Offenbar sah man das in Frankreich anders, denn auch die zweite Gruppe, die im August in die USA reiste, hielt in Oloron, dem Bahnhof von Gurs, wo sich die Kinder von ihren Eltern verabschiedeten. An der französisch-spanischen Grenze mussten die Kinder den Zug wechseln, weil die spanische Eisenbahn eine andere Spurbreite hat. *»Die französischen Grenzbeamten machten keine Probleme«*, schreibt Bonnell. *»Zwei spanische Eisenbahnwaggons warteten ab der spanischen Grenze.«*[362]

Eric Greene erinnert sich, dass der spanische Zug bei weitem die primitivste Ausführung war, die sie alle je gesehen hatten, und vermutete, er stamme aus dem 19. Jahrhundert. Wie **Manfred Rosenthal** erzählt, durchsuchten die spanischen Grenzbeamten das Gepäck der Kinder. *»Das Brot, das wir von Frankreich mitgebracht hatten, verschwand bei dieser Gepäckdurchsuchung.«*[363]

Einen bleibenden Eindruck in den Erinnerungen mehrerer Kinder hinterließen die hohen Berge der Pyrenäen. **Eric Greene** erzählt, dass er am Zugfenster klebte, weil er noch nie zuvor wirklich hohe Berge gesehen hatte und von dem gewaltigen, dramatischen Erscheinungsbild dieses Gebirges immens beeindruckt war. Auch **Heinz Schuster** war fasziniert: *»Ich hatte nie so eine kahle, majestätische Schönheit gesehen. Die Schneedecke war noch nicht geschmolzen, und wir konnten daher meilenweit einen glänzenden weißen Teppich sehen, der das Land bedeckte.«*[364]

Die Fahrt nach Madrid durch das vom Bürgerkrieg gezeichnete Spanien machte dagegen auf die Kinder einen deprimierenden Eindruck. *»Eisenbahngleise waren zusammen mit Lokomotiven und Wagen gesprengt worden, und verlassene Fahrzeuge, Kanonen, Schießgewehre sowie andere Militärgüter waren überall zu sehen — in verschiedenen Stadien des Rostbefalls«*, bemerkte Henry Schuster.[365] In Madrid, wo die Kinder am frühen Montag Morgen eintrafen, hatte eine Mitarbeiterin des örtlichen Quäkerbüros,

361 Brief von Margret Frawly an Allen Bonell vom 18. Juli 1941, AFSC, Foreign Service. France-relief Marseille letters, Mai–August 1941, AFSC-Archives, Philadelphia, PA, Bonnell. Zit. n. Gumpert (2002), S. 21.

362 Brief von Allen Bonnell an James G. Vail vom 18. Juni 1941; AFSC-Archives, Philadelphia, PA.

363 Rosenthal, Manfred: Interview 37219, VHA.

364 Schuster (2011), S. 107f.

365 Ebenda.

unterstützt von der Amerikanischen Botschaft, alles arrangiert, damit die Kinder dort einen angenehmen Tag in einem katholischen Frauenkloster verbringen konnten. Von den Nonnen wurden sie liebevoll umsorgt, sie konnten sich waschen und bekamen ein warmes Essen. Am späten Abend um 23 Uhr setzten sie ihre Reise mit der Bahn fort. In Franco-Spanien durften die Kinder nicht auffallen, da das Regime und viele Spanier mit Nazi-Deutschland sympathisierten. Nach der Erinnerung von **Eric Greene** wurden sie als Gruppe jüdischer Kinder vor den Augen der Öffentlichkeit verborgen gehalten. Um nicht gesehen zu werden, seien sie mitten in der Nacht nicht zum Bahnhof, sondern zu den Gleisanlagen gebracht worden, um ihre Reise im Zug fortzusetzen. In der Morgendämmerung habe der Zug dann die portugiesische Grenze erreicht, wo sie wieder umsteigen mussten, diesmal in große Busse.

Lissabon – Tor zur Freiheit

Lissabon war seit dem Fall Frankreichs im Sommer 1940 der einzige noch offene Hafen Europas nach Übersee. Die portugiesische Hauptstadt wurde zum Ort der Zuflucht und sicheren Weiterreise für Tausende von Flüchtlingen, die hier manchmal monatelang ausharrten, bevor sie einen Platz auf einem Schiff nach Übersee bekamen. In der Stadt hörte man viele europäische Sprachen und kaum noch Portugiesisch. Hinter den Flüchtlingen lagen traumatische Erlebnisse der Verfolgung durch die Nazis. Hier konnten sie sich zum ersten Mal in Sicherheit fühlen und auf eine Zukunft ohne Angst hoffen. Auch für die Kinder war Lissabon der erste Ort, an dem sie sich nicht mehr verstecken mussten und sich willkommen fühlten.

Nach einer langen, anstrengenden Fahrt kamen die Kinder in Lissabon an. Sie wurden in der *Colónia Balnear Infantil* untergebracht, einer Ferienkolonie, die die portugiesischen Zeitung *O Século* für bedürftige Kinder außerhalb von Lissabon im Seebad Estoril betrieb. Nachdem die Quäker lange vergeblich nach einer geeigneten Unterkunft gesucht hatten, hatte der Kontakt mit der Lissabonner Tageszeitung buchstäblich im letzten Moment, einen Tag vor der Ankunft der Kinder, zum Erfolg geführt. Die wohlhabenden Eigentümer von *O Século* stellten die gerade leer stehende Villa der Ferienkolonie kostenlos für die Flüchtlingskinder zur Verfügung. Zahlen mussten die Quäker nur für die Verpflegung. Die Zeitung veröffentlichte außerdem zahlreiche Fotos und Artikel über die *»crianças refugidas«*, die »Flüchtlingskinder«.

Die Kinder wurden behandelt wie Ehrengäste. Frauen der Jüdischen Gemeinde von Lissabon brachten ihnen Schokolade, Süßigkeiten und Früchte, wie **Werner Dreifuss (Dreyfuß)** berichtet: *»Einige der Kinder aßen soviel, dass sie krank wurden. Andere versteckten alles, was sie konnten, weil sie Angst hatten, dass sie nie wieder so viel Essen bekommen würden.«*[366] Nach der langen Zeit in Frankreich, in der sie sich nie richtig satt essen konnten, hatte sich bei fast allen Kindern das gute und reichliche Essen in Portugal ins Gedächtnis geprägt. **Ernst Valfer** kommentierte: *»Lissabon war unsere erste Freiheit.*

366 Dreifuss (2016), S. 36.

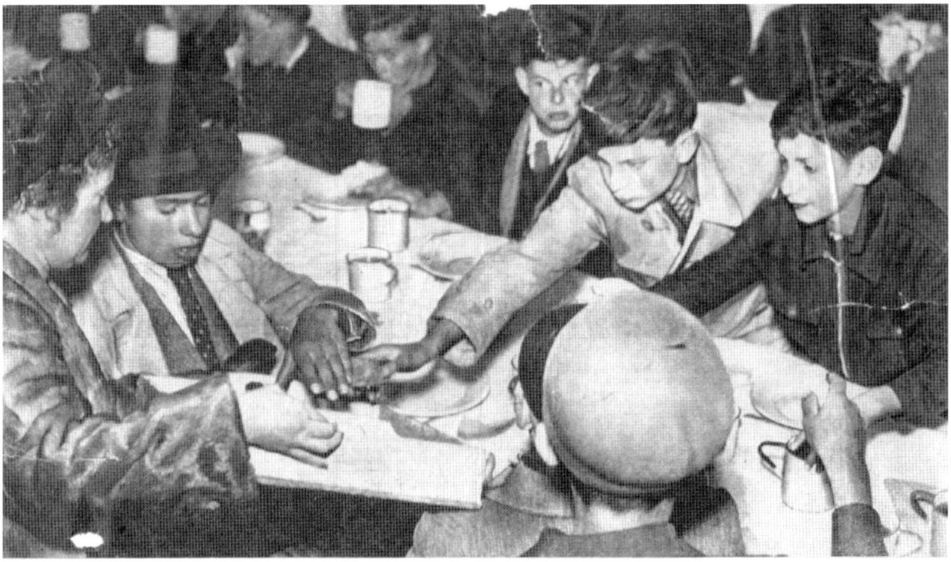

Abb. 54: Die Kinder in der *Colonia Infantil Balnear*
bei der Essensausteilung; Ernst Valfer (mit Hut);
Zeitungsausschnitt aus *O Século* im Fotoalbum von Elfriede (Meyer) Schloss.

Wir feierten diese Freiheit mit Essen, weil wir ausgehungert waren. Monatelang hatten wir nur Topinambur gegessen. Das Weißbrot mit Butter, das wir dort bekamen, war für uns eine Delikatesse.«[367]

Wie **Eric Greene** berichtet, wurden er und andere Kinder, die teilnehmen wollten, zum Freitagabendgebet in die Synagoge nach Lissabon gebracht, wo ein deutschsprachiger Rabbi sie willkommen hieß und eine Predigt über ihre vergangenen Nöte hielt. Zu den zahlreichen Aktivitäten in diesen Tagen gehörte auch ein Kinobesuch. **Elfriede (geb. Meyer) Schloss** weiß noch, dass sie einen Film mit dem amerikanischen Kinderstar Shirley Temple sahen. Allen im Gedächtnis blieb auch die Einladung zu einem festlichen Mittagessen in einem vornehmen Hotel, das zum großen Staunen der Kinder sogar ein Hallenbad hinter einer großen Glastür hatte.

»Wir waren alle sehr glücklich in Lissabon«, resümiert Elfriede, die ihren 15. Geburtstag dort mit einem richtigen Geburtstagskuchen feiern konnte. **Eric Greene**: *»Es war ein wunderbares Gefühl, dass wir den Krieg und die Verfolgung hinter uns gelassen hatten und dass wir in einem wirklich freien und neutralen Land waren.«*[368] Nach der bedrückenden Reise durch Frankreich und Spanien waren die Tage in Lissabon für die Kinder eine seelische und körperliche Erholung. Sie konnten sich ohne Angst bewegen und machten die glückliche Erfahrung, wirklich willkommen zu sein. Und sie genossen

367 Valfer, Ernst: Interview 28206. VHA.

368 Greene (2000). Portugal war damals kein wirklich freies Land, sondern eine Diktatur, die mit Nazi-Deutschland sympathisierte. Es war aber ein neutrales Land, in dem jüdische Menschen in Sicherheit waren.

eine unbeschwerte Zeit, bevor sie zu einem neuen Leben mit neuen Herausforderungen aufbrachen.

Als die 111 Kinder mit ihren fünf Begleitpersonen am 10. Juni 1941 zum Hafen von Lissabon gefahren wurden, erwarteten sie viele Menschen am Pier, um sie zu verabschieden. Auch **Morris Troper**, der Leiter der europäischen Zentrale des JDC (*The Joint*) in Lissabon, dessen Büro die Überfahrt organisiert und das gesamte Schiff für Flüchtlinge reserviert hatte, war gekommen.

»Da gestern ein Nationalfeiertag war, wurden die Straßen von Lissabon und die Schiffe im Hafen beflaggt, was der Abfahrt der Mouzinho ein festliches Aussehen verlieh. Dazu trugen die Kinder bei, als sie portugiesische und amerikanische Fähnchen schwenkend zum Pier fuhren«, meldete die *Jewish Telegraphic Agency* (JTA)[369] am 12. Juni 1941 in ihrem Tagesbulletin.

An Bord waren insgesamt 721 Passagiere, fast ausschließlich jüdische Flüchtlinge.[370] Wie die JTA ebenfalls berichtete, waren unter den Passagieren auch bekannte Persönlichkeiten, die über ein Emergency-Visum des *Emergency Rescue Committee* in die USA gerettet wurden. Dazu gehörten: der Maler Marc Chagall und seine Frau, die Schriftstellerin Bella Rosenfeld Chagall. Marc Chagall hatte vereinbart, den Kindern während der Überfahrt Zeichenunterricht zu geben. An Bord war auch Professor Maximilian Weinberger, der vormalige Leiter des *Rothschild-Krankenhauses* in Wien, der an Bord die ärztliche Betreuung der Kinder übernahm, außerdem der Oberrabbiner von Luxemburg, Robert Serebrenik, der zur Freude der streng orthodoxen Kinder, wie **Anselm (Asher) Hirsch**, eine Sefer Torah an Bord mitgebracht hatte. Auf diese Weise hätten Torah-Lesungen an Schabbat stattfinden können, schrieb er in seinen Erinnerungen. Anselm Hirsch kümmerte sich auch darum, dass die orthodoxen Kinder die Speisegesetze einhielten: *»Ich erreichte, dass sechzig der Kinder gemäß den Kashrut-Regeln nur Gemüse aßen, das einfach in Wasser gekocht war«*, schreibt er.[371]

Die Überfahrt nach New York dauerte zehn Tage und war nicht ungefährlich, da deutsche U-Boote immer noch den Atlantik beherrschten. Um zu signalisieren, dass es sich um ein neutrales Schiff handelte, waren der Schiffsname und eine portugiesische Flagge groß auf die Außenbordwände der *Mouzinho* gemalt und nachts beleuchtet. Trotzdem wurde das Schiff einmal von einem deutschen U-Boot gestoppt, wie **Ernst Valfer** erzählte. *»Die Deutschen kamen an Bord und kontrollierten die Papiere, aber da die in Ordnung und alles legal war, gingen sie wieder.«*[372]

369 Jüdische Nachrichtenagentur, gegründet 1917 von Jacob Landau. Das *Jüdische Korrespondenz Büro* wollte jüdische Gemeinden weltweit über das Schicksal der Juden informieren. Diese freiwillige Arbeit mündete dann in die JTA. In den 1930er Jahren gehörten die *Associated Press* und die *New York Times* zu den Kunden der JTA.

370 Nach der Schiffsliste waren auch 26 US-Bürger unter den Passagieren. Vgl.: Passagierliste *Mouzinho*, Ankunft 21. Juni 1941 in New York. Archiv der The Statue of Liberty – Ellis Island, Inc. Online: https://www.libertyellisfoundation.org/passenger-details [Stand 12. August 2021].

371 Hirsch (2010), S. 45.

372 Valfer, Ernst: Interview 28206, VHA.

Abb. 55: *Mouzinho*, Postkarte für die Passagiere an Bord.

Abb. 56: An Bord der *Mouzinho*, Juni 1941.
Siegfried Jamner, Ernst Valfer, unbekannt, Joseph Moses, beide unbekannt (v. l. n. r.).

Die Kinder waren zusammen mit anderen Passagieren der dritten Klasse im Schiffsrumpf in dreistöckigen Kojen untergebracht. Ihr Essen durften sie aber in einem schönen großen Speisesaal mit weißen Leinentischdecken einnehmen, wo Kellner sie bedienten, während ein Orchester spielte. Tagsüber waren die Kinder an Deck. Nach der Erzählung von **Eric Greene (Erich Grünebaum)** war das Schiff für die Kinder ein einziger Abenteuerspielplatz: *»Wir krabbelten durch den Maschinenraum und erkundeten alle Laderäume. Kein noch so unschöner Bereich des Schiffes war vor uns sicher.«* **Henry Schuster** erinnert sich, dass er und **Hermann (Herman) Bacharach**, genannt Dudu, oft in den Maschinenraum gingen, wo sie freiwillig Steinkohle in den Dampfkessel schaufelten. *»Die portugiesischen Heizer waren froh, billige Hilfskräfte zu haben. Sie konnten sich hinsetzen und uns bei der Arbeit zuschauen.«*[373]

Nicht alle Kinder hatten so viel Spaß auf dem Schiff, viele waren auch seekrank, was auch eine Folge der vielen Süßigkeiten und Schokolade war, die sie zum Abschied in Lissabon bekommen hatten. Die seekranke **Elfriede Meyer (verh. Schloss)** verbrachte deshalb die Nächte meistens an Deck an der frischen Luft. Dort sah sie zum ersten Mal in ihrem Leben einen dunkelhäutigen Mann. Er gehörte zur Schiffsbesatzung und erwies sich als sympathisch und fürsorglich: *»Er brachte mir immer Orangen, weil er wusste, dass ich nichts anderes essen konnte. Und er passte auf mich auf, wenn ich an Deck schlief, denn es gab auch komische Leute an Bord.«*[374]

Erich Grünebaum hatte an Bord eine Zufallsbegegnung: *»›Erich, wo kommst du denn her?‹, rief eine junge Dame auf Deutsch, die an unseren Essenstisch kam und mich anschaute«*, erzählt er.[375] Zu seiner großen Überraschung stand Beate Moritz aus seinem einstigen Heimatdorf Hellstein vor ihm, die mit ihren Eltern zu den Passagieren gehörte. Die 15-Jährige war die beste Freundin seiner Schwester Johanna gewesen, die jetzt in Holland war, ihre Eltern Nachbarn und Freunde seiner Eltern. Sie hatten zuletzt in Frankfurt gewohnt und waren jetzt auf dem Weg zu ihren Verwandten in *Newport News* in Virginia. Sie gaben ihm eine Postkarte an seine Eltern mit, die er nach seiner Ankunft in New York an sie schicken sollte, ein Auftrag, den Erich zu seinem späteren Bedauern aber nie ausführte.

373 Schuster (2011), S. 109.
374 Schloss, Elfriede (geb. Meyer): Interview 10907, VHA.
375 Greene (2000).

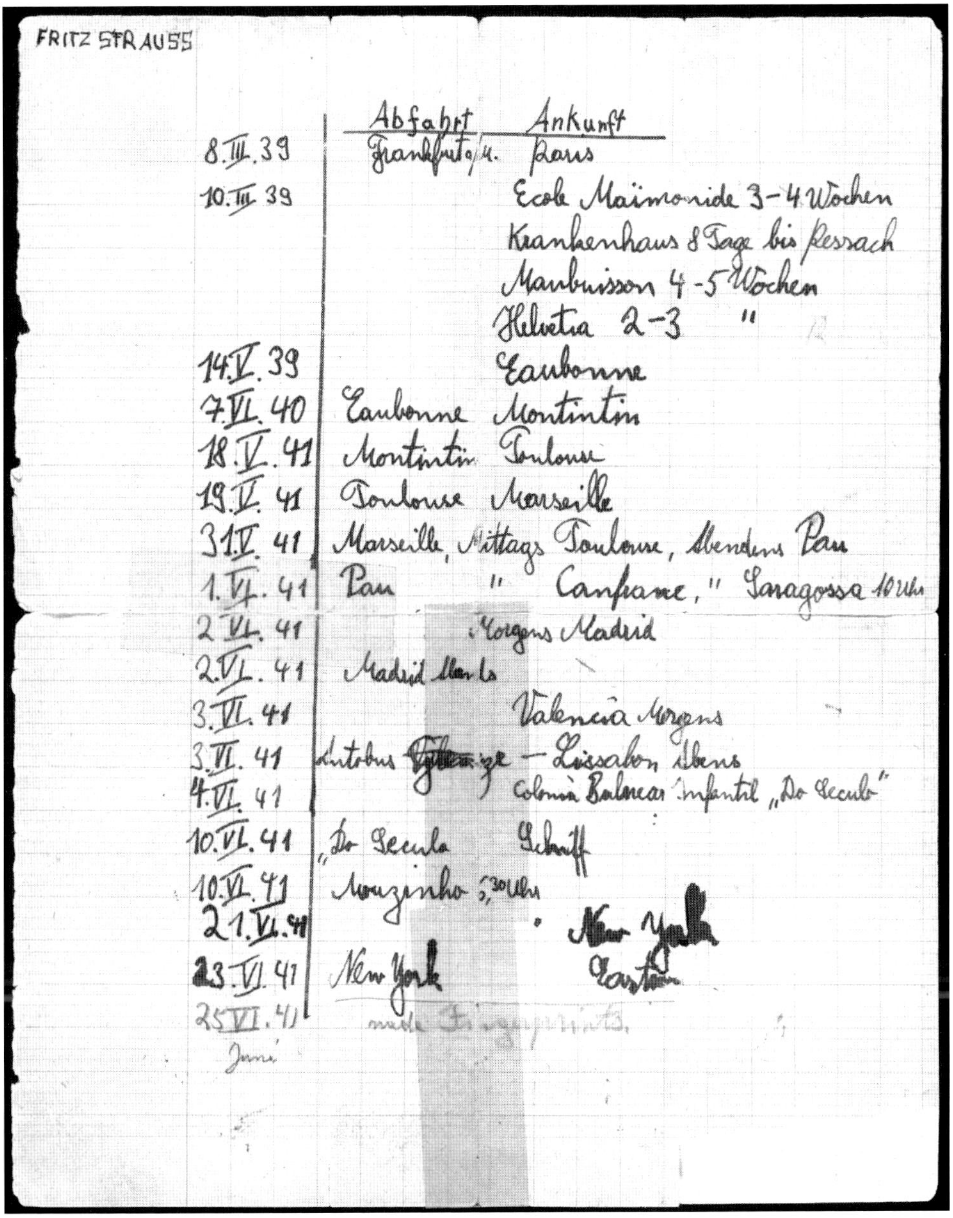
FRITZ STRAUSS

	Abfahrt	Ankunft
8.III.39	Frankfurt a/M.	Paris
10.III.39		Ecole Maïmonide 3–4 Wochen
		Krankenhaus 8 Tage bis Pessach
		Maubuisson 4–5 Wochen
		Helvetia 2–3 "
14.V.39		Eaubonne
7.VI.40	Eaubonne	Montintin
18.V.41	Montintin	Toulouse
19.V.41	Toulouse	Marseille
31.V.41	Marseille, Mittags Toulouse, Abends Pau	
1.VI.41	Pau " Canfranc, " Saragossa 10 Uhr	
2.VI.41		Morgens Madrid
2.VI.41	Madrid Abends	
3.VI.41		Valencia Morgens
3.VI.41	Autobus [illegible] – Lissabon Abends	
4.VI.41		Colonia Balnear Infantil „Do Seculo"
10.VI.41	„Do Seculo	Schiff
10.VI.41	Mouzinho 5,30 Uhr	
21.VI.41		New York
23.VI.41	New York	[illegible]
25.VI.41	nach [illegible]	
Juni		

Abb. 57: Notizen von Fritz Strauß.

findet sich bei sieben weiteren Kindern der Gruppe. **Elfriede (geb. Meyer) Schloss** berichtet, dass man auch sie wegen einer Bindehautentzündung ins Krankenhaus auf Ellis Island bringen wollte, dass dies aber in letzter Minute doch anders entschieden wurde.

Im Waisenhaus wurden die Kinder von Ehrenamtlichen, Männern und Frauen, die Deutsch und Jiddish sprachen, in Empfang genommen und eingewiesen. Zu diesem Empfangskomitee gehörte auch **Heinz Schusters** Onkel Salli Steinfeld, der Bruder seiner Mutter. Dieser einst erfolgreiche Inhaber eines Eisenwarengeschäfts in Josbach hatte jetzt eine Hausmeisterstelle in New York, wo er mit seiner Familie lebte.

Nach der Ankunft im Waisenhaus wurden die Kinder wieder ärztlich untersucht. Dabei gab es, wie **Ernst Valfer** erzählte, erst einmal Aufregung, weil alle Kinder positiv auf Diphtherie getestet wurden. *»Man wollte uns schon in Quarantäne stecken, aber Lene Papanek, die unsere Ärztin in Frankreich war, hat sich daran erinnert, dass wir in Frankreich alle von französischen Armeeärzten gegen Diphtherie und andere Krankheiten geimpft worden waren. Deswegen waren wir alle positiv.«*[380]

Eric Greene (Erich Grünebaum) erinnert sich an Stadtrundfahrten im Bus, die die Ehrenamtlichen mit ihnen in die New Yorker City machten. Viele Kinder erhielten während der Woche in New York Besuch von ihren Verwandten. Der erwähnte Onkel Salli nahm **Heinz Schuster** mit nach Hause zu seiner Frau, bei der sich Heinz allerdings nicht willkommen fühlte:

> *Tante Rosalie, die Ehefrau von Onkel Salli, war nicht erfreut, mich zu sehen. Sie hatte den Eindruck, dass ich bei ihnen wohnen wollte. Sie hatte Angst, dass ein Kind ihre Hausordnung stören und Schmutz ins Haus bringen würde. Ihre ersten Worte an mich waren: »Heinz, zieh Dir die Schuhe aus!« Sie brauchte keine Angst zu haben, denn ich war nur zum Abendessen da.*[381]

Auch **Erich Grünebaums** Onkel Gustav und Tante Frieda, die ihn schon am Pier begrüßt hatten, besuchten ihn mehrmals im Heim. *»Sie kauften mir Eiscreme und gaben mir etwas amerikanisches Geld. Sie erklärten mir auch den Wert der einzelnen Münzen.«*[382] **Elfriede Meyer** bekam Besuch von ihrem New Yorker Onkel. Wie sie berichtet, wollte der sie gerne bei sich aufnehmen. Das lehnte die GJCA aber ab, da ihr anderer Onkel in Chicago, ein Cousin ihrer Mutter, ihre Überfahrt bezahlt und bereits zugesagt hatte, sie aufzunehmen. Elfriede unternahm auch einen unerlaubten Spaziergang auf eigene Faust, um eine Bekannte ihrer Mutter aufzusuchen, die ein paar Blocks vom Waisenhaus entfernt wohnte. Das brachte ihr großen Ärger und die Drohung ein, wenn so etwas noch einmal vorkomme, werde sie zurück nach Europa geschickt.[383]

380 Gespräch der Autorin mit Ernst Valfer am 6. September 2019 in Berkeley, CA.
381 Schuster (2011), S. 111f.
382 Greene (2000).
383 Schloss, Elfriede (geb. Meyer): Interview 10907, VHA.

Übers ganze Land verstreut

Viele Kinder hatten nicht geahnt, dass sie, nachdem sie zwei Jahre lang in Frankreich als Gruppe zusammengewachsen waren und enge Freundschaften geschlossen hatten, nach ihrer Ankunft in den USA getrennt und über alle Staaten verstreut werden würden. Sie hatten auch nichts von dem erbitterten Kampf mitbekommen, der Monate vor ihrer Ankunft zwischen **Ernst Papanek** und **Lotte Marcuse** von der GJCA um Heimunterbringung oder Unterbringung in Pflegefamilien geführt wurde. Während Papanek überzeugt war, dass nur durch die Gründung eines Kinderheims in den USA die gute Erziehung und die Gruppensolidarität der OSE-Kinder erhalten werden könnten – er wurde darin von der USCOM und der inzwischen in die USA geflüchteten Yvonne de Gunzbourg unterstützt –, sahen Lotte Marcuse und die GJCA in diesem Vorschlag eine Barriere gegen eine wünschenswerte schnelle Amerikanisierung der Kinder. Die grundsätzlich unterschiedlichen Auffassungen der Beiden thematisiert Papanek auch in seiner Autobiografie:

> *In der stürmischen Sitzung am Tag vor der Ankunft der Kinder erwies sich, daß es nicht darum ging, was für die Kinder besser sei, zusammenzubleiben oder zu Pflegeeltern zu kommen. Mrs. Marcuse von der Organisation German Jewish Children's Aid, [...] vertrat die unglaubliche Theorie, daß die Kinder mit ihrer Vergangenheit völlig brechen müßten – als ob sie wirklich glaubte, man könne einfach die Tafel abwischen und neu beginnen.*[384]

Empört war Papanek auch von dem zu dieser Theorie gehörigen Plan, dass weder er noch sonst jemand außerhalb des *National Refugee Service* (NRS) erfahren sollte, bei welchen Pflegeeltern die Kinder untergebracht wurden.

Auch die Mitglieder des belgischen CAEJR in New York, **Max Gottschalk** und **Lilly Felddegen**, die große Anstrengungen unternommen hatten, damit ihre früheren Schützlinge aus Frankreich in die USA kommen konnten, bemühten sich beim GJCA vergeblich darum, die Adressen der eingetroffenen Kinder zu bekommen. In einem Brief vom 23. Dezember 1941 an Madame de Becker in Genf beschwerte sich Lilly Felddegen über das Kontaktverbot und über Lotte Marcuse, die ihre Briefe in dieser Sache nicht beantwortete. Sie zitiert die OSE-Förderin Baronin Yvonne de Gunzbourg, mit der sie sich getroffen hatte, um ein gemeinsames Vorgehen zu beraten, und die keine Chance sah, gegen diese bestehende Bürokratie anzukommen:

> *Mir wurde hier von der Organisation, die die Kinder betreut, erklärt, dass unser Kontakt für die Kinder nur schädlich sein kann, da er die Kinder an eine schmerzliche Vergangenheit erinnern würde, die man sie hier vergessen machen will, um aus ihnen so schnell wie möglich gute Staatsbürger zu machen. Das hat vielleicht etwas Gutes, aber in der Zwischenzeit kommt es mir so vor, dass die Kinder entführt worden sind.*[385]

384 Papanek (1980), S. 173.

385 USHMM, Lilly Felddegen Papers, Accession Number 2005.473, RG-19066, Lotte Marcuse File, German Children's Aid, Inc. 1941–1942. in English and French, p. 20.

Ernst Papanek und seine Mitstreiterinnen konnten sich schließlich mit ihrem Konzept der Gruppenerziehung nicht gegen die im amerikanischen Fürsorgesystem verankerte Auffassung von der Familie als zentraler und bester Erziehungsinstitution durchsetzen.[386] Um den Kontakt zu »seinen« Kindern nicht zu verlieren und ihre Vermittlung an Pflegeeltern zu überwachen, setzte Papanek zumindest durch, dass er die erste größere Gruppe von 18 Kindern nach Chicago begleiten konnte. Unter diesen Kindern, die mit ihm in einem Pullmann-Zug Ende Juni nach Chicago fuhren, waren **Erich Grünebaum, Elfriede Meyer** und **Anselm Hirsch**. Bei ihrer Ankunft in Chicago wurden die Kinder von der Öffentlichkeit und von vielen Zeitungsreportern begrüßt. Den Artikel von *The Chicago Herald American* haben Eric Green und Elfriede Schloss bis heute aufbewahrt.

Elfriede Meyer kam nach der Ankunft in Chicago sofort zu ihren Verwandten, die sie nicht kannte. Diese schickten sie bald nach ihrer Ankunft auf eine Sommerschule, wo sie schnell Englisch lernte, sodass sie schon im September die *Hyde Park Academy High School* besuchen konnte. **Erich Grünebaum** und **Anselm Hirsch** sowie acht weitere Kinder, die keine Verwandten hatten, die bereit waren, sie aufzunehmen, kamen in das vom *Jewish Children's Bureau of Chicago* geführte Israelitische Waisenhaus *Woodlawn Hall*. Für diese Kinder mussten noch Pflegefamilien gefunden werden. Auch **Jakob Hirsch**, der nach seiner Entlassung aus dem Krankenhaus von Ellis Island und einer Nacht im Waisenhaus nach Chicago geschickt wurde, kam kurz nach den anderen in *Woodlawn Hall* an.

Bar Mizwa in Chicago

Erich Grünebaum sowie **Anselm** und **Jakob Hirsch** sorgten in den ersten Tagen in *Woodlawn Hall* für viel Aufregung und Ärger bei der Heimleitung sowie dem noch anwesenden Ernst Papanek. Da seine Bar Mizwa Mitte Juli bevorstand, hatte sich Erich schon auf der gesamten Reise nach den USA von dem in religiösen Dingen sehr kundigen **Anselm (Asher) Hirsch** unterrichten lassen. Er unterstützte ihn auch jetzt bei den Vorbereitungen auf diesen wichtigen Tag in der kleinen Synagoge des Heims. Anselm Hirsch hatte aber entschieden, dass dieser Ort für Erichs Bar Mizwa ungeeignet war, da die Torah dort durch handschriftliche Anmerkungen entweiht worden war. Deshalb verließen Erich und die Hirsch-Brüder am Schabbat-Morgen, eine Woche vor dem Ereignis, das Heim, um in dem Süd-Chicagoer Viertel nach einer geeigneten orthodoxen Synagoge zu suchen. In einer Seitenstraße fanden sie eine kleine Synagoge, und nachdem sie dort am Schabbat-Gottesdienst teilgenommen hatten, trugen sie den Gemeindemitgliedern und dem Rabbiner ihr Anliegen vor. Mangels Englischkenntnissen verständigten sie sich auf Jiddisch und mit Unterstützung eines deutschen Flüchtlings, der übersetzte. Sie wurden von der Gemeinde mit offenen Armen aufgenommen.

Auch **Asher (Anselm) Hirsch** erwähnt die Szene in seinen Memoiren: *»Wir fragten für Erich um die Erlaubnis, aus der Torah vorlesen zu dürfen«*, schreibt er. *»Alle Teil-*

386 Anders als in Belgien und Frankreich, wo man Heimerziehung positiv bewertete, galt sie in den USA nur als eine letzte Möglichkeit für sozial auffällige und straffällige Jugendliche.

nehmer waren begeistert, wie gut er las. Sie fragten ihn, wer sein Lehrer sei und er deutete auf mich und sagte: ›Er.‹«[387] Unter den Teilnehmenden am Gottesdienst seien auch ehemalige Frankfurter gewesen, die seine Familie gekannt hätten, berichtet er. Sie hätten an seinen Vater geschrieben, er solle ihn drängen, Rabbi zu werden. Sein Vater habe ihm daraufhin geschrieben und ihn gelobt, aber auch darauf hingewiesen, dass er zuerst etwas lernen müsse womit er seinen Lebensunterhalt verdienen könne.

Erich erhielt die Zusage der Gemeinde, seine Bar Mizwa dort zu feiern. Eines der Gemeindemitglieder brachte die drei Jungen am Nachmittag nach *Woodlawn Hall* zurück. Dort waren alle wegen der Ausreißer in großer Aufregung, und der Direktor war kurz davor, die Polizei zu rufen. Denn die Drei hatten, ohne seine Erlaubnis einzuholen oder Bescheid zu sagen, das Heim für einen ganzen Tag verlassen.

Eric Greene schildert, wie der wütende **Ernst Papanek** ihnen deshalb die schlimmste Standpauke hielt, die er seit seiner Zeit bei seinem Onkel in Speyer erlebt hatte. Nachdem sich die Wut bei Papanek und dem Direktor gelegt hatte, konnten die Drei erklären, was sie bewogen hatte, sich auf diese Weise abzusetzen. Schließlich gab ihnen der Waisenhausdirektor die Erlaubnis, am kommenden Schabbat das Heim für einen ganzen Tag zu verlassen, allerdings nicht, ohne sie streng zu ermahnen, das nie wieder ohne seine Erlaubnis zu tun.

Der Direktor hatte das *Jewish Children's Bureau*, das die Rolle des gesetzlichen Vormunds der Flüchtlingskinder inne hatte, über Erich Grünebaums bevorstehende Bar Mizwa informiert. Daraufhin wurde er mit einer komplett neuen Garderobe sowie einem Gebetsschal für diesen festlichen Anlass ausgestattet. Zu seiner Bar Mizwa am 12. Juli 1941 in der kleinen Gemeinde mit dem langen Namen *Beth Hamidrosh Hagodol Anshei Dorom* kamen auch zwei Verwandte, die in Chicago wohnten. *»Beide gingen wieder weg, ohne dass ich mit ihnen sprechen konnte. Mein nächster Verwandter in Amerika, Mamas Bruder, Onkel Isidor, der in Indianapolis, 200 Meilen südlich von Chicago sein Zuhause und Geschäft hatte, fiel durch seine Abwesenheit auf«*, so Eric Greene.[388]

»Ich hatte meine guten Gründe, warum ich die Kinder selbst begleiten wollte«, schreibt Papanek und schildert die wenig einfühlsamen Praktiken, mit der in England spanische Flüchtlingskinder an Pflegeeltern vermittelt worden waren. *»In der Kent Academy mußten sich die Kinder in einer langen Reihe aufstellen; man meinte, auf einem Sklavenmarkt zu sein. Man stritt sich um die klugen, lebhaften Kinder, während jene, die übrigblieben, gleichsam einschrumpften und innerlich starben.«* Papanek wollte »seine Kinder« vor solchen Demütigungen bewahren. Er blieb deshalb etwa eine Woche in *Woodlawn Hall*, *»um die Kinder vorzubereiten, während die Sozialarbeiter und Sozialarbeiterinnen die Eltern vorbereiteten«*. Die potenziellen Pflegeeltern durften nur zwischen einem Jungen und einem Mädchen wählen und bekamen dann eingehende Informationen über das für sie bestimmte Kind. *»Es gab keine Aufstellung, keinen Wettbewerb, keine Übrigbleibenden«*, so Papanek.[389]

---

387 Hirsch (2010), S. 49.
388 Greene (2000).
389 Papanek (1980), S. 174.

Abb. 58: Erich Grünebaum im Sommer 1941 in Chicago.

Die Vermittlung aller »seiner Kinder« an Pflegeeltern dauerte aber viel länger, als Papanek in *Woodlawn Hall* bleiben konnte. Und schließlich gab es doch ein Kind, das übrig blieb und gedemütigt wurde: Erich Grünebaum. Rückblickend beschreibt dieser, wie er im Juli und August 1941 nach und nach von allen Kindern, die mit ihm nach *Woodlawn Hall* gekommen waren, Abschied nehmen musste. Auch die Hirsch-Brüder fuhren nach Atlanta, Georgia, zu einer Gastfamilie. Erich wurde immer einsamer und trauriger zwischen den anderen Heimkindern. Sein Onkel Isidor hatte ihn zwar einmal im Heim besucht, aber Erich wartete vergeblich darauf, dass er oder ein anderer Verwandter ihn aufnahm. Die nachhaltige Enttäuschung über die Verwandten schwingt in seiner Erzählung immer noch mit.

In dieser Zeit des Wartens erlebte Erich eine erniedrigende Situation, die der von Papanek beschriebenen sehr ähnelte:

Eine gut gekleidete Dame kam mit guten Absichten ins Heim. Ich wurde ihr vorgestellt, und sie untersuchte mich. Ich hatte von der schlechten Ernährung in Frankreich immer noch Hautausschläge am Körper, von denen einige noch etwas entzündet waren. Ich hatte auch immer noch Reste eines Sonnenbrands. Die Frau untersuchte mich von oben bis unten und sagte dann zum Direktor, ich solle mein Unterhemd ausziehen. Sie inspizierte minutenlang meinen Körper und wies mich dann zurück.[390]

Gegen Ende August, kurz bevor die Schulsaison begann, wurde endlich eine Entscheidung getroffen: Entfernte Verwandte, die Cremers, erklärten sich bereit, ihm ein vorübergehendes Zuhause zu bieten. So zog Erich in ihre 1-Zimmer-Wohnung im dritten Stock eines Mietshauses in Albany Park. Kurz darauf, ab dem 3. September, besuchte er dort die *Haugan Elementary School.*

Auch **Heinz Schuster** war als Letzter übriggeblieben. Im New Yorker Waisenhaus erlebte er, wie alle Freunde und Freundinnen nach und nach verschwanden. Zuerst ging sein bester Freund **Fritz Strauß** nach Easton, Delaware, zu seiner Mutter und seinem Stiefvater. Elfriede Meyer, Erich Grünebaum und die Hirsch-Brüder fuhren nach Chicago. Hermann Bacharach kam zu einer Pflegefamilie nach Maryland (New York). Werner Dreyfuß (Dreifuss) und Ruth Sänger wurden zur Weitervermittlung in Pflegefamilien nach Los Angeles ins Waisenhaus *Vista Del Mar* geschickt. Ernst Valfer kam zuerst einige Wochen in das Waisenhaus *Homewood Terrace* in San Francisco und dann zu seinen Verwandten in San Francisco. **Joseph Moses** blieb in New York, ebenfalls **Manfred Rosenthal**, der zu seinen Eltern nach Washington Heights zog.

Henry (Heinz) Schuster beschrieb seine Gefühle von damals:

Ich wusste nur, dass meine Kameraden weg waren, und ahnte, dass ich sie wohl nie wieder sehen würde. So viele Jahre hatten wir zusammen gelebt. Wir erlebten gemeinsam viele glückliche und auch gefährliche Zeiten. Sie waren meine Familie, da ich schon lange von meiner leiblichen Familie getrennt war. Diesen Trennungsschmerz nun auch mit meiner »adoptierten Familie« durchstehen zu müssen, war fast mehr, als ich ertragen konnte.[391]

Er selbst kam schließlich, nach einigen Tagen, die er als einziges Kind im New Yorker Waisenhaus verbracht hatte, zu einem entfernten Verwandten nach Shreveport, Lousiana.

Der zweite Kinderkonvoi

Die Nachricht von der guten Ankunft der ersten Kindergruppe in den USA war bei der OSE mit Freude und Erleichterung aufgenommen worden. Aber die Zeit drängte, die Kinder aus Europa herauszubringen. Bereits einen Tag nach der Ankunft der Kinder in New York hatte der Krieg in Europa eine neue verheerende Dimension erreicht: Am 22. Juni

390 Ebenda.
391 Schuster (2011), S. 112f.

1941 hatte die Deutsche Wehrmacht unter dem Geheimcode *Unternehmen Barbarossa* die Sowjetunion überfallen.

In Frankreich wurde die politische Entwicklung für die Juden immer bedrohlicher: Am 29. März 1941 war das Generalkommissariat für Judenfragen (*Commissariat Général aux Questions Juives*) unter Leitung des Katholiken und glühenden Antisemiten Yavier Vallat gegründet worden. Die Deutschen hatten eine solche französische Behörde, die ihre Ausgrenzungspolitik unter dem Deckmantel der Legalität koordinieren und forcieren sollte, nur für die besetzte Zone verlangt. Aber die Vichy-Regierung hatte dieses antijüdische Instrument bereitwillig auch für den unbesetzten Teil des Landes übernommen. Das bedeutete, dass diese französische Behörde alle Polizeiangelegenheiten übernahm, die Verhaftung, Überwachung und Registrierung von Juden ebenso wie die Verbannung der Juden aus dem Wirtschaftsleben und die Übertragung ihres Eigentums in »arische« Hände.

»Im April 1941 wurde den Juden die Ausübung aller Tätigkeiten – vom Verkauf der Lotterielose bis hin zu jeder Form der Lehre – untersagt, die sie in Berührung mit der Öffentlichkeit gebracht hätte«,[392] erläutert der Historiker Friedländer und weist darauf hin, dass die überwältigende Mehrheit der französischen Bevölkerung darauf nicht reagierte. Angesichts der daraufhin zunehmenden antijüdischen Propaganda und der gegen Juden gerichteten Gewaltakte, habe es zwar individuelle Äußerungen von Mitgefühl gegeben, die aber im privaten Rahmen geblieben seien. Am 2. Juni 1941 erlangte ein zweites verschärftes »Judenstatut« Gesetzeskraft, mit dem Juden gänzlich aus dem Wirtschaftsleben ausgeschlossen wurden. Ebenso wie das Statut vom Oktober 1940 machte auch dieses keinen Unterschied zwischen einheimischen und ausländischen Juden, wie es die alteingesessenen französischen Juden in einer Denkschrift ihres Präsidenten Hellbronner an Marschall Pétain vorgeschlagen hatten. Razzien und Internierungen betrafen allerdings nur die ausländischen Juden und im besetzten Frankreich vorerst nur die Männer. In Paris verhaftete die französische Polizei am 14. Mai 1941 auf Befehl des Judenreferenten beim Befehlshaber der Sicherheitspolizei und des SD in Frankreich, Theodor Dannecker, 3.733 ausländische männliche Juden und verschleppte sie in die Lager Pithiviers und Beaune-La-Rolande, eine Tat, die ohne Presseecho und öffentliche Proteste über die Bühne ging.

Die bereitwillige Zusammenarbeit der Vichy-Regierung bei den antijüdischen Maßnahmen lässt sich nach Auffassung von Friedländer nicht ohne die antisemitische Tradition der »révolution nationale« verstehen und nicht ohne die

> *Tatsache, daß der französische Episkopat schon im August 1940 die Ausschließung von Juden aus dem öffentlichen Leben begrüßte und daß sich in der Bevölkerung, vor allem unter den Bewohnern der ländlichen Gebiete und in den katholischen Mittelschichten in der Provinz, der Antisemitismus nicht auf eine winzige Minderheit beschränkte, sondern weit verbreitet war.*[393]

Mitte Juli 1941 erhielt das USCOM die Genehmigung, 100 weitere Kinder in die USA zu holen. Weil es nach wie vor schwierig war, Schiffspassagen zu bekommen, sollten die

392 Friedländer (2007), S. 550.
393 Ebenda, S. 554f.

Kinder aufgeteilt in zwei kleineren Gruppen in die USA reisen. Mit der ersten Gruppe von 45 Kindern fuhren die Geschwister **Flora, Gustl** und **Benjamin Hirsch**, 15, 12 und neun Jahre alt. Nachdem die USCOM nochmals darauf hingewiesen hatte, dass ältere Kinder in den USA schwer zu vermitteln seien, waren diesmal mehr jüngere Kinder, insgesamt 67 unter 13 Jahren, ausgewählt worden. Wie **Benjamin Hirsch** erzählt, durfte seine älteste Schwester Flora, die in drei Monaten 16 wurde, nur mitfahren, weil sie ihre jüngeren Geschwister begleitete. Die Gruppe bestand wieder vor allem aus jüdischen und nur drei christlichen Kindern (zwei katholischen und einem protestantischen).

Die ersten 45 Kinder der zweiten USCOM-Gruppe verließen am 13. August 1941 mit einer Eskorte von AFSC-Mitarbeitenden Marseille mit dem Zug Richtung Spanien und Portugal. Die übrigen 55 Kinder mussten noch einige Wochen warten, bevor sie sich auf denselben Weg machen konnten. Von der Reise hat **Benjamin Hirsch** vor allem die Übernachtung in Madrid in dem katholischen Nonnenkloster in angenehmer Erinnerung.

> *Wir wurden zu einem Kloster gebracht, wo wir gebadet wurden, Essen bekamen und gerade lang genug schlafen durften, dass wir vor der Morgendämmerung abreisen konnten. Ich war sehr beeindruckt davon, wie fürsorglich und freundlich uns die Nonnen behandelten. Sie konzentrierten sich auf das, was in kurzer Zeit getan werden musste, aber ihre Effizienz minderte nicht die Wärme, das Mitgefühl und die Zärtlichkeit, mit der sie uns überschütteten.*[394]

Er erwähnt auch, dass alle Kinder sich der Gefahr, von deutschen Spionen entdeckt und zurückgeschickt zu werden, bewusst waren. In der Tat hatte die spanische Regierung ein Jahr zuvor auf Druck der Deutschen Hunderte jüdische Flüchtlinge nach Frankreich zurückgeschickt. Am 16. August 1941 erreichte die Gruppe Lissabon und ging dort bereits am 20. August 1941 an Bord der *Mouzinho*, desselben Schiffes, das auch ihre Vorgängergruppe nach New York gebracht hatte. An Bord waren insgesamt 625 Passagiere, darunter 611 Flüchtlinge und 14 US-Bürger.[395]

Die Letzten aus Deutschland

Unter den Flüchtlingen an Bord waren außer den USCOM-Kindern noch vier weitere unbegleitete Minderjährige, die direkt aus Deutschland kamen. Einer von ihnen war der 15-jährige **Erich (Eric) Rosenfeld** aus Seeheim an der Bergstraße. Er hatte die letzten zwei Jahre im Frankfurter *Israelitischen Waisenhaus* gelebt. Bevor ihn seine Mutter im März 1939 dorthin gebracht hatte, hatte er miterlebt, wie die Nazis beim Novemberpogrom das kleine Geschäft seiner Eltern in ihrem Haus in der Schloßstraße 8 in Seeheim mit Äxten völlig zerstört und die Waren auf die Straße geworfen hatten. Sein leukämiekranker Vater war wenige Wochen nach diesem Überfall gestorben. Seine Mutter Emilie

394 Hirsch (2006), S. 45.

395 Passagierliste *Mouzinho*, Ankunft 21. Juni 1941 in New York. Archiv der The Statue of Liberty – Ellis Island, Inc.. Online: https://www.libertyellisfoundation.org/passenger-details [Stand 12. August 2021].

Rosenfeld, inzwischen völlig mittellos, konnte nicht mehr für ihn sorgen. Sie hatte von den Kinderverschickungen gehört, die der Waisenhausdirektor Marx zusammen mit der Jugendabteilung der Jüdischen Wohlfahrtspflege organisierte und ihn dafür angemeldet.

Eigentlich hätte Erich Rosenfeld mit einer Kindergruppe nach Palästina gehen sollen. Zumindest stand er auf einer ersten Liste des Waisenhauses von Kindern, die dorthin gebracht werden sollten. Als Vorbereitung darauf hatte er in der Darmstädter Jüdischen Schule neben Englisch auch Ivrit, die hebräische Umgangssprache, gelernt. Da seine Eltern aber bereits Visa für Amerika beantragt hatten und sein drei Jahre älterer Bruder Herbert seit einem halben Jahr in New York war, entschied sich die Mutter für die USA.

An das Leben im Waisenhaus habe er sich erst gewöhnen müssen, erzählt **Eric Rosenfeld**. Bei seiner Ankunft hätten dort etwa 100 Kinder jeden Alters gelebt. Isidor Marx und dessen Tochter Esther seien schon in England gewesen. Rosa Marx habe das Heim geleitet. *»Sie war sehr engagiert und aufmerksam und mit ihrem Herzblut dabei. Das Waisenhaus, das war sie«*, erklärt er. Wie alle älteren Kinder übernahm auch er freiwillige Dienste im Haus. *»Ich stand jeden Morgen um sechs Uhr auf und half bei der Zubereitung des Frühstücks.«*[396] Nach dem Frühstück fuhr er mit dem Fahrrad zur *Samson-Raphael-Hirsch-Schule* am Tiergarten. Diese traditionsreiche Schule der *Israelitischen Religionsgesellschaft* befand sich nach deren Zwangsvereinigung mit der Israelitischen Gemeinde durch die NS-Behörden bereits in Auflösung. Erich Rosenfeld gehörte zu ihren letzten 84 Schülern und Schülerinnen. Als die Schule am 30. März 1939 ihre Pforten für immer schließen musste, wechselten die Kinder, die nicht mit ihren Eltern ins Ausland flüchten konnten, entweder zur *Jüdischen Volksschule* oder wie Erich Rosenfeld auf das *Philanthropin* in der Hebelstraße.

Bereits am 3. April 1939 waren die beiden Jüdischen Gemeinden Frankfurts in einem so genannten Judenvertrag dazu gezwungen worden, den größten Teil ihrer Immobilien, darunter auch die Synagogengrundstücke und die Schulen, an die Stadt Frankfurt zu verkaufen. In dem Vertrag wird in der beigefügten Auflistung der Immobilien auch die *Israelitische Realschule*, Am Tiergarten 8, aufgeführt, *»die innerhalb Jahresfrist geräumt wird, um sie für dringende städtische Bedürfnisse bereitzustellen«.*[397]

Lehrer wie Schüler und ihre Familien saßen nach den Gewalttaten des Novemberpogroms und der darauf folgenden Flut antijüdischer Gesetze und Verordnungen auf gepackten Koffern. Auch Erich Rosenfeld wartete auf eine Gelegenheit, Deutschland so schnell wie möglich zu verlassen und zu seinem Bruder und seinen Cousins nach New York zu kommen. Vorerst musste er sich aber noch gedulden. 1940 brach er seine Schulausbildung am *Philanthropin* ab und begann als Vorbereitung auf die Emigration eine Tischlerlehre in der Anlernwerkstatt der Reichsvereinigung in der Fischerfeldstraße 13. Dort bekam er auch Unterricht in Englisch, Geschichte und Religion und bei seinem Austritt 1941 ein Abschlusszeugnis.

Am 1. April 1941 mussten auch die höheren Schulzweige am *Philanthropin* geschlossen werden. Damit jüdische Schüler überhaupt noch einen Ort hatten, an dem sie

396 Saks (1987).

397 Kommission zur Erforschung der Geschichte der Frankfurter Juden (Hrsg.) (1963), S. 258ff.

gemeinsam unterrichtet werden konnten, wurde für sie Unterricht in den Räumen des *Israelitischen Waisenhauses* organisiert, bis auch das Waisenhaus im Juli 1942 geschlossen wurde.[398]

Anscheinend ging es den Kindern im Waisenhaus bis Sommer 1941 noch besser als der übrigen jüdischen Bevölkerung. Die litt unter Mangelernährung, weil sie bestimmte Lebensmittel auf ihre mit einem »J« gestempelte Lebensmittelkarten nicht mehr bekam. An wirkliche Not in seiner Frankfurter Zeit konnte sich Erich Rosenfeld jedenfalls nicht erinnern. Im Waisenhaus habe es noch ausreichend zu Essen gegeben, erzählt er. Man hätte sogar noch geräuchertes Fleisch aus der Schweiz importiert. Das Wichtigste für ihn sei gewesen, dass er sich im Waisenhaus gut aufgehoben und in Sicherheit gefühlt habe: *»Es gab im Waisenhaus eine Atmosphäre von Herzlichkeit und gefühlsmäßiger Wärme«*, erinnerte er sich. Und noch etwas hatte er nicht vergessen: *»Wenn die britischen Bomber über Frankfurt flogen, haben wir Kinder sie angefeuert.«*[399]

Im versiegelten Waggon in die Freiheit

Erich (Eric) Rosenfeld erhielt mit Hilfe der HIAS ein Visum für die USA und konnte 1941 an einer der letzten Kinderverschickungen aus Deutschland teilnehmen. Inzwischen führte der einzige Weg aus dem Deutschen Reich nach Übersee für jüdische Flüchtlinge mit gültigem Visum über Lissabon. Ab dem Anhalter Bahnhof in Berlin gelangten sie bis zum Spätsommer 1941, vereinzelt sogar bis Ende November 1941, in wöchentlich abfahrenden versiegelten Waggons über Paris bis zur spanischen Grenze. Von dort fuhren sie in einem normalen Zug weiter bis nach Lissabon. Unter den Flüchtlingen waren auch kleine Gruppen unbegleiteter Kinder, die meist zu ihren Eltern oder Verwandten in die USA reisten. Auf diesem Weg waren im März 1941 auch 13 deutsch-jüdische Kinder und Jugendliche zwischen elf und 19 Jahren aus dem besetzten Holland zur Weiterreise als Kindertransport nach Berlin geschickt worden. Hier sollten sie sich eine Woche aufhalten, bis sie von den Konsulaten ihre spanischen und portugiesischen Transitvisa bekommen hatten. Wie alle »Auswanderer«, die noch auf ihre Papiere warten mussten, brachte die Jüdische Gemeinde Berlin die Kinder bis zu ihrer Weiterreise in der Turnhalle der jüdischen Oberschule an der Großen Hamburger Straße 27 unter. Weil sich die Konsulate lange weigerten, die Transitvisa für die Kinder auszustellen, mussten sie so lange in Berlin bleiben, dass sie zur Zwangsarbeit herangezogen wurden. Nur den Mitarbeitenden der Jüdischen Gemeinde Berlin war es zu verdanken, dass sie nicht in einen kriegswichtigen Betrieb vermittelt wurden, aus dem sie nicht mehr herausgekommen wären. Die Gruppe konnte erst am 19. Mai 1941 mit dem plombierten Waggon Berlin Richtung Lissabon verlassen.[400]

398 Strauss, Sigrid: Interview 22002, VHA.
399 Rosenfeld, Eric (Erich): Interview 20961, VHA.
400 Die Quellen sprechen. Kurt Roberg im Gespräch mit Ulrich Gerhardt am 9. Juli 2015 in Berlin; Kurt Roberg. Online: http://die-quellen-sprechen.de/Kurt_Roberg.html [Stand 8. Juli 2021].

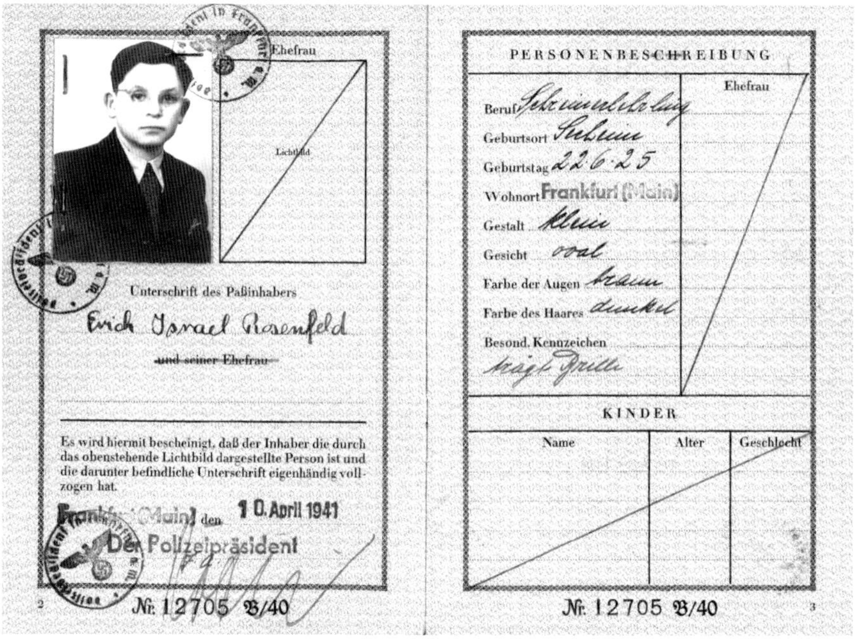

Ehefrau

Lichtbild

Unterschrift des Paßinhabers

Erich Israel Rosenfeld

~~und seiner Ehefrau~~

Es wird hiermit bescheinigt, daß der Inhaber die durch das obenstehende Lichtbild dargestellte Person ist und die darunter befindliche Unterschrift eigenhändig vollzogen hat.

Frankfurt (Main) den 10. April 1941

Der Polizeipräsident

2 Nr. 12705 B/40

PERSONENBESCHREIBUNG

	Ehefrau
Beruf Schreinerlehrling	
Geburtsort	
Geburtstag 22.6.25	
Wohnort Frankfurt (Main)	
Gestalt klein	
Gesicht oval	
Farbe der Augen braun	
Farbe des Haares dunkel	
Besond. Kennzeichen trägt Brille	

KINDER

Name	Alter	Geschlecht

Nr. 12705 B/40 3

Abb. 59: Erich Rosenfelds Reisepass, ausgestellt im April 1941.

Am 15. April 1941 bekam Erich Rosenfeld einen Termin beim amerikanischen Konsulat in Stuttgart. *»Um dort hinzufahren, hätte ich eine Reise-Erlaubnis bei der Gestapo beantragen müssen; weil ich Angst hatte, dass sie mir die nicht geben, habe ich das nicht gemacht«*, berichtet er.[401] So fuhr er ohne Genehmigung nach Stuttgart und bestand dort alle medizinischen Untersuchungen. Alles war gutgegangen, allerdings hatte das Konsulat bei der Ausstellung des Visums einen Fehler gemacht und es eine Woche später datiert. So waren die Kinder, die er beim Konsulat getroffen hatte und mit denen zusammen er auf die Reise gehen sollte, ohne ihn abgefahren.

Von der damals 14-jährigen Lea Wassermann Schwarz aus Nürnberg, die im März 1941 mit einem versiegelten Waggon ab Berlin nach Lissabon fuhr, erfährt man etwas über den Ablauf und die Bedingungen dieser strapaziösen Reise:

Mir wurde angekündigt, dass der Transport Anfang Februar abgehen sollte. Meine Mutter kam zurück nach Berlin, um mich zum Bahnhof zu bringen. Die Gruppe musste sich in einem Luftschutzbunker am Anhalter Bahnhof versammeln. Nur Leute, die abreisten, durften dort hinein, und ich musste mich verabschieden, bevor ich hineinging. Ich war kaum durch die Tür, als mich das Gefühl befiel, dass ich wirklich abreisen würde. Ich ging wieder nach draußen, um meine Mutter noch einmal zu sehen, aber sie war schon gegangen.

Ich weiß nicht mehr, wie viele Stunden wir darauf warteten, in den Zug einsteigen zu können. Während ich wartete, traf ich ein Mädchen aus Nürnberg, das auch allein

401 Ebenda.

reiste. Sie und ich waren der »Kindertransport«. [...] Wir kamen während der Reise gut miteinander aus, und selbstverständlich fühlte ich mich für sie verantwortlich, weil ich die ältere war. [...] Als wir durch einige große Städte kamen, reichten uns Jüdische Hilfskomitees Essenspakete durch die Fenster. Niemand durfte in den Zug ein- oder aussteigen. In Paris blieben wir die ganze Nacht im Bahnhof. Die Jewish Federation reichte uns französisches Weißbrot durchs Fenster.[402]

In der baskischen Hafenstadt San Sebastian wurden die Mädchen für die Nacht in einem Hotel untergebracht und bekamen ein Abendessen. Von dort erreichten am nächsten Tag Lissabon. Sie wurden für drei Wochen in einer Pension untergebracht, bis sie am 1. April 1941 an Bord des Schiffes *SS New York* gehen konnten.

Am 7. August 1941 verabschiedete sich **Erich Rosenfeld** im Waisenhaus und fuhr im Zug nach Berlin. Von dort fuhr er mit sieben weiteren Kindern sowie Erwachsenen im versiegelten Waggon ab. An den Haltebahnhöfen durfte niemand aus- oder einsteigen. Der Zug hielt auf dem Weg über Paris an die spanische Grenze auch in Frankfurt. *»Zu meiner Überraschung stand dort meine Mutter auf dem Bahnsteig«*, berichtet er. *»Sie war extra von Seeheim nach Frankfurt gekommen, um sich noch einmal von mir zu verabschieden. Das war das letzte Mal, dass ich sie gesehen habe.«* [403]

Als Erich Rosenfeld und die anderen Kinder der USCOM-Gruppe mit der *Mouzinho* am 1. September 1941 im New Yorker Hafen einliefen, war in den USA *Labor Day*, ein arbeitsfreier Tag. Deshalb konnten sie das Schiff erst am darauffolgenden Tag verlassen. Ein Foto der Gruppe lachender und winkender Kinder erschien einige Tage später in einer New Yorker Tageszeitung mit der Bildunterschrift: *»Gerettet aus den Internierungslagern Europas, wo viele Eltern noch eingesperrt sind, waren diese Kinder ein Bild der Freude bei ihrer Ankunft an Bord des Dampfers Mouzinho.«*[404]

Wie **Eric (Erich) Rosenfeld** erzählt, stand sein Bruder Herbert am Kai, um ihn zu begrüßen und abzuholen. *»Er hatte ein Salami-Brötchen mitgebracht, das er mir gab. Ich hatte schon lange nicht mehr so etwas Gutes gegessen.«* [405] Erich blieb bei seinem Bruder und seinen Cousins in New York. Mit seiner Ausbildung aus Deutschland konnte er schon in den ersten Tagen nach seiner Ankunft eine Arbeit als Schreinerlehrling finden. Nach ein paar Monaten vermittelte ihm sein Bruder eine Arbeitsstelle in der New Yorker Druckerei, in der auch er arbeitete.

Flora (verh. Spiegel), Gustl (Sarah, verh. Shartar) und **Benjamin (Ben) Hirsch** fuhren nach den Tagen der Eingewöhnung im Waisenhaus in Manhattan nach Atlanta, wo sie in Pflegefamilien mit streng koscherer Haushaltsführung untergebracht wurden. Benjamin kam zu seinen Brüdern und die Mädchen zu einer anderen Pflegefamilie. Die Geschwister besuchten mit Schuljahresbeginn im September verschiedene Schulen in Atlanta und jeden Schabbat eine der drei großen orthodoxen Synagogen der Stadt.

402 Wassermann Schwarz (1982), S. 92f.
403 Rosenfeld, Eric (Erich): Interview 20961, VHA.
404 Vgl. Maier (2018), S. 212.
405 Rosenfeld, Eric (Erich): Interview 20961, VHA.

Gerettet!

Ankunft von glücklichen Refugee-Kindern im Hafen von New York.

Copyright, 1941, by the newspaper PM, Inc. Photo Leo Lieb

AUFBAU

Published Weekly by the New World Club, Inc., 67 West 44th Street, New York City

Vol. VII—No. 40 Member of Audit Bureau of Circulations New York, Friday, October 3, 1941 Entered as second-class matter January 30, 1940, at New York Post Office under Act of March 3, 1879. 5¢

Schwere Tage in Deutschland

Deportationen aus Breslau. — Ein Artikel im "Reich"

Die Unfähigkeit der Nazis der Unruhe in den besetzten Gebieten Herr zu werden, und die wachsenden, die deutsche Bevölkerung beunruhigenden hohen Verluste der Naziheere in Russland bringen es mit sich, dass Unterdrückung und Terror überall zunehmen. Selbstverständlich werden auch die Juden wieder dabei als Ablenkungsmittel benutzt. Immer neue Schikanen werden erfunden. So ist den deutschen Juden, die ja durch den gelben Fleck in der Oeffentlichkeit kenntlich sind, jetzt verboten worden, Strassenbahnwagen, Autobusse und andere öffentliche Verkehrsmittel zu besteigen, solange nicht alle nichtjüdischen Fahrgäste Platz gefunden haben. In den Wagen selbst dürfen sie sich erst setzen, wenn alle anderen Plätze eingenommen haben.

Hand in Hand damit gehen offensichtlich weitere Massnahmen zur Austreibung von Juden aus grossen Städten. Es liegen bisher nur ganz spärliche Berichte vor. Uns erreichen z. B. Berichte aus Schlesien, aus denen hervorgeht, dass zahlreiche in Breslau wohnende Juden offensichtlich innerhalb ganz kurzer Frist ihre Wohnungen aufgeben mussten und in irgend welche verlassenen Gebäude auf dem Lande zu übersiedeln gezwungen waren. Ein Schreiber spricht z. B. von "grossen Wohngemeinschaften aus Breslau" in seinem Dorf. Es sind Leute jeder Vermögensklasse offenbar nach dieser Zwangssiedlung abtransportiert worden. Die noch etwas Besitzenden müssen die anderen erhalten. . . . Zu den anscheinend nach der Lausitz Deportierten gehören auch die Insassen des Beate Gutmann-Heims.

Leider muss man damit rechnen, dass diese Deportationen noch nicht ihr Ende erreicht haben. Die Nazi-Theoretiker stecken ihr Ziel bereits wieder viel weiter. In der neuen Nummer der Monatsschrift "Das Reich" veröffentlicht Dr. Hohberg, ein Mitglied des "Reichsinstituts für die Geschichte des Neuen Deutschland" einen Artikel, in dem er ausführt, dass die Trennung der Juden von Nichtjuden wie in der Lubliner Reservation und in Ghettos nur ein Zwischenstadium sei für die vollkommene Austreibung der Juden aus Gesamt-Europa. Der alte Naziplan, alle Juden an einer isolierten Stelle zu konzentrieren, wo sie vom Rest der Welt abgeschnitten sein würden, bestände noch immer. Die mittelalterliche Ghetto-Politik sei falsch gewesen, weil es bei ihr den Juden noch möglich gewesen sei, in das Wirtschaftsleben Europas einzudringen und schliesslich ihre Emanzipation zu erreichen.

Bezeichnend ist es auch, dass z. B. in den Berliner Industriebetrieben die jüdischen Zwangsarbeiter fast völlig in einer abgeschlossenen Abteilung bei Siemens konzentriert worden sind.

•

Auch im TSCHECHISCHEN "PROTEKTORAT" sind die Juden aufs äusserste bedrückt und beunruhigt. Die Bestellung des gefürchteten Gestapoleiters Heydrich als Nachfolger Neuraths ist für jüdische wie nichtjüdische Tschechen die Ankündigung schwerster Bedrohung. Heydrich ist besonders für die Untaten der Gestapo gegen die Juden in Deutschland persönlich verantwortlich.

Da der tschechische Premier Elias unter dem Vorwand verhaftet wurde, dass er gegen die Nürnberger Gesetze gewesen sei, nimmt man an, dass auch auf dieser Linie besondere Gestapo-Verfolgungen einsetzen werden. Die jüdische Gemeinde in Prag hat in der Josefovska ein Bureau eingerichtet, um den Juden in den Städten und auf dem Lande genaue Beratungen in dieser Angelegenheit zuteil werden zu lassen.

In FRANKREICH sieht es ähnlich düster aus. Nach einer neuen Verordnung müssen sich im Pariser Distrikt alle Juden über 15 Jahre in regelmässigen Abständen bei den Polizeiämtern melden.

In SALONIKI haben die Nazibehörden 500 Juden als Geiseln festgenommen und sind erst zu ihrer Freilassung bereit, wenn die jüdische Gemeinde ihnen 100 jüdische Dockarbeiter zur Zwangsarbeit in rumänischen Häfen bestellt hat. In diesen Häfen ist ein ausserordentlicher Arbeitermangel eingetreten, da die rumänischen Arbeiter vor den Angriffen der russischen Flieger landeinwärts geflohen sind.

Moving Ahead in Defense

Senator Mead, the Small Businessman's Champion and Junior Senator of New York, Discusses Production Problems in a Special Interview for "Aufbau"

The gargantuan growth of defense production has produced an unprecedented boom which, however, has not missed its darker side—that of temporary economic dislocation. Ever so often it proved impossible to convert civilian into defense production. This is particularly true of small manufacturing plants which, unable to fill defense orders, could not obtain the raw materials necessary to carry on their regular production, due to priorities. While necessary, there is no doubt that the priority system has worked in some cases considerable hardships on small business, which is the very backbone of our system of competitive enterprise.

Faced with this difficulty, small business has had no truer friend than U. S. Senator JAMES M. MEAD of New York. His interest in the welfare of small business is not of recent date. He has demonstrated it many times during his twenty years service as a Member of the House of Representatives, and after his elevation to the Senate in the 1938 elections he lost no time in placing before the Senate legislation seeking easier credits for small business. While the Reconstruction Finance Corporation could not see eye to eye with him on that score, his recent efforts in this direction seem to encounter far better chances for success. Only a few days ago Secretary of War HENRY L. STIMSON issued a statement endorsing Senator Mead's bill, which would broaden the authority of Federal Reserve banks to make loans to small concerns for capital. Secretary Stimson wrote the Senate Banking and Currency Committee, of which the other New York Senator, ROBERT F. WAGNER, is chairman, that "it is essential to the defense program that small concerns throughout the country be not only permitted but encouraged to participate in the defense program, particularly as subcontractors." It is indicative for the soundness of this bill that PRESIDENT ROOSEVELT endorsed it earlier this summer, and that it has likewise found the support of the OPM.

Untiring Worker—Has Aid of Able and Loyal Staff

The Senator is seeking no panacea. His every move is well studied, intelligently conceived and competently carried out. As to the latter his loyal and efficient staff of aides contributes in no small way. Tremendously active, doing much travelling, indefatigable in his work, plain spoken and simple mannered Jim Mead would achieve much less without the aid of his devoted staff, which, like him, is on the job day and night. So we had no small job in catching him at his office in the Senate Office Building practically between planes, for he had just about returned from his tour of the West Coast and Alaska, where he had surveyed defense production activity as chairman of a sub-committee of the Special Senate Committee Investigating the Defense Program, of which Senator *Harry S. Truman* of Missouri is chairman; and was about to continue his tour, now bringing him to his home state and New England.

Lauds Defense Production

"My observations on the Truman Committee tour of the West Coast convinced me that mass production in defense industries is here," he began. "Our airplane production program with emphasis on bombers, has already made us, and the Western hemisphere, invulnerable to attack. This is good news and an honest report as well. The reassuring picture that greets the eye may be summarized as follows:

1—Defense industries are swinging repidly into action.

2—Labor, as a result of equitable

(Continued on Page Two)

300 Visen verlängert

Wie die JTA meldet, haben 300 deutsch-jüdische Flüchtlinge, deren amerikanische Visen abgelaufen waren, die Erlaubnis erhalten, nach Spanien zu gehen und dort bei den amerikanischen Konsuln ihre Pässe erneuern zu lassen. Die Flüchtlinge befinden sich zur Zeit in Barcelona und werden für die Zeit ihres Aufenthaltes in Spanien vom Joint Distribution Committee betreut.

Die JTA meldet:

Jerusalem: Hier fand eine Gedenkfeier zum Todestag von Thomas G. Masaryk statt. Ansprachen hielten der tschechische Generalkonsul Josef Kadlec, das Mitglied des tschechischen Nationalrates in London Josef David, und der aus der Tschechoslowakei stammende Rektor der hebräischen Universität, Hugo Bergman.

Jerusalem: Generalmajor G. H. Brett, einer der Leiter der amerikanischen Luftwaffe, besichtigte die Verteidigungsanlagen Palästinas und fuhr dann weiter nach Aegypten. — Die britischen Militärbehörden haben die Erlaubnis zur Bildung einer speziellen jüdischen Militäreinheit, die den Namen "Makkabi" führen soll, gegeben.

Bern: Während der jüdischen Neujahrstage sammelten sich an mehreren Stellen der Warschauer Ghetto-Mauer Gruppen von Polen, die Blumen und Körbe mit Obst über die Umzäunung warfen. Die von den Nazis kontrollierte polnische Presse greift die polnische Bevölkerung an, dass sie noch immer Beziehungen zu Juden haben.

Rom: Die italienischen Behörden haben versprochen, die Wohnbedingungen der in verschiedenen Lagern und Dörfern internierten Juden für den kommenden Winter zu verbessern.

Paris: Zu den von den Nazis erschossenen Geiseln gehörte u. a. der jüdische Student Michelis Rolnikas, ein Absolvent des hebräischen Gymnasiums in Litauen.

Toronto: Die jüdische Beteiligung in der Royal Canadian Air Force und die Verluste ihrer jüdischen Mannschaften liegen um 60 Prozent über dem Prozentsatz der jüdischen Bevölkerung Canadas.

London: General De Gaulle ernannte den französischen Juden

(Fortsetzung auf der 2. Seite)

Reply to a Reader's Question

Is Mr. Roosevelt of Jewish descent? Or what is his reason for favoring this nationality?

As far as I know, there is no Jewish blood on either side in my husband's ancestry. I do not think he favors any nationality particularly, and neither does he have any prejudices. He looks upon people as people, regardless of their race, religion or color, and when he is trying to find the right person to do a job, I think he tries to think exclusively about the qualities of mind and character which are essential for that job, and I doubt whether any other considerations enter into his decision.

If you feel that he has particularly favored any nationality, I think the answer is that that nationality may have had more to offer than was necessary to accomplish the ends desired. I should have said, however, that the distribution of work in such offices as are filled by the President was among many nationalities and religions.

Eleanor Roosevelt
in "Ladies Home Journal", *Oktober* **1941.**

Abb. 60: *Aufbau* vom 3. Oktober 1941 zur Ankunft der Kinder am 24. September 1941 mit der *Serpa Pinto* in New York.

Am 9. September 1941, eine Woche nachdem der erste Teil der zweiten USCOM-Gruppe New York erreicht hatte, ging die zweite Teilgruppe in Lissabon an Bord des portugiesischen Fracht- und Passagierschiffes *Serpa Pinto*. Unter diesen Kindern waren die Geschwister **Tidor**. Sie hatten sich nach zweijähriger Trennung erst vor Kurzem wiedergefunden. Offenbar funktionierte die Kommunikation nicht nur zwischen den verschiedenen OSE-Heimen, sondern auch zu den Heimen anderer Kinderhilfsorganisationen gut. **Camilla Tidor** hatte im OSE-Heim *Masgelier* im Frühsommer 1941 die Nachricht bekommen, dass ihr Bruder Manfred am Leben war und im Heim der *Secours Suisse* im *Château de La Hille* im südfranzösischen Department Ariège lebte. Etwa zum gleichen Zeitpunkt hatte Camilla erfahren, dass sie als eines der 100 Kinder der zweiten USCOM-Gruppe für die USA ausgewählt worden war. Sie berichtet: *»Als die Zeit der Abreise kam, und mein Bruder noch nicht zu mir gebracht worden war, habe ich mich hartnäckig geweigert, mitzufahren.«*[406] Schließlich war Manfred doch noch rechtzeitig ins *Château du Masgelier* gebracht worden. Mitte August hatten die Geschwister zusammen mit den 53 anderen Kindern die große Reise gemeinsam angetreten.

Am 24. September 1941 kam die Gruppe im Hafen von New York an. Wie **Camilla (geb. Tidor) Maas** schildert, verbrachte sie mit ihrem Bruder zunächst einige Tage in der *Cottage School* in Pleasantville, einem Heim der *Jewish Child Care Association* (JCCA).[407] Von hier wurden die Kinder auf Pflegefamilien verteilt. Nachdem Camilla darauf bestanden hatte, mit ihrem Bruder zusammen untergebracht zu werden, hatte Lotte Marcuse eine Pflegefamilie in Rochester, New York, gefunden, die beide Kinder aufnahm. Am 5. Oktober 1941 fuhren sie mit dem Zug dorthin und wurden von den Mitarbeitenden des *Rochester Jewish Social Service Bureau* (heute: *Jewish Family Service*) begrüßt. Diese brachten sie zu Shirley and Sol Lapides und ihrer achtjährigen Tochter Marjorie, die die Zehnjährige und den Neunjährigen in ihr Zuhause an der Bonnie Brae Avenue in Brighton aufnahmen. Da das neue Schuljahr gerade erst begonnen hatte, gingen beide gleich im *Brighton School District* zur Schule.

Auswanderungsverbot

Von Januar bis Ende September 1941 konnten mit Unterstützung der *Abteilung Kinderauswanderung der Zentralwohlfahrtsstelle* in Berlin noch 51 Kinder Deutschland verlassen und in Überseeländer gerettet werden, darunter 42 Kinder in die USA. In dieser letzten Phase organisierte **Martha Benjamin**[408] die Kinderverschickungen.

406 Vgl. Rochester Holocaust Survivers Archive: Interview mit Camilla Maas und Kurzbiografie. »Camila Tidor Maas«. Online: http://rochesterholocaustsurvivors.org [Stand 5. März 2020].

407 Im *Jewish Child Care Association* (JCCA) schlossen sich 1940 verschiedene Kinderhilfsorganisationen zusammen. Darunter waren unter anderem das *Foster Home Bureau* und das *Hebrew Orphan Asylum* (HOA), Organisationen, die seit 1934 etwa 600 jüdische Flüchtlingskinder aus Deutschland unterstützen. Das HOA hatte 1884 auch das Waisenhaus an der 1560 Amsterdam Avnue, Ecke 137th St. in Manhattan eröffnet, die erste Unterkunft für viele Kinder nach der Ankunft im Hafen.

408 Zu Martha Benjamin konnten bisher keine weiteren Informationen ermittelt werden.

Käte Rosenheim, die die *Abteilung Kinderauswanderung* seit ihrer Gründung 1934 geleitet hatte, war am 22. Januar 1941 zusammen mit ihrer Mutter die Flucht ins kubanische Exil gelungen. Käte Rosenheim schrieb im Januar 1941, wenige Tage vor ihre Abreise an Lotte Marcuse in New York:

> *Dieses ist der letzte Brief, den ich von hier aus in den Angelegenheiten der Abteilung Kinderauswanderung an Sie richte, da ich eigentlich die Arbeit schon endgültig an Fräulein Benjamin*[409] *übergeben habe und beabsichtige am 22. des Mts. Berlin zu verlassen. Wie ich schon erwähnte, müssen wir zunächst nach Cuba, hoffen aber, von dort bald nach New York weiterkommen zu können.*[410]

Martha Benjamin blieb noch bis Oktober 1941 im Amt. Dann schloss das Büro der *Abteilung Kinderauswanderung* in der Berliner Kantstraße für immer seine Pforten. Noch im selben Monat, am 23. Oktober 1941, als die ersten Deportationen aus dem Reich begonnen hatten, verfügte der Reichsführer-SS und Chef der Deutschen Polizei, Heinrich Himmler, *»daß die Auswanderung von Juden mit sofortiger Wirkung zu verhindern ist«*. Diese Verfügung enthält in Klammern den Zusatz: *»Die Evakuierungsaktionen bleiben hiervon unberührt.«*[411]

Im September 1941 hatte im Deutschen Reich die Kennzeichnung der Juden als Vorbereitung der Deportationen begonnen. Am 1. September erließ das Innenministerium eine Verordnung, nach der es allen Juden des Großdeutschen Reichs und des Protektorats, die das sechste Lebensjahr vollendet hatten, mit Wirkung vom 15. September verboten wurde, sich in der Öffentlichkeit ohne einen gelben sechszackigen Stern auf der linken oberen Brusthälfte zu zeigen. Als Öffentlichkeit galt jeder Ort, an dem man Menschen begegnen konnte, die nicht zum Familienkreis gehörten. Ab dem 19. September war es Juden verboten, ohne polizeiliche Erlaubnis ihre Wohngemeinde zu verlassen sowie Orden, Ehrenzeichen oder sonstige Abzeichen zu tragen.

Wenige Wochen nachdem die letzte aus Frankreich verschickte Kindergruppe in den USA ankam, rollten die ersten Deportationszüge aus Deutschland in das Ghetto Litzmannstadt (Łódź) im von den Deutschen besetzten Polen. Der erste Deportationszug aus Frankfurt am Main verließ am 19. Oktober 1941 mit etwa tausend jüdischen Frankfurtern und Frankfurterinnen die Stadt. Unter den Verschleppten waren die Eltern von **Ernst Valfer, Frieda** und **Heinrich Valfer** sowie die 46-jährige Mutter von **Hermann Bacharach, Selma Bacharach**. Bald darauf am 12. November 1941 folgte eine weitere Massendeportation aus Frankfurt in das Ghetto Minsk im besetzten Weißrussland. Unter diesen Verschleppten waren die Eltern von **Martin Buxbaum**, der 46-jährige **Max** und die 43-jährige **Ida Buxbaum** sowie seine Geschwister, der 13-jährige **Alfred**, die zehnjährige **Margot**, die neunjährige **Lore** und die vierjährige **Anneliese**; ebenso die

409 Gemeint ist Martha Benjamin.

410 YIVO, GJCA, MKM 820, Folder 348: Käte Rosenheim an Lotte Marcuse, 17. Januar 1941. Zit. n. Maierhof (2004a), S. 220.

411 NS-Archiv. Dokumente zum Nationalsozialismus: 23.10.1941 Auswanderungsverbot für Juden. Online: https://www.ns-archiv.de/verfolgung/auswanderung/auswanderungsverbot.php [Stand 12. März 2020].

Eltern von **Albert Eisemann**, der 49-jährige **Hugo** und die 46-jährige **Johanna Eisemann** mit seinem 18-jährigen Bruder **Manfred** und seiner 16-jährigen Schwester **Emma Eisemann**. Auch die 50-jährige Mutter und die 19-jährige Schwester von **Elfriede Meyer, Recha** und **Klara Meyer** sowie die Mutter und jüngere Schwester von **Wilhelm Wolpert**, **Thekla** und **Marion Wolpert**, 44 und sieben Jahre alt. Bei der dritten Deportation aus Frankfurt am 22. November 1941 nach Kowno (heute: Kaunas), Litauen, wurden der Vater von **Heinz** und **Egon Auerhan**, der 52-jährige **Felix Auerhan** sowie der Vater von **Anneliese Grünebaum**, der 42-jährige **Alfred Grünebaum** verschleppt.

Die Letzten aus Frankreich

Im Mai 1942 konnte noch einmal eine Gruppe von 50 Kindern, 21 Mädchen und 29 Jungen, unter der Schirmherrschaft der USCOM und mit Hilfe der Quäker in die USA gebracht werden. Von der Gruppe waren 27 Kinder jüdisch, die übrigen waren spanische Flüchtlingskinder. Unter den jüdischen Kindern war auch die elfjährige **Hannelore Berney (Annette, verh. Sussman)**, die zuvor im OSE-Heim *Château du Masgelier* gewesen war. Wie sie erzählt, war ihre beste Freundin dort eine Hündin gewesen, die sie nicht verlassen wollte. *»Eigentlich hätte ich schon vier Monate früher [im August/September 1941, R. H.] in die USA gesollt. Ich habe gebettelt, dableiben zu dürfen, bis der Hund seine Jungen hatte. Dann war es sehr schwer für mich, sie zurückzulassen und mit den anderen Kindern fortzugehen.«*[412]

Die Kindergruppe ging in Marseille an Bord eines Schiffes nach Casablanca/Marokko. Dort traten die Kinder am 7. Juli 1942 mit dem portugiesischen Frachtdampfer *Serpa Pinto* die Atlantiküberquerung mit Zwischenstopp auf den Bermudas an. Am 25. Juni 1942 liefen sie im Hafen von New York ein. Hannelore Berney verbrachte die ersten Tage bei der *European Jewish Children's Aid* (EJCA) in New York und wurde dann zu einer Pflegefamilie in Philadelphia gebracht.

Am 25. Juni 1942, dem Tag der Ankunft der ersten Gruppe, ging in Marseille eine weitere Gruppe von 39 Kindern mit ihren sie Betreuenden an Bord des Schiffes *Imerethie II*, darunter der elfjährige **Wilhelm (William) Wolpert**. Den umfangreichen Bemühungen von **Lilly Felddegen**, die inzwischen bei der Kinderabteilung der HIAS in New York arbeitete, war es zu verdanken, dass mit Wilhelm Wolpert noch drei weitere Kinder aus *La Hille* mit diesen beiden letzten Gruppen in die USA kommen konnten. In Casablanca angekommen, gingen die Kinder an Bord des portugiesischen Schiffs *SS Nyassa*, mit dem sie den Atlantik überquerten. Als Ankunftshafen des Dampfers hatte die HIAS, die für die Ausschiffung und den Empfang der Flüchtlinge zuständig war, Baltimore (Maryland) bestimmt. Der New Yorker Hafen war durch den Krieg und die von hier nach Europa abgehenden und ankommenden Truppentransporte inzwischen überlastet. Mit einer Zwischenstation auf den Bermudas erreichte die *Nyassa* schließlich am 30. Juli 1942 den Hafen Lower Canton von Baltimore. *»Schiff bringt über 800 Flüchtlinge aus Europa«*,

412 Sussman, Annette (Hannelore Berney): Interview 20217, VHA.

titelte eine Tageszeitung aus Baltimore und druckte ein Foto des einlaufenden Schiffes mit winkenden Passagieren an der Reling, darunter vielen Kindern. Es war die letzte Kindergruppe, die noch aus Frankreich herausgebracht werden konnte, bevor die Deutschen das ganze Land besetzten.

Wilhelm Wolpert war nach seiner Ankunft in Baltimore mit seinem Vater nach mehr als drei Jahren der Trennung endlich wieder vereint. Überschattet wurde dieses Wiedersehen davon, dass seit dem Kriegseintritt der USA das Schicksal der Mutter Thekla und der kleinen Schwester Marion düster und ungewiss war.

Dem Vater, Emil Wolpert, war 1939 noch vor Kriegsbeginn die Flucht nach England gelungen. Wegen des Krieges hatte er seine in Frankfurt verbliebene Familie nicht mehr nachholen können. Anfang 1941 hatte er über Kanada in die USA emigrieren und von dort aus den Kontakt zu seiner Frau und Tochter in Frankfurt wieder aufnehmen können. Seit seiner Ankunft in den USA hatte er sich auch mit Unterstützung von Lilly Felddegen darum bemüht, seine ganze Familie aus Europa herauszuholen.[413] Noch im Mai 1941 hatte es so ausgesehen, als hätten die Bemühungen Erfolg gehabt und die Mutter Thekla und die siebenjährige Marion würden bald Visa vom Stuttgarter Konsulat bekommen. Mit Blick auf ein Visum für Willi Wolpert schreibt Lilly Felddegen im Mai 1941 an das *State Department*:

> *Da nun seine Mutter und kleine Schwester bereit sind, Europa zu verlassen, schicke ich Ihnen hiermit alle notwendigen Affidavits für den kleinen Jungen und bitte Sie, ihr Bestes zu tun und mir bei meinem Versuch zu helfen, die Mutter, die Schwester und diesen armen Jungen zusammen in die Vereinigten Staaten zu bringen.*[414]

In dem Brief weist sie außerdem darauf hin, dass Mutter und Tochter nicht nur über die notwendigen Affidavits, sondern auch schon über eine bezahlte Schiffspassage ab Lissabon verfügten. Im Juni 1941 antwortete das *State Department*, dass aufgrund geänderter Visabestimmungen ab Juli 1941 das vorgelegte Affidavit und damit die Erteilung eines Visums für Willi Wolpert abgelehnt werde. Diese verschärften Visumsbestimmungen waren wahrscheinlich auch der Grund, warum der Konsul in Stuttgart die rettenden Visa für Mutter und Schwester verweigert hatte.

Die 44-jährige Thekla Wolpert und die siebenjährige Marion, die seit 1939 zusammen mit den Großeltern mütterlicherseits, Hedwig und Meier Spier, in der Thomasiusstraße 11 wohnten, wurden am 12. November 1941 in das Ghetto Minsk im besetzten Weißrussland deportiert, wo sich ihre Spur verlor. Über den Zeitpunkt und Ort ihres Todes ist nichts bekannt.

---

413 Vgl. Reed (2015), S. 188

414 USHMM, Lilly Felddegen Papers, Accession Number 2005.473, RG-19.066, Series 2, Willi Wolpert File, p. 33.

1941 bis 1944 – Leben und Überleben in Vichy-Frankreich

Nachdem zehn Kinder im Mai 1941 mit der ersten Gruppe in die USA abgereist waren, zog die gesamte Kinderkolonie von Seyre am 1. Juni ins *Château de la Hille* in Montégut-Plantaurel. Nicht nur die Umgebung und die Landschaft mit Blick auf die Ausläufer der Pyrenäen waren dort schöner, auch das Château hatte großzügigere, hellere und komfortablere Räumlichkeiten als die baufällige Scheune in Seyre. Allerdings standen noch sehr viele Arbeiten aus, um das Gebäude in ein funktionsfähiges Kinderheim zu verwandeln. Im Sommer wurde zunächst ein Gemüse- und Blumengarten angelegt und bis zum Herbst ein Waschraum mit Duschen eingebaut. Mit dem Umzug hatte die *Schweizerischen Arbeitsgemeinschaft für kriegsgeschädigte Kinder* (SAK) die Krankenschwester **Roesli Näf**[415] als Leiterin eingesetzt. Als Schweizerin konnte sie die Kinder besser beschützen und ihre Interessen gegenüber den lokalen französischen Behörden wirkungsvoller vertreten als Alex Frank, der als ausländischer Jude und noch dazu bekennender Kommunist, in Vichy-Frankreich selbst gefährdet war. Als erfahrener Landwirt leitete Frank weiter die älteren Jugendlichen bei Handwerksarbeiten und Wartungsaufgaben im Haus an.

Abb. 61: Château de *La Hille*, in Montégut-Plantaurel, Frankreich, Postkarten-Aufnahme des *Secours Suisse aux Enfants* für die Kolonie in Seyre vom 7. März 1941.

415 Rösli Näf (1911–1996) wuchs in Glarus in der Schweiz auf und war ausgebildete Krankenschwester. Bevor sie die Leitung von *La Hille* übernahm, hatte sie von 1937 bis 1939 als Krankenschwester bei Albert Schweitzer in Lambarene im zentralafrikanischen Gabun gearbeitet. Sie erhielt für ihren mutigen Einsatz zur Rettung der von der Deportation bedrohten Kinder 1989 in Israel die Auszeichnung *Gerechte unter den Völkern*.

Mitte August 1941 hatten zusammen mit Manfred Tidor sieben weitere Kinder aus *La Hille* mit einer zweiten Kinderverschickung in die USA verlassen. Der inzwischen sechs Jahre alte **Manfred (Fred) Manasse** war immer noch zu jung, um mit den anderen Kindern in die zwei Kilometer entfernte Dorfschule in Montégut-Plantaurel zu laufen: *»Ich musste noch nicht in die Schule, habe nur gespielt und bin im nahen Flüsschen geschwommen. Ich hatte eine wundervolle Zeit in La Hille«*, erinnert er sich: *»Ich habe die Kinder der Bauern kennengelernt, die in unserer Nähe wohnten, bin dort als Bettler hingegangen und habe gesagt: ›Bitte gebt mir etwas zu Essen.‹«*[416] Mit einem der Kinder in seinem Alter habe er sich dort auch angefreundet.

Weil er immer hungrig war, hatte sich Manfred auf den nahegelegenen Bauernhöfen auch Essen zusammengestohlen. Bestraft worden seien die Kinder dafür nicht. Die Situation besserte sich, als sein Bruder Gus (Gustav) als externer Lehrling in einer Bäckerei im Dorf arbeitete und immer Brot mitbrachte. Von Gus' Nebenjob als Nachrichtenkurier für den französischen Widerstand (*Maquis*) erfuhr Manfred erst später.

Vor allem die älteren Kinder litten unter den ärmlichen Lebensbedingungen, der Isolation und der zunehmenden äußeren Bedrohung für jüdische Kinder und Erwachsene in Vichy-Frankreich. Ruth Schütz, eines der älteren Mädchen in *La Hille*, beschreibt dies anschaulich:

> *Wir waren einsam und isoliert in einer abgelegenen Gegend des Landes, und wir wussten sehr wenig darüber, was in der Welt vor sich ging. Unsere einzige Informationsquelle war eine Zeitungsseite, die den Umfang eines Schulheftes hatte und von der Vichy-Regierung herausgegeben wurde, die mit den Deutschen kollaborierte. Alle Länder Europas waren von Hitlers Armeen erobert worden. Nur England hatte sich nicht ergeben und litt unter schrecklichen Bombenangriffen. Ich wußte, dass Deutschland eine massive Invasion der Sowjetunion begonnen hatte und schnell vorrückte. Der Blick auf die Ereignisse in diesem Jahr war sehr dunkel und pessimistisch und ließ wenig Hoffnung für eine bessere Zukunft. Ich machte mir Sorgen um meine Mutter im bombardierten London.*[417]

Manfred Manasse bekam von all dem nichts mit: *»Mein Bruder hielt die Probleme von mir weg. Für mich war es, als wäre ich drei Jahre lang auf einer Kinderfreizeit gewesen. Es gab nicht genug zu essen, nicht genug Kleidung, es war ein miserables Ferienlager, aber es war eins«*,[418] resümiert er seine Erfahrungen. Er sei als zweitjüngstes Kind von anderen Kindern bemuttert worden und habe auch bestimmte Privilegien in der Küche gehabt. Allerdings vermutet er, dass er sich nur deshalb nicht daran erinnern kann, seine Eltern vermisst zu haben, weil ihm dies damals nicht bewusst gewesen sei. Man habe ihm später erzählt, er habe manchmal geweint und sei lange Bettnässer gewesen, was auf eine Traumatisierung hinweist.

416 Fred Manasse discusses the Holocaust: Kindertransport – Hidden Children – The Story, with Host Paul Levine and Guest Fred Manasse on CCTV. Online: http://www.sculpturebyfredmanasse.com/?page_id=80 [Stand 11. August 2021].

417 Schütz Usrad: *Entrapped Adolescence*. Zit. n. Reed (2015), S. 98f.

418 Manasse, Fred (Manfred): Interview 37818, VHA.

Ende 1941 kam es in der erst Anfang 1940 gegründeten SAK[419] zu gravierenden Veränderungen, die sich auch auf das Schicksal der Kinder und des Schweizer Betreuungspersonals in *La Hille* und der anderen Kinderkolonien in Vichy-Frankreich auswirken sollten. Von dem Einmarsch der Deutschen in die westeuropäischen Länder waren das Schweizer Personal und die Direktoren des SAK in Bern bei ihrer Arbeit in Vichy-Frankreich völlig überrascht worden. Die Schweizer Regierung verfolgte bald aus Angst vor einer deutschen Invasion eine Politik strikter Neutralität. Das geschah auch mit Rücksicht auf die wirtschaftlichen Interessen der Schweiz gegenüber beiden Kriegsparteien. Gleichzeitig war die Regierung aber auch besonders um Anpassung und Rücksichtnahme gegenüber Nazi-Deutschland bemüht. Vor diesem Hintergrund wuchsen in den höchsten Regierungskreisen die Bedenken gegenüber der Arbeit und dem Engagement von Schweizer Organisationen wie dem SAK (später *Secours Suisse*) in Vichy-Frankreich, die in ihren Augen die Neutralität der Schweiz gefährdeten. Die als Pazifisten bekannten Leiter **Rodolfo Olgiati** in Bern und **Maurice Dubois**[420] in Toulouse betrachtete man dort mit Misstrauen.

Am 2. Januar 1942 wies der Vichy-Innenminister Pierre Pucheu auf Anordnung des Regierungschefs Francois Darlan alle regionalen Prefekten an, eine obligatorische Registrierung aller ausländischen Juden durchzuführen, die nach dem 1. Januar 1936 eingereist waren. Eingeschlossen in diese Zwangsregistrierung waren auch diejenigen, die inzwischen die französische Staatsbürgerschaft erworben hatten. Strafen wurden allen angedroht, die sich dieser Registrierung entzogen. Diese Identifizierung sollte, so Friedländer, *»zu einem entscheidenden Element der Vereinbarungen zwischen Franzosen und Deutschen über die späteren Aushebungen und Deportationen werden«*.[421]

Am 25. Februar 1942 füllte jedes Kind in *La Hille* den geforderten Registrierungsbogen aus und unterschrieb ihn. Rösli Näf übernahm das für die jüngsten Kinder, die noch nicht schreiben konnten, auch für **Manfred Manasse**.[422]

419 Die SAK wurde am 14. Januar 1940 als ein Zusammenschluss von 17 verschiedenen Kinderhilfsorganisationen in der Schweiz gegründet. Rodolfo Olgiati (1905–1986) wurde zu ihrem Zentralsekretär ernannt.

420 Maurice Dubois (1905–1997/8) war der Sohn eines Uhrmachers. Er lernte das Kürschnerhandwerk und wurde Quäker. Als Delegationsleiter des *Secours Suisse*, der Kinderhilfe des *Schweizer Roten Kreuzes* für Vichy-Frankreich, war er für die rund 40 Mitarbeiter der Heime und für die Schweizer Krankenschwestern verantwortlich, die in den Internierungslagern Gurs und Rivesaltes Hilfe leisteten und *Schweizer Kantinen* betrieben. Ihm unterstand auch die Logistik der Hilfsgüterverteilung. 1985 wurde er ebenso wie Rösli Näf für seinen mutigen Einsatz zur Rettung der Kinder der Kolonie *La Hille* vor der Deportation in Israel zum *Gerechten unter den Völkern* ernannt.

421 Friedländer (2007), S. 638.

422 Die Registrierungsbögen werden heute im Archiv Départemental Ariège, Foix, France aufbewahrt, Numéro de dossier du document SW112. Online unter: http://archives.ariege.fr [Stand 1. November 2021].

Ein Wiedersehen in Gurs

Nachrichten über die Deportationen aus Deutschland hatten am Jahresende 1941 auch *La Hille* erreicht: In einem Bericht vom 15. Dezember 1941 schrieb der Leiter der SAK-Niederlassung in Toulouse Maurice Dubois an Madame Goldschmidt-Brodsky in Basel: *»Ein Teil der Kinder ist verängstigt durch die Nachricht, dass ihre Eltern bereits nach Polen deportiert wurden oder kurz davor sind, deportiert zu werden.«* [423] Und in demselben Bericht schreibt er an anderer Stelle: *»Das wichtigste Ereignis war ohne Frage, der Besuch von vier Kindern im Lager Gurs, wo sie ihre Eltern zum ersten Mal nach fast zwei Jahren umarmen konnten.«*[424] Das Bewusstsein für die Gefahr, interniert zu werden, war bereits durch diejenigen Kinder geschärft worden, die aus dem Lager Gurs befreit und nach *La Hille* gebracht worden waren. Sie hatten von den schrecklichen Zuständen dort erzählt.

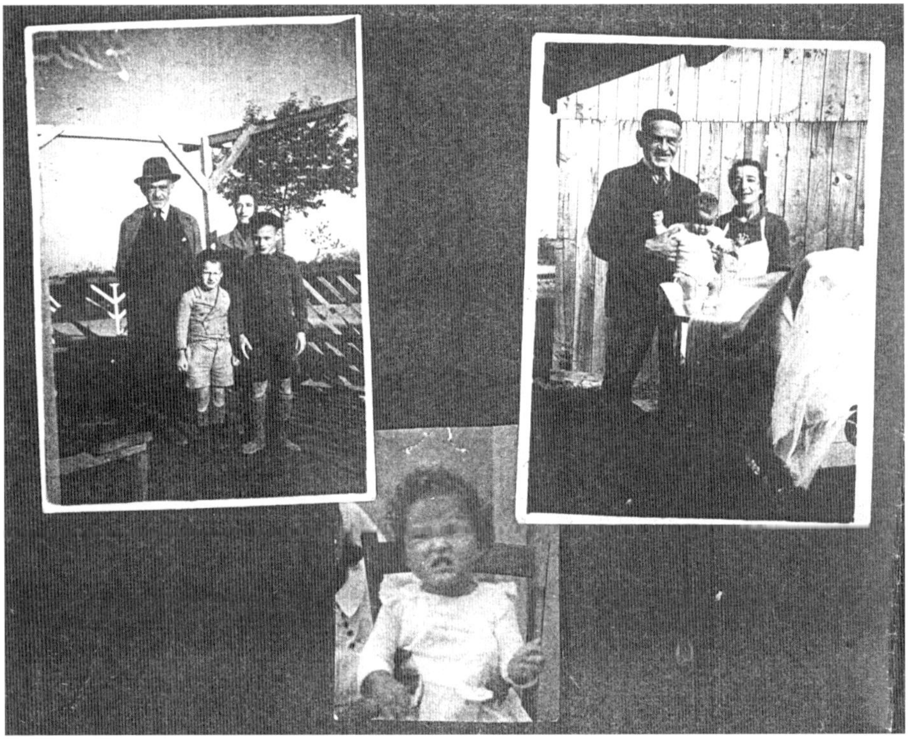

Abb. 62: Album von Fred Manasse.
Links oben: Gustav und Manfred mit ihrem Vater
und ihrer Tante Liesel Rosenthal, geb. Lieblich, in Gurs im Frühjahr 1942;
oben rechts: Vater und Tante mit Cousine Evelyne; unten: Evelyne Rosenthal.

423 Maurice Dubois, report, 15. December 1941, *Secours Suisse* files, Tschuy archive, AFZ. Zit. n. Reed (2015), S. 90.

424 Ebenda.

Im Frühjahr 1942 durften auch **Gustav** und **Manfred Manasse** ihren Vater sowie die Verwandten aus Baden-Baden besuchen, die alle zusammen in Gurs interniert waren. Es hatte zwar einen Briefwechsel mit dem Vater gegeben, aber die Geschwister hatten ihn zwei Jahre lang nicht mehr gesehen. Wahrscheinlich hatten die Betreuer in *La Hille* die Jungen vor ihrem Besuch darauf vorbereitet, dass ihr Vater durch das Lagerleben äußerlich verändert sein würde. Fred Manasse betont, dass sein Vater nicht anders ausgesehen habe als zuvor. Es sei seinem Onkel zu verdanken gewesen, dass sein Vater und die ganze Familie nicht hungern mussten.

Der Onkel, Theodor Rosenthal, war im koscheren *Hotel Central* des Großvaters Philipp Lieblich in Baden-Baden Chefkoch gewesen und arbeitete auch in Gurs als Koch. So konnte er seine Familie und die Mitgefangenen seiner Baracke vor Unterernährung bewahren. Sie seien nur ein paar Stunden in Gurs gewesen, erzählt Fred (Manfred) Manasse. *»Ich hatte Angst, sie würden mich in diesem Lager behalten.«*[425] Dort sei es sogar schmutziger gewesen als in *La Hille*.

Massendeportationen aus Frankreich

Wilhelm Wolpert und die anderen Kinder hatten Frankreich im Sommer 1942 buchstäblich im letzten Moment vor dem Beginn der Massendeportationen verlassen. Nachdem am 20. Januar 1942 in Berlin bei der »Wannseekonferenz« der Völkermord an den Juden beschlossen worden war, bereiteten die Deutschen im Frühsommer 1942 auch die Deportation der Juden aus Frankreich und anderen westeuropäischen Ländern vor. Auf einem Treffen von Adolf Eichmann mit den Leitern der Judenreferate des SD in Paris, Brüssel und Den Haag am 11. Juni 1942 wurden die Quoten für die Deportation von Juden in deren jeweiligen Territorien festgelegt, für Frankreich, die unbesetzte Zone eingeschlossen, die Zahl 100.000. Nach seiner Rückkehr nach Paris legte Theodor Dannecker[426] das Ziel für Vichy-Frankreich auf 50.000 fest. Dies wurde Premier Laval[427] offiziell übermittelt. Nach den Aufzeichnungen Danneckers erklärte der Chef der französischen Polizei, René Bousquet, am 4. Juli 1942, *»sowohl Staatschef Marschall Pétain als auch Präsident Laval hätten sich bei dem kürzlich stattgefundenen Ministerrat einverstanden erklärt, dass zunächst (dans un premier temps) alle im besetzten und unbesetzten Gebiet vorhandenen staatenlosen Juden abgeschoben würden«*.[428] Er sagte zu, dass französische Polizeitruppen die Juden in beiden Zonen festnehmen würden. Diese Kooperationszusage der französischen Regierung war für die Deutschen unverzichtbar, um Massenverhaftungen und Deportationen diesen Ausmaßes durchführen zu können, da sie in Frankreich nicht über genügend eigene Polizeikräfte verfügten.

425 Manasse, Fred (Manfred): Interview 37818, VHA.

426 Theodor Dannecker (1913–1945) war seit 5. September 1940 Leiter des Judenreferats der SD-Dienststelle in Paris und ein enger Mitarbeiter Adolf Eichmanns.

427 Pierre Laval, im Oktober von Pétain als offener Befürworter der Kollaboration entlassen, war seit April 1942 wieder an der Spitze der Vichy-Regierung.

428 Zit. n. Friedländer (2007), S. 105.

Am 27. März 1942 wurden 1.112 Personen, überwiegend Männer, in der besetzten Zone aus dem im August 1941 von der Besatzungsmacht nördlich von Paris eingerichteten Lager Drancy nach Auschwitz deportiert.[429]

Als der Militärbefehlshaber Frankreichs am 28. Mai 1942 in der besetzten Zone den diskriminierenden Stern für alle Juden, auch die französischen, einführte, stieß dies auf den Widerstand der französischen Bevölkerung in der besetzten Zone. Die Vichy-Regierung weigerte sich, diese Kennzeichnung in der unbesetzten Zone einzuführen, aber nur deshalb, weil dabei nicht zwischen französischen und ausländischen Juden unterschieden wurde. Bei den folgenden Aktionen und Deportationen ausländischer Juden setzte Vichy jedoch seine Politik der Kollaboration fort.[430]

Massive Maßnahmen gegen ausländische Juden begannen im Sommer 1942 in beiden Zonen. In einer großangelegten Aktion in Paris am 16. und 17. Juli 1942 (*Grande Rafle*) verhafteten französische Polizisten und Gendarmen 12.884 ausländische Juden, darunter 4.051 Kinder. Sie wurden in die nahegelegenen Internierungslager gebracht und von dort wenig später nach Auschwitz deportiert. In den folgenden Monaten fanden im besetzten Frankreich weitere Razzien statt, die alle mit Billigung der französischen Regierung in Vichy durchgeführt wurden. Die französische Polizei wirkte nicht nur an den Razzien und Verhaftungen mit, sie begleitete auch die Deportationszüge bis zur deutschen Grenze.[431]

Der Historiker Lucien Lazare erläutert:

> *Bis Juli 1942 hatte niemand in der nördlichen Zone daran gedacht, Kinder vor möglicher Inhaftierung und Festnahme zu schützen. Weder die Judenzählung vom September 1940 noch die Verpflichtung ab 7. Juni 1942 den gelben Stern ab 6 Jahre zu tragen, hatte besondere Aufmerksamkeit erregt. Die allgemeine Haltung unter den Juden war, dass nur Männer im arbeitsfähigen Alter in Gefahr waren verhaftet und deportiert zu werden.*[432]

Die massenhaften Verhaftungen in der besetzten Zone vom 16. und 17. Juli 1942 von 13.000 Juden, darunter von Kindern aller Altersgruppen und die Verschleppung von 4.000 Kindern zwischen zehn und zwölf Jahren getrennt von ihren Eltern in die Lager des Département Loiret, hätten die Jüdischen Organisationen völlig unvorbereitet getroffen.

Dennoch war die Verhaftungsaktion nicht so erfolgreich wie geplant: Etwa 15.000 Juden auf der Liste der französischen Polizei konnten sich der Verhaftung entziehen. Etliche waren schon vorher über die Demarkationslinie geflüchtet und etwa 12.000 konnten sich, auch mit Hilfe ihrer nichtjüdischen Pariser Nachbarn, verstecken; ganze Familien bekamen Schlüssel zu Kellern oder freien Apartments angeboten und verlassene Kinder wurden aufgenommen.

Unter denen, die sich den Massenverhaftungen in Paris entziehen konnten und von einem auf den anderen Augenblick in den Untergrund gehen mussten, gehörte **Gitel Singer**, die Mutter des in Frankfurt am Main geborenen **Hans Wilhelm Singer**, der mit

429 Ammerschubert (2004), S. 95.
430 Ebenda.
431 Ebenda, S. 96.
432 Lazare (1996), S. 130f.

der ersten USCOM-Verschickung in die USA zu seinen Geschwistern gelangen konnte. Gitel Singer versteckte sich in einem kleinen Hotel in Paris in der Rue Chartres 31, wurde aber vermutlich aufgrund einer Denunziation am 4. Mai 1943 von der französischen Polizei festgenommen und in das Lager Drancy gebracht. Von dort wurde die 46-Jährige am 23. Juni mit dem Transport Nr. 55 nach Auschwitz deportiert, wo sie am 28. Juni 1943 ermordet wurde.[433]

In Vichy-Frankreich, wo die von der französischen Regierung angeordnete Internierung ausländischer Juden ganze Familien betroffen hatte, war die Situation eine ganz andere als in der besetzten Zone. Hier koordinierte seit 1941 das *Comité de Nîmes* die Anstrengungen der jüdischen und nichtjüdischen internationalen Hilfsorganisationen, die Kinder aus der Lagerhaft zu befreien und in OSE-Heimen in Obhut zu nehmen. Dabei war man auf die Mitarbeit der Präfekten angewiesen. Denn für jedes Kind, das aus einem Lager befreit und in einem der OSE-Heime untergebracht werden sollte, musste eine Wohnsitzbescheinigung des Präfekten des Départements, in dem sich das Heim befand, vorgelegt werden. Die OSE-Direktoren, Dr. J. Weill und Millner, hatten zum Präfekten des Département Hérault und zu seinem Generalsekretär vertrauensvolle Beziehungen aufgebaut. Die Kooperation funktionierte so, dass der Generalsekretär der OSE alle benötigten Wohnsitzbescheinigungen für die Kinder aus den Lagern ausstellte und die OSE die Kinder in diesem Département in einem dort neu eröffneten Aufnahme-Transit-Heim in Palavas-les-Flots unterbrachte. Dort blieben die Kinder für die erste Zeit. Danach verteilte die OSE sie auf ihre Heime in anderen Départements. Das war möglich, weil es für einen Umzug von ausländischen Kindern unter 15 Jahren innerhalb der Südzone keine gesetzlichen Auflagen gab. Am 12. Mai 1942 heißt es in einem OSE-Bericht: *»Das Problem der Kinder in den Lagern kann als praktisch gelöst betrachtet werden.«*[434] Am 5. Juni 1942 befanden sich nur noch sieben jüdische Kinder im Lager Rivesaltes und 13 Kinder im Lager Gurs.[435]

Die Deportationen in der unbesetzten Zone begannen im August 1942, nachdem Dannecker Anfang des Monats die Deportation von zusätzlichen 11.000 Juden aus Vichy-Frankreich innerhalb von wenigen Wochen verlangt hatte. Um dem Auftrag der Deutschen, insgesamt 32.000 Juden bis Ende des Sommers zu deportieren, nachzukommen, schickte Polizeichef Bosquet am 5. August geheime Anweisungen an die Präfekten der Regionen.

> *In einem Folgeschreiben vom 22. August verpflichtete Bosquet diese Präfekten darauf, die Durchführung der Razzien persönlich zu überwachen, »jeglichen Widerstand, auf den sie treffen, zu brechen« und mit »Indiskretionen« oder Passivität entschlossen umzugehen, »um ihr Gebiet völlig von ausländischen Juden zu befreien wie in meinem Rundschreiben vom 5. August vorgesehen.«*[436]

433 Yad Vashem, Testimony von »Alexandre Singer Studeny«. Online: https://yvng.yadvashem.org/index.html?language=en&advancedSearch=true&sln_value=Singer%20Studeny&sln_type=synonyms&sfn_value=Alexandre&sfn_type=synonyms [Stand 14. Dezember 2019] und Singer, Margaret: Interview 48213, VHA.

434 Lazare (1996), S. 133.

435 Ebenda.

436 Marrus & Paxton (1981), S. 257–258. Zit. n. Reed (2015), S. 110.

Den Hilfsorganisationen, bereits vorgewarnt durch die Ereignisse in der besetzten Zone, gelang es, an Informationen über die Geheimpläne der Regierung zur Ergreifung von Juden und deren Auslieferung an die Nazis zu kommen. Zwar waren die Wohlfahrtsorganisationen nicht imstande, die umfangreichen logistischen Vorbereitungen der Polizei zu vereiteln. Ihre Appelle an hohe Regierungsstellen, die Hilferufe an nichtjüdische und ausländische humanitäre Gruppen sowie an das Bistum, die Warnungen an bedrohte Familien und Institutionen und ihre Aktionen in den Lagern, gemeinsam mit den Kaplänen, zeigen ihren Geist des Widerstands angesichts der Gefahr.

Auch der für *La Hille* zuständige Maurice Dubois informierte seinen Vorgesetzten Ogliati in Bern über die bevorstehenden Razzien. Daraufhin gab es in Bern ein Treffen auf höchster Ebene mit Regierungsvertretern,[437] bei dem man zu dem Schluss kam, dass es ein schlechter Zeitpunkt und gefährlich für das *Secours Suisse* und das *Rote Kreuz* sei, die Kinder herauszuholen. Da es um eine Aktion der französischen Regierung gehe, fürchte man, eine solche Initiative könne als eine feindselige Kritik aufgefasst werden und negative Konsequenzen für die Schweiz und die Arbeit der Organisation haben. Der Regierungsvertreter empfahl, alles zu tun, damit sich das Personal des *Secours Suisse* in Frankreich jeglichem Protest enthielt.[438]

In Vorbereitung der Deportation begannen am 2. August 1942 in den Lagern Rivesaltes, Gurs, Agde, Noé, Récébedou, Le Vernet und Les Milles die Transporte jüdischer Gefangener nach Drancy. Die massenhaften Verhaftungen ausländischer Juden in der Südzone begannen am 26. August 1942 und dauerten bis 31. August 1942 an. Bis zum 15. September 1942 nahm die französische Polizei in Kollaboration mit den Deutschen 10.522 ausländische Juden in der unbesetzten Zone fest. Ihren Transport in die Internierungslager der besetzten Zone bewachte die französische Gendarmerie.

Die Polizei hatte Order, auch Jugendliche ab 16 Jahren zu verhaften, die in den Kinderheimen und den handwerklichen und landwirtschaftlichen Zentren der EIF lebten. Auch die Kinder, die aus den Lagern befreit und in Heimen untergebracht worden waren, sollten zu ihren Familien in die Lager zurückgebracht werden, um sie gemeinsam zu deportieren. Dazu fragten die Behörden die internierten Eltern nach den Adressen ihrer Kinder und verbreiteten die offizielle Erklärung, nach einer Familienzusammenführung würden sie gemeinsam im Osten angesiedelt werden. Die Teams der Hilfsorganisationen in den Lagern, die inzwischen über die Massenmorde an den deportierten Juden im Osten informiert waren, warnten die Eltern eindringlich davor, die Adressen ihrer Kinder preiszugeben.

437 Die Teilnehmenden waren Edouard de Haller, Aufsichtsbeamter der Regierung, Oberst Remund, *Secours Suisse* und *Rotes Kreuz*, Heinrich Rothermund, Chef der Schweizer Föderalen Polizei und des Grenzschutzes und Walter Stucki, Schweizer Botschafter in Vichy-Frankreich.

438 Vgl. Reed (2015), S. 112.

Der Überfall auf die Heime

In dem Heim der *Secours Suisse*, *La Hille*, war die Leiterin **Rösli Näf** völlig unvorbereitet, als am frühen Morgen des 26. August 1942 ein Auto der französischen Milizpolizei mit mehreren Beamten vorfuhr. Sie hatten eine Liste der Kinder dabei, die sie verhaften sollten. Auf der Liste standen auch die jüdischen Mitarbeitenden Irène und Elka Frank und die Köchin Frau Schlesinger. Rösli Näf musste ohnmächtig zusehen, wie alle Kinder geweckt und mehr als 40 Jungen und Mädchen verhaftet und mitgenommen wurden. Am nächsten Tag erfuhr sie, dass die Jugendlichen und Mitarbeiterinnen ins Lager *Le Vernet* gebracht worden waren. Näf fuhr mit dem Fahrrad die etwa 20 Kilometer dorthin. Mit ihrem Rot-Kreuz-Abzeichen erhielt sie Zutritt zu dem Lager. Sie verlangte von dem Lagerkommandeur die Freilassung »ihrer Kinder« mit Verweis auf den Schweizer Träger ihres Heims. Dieser weigerte sich, da sie keine offizielle Anordnung vorweisen konnte. Als Maurice Dubois in Toulouse die Nachricht von dem Überfall erhielt, fuhr er sofort nach Vichy, um mit den Behörden zu verhandeln. Er konnte schließlich erreichen, dass man ihm den Befreiungsbefehl für die 40 Kinder von *La Hille* ausstellte. Nach drei Tagen, die Rösli Näf mit ihren Schützlingen im Lager verbracht hatte, kam endlich die erlösende Nachricht, dass alle verhafteten Jugendlichen und Mitarbeitenden nach einer Woche Aufenthalt im Lager Vernet nach *La Hille* zurückkehren könnten. Vorher mussten sie aber noch miterleben, wie andere Lagerinsassen, auch kleine Kinder, am 1. September 1942 aus Vernet ins Sammellager Drancy abtransportiert wurden.

Das erschütternde Erlebnis überschattete bei allen die Freude über die eigene Befreiung. Rösli Näf schrieb in einem Memorandum am 15. September 1942:

> *Da waren die vielen anderen Gefangenen, denen niemand helfen konnte. Liebe, respektable Personen, die wirklich versucht hatten, sich während der kurzen Zeit, die sie in Frankreich waren, ihren Lebensunterhalt mit Feldarbeit zu verdienen. Andere hatten in geschlossenen Zwangsflüchtlingszonen, meist in kleinen Ortschaften, gelebt. Viele hatten versucht, in die Berge zu fliehen, wo sie von der Polizei gejagt und gefangen wurden.*[439]

Einen Tag nach diesen Aufzeichnungen, am 16. September 1942, wurden die aus Vernet verschleppten Menschen mit dem Konvoi 33 nach Auschwitz deportiert. Einer Mutter war es noch kurz vor ihrem Abtransport gelungen, ihren neunjährigen Sohn zu der Gruppe zu schicken, die nach *La Hille* zurückkehren durfte. Er überlebte den Krieg in *La Hille*.

Rösli Näf war überzeugt, dass die Kinder und Jugendlichen von nun an in *La Hille* nicht mehr sicher waren. Deshalb fuhr sie nach Bern zum Hauptsitz des *Schweizer Roten Kreuzes* (SRK) und forderte von den Verantwortlichen die Aufnahme der Kinder in die Schweiz, um sie vor weiteren Razzien und Verhaftungen in Sicherheit zu bringen. Dort aber interessierte sich niemand für ihre dringende Bitte. *»Mir wurde klar, dass trotz ihres Wissens um die Geschehnisse kein Bewusstsein dafür vorhanden war, wie gefährlich die*

439 Ebenda, S. 105ff.

Situation geworden war, und dass sie sich der Realität weder stellen konnten noch wollten«, schrieb Näf später in ihrem Bericht.[440] Auch **Eleanor Dubois** war wie viele andere überzeugt, dass die antisemitischen Razzien in Frankreich auf die kleinen Kinder ausgedehnt werden würden. Sie machte ebenfalls in Bern einen Vorstoß dahingehend, dass die Schweiz den gefährdeten jüdischen Kindern und Jugendlichen in den französischen Heimen des *Secours Suisse* so schnell wie möglich Asyl gewähren sollte. Alle diese Bemühungen blieben jedoch erfolglos, da alle hochrangigen staatlichen Repräsentanten und der Vorstand des SRK eine Aufnahme der Kinder sowie jeglichen öffentlichen Protest gegen die antijüdischen Maßnahmen des Vichy-Regimes ablehnten und vor allem besorgt waren, das deutsche Nazi-Regime nicht zu verärgern.

Konkrete Nachrichten vom Überfall der französischen Polizei auf eines der OSE-Heime erhielt **Ernst Papanek** in einem Brief eines Jungen aus *Montintin*, den er in seiner Autobiografie zitiert:

> *Letzte Woche hatten wir eine Art Bartholomäusnacht. Um fünf Uhr morgens hatten wir Gäste, die in Lastwagen ankamen. Sie nahmen viele unserer Leute mit. Dann hieß es, daß Burschen unter achtzehn wieder freigelassen werden würden, dabei waren sie schon weitergeschickt worden. Angeblich nach Polen, aber wir wissen nichts Gewisses. [...] An den folgenden Tagen wurde Jagd auf diejenigen gemacht, die geflüchtet waren. Aber die Wälder sind groß. [...] Gestern wurden die Kleinen aus unseren Häusern geholt, angeblich, um sie zu ihren Eltern in die Konzentrationslager zu schicken. Sie nahmen sogar Zweijährige aus der Krabbelstube und ließen sie auf dem Bahnhof schlafen. Was sie mit ihnen beabsichtigten, wissen wir nicht. Schön wäre es, wenn wir zu Dir hinüberkommen könnten, aber es sieht nicht danach aus.*[441]

Für einige der verhafteten und später nach Auschwitz deportierten Jugendlichen hatte Papanek bereits Affidavits geschickt. Laut seiner Biografin Lilly Maier litt Ernst Papanek ein Leben lang darunter, dass er nicht alle OSE-Kinder retten konnte.

Gescheiterte Rettungsmission

Angesichts der erschütternden Nachrichten aus Frankreich im Sommers 1942 erneuerten Marschall Field, das JDC (*The Joint*) und inzwischen auch die Quäker ihren Druck auf das *State Department*, Kinder aus Vichy-Frankreich in die USA zu bringen. Obwohl dies innerhalb der Quote möglich war, versuchten Anhänger einer restriktiven Einwanderungspolitik wie Breckinridge Long beim Präsidenten zu intervenieren und zu verhindern, dass die ursprünglich zugesagte Anzahl von 1.000 Visa erhöht wurde. Roosevelt folgte dann doch der Überzeugung seines Staatssekretärs Cordell Hull, dass gute Politik auf Humanität basiert. Nachdem auch Kanada und die Dominikanische Republik angekündigt hatten, insgesamt 4.000 Kinder aufzunehmen, machte die amerikanische Regierung

440 Ebenda, S. 118f.
441 Papanek (1980), S. 177.

am 15. Oktober 1942 schließlich publik, dass sie bereit sei, 5.000 Notvisa (*emergency visa*) für jüdische Kinder in Frankreich auszustellen.[442]

Gleichwohl kam diese Rettungsaktion zu spät, wie Lazare ausführt:

> *Anfang November 1942 waren 500 Kinder, die die OSE mit Unterstützung der Quäker in Marseille versammelt hatte, endlich soweit, mit einem Spezialzug nach Lissabon abzufahren. Sie besaßen amerikanische Visa und Reservierungen für einen Dampfer von Lissabon nach New York. Aber die Exit-Visa, die Laval dem amerikanischen Beauftragten, S. Pinkney Tuck, versprochen hatte, wurden auf Anordnung von René Bousquet, dem Polizei-Chef von Vichy, widerrufen. Dann setzte am 8. November die Landung der Amerikaner in Algerien und der Abbruch der Beziehungen zwischen Vichy und Washington weiteren Emigrationsbemühungen ein definitives Ende.*[443]

Nur eine Stunde nachdem der in ein Passagierschiff umgebaute Frachtdampfer *Mouzinho* mit medizinischem und pädagogischem Personal an Bord am 7. November 1942 den Hafen von Baltimore verlassen hatte, um die ersten 500 Kinder zu holen, kam auch hierher die Nachricht von der Landung der Amerikaner in Nordafrika. Am 9. November 1942 begann die deutsche Armee, Vichy-Frankreich und alle Häfen am Mittelmeer zu besetzen. Offenbar war das amerikanische Außenministerium, das die Visa genehmigt hatte, nicht über die bevorstehende Invasion in Nordafrika informiert worden.

Nach dem Willen von Laval durfte kein jüdisches Kind mehr Frankreich auf legalem Weg, das heißt anders als in einem Deportationszug, verlassen. Die in Marseille gestrandeten Kinder wurden von der OSE in Obhut genommen, die sie bald danach über ihr Untergrundnetzwerk in nichtjüdischen Familien oder Institutionen versteckte oder illegal über die schweizer oder die spanische Grenze brachte.

Der illegale Weg aus Frankrcich hinaus in die Schweiz öffnete sich im November 1942, als die Savoyer Grenze mit der Schweiz unter die Kontrolle der italienischen Besatzer kam. Zwei führende Köpfe des jüdischen Widerstands, Dr. Joseph Weill und Marc Jarblum, die vor den Verfolgungen nach Genf geflüchtet waren, verhandelten dort im April 1943 mit den Schweizer Behörden. Sie konnten erreichen, dass die Berner Regierung neue Richtlinien hinsichtlich der illegalen jüdischen Immigranten herausgab. Danach waren Gruppen von Kindern unter sechzehn Jahren vor der Gefahr einer Abschiebung aus der Schweiz geschützt. In der Zusammenarbeit mit bezahlten Begleitern, die sich bewährt hatten, und mit Hilfe nichtjüdischer Widerständler, darunter lokaler Amtsträger, Lehrer, Pfarrer und Priester im Grenzgebiet, konnten zwischen Mai 1943 und Juni 1944 mehr als 1.500 Schützlinge der Hilfsorganisationen in die Schweiz gebracht werden. Da die Italiener sich nicht an der Judenverfolgung der deutschen Besatzer und der Vichy-Regierung beteiligten, flüchteten bald viele Juden aus Vichy-Frankreich in die italienische Besatzungszone.

442 Tydor Baumel (1990), S. 39.
443 Lazare (1996), S. 199.

Im Versteck

1942 gab es 14 OSE-Heime mit mehr als tausend Kindern. Nach den Verhaftungen und Deportationen vom August und September 1942 waren diese jüdischen Einrichtungen für die Kinder und Jugendlichen aber nicht mehr sicher. Um sie vor der drohenden Deportation zu retten, begann die OSE im September 1942, ein Untergrundnetzwerk aufzubauen, mit dem Ziel, die Kinder mit gefälschten Papieren zu »arisieren« und auf nichtjüdische Familien und Einrichtungen zu verteilen. Ihre Heime hielt die OSE als offizielle Fassade aufrecht. **Georges Garel**,[444] der mit dem Aufbau des Untergrundnetzwerks der OSE beauftragt wurde, nutzte dabei auch seine Kontakte zu Angehörigen des Erzbistums Toulouse, die zusammen mit den OSE-Teams Gefangene aus dem Internierungslager Rivesaltes befreit hatten. Das Rettungsnetzwerk *Circuit Garel*, in dem eine beeindruckende Anzahl von katholischen und protestantischen Einrichtungen ebenso eingebunden waren wie säkulare, öffentliche und private Organisationen, funktionierte ab Anfang 1943 in vier großen Regionen in der Südzone. Als man übereingekommen war, das Risiko einzugehen, jüdische Kinder mit falscher Identität zu verstecken, bestand die Unterstützung des Netzwerks zu einem großen Teil darin, den Sozialarbeiterinnen, von denen einige nichtjüdisch und die anderen mit falschen Papieren ausgestattet waren, einen offiziellen Deckmantel zu geben. In weniger als einem Jahr konnte Garel über dieses geheime Netzwerk 1.600 Kinder in Lyon, Valence, Toulouse und Limoges sicher unterbringen. Parallel dazu gründeten **Moussa Abadi**[445] und die Ärztin **Odette Rosenstock**[446] in Nizza nach der Kapitulation der Italiener und der Besetzung Nizzas durch die Deutschen im September 1943 das Netzwerk *Circuit Marcel*, in dem auch der Bischof von Nizza, Monseigneur Paul Rémond, bei der Rettung von Kindern mitarbeitete. Über das Netzwerk konnten mehr als 527 Kinder gerettet werden.

444 George Garel (1909–1979) wurde als Grigori Garfinkel in Vilna in Russland als Sohn eines Ingenieurs geboren. Die jüdische Familie emigrierte 1924 zunächst nach Berlin und 1926 nach Paris. Garel studierte in Zürich Elektrotechnik und arbeitete als Diplom-Ingenieur in Lyon. 1934 erhielt er die französische Staatsbürgerschaft und war von 1939 bis 1940 Soldat. Nach dem Krieg arbeitete er wieder als Ingenieur und wurde Präsident der OSE. Vgl. Online: https://www.ose-france.org/je-decouvre/histoire/les-grandes-figures-de-lose [Stand 7. August 2020].

445 Moussa Abadi (1910–1997) wurde in Damaskus in Syrien geboren und kam mit einem Stipendium an die Pariser Sorbonne, wo er eine Lehrerausbildung machte und Literatur und Psychologie studierte. Er wurde Mitglied einer Theatertruppe und arbeitete fürs Radio. 1942 trat er in Nizza der *Résistance* bei.

446 Odette Rosenstock (1914–1997) stammte aus einer elsässisch-lothringischen jüdischen Familie und wuchs in Paris auf, wo sie Medizin studierte. Sie arbeitete 1938 in einem medizinischen Aufnahmezentrum für spanische Bürgerkriegsflüchtlinge in den Pyrenäen, 1940 als Ärztin bei der Evakuierung von Kindern aus Paris und schließlich bei der OSE. Im Mai 1944 wurde sie verhaftet und von Drancy nach Auschwitz-Birkenau und dann nach Bergen-Belsen deportiert. Sie überlebte, weil sie als Lagerkrankenschwester unter dem Kommando von Josef Mengele eingesetzt wurde. Nach dem Krieg arbeitete sie wieder in Nizza für die OSE und später als Schulärztin. 1959 heirateten sie und Moussa Abadi in Paris.

Ein Heim in Auflösung

Im August 1942 erhielten die **Brüder Manasse** in *La Hille* einen Brief ihrer Tante aus Gurs. Sie schrieb, dass ihr Vater mit einem Transport Gurs verlassen musste. Am 6. August 1942 war Alfred Manasse von Gurs in das Internierungslager Drancy verschleppt worden. Von dort wurde er am 10. August 1942 zusammen mit 1.005 jüdischen Menschen in das Konzentrations- und Vernichtungslager Auschwitz deportiert und ermordet.

Vor allem für die älteren Kinder war *La Hille* längst kein sicherer Ort mehr. Seit der Verhaftung und Befreiung der 40 Jugendlichen aus dem Lager Vernet fürchteten sie um ihr Leben. Seitdem gab es häufig Befragungen und Besuche der Polizei in *La Hille*. *»Angst breitete sich unter uns aus, und das Château verwandelte sich in eine Falle, wo wir jederzeit verhaftet werden konnten«*, schrieb Ruth Schütz Usrad, eine der Jugendlichen in ihren Erinnerungen.[447]

Nachdem die Deutschen im November 1942 Vichy-Frankreich besetzt hatten, waren deutsche Truppen nun auch in den *La Hille* nahegelegenen Orten Foix, Pamiers und anderen Städten des Département Ariège dauerhaft präsent. *»Vor allem für Juden und politische Flüchtlinge war die deutsche Okkupation ein schwerer Schlag. Sie konnten buchstäblich fühlen, wie sich das Netz um sie herum zuzog. Besonders unsere älteren Teenager fühlten diese Furcht, da sie in den vergangenen beiden Jahren schnell reif geworden waren«*, erinnerte sich Rösli Näf.[448] Ein Wachpostendienst wurde eingeteilt und ein getarntes Versteck auf dem Dachboden eingerichtet, um auf Razzien vorbereitet zu sein.

Die Deportationen aus Frankreich und ganz Europa waren inzwischen in vollem Gange. Da in die Transporte nach Osten auch alte Leute und Kinder einbezogen waren, verbreitete sich sehr bald die Nachricht und die Gewissheit, dass die Deportierten nicht in Arbeitslager gebracht wurden.

Auf legalem Weg in die USA zu gelangen, war nach dem Stopp der Exit-Visa keine Option mehr. Für die Jugendlichen gab es nur drei Möglichkeiten, den Häschern zu entgehen: Sich bei den Bauern der Umgebung zu verstecken, illegal über die Pyrenäen auf einem Weg abseits der bewachten Routen nach Spanien zu gelangen oder mit dem Zug oder zu Fuß auf einer weiten Strecke mit zahlreichen Ausweiskontrollen bis zur Schweizer Grenze zu gelangen, die von beiden Seiten streng überwacht wurde.

Trotz dieser Schwierigkeiten gelang etlichen älteren Kindern aus *La Hille* und einigen ihrer Betreuer die Flucht zwischen September 1942 und der Befreiung Frankreichs 1944: 23 von ihnen konnten illegal in die Schweiz gelangen, acht schafften es über die Pyrenäen nach Spanien, darunter **Gustav** und **Manfred Manasse**. Allerdings misslang die Flucht bei elf Jungen und Mädchen aus *La Hille*. Sie wurden verhaftet, deportiert und in Auschwitz ermordet.[449]

Eine solche misslungene Flucht über die Schweizer Grenze nahm der Leiter des SRK Remund zum Anlass, um Rösli Näf und zwei weitere *Secours Suisse*-Mitarbeiterinnen

447 Schütz, Usrad: *Entrapped Adolescence*. Zit. n. Reed (2015), S. 120.
448 Ebenda, S. 124.
449 Ebenda, S. 125.

Flucht über die Pyrenäen

Toulouse war zu dieser Zeit ein Zentrum des Widerstandes: Die Anfang 1942 dort gegründete *Armée Juive* (AJ), auch bekannt als *Organisation Juive de Combat* (OJC), hatte hier ihr Hauptquartier, und ebenso wie die Kommunisten und die jüdischen Pfadfinder der EIF waren seit 1943 auch die bewaffneten französischen Widerstandskämpfer des *Maquis* in den Bergen um Toulouse. Seit Herbst 1943 widmete sich die AJ auch der Rettung verfolgter Menschen auf einer von ihr entwickelten Fluchtroute über die Pyrenäen nach Spanien.[457] Diese Fluchthilfe war hauptsächlich darauf ausgerichtet, die von der AJ ausgebildeten jüdischen Kämpfer über Spanien nach Palästina zu bringen. Dort sollten sie die jüdischen Einheiten in der britischen Armee im Kampf gegen die Nationalsozialisten und Faschisten verstärken und deren Niederlage herbeiführen. An dieser Rettungsarbeit der AJ beteiligten sich vor allem Mitglieder der EIF sowie der OSE.

Wegen der Schwierigkeiten bei den Passagen in die Schweiz setzte sich **Andrée Salomon** von der OSE im Frühjahr 1944 mit **Ernest Lambert**[458] von der AJ in Verbindung, um deren Route über die Pyrenäen auch für die Flucht von Kindern nach Spanien und schließlich nach Palästina zu nutzen. Die AJ gründete daraufhin in Toulouse den *Service d'évacuation et de regroupement des enfants* (SERE). Dessen Leiterin Gisèle Romàn organisierte ein Schleusernetzwerk, das kleinen Kindergruppen mit dem Ziel Palästina ermöglichte, die Pyrenäen zu überqueren. Die Passage der Kinder wurde im September 1944 nach der Befreiung von Paris abgeschlossen; etwa hundert Kinder hatten bis dahin die Grenze mit Hilfe der SERE überquert.[459]

Etliche Frauen waren im AJ als Verbindungsagentinnen tätig, die den Kontakt der *Maquis* zur Stadt hielten und auch Waffen in den *Maquis* transportierten. Auch im Rettungswiderstand spielten sie eine wichtige Rolle: Sie brachten Menschen, die über die spanische Grenze geschmuggelt werden sollten, aus Toulouse an den nächsten zur Grenze gelegenen *Maquis*. Wie die frühere AJ-Aktivistin **Frieda Wattenberg** der Journalistin und Autorin Ingrid Strobl berichtete, bildete sie in Toulouse eine Art Basisstation für Gruppen, die nach Spanien geschmuggelt wurden. In ihrer Wohnung direkt gegenüber dem Bahnhof bewahrte sie einen Vorrat an warmer Kleidung und festen Schuhen auf, um die Jugendlichen, die bei ihr übernachteten, bevor sie am nächsten Tag zu ihrer »Tour«

457 Im Oktober 1943 gründete die AJ einen *Service d'évacuation et de regroupement* (SER) unter Leitung von Jacques Roitman (genannt Morel).

458 Ernest Lambert (1918–1944), geboren in Thionville, war ab 1942 führendes Mitglied der *Armée Juive* und verantwortlich für die Region Lyon. Er baute ein Netzwerk zur Fluchthilfe in die Schweiz auf, organisierte 1944 einen Kinderkonvoi über Spanien nach Palästina. 1944 wurde er in Lyon von der Gestapo verhaftet und am 8. Juli 1944 in Portes-lès-Valence hingerichtet.

459 Vgl. Anciens de la Résistance Juive en France (2002), S. 40. Vgl. auch Strobl (1998), S. 76; Bauer (1981), S. 258.

aufbrachen, mit dem Nötigsten auszustatten. Am nächsten Morgen begleitete Frieda Wattenberg die Jugendlichen mit dem Zug bis zu einem Ort in der Nähe der Grenze.[460]

Die Bergführer waren meist ortskundige baskische oder katalanische Bauern oder Schmuggler, Franzosen oder Spanier, die den Flüchtlingen in der Regel gegen Bezahlung, in wenigen Fällen auch unentgeltlich, über die Berge halfen. Einige waren ehrlich, andere ließen sich doppelt bezahlen und übergaben die Flüchtlinge den Deutschen. Zwei Fluchtrouten wurden ab 1943 am häufigsten benutzt: Die über Saint-Girons nach Alos oder Lérida sowie die Route über Pau und Oloron in die Region um Pamplona. Gegen Kriegsende 1944, als die Geschwister Manasse ihren Weg über die Pyrenäen antraten, brachte man die Flüchtlinge auf einem weiter östlich gelegenen Pfad über Andorra nach Spanien. Finanziert wurden die Fluchthilfe sowie die weiteren Aktivitäten der AJ vor allem über das JDC (*The Joint*).[461] Im Mai 1944 stellte die amerikanische Hilfsorganisation 10 Millionen Francs für die durch die AJ-EIF-Gruppen geleistete Fluchthilfe über die spanische Grenze zur Verfügung.[462]

Die Flucht zu Fuß über die Gebirgskette der Pyrenäen mit 3.000 Meter hohen Gipfeln, die die Grenze zwischen Frankreich und Spanien bilden, war anstrengend und gefährlich. Das lag nicht nur an dem unberechenbaren Wetter und den steilen Pfaden durch zerklüftetes, schneebedecktes Gelände, wobei Erfrierungen oder Knochenbrüche nicht selten waren. Seit November 1942 war dieser Fluchtweg auf der französischen Seite auch wegen des Risikos, verhaftet und deportiert zu werden, immer schwieriger geworden. Die Grenze zu Spanien wurde ab diesem Zeitpunkt nicht nur von der französischen Gendarmerie, sondern auch von den deutschen Gebirgsjägern überwacht. Seit Februar 1943 waren auch alle grenznahen Orte von den deutschen Besatzern als verbotene Zone deklariert worden. Deutsch und französisch besetzte Kontrollposten überwachten alle Straßen dieser Region und versuchten jede unbekannte Person zu identifizieren.[463] 80.000 bis 100.000 Menschen flüchteten zwischen September 1939 und der Befreiung Frankreichs im August 1944 über die Pyrenäen nach Spanien und Portugal. Es waren nicht nur Juden, auch politisch verfolgte Antifaschisten, abgeschossene Piloten der Alliierten, Angehörige der französischen *Résistance* und ab Februar 1943 auch 16.000 Franzosen, die der Verpflichtung zur Zwangsarbeit (Service du Travail) in Deutschland entgehen wollten.

Edith Jankielewicz, die mit den Brüdern Manasse in *La Hille* gewesen war und kurz vor oder nach ihnen die Pyrenäen auf derselben Route überquerte, berichtet, dass sie von Toulouse zunächst mit dem Zug nach Perpignan zu zwei Frauen gebracht wurden, die sie dann in die Grenzregion brachten. Ein baskischer Bergführer habe sie dort abgeholt, um sie über *»einen schwierigen Gebirgspass in der Gegend von Andorra«* zu führen.[464]

460 Strobl (1998), S. 98.

461 Ammerschubert (2004), S. 120f.

462 Vgl. Bauer (1981), S. 256f.

463 Vgl. Ammerschubert (2004), S. 125.

464 Reed (2015), S. 205. Es handelt sich vermutlich um dieselbe Fluchtroute, die der rumänische Arzt Marcel Verzenau (alias Maurice) zusammen mit dem italienischen Antifaschisten Emilio Lussu für das *Emergency Rescue Committee* und Varian Fry ausgearbeitet hatte. Diese Flucht-

Die Manasse-Brüder, der neunjährige Manfred und der 13-jährige Gustav, Peter Bergmann sowie ein weiteres Kind machten die anstrengende Bergtour über die Pyrenäen im Juli 1944.[465] Fred Manasse berichtet:

Am Fuße der Pyrenäen bei Andorra trafen wir den Bergführer, der Spanisch oder Baskisch sprach und wenig Französisch. Wir konnten uns nur schwer mit ihm verständigen. Er hatte zwei belegte Brote, genug Proviant für sich dabei und eine Flasche Wasser. Da meine Schuhe zerschlissen waren und ich nur Holzschuhe hatte, mit denen man nicht bergsteigen konnte, hatten sie mir billige Schuhe gekauft, die nicht richtig passten. Meine Füße waren bald voller Blasen. Wir brauchten für den Weg über die Pyrenäen drei Tage. Wir liefen nur nachts und schliefen tagsüber. Wir sahen Patrouillen, die wir umgehen konnten. Es war sehr kalt, und ich hatte großen Hunger. Der Bergführer aß eines seiner belegten Brote und teilte das zweite mit uns vier Kindern. Er sagte, er müsse bei Kräften bleiben. Da wir nichts zu trinken hatten, aßen wir Schnee.[466]

Er schildert auch das Glücksgefühl, als sie den Pass überschritten hatten und auf der anderen Seite in einem »sicheren Haus« ankamen, in dem man auf die Flüchtlinge vorbereitet war.

Als wir in das sichere Bauernhaus kamen, servierten sie uns dort eine frittata aus Bratkartoffeln und Eiern und dazu Weißwein. Bis heute ist mir in Erinnerung, wie gut die frittata geschmeckt hat, es war das beste Essen meines ganzen Lebens. Von dem Wein wurde ich total betrunken, fiel unter den Tisch und schlief ein. Dort schlief ich die ganze Nacht. Am Morgen mussten wir früh aufstehen, um unseren Zug nach Barcelona zu bekommen. Ich fühlte mich schlecht und sah furchtbar aus, aber wir bekamen den Zug.[467]

Flüchtlingshilfe in Spanien

Von den Tausenden Flüchtlingen, die nach dem Beginn der Deportationen im Sommer und dem darauffolgenden Einmarsch der deutschen Truppen in Vichy-Frankreich nach Spanien geströmt waren, waren viele von der spanischen Grenzpolizei verhaftet worden. Sie saßen in regionalen Gefängnissen oder waren im Lager Miranda del Ebro interniert. Da auch viele junge Franzosen, die nach dem Einmarsch der Deutschen über die spanische Grenze geflüchtet waren, um nach Algerien zu gelangen, dieses Schicksal teilten, hatten die Alliierten ein dringendes Interesse daran, die Ausweisung von Emigranten aus Spanien an Vichy-Frankreich zu verhindern. Nach der Landung der Alliierten in Nordafrika und unter dem politischen Druck von Roosevelt und Churchill war Spanien dann ab Ende 1942 gezwungen, seine Grenzen für alle Flüchtlinge offen zu halten und auch

route führte von Toulouse über Andorra nach Spanien und von dort weiter nach Lissabon und ist wohl mit der Fluchtroute identisch, die ab 1944 auch die AJ benutzte.

465 Ebenda, S. 204ff.

466 Manasse, Fred (Manfred): Interview 37818, VHA.

467 Ebenda.

jüdische Flüchtlinge im Land zu tolerieren. Spanien nahm die Flüchtlinge unter der Bedingung auf, dass sich jemand um ihren Unterhalt und ihre Weiterreise kümmerte.

Da es für die meist staatenlosen jüdischen Flüchtlinge ohne Papiere in Spanien keine zuständige konsularische Vertretung oder Botschaft gab, hatte das JDC (*The Joint*) diese Aufgabe übernommen. Weil es als jüdische ausländische Organisation in Spanien nicht tätig sein durfte, agierte das JDC (*The Joint*) seit Ende 1941 unter dem Deckmantel des *Portugiesischen Roten Kreuzes* über dessen Vertreter, den Portugiesen **Samuel Sequerra**.[468] Er richtete sein Büro in einem Zimmer im *Hotel Bristol* im Zentrum von Barcelona ein. Von hier aus baute er mit den Geldern des JDC (*The Joint*) ein Netzwerk zur Unterstützung der jüdischen Flüchtlinge auf. Denn Barcelona war die Stadt, durch die, wegen ihrer Grenznähe und ihres Hafens, die meisten Flüchtlinge kamen. Als wichtigster Mitarbeiter Samuel Sequerras war sein Zwillingsbruder Joel mit nach Barcelona gekommen. Samuel Sequerra, der einen Abschluss in Wirtschaftswissenschaften besaß, übernahm die diplomatischen Aufgaben, indem er intensive Kontakte zu Ministern, Botschaftern, Konsuln, Polizeichefs, Gefängnisdirektoren und sogar Krankenhausdirektoren aufbaute und pflegte. Sein Bruder **Joel Sequerra** kümmerte sich darum, Flüchtlinge aus den Gefängnissen zu holen, für sie eine geeignete Unterkunft zu finden und sie mit Kleidung, Nahrung, Arbeit und vor allem mit Dokumenten und Visa zu versorgen, damit sie das Land sicher verlassen konnten.

Als nach der deutschen Besetzung ganz Frankreichs immer mehr Flüchtlinge kamen, weitete das JDC (*The Joint*) seine Unterstützungsleistungen auch auf die Grenzprovinzen aus. Die Namen Sequerra und *Hotel Bristol* in Barcelona waren bald allen Flüchtlingen, die ab 1943 über die Pyrenäen kamen, bekannt. Um die wachsende Zahl der Schützlinge und unterschiedlichen Hilfsdienste zu bewältigen, wurden etwa zehn Räume im Erdgeschoss des Hotels angemietet und in Büroräume umgestaltet. 18 Männer und Frauen mit festen Zuständigkeiten kümmerten sich hier um die Hilfesuchenden. Zwischen 1942 und 1944 unterstützten Sequerra und seine Leute jüdische Flüchtlinge aus 35 verschiedenen Ländern, die keine Papiere oder keine Vertretung in Spanien hatten.[469]

Kurz vor der Besetzung von ganz Frankreich durch die Deutschen hatte das *JDC* (*The Joint*) seine europäische Hauptniederlassung von Marseille nach Lissabon

468 Die Zwillingsbrüder Samuel und Joel Sequerra wurden am 24. August 1913 im portugiesischen Faro als Söhne eines wohlhabenden Fischereiunternehmers geboren. Nach dessen Tod bei einem Eisenbahnunglück und der Schließung des Unternehmens in der Wirtschaftskrise von 1929 zog die Familie nach Lissabon. Dort arbeitete Samuel Sequerra in einem Ministerium. In Barcelona entkamen die Brüder zweimal Attentaten von Gestapo-Agenten. Zwischen 1942 und 1945 konnten sie und ihre freiwilligen Helferinnen und Helfer etwa tausend jüdische Menschen retten. Nach dem Krieg kehrten die Brüder nach Lissabon zurück und emigrierten in den 1950er Jahren nach Brasilien. Über ihre Rettungsarbeit sprachen sie später nicht. Vgl. MEMOSHOÁ – Associação Memória e Ensino do Holocausto. »Irmãos Sequerra. Portugal«. Online: https://www.memoshoa.pt/personalidades [Stand 12. August 2021].

469 Vgl. Calvet (2014), S. 245ff. sowie Text von Nelson Menda, veröffentlicht in *Semana*, der Zeitschrift der Jüdischen Gemeinde. Ausgabe 218, Mai 2002, S.12–16. Online: https://www.arqshoah.com/busca-justos-e-salvadores/jus-12-sequerra-irmaos-samuel-e-joel [Stand 20. Juli 2020].

verlagert. Von dort schickte am 18. November 1942 der europäische Leiter, Joseph Schwartz, ein Telegramm an das New Yorker Büro mit der Frage, ob man die unbenutzten Visa für die Kinder aus Frankreich nicht für Kinder nutzen könnte, die gegenwärtig in Spanien gestrandet seien. Von den etwa 20.000 jüdischen Flüchtlingen, die zu diesem Zeitpunkt in Spanien lebten, waren etwa 500 Kinder. Das *State Department* schickte schon kurze Zeit später seine Genehmigung zur Ausstellung von 175 bis 200 Visa für unbegleitete Flüchtlingskinder auf der Iberischen Halbinsel. Mit diesen Visa konnten noch bis 1945 jüdische Kinder aus Spanien und Portugal in die USA einreisen.[470] Zu den über 40 auf diese Weise in die USA geretteten unbegleiteten Kindern gehörten auch die **Brüder Manasse**.[471]

Barcelona, Calle Marmellà 8

Als die AJ ab Frühjahr 1944 auch unbegleitete Kinder über die Pyrenäen brachte, die zuvor versteckt gelebt hatten, benötigte das JDC (*The Joint*) in Barcelona eine Person, die die Aufnahme dieser Kinder organisieren und koordinieren konnte. Diese Aufgabe übernahm die Amerikanerin **Laura Margolis**,[472] eine sehr erfahrene Sozialarbeiterin mit diplomatischen Fähigkeiten und Führungsqualitäten, die bereits in Kuba sowie bis zur Besetzung durch die Japaner, in Shanghai die Flüchtlingshilfe für das JDC (*The Joint*) organisiert hatte. Erst nach ihrer Rückkehr aus Asien in die USA hatte sie von der Existenz von Konzentrations- und Vernichtungslagern in Europa erfahren und darauf bestanden, beim europäischen Hauptquartier des JDC (*The Joint*) in Lissabon eingesetzt zu werden. Im März 1944 nahm sie ihre Arbeit in Barcelona auf und veranlasste die Anmietung einer Villa am Stadtrand von Barcelona, die als Heim für die ankommenden Flüchtlingskinder dienen sollte. Ihre Wahl fiel auf eine Villa in der Calle Marmellà 8 im hoch über dem Stadtzentrum gelegenen Stadtteil Putxet. Die Villa musste nach monatelangem Leerstand zunächst aufwendig renoviert, der Garten neu hergerichtet werden.

470 JDC-List 177478, Refuge Childen in Spain and Portugal whom JDC is Helping to Emigrate 1944 Online: http://search.archives.jdc.org [Stand 1. November 2021].

471 Vgl. Tydor Baumel (1990), S. 40.

472 Laura Margolis wurde 1903 in Konstantinopel (Türkei) in eine jüdische Familie sephardischer und russischer Herkunft hineingeboren und wuchs vielsprachig auf. Mit fünf Jahren kam sie mit ihren Eltern in die USA. 1926 machte sie einen Abschluss in Sozialarbeit und arbeitete in jüdischen Wohlfahrtsorganisationen in Cleveland und Buffalo. 1939 schickte sie der *National Refugee Service* (NRS) nach Kuba, um dort die Tausenden Flüchtlinge aus Nazi-Deutschland zu unterstützen. Danach schickte sie der JDC (*The Joint*) nach Shanghai, wo sie für etwa 8.000 Flüchtlinge aus Deutschland und Österreich soziale Hilfsleistungen organisierte. Im Februar 1943 wurde sie von den japanischen Besatzungsbehörden interniert und konnte erst im September 1943 über einen Gefangenenaustausch in die USA zurückkehren. Vgl. Calvet (2014), S. 259f. Zur Biografie siehe auch: USHMM, Interview mit Laura Margolis, 11. Juli 1990. The Shalvi/Hyman Encyclopedia of Jewish Women. »Laura Margolis Jarblum. 1903–September 9, 1997«. Online: http://jwa.org/encyclopedia/article/jarblum-laura-margolis [Stand 12. August 2021].

Man tat alles, um den Kindern ein schönes Heim zu bereiten. Margolis suchte auch das Personal für die Betreuung und Erziehung der Kinder in der Villa aus. Als Leiterin bestimmte sie **Fajga Rabinovitsch**, die 1943 zusammen mit ihrem Mann Alexandre von Frankreich auf illegalem Weg nach Spanien geflüchtet war.[473]

Fred (Manfred) Manasse erinnert sich, dass sie in dem Haus von dem Ehepaar Rabinovitsch freundlich in Empfang genommen und betreut wurden. An der Villa seien viele Stufen gewesen, die den Berg hinabführten und ihn neugierig gemacht hätten. Trotz des Verbots, das Grundstück zu verlassen, habe man ihn dort auf dem Weg nach unten ein paar mal wieder einfangen müssen, berichtet er.

»Für die 21 Kinder, die im Juli 1944 in Barcelona wohnten, hatte das JDC (The Joint) vom Zivilgouverneur die Aufnahmeerlaubnis erhalten, die auch den Unterhalt sowie die Unterbringung der Kinder in verschiedenen Domizilen der Stadt umfasste«,[474] schreibt der katalanische Historiker Josep Calvet. Die Flüchtlingskinder seien bei ihrer Ankunft meist in einem jämmerlichen, vernachlässigten Zustand gewesen und hätten unterschiedliche Probleme gehabt. Aber das normale Leben, das sie in Barcelona führen konnten, das reichliche Essen, die vielen Zerstreuungen und die zärtliche Zuwendung, die sie erhielten, hätten bewirkt, dass sie sich allmählich erholten.

Nach einer gründlichen medizinischen Untersuchung nahm man die Kinder am Tag nach ihrer Ankunft auf einen Stadtausflug mit, bei dem sie sich in den großen Kaufhäusern Barcelonas neue Kleidung nach ihrem Geschmack aussuchen durften. Einmal in der Woche stand ein gemeinsamer Kinobesuch auf dem Programm. Ein Hebräischkurs wurde für alle organisiert, da die meisten Kinder das Ziel Palästina hatten. Auch Ausflüge zu Spielplätzen fanden statt, wo sie mit den spanischen Kindern des Stadtviertels spielen konnten. Um die Kinder zu beschäftigen, organisierte man verschiedene Gruppen und Arbeitsgemeinschaften, die sich an den Interessen der Kinder orientieren sollten sowie Zusammenkünfte, bei denen sie sich austauschen konnten. Einige Jungen richteten eine Schreinerwerkstatt ein, in der sie ihre eigenen Spielzeuge herstellten. Die Mädchen wurden von Schneiderinnen darin unterrichtet, ihre Kleider selbst zu entwerfen und zu nähen. Andere gründeten ein Orchester, und eine Gruppe arbeitete an der Herausgabe einer Zeitung mit dem Titel *Entre nous*.

Abb. 63: Fajga und Alexandre Rabinovitsch.

Edith Jankielewicz, die zur selben Zeit wie die Manasse-Brüder im Kinderhaus in der Calle Marmella 8 war, gehörte zusammen mit ihnen sowie Peter Bergmann

473 Calvet (2014), S. 258.

474 Ebenda, S. 261f.

zur zweiten Gruppe von zwölf Kindern, die Barcelona am 21. August 1944 mit dem Ziel Lissabon verließ. Zum Abschied schenkte Alexandre Rabinowitsch Manfred eine Postkarte mit dem Porträt von sich und seiner Frau Fajga. Am 18. August 1944, kurz vor der Abreise der Kindergruppe, schrieb er auf ihre Rückseite in Französisch, der einzigen Sprache, die Manfred verstand: *»Du hast mir versprochen, du würdest ein guter Junge werden, mein lieber Manfred. Vergiss das nicht. Denke auch daran, dass Du mir versprochen hast, jeden Donnerstag zu schreiben. Alexander, der Dich sehr geliebt hat.«*[475]

Als sie Spanien Richtung Lissabon verließen, wussten Gustav und Manfred bereits, dass sie in Lissabon nur noch auf ein Schiff warten mussten, denn ihr Onkel Julius Manasse, ein Bruder ihres Vaters, der in New York lebte, hatte bereits alle notwendigen Papiere geschickt und sich auch bereit erklärt, die Überfahrt seiner Neffen von Lissabon nach New York zu bezahlen. Der Erteilung von Visa durch das amerikanische Konsulat in Lissabon stand also nichts mehr im Weg.

Obwohl die Spanische Regierung 1943 die Ausreise von Kindergruppen, die offiziell vom *Portugiesischen Roten Kreuz* betreut wurden, erleichtert hatte, war die Zugreise von jüdischen Kindern ohne Papiere quer durch Spanien offenbar gefährlich. Zumindest sollten die Kinder nicht auffallen, weshalb ihnen ihre Begleiterinnen Redeverbot während der Fahrt erteilt hatten. *»Während der Zugfahrt nach Lissabon hatte ich furchtbare Angst, man hatte mir gesagt, dass ich nicht sprechen dürfte, weil ich kein Spanisch und Portugiesisch konnte, ich durfte auch nicht von meinem Sitz aufstehen. Als dann die Uniformierten an der Grenze zu Portugal mit den Hunden durch den Zug gingen, war ich wie gelähmt und sagte kein Wort.«*[476]

Abb. 64: Gustav und Fred Manasse (l.)
mit anderen Kindern in der Ferienkolonie in Estoril im Sommer 1944.

475 Text auf der Postkartenrückseite, USHMM, Fred Manasse Collection.
476 Manasse, Fred (Manfred): Interview 37818, VHA.

An die Zugfahrt von Barcelona nach Lissabon erinnerte sich Manfred (Fred) Manasse erst wieder, als er diese Strecke nach Jahrzehnten als amerikanischer Tourist noch einmal zusammen mit seiner Frau zurücklegte. Als sie an die spanisch-portugiesische Grenze kamen und die Grenzbeamten mit Hunden durch den Zug liefen, erlebte er in einer Art Flashback noch einmal seine Angst von damals.

In Lissabon angekommen wurden die Kinder in dem Ferienort Estoril in derselben Ferienkolonie der Zeitung *O Século* untergebracht wie die Vorgängergruppen. Für Manfred Manasse waren die Monate in Portugal eine wundervolle Zeit. Er sei dort zum ersten Mal richtig glücklich gewesen, weil es warm war und viel zu Essen gab. Die meisten Kinder, mit denen sie nach Lissabon gekommen waren, darunter auch Peter Bergmann, dessen Vater die Flucht nach Palästina gelungen war, und Edith Jankielewicz, verließen Lissabon im November auf einem Schiff nach Palästina. Manfred und Gustav mussten noch bis Ende Dezember warten bis die *Serpa Pinto* aus der Werft kam. Am 2. Dezember 1944, einen Tag nach seinem 13. Geburtstag, fand in der Synagoge von Lissabon **Gustav (Gabriel/Gus) Manasses** Bar Mizwa statt.

Schwieriger Neubeginn

Am 23. Dezember sollten die Brüder sich im Hafen von Lissabon mit der *Serpa Pinto*[477] einschiffen, aber Manfred weigerte sich vehement, an Bord zu gehen. Er wollte unbedingt in Portugal bleiben. Eine damals 18-Jährige, die im Auftrag von HIAS und JDC (*The Joint*) die Kinder auf das Schiff begleitete, erinnerte sich sehr gut an **Manfred (Fred)**, als er sie Jahrzehnte später bei seiner Reise nach Lissabon wiedertraf. *»Du warst das schlimmste der 20.000 Kinder, die ich auf ein Schiff gebracht habe«*, erzählte sie ihm. *»Du hast dich am Pier festgehalten und an den Tauen, mit denen das Schiff am Pier befestigt war. Wir mussten zu Dritt anpacken, um Dich loszubekommen, so groß war Dein Widerstand und so stark warst Du.«*[478]

Die fast zweieinhalb Wochen Überfahrt waren dann eine Tortur für Manfred. *»Ich war die ganze Zeit nur seekrank. Ich musste mich jeden Tag drei oder vier mal übergeben, ich konnte nichts essen, es ging mir miserabel. Es war die schlimmste Zeit in meinem ganzen Leben. Wir fuhren in die Freiheit, aber ich war darüber nicht glücklich«*, so Fred (Manfred) Manasse.[479]

Am 10. Januar 1945 seien sie nicht, wie er gehofft hatte, in New York gelandet, wo er die Freiheitsstatue sehen wollte, sondern wegen des Krieges in Philadelphia/Pennsylvania. Der Onkel hatte dort jemand beauftragt, die Brüder in den Zug nach New York zu setzen, wo sein jüngster Sohn, Kurt Manasse, sie abholen und zu ihm bringen würde. Manfred war sehr enttäuscht, dass er auch in Amerika wieder in einen Zug steigen musste, war er doch in den letzten Jahren per Zug bereits durch halb Europa gereist. Als die Brüder nach ein paar Stunden Zugfahrt in *Penn Station* New York City ankamen, stand dort ihr Cousin in amerikanischer Uniform. Zum Glück hatte Gustav, anders als Manfred, sein Deutsch nicht vergessen und konnte übersetzen, denn die Verwandten konnten kein Französisch.

Auf dem Weg zur Subway, mit der sie zu seinem Onkel fuhren, führte Kurt Manasse seine Cousins über den Times Square. Die vielen Filmwerbungen und Lichtreklamen dort beeindruckten Manfred stark. Im Gedächtnis geblieben sind ihm auch sein erster Hot-Dog mit Senf und einer Coca Cola im Grant's Restaurant an der 42nd Street und sein erneuter Wutanfall mitten auf dem Bürgersteig am Times Square:

477 JDC List 1070944, Jewish Refugee Children on the Serpa Pinto. 1943–1944. Online: http://search.archives.jdc.org [Stand 1. November 2021].

478 Fred Manasse discusses the Holocaust: Kindertransport – Hidden Children – The Story, with Host Paul Levine and Guest Fred Manasse on CCTV. Online: http://www.sculpturebyfredmanasse.com/?page_id=80 [Stand 11. August 2021].

479 Ebenda.

> *Ich bin plötzlich stehen geblieben, weil ich eine Filmwerbung in Französisch sah, der einzigen Sprache, die ich verstand. Ich sagte Gus, dass ich diesen Film sehen wolle, und er übersetzte es unserem Cousin auf Deutsch. Der meinte, das sei ein Film für Erwachsene, ich könnte ihn nicht sehen, weil ich noch zu jung dafür sei. Als Gus mir die Antwort übersetzte, beharrte ich weiter darauf, dass ich ihn sehen wollte. Aber der Cousin blieb hart und sagte, wir müssten mit dem nächsten Subway-Zug fahren. Als ich hörte, dass ich wieder in einen Zug steigen sollte, bekam ich einen Wutanfall. Ich warf mich auf den Boden und schrie so, dass Passanten stehen blieben und fragten, was sie mit dem armen Kind machten. Für mich war es ganz schrecklich, schon wieder in einen Zug einsteigen zu müssen.*[480]

Schließlich habe ihn der Cousin zur Subway geschleift. Auf der Fahrt nach Washington Heights zum Haus seines Onkels habe er schreckliche Angst vor dem Lärm und der Dunkelheit in der Subway gehabt. *»Dann saß ich schließlich an einem Tisch und bekam endlich genug zu essen, denn es gab ein richtiges deutsch-jüdisches koscheres Essen.«*[481]

Die Ankunft in den USA war für Manfred Manasse mit großen Enttäuschungen und vielen darauffolgenden Schwierigkeiten verbunden. Der Onkel, Julius Manasse, hatte zwar dafür gesorgt, dass die Brüder in die USA kommen konnten, hatte in seiner Wohnung aber keinen Platz, um sie aufzunehmen. Die EJCA (bis 1941 GJCA) konnte den Brüdern nach ihrer Ankunft zunächst nur eine vorübergehende Unterkunft bei einer Pflegefamilie in der Bronx vermitteln.

Manfreds schlimmste und fortdauernde Erfahrung wurde jedoch, dass er von seinem Bruder getrennt wurde. **Gustav (Gabriel/Gus)** wurde nach zwei Monaten von einem kinderlosen, etwas älteren Ehepaar aufgenommen, die aber nur ein Kind haben wollten. Mit ihnen lebte Gustav, bis er heiratete. *»Er wurde ihr richtiger Sohn«,* erzählt Fred Manasse, *»sie waren nicht sehr religiös, aber sehr verbunden mit der jüdischen kulturellen Tradition. Sie waren der Meinung, dass er den Namen Manasse*[482] *nicht ändern sollte, weil er ein wichtiger biblischer Name ist. Sie änderten nur seinen Vornamen in Gabriel, den amerikanischen Namen für Gustav. Sie förderten ihn in der Schule und im College, beim Erwerb der ersten Wohnung, als er heiratete. Sie waren eine richtige Familie.«*[483]

Dass Geschwister wie Manfred und Gustav Manasse nicht zusammen in einer Familie untergebracht wurden, lag vor allem daran, dass es keine Pflegefamilie gab, die beide Jungens aufnehmen wollte. Grundsätzlich gab es ein sehr begrenztes Angebot an aufnahmebereiten Familien, da die jüdischen Flüchtlingskinder nur in jüdischen Familien

480 Ebenda.

481 Transkription eines Videos, das 2009 aufgenommen wurde. Online https://sculpturebyfredmanasse.com/?page_id=103 [Stand 12. August 2021].

482 Manasse = der vergessen macht; Manasse war der älteste Sohn von Joseph und Asnat und Vater eines der Stämme Israels. Vgl. bibelkommentare.de. »Manasse«. Online: https://www.bibelkommentare.de/index.php?page=dict&article_id=821 [9. Juli 2020].

483 Fred Manasse discusses the Holocaust: Kindertransport – Hidden Children – The Story, with Host Paul Levine and Guest Fred Manasse on CCTV. Online: http://www.sculpturebyfredmanasse.com/?page_id=80 [Stand 11. August 2021].

untergebracht werden durften. Sehr einschränkend bei der Suche nach Pflegefamilien war außerdem, dass sich die jüdischen Organisationen damit nicht über die Presse an die Öffentlichkeit wenden durften.

Die Aufnahme bei Pflegefamilien oder in staatlichen Internaten sollte für die Flüchtlingskinder der erste Schritt zu ihrer Amerikanisierung sein. Allerdings stimmte das amerikanische Ideal von der Familie als einem stabilen und fürsorglichen Umfeld und dem besten Ort für die Erziehung und Integration der entwurzelten Kinder, oft nicht mit der Realität überein. Das traf grundsätzlich auch zu, wenn die Kinder von ihren Verwandten aufgenommen wurden. In jedem Fall mussten die Kinder kämpfen, sich an ein neues Leben als Mitglieder von Pflegefamilien oder an zuvor unbekannte amerikanisch-jüdische Verwandtschaftsnetzwerke anzupassen.

Die Auswahl der Pflegefamilien richtete sich nach den Standards des *United States Children's Bureau*. Die vorgeschriebenen Kriterien bezogen sich auf die Nachbarschaft und die häuslichen Verhältnisse wie sanitäre Einrichtungen, Erreichbarkeit von Schule und Synagoge, Brandschutz, nicht mehr als zwei Kinder in einem Raum, getrennte Betten für jedes Kind sowie auf die Familie, deren Gesundheitszustand, Ausgeglichenheit, passendes Alter und Einkommen und darauf, dass die Sorge für die Kinder gewährleistet war, sie nachts nicht allein gelassen wurden, dass sie sauber und angemessen gekleidet wurden und ihre eigenen Toilettenartikel hatten, um nur einiges aufzuführen.[484]

Das *Children's Bureau* bot nicht nur mehreren Organisationen, die sich mit Flüchtlingskindern befassten, Beratung und Hilfestellung an. Es akkreditierte auch die lokalen Kinderbetreuungsagenturen, deren Sozialarbeiter und Sozialarbeiterinnen, die die potenziellen Pflegeeltern in Augenschein nahmen und nach ihren Motiven befragten. Die Mehrheit waren aufrichtige Leute, die einem Flüchtlingskind ein Heim bieten wollten darunter auch viele Kinderlose. Andere hatten eher eigennützige Motive, wollten, einen Spielkameraden für ihre eigenen Kinder oder gar ein billiges Kinder- oder Hausmädchen.[485]

Die Sozialarbeiter und Sozialarbeiterinnen der lokalen Betreuungsagenturen besuchten die Kinder in der Regel monatlich bei ihren Pflegefamilien, auch dann, wenn sie bei Verwandten lebten. Während **Gustav Manasse** es mit seiner Pflegefamilie gut getroffen hatte, machte Manfred ganz andere Erfahrungen. Wie die Historikerin Beth B. Cohen schildert, war Manfred schon in Frankreich oft gemobbt worden, was Spuren bei ihm hinterlassen hatte. Nach der Trennung von seinem Bruder verbrachte er seine ersten Monate an verschiedenen Orten, darunter in einem jüdischen Heim für straffällige Jungen. Zu den Misshandlungen, die er erlebte, gehörte auch die ständige Qual, von seinem Bruder getrennt zu sein. *»Außer an manchen Wochenenden, an denen wir meinen Onkel besuchten, sahen wir uns sieben lange Jahre nicht mehr. Das änderte sich erst, als wir beide dasselbe City College besuchten«*, berichtet er.[486]

484 Tydor Baumel (1990), S. 70f. und S. 91.
485 Ebenda, S. 91.
486 Ebenda.

Cohen erläutert:

> *Der zehnjährige Fred wurde schließlich zu einem kinderlosen Paar in der Bronx geschickt, wo er vier Jahre lang lebte. Er erfuhr später, dass das Paar eine kleine Tochter verloren hatte, und er glaubt, dass er eine Art Ersatz für sie darstellte, so lieblos es sich auch herausstellte. Seine Pflegemutter hatte einen verantwortungsvollen Job als Chefschwester im Montefiore Hospital, aber sie war eine harte Person. Er erinnert sich lebhaft daran, dass sie nicht gezögert hat, »körperliche Züchtigung an mir anzuwenden, wenn ich mich schlecht benommen habe, und sie hat mich in einen Schrank gesperrt«. Außerdem musste er Aufgaben erledigen, die er für demütigend hielt, weil er sie als die Domäne der Mädchen betrachtete: Geschirrspülen und Hausreinigung einschließlich Schrubben von Toiletten. Aber da er während eines Großteils seiner Kindheit nicht in einer Kernfamilie gelebt hatte, wusste er nicht, dass er in einer abnormalen Situation gefangen war. »Es war keine sehr schöne Umgebung für mich«, reflektierte er, »aber ich wusste nicht, wie Eltern sind – ich dachte, das ist nur ein Teil dessen, was mit einem passiert, wenn man keine eigene Familie hat.« Wenn er zurückdenkt, vergleicht er seine Zeit in der Familie mit früheren Erfahrungen und argumentiert: »Ältere Kinder hatten mich schon immer verprügelt, also, weißt du, das ist eine Frau, die dich verprügelt.«*[487]

Die Sozialarbeiter und Sozialarbeiterinnen der lokalen Betreuungsagentur hätten nicht bemerkt oder ignoriert, wie die Pflegefamilie Fred behandelte, führt Cohen weiter aus. Schließlich habe ein männlicher Fallbetreuer bei einem Hausbesuch erkannt, dass etwas nicht in Ordnung war. Ein Arzt, so erinnert sich Fred, habe dann sofort angeordnet, »dieses Kind aus diesem Haus zu holen«. Von da an hatte Fred wieder mehrere Übergangsstationen, bis ein bleibendes Zuhause gefunden wurde. Eine Therapie half ihm: Seine Schulnoten verbesserten sich deutlich, er gewann Freunde und wurde in eine andere Familie aufgenommen, als er mit der High School begann. Obwohl diese Familie nach den Kriterien des *Children's Bureau* alles andere als ideal war und allein von dem Geld lebte, das sie für ihn sowie zwei weitere Pflegekinder erhielt, hält Fred seine Situation dort für die beste, die er bisher erlebt hatte. Für ihn war nicht so wichtig, dass er und die beiden anderen Pflegekinder nur ein zusätzliches Einkommen für seine Pflegeeltern darstellten. Wichtig war für ihn vor allem, dass er sich gut mit dem Enkel verstand, der etwas älter als er war und auch im Haushalt lebte. *»Es war eine tolle Situation für mich, weil ich einen Bruder hatte«*, berichtet er. Fred lebte in dieser Familienkonstellation aus Pflegeeltern, deren Tochter und Enkelsohn sowie drei Pflegekindern, von seinem 15. bis zur Vollendung seines 20. Lebensjahres. Sein »Bruder« habe ihm alles beigebracht und etwas Besseres als diese Unterbringung habe ihm nicht passieren können. Trotz all der Probleme in seiner Jugend drückt er gegenüber den jüdischen Behörden rückblickend Dankbarkeit für alles aus, was sie für ihn getan haben, um ihm den Weg zu einem produktiven und sinnvollen Erwachsenenleben zu ebnen.[488]

487 Cohen (2018), S. 56ff.

488 Ebenda.

»Obwohl die halbjährlichen Berichte der EJCA auf Besuchen in den Familie basierten, war es, sobald die Kinder in den Pflegefamilien waren, unmöglich, die Realität hinter den verschlossenen Türen zu erkennen«, schreibt Cohen.[489] Dass die Fachleute manchmal übersehen, was offensichtlich erscheint und wenig tun, um den Kindern zu helfen, ist nach wie vor ein ungelöstes Problem.

Auch im Falle von **Lotte Goldschmidt (verh. Magnus)** bekamen die Sozialarbeiter und Sozialarbeiterinnen des zuständigen Kinderbüros des *Jewish Welfare Committee* von Philadelphia von dem mehrfachen sexuellen Missbrauch durch den Pflegevater nichts mit, weil Lotte Angst hatte, darüber zu sprechen. *»Ich habe nichts gesagt«*, erzählt sie. *»Man hätte mir ohnehin nicht geglaubt, und das Kinderbüro hätte mich zu anderen Leuten geschickt, bei denen es mir vielleicht schlechter gegangen wäre.«*[490]

Ihr Zusammenleben mit der Pflegefamilie beschrieb sie als schwierig: *»Ich wusste nie, wann ich als Tochter des Hauses und wann als Dienstmädchen des Hauses behandelt wurde. Ich war ein Teenager, und dort war ein Mann, der seine Blicke umherschweifen ließ.«*[491] Ihre Qual hörte erst auf, als der Pflegevater 1937 schwer erkrankte. Ein Jahr lang unterstützte Lotte ihre Pflegemutter bei der Pflege ihres schwerkranken Peinigers. Nach dessen Tod, Anfang 1938, blieb Lotte Magnus noch bis zu ihrem High School-Abschluss im Juni 1938 bei ihrer Pflegemutter und deren beiden Söhnen. Wie sie im Interview betonte, sei sie der Familie aber immer noch dankbar, dass sie sie aufgenommen hatten. Damals sei sie aber sehr froh gewesen, dort wegzukommen. Dass sie durch die Erfahrung des Missbrauchs keine bleibenden psychischen Probleme davongetragen hatte, führt Lotte Magnus auf den Umstand zurück, dass ihre großen Sorgen um ihre eigene Familie in Deutschland damals dieses Erlebnis bald überlagert und gleichzeitig Distanz dazu geschaffen hatten.

Im Vergleich mit anderen Flüchtlingskindern, die während des Krieges in Europa zurückblieben oder erst kurz vor oder während des Krieges in die USA kommen konnten, zählt sich Lotte Magnus zu den Glücklichen. Die Gründe zählt sie auf: Sie konnte früh aus Europa entkommen; ihre Mutter, obwohl nach Theresienstadt deportiert, überlebte dort den Krieg; ihr Bruder konnte mit seiner Frau sicher in die USA gelangen, und sie hatte das Glück, in nur einer Pflegefamilie leben zu müssen, bis sie alt genug war, für sich selbst zu sorgen. *»Viele Kinder der Transporte wurden nach ihrer Ankunft von Familie zu Familie hin und her geschoben«*, sagt sie.[492]

Ähnlich wie die Brüder Manasse wurde auch **Erich Grünebaum (Eric Greene)** von seinem Onkel enttäuscht. Isidor Steinberger, der Bruder seiner Mutter, war einer seiner nächsten und ihm aus Deutschland vertrauten Verwandten. Er war 1938 in die USA gekommen und lebte mit seiner Familie in Indianapolis. In seiner Autobiografie erzählt er:

489 Ebenda.

490 Magnus, Lotte (geb. Goldschmidt): Interview am 17. Juli 1992 in Portland, Oregon. Oregon Jewish Museum and Center for Holocaust Education (OJMCHE). Online: https://www.youtube.com/watch?v=J9lKgA3p3BI und https://www.youtube.com/results?search_query=Lotte+Magnuns+Pt+II [Stand am 22. Juni 2016].

491 Ebenda.

492 Director Knudsen (2002).

> *Onkel Issi kam nach meiner Ankunft nach Chicago. Er begrüßte mich herzlich und schien glücklich zu sein, mich zu sehen. Er führte auch lange Gespräche mit dem Direktor von Woodlawn Hall. Sehr viel später erfuhr ich, dass die Frau meines Onkels, Tante Fanny, dagegen war, mich in ihr Zuhause aufzunehmen. Für sie kam es nicht infrage. Sie hatten ihr eigenes Haus und ihr eigenes Geschäft, aber sie hatten auch zwei junge Töchter. Bei der Vorstellung, einen 13-jährigen Jungen bei sich aufzunehmen und mit ihren beiden kleinen Mädchen im Alter von zehn und acht Jahren zusammenzubringen, fühlte sie sich nicht wohl. Hatte Tante Fanny einen misstrauischen Charakter? Ich weiß es nicht, sie hat es natürlich nicht mit mir besprochen. Ich wurde in Woodlawn Hall zurückgelassen und sah nach dem ersten Besuch nicht mehr viel von meinen engsten Verwandten.*[493]

Schließlich hätten entferntere Verwandte, Theo und Hanni Cremer, Mitleid mit ihm gehabt und sich bereit erklärt, ihn vorübergehend aufzunehmen. Theo Cremer war ein Cousin von Erichs Mutter. »*Die Cremers kannte ich kaum, hatte sie nur einmal in Frankfurt gesehen*«, erzählt Eric. »*Sie hatten nicht viel Geld, er war Weißbinder und arbeitete sieben Tage die Woche. Tante Hanni hatte nie richtig Englisch gelernt, nachdem sie nach Amerika kamen. Deshalb fand sie keine Arbeit.*«[494] Die Cremers lebten zusammen mit ihrem siebenjährigen Sohn und Erich auf engstem Raum in einer 1-Zimmer-Wohnung im Chicagoer Stadtteil Albany Park, einem überwiegend jüdischen Viertel. Dort wurde Erich in die *Haugan Elementary School* eingeschult, wo er schnell Englisch lernte.

Hilferufe aus Deutschland

In seine Zeit bei den Cremers fällt der Kriegseintritt der USA Anfang Dezember 1941 und in der Folge die Einstellung des Briefverkehrs nach Europa. Damit verlor Erich, wie auch die anderen Flüchtlingskinder, die letzte Verbindung zu den Eltern in Deutschland und zu seiner Schwester Hanni im besetzten Holland. Für ihn war der unterbrochene Briefverkehr zunächst auch eine Befreiung von der lästigen Pflicht des Briefeschreibens, die zu allen anderen alltäglichen Anforderungen noch hinzu kam.

Der Briefwechsel zwischen den Kindern, die erst kürzlich in den USA angekommen waren und ihren in Deutschland zurückgebliebenen Eltern fand vor dem Hintergrund sehr unterschiedlicher Lebenssituationen statt. Die Realität und die Bedürfnisse der Kinder, die sich in einer vollkommen neuen Welt zurechtfinden mussten, die schnell lernen mussten, sich in einer fremden Sprache auszudrücken, neue Beziehungen zu knüpfen, sich in einen neuen familiären und schulischen Alltag hineinzufinden, kontrastierte stark mit der Situation ihrer Eltern. Die Eltern in Deutschland waren ihres Alltags und sämtlicher Ablenkungen beraubt, gesellschaftlich ausgegrenzt, isoliert und deprimiert. Ihre einzigen Hoffnungen waren auf ihre Kinder in den USA gerichtet. Der Briefwechsel mit ihren Kin-

493 Greene (2000).

494 Interview der Autorin mit Eric Greene am 15. September 2019 in Durango, CO.

dern war ihre einzige Verbindung zur Außenwelt, er war wie ein Tropf, an dem sie hingen. Entsprechend wichtig, ja lebensnotwendig war jeder Brief, den sie schrieben und erhielten, und sie schrieben sehr häufig. Der Briefwechsel mit ihren Kindern und Verwandten in den USA war oft ihr einziger Lichtblick im harten Alltag, die einzige Zuversicht. Dadurch entstand eine tragische Dynamik, die die Kinder überfordern musste. Hinzu kam, dass die Eltern versuchten, ihre Erzieherrolle aus der Ferne weiter einzunehmen und ihren Kindern oft Ermahnungen und Ratschläge zu geben, die in deren neuer Realität nicht immer hilfreich waren.

Eric Greene (Erich Grünebaum) berichtet:

Ich war immer noch kein guter Schreiber. Für mich fühlte es sich an wie Hausaufgaben, sich verpflichtet fühlen, vor einem leeren Blatt Papier zu sitzen und es mit Wörtern füllen zu müssen. Mama und Papa beantworteten natürlich alle meine Briefe sofort. Sie gaben ihrem jüngsten Kind viele gute Ratschläge. Sie machten sich Sorgen wegen meines Betragens, meiner Manieren, meiner Schulleistungen, darum, wie ich mich ganz allgemein verhielt.«[495]

Wegen der Zensur enthielten die Briefe der Eltern an ihre Kinder viele Andeutungen und verklausulierte Formulierungen, deren Bedeutung die Kinder nur erahnen konnten, Personen wurden genannt, an die sich die Kinder nur noch undeutlich erinnern konnten. Und ihr Tenor verriet trotz aller Bemühungen, es gegenüber den Kindern und der Zensur zu kaschieren, die blanke Not der Eltern, der die Kinder ohnmächtig gegenüberstanden.

»Die Briefe zeichneten ein Bild von Menschen, die im Verborgenen und von Tag zu Tag lebten, ohne etwas, worauf sie sich freuen könnten, außer dem äußeren Zufall, dass sie irgendwie, auf irgendeinem Weg in der Lage wären, das Land zu verlassen«, schreibt Eric Greene.[496]

Der wiederholt an sie gerichtete dringende Wunsch ihrer Eltern, Deutschland zu verlassen und zu ihnen in die USA zu kommen, den Minderjährige wie Erich nur zu gern erfüllt hätten, ließ die Kinder ihre ganze Hilflosigkeit erfahren. Erichs Eltern hatten sich mit einem Hilferuf und der Bitte um Geld für die Ausreise nach Südamerika an ihre nächsten Verwandten in den USA gewandt. Der Onkel Isidor Steinberger gab diesen Hilferuf mit der Aufforderung, beim *Jewish Children's Bureau* um die finanzielle Unterstützung für die Ausreise seiner Eltern zu bitten, an Erich, seinen 13-jährigen Neffen weiter. Der war zu diesem Zeitpunkt gerade erst ein paar Monate in den USA.

Eines Tages, nachdem ich mehrere Wochen bei den Cremers gewesen war, erhielt ich einen Anruf von meinem Onkel Issi aus Indianapolis. Er teilte mir mit, dass es eine geringe Chance gäbe, dass meine Eltern in ein südamerikanisches Land einwandern könnten, ich weiß nicht mehr, in welches. Er sagte mir, es sei viel Geld im Spiel, und ich solle es mir zur Aufgabe machen, mich an das Jewish Children's Bureau zu wenden, um zu sehen, ob sie etwas Geld auftreiben könnten. Ich fühlte mich so hilflos.

495 Greene (2000).
496 Ebenda.

Ich wusste nicht, wie ich mich an die Agentur wenden sollte; ich kannte nur die eine Sozialarbeiterin und hatte, bis sich mein Englisch verbesserte, Schwierigkeiten, mit ihr zu kommunizieren. [...] So gern ich meinen Eltern geholfen hätte, ich konnte nichts tun.[497]

Es gab auch Eltern, die sich mit einem solchen Hilferuf direkt an ihre davon völlig überforderten Kinder wendeten. Hermann Hirsch, der Vater der fünf Geschwister schrieb am 3. Oktober 1941 im Polizeigefängnis Frankfurt einen Brief an seine Kinder in Atlanta und forderte sie auf: *»Tut alles, was Ihr könnt, schreibt allen Verwandten und Leuten, die Ihr kennt, wie die Situation ist, und vielleicht können sie Euch helfen, das Geld zusammenzubringen, damit wir herüberkommen können.«*[498] Wie sie von einem entfernten Verwandten in New York erfahren hatten, ging es um 1.100 Dollar für den Kauf von Visa und Schiffspassagen nach Cuba. Dieser Brief und der Versuch, diese enorme Summe aufzutreiben, habe seine beiden ältesten Geschwister Flora und Asher (Anselm) unter einen enormen Druck gesetzt, schreibt **Benjamin (Ben) Hirsch** in seinen Erinnerungen. Am Ende habe das Geld, das zusammenkam, nicht ausgereicht. Später erfuhren sie, dass auch diejenigen, die das Geld aufbringen konnten, keine Visa mehr bekamen, da im Deutschen Reich inzwischen das Verbot der Emigration für Juden galt.

Abb. 65: Lotte Goldschmidt (Mitte) mit ihrem Bruder Hans und ihrer Schwägerin Ellen, geb. Kastellan, nach deren Ankunft in den USA, 1940.

497 Ebenda.
498 Hirsch (2010), S. 56.

Lotte Goldschmidt (verh. Magnus) war die einzige, die ihrer Familie helfen konnte, als sie Anfang 1939 einen Hilferuf aus Deutschland erhielt. Sie war bereits 19 Jahre alt und schon seit 1934 im Land. Außerdem war sie in der glücklichen Lage, wohlhabende und hilfsbereite Freunde und Gönner zu haben, die bereit waren, für ihre Familie zu bürgen. Durch ihre Hilfe konnten schließlich ihr Bruder und ihre Schwägerin 1940 in die USA kommen. Ihre Mutter, die im Mai 1940 ihr Visum bekommen und eine Schiffskarte für die Überfahrt auf der *Veendam* am 10. Mai ab Rotterdam gebucht hatte, wurde vom Überfall der Deutschen auf Holland überrascht und musste dort bleiben. Ihr Schiff wurde beim Angriff auf den Hafen von Rotterdam zerstört, und es konnten keine Schiffe mehr auslaufen.

Orthodoxe Familien gesucht

Erich Grünebaums (Eric Greene) Vater, Jonas Grünebaum, machte sich berechtigte Sorgen, dass sein Sohn in Amerika sein religiöses Erbe und damit eine wichtige Verbindung zu seiner Familie und Herkunft verlieren würde. Anlässlich von Erichs Bar Mizwa – er war noch im Heim *Woodlawn Hall* – hatte der Vater geschrieben:

> *»Du bist jetzt 13 Jahre alt. Nehme Dir zu Herzen, dass Du ein braver, folgsamer und frommer Junge werden willst. Lege jeden Morgen Deine Tefillin, wie Du das von Daheim auch von mir gesehen hast. […] Ich wünsche, wenn Du weg kommst, daß Du zu einer orthodoxen Familie kommst.«*[499]

Es stand nicht in Erichs Macht, seinem Vater diesen Wunsch zu erfüllen. *»In Chicago gab es keine frommen Familien. Man sagte mir: ›Du bist jetzt in Amerika, da sind die Dinge anders, die Leute müssen Geld verdienen‹«*, erinnerte sich Eric.[500] *»Die Pflegefamilien in Chicago, bei denen ich lebte, befolgten die Religionsgesetze nicht. Sie waren jüdisch, aber nur auf eine sehr oberflächliche Weise. Es war leicht für einen 13-Jährigen, schwach zu sein.«*[501]

Nicht nur religiöse, auch kulturelle Unterschiede spielten eine Rolle bei Erichs vergeblichen Bemühungen, Anschluss an eine orthodoxe Synagogengemeinde zu bekommen: Der Chicagoer Stadtteil Albany Park, in dem seine Verwandten lebten, war in den 1940er Jahren ein überwiegend von Juden aus Osteuropa geprägtes Viertel.

> *Mich verschlug es in die Gemeinde Albany Park, einer Station für wohlhabende Juden auf der Karriereleiter, ohne dass ich wusste, mit welcher Geringschätzung die etablierte jüdische Bevölkerung die deutschen Juden betrachtete. Ich war schockiert über den Empfang, den ich erhielt. Die meinem Wohnort nächstgelegene Synagoge hieß Beth Yaakov, und ich nahm automatisch an, dass jeder Jude in das nächstgelegene Gotteshaus gehen könne und dort willkommen geheißen würde. Ich irrte mich. Ich war immer*

499 Brief der Eltern aus Frankfurt am Main vom 21. Juli 1941 aus dem persönlichen Archiv von Eric Greene.

500 Interview der Autorin mit Eric Greene am 15. September 2019 in Durango, CO.

501 Korrespondenz der Autorin mit Eric Greene, 2017.

noch ein Außenseiter; es fiel mir immer noch schwer, Teil dieses exklusiven Clubs zu sein. Erst einige Jahre später, als ich fließend Englisch sprach, und nachdem ich in die Roosevelt High School eingetreten war, stellte ich eine Art von Beziehung her. Trotzdem fühlte ich mich immer noch wie ein Fremder, da ich ein Waise war und kein festes Zuhause hatte, in das ich die Freunde, die ich gewonnen hatte, einladen konnte.[502]

Auch **Elfriede Meyer (verh. Schloss)** hatte, seit sie in den USA angekommen war, keinen religiösen Unterricht mehr gehabt, betont aber, sie habe eine durch die Zeit im Frankfurter Waisenhaus und in den OSE-Heimen in Frankreich gefestigte jüdische Identität gehabt. Auch sie thematisiert die Distanz zu den amerikanischen Juden: *»Wir verbrachten kaum Zeit mit den amerikanischen Kindern, weil wir uns mit ihnen nicht wohlfühlten. Wir blieben in unserer deutsch-jüdischen Gemeinde unter uns. Hier trafen wir uns im Clubhaus der Gemeinde. Es gab hier auch einen Fußballverein.«*[503]

Die alte Kluft, wie sie in Europa zwischen den assimilierten deutschen und den traditionalistischen Jiddisch sprechenden osteuropäischen Juden bestanden hatte, war in den USA noch stärker ausgeprägt. Bei den Nachkommen der Ende des 19. und zu Beginn des 20. Jahrhunderts überwiegend aus Osteuropa und Russland eingewanderten Juden, deren Alltagssprache immer noch das Jiddische war, fühlte sich Erich Grünebaum als »Jekke« nicht zugehörig und nicht akzeptiert. Umgekehrt, so räumte er ein, hätten sich deutsch-jüdische Immigranten immer noch den aus Osteuropa stammenden amerikanischen Juden, die inzwischen in den USA in der Mehrheit waren, kulturell überlegen gefühlt. Zwischen Nichtjuden aus Westeuropa hätten sie sich wohler gefühlt als mit der Mehrheit der Juden im Land. *»Wir Deutschen hielten das Jiddische immer noch für eine minderwertige Sprache.«*[504] Erich gab schließlich die in seiner strenggläubigen Familie tradierten religiösen Praktiken auf, die noch in Frankreich seinen Alltag bestimmt hatten.

»Seit dem ersten Tag in New York hatte ich kein jüdisches Leben mehr geführt«, schreibt auch **Henry (Heinz) Schuster**. *»Es störte mich zunächst, dass meine Familie in Shreveport sich nicht nach den jüdischen Sitten richtete, sie lebten eigentlich wie eine christliche Familie.«* Er beschreibt, mit welchem Unbehagen er als Jude mit ihnen Weihnachten feierte, sah sich aber gezwungen, sich anzupassen: *»Dies alles war gegen meinen Glauben, doch hatte ich keine andere Wahl und musste mitmachen. Ich war von diesen Leuten abhängig und hatte also kein Recht sie zu kritisieren.«*[505]

In den USA gab es nur eine unzureichende Anzahl orthodoxer Familien, die Kinder aufnehmen konnten. Das lag nicht zuletzt daran, dass orthodoxe Familien, die meist viele Kinder und ein vergleichsweise niedriges Einkommen hatten, die Kriterien des *Children's Bureau* oft nicht erfüllen konnten. Zum anderen gab es, anders als in Großbritannien, in der amerikanisch jüdischen Orthodoxie keine landesweite Organisationsstruktur und Rabbinatsautorität, die in der Lage und willens gewesen wäre, die Erziehung von strenggläubigen Flüchtlingskindern und ihre Aufnahme in orthodoxe Haushalte zu einem

502 Greene (2000).
503 Schloss, Elfriede (geb. Meyer): Interview 10907, VHA.
504 Ebenda.
505 Schuster (2011), S. 132.

wichtigen Anliegen zu machen. Auch stand für die orthodoxen Gemeinden das Engagement für eine Rettung der verfolgten Juden in Europa im Vordergrund.

Der Mangel an orthodoxen Pflegefamilien machte bereits 1934 die Unterbringung strenggläubiger Kinder zu einem ernsten Problem für die GJCA. Auch die Einbeziehung von orthodoxen Rabbinern in die Suche brachte keinen Erfolg, so dass es zu einem ungeschriebenen Gesetz bei der GJCA wurde, die Aufnahme orthodoxer Kinder möglichst zu vermeiden.[506]

Orthodoxe Juden in Deutschland reagierten verärgert auf die offensichtliche Diskriminierung ihres Nachwuchses von Seiten der GJCA. Neu angekommene Flüchtlinge fragten immer wieder bei der GJCA nach, warum sie keine Heime für orthodoxe Kinder finden könnten, woraufhin Lotte Marcuse der *Zentralwohlfahrtsstelle* in Berlin einen barschen Brief schrieb: *»Ich sehe nicht ein, warum ich diese Angelegenheiten Neuankömmlingen erklären soll, die keine Ahnung von den Beziehungen zwischen Orthodoxie, Konservativismus und liberalen Synagogen hier haben.«*[507] Mitte 1938 kam ein Vorschlag aus Frankfurt am Main von den Mitgliedern von *Agudath Israel.*[508] Sie plädierten für die Einrichtung eines orthodoxen Internats in New York City, um das Problem der Unterbringung orthodoxer Kinder zu lösen und ihre Diskriminierung bei der Rettung zu beenden. Mit Verweis auf das amerikanische Einwanderungsgesetz, das vorschrieb, dass jedes Kind in eine Familie gebracht werden musste, war dieser Vorschlag chancenlos.

Neben den objektiven Gründen für den Mangel an orthodoxen Pflegefamilien sieht Tydor Baumel auch in der Persönlichkeit Lotte Marcuses einen Grund für dieses Problem. Aus einer sehr reformierten deutschen Familie stammend, hatte sie Vorurteile gegen orthodoxe Kinder, was ihre Geduld bei der Suche nach geeigneten orthodoxen Familien womöglich verringerte. Dies führte auch dazu, dass sie der Tatsache wenig Beachtung schenkte, dass die ökonomischen Anforderungen des *Children's Bureau* gemessen an den Möglichkeiten der orthodoxen Familien zu streng waren. Sie machte stets die Untätigkeit auf Seiten der Orthodoxen Gemeinde für die Mangelsituation verantwortlich. *»Die orthodoxe Gruppe ist nicht sehr empfänglich für die Idee der Gastfreundschaft gegenüber Fremden«*,[509] schrieb sie im März 1941. Fünf Monate später wiederholte sie dies in einem Brief, in dem sie auf die Kritik an ihrer Vermittlungspolitik durch *Agudath Israel* einging: *»Dennoch, wenn diese Leute nur selbst helfen und ihre eigenen Freunde mobilisieren würden, wäre es einfacher«*, merkte sie an. Die Ankunft der ersten Kindergruppe aus Frankreich mit einer größeren Anzahl orthodoxer Kinder machte das Problem ihrer Unterbringung wieder akut.

Anselm (Asher) Hirsch, der als ältestes von fünf Geschwistern sein religiöses Erbe am konsequentesten lebte und auch versuchte, das seiner Geschwister gegen alle Anfechtungen zu verteidigen, schreibt in seiner Autobiografie: *»Das Ziel der Leute, die den*

506 Tydor Baumel (1990), S. 105.

507 Ebenda.

508 Die weltweite orthodoxe Bewegung *Agudat Israel* wurde 1912 gegründet. Ein Mitbegründer war Isaac Breuer, Frankfurter Anwalt, Schriftsteller und Enkel von Samson Raphael Hirsch.

509 Tydor Baumel (1990), S. 107.

Kindertransport organisierten, war es, uns so schnell wie möglich zu amerikanisieren und vom Judentum abzubringen.«[510] Mit seiner Entschlossenheit, an seiner religiösen Tradition festzuhalten, stieß er in seiner neuen Umgebung in Atlanta auf weitgehendes Unverständnis: Immerhin erfüllten die Pflegefamilien Anselms Mindestanforderungen, die er an seine und die Unterbringung seiner Geschwister gestellt hatte, eine streng koschere Haushaltsführung.

Anselm, der die staatliche Junior High School in Atlanta besuchte, bekam Probleme, weil er wie überall seine Kippa trug. Er wurde deshalb von größeren Jungs gehänselt und von seinem ebenfalls aus Frankfurt stammenden Cousin, dem Rabbiner Selig Auerbach, zurechtgewiesen. Der erklärte ihm, dass das Tragen einer Kippa in der Öffentlichkeit in Atlanta, wo dies sonst niemand tat, nicht angebracht sei und dass die gewöhnlichen orthodoxen Juden in Frankfurt auch keine Kippa außerhalb ihres Zuhauses oder der Synagoge trugen, außer wenn sie aßen oder den Segen sprachen. Die Ansprache seines Cousins machte aber wenig Eindruck auf Anselm. Er trug weiterhin überall seine vorgeschriebene Kopfbedeckung. Sein jüngerer Bruder **Benjamin** jedoch, der deswegen sowohl von seinen Mitschülern gequält, als auch von seiner Lehrerin unter Druck gesetzt wurde, gab dies schließlich auf.[511]

Wegen des Drucks, ihre religiösen Praktiken aufzugeben, sprach Anselm immer wieder beim *Atlanta Foster Home Committee* vor, um für sich und seine Geschwister eine Versetzung nach New York City, in ein religiöses Umfeld, zu beantragen. Dort wies man ihn regelmäßig mit dem Hinweis ab: *»Geben Sie der Sache mehr Zeit, und Sie werden langsam lernen, wie alle anderen zu sein.«*[512]

In der kleinen Synagoge, die Anselm täglich besuchte, waren die Hirsch-Brüder sehr willkommen. Anselm wurde dort zum Liebling der älteren Gemeindemitglieder. *»Es waren die Großväter meiner Mitschüler, die mich ihren Enkeln mit meiner Yiddishkeit als Vorbild empfahlen. […] Die Enkel hassten mich abgrundtief, weil ihre Großväter wollten, dass sie wie ich sein sollten.«*, schreibt er.[513] Die Eltern seiner Mitschüler hätten längst an den Samstagen gearbeitet, denn damals sei es schwierig gewesen, in Atlanta den Schabbat einzuhalten.

Erst 1944, im Alter von 17 Jahren, durfte Anselm endlich nach New York in den Stadtteil Washington Heights in Upper Manhattan ziehen. Dort, wo er bei Gustav und Claire Erlebacher, Frankfurter Freunden seiner Eltern, wohnte, waren die meisten deutschen Emigranten zuhause. Der Spitzname des Viertels »Frankfurt on the Hudson« deutete auch darauf hin, dass hier die Frankfurter ultraorthodoxe Gemeinde *K'hal Adath Jeshurun* (KAJ) des *Agudath Yisrael* mit ihrem **Rabbi Joseph Breuer**[514] ansässig geworden war.

510 Hirsch (2010), S. 47.
511 Hirsch (2006), S. 17f.
512 Hirsch (2010), S. 51.
513 Ebenda, S. 52.
514 Joseph Breuer (1882–1980), Sohn des ungarischen Rabbiners Salomon Breuer und von Sophie, geb. Hirsch, der jüngsten Tochter des Frankfurter Rabbiners Samson Raphael Hirsch. Sein Vater wurde Rabbiner der *Israelitischen Religionsgesellschaft* in Frankfurt und gründete die dortige Torah Lehranstalt, die Joseph Breuer besuchte. Nach einem Studium an der Universität

Anselm Hirsch trat in die Jugendgruppe dieser Gemeinde ein, und Breuer wurde sein Mentor.

Von einer Familie zur anderen

In den USA wurden nur wenige unbegleitete Kinder in Internaten oder Waisenhäusern untergebracht, die meisten wurden in Pflegefamilien vermittelt, mit denen sie in einzelnen Fällen auch verwandt waren, die sie aber bis dahin nicht persönlich kannten. Nur eine Minderheit der Kinder fühlte sich in ihren Pflegefamilien geliebt und akzeptiert. Zu diesem Ergebnis kommt eine Umfrage unter Teilnehmern der *50th OSE Reunion*, einem Treffen von ehemaligen OSE-Kindern, das am 25. März 1989 in Los Angeles stattfand.[515]

Ist es schon unter normalen Umständen nicht leicht, Teil einer bereits existierenden Familie zu werden, so war dies für Kinder, deren Familie durch die Verfolgung und den Krieg auseinander, gerissen wurde und die teilweise Hunger und Entbehrungen aller Art erlitten hatten, umso schwerer. Das zeigen auch die folgenden Beispiele. Schwierigkeiten entstanden durch die unterschiedliche religiöse Praxis, durch Eltern, die ihre leiblichen Kinder im Alltag bevorzugten, die keinen emotionalen Zugang zu ihren Pflegekindern fanden oder sich gar nicht für sie, sondern nur für das Geld interessierten, das sie für die Pflegschaft erhielten. Emotional belastend für die Kinder war auch die getrennte Unterbringung von ihren Geschwistern. Anders als die natürlichen Kinder der Familie, waren die Pflegekinder grundsätzlich verunsichert. Sie mussten ständig damit rechnen, aus der Familie wieder herausgenommen zu werden, sei es wegen unerwünschtem Verhalten oder weil die Pflegefamilie sich durch sie überfordert fühlte. Möglicherweise weggeschickt zu werden und erneut Abschied nehmen zu müssen, blieb auch weiterhin ein akutes Thema.

Wie **Manfred (Fred) Manasse** gehörte auch **Erich Grünebaum (Eric Greene)** zu den zahlreichen Kindern, die innerhalb von wenigen Jahren mehrere Familien durchlaufen mussten. Diese Mehrfachplatzierungen zeigten die Schwächen der Familienunterbringung unter den genannten Beschränkungen. Besonders betroffen von den Mehrfachunterbringungen waren Kinder, die erst während des Krieges in die USA kamen. Sie hatten aufgrund ihrer vorangegangenen traumatischen Erlebnisse oft emotionale Störungen und Anpassungs- und Verhaltensschwierigkeiten, auf die die Pflegefamilien nicht vorbereitet waren und mit denen auch die Sozialarbeiter und Sozialarbeiterinnen der örtlichen Kinderbüros oft überfordert waren. *»Viele potenzielle Pflegeeltern waren dazu bewegt worden, schnell zu handeln, ohne sich vorher klarzuwerden oder sich ausreichend darüber zu informieren, welches die langfristigen Auswirkungen ihrer Geste sein*

Straßburg war er Lehrer an der *Israelitischen Realschule* und der Torah Lehranstalt in Frankfurt sowie Rabbiner an der Klaus-Synagoge. 1938 flüchtete er nach Antwerpen und weiter nach New York. In Washington Heighs gründete er mit deutschen Emigranten die strenggläubige Gemeinde *K'hal Adath Jeshurun* (KAJ).

515 OSE Children in Foster Homes. »Statistical Survey«. Online: http://www.shatteredcrystals.net/sc_ose4.htm [Stand 24. Mai 2020].

würden«,[516] erläutert Cohen. Sie fügt an anderer Stelle hinzu, dass viele Pflegeeltern auch nur begrenzte Möglichkeiten gehabt hätten, äußerlich nicht sichtbare innere Schäden und Verletzungen der Kinder zu erkennen. Das habe dazu geführt, dass Pflegeeltern oft wenig Geduld und Interesse aufgebracht hätten, sich langfristig sowohl finanziell als auch emotional zu engagieren. Zu den extremsten Fällen von Mehrfachplatzierung gehörte der von **Heinz-Siegfried Gutmann (Harry Gutman)**, der innerhalb von wenigen Jahren zwölfmal die Familie wechseln musste.

Wie sich in den Berichten vieler Kinder zeigt, bekamen diese in den Pflegefamilien offenbar häufig nicht die Aufmerksamkeit und Zuwendung, die sie gebraucht hätten. Sowohl **Fred (Manfred) Manasse** als auch **Eric Greene (Erich Grünebaum)** betonen, sie seien »schwierige Kinder« gewesen, und geben sich im Rückblick eine persönliche Mitschuld an den Problemen mit ihren Pflegefamilien. Eric, der in fünf Jahren vier Pflegefamilien durchlief, bemerkt dazu:

> *Ich gab Widerworte, hörte nicht darauf, was man mir sagte, tat, was ich wollte, ging einfach weg, ohne Bescheid zu sagen und kam nach Hause, wann es mir passte. Man konnte mich nicht mehr erziehen. Ich war schon zu alt, 13 Jahre. Ich hatte auch zu viel erlebt. Ich hatte in Frankreich viel Freiheit gehabt. Dort waren wir 80 Kinder mit zwei Erwachsenen.*[517]

Nach zwei Jahren bei seinen Verwandten musste Erich vor seinem Eintritt in die High School anderweitig untergebracht werden, weil deren Wohnung zu beengt geworden war. Da es sein Wunsch war, in Albany Park zu bleiben und zusammen mit den Kindern, die er von der Grundschule kannte, zur High School zu gehen, vermittelte ihn die Sozialarbeiterin dort in eine andere Familie. Von da an lebte Erich bei verschiedenen Familien osteuropäischer Herkunft, deren Kultur ihm fremd war. Nur mit seinen Verwandten hatte er in der ersten Zeit noch die ihm vertraute Sprache gesprochen. Obwohl er in der Schule schnell Englisch gelernt hatte, machten sich die Söhne der Pflegefamilie regelmäßig über seinen deutschen Akzent lustig. Als deren andere Söhne nach Kriegsende zurückkamen, war kein Platz mehr für ihn. Sein Aufenthalt in der nächsten Familie dauerte nur wenige Monate. Zum Anlass seines Rauswurfs wurden die Folgen einer Zahnbehandlung. Er berichtet: *»In der Nacht hat es geblutet. Mein ganzes Kissen war voller Blut. Ich habe es versteckt und bin weggegangen. Die Pflegemutter hat es gefunden und gesagt: ›So etwas brauche ich nicht.‹ Dann war ich wieder woanders.«*[518] An die Zeit bei seiner letzten Pflegefamilie hat er gute Erinnerungen. Dort hatte der erwachsene Sohn sich um ihn gekümmert und ihm auch das Autofahren beigebracht.

Um seine schulische Entwicklung kümmerte sich Erich ausschließlich selbst. In den Pflegefamilien, die ebenfalls Immigranten und wenig gebildet gewesen seien, habe daran niemand Interesse gezeigt. *»Die Leute haben mir Essen gegeben und ein Bett, aber sie haben sich nicht für mich interessiert«*, erzählt er. *»Wenn ich mein Zeugnis von der Schule*

516 Cohen (2018), S. 59f.
517 Interview der Autorin mit Eric Greene am 15. September 2019 in Durango, CO.
518 Ebenda.

nach Hause brachte, mussten das die Eltern unterschreiben. Aber sie wussten das nicht, und ich habe es selbst unterschrieben. Es hat sich niemand darum gekümmert, wie ich in der Schule war. Ich kann mich nicht erinnern, dass jemand mal danach gefragt hätte.«[519] Er habe sich deshalb oft gewünscht und vorgestellt, dass ihn seine Eltern dort in Chicago sehen könnten, wie eigenständig er sich dort bewegte.

Auch bei seinen Verwandten war die Fürsorge für Erich offenbar nicht über das Materielle hinausgegangen. Wie er erzählte, hatten sie ihn nie danach gefragt, was er erlebt hatte, bevor er in die USA kam oder wie es ihm mit der Trennung von seiner Familie erging.

> *Sie haben sich so verhalten, als ob sie alles wüssten. Sicher, sie hatten die Nazizeit erlebt, bevor sie kurz vor der Kristallnacht ausgewandert sind. Aber sie wussten eigentlich nicht, was in Deutschland passierte. Und sie wussten auch nicht, was wir in Frankreich mitgemacht hatten, als dort Krieg war. Die amerikanischen Zeitungen berichteten nicht viel davon.*[520]

Als Erich 18 Jahre alt wurde, war er im letzten High School-Jahr und hatte einen gut bezahlten Teilzeitjob bei der Subway angenommen. Es war die Zeit, als er begann, seine Leidenschaft für die Eisenbahn zum Beruf zu machen. Er wollte aber auch endlich selbstständig leben und holte sich beim *Childrens Büro* die Erlaubnis, sich ein Zimmer in einem Gästehaus zu nehmen. Nach seinem High School-Abschluss bekam er bei der Subway einen Vollzeitjob, den er nach seiner Zeit in der US-Armee wieder aufnahm.

Auch **Egon Auerhan (Edward Mossler)**, der im Frühjahr 1940 als 14-Jähriger in die USA gekommen war, durchlief mehrere Pflegefamilien, fühlte sich aber in keiner wirklich angenommen und zugehörig. *»Es war sehr angenehm dort, sie waren sehr freundlich zu mir. Ich teilte mit einem der Söhne das Zimmer. Aber ich war das ›fünfte Rad am Wagen‹. Ich gehörte nicht dazu«*, beschreibt er seine Situation in der letzten Pflegefamilie in Chicago, die er mit 18 Jahren verließ, um in die US-Armee einzutreten.[521]

Heinz (Henry) Schuster blieb, bis er nach dem High School-Abschluss mit 18 Jahren zum Militär ging bei seinen Verwandten in Shreveport, obwohl er sich dort nicht wohlfühlte. *»Mein Leben in Shreveport hatte seine guten und seine unglücklichen Zeiten. Mir war jedoch klar, dass ich nicht erwünscht war«*,[522] so fasst er seine Jahre bei den Verwandten zusammen. Er litt unter dem *»Mangel an Zuneigung und Fürsorge«* – seine Tante lehnte ihn offen ab, und für die Kinder der Familie war er ein Eindringling. Es gelang ihm jedoch, sich seine Bestätigung und positiven Erfahrungen außerhalb seiner Pflegefamilie zu holen. *»Mein Leben war in zwei geteilt, mein freudiges Leben als Teenager und das ernüchternde Leben zu Hause bei Tante Perle«*, erzählt er. Das in seiner Kindheit aufgebaute Grundvertrauen gab ihm die Kraft, die Zeit bei seinen Verwandten unbeschadet an Selbstwertgefühl zu überstehen: *»Von klein auf gaben mir mein Vater, meine Mutter und Schwestern eine feste emotionale Sicherheit. Meine Mutter und*

519 Ebenda.

520 Ebenda.

521 Mossler, Edward (Egon Auerhan): Interview 35767.

522 Jason & Posner (2004), S. 23.

mein Vater liebten und meine Schwestern verwöhnten mich. Ich wusste, dass ich liebenswert war.«[523]

Zu den Beispielen gelungener Beziehungen zu den Pflegefamilien gehören die Erfahrungen von **Ernst Valfer**. Er fühlte sich in der Familie seiner Tante, der Schwester seines Vaters, gut aufgehoben und angenommen: *»Sie behandelten mich wie ihren eigenen Sohn, und meine Cousine war zu mir wie eine Schwester. Sie haben alles getan, um mir ein neues Zuhause zu geben«*,[524] erzählt er. Auch nach seinem Auszug hatte die gute Beziehung zu seinen Pflegeeltern bis zu deren Tod weiter Bestand.

Auch **Max Feiner** hat gute Erinnerungen an seine Zeit bei der Pflegefamilie Feinstein in Mattapan, die noch weitere Flüchtlingskinder aufgenommen hatte. Mrs. Feinstein sei wie eine Mutter zu ihm gewesen, sagt er.

Eine enge Beziehung mit ihrer Pflegefamilie in Rochester, New York, entwickelten auch die **Geschwister Tidor (Tydor)**. Wie Camilla (geb. Tidor) Maas berichtete, sind sie und ihr Bruder Manfred mit ihren jeweiligen Familien auch nach dem Tod der Pflegeeltern bis heute mit deren Tochter und ihren Kindern familiär verbunden.[525]

Der Kampf gegen die Nazis

Der Eintritt der USA in den Zweiten Weltkrieg nach dem Angriff Japans auf Pearl Harbour am 7. Dezember 1941 war für die meisten Flüchtlingskinder mit neuer Hoffnung auf einen Sieg über Nazi-Deutschland und die Wiedervereinigung mit ihrer Familie verbunden. Außerdem erlebten einige in ihrem sozialen Umfeld ein neues Interesse an Deutschland und an ihrer persönlichen Geschichte.

Henry Schuster berichtet: *»Einmal beschlossen die Lehrer, dass ich bei einer Schulversammlung den anderen Schülern über meine Erlebnisse erzählen sollte, wie ich lebend Deutschland verlassen konnte.«*[526] Seine Ängste, die Kinder würden ihn nicht verstehen oder ihm nicht glauben, waren unbegründet. Er erlebte eine gebannte Zuhörerschaft und bekam großen Beifall für seinen Vortrag. Wie **Lotte Magnus** erzählt, hätten die Leute in ihrem Umfeld während all der Jahre der Nazi-Herrschaft gar nichts *»über die finsteren Machenschaften der Nazis in Deutschland«* gewusst, weshalb auch ihre Klassenkameraden lange nicht verstanden hätten, warum sie in den USA war. *»Erst als Amerika im Dezember 1941 in den Krieg eintrat, verstanden sie, was ich durchgemacht hatte mit der Trennung von meinen Eltern und welcher Situation ich entkommen war.«*[527]

523 Schuster (2011), S. 138.

524 Gespräch der Autorin mit Ernst Valfer am 6. September 2019 in Berkeley, CA.

525 Rochester Holocaust Survivers Archive: Interview mit Camilla Maas und Kurzbiografie. »Camila Tidor Maas«. Online: http://rochesterholocaustsurvivors.org [Stand 25. Februar 2021].

526 Schuster (2011), S. 130.

527 Magnus, Lotte (geb. Goldschmidt): Interview am 17. Juli 1992 in Portland, Oregon. Oregon Jewish Museum and Center for Holocaust Education (OJMCHE). Online: https://www.youtube.com/watch?v=J9lKgA3p3BI und https://www.youtube.com/results?search_query=Lotte+Magnuns+Pt+II [Stand am 22. Juni 2016].

Mit der Landung der Alliierten im Juni 1944 in der Normandie und dem weiteren Vormarsch russischer Truppen im Osten wurde mit der Befreiung der deutschen Konzentrations- und Vernichtungslager nach und nach die ungeheure Dimension der von den Deutschen verübten Verbrechen bekannt. In der New Yorker deutsch-jüdischen Emigrantenzeitung *Aufbau* veröffentlichte das *Internationale Rote Kreuz*, das *International Tracing Service* (ITS), die Listen der Überlebenden aus den befreiten Lagern sowie Suchanzeigen nach Angehörigen. Auch die Büros des ITS in den amerikanischen Städten nahmen Suchanzeigen nach deportierten und verschollenen Angehörigen an. Im *Aufbau* erschienen immer mehr Todesanzeigen von Opfern des Holocausts.

Am späten Nachmittag des 26. März 1945 drangen amerikanische Truppenverbände der 3. Armee, nachdem sie die Stadt beschossen hatten, mit Panzern von Sachsenhausen über die nur teilweise gesprengte Wilhelmsbrücke, die heutige Friedensbrücke, in die Innenstadt von Frankfurt am Main vor. Die SA-Führung verließ die Stadt; das Polizeipräsidium verlagerte sich nach Oberhessen. Gauleiter Jakob Sprenger hatte Frankfurt bereits fluchtartig verlassen. Am 29. März war die Stadt vollständig eingenommen und Frankfurt kapitulierte.

Unter der Schlagzeile »Augenzeugen berichten aus Deutschland: Die Letzten in Frankfurt a. M.« erschien am 5. April 1945 ein Artikel auf der Titelseite des *Aufbau*. Dort heißt es:

> *Der Kriegskorrespondent der JTA*[528] *meldet unter dem 1. April aus Frankfurt a. M.: »106 Juden existieren noch in sechs Judenhäusern in dieser halb in Ruinen liegenden Stadt. Sie sind alles, was von etwa 40.000 Juden übriggeblieben ist, die hier vor Hitlers Machtübernahme lebten. Das habe ich festgestellt, als ich heute mit Truppen der 5. Infanteriedivision der 3. amerikanischen Armee in Frankfurt eingetroffen bin.«*[529]

Wie in dem Artikel weiter ausgeführt, waren unter den Männern der 5. Infanteriedivision, die die Stadt eingenommen hatten, auch etliche *»Refugee-Soldaten«*. Sie seien durch das Judenviertel gewandert, *»in der Hoffnung, dass sie hier vielleicht noch Informationen über Familienangehörige, die sie bei ihrer Flucht nach den Vereinigten Staaten zurücklassen mussten, erhalten könnten«*.[530]

Am Röderbergweg 87 standen nur noch die Trümmer des *Israelitischen Waisenhauses*. Die letzten Kinder hatten im Juli 1942 das Haus verlassen und in das *Kinderhaus der Weiblichen Fürsorge* in der Hans-Thoma-Straße 24 umziehen müssen. Von dort waren sie am 15. September 1942 nach Theresienstadt deportiert worden. Auch Rosa Marx war 1942 aus Frankfurt deportiert und an einem unbekannten Ort ermordet worden.

528 *Jewish Telegraph Agency* (JTA) ist eine Presseagentur, die der Journalist Jacob Landau 1917 in Den Haag gegründet und zunächst unter dem Namen *Jewish Correspondence Bureau* geführt hatte. Mit dem Umzug nach London 1919 erhielt sie den heutigen Namen und 1922 ihren neue Hauptsitz in New York City.

529 *Aufbau*, 6. April 1945. Online: https://archive.org/stream/aufbau11945germ#page/n205/mode/1up [Stand 28. Mai 2020].

530 Ebenda.

Abb. 66 und Abb. 67: Das von Bomben zerstörte
Gebäude des ehemaligen *Israelitischen Waisenhauses* am Röderbergweg 87.

Die älteren Jahrgänge der unbegleiteten Flüchtlingskinder nahmen noch als Soldaten am Zweiten Weltkrieg teil. Einige von ihnen, die 1942 und 1943 ihren 18. Geburtstag hatten, kamen als Soldaten der US-Armee in der Endphase des Krieges oder kurz danach nach Deutschland zurück, in das Land, aus dem sie als Kinder fliehen mussten. Als deutsche Muttersprachler, von denen einige auch Französisch gelernt hatten und über wichtige Ortskenntnisse in ihrem Herkunftsland verfügten, wurden die jungen Neubürger vor allem im *Counter Intelligence Corps (CIC)* eingesetzt. Sie dienten in erster Linie als Übersetzer, Vernehmer und Fahnder nach führenden Vertretern des NS-Regimes und Kriegsverbrechern oder bei der Military Police unter anderen in Internierungslagern für deutsche Kriegsverbrecher und Kriegsgefangene, bei den Verfahren zur Entnazifizierung oder auch in Displaced Persons-Lagern (DP-Lagern).

Der Wunsch, gegen das nationalsozialistische Regime, das ihnen alles genommen hatte, zu kämpfen und es zu besiegen, war bei fast allen diesen 18- bis 20-Jährigen ein starkes Motiv, so früh wie möglich in die US-Armee einzutreten und als Soldaten nach Europa geschickt zu werden. Es war endlich eine Gelegenheit, die Ohnmacht und die Opferrolle hinter sich zu lassen und etwas gegen die Täter und Mörder zu tun, die ihnen und ihrer Familie so großes Unrecht und unsägliches Leid zugefügt hatten. Wut und Bedürfnisse nach Rache und Triumph, gepaart mit dem starken Wunsch, vor Ort etwas über das Schicksal der Eltern und anderer Familienangehöriger herausfinden, waren auch der Antrieb, nach Frankfurt oder in ihre jeweiligen Herkunftsorte zurückzukehren. Dort angekommen, waren die Gefühle und Erfahrungen in vielen Fällen zwiespältig, weil auch gemischt mit Kindheitserinnerungen aus glücklicheren Tagen.

Zurück in Frankfurt

»Das war ein Krieg für mich, ein sehr persönlicher Krieg, auch die Nachkriegszeit«,[531] erklärte **Edward Mossler (Egon Auerhan)**. Er habe ungeduldig darauf gewartet, in die Armee eintreten und als Soldat im Krieg gegen Nazi-Deutschland kämpfen zu können. Außerdem verkürzte sich durch den Kriegsdienst die fünfjährige Wartezeit auf die Staatsbürgerschaft, da nur eingebürgerte Soldaten in den Krieg nach Übersee geschickt werden durften.

Egon trat 1943 in die US-Armee ein und wurde 1944 als Soldat nach Europa geschickt. Er erinnert sich an die Genugtuung, die er empfand, als er mit seiner Einheit in das zerbombte Frankfurt kam: *»Ich habe mich gefreut, als ich die Zerstörung der Stadt gesehen habe, obwohl ich mit Frankfurt viele schöne Erinnerungen verbinde und dort eine glückliche Kindheit hatte«*,[532] erzählt er. Die Suche nach seinen Eltern vor Ort und über das *Rote Kreuz* sei zunächst ohne Erfolg gewesen. Er hatte in den USA keinen brieflichen Kontakt mehr zu seinen Eltern gehabt und erfuhr erst später, dass beide aus Frankfurt deportiert und in Majdanek und in Kowno (heute: Kaunas), Litauen, ermordet worden waren.

531 Mossler, Edward (Egon Auerhan): Interview 35767, VHA.
532 Ebenda.

Der Krieg, bei dem er als Vernehmer und Dolmetscher eingesetzt wurde, brachte Egon Auerhan auch an einen anderen Ort seiner Verfolgung zurück. Mitte April 1945 kam er mit seiner Einheit in das gerade erst befreite KZ Buchenwald, wohin er beim Novemberpogrom 1938 kurzzeitig verschleppt worden war. Er habe kaum noch eine Erinnerung an das Lager gehabt, sagt er, aber was er 1945 dort erlebt habe, sei *»das Unmenschlichste«* gewesen. *»Dort ist mir mein unwahrscheinliches Glück bewusst geworden. Ich hatte auch immer noch Schuldgefühle, denn eigentlich war ich bestimmt gewesen, dort zu sein«*,[533] so Edward Mossler.

Ernst (Ernest) Stocks erstes Wiedersehen mit *»meiner alten Heimatstadt«* fand kurz vor Kriegsende statt, als er von seinem Stationierungsort Brüssel nach Frankfurt geschickt wurde. *»Die Stadt war zu achtzig Prozent zerstört und fast menschenleer. Ich fühlte mich seltsam triumphierend, als ich mit dem US-Armee-Jeep durch die einst so stolzen Straßen fuhr, die jetzt in Trümmern lagen und von gespenstischen Ruinen gesäumt waren«*,[534] schreibt er. Das Gefühl des Triumphs mischt sich bei ihm auch mit Wehmut und Trauer über den Verlust, bitteren Erfahrungen der Verfolgung und mit positiven Kindheitserinnerungen an vertrauten Orten wie seiner alten Schule, dem *Philanthropin*:

> *Sieben Jahre waren vergangen, seit dem Tag, an dem ich die Schulglocke zum letzten Mal gehört hatte, als sie zum Ende eines Kapitels meines Lebens geläutet hatte. Nun konnte ich mein Herz gegen die Innenseite meines Stahlhelms pochen hören, als ich mit meinem Jeep die gespenstischen Straßen von Frankfurt entlangfuhr. Es waren dieselben Straßen, die ich jeden Tag auf meinem Schulweg gelaufen war. Damals hatte ich mit meinen Freunden gelacht und geredet, aber jetzt war die Straße wie ausgestorben, übersät mit den Trümmern der stolzen Gebäude, die sie einst gesäumt hatten. Von meinem Elternhaus stand kaum noch eine Mauer und ein Krater markierte den Platz, an dem eine Bombe in der Nähe eingeschlagen war. Als ich mich der Schule näherte, wurde die Umgebung immer trostloser. Ich konnte nicht einmal mehr das Lebensmittelgeschäft finden, in dem ich immer den Einkauf für meine Familie gemacht hatte. Da war die Hebelstraße und da war es, es stand unversehrt inmitten der Zerstörung, genau wie das Bild, das ich in all den Jahren im Gedächtnis behalten hatte. Aber das große braune Gebäude mit den Efeu bewachsenen Mauern war keine Schule mehr. Die roten Ziegel auf seinem Dach waren verschoben und ein großes rotes Kreuz auf weißem Feld hatte unseren Bomber-Verbänden angezeigt, dass das Gebäude ein Krankenhaus war. Nun wehte eine amerikanische Flagge dort oben, und verwundete GI's schauten aus dem Fenster des Raumes, in dem ich zuerst gelernt hatte zu sagen: »I am, you are, he is …« Ich war glücklich, dass meine Schule verschont geblieben war.*[535]

533 Ebenda.
534 Stock (2014), S. 164.
535 Ebenda, S. 27.

Auf dem Weg zu seinem Stationierungsort Brüssel hatte Ernst Stock Ende September Station im erst kurz zuvor befreiten Paris gemacht. Hier hatte er außer einem emotionalen Wiedersehen mit der Stadt, die 1939 Ausgangspunkt seiner zweiten Flucht gewesen war, auch ein persönliches Wiedersehen. Bei einem Abstecher nach Vaucresson, dem Pariser Vorort, in dem er vor fünf Jahren mit der Familie Reiss gewohnt hatte, fand er Frau Reiss und ihre vier Söhne wieder. Von ihnen erfuhr er, dass Willy Reiss in dem Pyrenäendorf, in dem die Familie Zuflucht gefunden hatte, von den Vichy-Gendarmen festgenommen und an die Deutschen ausgeliefert worden war. Diese hatten ihn am 3. März 1943 von Drancy nach Auschwitz deportiert und ermordet.

Ernst Stock gehört zu den Wenigen, die während ihres Kriegseinsatzes in Europa einen Teil ihrer Familie wiederfinden konnten. Nach dem 8. Mai 1945 erhielt er von seinem vorgesetzten Leutnant die Erlaubnis, mit einem Kameraden im Jeep nach Holland zu fahren und dort nach seinem Vater zu suchen. Er durfte aus dem Armeemagazin Lebensmittel als Proviant, aber auch als Gabe für seinen Vater und andere Holländer mitnehmen. Denn die erst kurz vor Kriegsende befreite holländische Bevölkerung hatte während des Winters 1944/45 unter einer schrecklichen Hungersnot gelitten, der viele Menschen zum Opfer gefallen waren. Besonders betroffen waren Menschen, die sich wie Ernst Stocks Vater bis Kriegsende vor den deutschen Besatzern verstecken mussten.[536] Es war völlig ungewiss, ob Leopold Stock noch am Leben war. Die letzte Nachricht von ihm war vom Oktober 1943 aus Utrecht gekommen, wo er bei einem holländischen Ehepaar versteckt war.

Mit Hilfe der Tarnadresse beim *Roten Kreuz* fand Ernst Stock schließlich das richtige Haus in Utrecht. In seinem Erinnerungsbuch schildert er die ergreifende Szene, als er und sein Kamerad am 13. Mai 1945 im Jeep dort vorfuhren:

> *Und dann geschah das Unglaubliche: An der angegebenen Adresse saß am Parterre-Fenster ein Mann. Es war mein Vater. Wir stoppten den Jeep, ich stieg aus. Er sah mich neugierig an. Er war viel schmaler, als ich ihn in Erinnerung hatte. Ich nahm den Stahlhelm ab und fragte ihn: »Papa, kennst Du mich nicht?«*[537]

Im Juni 1946 konnte Leopold Stock schließlich zu seiner Familie in die USA kommen.

Der 19-jährige **Ernst Valfer** kam erst 1946 als US-Nachrichtenoffizier zum ersten Mal wieder nach Frankfurt zurück.[538] Er berichtet: *»Ich erinnere mich, dass ich über die Trümmer im Stadtzentrum gelaufen bin und danach gesucht habe, wo das Goethe-Haus gestanden hatte. Alles war vollkommen zerstört.«*[539] An einem Tag fuhr er mit seinem Jeep zur Westend-Synagoge, die noch stand, aber innen ganz ausgebrannt war.

536 Opfer dieser Hungersnot wurde auch der ehemalige Frankfurter Oberbürgermeister Ludwig Landmann, der als Jude 1939 vor den Nazis aus Deutschland nach Holland geflüchtet war und dort kurz vor Kriegsende, am 5. März 1945, an Herzmuskelschwäche und Unterernährung starb.

537 Stock (2004), S. 135.

538 Frankfurt war der Sitz des *Supreme Headquarters Allied Expeditionary Force* (SHAEF), das Oberste Hauptquartier der Alliierten Expeditionsstreitkräfte unter dem Oberbefehlshaber Dwight D. Eisenhower. Das CIC-Hauptquartier, bei dem Valfer Bericht erstatten musste, befand sich in Bad Homburg.

539 Korrespondenz der Autorin mit Ernst Valfer am 22. Mai 2020.

»Dort traf ich zufälligerweise einen früheren Lehrer vom Philanthropin, einen Rabbiner, der irgendwie überlebt hatte und jetzt eine Stelle bei der Jüdischen Gemeinde hatte [Leopold Neuhaus, der Theresienstadt überlebt hatte; R. H.]. *Er war der Erste, der mir sagte, dass meine Eltern im Oktober 1941 ins Ghetto Litzmannstadt deportiert worden waren und nicht mehr lebten.«*[540] Im wiedererrichteten Büro der Jüdischen Gemeinde und bei der Stadtverwaltung erhielt er die Deportations- und Todesbescheinigung seiner Eltern Frieda und Heinrich Valfer.

Ernst Valfer war sehr froh, dass er als Soldat nicht in den Pazifik, sondern nach Europa geschickt wurde. *»Ich war natürlich persönlich viel mehr für den Kampf gegen Hitler motiviert.«* Im Dezember 1944 kam er mit einem Truppenschiff zunächst nach England und nahm dann an den Ruhrkämpfen von der belgischen Grenze entlang des Rheins teil. Bei Kriegsende war er mit seiner Kompanie in Köln am rechten Rheinufer zur Bewachung und Verkehrskontrolle auf einer Hilfsbrücke eingesetzt. Danach kam er nach München, wo sein Bataillon für die öffentliche Sicherheit der Stadt verantwortlich war. Er berichtet:

> *Während dieser Zeit musste ich manchmal nach Dachau fahren, um mit dem Lastwagen einige der dort internierten SS-Männer zum Arbeitseinsatz nach München und wieder zurück zu fahren. Sie mussten dort Aufräumarbeiten machen. In der Armee haben wir nichts über die Konzentrationslager erfahren. Ich habe erst nach dem Kriegsende in der Soldaten-Zeitung »Stars and Stripes« etwas über die Befreiung von Dachau durch die US-Armee und Britische Armee gelesen. Dachau war zu der Zeit, als ich dorthin kam, schon aufgeräumt worden. Als die einzigen Spuren der Verbrechen sah man nur noch das Krematorium und die großen Fässer mit Asche.*

Und er beschreibt die für ihn schwierige Situation, alltäglich mit den Tätern umgehen zu müssen:

> *Meine Wut muss mir solche Angst eingejagt haben, dass ich sie vollständig unterdrückt habe. Ich war sogar sehr höflich zu ihnen und sorgte dafür, dass sie bei der Arbeit genug zu essen hatten. Es gab nie einen Mangel an Wasser. Sie wurden gut behandelt. Im Nachhinein könnte ich mich dafür in den Hintern treten, aber so musste ich eben handeln.*[541]

Ab Herbst 1945 diente Ernst Valfer dann beim *Counter Intelligence Corps* (CIC), der Spionageabwehr der US-Armee, in München, Garmisch-Partenkirchen und Bad Reichenhall. Mitte 1946 wurde er zum CIC-Offizier befördert und war verantwortlich für die drei Bezirke Starnberg, Landsberg am Lech und Wolfratshausen. Seine dortigen Büros besuchte er von seinem Wohnort Starnberg am See aus regelmäßig. Als deutschsprachiger Nachrichtenoffizier war er an der Entnazifizierung als Vernehmer beteiligt. Inzwischen erhielt er mehr Informationen über die Konzentrations- und Vernichtungslager, auch aus erster Hand: *»In meinem Büro in Landsberg beschäftigte ich zwei jüdische ehemalige Dachau-Häftlinge, die durch ihren Einsatz in einem der vielen Arbeitslager von Dachau überlebten.*

540 Gespräch der Autorin mit Ernst Valfer am 6. September 2019 in Berkeley, CA.
541 Valfer, Ernst: Interview 52608, VHA.

Abb. 68: Ernst Valfer als *CIC*-Agent in Starnberg, Bayern, Winter 1945/46.

Sie erzählten mir viel von dem, was ihnen und anderen passierte. Ich habe auch mit einigen Überlebenden im großen DP-Lager in Landsberg gesprochen«,[542] erzählt er. Das Engagement der Amerikaner bei der Entnazifizierung und der Verhaftung von Nazis erlebte er allerdings als

> *halbherzig [...]. Schon ab 1946 ließ man viele Nazis frei, weil sie Beziehungen hatten. Ich erinnere mich, dass wir einen hochrangigen Nazi verhaftet hatten und ihn auf Befehl des Secretary of State freilassen mussten. Später wurde er dann auf Anforderung von General Motors in die USA gebracht. Offensichtlich hatte er schon vor dem Krieg gute Beziehungen zu GM, und sie wollten ihn retten.*[543]

Abgesehen von den *Nürnberger Prozessen* und ein paar Leuten, die am Anfang gehängt wurden, sei die Entnazifizierung eine ziemliche Enttäuschung für ihn gewesen, sagt er. Ab 1946 hätten mit Beginn des Kalten Krieges alle nur noch nach Osten geschaut. Deshalb habe er die US-Armee 1947 verlassen und sein unterbrochenes College-Studium in den USA wieder aufgenommen.

542 Korrespondenz der Autorin mit Ernst Valfer am 22. Mai 2020.
543 Valfer, Ernst: Interview 52608, VHA.

Dörfer ohne Juden

In einer besonderen Situation waren all diejenigen, die wie **Erich (Eric) Rosenfeld** oder **Heinz (Henry) Schuster** in ihre Landgemeinden zurückkehrten, in denen ihre Familien über viele Generationen gelebt hatten. Hier hatte es anders als in Frankfurt keine Zerstörung durch Bomben gegeben. Fast alles sah genauso aus wie vor dem Krieg, nur dass es keine Juden mehr gab. In den Häusern der jüdischen Familien lebten jetzt diejenigen, die von der Vertreibung ihrer jüdischen Nachbarn profitiert hatten. Sie hatten auch die Geschäfte ihrer früheren jüdischen Nachbarn übernommen. Als bewaffnete Sieger in Uniform trafen jetzt die einst Vertriebenen auf ihre früheren Peiniger: die Kinder, die sie verprügelt, die Lehrer, die sie gequält, die Leute, die ihre Fensterscheiben eingeschlagen und ihre Angehörigen deportiert hatten. Es gab aber auch noch einige Wenige, die ihnen oder ihren Familien geholfen und zu ihnen gehalten hatten.

Erich (Eric) Rosenfeld kam im April 1945, kurz vor der deutschen Kapitulation, mit den amerikanischen Besatzungstruppen in seine Heimatstadt Seeheim an der Bergstraße zurück. Als Mitglied eines Spionageabwehrcorps (CIC) im Hauptquartier in Bensheim stationiert, war er genau in dem Gebiet zuständig, in dem er früher gelebt hatte und sich auskannte. So wurde er auch mit Nazi-Funktionären konfrontiert, die ihm persönlich bekannt waren und die daran mitgewirkt hatten, die Juden von Seeheim, darunter seine Mutter und seinen Onkel, in Vernichtungslager zu schicken. Er berichtet:

> *Ich trieb alle von der Wehrmacht entlassenen Soldaten, die keine Entlassungspapiere von der deutschen Armee hatten, auf dem Marktplatz zusammen und schickte sie in ein Kriegsgefangenenlager. Den Bürgermeister Jakob Friedrich Uhrig nahm ich in meinem Jeep mit. Er erwartete nicht, dass er lebend zurückkommen würde. Ich fragte ihn nach meiner Mutter, und er sagte, man habe ihm befohlen, er solle sie und auch meinen Onkel nach Darmstadt zu einer Sammelstelle schicken. Ich hatte natürlich eine Pistole, mit der ich ihn hätte töten können. Da der Krieg noch nicht vorbei war, hätte das keine Konsequenzen für mich gehabt. Aber ich habe ihn zurückgebracht, weil ich es nicht für richtig hielt, dies zu tun.*[544]

Später machte Erich Rosenfeld auch Vernehmungen in einem Lager für militärische und politische Gefangene in Ludwigsburg. Die Interviews seien ihm sehr schwergefallen, denn abgesehen von zwei Männern, die bei einem Verhör in Tränen ausgebrochen seien und um Verzeihung gebeten hätten, habe kaum jemand ein Bedauern oder Reue über das gezeigt, was passiert war. *»Sie alle gaben vor, von nichts gewusst zu haben«*, so Eric Rosenfeld.[545]

Heinz (Henry) Schuster war nach dem europäischen Kriegsende bereits für einen Einsatz in den Philippinen vorgesehen, als ihn die Nachricht erreichte, dass seine Schwester Berthel aus dem KZ Bergen-Belsen befreit worden war. Nach dieser frohen, erhielt er kurz darauf auch eine traurige Nachricht: Seine Mutter Rosa und seine Schwester Margot

544 Rosenfeld, Eric (Erich): Interview 20961, VHA.
545 Ebenda.

Abb. 69: Heinz Schuster als GI.

hatten nicht überlebt. Sie waren am 24. September 1942 zusammen mit den anderen Angestellten des Altenheims und denen anderer aufgelöster Einrichtungen der Jüdischen Gemeinde aus Frankfurt nach Raasiku bei Reval in Estland deportiert und ermordet worden.

Heinz wollte so schnell wie möglich seine Schwester wiedersehen, die inzwischen bei Freunden in Paris wohnte und sich von einer Typhuserkrankung und den Folgen der Unterernährung erholen musste. Er konnte erreichen, dass er statt auf die Philippinen als Soldat nach Europa geschickt wurde. Während seiner Stationierung als Unteroffizier nordöstlich von Paris hatte er endlich Gelegenheit, Berthel nach all den Jahren der Trennung wiederzusehen.

In Deutschland war Heinz Schuster als Fernmeldespezialist in Würzburg und Ansbach stationiert und auch als Übersetzer in Erlangen bei der Identifizierung und Vernehmung von SS-Leuten in Kriegsgefangenenlagern tätig. Von Würzburg aus besuchte er seinen alten Heimatort Sterbfritz. Das Haus seiner Familie fand er unverändert und ihr ehemaliges Geschäft immer noch von dem Mann betrieben, der seine Familie terrorisiert und ihn als Zehnjährigen ins Gefängnis gebracht hatte. In seinen Erinnerungen beschreibt er die Konfrontation mit ihm:

Er gab vor, freudig überrascht von meinem Anblick zu sein, und versuchte, mich zu umarmen. Ich holte meine 45er Pistole heraus und befahl ihm, zurückzutreten. Das jagte ihm wohl Angst ein, denn er fing an zu plappern, wie oft er an uns gedacht hätte und wie freundlich er immer zu uns gewesen sei. Ich unterbrach ihn mitten im Satz und erinnerte ihn an den Grund, warum ich damals Sterbfritz in erster Linie verlassen musste. […] Sein Gesicht verzerrte sich. Er bat mich, ihm zu verzeihen, da er angeblich vom Bürgermeister dazu gezwungen worden war. Ich konnte nicht glauben, was ich hörte. Ich konnte den Lügen einfach nicht glauben.

Er habe ihn aufgefordert, aus dem Haus seiner Familie auszuziehen, und ihm gedroht, bei seinem nächsten Besuch *»ihn und seine Sachen persönlich auf die Straße zu werfen oder noch Schlimmeres zu tun«*.[546]

Nachdem er alle Formalitäten zur Rückübertragung des Hauses und Grundstücks auf seinen und den Namen seiner Schwester geregelt hatte, kehrte er mit drei seiner Kameraden nach Sterbfritz zurück und erreichte so, dass der Mieter endlich auszog. Im September 1946 wurde Heinz Schuster aus der Armee entlassen und kehrte in die USA zurück, wohin auch seine Schwester Berthel folgte.

Etliche »Kinder« wurden erst nach Kriegsende als Besatzungssoldaten in Deutschland stationiert, später dann auch im Rahmen der neu gegründeten Nato. Zur selben Zeit, als Heinz Schuster 1946 Deutschland verließ, wurde **Anselm (Asher) Hirsch** dort stationiert.

Abb. 70: Anselm (Asher) Hirsch als GI in einem Displaced Persons Lager.

546 Schuster (2011), S. 180f.

Weil er fließend Deutsch sprach, kam er ebenfalls zum Nachrichtendienst der US-Armee in Oberursel. Von dort aus fuhr er schon in den ersten Tagen nach seiner Ankunft nach Frankfurt. Das Haus der Familie Hirsch in der Grünestraße 30 im Frankfurter Ostend hatte den Bombenkrieg überstanden. Aber über das Schicksal seiner Eltern und jüngeren Geschwister konnte er bei den Nachbarn und dem Hausverwalter nichts Genaues herausfinden. Erst später erfuhr er, dass sein Vater Hermann Hirsch am 5. November 1942 in Auschwitz ermordet worden war. Die Informationen über seine Mutter Mathilda und die jüngeren Geschwister Werner und Roseline blieben widersprüchlich. Laut Auskunft des Bundesarchivs wurden sie 1942 nach Raasiku, Estland, deportiert und dort ermordet. Aber ein Onkel, der als Häftling in Auschwitz gewesen war, erzählte, er habe alle Drei dort 1943 gesehen als sie ins Gas getrieben wurden. Bis heute sind der genaue Ort und die Umstände ihres Todes ungeklärt.[547]

Erich Grünebaum (Eric Greene) wurde erst kurz nach dem Ausbruch des Koreakrieges im Oktober 1950 zum Militär eingezogen. Er kam zur 43. Infanteriedivision und wurde zum Funker ausgebildet. Ein Jahr danach wurde seine Division als Teil der neugegründeten Nato nach Deutschland verlegt. Erich wurde in Augsburg stationiert. *»Ich hatte sehr gemischte Gefühle, als ich zum ersten Mal unter so ganz anderen Umständen nach Deutschland zurückkam, als ich es vor vierzehn Jahren verlassen hatte. Die Zugfahrt von Bremerhaven nach Mannheim, unserer ersten Station, führte uns genau durch das Herz der Region, in der ich geboren wurde«*, erzählt er. Er setzte seine Kameraden in Erstaunen, als er ihnen die Landschaft erklärte, die draußen an ihnen vorbeizog. An seinem Stationierungsort Augsburg diente Erich auch öfter als Übersetzer, da er noch Deutsch sprach. Im Auftrag seiner Verwandten in den USA nutzte er seine Stationierung in Deutschland auch dazu, einen Anwalt der Familie in Würzburg aufzusuchen, der ihre und seine Rückerstattungs- und Entschädigungsansprüche vertrat. Er besuchte das Grab seiner Großmutter auf dem dortigen Jüdischen Friedhof und fuhr nach Frankfurt, Hanau und Gelnhausen und schließlich in GI-Uniform auch in seinen Heimatort Hellstein.

Dieses sehr spezielle Erlebnis schildert er ausführlich in seinem unveröffentlichen Buch:

> *Ich nahm den Zug nach Wächtersbach und fand heraus, dass der kleine Zug nach Hellstein immer noch fuhr. Ich ging zu dem alten Haus, in dem ich geboren wurde und klopfte an die Tür. Eine alte Frau machte auf. Als ich ihr erklärte, wer ich bin, fiel sie auf die Knie, schlang ihre Arme um meine Beine und schrie: »Bitte, bitte, lieber Herr«, oder Worte in diesem Sinne, »bitte nehmen Sie uns nicht unser Heim. Sie wissen, wir hatten nichts damit zu tun, dass ihre Eltern vertrieben wurden. Sie wissen, wir wussten nicht mehr, wohin wir gehen sollten.«*

Nachdem er ihr versichert hatte, dass er nie mehr in Hellstein wohnen wollte und dass sich die Jüdischen Organisationen wegen Rückerstattungszahlungen an sie wenden würden, ließ sie ihn endlich durchs Haus gehen und Fotos machen. Die Nachricht von seiner Anwesenheit habe sich sofort im Dorf verbreitet, erzählt Eric weiter. Als er aus dem Haus

547 Hirsch (2010), S. 81ff.

gekommen sei, hätten da einige Leute auf der Straße auf ihn gewartet, die behaupteten, ihn gekannt zu haben.

> *Mir war nie klar, dass ich als kleines Kind so viele Freunde in Hellstein gehabt haben soll, sie hätten mich zum Narren halten können. Jeder, mit dem ich sprach, erzählte mir mit Nachdruck, dass sein Leben in Gefahr gewesen wäre, wenn er seine wahre Freundschaft für uns Juden gezeigt hätte. Niemand im Dorf sei jemals ein Nazi gewesen, behaupteten sie. Etliche Leute bestanden darauf, dass ich mit ihnen nach Hause komme, auf einen guten traditionellen Kaffee und einen Kuchen, so wie ihn meine Mutter früher gebacken hatte. Dieser Gedanke verursachte mir Übelkeit. Ich saß noch eine Weile da und hörte mir die Heuchelei an, dann verließ ich Hellstein wieder.*[548]

Der Militärdienst war für viele ehemalige Flüchtlingskinder nicht nur ein Weg, die Wartezeit auf die amerikanische Staatsbürgerschaft zu verkürzen, sondern auch ein Integrationsschritt darüber hinaus. Er war auch mit dem Wunsch verbunden, dem Aufnahmeland gegenüber Dankbarkeit und Loyalität zum Ausdruck zu bringen und sich als vollwertige US-Bürger zu fühlen.

Lotte (geb. Goldschmidt) Magnus fasst diesen für sie wichtigen Lebensabschnitt so zusammen: *»Meine Militärzeit gab mir sehr viel mehr Einblick in das amerikanische Leben. Ich glaube, ich habe mich dadurch viel mehr als Teil Amerikas gefühlt und nicht nur als Flüchtling oder als jemand, der irgendwo anders geboren wurde.«*[549] Sie trat noch während des Krieges ins Militär ein. Wie sie betont, wollte sie mit ihrem Militärzivildienst dem Land, das sie aufgenommen hatte, etwas zurückgeben. Andererseits bot der Militärdienst ihr die Möglichkeit, die zweite Hälfte ihrer College-Ausbildung zur Diätassistentin zu finanzieren. Nach dem Abschluss der ersten Praktikumshälfte an der medizinischen Fakultät des Universitätskrankenhauses in Denver, trat sie im Sommer 1944 die zweite Praktikumshälfte als Zivildienst im *Fort Leonard Wood* in Missouri an, das damals ein Internierungslager für deutsche und italienische Kriegsgefangene war. Als Ernährungsberaterin war sie auch für die Überprüfung der Lebensmittelbestellungen einer Krankenstation mit verwundeten deutschen Kriegsgefangenen zuständig. Als diese Gefangenen, die selbst kochten, kurz vor Weihnachten 1944 Zutaten für ihre Weihnachtsbäckerei beantragten, lehnte sie diesen Antrag ab: Sie habe sich erkundigt, ob das den Kriegsgefangenen nach der *Genfer Konvention* zustand, was nicht der Fall gewesen sei, erzählt sie: *»Sie waren Kriegsgefangene, sie waren unsere Feinde! Sie gehörten zu der Gruppe, die mir persönlich so viel Kummer bereitet hat. Warum sollte ich es ihnen angenehm machen?«*[550] Den deutschen Kriegsgefangenen dort sei es so gut gegangen, fügt sie hinzu, dass viele von ihnen nach dem Krieg zurückgekommen seien.

548 Greene (2000).

549 Magnus, Lotte (geb. Goldschmidt): Interview vom 9. November 2001. Oregon Jewish Museum and Center for Holocaust Education (OJMCHE). Online: https://www.ojmche.org/oral-history-people/lotte-goldschmidt-magnus/ [Stand 1. April 2020].

550 Ebenda.

Abb. 71: Leutnant Lotte Goldschmidt 1946.

Als Lotte Goldschmidt im Juni 1945 nach Abschluss ihrer Grundausbildung ins *Tripler General Hospital* in der Nähe von *Fort Shafter* in Honolulu auf Hawaii versetzt wurde, war der Krieg im Pazifik noch nicht zu Ende. Dort erreichte sie die Nachricht, dass ihre Mutter Lilly Salomons, die in Theresienstadt wieder geheiratet hatte, zu den Überlebenden des Konzentrations- und Durchgangslagers Theresienstadt gehörte und inzwischen wieder in Holland war. Sie schildert die Szene, wie sie diese Nachricht über ein Telegramm ihres Bruders erhielt: *»Dort stand nur der Name Lilly Salomons, Venlo, Holland und eine Adresse. Es dauerte einige Momente, bis ich realisierte, dass dies inzwischen der Name meiner Mutter war. Das nächste, an das ich mich erinnern kann, war eine Gruppe von Soldaten, die sich über mich beugten, um mich wiederzubeleben. Ich war ohnmächtig geworden.«*[551]

Im November 1946 erhielt Lotte einen Sonderurlaub von ihrem damaligen Stationierungsort Guam und konnte ihre Mutter auf dem New Yorker Flughafen nach zwölf langen Jahren der Trennung endlich wieder in ihre Arme schließen. Im Sommer 1947 wurde Lotte auf eigenen Wunsch im Rang eines Leutnants aus dem Militärdienst entlassen.

551 Magnus, Lotte (geb. Goldschmidt): Interview am 17. Juli 1992 in Portland, Oregon. Oregon Jewish Museum and Center for Holocaust Education (OJMCHE). Online: https://www.youtube.com/watch?v=J9lKgA3p3BI und https://www.youtube.com/results?search_query=Lotte+Magnuns+Pt+II [Stand am 22. Juni 2016].

Wieder vereint und entfremdet

Zu den unbegleiteten Flüchtlingskindern, die nach Jahren der Trennung mit mindestens einem Elternteil oder Geschwister wieder vereint wurden, gehörten neben **Ernst (Ernest) Stock, Heinz (Henry) Schuster** und **Lotte Goldschmidt (verh. Magnus)** auch die Geschwister **Tidor, Friedrich Mayer (Frederick/Fred)** sowie **Fritz Strauß (Fred Strauss)**. Diese inzwischen zu Jugendlichen oder jungen Erwachsenen Herangereiften galten als »die Glücklichen«. Gleichwohl war ihr Glück oft von der Tatsache getrübt, dass das Leben für beide, Eltern wie Kinder, weitergegangen war und beide verändert und voneinander entfremdet hatte. Die Eltern, die in einem Versteck oder einem Konzentrationslager überlebt hatten, bemühten sich oft vergeblich, die Beziehung zu ihrem Teenager, die sechs oder mehr Jahre zuvor abgebrochen worden war, wieder aufzunehmen. In dem Theaterstück *Kindertransport* hat Diane Samuels diese für beide Seiten schmerzliche Situation auf die Bühne gebracht.[552]

Die Geschichte einer inzwischen 18-Jährigen, die als Neunjährige nach England geschickt worden war und die nicht mit ihrer Mutter, die Auschwitz überlebt hatte, nach Israel gehen will, weist Parallelen zur Geschichte der Geschwister **Camilla** und **Manfred Tidor (Tydor)** auf: Im Mai 1945 erhielten die Geschwister die Nachricht, dass ihr Vater Chaskel Tidor im April 1945 von der US-Armee im KZ Buchenwald befreit worden war. Sie erfuhren auch, dass die Deutschen ihre Mutter Bertha 1942 aus dem Ghetto von Bochnia in Polen in ein Vernichtungslager verschleppt und ermordet hatten. Die Geschwister korrespondierten zunächst mit ihrem Vater. Dieser war einige Zeit nach der Befreiung zusammen mit einer Gruppe ehemaliger Leidensgenossen aus dem KZ Buchenwald nach Palästina gegangen und hatte bei Tel Aviv mit ihnen einen Kibbutz gegründet. Im Juni 1946 konnte er endlich seine Kinder in den USA besuchen. Seine Hoffnung, dass sie zu ihm nach Palästina kommen würden, wurde allerdings enttäuscht. Camilla und Manfred fühlten sich wohl in ihrer Pflegefamilie in Rochester und wollten in den Vereinigten Staaten bleiben. *»Ich wollte auf keinen Fall wieder ein Flüchtling werden«*, erklärte Camilla Tidor Maas. *»Ich hatte mir ein Leben aufgebaut, und da kam mein Vater, der mir inzwischen völlig fremd war, und wollte, dass ich mich wieder entwurzeln sollte. Das kam für mich überhaupt nicht in Frage.«*[553] Daraufhin kam der Vater über Geschäftsvisa für längere Zeit in die USA, kehrte aber 1947 wieder nach Palästina zurück. Eine sechswöchige ausgedehnte Reise nach Israel, die Camilla 1949 nach ihrem High School-Abschluss unternahm, bestärkte sie in ihrem Entschluss, mit 21 Jahren US-Bürgerin zu werden. 1951 kam der Vater schließlich mit einem Dauervisum zu seinen Kindern in die USA. Er baute sich in New York eine neue Existenz auf und gründete eine neue Familie.

Friedrich (Frederick/Fred) Mayer war nach vier Jahren Aufenthalt bereits amerikanisiert, als seine Eltern und sein älterer Bruder Wilhelm 1940 über England zu ihm in die USA kommen konnten. In einem seiner späteren Bücher, in dem er kritisch auf den

552 Vgl. Barnett (2012), S. 162. Das Stück wurde am 13. April 1993 von der Soho Theatre Company im Cockpit Theatre in London uraufgeführt.

553 Zit. u. übers. n.: Tydor Baumel (1990), S. 136.

»American Way of Life« und seine jungen Jahre in den USA zurückblickt, thematisiert auch er die Entfremdung von seinem Vater: *»Selbst wenn man nicht in den USA aufgewachsen ist, lernt man schnell, die Reichen wegen ihres Reichtums und ihres Erfolgs zu bewundern und die Armen zu verachten.«* Auch bei ihm habe diese Erziehung rasch Wirkung gezeigt und das Wiedersehen mit seinem Vater getrübt. Er gesteht:

> *Als meine Eltern 1940 in die USA kamen, begegnete ich meinem Vater mit gemischten Gefühlen. Zwar war ich froh, ihn wiederzusehen und ihn nach langen Jahren der Trennung wieder in die Arme schließen zu können, doch insgeheim quälte mich die Frage, warum er nicht so reich sein konnte wie die Leute, die mich eingeladen hatten. Ich verachtete ihn, weil er sich in meinen Augen nicht durchgesetzt hatte. Ich schämte mich, weil ich einen »Versager« zum Vater hatte und nicht einen einflußreichen Geschäftsmann, einen mächtigen Politiker oder einen umjubelten Filmstar.*[554]

Fritz Strauß (Fred Strauss) hatte seine Mutter mehr als zwei Jahre nicht mehr gesehen, als er im Juni 1941 in den USA ankam und zu ihr und seinem Stiefvater nach Easton, Pennsylvania zog. Nach sechs Jahren in deutschen und französischen Kinderheimen musste er sich nicht nur an ein Leben in einer Kleinfamilie gewöhnen, sondern erstmals in seinem Leben auch mit einem »Vater«, dem Ehemann seiner Mutter, zurechtkommen. Tragischerweise starb seine Mutter bereits 1943 plötzlich nach einer Routineoperation. Fritz verlor mit ihr erneut sein Zuhause. Weil er sich mit seinem Stiefvater nicht gut verstand, brach der 16-Jährige die High School ab und zog zu seiner Tante nach New York City, wo er Jobs annahm und später auf die Abendschule ging.

Die Familieneinheit ließ sich leichter wiederherstellen, wenn Kinder und Eltern nur einen relativ kurzen Zeitraum voneinander getrennt gewesen waren, wie dies bei **Gerd** und **Lothar (Larry) Hahn** der Fall gewesen war. Deren Eltern konnten den Brüdern nach nur einigen Monaten zu den Verwandten nach New York City folgen.

554 Mayer (1984), S. 23.

Trauma und Erfolg

Die Wissenschaftler Gerhard Sonnert und Gerald Holton von der *Harvard University* die in ihrer 2006 veröffentlichten Studie Zehntausende Zensusdatensätze ausgewertet und in einer Umfrage den Werdegang junger, von den Nationalsozialisten vertriebener Flüchtlinge in Amerika untersucht haben, führen die *»besonders herzzerreißende Erfahrung«* der frühen Trennung von der Familie als eine der Hauptursachen für die entstandenen psychischen Narben bei den unbegleiteten Flüchtlingskindern an. Danach hinterließen die traumatischen Erfahrungen bei etlichen von ihnen ihre Spuren, die im Erwachsenenleben zu einem dauerhaften psychischen Leiden wurden.

Trotz ihrer schwierigen Vorgeschichte – auch dies ist ein Ergebnis der Studie – entwickelte diese Gruppe von entwurzelten Kindern nach ihrer Ankunft in den USA jedoch eine erstaunliche Fähigkeit, die erlittene persönliche Katastrophe zu überwinden und sich nicht nur an eine ihnen völlig unbekannte Welt anzupassen, sondern als Erwachsene ein zur amerikanischen Vergleichsgruppe in jeder Hinsicht überdurchschnittlich erfolgreiches Leben aufzubauen.[555]

Vor dem Hintergrund dessen, was die Psychologie als »Verdrängung«, beschreibt, einer Art Selbstschutz bei starken traumatischen Erlebnissen wie der Trennung und dem Verlust der Eltern, stellt dies keinen Widerspruch dar. Die Psychoanalytikerin Ruth Barnett[556] erklärt es so: *»Elemente des Traumas, besonders die beteiligten Affekte und Gefühle, werden in einem Teil des Gehirns abgespalten, der dem Bewusstsein nicht zugänglich ist. Das setzt das Kind in die Lage, sich anzupassen und ein nach außen hin normales, ja sogar erfolgreiches Leben zu führen.«*[557] Für diese äußere Normalität, so Barnett, müsse allerdings innerlich erhebliche emotionale Energie aufgewandt werden, um das Trauma unterdrückt zu halten. Dies mache die Person verletzlicher gegenüber emotionalen und anderen Lebenskrisen. Barnett betont auch, dass die traumatischen Erfahrungen der unbegleiteten Flüchtlingskinder auch aufgrund sprachlicher Probleme bei ihren Pflegeeltern meist unerkannt blieben: *»Vielen Kindern wurde das Gefühl vermittelt, ›ihnen sei nichts Schlimmes passiert‹ und dass sie glücklich und dankbar sein müssten, weil sie gerettet wurden […].«*[558] Dies habe es für die Kinder schwer gemacht, ihre wahren Gefühle zuzulassen und mit ihnen fertigzuwerden.

---

555 Sonnert & Holton (2008), S. 215.

556 Ruth Barnett wurde 1935 als Ruth Michaelis in Berlin geboren und war selbst ein Kindertransportkind. Als Vierjährige wurde sie 1939 mit ihrem älteren Bruder nach England geschickt und lebte in verschiedenen Pflegefamilien. Die Geschichte ihrer Familie war die Vorlage für den Roman *Landgericht* von Ursula Krechl. Die deutsche Ausgabe von Barnetts Autobiografie erschien 2016 unter dem Titel *Nationalität: Staatenlos. Die Geschichte der Selbstfindung eines Kindertransportkindes*.

557 Barnett (2012), S. 157.

558 Ebenda, S. 160.

Die meisten Kinder erhielten einige Zeit nach dem Kriegsende in Europa die Nachricht, dass beide Eltern oder ein Elternteil den Holocaust nicht überlebt hatten. Ihre Hoffnungen brachen zusammen, und ihre Befürchtungen, ihre Eltern nie wiederzusehen, wurden plötzlich brutale Wirklichkeit.

»Ich hatte diese Nachricht erwartet und war deshalb nicht sonderlich überrascht oder schockiert«, beschreibt **Eric Greene (Erich Grünebaum)** seine Reaktion, als sein Onkel ihm die Nachricht vom Tod seiner Eltern und seiner Schwester übermittelte. Er habe schon – bevor er nach Amerika kam – eine Art seelische Hornhaut bekommen, berichtet er. *»Nach den zwei Jahren in Frankreich und was mir zuvor in Deutschland passiert ist, habe ich nichts mehr gefühlt. Meine Haltung gegen Ende war: ›Ich hoffe das Beste, aber erwarte das Schlimmste.‹«*[559] Diesen Satz habe er sich schon lange als Antwort für den Fall zurechtgelegt, dass ihn jemand nach seiner Familie fragte.

Ähnlich schildert auch **Ernst Valfer**, wie er Gefühle von Trauer und Schmerz um den Verlust der Eltern verdrängte und wie dies zu nachhaltigen emotionellen Störungen führte: Schon 1941 hatte er durch eine Tante in Berlin erfahren, dass seine Eltern deportiert worden waren. Die Hoffnung, sie wiederzusehen, blieb, bis er bei seiner Rückkehr als amerikanischer Soldat in Frankfurt erfuhr, dass sie nicht unter den nur drei Überlebenden dieser ersten Deportation aus Frankfurt gewesen waren.

»Seit ich 1946 als Soldat in Frankfurt war, wusste ich, dass meine Eltern tot sind, bin aber nie damit fertiggeworden. Ich wusste es vom Verstand her, weigerte mich aber, es emotional zu wissen. Ich habe mich dann nicht damit beschäftigt. Es war zu schwer. Ich konnte es nicht ertragen.«[560]

Auch Ernst Valfer beschreibt, wie sich bei ihm eine Art seelische Hornhaut oder innerer Panzer entwickelte, der ihn vor diesen unerträglichen Gefühlen schützte. Er bekennt:

> *Ich habe nie geweint. Ich habe nicht geweint, als ich meine Eltern verließ. Ich habe nicht geweint, als ich aus Frankreich wegging und meine Freunde zurückließ. Ich weinte nicht, als ich den letzten Brief meiner Eltern bekam. Ich weinte nicht, als ich hörte, dass meine Eltern deportiert wurden. Und ich weinte nicht, als ich 1946 herausfand, dass meine Eltern gestorben waren. Ich habe erst sehr viel später in meinem Leben und nach viel Therapie gelernt, um meine Eltern zu weinen.*

Und er beschreibt seine Realitätstüchtigkeit: *»Ich war flexibel, was auch immer das Leben erforderte; es fiel mir leicht, in die Armee zu gehen, in den Kampf zu ziehen, was auch immer passierte; alles fiel mir leicht, was nicht emotional war.«*[561]

Heinz (Henry) Schuster erklärt dazu: *»Rückblickend erkenne ich, dass ich schon immer ein ›Überlebender‹ war. Ich überlebte, weil ich fähig war, Abstand von allen schmerzhaften und tragischen Ereignissen zu halten, die nicht nur mir persönlich zustießen, sondern auch den Menschen um mich herum.«*[562]

559 Greene (2000).
560 Gespräch mit Ernst Valfer am 6. September 2019 in Berkeley, CA.
561 Valfer, Ernst: Interview 52608. VHA.
562 Schuster (2011), S. 137.

Bei ihren Interviews mit ehemaligen Flüchtlingen haben Sonnert und Holton verschiedene Syndrome herausgefiltert, die unterschiedliche Extremfälle der Anpassungsanstrengungen bzw. Typen der Traumaverarbeitung beschreiben: Zu den mit einem beachtlichen Ausmaß von psychischem Schmerz verbundenen Syndromen gehören demzufolge das *»Syndrom der Angst und des Gefühls, nicht dazuzugehören«* sowie *»das Syndrom der Schuld der Überlebenden«*. Dem gegenüber werde bei dem *»Syndrom der Rache und dem Verdammen der ehemaligen Heimat«* die psychische Qual vermieden.[563]

Gefühle der Verlassenheit, Einsamkeit, Nichtzugehörigkeit ziehen sich wie ein roter Faden durch **Eric Greenes (Erich Grünebaums)** Autobiografie, der er auch den Titel *The Loneliest Boy* (*Der einsamste Junge*) gegeben hat. Diese Gefühle stehen im Zusammenhang mit seinen realen Erfahrungen der Ausgrenzung, die er in seiner frühen Kindheit gemacht hatte und die auch in seinen Jugendjahren in den Vereinigten Staaten dominant blieben. *»Ich war allein und wurde ein richtiger Einzelgänger. Ich genoss alle die Vorteile eines Lebens in Amerika, aber ich hatte keine richtige Familie, die mich unterstützte«*,[564] schreibt er in seinen Lebenserinnerungen.

Von seinen Schuldgefühlen als Überlebender spricht **Edward Mossler (Egon Auerhan)** im Zusammenhang mit seinen schockierenden Erlebnissen als US-Soldat im befreiten KZ Buchenwald. *»Es hat mir mein unwahrscheinliches Glück bewusst gemacht – ich hatte mein ganzes Leben lang außergewöhnlich viel Glück. Ich habe auch immer noch Schuldgefühle, denn eigentlich war ich bestimmt, dort zu sein.«* [565]

Dazu schreiben Sonnert und Holton:

> *Die Wurzel dieses Syndroms liegt manchmal in dem Glauben, dass jeder Mensch über eine Art Konto verfügt, mit einem ganz bestimmten begrenzten Ausmaß an Glück. Aufgrund ihres Glücks, dem nationalsozialistischen Regime entkommen zu sein, scheinen einige ehemalige Flüchtlinge das Gefühl zu haben, dass dieses Konto bereits überzogen sei, so dass sie es nun irgendwie wieder ausgleichen müssten.*[566]

Edward Mosslers Bericht ist auch ein Beispiel dafür, dass bei einer Person auch parallele Syndrome wirksam sein können, hier neben der Überlebensschuld auch Rachegefühle und das Verdammen der früheren Heimat:

> *Mein Bruder und ich wollten nichts mehr mit Deutschland zu tun haben. Wir verleugneten sogar unsere Identität als deutsche Flüchtlinge. Ich habe schwer daran gearbeitet, keinen deutschen Akzent zu haben. So gern ich Deutschland in meiner Jugend hatte, so hasste ich es jetzt doppelt. Ich wollte so schnell wie möglich amerikanischer Staatsbürger werden. [...] Bis heute habe ich nicht vergeben. Ich fürchte Deutschland immer noch sehr.*[567]

563 Sonnert & Holton (2008), S. 219.
564 Greene (2000).
565 Mossler, Edward (Egon Auerhan): Interview 35767, VHA.
566 Sonnert & Holton (2008), S. 219.
567 Mossler, Edward (Egon Auerhan): Interview 35767, VHA.

Anders als eine Minderheit der ehemaligen Flüchtlingskinder, die nie mehr einen Fuß auf deutschen Boden gesetzt haben,[568] besuchte er Deutschland nach seiner Zeit als Besatzungssoldat noch mehrmals. Bei seinen Besuchen in Frankfurt versuchte er auch, *»einige Leute zu finden, die ich früher gekannt hatte«*. So traf er einen früheren Freund und Nachbarn, der für ihn wie ein Bruder gewesen war und dessen Mutter seinen Vater einige Male vor einer Verhaftung bewahrt hatte. Bei einem Besuch in den 1990er Jahren fühlte er sich allerdings in seiner Ablehnung den Deutschen gegenüber bestätigt. Nach der *»Wiedervereinigung«* erkannte er eine *»Wiederauferstehung der Intoleranz, nicht speziell des Antisemitismus, aber gegenüber Türken, den Sinti und Roma und anderen«* und resümierte: *»Die Deutschen sind immer noch rassistisch.«*[569]

Auch **Anneliese Grünebaum (Ann Greenbaum, verh. Davis)** wollte nichts mehr von ihrer Vergangenheit in Deutschland wissen und weigerte sich, die schon vorher schlechte Beziehung zu ihrer Mutter wieder aufzunehmen, als diese ein Jahr nach ihr in die USA kam. Die Tochter Miriam Davis berichtet:

> *In Great Neck, New York, tauchte meine Mutter in die amerikanische Kultur ein und versuchte, alle Erinnerungen an Nazi-Deutschland und ihre Reise nach Amerika zu verdrängen. Ihr einziges Ziel war es, Englisch zu lernen – was sie innerhalb von 3 Monaten tat – und sich von jeder Spur des deutschen Erbes zu befreien. Sie wusste nicht einmal, dass sie Teil des Kindertransports war, bis ich es entdeckte, als ich zum ersten Mal in einem Artikel der Washington Post über »One Thousand Children« las.*[570]

Ruth Barnett erklärt:

> *Das übergeordnete Prinzip, nach dem die Eltern handelten, war das Leben ihrer Kinder zu retten. Auch wenn die Kinder das vom Verstand her begriffen, erfuhren viele von ihnen diese »erzwungene Trennung« als Bestrafung und als eher lebensbedrohlich, denn als lebensrettend, wie ihre Eltern es gemeint hatten.*[571]

Er habe lange einen Groll gegen seine Eltern gehegt, weil er ihnen nicht verzeihen konnte, dass sie ihn weggeschickt hatten, erklärt **Edward Mossler (Eugen Auerhan)**. Diesen Groll habe er erst überwunden, als er selbst Kinder hatte. Erst dann habe er vom Gefühl her verstehen können, welch großartige Selbstlosigkeit mit dem Entschluss seiner Eltern verbunden war und wie schwer es für sie gewesen sein musste, seinen Bruder und ihn wegzuschicken. Wie sein Sohn Ronald Mossler, ein Psychologieprofessor, erzählt, habe sein Vater es bis ins fortgeschrittene Alter für einen puren Glücksfall gehalten, dass er als eines von wenigen Kindern für eine Kinderverschickung in die USA ausgewählt worden war. Erst er habe ihm klargemacht, dass es seine Mutter Camilla gewesen war, die alles dafür getan hatte, um ihn aus Deutschland herauszuholen. Dies zu erfahren, sei für seinen

568 Insgesamt 89 Prozent der Teilnehmer der *Harvard*-Studie sind mindestens einmal in das Land zurückgekehrt, welches sie gezwungen wurden zu verlassen. Vgl. Sonnert & Holton (2008), S. 114.

569 Mossler, Edward (Egon Auerhan): Interview 35767, VHA.

570 Korrespondenz der Autorin mit Miriam Davis, Silver Spring, MA, Juni 2018.

571 Barnett (2012), S. 159.

Vater, der sogar Hassgefühle gegen seine Mutter entwickelt hatte, ein großer Trost gewesen. Die Dokumente aus dem YIVO-Archiv, die das belegen, erhielt Ronald Mossler erst später: *»Meine Großmutter Camilla schrieb mindestens 19(!) Briefe nach New York, in denen sie flehte, einen Weg zu finden, meinen Vater mitzunehmen. Als sie ein Affidavit für sich selbst besorgen konnte, wollte sie nicht ohne ihn gehen. Statt ihr eigenes Leben zu retten, entschied sie sich dafür, weiter daran zu arbeiten, das ihres Sohnes zu retten.«*[572]

Die Abspaltung der schmerzlichen Vergangenheit und der erlittenen Verluste war für die jungen Neuankömmlinge eine Überlebensnotwendigkeit und die Voraussetzung dafür, alle Energien in die Zukunft richten und in dem neuen Land vorwärtskommen zu können. Und sie kamen außerordentlich gut voran und wurden in sozioökonomischer Hinsicht überdurchschnittlich erfolgreich.

Die in der *Harvard*-Studie aufgezeigte erstaunliche Resilienz der ehemaligen Flüchtlingskinder, das heißt, ihre Fähigkeit, die Katastrophen und traumatischen Erlebnisse ihrer Kindheit zu überwinden und ein erfolgreiches Leben aufzubauen, zeigt sich auch in den hier vorgestellten Biografien junger Immigranten aus Frankfurt und Umgebung.

Henry (Heinz) Schuster hat es für seine Person so zusammengefasst:

> *Anfangs war ich am Boden zerstört, meine Mutter und Schwestern und das Leben, das ich in Deutschland kannte, verlassen zu müssen. Ich wusste aber auch, dass ich mich durchkämpfen musste, wenn nicht für mich allein, dann doch für sie. Ich habe immer versucht, aus allem das Beste zu machen, obwohl manche Situationen schrecklich waren.*[573]

Mit Blick auf die traumatischen Kindheitserfahrungen ihrer Mutter **Ann Davis (Anneliese Grünebaum)**, vor allem den Verlust ihres Vaters und die gescheiterte Beziehung zu ihrer Mutter, schreibt ihre Tochter Miriam Davis:

> *Meine Mutter erwies sich nicht als Lehrbuchbeispiel für irgendeine psychische Störung; sie war vielmehr eine Lektion in Sachen Belastbarkeit. Diese Belastbarkeit zog sich durch ihre frühesten Jahre in Nazideutschland, dann durch ihre Jugendjahre, nachdem sie von ihrer Mutter weggelaufen war, und noch einmal, als sie nach dem Tod meines Vaters allein war.*[574]

Ähnlich beschreibt auch Lisa Berger, die Tochter von **Edith (geb. Feiner) Sarett**, ihre Mutter: *»Sie sprach kaum über ihre Kindheit und sagte: ›Ich habe mich entschieden, nach vorne und nicht zurückzuschauen.‹ Sie war eine der lebhaftesten, positivsten Frauen, die es gab. Man hätte nie vermutet, dass sie eine so tragische Vergangenheit hatte.«*[575]

Sein Vater **Edward Mossler (Eugen Auerhan)** sei während seiner gesamten Kindheit und Jugendzeit verständlicherweise sehr wütend und schwierig gewesen, berichtet sein Sohn Ronald Mossler, der die Berichte aus der Pflegeakte seines Vaters gelesen hat.

572 Korrespondenz der Autorin mit Ronald Mossler, Mai 2021.

573 Schuster (2011), S. 137f.

574 Davis, Miriam (2002): *»Certify Me Normal«. An Aging Holocaust Survivor's Request.* unveröffentlicht.

575 Korrespondenz der Autorin mit Lisa Berger, USA.

> *Nach seinen Erfahrungen: Eltern, die sich immer stritten und sich scheiden ließen, eine Mutter, die ihn nach der Scheidung sofort wegschickte und von der er das Gefühl hatte, dass sie ihn nicht wollte; sein Land, das ihn ermorden wollte; eine Adoptivfamilie, die ihn ablehnte, eine Tante, die ihn nicht wollte und eine zweite Pflegefamilie, die ihn auch nicht mit offenen Armen aufnahm, fühlte sich mein Vater extrem zurückgewiesen und war nachtragend und wütend vor allem auf seine Mutter, die das Sorgerecht hatte.*

Dennoch, so Ronald Mossler, sei er in der Lage gewesen, sich komplett zu verändern. Niemand habe seinen Vater jemals anders als ausgesprochen freundlich und großzügig gekannt oder je vermutet, dass er ein schwieriges Kind gewesen war. *»Er war ein erfolgreicher Verkäufer, weil er so gute Beziehungen zu seinen Kunden aufbauen konnte. Er und meine Mutter waren 59 Jahre lang verheiratet und hatten selten einen Streit.«*[576]

Sonnert und Holton haben zwar gezeigt, dass die Annahmen früher Beobachter, die ehemaligen Flüchtlingskinder würden sich rasch und vollständig amerikanisieren und ebenso rasch wie vollständig psychisch genesen, *»zu simplifizierend«* waren. Ihre Studie belegt aber erstmals auch statistisch anhand von Zensusdaten, dass diese Gruppe,[577] anders als man vor dem Hintergrund ihrer traumatischen Erfahrungen und deren teilweise nachhaltigen seelischen Folgen vielleicht erwarten würde, in den USA ein überdurchschnittlich erfolgreiches, produktives Leben geführt hat. Die Wissenschaftler zeigen, dass 2,54 Prozent der Gruppe ehemaliger Flüchtlingskinder, das heißt, mehr als 25 von 1.000, Aufnahme in das *Who's Who* fanden, das herausragende Persönlichkeiten aus allen Karrierebereichen der USA beschreibt.[578] Demgegenüber hatten das aus der gesamten amerikanischen Bevölkerung in der relevanten Altersgruppe nur ungefähr 0,17 Prozent, das heißt weniger als 2 von 1.000 geschafft.[579] Einer von ihnen ist **Ernst Valfer**, der in der ersten Edition des *Marquis Who's Who in Frontier Science and Technology* als Management-Wissenschaftler, Psychologe und Berater erwähnt ist.

Trotz und vielleicht auch aufgrund ihrer früheren Erfahrungen, die sie kompensieren mussten, sind die ehemaligen Kindertransportkinder gebildeter und beruflich erfolgreicher als die Durchschnittsamerikaner und auch als die jüdisch-amerikanische US-Bevölkerung. Dabei haben sie auch von ihrer mitgebrachten europäischen Bildung und Kultur im Vergleich zu diesen anderen Gruppen profitiert. Sonnert und Holton nennen dies ihren *»Besonderheitsvorteil«*.

Nach der *Harvard*-Studie hatten im Vergleich zu nur 15,3 Prozent ihrer Vergleichsgruppe, fast die Hälfte der männlichen Flüchtlingskinder studiert. Zwar verfügten die Männer in dieser Gruppe über eine bessere Ausbildung als die Frauen. Deren Bildungs-

576 Korrespondenz der Autorin mit Ronald Mossler, Mai 2021.

577 Die untersuchte Gruppe sind mitteleuropäische (deutsche und österreichische) Flüchtlingskinder, die zwischen 1935 und 1944 ins Land kamen.

578 *The Complete Marquis Who's Who* auf CD-ROM (Winter 2002–2003) umfasst insgesamt 20 Bände von *Marquis Who's who* seit 1985 und Biografien von mehr als 768.000 aktiven, im Ruhestand befindlichen und verstorbenen Personen. Sonnert & Holton (2008), S. 76.

579 Ebenda, S.76f.

niveau lag aber ebenfalls über dem anderer Frauen und sogar höher als das amerikanischstämmiger Männer. Auch der Verdienstdurchschnitt lag bei den ehemaligen Flüchtlingskindern wesentlich höher als bei den gleichaltrigen gebürtigen Amerikanern.

Wie auch die statistische Auswertung eines anlässlich der *50th OSE Reunion* erstellten Erinnerungsbuchs mit 89 Biografien ehemaliger Flüchtlingskinder aus den OSE-Heimen in Frankreich zeigt, haben in dieser Gruppe 50 von 89 Befragten einen Universiutätsabschluss.[580] **Eric Greene (Erich Grünebaum)** schrieb über diese Gruppe ehemaliger OSE-Kinder, die wie er aus Frankreich gekommen waren: *»Wir haben viele Gemeinsamkeiten in unseren Leben. Wir gehören alle einer überdurchschnittlich hohen Einkommensklasse an. Wir alle schicken unsere Kinder auf Universitäten. Uns ist niemand mit unserer Vergangenheit bekannt, der mittellos ist oder Sozialhilfe bezieht.«*[581]

Er selbst stieg nach dem High School-Abschluss vom Zugführer bei der *Chicago Rapid Transit Company* zum Speisewagenmanager auf der Strecke Chicago–Westküste auf und arbeitete als solcher für verschiedene Eisenbahngesellschaften. Später wurde er Eigentümer und Geschäftsführer eines Frühstücksrestaurants in Los Angeles.

Abb. 72: Eric als Zugführer der *Chicago Rapid Transit Company* in den 1950er Jahren.

580 OSE Children in Foster Homes. »Statistical Survey«. Online: http://www.shatteredcrystals.net/sc_ose4.htm [Stand 14. Februar 2020].

581 Brief von Eric Greene, März 1981. Zit. n. Tydor Baumel (1990), S. 140.

Mehr berufliche Chancen für Männer

Unter den Männern der hier vorgestellten Gruppe (vgl. Kurzbiografien) finden sich mehrere Universitätsprofessoren, darunter ein international bekannter Pädagoge und Kreativitätsforscher, einige Ingenieure, ein preisgekrönter Architekt, ein Rechtsanwalt, zwei Psychologen, ein bekannter Journalist, ein Manager, ein Lehrer, ein Rabbiner und mehrere Inhaber eigener Unternehmen und Geschäfte. Diejenigen, die als US-Soldaten gedient hatten, profitierten von der *GI Bill of Rights*, einem 1944 von Präsident Roosevelt unterzeichneten Gesetz, das die berufliche Eingliederung der Soldaten nach der Entlassung aus dem Wehrdienst durch verschiedene Fördermaßnahmen erleichtern sollte. Es gewährte grundsätzlich jedem Kriegsteilnehmer den Universitätszugang sowie Stipendien und andere Bildungsbeihilfen.

Ernst Valfer, der nach seinem Kriegseinsatz und der Entlassung aus der Armee an der *University of California in Berkeley* (UCB) ein Ingenieurstudium absolvierte und in Ingenieurwissenschaften promovierte, profitierte von dieser staatlichen Förderung: *»Durch die ›GI Bill of Rights‹ wurden mir alle meine Universitätsgebühren bezahlt, plus meine Bücher, und ich erhielt 75 Dollars monatlich für Miete und Essen«*,[582] berichtet er. Er habe aber zusätzlich auch in den Semesterferien und an Wochenenden in verschiedenen Teilzeitjobs gearbeitet.

Ernst (Ernest) Stock gelang es über die *GI Bill of Rights* mit seinem Diplom der New Yorker *Washington Irving Evening High School* und einer College-Aufnahmeprüfung bei der Army, als Student an der renommierten *Princeton University* aufgenommen zu werden. Er gehörte auch zu den ersten Empfängern eines Ausbildungsstipendiums der *Ford Foundation* für den Nahen Osten und promovierte in Internationalen Beziehungen und Nahost-Studien an der *Columbia University*.[583]

Fritz Strauß (Fred Strauss), der kurz nach Kriegsende als Besatzungssoldat in den Philippinen und Korea eingesetzt war, besuchte nach seiner Entlassung aus der Armee mit einem Stipendium der *GI Bill of Rights* für zwei Jahre eine Handelsschule in New York und machte dort eine Ausbildung zum Schnittmusterhersteller für Damenmoden, um anschließend im New Yorker *Garment Center* für verschiedene Modefirmen zu arbeiten.

Manfred (Fred) Manasse machte seinen Studienabschluss als Ingenieur am *New York City College* und gewann während seiner Tätigkeit als Elektroingenieur ein Stipendium für die *Princeton University*. Dort promovierte er in Physik und lehrte danach als Professor für Elektronik an verschiedenen Universitäten. Später baute er ein eigenes Unternehmen auf. Sein Bruder **Gustav (Gabriel/Gus) Manasse** promovierte nach dem College-Abschluss an der *Columbia University* in Psychologie und lehrte als Professor an der *City University New York*.

Den bei fast allen »Flüchtlingskindern« vorhandenen starken Wunsch, eine eigene Familie zu gründen, konnten fast alle verwirklichen. Für die Frauen war das entsprechend

582 Korrespondenz der Autorin mit Ernst Valfer.
583 Stock (2014), S. 170ff.

dem damals geltenden gesellschaftlichen Rollenmuster aber meist mit abgebrochenen oder unterbrochen Bildungs- und Berufsverläufen verbunden. Das entsprach der gesellschaftlichen Vorstellung, dass Frauen nach ihrer Heirat und der Geburt ihrer Kinder ihre Berufstätigkeit aufgeben, um Hausfrau zu sein, sich um die Kinder zu kümmern und ihren Mann in seiner beruflichen Entwicklung zu unterstützen. Dennoch sind alle diese weiblichen Biografien ebenso wie die der Männer, die keinen höheren Bildungsabschluss erreichen konnten, Beispiele eines gelungenen, produktiven Lebens und zeigen trotz oder wegen der erlittenen traumatischen Erfahrungen der Kindheit und Jugend ein großes Maß an Selbstbehauptung, Widerstandsfähigkeit und Flexibilität:

Gustl Hirsch (Sarah, verh. Shartar) war erst 18 Jahre als sie als erste der Hirsch-Geschwister heiratete. Ihr Bruder Benjamin äußert sich in seinen Lebenserinnerungen mit Skepsis darüber:

> *Von all meinen Brüdern und Schwestern war Sarah diejenige, von der ich erwartet hatte, dass sie eine College-Ausbildung macht. Sie hatte oft davon gesprochen, dass sie Ärztin werden wollte. Stattdessen heiratete sie einen Monat nach ihrem 18. Geburtstag und verzichtete, zumindest vorläufig, auf jeden Gedanken an eine höhere Ausbildung. [...] Ich fragte mich, ob Sarah es nicht bereuen würde, keine College-Ausbildung zu absolvieren. Sie war eine sehr gute Schülerin. Ihr Wunsch, zu heiraten und eine Familie zu gründen, war offensichtlich stärker als alle anderen Wünsche, die sie vielleicht hatte.*[584]

Anneliese Grünebaum (Ann Greenbaum, verh. Davis) war 20 Jahre alt, als sie 1946 heiratete und Hausfrau und Mutter von sechs Kindern wurde. Abgesehen von der Leistung, sechs Kinder großzuziehen, hatte sie auch im Geschäft ihres Mannes mitgearbeitet und nach dessen frühem Tod einen Job angenommen, um ihren Lebensunterhalt alleine zu bestreiten. In ihren späteren Jahren entwickelte sie sich zur Autodidaktin und Schriftstellerin, belegte Universitätsveranstaltungen und engagierte sich auch auf sozialem Gebiet.

Elfriede Meyer (verh. Schloss) hatte ihren zukünftigen Mann Herbert Schloss schon auf der High School kennengelernt. Nach dem Schulabschluss besuchte sie eine Wirtschaftsschule, die sie selbst finanzieren musste. Sie arbeitete dann in einem Vollzeitjob im Büro der Universität von Chicago. Ein halbes Jahr vor ihrer Heirat zog sie bei ihren Verwandten aus und mietete eine eigene Wohnung. Als sie 1947 heiratete, war sie 21 Jahre alt. Während der ersten Ehejahre arbeite sie weiter Vollzeit, gab die Berufstätigkeit aber auf, nachdem ihr ersten Sohn 1951 geboren wurde. Fortan widmete sie sich der Erziehung ihrer drei Kinder. Später arbeitete sie im Geschäft ihres Mannes mit und engagierte sich in ihrer freien Zeit in der *Hadassah*, einer amerikanisch-zionistischen Frauenorganisation.

Flora Hirsch (verh. Spiegel) war nach ihrem Abschluss an der Commercial High School sieben Jahre lang berufstätig gewesen, bevor sie heiratete, drei Kinder bekam und ihrem Ehemann in verschiedene Staaten der USA folgte. Im kalifornischen Corona, wo sie seit 1958 lebten, engagierte sie sich politisch, wurde dort 1974 als Stadtverordnete

584 Hirsch (2006), S. 134f.

gewählt und war 1976 und 1977 Bürgermeisterin. Danach leitete sie dort zusammen mit ihrem Mann das eigene Stromversorgungsunternehmen *Corona Industrial Electric*. In Corona wurde eine Straße nach ihr benannt.

Lotte Goldschmidt (verh. Magnus), die erst mit 28 Jahren heiratete, ist die einzige der hier vorgestellten Frauen, die in die US-Armee eintrat und ihr College-Studium abschloss. Mit einigen Jahren Unterbrechung nach der Geburt ihrer beiden Söhne arbeitete sie bis zu ihrer Rente 1977 in ihrem Beruf als Ernährungsberaterin und Fachlehrerin.

Auch Frauen, die spät oder gar nicht heirateten, konnten sich in der Regel finanziell keine College- oder Universitätsausbildung leisten, sondern mussten nach dem High School-Abschluss ihren Unterhalt verdienen. **Renate Rosenstein (Renee Torban)** heiratete erst mit 30 Jahren. Sie hätte gern studiert, um diplomierte Krankenschwester zu werden, musste jedoch aufgrund fehlender finanzieller Mittel *»als Büroangestellte in untergeordneten Stellungen arbeiten, um meinen notdürftigsten Lebensunterhalt zu verdienen«*, wie sie 1956 der deutschen Entschädigungsbehörde mitteilte.[585]

Auch **Ruth Kaufmann**, die ledig blieb, konnte sich ihren Berufswunsch wegen fehlender finanzieller Mittel ebenfalls nicht erfüllen: *»Meinen auch schon in Deutschland gehegten Wunsch, entweder Medizin oder Chemie zu studieren, konnte ich leider nicht zur Ausführung bringen, da ich nicht mehr unter der Obhut des Waisenheimes stand und nach dem 1. Januar 1942 meinen eigenen Lebensunterhalt zu verdienen hatte«,* schrieb sie später an die deutsche Entschädigungsbehörde.[586] Nach ihrem High School-Abschluss hatte sie auf einer Wirtschaftsschule eine Ausbildung zur Buchhalterin gemacht und arbeitete später als Versicherungsangestellte.

Früh erwachsen

Die Gründe für die Erfolgsgeschichte dieser Gruppe der Flüchtlingskinder sind vielfältig. Ihre Erfahrungen der Entbehrungen und das Bewusstsein, dass sie anders als viele andere, die Möglichkeit hatten, ein neues Leben in den USA zu beginnen, war für die meisten ein großer Ansporn, zu lernen und etwas zu erreichen. Viele hatten ihren Eltern versprochen, fleißig zu sein. Diejenigen, die vom Tod ihrer Eltern erfuhren, waren oft die einzigen Überlebenden ihrer Familien und fühlten deshalb eine starke Verpflichtung, in deren Sinne das Beste aus ihrem Leben zu machen. Ausschlaggebend war sicher auch, dass sie einen beschleunigten Reifungsprozess durchgemacht hatten, weil sie sowohl in ihrem Herkunftsland und auf der Flucht, als auch danach in den Vereinigten Staaten früh Verantwortung für sich selbst übernehmen mussten.

Erich Grünebaum (Eric Greene) war erst zehn Jahre alt, als ihm seine Eltern kurz nach dem Novemberpogrom die Entscheidung überließen, ob er zusammen mit seiner Schwester mit einer Kinderverschickung nach Holland gehen oder bei ihnen in Frankfurt bleiben wollte. In dem Altenheim, in dem seine Eltern arbeiteten, machte der Zehnjährige

585 HHStAW, Abt. 518, Nr. 66266.
586 HHStAW, Abt. 518, Nr. 19471.

sich nützlich und übernahm schon Verantwortung. Er schreibt in seinen Lebenserinnerungen:

> *Niemand in einer Stadt von der Größe Frankfurts würde einem Zehnjährigen, der wie ein Straßenjunge aussieht, viel Aufmerksamkeit schenken. Daher konnte ich für den Heimleiter Besorgungen machen, ich wurde auf den Markt geschickt, um Waren zu kaufen, die sonst einer jüdischen Einrichtung nicht zur Verfügung standen. Ich ging sogar zu Ämtern der Stadtverwaltung, um Dokumente abzuliefern, bei denen sich ein erwachsener Jude in Gefahr gefühlt hätte, gesehen zu werden. Ich war froh, mich beschäftigen zu können und mich wichtig zu fühlen. Wie üblich war ich das einzige Kind in meiner Umgebung. Ich bin in diesen stressigen Monaten auch ungeheuer gereift.*[587]

Auch **Anselm (Asher) Hirsch**, der als Zweitältester mit zahlreichen Geschwistern aufwuchs, erzählt: *»Ich habe schon als kleines Kind gelernt, allein zurechtzukommen.«* Er hatte sehr früh Verantwortung für seine kleineren Geschwister übernommen, um seine Mutter zu entlasten. *»Ich stand mitten in der Nacht auf, um das Fläschchen warmzumachen, 1937 für das Baby Werner und 1938 für Rosalene, damit Mama schlafen konnte; ich habe sie in den Park mitgenommen, zwei Babys im Kinderwagen, eines liegend, eines sitzend, mit Ben und Jack, die sich an den Seiten festhielten.«* Er erinnert sich auch an den Abschied von seiner Mutter am Hauptbahnhof:

> *[...] das Letzte, was sie zu mir sagte, war, dass sie wusste, wie gut ich Verantwortung für all die jüngeren Kinder übernehmen konnte, denn alle ihre Freundinnen hatten ihr erzählt, welch einen schönen Anblick ich bot, ein gerade einmal elfjähriger Junge, der mit dem Kinderwagen und seinen vier Geschwistern durch die Friedberger Anlage läuft.*[588]

Diese Verantwortung hatte er auch noch in den ersten Jahren in den USA übernommen, nicht immer zur Freude seiner Geschwister.

Obwohl von Hause aus sehr behütet, hatte auch **Ernst Valfer** früh gelernt, Verantwortung zu übernehmen. Schon in seiner Frankfurter Schule war er Klassensprecher gewesen. In Eaubonne nahm er dann die Wahl zum Heimsprecher an. Immer wieder gewählt, übte er dieses Amt bis zu seiner Abreise nach den USA aus.

Zwar war es Kindern unter 16 Jahren, die unter der Schirmherrschaft der GJCA standen, verboten zu arbeiten, dennoch hatten viele Kinder nach ihrer Ankunft in den USA neben der Schule kleine Jobs, mit denen sie oft auch zu ihrem Unterhalt beitrugen. Wie positive Berichte zeigen, ermöglichten ihnen diese Jobs, wichtige Erfahrungen zu machen, neue, von ihren Pflegefamilien unabhängige Beziehungen zu knüpfen und tiefere Einblicke in die amerikanische Gesellschaft zu gewinnen. Nicht zuletzt förderten diese Tätigkeiten das Erlernen der neuen Sprache und das Selbstbewusstsein und erweiterten die persönliche Freiheit durch das selbst verdiente Geld.

587 Greene (2000).
588 Hirsch (2010), S. 32f.

Wie **Eric Greene (Erich Grünebaum)** berichtet, hatte die für ihn zuständige Sozialarbeiterin ihn bei seinem Eintritt in die High School sogar ermuntert, sich einen Job zu suchen und so auch etwas zu seinem Unterhalt beizutragen. *»Während des Krieges, als die Männer alle weg waren, war es nicht schwer, etwas zu finden, und mir gefiel die Idee, mein eigenes Geld zu haben«*, erklärte er. Er habe viele verschiedene Jobs gemacht. *»Es hat mir Spaß gemacht, ich habe Leute kennengelernt und etwas gelernt.«*[589]

Sonnert und Holton resümieren dazu für die Teilnehmer ihrer Studie:

> *Hier, in diesem beschleunigten Reifungsprozess – sowohl in Mitteleuropa unter den Nationalsozialisten als auch in den Vereinigten Staaten als Flüchtlinge – liegen unserer Meinung nach die Wurzeln sowohl für die späteren großen Leistungen und Errungenschaften dieser Flüchtlingsschar ganz generell in sozioökonomischer wie auch in kultureller Hinsicht, als auch für das psychische Leid, das bei vielen der Teilnehmer zu bemerken war.*[590]

589 Interview der Autorin mit Eric Greene am 15. September 2019 in Durango, CO.
590 Sonnert & Holton (2008), S. 32.

Die geteilte Erinnerung

Es war das Konzept der GJCA gewesen, die Kinder im ganzen Land auf Pflegefamilien zu verteilen, um eine Ballung jüdischer Flüchtlingskinder an einem Ort zu vermeiden. Dies geschah zunächst aus Angst vor Antisemitismus, aber auch weil die GJCA und **Lotte Marcuse** der Überzeugung waren, die Kinder müssten vollständig mit ihrer Vergangenheit brechen, um sich in Amerika zu assimilieren. Nach dieser Logik sollten sie weder Kontakt zu ihren früheren Betreuern noch untereinander haben und am besten auch ihre in Europa zurückgebliebenen Familien sowie ihre kulturellen Wurzeln vergessen.

Dieses Konzept funktionierte in den Anfangsjahren, in denen sich die Kinder mit aller Energie darauf konzentrierten, sich die amerikanische Sprache und Kultur anzueignen, um den Status der Immigranten so schnell wie möglich loszuwerden. Langfristig konnte es aber nicht aufgehen. Denn unabhängig davon, in welches Land sie gebracht wurden, versuchten viele unbegleitete Flüchtlingskinder früher oder später, oft erst in reiferen Jahren, diejenigen wiederzufinden, die ihr Schicksal geteilt hatten. Das Wiedersehen und der Austausch über die gemeinsamen Erinnerungen und existentiellen Erfahrungen ihrer Kindheit und Jugend wurden zu einem wichtigen Prozess der Selbstvergewisserung und der bewussten Auseinandersetzung mit der eigenen Vergangenheit. Die internationalen *Reunions*, die sich daraus entwickelten, führten schließlich auch in der Öffentlichkeit zu einer veränderten Wahrnehmung dieser Opfergruppe und zu ihrer Anerkennung als Überlebende des Holocaust.

»French Connection« – Freundschaften fürs Leben

Insbesondere die Flüchtlingskinder, die in Frankreich fast zwei Jahre lang in den Heimen der OSE beziehungsweise in Belgien und Frankreich in den Heimen der belgischen Kinderhilfsorganisation CAR und der *Secours Suisse* des SRK zusammen gelebt hatten, konnte niemand auf Dauer voneinander fernhalten. Im Laufe der Jahre suchten und fanden sich viele wieder und blieben über Jahrzehnte hinweg, oft in lebenslanger Freundschaft verbunden. Die ehemaligen OSE-Kinder gaben ihrer Gruppe den Namen *»French Connection«*.

Gegen alle Widerstände von Lotte Marcuse hatte Ernst Papanek den Kontakt zu seinen früheren Schützlingen nicht abreißen lassen. **Ernst Valfer** gehörte zu denen, die sich schon in den 1950er Jahren regelmäßig, ein- oder zweimal im Jahr mit Ernst und Helene Papanek trafen. Er hielt auch über die Jahre hinweg den Kontakt zu ehemaligen OSE-Kindern in der Region San Francisco aufrecht und darüber hinaus zu einigen, denen er sich besonders eng verbunden fühlte.[591]

591 Gespräch der Autorin mit Ernst Valfer am 6. September 2019 in Berkeley, CA.

Abb. 73: Treffen ehemaliger *OSE*-Kinder mit Ernst und Helene Papanek
um 1955 in Orinda, Kalifornien.
Vorne: Helene Papanek, Ehefrau von Al Baer, Ernst Papanek (v. l. n. r.);
hinten: Ernst Valfer, Al Baer, Ernst Weil mit der Tochter des Ehepaares Baer (v. l. n. r.).

Abb. 74: Tanzveranstaltung in New York, etwa 1948.
Anita Kleiman und Henry Schuster, Sigrid (Jean) Ansbacher und Fred Strauss (v. l. n. r.).

Über das HIAS-Büro in Chicago hatte **Heinz (Henry) Schuster** während seiner Militärzeit in Wisconsin 1944 **Elfriede Meyer**, seinen Jugendschwarm, ausfindig gemacht und sich mit ihr verabredet. Als er sie nach dem Krieg wiedertraf, hatte sie schon ihren künftigen Ehemann kennengelernt. Sie hielten weiterhin ihren freundschaftlichen Kontakt zueinander aufrecht. 1946 ging Henry Schuster zum Studium am *Manhattan Technical Institute for Electronics* nach New York. In dem großen Warenhaus *S. Klein* am Union Square, wo er einen Teilzeitjob als Kassierer in der Pelzabteilung hatte, traf er die Frau seines Lebens. Anita Kleimann war allerdings erst 16 und noch ein Schulmädchen, weshalb die Hochzeit noch warten musste. In New York fand er nach dem Krieg auch seinen Freund aus dem Frankfurter Waisenhaus wieder: **Fritz Strauß (Fred Strauss)**, der nach dem Tod seiner Mutter 1943 nach New York gezogen war. Er war 1944 mit 18 Jahren zum Militär gekommen und zu seinem Glück als Soldat im Pazifikkrieg erst eingesetzt worden, als auch dort die Kampfhandlungen durch den Abwurf der Atombomben auf Hiroshima und Nagasaki bereits beendet waren. So war er als Besatzungssoldat auf den Philippinen und in Korea gewesen und 1946 aus der Armee entlassen worden. Als er Henry wiedertraf, machte er mit einem Armeestipendium an einer Handelsschule eine Ausbildung zum Schnittmusterhersteller und Modemacher und jobbte nebenbei in einer Bäckerei. 1947 lernte Fritz seine künftige Frau Sigrid (Jean) Ansbacher kennen, eine Holocaustüberlebende, die mit ihrer Familie aus Frankfurt deportiert worden war. Beide Paare trafen sich häufig und gingen miteinander aus. Beide Paare heirateten im September 1948 und verbrachten ihre Flitterwochen gemeinsam.

Auch die Freundschaft zu **Joseph (Joe) Moses**, der ebenfalls in New York lebte, wurde erneuert. *»Wir wurden eine eng verbundene New Yorker Gruppe«*,[592] erzählt **Heinz (Henry) Schuster**. Als er 1949 mit seiner Familie nach Illinois gezogen sei, hätten sie sich für längere Zeit aus den Augen verloren. Erst 1979, Henry und Anita Schuster lebten inzwischen seit vier Jahren in Los Angeles, fanden sich die alten Freunde durch einen Zufall wieder, als die Schusters ihren Sohn in New York besuchten. Henrys Cousin, der gegenüber von **Joseph (Joe) Moses** wohnte und ihn regelmäßig in der Synagoge traf, besaß dessen Adresse. Joe Moses war noch in Kontakt mit **Fred Strauss**, der inzwischen in New Jersey lebte. Bei einem Wiedersehen mit Fred brachte dieser Ernst Papaneks Buch *Out of the fire* mit. *»Ich las das Buch und wurde sehr traurig«*, erzählt Heinz (Henry) Schuster. *»Ich meine, wie konnte ich es zulassen, dass ich den Kontakt mit all diesen unseren lieben Freunden verloren hatte?«*[593] In der folgenden Zeit setzte er alles daran, weitere ehemalige OSE-Kinder ausfindig zu machen. Von Fred Strauss bekam er einige Adressen. **Ernst Papanek**, der auch nach Kindern gesucht und sich mit einigen auch getroffen hatte, war bereits 1973 gestorben. Aber über dessen Witwe **Helene Papanek** bekam Schuster weitere Namen von OSE-Kindern, einige davon in Kalifornien, von denen er nichts gewusst hatte, obwohl er inzwischen dort lebte.

Auch in Südkalifornien hatten sich schon in den 1950er Jahren ehemalige OSE-Kinder durch mehrere Zufälle nach und nach wiedergefunden. Zu ihnen gehörten **Eric Greene**

592 Schuster, Henry (Heinz): Interview 10065, VHA.
593 Ebenda.

(Erich Grünebaum) und sein früherer bester Freund **Arthur Kern (Oswald Kernberg)**. Sie waren durch Arthurs Freund Aaron Low (Adolf Löw) wieder in Kontakt gekommen. Auch dabei hatte ein Zufall mitgespielt. Low hatte **Ernst Marx**, Erics Cousin, in einem der Kellner eines jüdischen Feinkostlokals wiedererkannt und von ihm Erics Adresse in Chicago bekommen. Eric war sehr glücklich, als sich sein alter Freund bei ihm meldete. Da in seinem Leben zu dieser Zeit nach einer gescheiterten ersten Ehe gerade die Zeichen auf Veränderung und Neubeginn standen, verließ er Chicago und suchte sich einen Job in Los Angeles in der Nähe der Kerns. Als er 1958 dort erneut heiratete, war Arthur Kern sein Trauzeuge. Wie Eric Greene erzählte, traf sich die OSE-Familie, denn als Familie fühlten sie sich, über Jahre hinweg regelmäßig zum Abendessen oder zu gesellschaftlichen Anlässen. *»Wir waren alle erfolgreich im Geschäftsleben, verheiratet, hatten Kinder und verstanden einander. Wir waren alle Jekkes aus Deutschland oder Österreich.«*[594] Dabei war immer auch die gemeinsame Vergangenheit Thema. Bei einem der Treffen war auch **Flora Spiegel (geb. Hirsch)** aus dem kalifornischen Corona gekommen. Sie erzählte, dass ihr Vater, der Frankfurter Zahnarzt Dr. Hermann Hirsch, auch der Mohel, der rituelle Beschneider, in der Hessen-Nassauischen Region gewesen war, zu der Erics Geburtsort Hellstein gehört hatte. So erfuhr Eric von dem merkwürdigen Zufall, dass nicht nur der Sohn Anselm (Asher) Hirsch ihn auf seine Bar Mizwa vorbereitet hatte, sondern auch dessen Vater ihn in seinen ersten Lebenstagen beschnitten hatte.

Eine weitere Freundesgruppe bildete sich unter den orthodox gebliebenen ehemaligen OSE-Kindern. Dabei waren **Albert (Al) Eisemann, Gertrude Pfifferling (Jeanette Eisemann)** und **Anselm (Asher) Hirsch**, die zuletzt zusammen in Broût-Vernet gewesen waren, bevor sie in die USA kamen. Albert Eisemann war dort Anselm Hirschs erster Bar Mizwa Schüler gewesen und hatte nach der Militärzeit mit ihm zusammen an der *Yeshiva Universität* in New York studiert. 1950 traf er dort Gertrude Pfifferling wieder. Sie heirateten 1952 in Manhattan, New York. Die Beziehung zwischen diesen Drei hielt lebenslang. In späteren Jahren nahm Anselm Hirsch, vermittelt durch seinen Schwager Herb Spiegel, den Ehemann von Flora Hirsch, noch einmal Kontakt zu Erich Grünebaum, seinem Bar Mizwa Schüler auf. Bei dessen Besuch bei ihm in Israel musste der Rabbiner Asher Hirsch allerdings enttäuscht feststellen, dass Erich nicht mehr strenggläubig war.

Die großen Wiedersehen

Als **Henry Schuster** Ende der 1970er Jahre zur kalifornischen Gruppe hinzustieß, plante diese gerade ein Treffen zum 40. Jubiläum ihrer Rettung durch den Kindertransport nach Frankreich im Jahr 1939. Zu dieser Jubiläumsfeier im privaten Rahmen kamen schließlich etwa 20 Personen, darunter auch Ehemalige der Frankfurter Waisenhausgruppe: **Ernst Valfer** aus San Francisco, **Elfriede (geb. Meyer) Schloss** aus Chicago sowie **Werner Dreifuss (Dreyfuß)** aus San Diego und **Fred Strauss (Fritz Strauß)** aus New Jersey.

594 Interview der Autorin mit Eric Greene am 15. September 2019 in Durango, CO.

In der Folge gab es weitere kleine Treffen in kurzen Abständen. Bei einem dieser Treffen im Februar 1988 machte Henry Schuster den Vorschlag, ein großes 50-Jahr-Treffen zu organisieren. Eine umfangreiche Recherche nach ehemaligen OSE-Kindern wurde gestartet, alles noch ohne *World Wide Web* und Suchmaschine. Die Quäker halfen mit Transportlisten und das *Simon Wiesenthal Center* verschickte weltweit über 50 Suchanzeigen, die in lokalen und jüdischen Zeitungen erschienen. An dieser *50th OSE Reunion* am 25. März 1989 in einem Gemeinschaftssaal der B'nai David-Judea Synagoge in Los Angeles nahmen 70 der 250 OSE-Kinder mit ihren Familien teil.[595] **Ernst Valfer** erinnert sich an das OSE-Treffen als *»eine bewegende Erfahrung, so vielen der ehemaligen Heimkinder wiederzubegegnen. Ich hielt bei dem Treffen eine leidenschaftliche Rede darüber, was uns Ernst Papanek wirklich bedeutete und warum wir ihm für unser Überleben danken müssen.«*[596]

Die vielen, die sich zu diesem emotionalen Treffen zusammengefunden hatten, sorgten dafür, dass der Kontakt aufrechterhalten wurde. Bis 2003 fanden jeden Sommer OSE-Gartenparties bei Arthur und Trudie Kern statt, bei der die Kerns bis zu 70 Gäste bewirteten. Danach wurden die Treffen altersbedingt wieder seltener und im kleineren Rahmen veranstaltet.

Dank der Bemühungen und dem Mut ihrer belgischen, schweizerischen und französischen Betreuer hatten fast 90 der 100 Mädchen und Jungen der Kinderkolonien *Seyre* und *La Hille* den Krieg überlebt und lebten dann in allen Teilen der Welt. Einige der damals Jugendlichen blieben über Jahrzehnte in Verbindung und entwickelten lebenslange Freundschaften. In späteren Jahren, als sie finanziell gefestigt waren und mehr Zeit hatten, organisierten auch sie mehrere Zusammenkünfte, an denen mindestens 55 Überlebende mehrmals zusammenkamen. Ein erstes Treffen, zu dem Teilnehmende aus Israel, Europa und den USA kamen, fand schon im Mai 1985 in Israel statt. An einer zweiten Zusammenkunft, die **Alex Frank** im Juni 1993 in Seyre im Département Ariège organisiert hatte, nahm auch **Rösli Näf** teil. Ein Treffen im Juli 1998 in Chicago brachte *La Hille*-Überlebende und ihre Familien aus den USA zusammen sowie Alex Frank, der aus Berlin kam. Das letzte Treffen der Überlebenden fand im September 2000 in Toulouse und an den Originalschauplätzen in Südfrankreich statt. Aus diesem Anlass wurde eine Stele zur Erinnerung an die Kinder am Eingang des *Château de La Hille* aufgestellt. An der Eröffnung eines Museums über die Geschichte der Kinder von *La Hille* in der Gemeinde Montégut-Plantaurel im Juni 2007 nahmen auch noch einige Ehemalige teil.

Die meisten Kinder, die nicht in Heimen in Frankreich zusammengelebt hatten, sondern in kleinen Gruppen direkt in die USA gekommen waren, erfuhren erst sehr spät, dass sie Teil einer größeren Rettungsaktion gewesen waren. Sie verdanken das vor allem zwei Frauen: **Iris Posner** und **Leonore Moskowitz**, die im Jahr 2000 die Organisation *One Thousand Children Inc.* (OTC) gegründet hatten. Sie wollten die Geschichte dieser unbegleiteten Kinder bekannt und auch zum Gegenstand der Forschung machen, damit sie als Teil der Geschichte des Holocaust gesellschaftlich anerkannt werden. Aufgrund der von

595 Vgl. Maier (2018), S.294.

596 Korrespondenz der Autorin mit Ernst Valfer am 9. Juli 2020.

Posner und Moskowitz geleiteten Untersuchungen konnten schließlich rund 1.400 Namen von unbegleiteten Kindern identifiziert und 600 von ihnen gefunden werden. Posner und Moskowitz initiierten und planten ein erstes nationales Treffen, das vom 30. Juni bis 2. Juli 2002 in Chicago stattfand.

Zu den »Entdeckten«, die daran teilnahmen, gehörte auch **Lotte (geb. Goldschmidt) Magnus**. Sie hatte bereits 1991 an einem Treffen Ehemaliger des Frankfurter *Philanthropin* in New York teilgenommen.[597] *»Als ich erfuhr, dass 1.000 bis 1.200 Kinder hier herübergebracht wurden, war ich völlig verblüfft«*, sagte sie einer Journalistin am Rande der ersten *OTC-Reunion and Conference.*[598] Wie die damals 82-Jährige hatten die meisten der rund 75 aus verschiedenen Staaten der USA angereisten Teilnehmenden erst vor Kurzem erfahren, dass es außer ihrem eigenen noch viele weitere Transporte mit unbegleiteten Kindern in die USA gegeben hatte. Lotte Magnus engagierte sich fortan bei der OTC, um andere Menschen, die ähnliche Erfahrungen gemacht hatten wie sie selbst, zu finden und sich mit ihnen auszutauschen. Durch das Chicagoer Treffen sah sie Erika Danty (Erika Bloch) wieder und konnte Kontakt zu »Siggy« Siegfried Bodenheimer aufnehmen, die 1934 mit ihr in die USA gekommen waren.

Als im Jahr 2009 anlässlich der Überführung des OTC-Archivs in das YIVO-Archiv in New York ein zweites OTC-Treffen stattfand, nahmen daran auch die gebürtigen Frankfurter **Harry Gutman (Heinz-Siegfried Gutmann)** und **Larry Hahn (Lothar Hahn)** teil. Sie trafen sich zum ersten Mal nach 70 Jahren wieder, nachdem sie 1939 aus Frankfurt über Italien zusammen auf der *SS Saturnia* in die USA gekommen waren.

Flüchtlingskinder sind Überlebende

Ende der 1980er, Anfang der 1990er Jahre begannen sowohl in England als auch in den USA internationale Treffen und Konferenzen der vor den Nazis geretteten Kinder. Dadurch kamen schließlich deren bis dato unbekannte Geschichten ins Blickfeld der öffentlichen Aufmerksamkeit. Sowohl bei den als Kindern Geretteten selbst als auch in der Gesellschaft entstand ein Bewusstsein darüber, dass sie Teil einer größeren Geschichte und ebenfalls Überlebende des Holocaust waren.

Es hatte Jahrzehnte gedauert, bis die Nachkriegsgesellschaft bereit gewesen war, sich überhaupt mit dem Holocaust und dem Zweiten Weltkrieg auseinanderzusetzen. Erst die amerikanische Fernsehserie *Holocaust* hatte dem Thema 1979 zum Durchbruch in die öffentliche Aufmerksamkeit verholfen und bewirkt, dass man sich für die Leidens-

597 Magnus, Lotte (geb. Goldschmidt): Interview am 17. Juli 1992 in Portland, Oregon. Oregon Jewish Museum and Center for Holocaust Education (OJMCHE). Online: https://www.youtube.com/watch?v=J9lKgA3p3BI und https://www.youtube.com/results?search_query=Lotte+Magnuns+Pt+II [Stand am 22. Juni 2016] Vgl. auch Liste der Teilnehmenden an der *Philanthropin* Reunion 1991 in Centure for Jewish History, New York, Albert F. Hirsch Collection, Series 2, Folder 5. Online: https://archives.cjh.org/repositories/5/resources/3885 [Stand 13. August 2021].

598 Director Knudsen (2002).

geschichte der Überlebenden von Konzentrationslagern interessierte. Es dauerte noch weitere zehn Jahre, die meisten ehemaligen KZ-Häftlinge waren inzwischen schon gestorben, bis die geretteten Kinder begannen ihre Geschichten zu erzählen. Für die Historikerin Rebekka Göpfert ist dieser Zusammenhang kein Zufall. Sie spricht sehr treffend von dem *»Heraustreten aus dem Schatten der Auschwitz-Überlebenden«*,[599] die lange als die einzigen Überlebenden galten.

Für **Manfred (Fred) Manasse** war die Konferenz der *Anti-Defamation League* (ADL) der *B'nai B'rith*[600] im Mai 1991 in New York zum Thema *Versteckte Kinder* das Schlüsselerlebnis. Über zahlreiche der Berichte von Teilnehmenden erfuhr er, dass er mit seinen traumatischen Kindheitserfahrungen und den daraus resultierenden Problemen in seiner Jugend nicht allein war. Es ging bei der Konferenz aber auch um die Anerkennung als Überlebende:

> *Bis ich 55 Jahre alt war, hatte ich mich wie die meisten Leute nicht als Überlebender betrachtet, nur als Immigrant. Kinder, die nicht im Konzentrationslager gewesen waren, wurden als Bevölkerungsgruppe ignoriert. Nun stellte sich heraus, dass B'nai B'rith dies zum Anlass nahm, um für die Kinder des Holocaust dieselben Privilegien zu erreichen und dieselbe gesellschaftliche Anerkennung auch der deutschen Entschädigungsbehörden wie für die Erwachsenen.*[601]

Wenn Fred Manasse erklären soll, warum Menschen mit seiner Geschichte der Status »Überlebender« gebührt, ist er um eine Antwort nicht verlegen: *»Der Fakt, dass ich nicht im Lager war, ist nicht ausschlaggebend: Ich habe meine Familie verloren, mein Zuhause und meine Muttersprache. Ich war traumatisiert, als ich in dieses Land kam. Ich hatte sehr viele Probleme, die ich nicht gehabt hätte, wenn ich eine gute Schulbildung und eine Familie gehabt hätte.«*[602]

Manfred (Fred) Manasse wurde in seinem Erwachsenenleben beruflich außerordentlich erfolgreich, ohne dabei seine Herkunft und Vergangenheit zu verdrängen. Wie die Mehrzahl derjenigen, die auf ähnliche Erfahrungen wie er zurückblicken, zeichnet sich auch Fred Manasse durch sein besonderes soziales Engagement aus: *»Ich habe nie nur für mich selbst gesprochen, sondern immer versucht, Verbesserungen für alle Betroffenen zu erreichen«*, sagt er. In seiner Rolle als Überlebender sieht er auch eine große Verpflichtung, *»etwas für Überlebende allgemein zu tun.«* In Boston gehört er fast jeder Organisation an, die sich mit dem Holocaust beschäftigt. Er spricht als Zeitzeuge in Schulen und hat das auch schon vor einer deutschen Schulklasse in Baden-Baden, der Geburtsstadt seiner Mutter, getan. Diese Verpflichtung fühle er umso mehr, sagt er, weil

599 Göpfert (1999), S. 13.

600 Die 1913 in Chicago von Mitgliedern der Organisation *B'nai B'rith* gegründete amerikanische Organisation mit Sitz in New York City tritt gegen die Diskriminierung und Diffamierung von Juden ein.

601 Fred Manasse discusses the Holocaust: Kindertransport – Hidden Children – The Story, with Host Paul Levine and Guest Fred Manasse on CCTV. Online: http://www.sculpturebyfredmanasse.com/?page_id=80 [Stand 11. August 2021].

602 Ebenda.

sein Bruder Gustav sein ebenfalls sehr erfolgreiches Leben darauf aufgebaut hatte, das Zurückliegende zu vergessen. *»Ich bin das einzige überlebende Familienmitglied, das an unsere Eltern erinnern kann, so dass ihr Opfer, meinen Bruder und mich gerettet zu haben, nicht vergessen wird«*, betont er.[603]

Die meisten der hier vorgestellten »Kinder« haben sich in vielfältiger Weise am Erinnern an den Holocaust beteiligt. Etliche haben ihre Autobiografien veröffentlicht und zahlreiche Vorträge in Schulen oder anderen Institutionen gehalten oder haben sich an dem Projekt *Visual History Archive* der von Steven Spielberg gegründeten *Shoah Foundation* (heute: *USC Shoah Foundation*) beteiligt. Dabei fiel auf, dass es auch hier mehr Männer als Frauen waren, die ihre Lebensgeschichte für erzählenswert hielten und öffentlich machten. Eine große Anzahl unter ihnen, Männer wie Frauen, hat mit Besuchen in ihrer früheren Heimat neue Brücken zur jungen Generation in Deutschland gebaut, etliche, darunter Lotte (geb. Goldschmidt) Magnus, Werner Dreifuss, Asher und Ben Hirsch und Ernst Valfer, sind der Einladung der Stadt Frankfurt gefolgt und haben teilweise ihre Lebensgeschichte vor Frankfurter Schulklassen erzählt. Sie haben ihre Erlebnisse in Nazi-Deutschland, während ihrer Flucht und ihre Erfahrungen als Immigranten in den USA mit der Öffentlichkeit geteilt und so einen wichtigen Beitrag zum kollektiven Gedächtnis an den Holocaust sowie zur Erziehung zu Demokratie, Empathie, Toleranz und gegen die Ausgrenzung von Minderheiten geleistet.

603 Ebenda.

Teil II
Kurzbiografien

Heinz Auerhan (Hy Mossler),
geboren am 2. September 1921 in Frankfurt am Main.

Egon Ernst Auerhan (Edward/Ed E. Mossler),
geboren am 7. November 1925 in Frankfurt am Main.

Eltern:
Felix Auerhan (*25. Juni 1889 in Jarocin, Preußen, ab 1919 Polen)
und Camilla, geb. Funkenstein (*3. Juni 1888 in Einsiedl/Marienbad/Tschechoslowakei).

Die Eltern hatten am 15. Juni 1920 in Frankfurt geheiratet. Der Vater betrieb ein kleines Geschäft für Haushaltsartikel, zunächst im Stadtteil Sachsenhausen und ab 1933 in der Baustraße 10, wo die Familie im dritten Stock wohnte. Während der NSDAP-Boykottaktion 1933 standen SA-Posten vor dem Geschäft. Die Mutter war Hausfrau und machte gelegentlich Näharbeiten. Die Familie gehörte zum liberlaen Judentum und besuchte die Hauptsynagoge. Dort feierte Heinz im September 1934 seine Bar Mizwa. Beide Brüder waren Schüler am *Philanthropin*, Heinz von 1927 bis 1934, Egon von 1931 bis 1937.

Am 29. Dezember 1934 nahm der 13-jährige Heinz an einer der ersten Kinderverschickungen unter der Schirmherrschaft der GJCA in die USA teil. Mit einer Gruppe von elf Kindern ging er in Hamburg an Bord des Passagierdampfers *SS New York* und erreichte am 8. Januar 1935 den New Yorker Hafen. Er kam zur Pflegefamilie Mossler in Chicago. Dort blieb er bis ins Erwachsenenalter und nahm deren Namen an.

Nach der Scheidung der Eltern am 25. August 1937 brachte die Mutter als Inhaberin des Sorgerechts Egon im orthodoxen jüdischen Waisenhaus *Abraham-Frank-Haus* an der Aachener Straße 443 in Köln unter. Der Vater zog aus der gemeinsamen Wohnung aus in die Wöhlerstraße 28.

Im Zuge des Novemberpogroms wurde der 13-jährige Egon aus dem Kölner Waisenhaus am Tag seiner Bar Mizwa in das KZ Buchenwald verschleppt, nach kurzer Zeit aber wieder freigelassen. Bei einem Überfall von Hitlerjungen auf seine jüdische Schule 1939 wurden er und und die anderen Kinder schwer seelisch und körperlich misshandelt.

Mitte April 1940 verließ Egon Deutschland mit einer von den Quäkern organisierten Kinderverschickung über Italien und mit einem Affidavit der Pflegefamilie seines Bruders. Am 16. April 1940 ging er in Genua an Bord des italienischen Passagierschiffes *Conte di Savoia* und kam am 24. April 1940 in New York an. Er reiste weiter nach Chicago zur Familie Mossler, wo er mit seinem Bruder endlich wiedervereint war. Weil ihn jedoch die Pflegemutter Roseline Mossler ablehnte, musste er seinen Bruder und die Familie nach wenigen Monaten wieder verlassen. Nach einem Zwischenaufenthalt bei einer Tante in Indiana, die ihn auch nicht behalten wollte, brachte ihn die GJCA bei einer anderen Pflegefamilie in Chicago unter. Dort blieb er, bis er mit 18 Jahren 1943 in die US-Armee eintrat. Von 1944 bis Juni 1946 leistete er Kriegsdienst in Europa, vor allem in Deutschland und Österreich als Übersetzer und Vernehmer beim *Counter Intelligence Corps* (CIC), der Spionageabwehr der US-Armee. Während dieser Zeit änderte er seinen Vornamen in Edward (Ed). Nach der Entlassung aus der Armee im Juni 1946 zog er zu

Abb. 75: Die Brüder Hy und Ed Mossler.

seinem Bruder und der Familie Mossler nach Indiana und nahm nach der Aussöhnung mit Roseline ebenso wie sein Bruder deren Familiennamen an. Heinz (Hy) wurde wegen eines Herzproblems nicht zum Militär eingezogen.

Nach Kriegsende erhielten die Brüder die Nachricht, dass ihre Eltern im Holocaust ermordet worden waren, Camilla Auerhan nach ihrer Deportation aus Frankfurt im Frühjahr 1942 im Vernichtungslager Majdanek und der Vater Felix Auerhan nach der Deportation am 22. November 1941 aus Frankfurt am 25. November 1941 im Fort IX in Kowno (heute: Kaunas), Litauen.

1946 zogen die Brüder mit der Familie Mossler nach Kalifornien. Dort eröffneten sie 1947 in Santa Monica das Familienunternehmen *Phil Mossler and Sons, Manufacturer's Representatives*, einen Großhandel für Haushaltswaren. Zeitweise arbeiteten beide Brüder in der Firma zusammen, zeitweise arbeitete Hy für eine andere Firma der Branche. Ed, der seinen Bruder in späteren Jahren wieder als Partner aufgenommen hatte, überließ ihm die Firma, als er Ende der 1990er Jahre in Rente ging.

Am 22. Januar 1955 heiratete Edward Mossler in Los Angeles Eleanor (Ellie) Greenbaum. 1958 und 1960 kamen dort ihre beiden Söhne und 1963 ihre Tochter zur Welt. Auch Hy heiratete und hatte mit seiner Frau Marcia zwei Söhne und eine Tochter. Die beiden Brüder blieben bis zu ihrem Lebensende eng verbunden und in regelmäßigem familiären Kontakt. Edward Mossler starb am 21. März 2014 im Alter von 88 Jahren, sein Bruder Hy Mossler am 2. Juni 2016 im Alter von 95 Jahren, beide in Los Angeles.

Quellen

HHStAW, Abt. 519/3, Nr. 30502; 628; 629.

Korrespondenz mit Ronald Mossler, dem Sohn von Ed Mossler, im Mai 2021.

Mossler, Edward (Egon Auerhan): Interview 35767, VHA.

Zeitsprung. Kontor für Geschichte: Datenbank Gedenkstätte Neuer Börneplatz, Jüdisches Museum Frankfurt am Main. Texte.

Hermann (Herman) Bacharach,
geboren am 26. Januar 1926 in Seligenstadt am Main.

Eltern:
Bernhard Bacharach (*15. Januar 1890 in Seligenstadtam Main)
und Selma, geb. Wolf (*21. Juli 1895 in Oberklingen/Odenwald).

Die Eltern hatten am 6. März 1925 geheiratet. Der Vater war Metzgermeister, und die Eltern betrieben in Seligenstadt in ihrem Haus in der Steinheimer Straße 11 eine Metzgerei. Als der Vater am 28. März 1931 mit 41 Jahren starb, war Hermann erst fünf Jahre alt. Die Mutter führte das Geschäft allein weiter. Sie wurde im Herbst 1934 Opfer einer üblen Schikane der Nationalsozialisten: Weil sie angeblich schlechtes Fleisch verkauft hatte, zerrten zwei junge Nationalsozialisten sie unter Trommelwirbel durch die Stadt, während sie sich selbst bezichtigen musste. Sie wurde zu vier Monaten Gefängnis und 130 Mark Strafe verurteilt. Vor der Entschädigungsbehörde berichtete Hermann, seine Mutter habe die Haftstrafe im KZ Dachau verbüßen müssen.

Im November 1935 meldete sich die Mutter mit dem neunjährigen Hermann aus Seligenstadt nach Neubrandenburg ab. Mutter und Sohn kamen vermutlich 1936 oder 1937 nach Frankfurt, wo Selma Bacharach als Hausangestellte arbeitete und im Erdgeschoss des Hauses Sandweg 16 wohnte. Sie gab Hermann in die Obhut des *Israelitischen Waisenhauses*, weil sie sich als Alleinerziehende nicht um ihn kümmern konnte.

Abb. 76: Hermann Bacharach als Bar Mizwa am 28. Januar 1939 in Frankfurt.

Im Waisenhaus bekam Hermann den Spitznamen »Dudu«. Er war dort unter anderen mit Heinz Schuster und Fritz Strauß befreundet. Beide gehörten zu der Waisenhausgruppe, mit der auch Hermann Bacharach am 8. März 1939 in das OSE-Heim *Villa Helvetia* in Montmorency bei Paris geschickt wurde. Hermann lebte mit der Frankfurter Waisenhausgruppe mehr als zwei Jahre in Frankreich in verschiedenen OSE-Heimen, von Juni 1939 bis Juni 1940 in der *Villa La Chesnaie* in Eaubonne und nach dem Einmarsch der Deutschen in Frankreich im *Château de Montintin* bei Limoges. Im Juni 1941 wurde er mit seinen Frankfurter Freunden in der ersten Gruppe von 111 Kindern unter der Schirmherrschaft des USCOM aus Vichy-Frankreich über Spanien und Portugal in die USA gerettet.

Nach der Ankunft in New York am 21. Juni 1941 wurde Hermann Bacharach von Verwandten in Maryland, New York, aufgenommen. Er besuchte das *New York State Agricultural and Technical Institute* in Delhi und schloss dort eine Ausbildung in Bauausführung ab. Mit 18 Jahren wurde er in die US-Armee einberufen und nahm ab 1945 als Soldat am Zweiten Weltkrieg teil. Danach verpflichtete er sich als Berufssoldat und zog in den Koreakrieg. Während seiner Stationierung als Sergeant der US-Armee in

Deutschland in den 1950er Jahren heiratete er am 21. Januar 1956 in Stuttgart die Fotografin, Gertraud Ursula Seltmann (geb. 1920), eine gebürtige Dresdnerin, evangelischer Konfession. Mit ihr kehrte er in die USA zurück, wo er auf *Fort Devens* in Massachussetts stationiert war. Er nahm auch am Vietnamkrieg teil und wurde zum Sergeant First Class E7 befördert. In den letzten Jahren lebte er mit seiner Frau in Muscogee County, Georgia. Dort starb er am 8. November 1969 mit nur 43 Jahren und wurde auf dem dortigen *Fort Benning Post*-Friedhof beerdigt.

Seine Mutter Selma Bacharach hatte zuletzt im Jüdischen Altersheim in der Wöhlerstraße 13 gewohnt und gearbeitet. Dort wurde die 46-Jährige am 19. Oktober 1941 verhaftet und mit der ersten großen Deportation aus Frankfurt am 20. Oktober 1941 ins Ghetto Litzmannstadt (Łódź) verschleppt. Die Umstände und das Datum ihres Todes sind nicht bekannt.

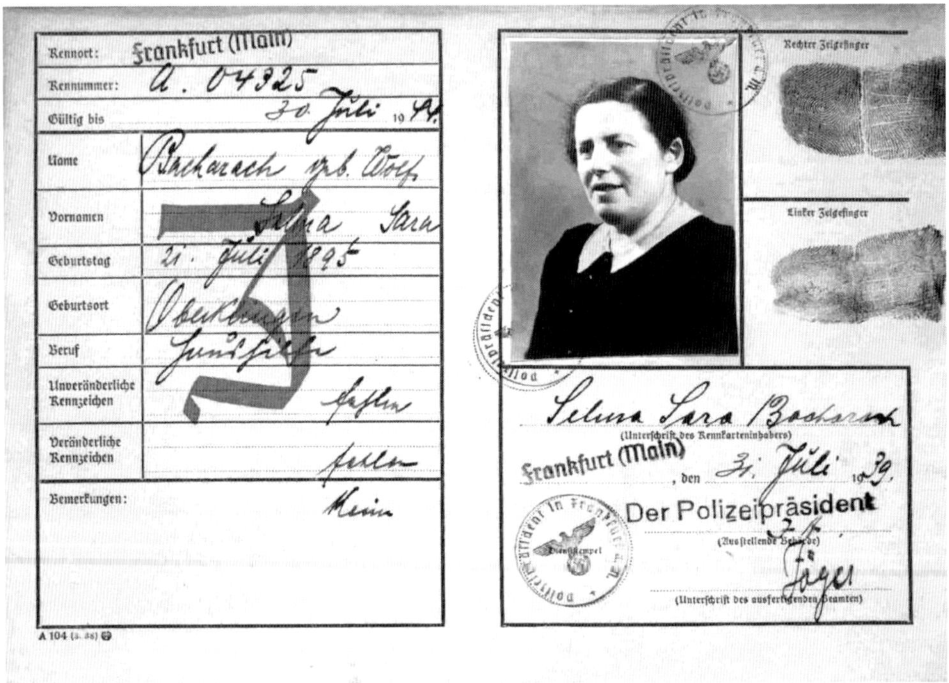

Abb. 77: Diskriminierender Personalausweis von Selma Bacharach.

Für Selma Bacharach wurde am 21. April 2008 und für Hermann Bacharach am 8. August 2020 je ein Stolperstein vor dem ehemaligen Haus der Familie Steinheimer Straße 11 in Seligenstadt verlegt.

Quellen

HHStAW, Abt. 518, Nr. 47375; 24415.

Ritter, Thorwald; Haas, Hildegard & Fichter, Dietrich (2019): *Stolpersteine in Seligenstadt, Rundgang zu Wohnhäusern, Synagogenplatz und jüdischem Friedhof*, Frankfurt a. M.: Brandes & Apsel, S. 89.

Schuster, Henry D. (2011): *Von Sterbfritz nach Las Vegas*. Hanau: CoCon.

USHMM, Fred Strauss Papers.

Zeitsprung. Kontor für Geschichte: Datenbank Gedenkstätte Neuer Börneplatz, Jüdisches Museum Frankfurt am Main. Texte.

Zentralarchiv zur Erforschung der Geschichte der Juden in Deutschland: Bestände: Personenstandsregister: Archivaliensammlung Frankfurt: Abteilung IV: Kennkarten, Mainz 1939 an der Universität Heidelberg.

Margot Bertha Bauer (verh. Kaufmann),
geboren am 2. Januar 1925 in Schotten/Vogelsbergkreis.

Ruth Elvira Bauer,
geboren am 6. September 1926 in Schotten/Vogelsbergkreis.

Eltern:
Hermann Bauer (*7. März 1890 in Schotten/Vogelsbergkreis)
und Else, geb. Bendheim (*1. Dezember 1894 in Sprendlingen/Landkreis Offenbach).

Die Eltern hatten am 18. November 1920 in Sprendlingen geheiratet und zogen nach Schotten. Dort lebte die Familie bis 1928 im eigenen Haus in der Marktstraße 34. Am 29. Juni 1928 zog die Familie nach Bad Vilbel, Frankfurter Straße 139, wo der Vater ein Manufaktur- und Kurzwarengeschäft betrieb. Beim Novemberpogrom wurde das Geschäft der Familie zerstört und musste zum 31. Dezember 1938 abgemeldet werden. Die Familie flüchtete nach dem Pogrom nach Frankfurt und wohnte in der Klingerstraße 27 im zweiten Stock.

Abb. 78: Familie Bauer zu Besuch bei Verwandten in Sprendlingen, Sommer 1937 oder 1938. Vorne: Margot Bauer, Cousine Edith Bendheim, Ruth Bauer (v. l. n. r.); hinten: Hermann Bauer, Else Bauer, Cousin Kurt Bendheim, Onkel und Tante Julius und Flora Bendheim (v. l. n. r.).

Abb. 79: Margot und Ruth Bauer mit Cousine Edith Bendheim (v. l. n. r.).

Ruth und Margot fuhren mit einer vom Frankfurter Quäkerbüro organisierten Kinderverschickung am 8. Dezember 1939 von Frankfurt mit dem Zug nach Genua. Die Gruppe von zehn Kindern ging am 10. Dezember 1939 in Genua an Bord des italienischen Passagierdampfers *SS Saturnia* und erreichte den New Yorker Hafen am 21. Dezember 1939.

Am 13. Juni 1941 kamen auch die Eltern in New York an. Sie waren mit der Bahn in einem versiegelten Waggon ab Berlin quer durch Frankreich zur spanischen Grenze und dann weiter per Bahn nach Lissabon gefahren. Dort schifften sie sich am 3. Juni 1941 an Bord des portugiesischen Schiffes *SS Nyassa* nach New York ein. Ihre Zieladresse war Else Bauers Schwester, Klara Strauß, der im August 1938 zusammen mit ihrem Mann Rudolf die Flucht aus Sprendlingen ins US-amerikanische Exil gelungen war. Sie lebten in der New Yorker Bronx, wo Margot und Ruth mit ihren Eltern vermutlich wieder vereint wurden.

Der Vater starb in den USA bereits am 21. November 1948. Er wurde nur 58 Jahre alt. Die verwitwete Mutter heiratete in den USA später noch ein zweites Mal.

Quellen

HHStAW, Abt. 519/3, Nr. 2340; 32542; 2340; 21931; Abt. 518, Nr. 9497.

Müller, Hanno (2016): *Juden in Schotten 1629–1945 und Einartshausen 1800–1942.* Hrsg. v. Ernst-Ludwig-Chambré-Stiftung zu Lich. Unter Mitarbeit v. Monica Kingreen u. Frank Eckardt. Archiv für hessische Geschichte und Altertumskunde, 75. Lich, S. 21.

Ritscher, Berta (1998): *Geschichte der Vilbeler Juden – Von der Integration zur Deportation.* Hrsg. v. Bad Vilbeler Verein für Geschichte und Heimatpflege e. V. im Auftrag des Magistrats der Stadt Bad Vilbel unter Mitarbeit der Jüdischen Gemeinde Bad Vilbel e. V. Bad Vilbeler Heimatblätter. Heimatkundliche Mitteilungen, Heft 45.

Schwarz, Lore, geb. Anthes: Erinnerungen. Aufgeschrieben im März 2019. Online: http://www.freunde-sprendlingens.de/dokumente/Lore_Schwarz_Erinnerungen.pdf [Stand 13. August 2021].

Hannelore Berney (Annette, verh. Sussman),
geboren am 1. November 1930 in Mainz.

Mutter:
Klara Berney (*30. September 1907 in Wörrstadt/Landkreis Alzey-Worms).

Ihre Mutter konnte nicht für sie sorgen und gab Hannelore in das Heim des *Jüdischen Frauenbunds* in Neu-Isenburg. Dort erlebte sie in den Tagen des Novemberpogroms im Alter von acht Jahren, wie Hitlerjungen das Heim überfielen und eines der Gebäude niederbrannten. Hannelore gehörte zu den Kindern, die danach vom *Israelitischen Waisenhaus* in Frankfurt aufgenommen wurden. Am 6. Dezember 1938 verließ sie Frankfurt mit einem Kindertransport des Frankfurter Waisenhauses ins französische Straßburg und wurde vom dortigen Waisenhaus für Mädchen, *Orphelinat des jeunes filles*, aufgenommen. Kurz vor Kriegsbeginn, am 2. September 1939, wurde sie bei der Evakuierung von Straßburg vermutlich mit den Waisenhauskindern zunächst nach Vélines im Département Dordogne, dann nach Arès in der Bucht von Arcachon und nach der Besetzung des Gebietes durch die Deutschen in Kinderheim in Bergerac im Departement Dordogne gebracht. Im August 1941 wurde sie im OSE-Heim *Château du Masgelier* bei Limoges aufgenommen. Im Juni 1942 kam die Elfjährige mit einer der letzten USCOM-Kinderverschickungen aus Frankreich über Casablanca, Marokko, nach New York. Sie war bei mehreren Pflegefamilien in Philadelphia untergebracht und kam mit 16 Jahren zur Familie Baron, bei der sie bis zu ihrer Heirat 1951 mit David Sussman blieb. 1964 fand sie nach jahrelangen Recherchen ihre Mutter wieder, die nach ihrer Deportation im September 1943 Auschwitz und mehrere Konzentrationslager überlebt hatte. Annette und David Sussman bekamen drei Kinder, zwei Töchter und einen Sohn.

Quellen

Gedenkbuch für das Heim des Jüdischen Frauenbundes in Neu-Isenburg (1907–1942) https://gedenkbuch.neu-isenburg.de/das-heim/unter-der-ns-herrschaft/ [Stand 13. August 2021].
HHStAW, Abt. 518, Nr. 12967; Abt. 467, Nr. 4640.
Kurzbiografien der Frankfurter Teilnehmenden an der Reunion ehemaliger OSE-Kinder in Los Angeles zum 50. Jahrestag 1989, erhalten von Helga Krohn, Frankfurt am Main.
Sussman, Annette (Hannelore Berney): Interview 20217, VHA.

Martin Buxbaum,
geboren am 6. November 1923 in Frankfurt am Main.

Eltern:
Max Buxbaum (*10. Juni 1895 Assenheim/Friedberg/Hessen)
und Ida, geb. Löwenstein (*30. Oktober 1898 Friedberg/Hessen).

Geschwister:
Alfred (*3. Mai 1928);
Margot (*26. April 1931);
Lore (*16. August 1932);
Anneliese (*19. Oktober 1937), alle geboren in Frankfurt am Main.

Der Vater war vier Jahre lang arbeitslos gewesen, nachdem die *Eisengroßhandlung Sichel* des jüdischen Eigentümers in Frankfurt, für die er als Lagerhausleiter gearbeitet hatte, aufgelöst werden musste. Seit August 1937 hatte er wieder eine Stelle als kaufmännischer Angestellter bei der Firma *Aron Heinemann & Söhne*. Die Familie, die zum liberalen Judentum gehörte, wohnte seit 1937 mit den fünf Kindern in einer 4-Zimmer-Wohnung in der Herderstraße 4. Martin besuchte die Volksschule des *Philanthropin*.

Die prekäre Situation der Familie und die Tatsache, dass Martin von Hitlerjungen bedroht wurde, führte dazu, dass er in relativ kurzer Zeit einen Platz bei einer der Kinderverschickungen nach USA bekam. Den Antrag bei der *Jüdischen Wohlfahrtspflege* stellten die Eltern im Frühsommer 1937. Am 31. März 1938 ging Martin in einer Gruppe von neun Kindern in Hamburg an Bord der *SS Hansa*. Die Gruppe kam am 8. April 1938 im New Yorker Hafen an. Max wurde vorübergehend von seinem in New York City lebenden Onkel Julius Löwenstein, einem Bruder seiner Mutter, aufgenommen und kam kurze Zeit danach zu einer anderen Pflegefamilie in der Bronx.

Martin besuchte die *Metropolitan Vocational High School*, wo er einen Kurs für Schiffsingenieurwesen absolvierte. Nach Abschluss des vierten Semesters verließ er die Schule und suchte sich eine Arbeitsstelle. Er hatte Interesse an Mechanik und fand kurz vor seinem 18. Geburtstag eine Arbeit in einer Maschinenwerkstatt. Ende 1942 arbeitete er in einer Rüstungsfabrik, wo er Doris Kimmel, seine künftige Ehefrau, kennenlernte. Am 24. Januar 1943 heirateten die Beiden in New York. Kurz danach, am 5. Februar 1943, wurde Martin Buxbaum zum Militärdienst eingezogen.

Nach Kriegsende wurde Martin Buxbaum Vater von zwei Kindern, die 1947 und 1954 geboren wurden. Er lebte mit seiner Familie in New Haven, Connecticut, wo er als Tischler arbeitete.

Martin Buxbaum verlor seine gesamte Familie im Holocaust. Beim Novemberpogrom wurde der Vater verhaftet und ins KZ Dachau verschleppt, wo er nach einem Monat Gefangenschaft am 9. Dezember 1938 entlassen wurde. Die Eltern hatten vergeblich versucht, zwei seiner jüngeren Geschwister, Alfred und Margot Buxbaum, ebenfalls in die USA zu schicken. Martins Eltern und die vier Geschwister wurden am 12. November 1941 von Frankfurt in das Ghetto Minsk im von den Deutschen besetzten Weißrussland deportiert. Niemand von ihnen gehörte zu den nur neun Überlebenden dieser Deportation. Zeitpunkt, Umstände und Ort ihres Todes sind nicht bekannt.

Martin Buxbaum starb am 19. August 1981 mit nur 57 Jahren in Branford, Connecticut.

Quellen

HHStAW, Abt. 518, Nr. 10023; 10022.
YIVO, RG-249, GJCA, case file of Martin Buxbaum.
Zeitsprung. Kontor für Geschichte: Datenbank Gedenkstätte Neuer Börneplatz, Jüdisches Museum Frankfurt am Main. Texte.

Werner Dreyfuß (Dreifuss),
geboren am 12. März 1931 in Darmstadt.

Mutter:
Henny Dreyfuß (geb. 19. November 1912 in Darmstadt).

Seine ledige Mutter konnte nicht selbst für ihn sorgen und gab den etwa Fünfjährigen in die Obhut des *Israelitischen Waisenhauses* in Frankfurt. Dort gehörte er zu den jüngsten Kindern. Mit einer vom Waisenhaus zusammengestellten und von den französischen Rothschilds gesponserten Gruppe von Frankfurter Kindern fuhr der Achtjährige am 8. März 1939 nach Paris. Zusammen mit ihnen lebte er zwei Jahre in verschiedenen OSE-Heimen, zunächst in der *Villa Helvetia* in Montmorency, dann in der *Villa La Chesnaie* in Eaubonne und schließlich in der Kinderkolonie *Montintin* bei Limoges.

Mit der ersten USCOM-Kinderverschickung von 111 Kindern wurde er aus Frankreich durch Spanien und Portugal nach Lissabon und von dort in die USA gebracht. Mit der Gruppe kam er am 21. Juni 1941 in New York an. Zusammen mit 15 Kindern der Gruppe kam er in das Jüdische Waisenhaus *Vista Del Mar* in Los Angeles, Kalifornien. Dort blieb er ein Jahr und besuchte die Grundschule. Im September 1942 wurde er von dem Ehepaar Sam und Leah Addleson aufgenommen, die eine Ranch in Chula Vista südlich von San Diego betrieben. Werner erinnert sich gerne an seine Kinder- und Jugendjahre auf dem Bauernhof, auch wegen des Umgangs mit den zahlreichen Tieren. Er wuchs in die landwirtschaftlichen Arbeiten hinein, ging in Chula Vista zur Grundschule, zur Junior High School und zur High School. Schon als Schüler hatte Werner Landwirtschaftskurse belegt und Preise für Stierzucht gewonnen. Von dem Geld und einem gewonnen Stipendium bezahlte er die College-Studiengebühren. Nach dem Schulabschluss schrieb er sich im Herbst 1950 als Fachstudent für Milchviehhaltung im Studiengang Landwirtschaft an der *California State Polytechnic* in San Louis Obispo ein.

Im Sommer 1953 lernte er die gebürtige Chicagoerin Norma Simsons kennen, die aus einer orthodoxen Familie stammte. Im Juni 1954, kurz nach seinem College-Abschluss, heirateten er und Norma in derselben orthodoxen Synagoge in San Diego, in der Werner 1944 Bar Mizwa wurde. Es folgten zwei Jahre Militärdienst, danach zog das Ehepaar nach San Diego. Sie bekamen vier Kinder, drei Söhne und eine Tochter, die 1956, 1958, 1959 und 1962 geboren wurden. Werner wurde ein erfolgreicher Geschäftsmann und betrieb über Jahrzehnte einen eigenen Army-Navy Discount Store, zuletzt zusammen mit einem seiner Söhne.

Werner Dreifuss war vom 7. bis 19. Juni 2007 Gast der Stadt Frankfurt. Erst während dieses Aufenthalts erhielt er Gewissheit über das Schicksal seiner Mutter. Henny Dreyfuß war am 24. März 1942 aus Darmstadt in das Ghetto und Durchgangslager Piaski in Polen verschleppt und ermordet worden. 2016 veröffentlichte Werner Dreifuss seine Lebenserinnerungen unter dem Titel *The Epitome of »The American Dream«*.

Quellen

Deportationsliste. Stadtarchiv Mainz, Bestand NL Oppenheim, Nr. 51,21c.
Dreifuss, Werner (2016): *The Epitome of »The American Dream«. Memoirs of Werner Dreifuss*. Selbstverlag.
Kurzbiografien der Frankfurter Teilnehmenden an der Reunion ehemaliger OSE-Kinder in Los Angeles zum 50. Jahrestag 1989, erhalten von Helga Krohn, Frankfurt am Main.
Statistik und Deportation der jüdischen Bevölkerung aus dem Deutschen Reich. Mainz–Darmstadt nach Piaski. Abfahrtsdatum: 24.03.42, Deportierte: 1000. Online: http://www.statistik-des-holocaust.de/list_ger_hhn_420324.html [Stand 13. August 2021].

Albert (Al) David Eisemann,
geboren am 6. Januar 1928 in Frankfurt am Main.

Eltern:
Hugo Eisemann (*8. April 1892 in Bauerbach/Meiningen)
und Johanna, geb. Katz (*1. Januar 1895 in Egelsbach/Darmstadt).

Geschwister:
Manfred (*26. März 1923)
und Emma (*27. Februar 1925), beide geboren in Egelsbach.

Der Vater war ausgebildeter Polsterer, Dekorateur und Sattler. Er war als Soldat im Ersten Weltkrieg verwundet worden und zu 80 Prozent kriegsversehrt. Die Eltern hatten am 28. Februar 1922 in Egelsbach geheiratet, wo auch die beiden ersten Kinder geboren wurden. Im Februar 1926 zog die Familie nach Frankfurt in die Obermainanlage 29, Parterre, zu Familie Kulp; weitere Adressen waren 1930 die Wittelsbacher Allee 173, Parterre, und 1932 die Falltorstr. 12. Die Familie führte einen streng rituellen Haushalt. Der Vater arbeitete viele Jahre als Angestellter im *Betten-Spezialhaus Adolf Buchdahl* an der Großen Eschenheimer Straße 10. Dort wurde er 1933 als Jude entlassen. Die Familie lebte seitdem von Ersparnissen und Gelegenheitsarbeiten des Vaters.

Albert besuchte die Jüdische Volksschule am Röderbergweg. Nach dem Novemberpogrom 1938 brachten ihn die Eltern im *Israelitischen Waisenhaus* unter, da Albert auf diese Weise die Chance bekam, Deutschland über eine Kinderverschickung zu verlassen. Laut einer Liste des Waisenhauses vom 29. Januar 1939 war er zunächst für die Verschickung nach Palästina vorgesehen. Die Eltern entschieden aber anders, und er kam mit der Kindergruppe des *Israelitischen Waisenhauses* am 8. März 1939 nach Frankreich. Dort war er mit der Frankfurter Gruppe zusammen in Heimen der OSE untergebracht, in der *Villa Helvetia* in Montmorency und in der *Villa La Chesnaie* in Eaubonne und nach der Besetzung durch die Deutschen im OSE-Heim für strenggläubige Kinder, *Château des Morelles* in Broût-Vernet im Département Allier. Dort war er der erste Bar Mizwa-Schüler von Anselm Hirsch, wie dieser in seiner Autobiografie berichtet. Mit den Brüdern Hirsch, Joseph (Joe) Moses und seiner späteren Ehefrau, Gertrude Pfifferling (Jeanette Eisemann), sowie den Kindern aus *Montintin* und anderen OSE-Heimen kam er mit der ersten USCOM-Kinderverschickung am 21. Juni 1941 in die USA.

Er kam zunächst in ein jüdisches Waisenhaus in Hartford, Connecticut, und nach dessen Schließung zu Pflegeeltern in Middletown, Connecticut. Er schloss dort die High School ab und trat in die US-Armee ein. Nach seiner Entlassung aus der Armee arbeitete er ein Jahr lang und studierte anschließend an der *Yeshiva University* in New York, die er 1951 mit »summa cum laude« abschloss. Sein Studienkollege dort war Anselm (Asher) Hirsch, mit dem er ein Leben lang befreundet blieb. In Abendkursen machte Albert außerdem sein Lehrerexamen.

Nach Kriegsende erfuhr er, dass seine gesamte Familie im Holocaust ermordet wurde. Die Eltern und Geschwister wurden am 11. November 1941 in ihrer Wohnung im ersten

Stock der Ostendstr. 63 verhaftet und am 12. November 1941 in das Ghetto Minsk im von den Deutschen besetzten Weißrussland deportiert. Die Schwester Emma, die sich auf dem *Gehringshof* bei Fulda auf die Auswanderung nach Palästina vorbereitet hatte, war von der Frankfurter Gestapo zur gemeinsamen Deportation mit ihrer Familie nach Frankfurt zurückbeordert worden. Todesort und Todesdatum der Familienmitglieder sind nicht bekannt.

1950 hatte Albert Eisemann Gertrude (Jeannette) Pfifferling wiedergetroffen. Sie heirateten 1952 und lebten in Connecticut, wo Albert als Lehrer sowohl im öffentlichen als auch im hebräischen Schulsystem arbeitete. Albert und Gertrude bekamen vier Kinder, zwei Söhne und zwei Töchter.

Albert D. Eisemann starb 1992 mit 64 Jahren in Hartford, Connecticut.

Quellen

HHStAW, Abt. 518, Nr. 10684; 10692.

Hirsch, Asher A. (2010): *May My Family Be Ever Perfect in Your Eyes*. Tsfat, Israel, S. 49f.

Kurzbiografien der Frankfurter Teilnehmenden an der Reunion ehemaliger OSE-Kinder in Los Angeles zum 50. Jahrestag 1989, erhalten von Helga Krohn, Frankfurt am Main.

Meldekarte. Institut für Stadtgeschichte (ISG) Frankfurt.

Statistik und Deportation der jüdischen Bevölkerung aus dem Deutschen Reich. Frankfurt/Main nach Minsk. Abfahrtsdatum: 12.11.41, Deportierte: 1045. Online: https://www.statistik-des-holocaust.de/list_ger_hhn_411112.html [Stand 13. August 2021].

Zeitsprung. Kontor für Geschichte: Datenbank Gedenkstätte Neuer Börneplatz, Jüdisches Museum Frankfurt am Main. Texte.

Edith Feiner (verh. Sarett),
geboren am 23. Dezember 1923 in Frankfurt am Main

Walter Feiner,
geboren am 4. Februar 1927 in Frankfurt am Main.

Max Feiner,
geboren am 7. Juli 1931 in Frankfurt am Main.

Eltern:
Heinrich/Chaim Feiner (*21. März 1897 in Krakau/Polen)
und Dora, geb. Rothmann, (*28. Januar 1894 in Brzozow/Polen).

Abb. 80: Dora Rothmann und Heinrich Feiner Anfang der 1920er Jahre.

Der Vater hatte im Ersten Weltkrieg als Soldat auf österreichischer Seite gekämpft und das *Eiserne Kreuz* erhalten. Er war 1921 von Wien nach Frankfurt gekommen. Hier betrieb er als Schneidermeister seine eigene Werkstatt, laut Adressbuch ab 1924 in der Wohnung der Familie im Oberen Atzemer 19 IV., 1934/35 in der Wohnung Herderstraße 2 II. und danach in der Wohnung Obermainstraße 18 I. Die Mutter arbeitete als Näherin in der Schneiderwerkstatt. Die Familie war orthodox.

Die Geschwister besuchten die *Samson-Raphael-Hirsch-Schule* bis zum Novemberpogrom 1938. Bei dem Pogrom wurde der Vater ins KZ Buchenwald verschleppt (Häftlingsnummer 26550), wo er bis 6. Februar 1939 inhaftiert war. Die Mutter erlitt nach der Verhaftung ihres Mannes einen Nervenzusammenbruch und musste sich in klinische Behandlung begeben. Die Kinder wurden im *Israelitischen Waisenhaus* aufgenommen und kehrten nach der Entlassung der Mutter aus der *Landesnervenheilanstalt Herborn* und der des Vaters aus dem KZ Buchenwald im Februar 1939 wieder nach Hause zurück. Nach Kriegsbeginn verhaftete die Gestapo den Vater erneut wegen einer Ordnungswidrigkeit. Er wurde zu einer Haftstrafe im Gefängnis Preungesheim verurteilt. Nach deren Verbüßung am 7. Mai 1940 wurde er nicht nach Hause entlassen, sondern von der Gestapo ins KZ Sachsenhausen eingewiesen, wo er am 24. Juni 1940 ums Leben kam. Im Sommer 1939 wurde die Familie aus ihrer Wohnung in der Obermainstraße 18 I vertrieben und musste sich mit anderen jüdischen Familien eine Mansardenwohnung teilen.

Als erstes der Geschwister konnte die 16-jährige **Edith** Deutschland mit einer Kinderverschickung in die USA verlassen. In einer Gruppe von neun Kindern ging sie am 3. Januar 1940 in Triest an Bord der *SS Vulcania*. Die Gruppe erreichte den Hafen von New York am 17. Januar 1940. Die GJCA brachte Edith bei einer Pflegefamilie in Chelsea bei

Abb. 81: Edith und Walter mit den Eltern
zu Besuch bei den Großeltern und Verwandten in Brzozov, etwa 1929.

Boston, Massachusetts, unter, wo sie die *Chelsea High School* besuchte. Bei der Entschädigungsbehörde gab sie an, sie habe die Schule ohne Abschluss abbrechen müssen, um ihren Unterhalt zu verdienen. Um Schauspiel zu studieren, zog Edith nach New York, Greenwich Village. Da sie wegen ihres deutschen Akzents nur schwer Rollen bekam, studierte sie bei Esteban Vicente Malerei.

Nebenbei arbeitete sie als Fotografin und als Kellnerin. 1957 lernte sie den gebürtigen New Yorker und Juristen Carl W. Sarett kennen. Carl und Edith heirateten am 15. Mai 1959 und wurden 1962 Eltern eines Zwillingspaares, einer Tochter Lisa und eines Sohnes Richard (Reuven). 1971 zog Edith mit ihrer Familie nach New Orleans, wo ihr Mann später Bundesverwaltungsrichter wurde. Hier begann Ediths erfolgreiche Karriere als Malerin mit Einzel- und Gruppenausstellungen in verschiedenen Galerien von New Orleans. Ihr Werk besteht aus mehr als 300 Bildern. Edith (geb. Feiner) Sarett starb am 4. Januar 2008 im Alter von 84 Jahren in New Orleans, Louisiana.

Abb. 82: Edith Feiner
nach Kriegsende in New York.

Walter und **Max Feiner** konnten ihrer Schwester im April 1940 in einer Gruppe von elf Kindern folgen. Ihre Reise ging über Genua, wo sie am 16. April 1940 an Bord des italienischen Passagierdampfers *Conte di Savoia* gingen und am 25. April 1940 in New York ankamen. Sie wurden ebenfalls in Boston bei einer Pflegefamilie untergebracht.

Im Sommer 1940 erreichte die Geschwister die Nachricht, dass ihr Vater am 24. Juni 1940 im KZ Sachsenhausen angeblich an einer Lungenentzündung gestorben war. Die Mutter ließ eine Urne, die angeblich die Asche ihres Mannes enthielt, auf dem Neuen Jüdischen Friedhof, Eckenheimer Landstraße, beerdigen. Der Eintritt der USA in den Zweiten Weltkrieg im Dezember 1941 beendete den Briefwechsel der Geschwister mit der Mutter. Nach Kriegsende erfuhren die Geschwister, dass auch ihre Mutter Opfer des Holocaust geworden war. Die Mutter hatte zuletzt in der Fahrgasse 106 gewohnt und war auf Unterstützung durch die Jüdische Wohlfahrtspflege angewiesen gewesen. Sie wurde vermutlich im Mai oder Juni 1942 aus Frankfurt deportiert und ermordet. Umstände, Zeitpunkt und Ort ihres Todes sind nicht bekannt.

Nach seinem High School-Abschluss in Boston kam **Max** 1952 zur US-Armee und nahm als Soldat am Koreakrieg teil. Nach Kriegsende und dem Ende seiner Militärzeit im Juli 1953 verpflichtete er sich freiwillig und wurde als US-Soldat in Darmstadt stationiert. In dieser Zeit besuchte er Frankfurt und das Grab seines Vaters. Zurück in den USA ging er 1955 auf die *Air Intelligence School* in Texas. Danach war er als Berufssoldat auf der *Robins Airforce Base* bei Atlanta, Georgia, stationiert. 1960 quittierte **Max** den Militärdienst und machte sein Hobby zum Beruf. Er gründete einen Philatelieversandhandel. 1968 heiratete er die aus Israel stammende Zipporah, mit der er einen Sohn namens Bob und eine Tochter namens Ruth hatte. Max Feiner starb wenige Monate nach seiner Schwester Edith, am 17. Juni 2008 im Alter von 76 Jahren in Peabody, Massachusetts.

Abb. 83: Der elfjärige Max Feiner 1942.

Walter wurde nach dem High School-Abschluss 1946 in die US-Armee eingezogen. Er kam nach Deutschland, wo er bei der Military Police eingesetzt war. Er heiratete dort Erika, eine Deutsche, die aus diesem Anlass zum Judentum konvertierte und mit ihm nach Boston zurückkehrte. Sie bekamen vier Kinder, eine Tochter Dorothea (2004 verstorben) und drei Söhne Henry, Mark und Steven. 1952 infizierte sich Walter so wie etwa 58.000 Menschen in den USA mit Polio und überlebte die schwere Krankheit. Er war ein erfolgreicher Ingenieur und lebte mit seiner Familie lange in Quincy, Massachussetts, und während seines Ruhestands in Plant City, Florida, wo er im November 2017 im Alter von 90 Jahren verstarb.

Abb. 84: Walter Feiner als US-Soldat in Deutschland, etwa 1947.

Quellen

Aufzeichnungen des 18-jährigen Max Feiner, übermittelt von seinem Sohn Bob Feiner.
Feiner, Max: Interview 25307, VHA.
HHStAW, Abt 518, Nr. 11191; 58850; Abt. 519/3, Nr. 2761; Abt. 2072/2, Nr. 5721.
Korrespondenz der Autorin mit Richard (Reuven) Sarett und Lisa Berger, Kinder von Edith (Feiner) Sarett und mit Bob Feiner, Sohn von Max Feiner.
The Sarett Estate. Homepage mit Ediths Gemälden. Online: https://sarettestate.com/edith-feiner-sarett/ [Stand 13. August 2021].
Zeitsprung. Kontor für Geschichte: Datenbank Gedenkstätte Neuer Börneplatz, Jüdisches Museum Frankfurt am Main. Texte.

Lilli Fränkel (Lilli Hazel Frankel, verh. Bythiner), geboren am 29. Juni 1920 in Stettin/Pommern.

Eva Fränkel (Frankel, verh. Haber), geboren am 20. November 1921 in Stettin/Pommern.

Eltern:
Iwan Fränkel (*13. Januar 1886 in Hamburg)
und Elly, geb. Moritz (*22. Okober 1896 in Neuwarp).

Die Eltern hatten am 8. Juli 1919 in Stettin geheiratet. Der Vater, der zuvor im Textilgroßhandel seines Vaters in Hamburg gearbeitet hatte, wurde Mitinhaber in der Textilgroßhandlung *Moritz & Eisenstein* seines Schwiegervaters in Stettin. Die Familie gehörte dem liberalen Judentum an. Lilli und Eva besuchten die Grundschule – Lilli von 1926 bis 1931 und Eva von 1927 bis 1932 – und anschließend ein Lyzeum in Stettin. Am 1. April 1933 zog die Familie nach Frankfurt, nachdem der Vater dort Inhaber der Herrenwäschefabrik *M. & L. Strauss* geworden war. Die Familie wohnte zunächst in der Bürgerstraße 87 (heute: Wilhelm-Leuschner-Straße 83). Lilli und Eva wurden Schülerinnen am *Philanthropin.* Schon 1935 hatte der Vater Iwan Fränkel durch den nationalsozialistischen Boykott sein gesamtes Vermögen verloren und musste sein Unternehmen aufgeben. Eine Textilvertretung, die er danach begann, scheiterte ebenfalls und wurde im Februar 1936 abgemeldet. Danach war der Vater nur noch geringfügig bei der Jüdischen Gemeinde beschäftigt.

Im Herbst 1934 stellte Iwan Fränkel für beide Töchter einen Antrag für eine Kinderverschickung in die USA. **Lilli** bekam Anfang 1935 einen Platz. Am 12. Februar wurde sie von ihrem Hamburger Onkel und ihrem Cousin zum Hamburger Hafen begleitet. Sie ging mit einer Gruppe von zwölf Kindern, darunter auch der 14-jährige Karl-Heinz Strauß aus Frankfurt, an Bord der *SS Manhattan* und kam am 20. Februar 1935 in New York an. Lilli wurde nach einem Zwischenaufenthalt bei einer anderen Familie von Mrs Ottilie Shick in Manhattan, New York, aufgenommen. Sie besuchte dort die *George Washington High School*, an der sie 1937 ihren Abschluss machte.

Eva zog nach Lillis Abreise mit ihren Eltern in die Beethovenstraße 50a. Sie verließ das *Philanthropin* an Ostern 1936 und besuchte bis 1937 eine Haushaltungsschule. Danach arbeitete sie in einem Haushalt. Die Familie zog erneut um in die Joseph-Haydn-Straße 73 (heute: Mendelssohnstraße), wo sie nur noch ein oder zwei Zimmer als Untermieterin bewohnten.

Am 1. September 1937 ging die inzwischen fast 15-jährige Eva in einer Gruppe von 17 Jungen und Mädchen, darunter auch Anneliese Grünebaum aus Frankfurt, im französischen Le Havre an Bord der *SS Paris*, die am 8. September 1937 im New Yorker Hafen einlief. Mrs Shick, Lillis Pflegemutter, hatte sich bereit erklärt, auch Eva aufzunehmen, so dass die Schwestern wieder vereint waren. Auch Eva besuchte zwei Jahre lang die *George Washington High School* in New York und ab Juni 1939 eine Friseur- und Kosmetikfachschule. Sie arbeitete zunächst als Kosmetikerin und danach als Angestellte in einer Handschuhfabrik. In New York nahm sie Kontakt zu ihrer ehemaligen Lehrerin am *Philanthropin*, Sophie Steinberger, auf, die ebenfalls dorthin geflüchtet war.

Beide Schwestern heirateten Immigranten aus Berlin. Lilli heiratete mit 19 Jahren am 9. November 1939 Klaus Franz (John) Bythiner, der 1937 aus dem holländischen Exil in die USA gekommen war. Sie hatte ihn in einem New Yorker Kaffeehaus, einem Treffpunkt deutscher Flüchtlinge, kennengelernt. Nach ihrer Einbürgerung nahm Lilli den zusätzlichen Namen Hazel an. Sie lebte mit ihrem Mann in San Diego, Kalifornien, wo sie in dessen Fotogeschäft mitarbeitete. Lilli und John bekamen 1944 und 1945 zwei Söhne. In späteren Jahren arbeitete Lilli als Personaleinkäuferin in der Modeabteilung des Kaufhauses *Buffum's* in San Diego.

Abb. 85: Klaus und Lilli Bythiner (geb. Fränkel) in San Diego, Kalifornien, USA.

Eva heiratete 1946 Bob Rudi Haber und lebte mit ihm in Hamdon, Connecticut. Bob und Eva hatten vier Kinder.

Die Schwestern korrespondierten mit ihren Eltern bis zum Eintritt der USA in den Krieg. Nach Kriegsende erfuhren sie, dass beide Eltern im Holocaust ermordet worden waren. Nach Evas Abreise waren die Eltern noch zweimal aus ihren Wohnungen vertrieben worden. Ihre letzte Frankfurter Adresse war der Reuterweg 53, ein Haus, in dem jüdische Menschen bis zu ihrer Deportation auf engstem Wohnraum zusammengepfercht waren. Die Mutter, Elly Fränkel, wurde dort am 14. August 1942 verhaftet und ins KZ Ravensbrück (Häftlingsnummer 13021) deportiert. Als Haftgrund war »pol. Jüdin« angegeben. Im Oktober 1942 wurde sie von dort nach Auschwitz verschleppt (Häftlingsnummer 35098), wo sie am 9. Oktober 1942 ermordet wurde.

Der Vater, Iwan Fränkel, wurde beim Novemberpogrom verhaftet und vom 11. November bis 14. Dezember 1938 im KZ Buchenwald inhaftiert. Wie Verwandte, die Anfang 1939 auf ihrem Weg ins chilenische Exil in New York Station machten, um ihre Nichten zu besuchen, Lotte Marcuse berichteten, wurde Iwan Fränkel infolge der unmenschlichen Haftbedingungen zu diesem Zeitpunkt noch immer im Krankenhaus behandelt. Am 18. August 1942 wurde er in das Konzentrations- und Durchgangslager Theresienstadt und von dort am 19. Oktober 1944 unter der Transportnummer »Ep-466« in das Vernichtungslager Auschwitz deportiert und ermordet. Sein Todesdatum wurde auf den 8. Mai 1945 festgelegt.

Eva Haber starb mit 67 Jahren am 21. April 1989 in Oakland, Michigan.

Lilli Bythiner, die seit 2005 Witwe war, lebte zuletzt in Sonoma, Kalifornien, in der Nähe ihres jüngeren Sohnes in einem Heim für betreutes Wohnen. Dort starb sie am 23. September 2013 mit 93 Jahren.

Quellen

HHStAW, Abt. 519/3, Nr. 2870; Abt. 518, Nr. 11328-11329; 11325.
Korrespondenz der Autorin mit Lillis Schwiegertochter Colette van der Meulen, Rio Rancho, NM, USA, und Eva Habers Tochter Linda Hilson, USA.
YIVO, RG-249, GJCA, case file of Eva Fränkel.
Zeitsprung. Kontor für Geschichte: Datenbank Gedenkstätte Neuer Börneplatz, Jüdisches Museum Frankfurt am Main. Texte.

Lotte Goldschmidt (verh. Magnus),
geboren am 29. März 1920 in Frankfurt am Main.

Eltern:
Adolf (Aaron) Goldschmidt (*22. Februar 1878 in Einartshausen)
und Lilly, geb. Rothschild (*15. März 1892 in Frankfurt am Main).

Geschwister:
Hans Ernst (*14. Dezember 1913 in Frankfurt am Main).

Der Vater war Kaufmann und betrieb einen Großhandel für Schneidereibedarf in der Frankfurter Innenstadt (*Goldschmidt & Co., Spitzen*, Kaiserstraße 33). Er hatte als Soldat am Ersten Weltkrieg teilgenommen und 1919 als Folge der Spanischen Grippe sein Gehör verloren. Wegen seiner Behinderung konnte er nur noch eingeschränkt arbeiten und musste für die Reisetätigkeit Verkäufer einstellen. Auch die Mutter arbeitete im Geschäft mit. Die Familie gehörte der Synagoge der Gemeindeorthodoxie am Börneplatz an, war aber von der religiösen Einstellung und Praxis eher liberal. Vor 1933 zählten die Goldschmidts zum gut situierten Mittelstand und wohnten in der Wittelsbacher Allee 1. Die Eltern beschäftigten seit Lottes zweitem Lebensjahr eine christliche Kinderfrau, Luise Nörper, zu der Lotte eine enge Beziehung hatte.

Lotte wurde 1926 im *Philanthropin* eingeschult und war dort bis 1934 Schülerin. 1931/32 trat sie einer Gruppe zionistischer Pfadfinder bei. Nach 1933 musste der Vater den Laden in der Innenstadt infolge der Wirtschaftskrise und des Nazi-Boykotts aufgeben und in die neue Wohnung der Familie in der Beethovenstraße 60 verlegen. Im September 1934 erfuhr Lotte, dass sie mit einer Kinderverschickung nach Amerika gehen würde.

Abb. 86: Familie Goldschmidt um 1925.

Am 27. November 1934 schiffte sie sich mit einer Gruppe von 15 Kindern in Hamburg nach New York ein und kam dort am 7. Dezember an. Sie wurde von dem Ehepaar Klopfer in Abington, einem Vorort von Philadelphia, Pennsylvannia, aufgenommen, die zwei kleine Söhne und ein weiteres Pflegekind hatten. Ende 1936 erhielt Lotte die Nachricht vom Selbstmord ihres Vaters. Nach ihrem High School-Abschluss 1938 verließ sie die Pflegefamilie und studierte am *State Teacher's College* in Greeley, Colorado. Ihre Pflegschaft übernahmen Prof. Wallace Wait und seine Frau Francis. Sie und deren Freunde bürgten nach dem Novemberpogrom für Lottes Familie und ermöglichten dem Bruder Hans und seiner Frau Ellen 1940 in die USA zu kommen. Lotte arbeitete während ihres Studiums im College-Wohnheim und erwarb ihr Lehramtsdiplom in Hauswirtschaft. Im Sommer 1943 schloss sie das Studium ab und begann im Winter 1944 die erste Hälfte ihres Praktikums als Ernährungsberaterin an der medizinischen Fakultät des Universitätskrankenhauses in Denver. Von Sommer 1944 bis März 1945 absolvierte sie den zweiten Praktikumsteil als Zivildienst in der US-Armee im *Fort Leonard Wood*, Missouri. Nach einer militärischen Grundausbildung in Colorado wurde Lotte im Juni 1945 noch während des Pazifikkriegs auf Hawaii stationiert. Sie trat ihren Dienst als Ernährungsberaterin am *Tripler General Hospital* in Honolulu an. Dort erreichte sie die Nachricht, dass ihre Mutter das Konzentrations- und Durchgangslager Theresienstadt überlebt hatte, wohin sie aus Holland mit ihrem zweiten Ehemann Arnold Salomons deportiert worden war. Die Mutter kam 1946 in die USA und lebte in Denver. Im selben Jahr verließ Lotte die Armee und arbeitete als leitende Ernährungsberaterin im jüdischen Krankenhaus in Philadelphia.

Im März 1948 heiratete sie Jim Magnus, einen deutschen Emigranten aus Königsberg. 1949 zogen sie nach Portland, Oregon, und bekamen dort zwei Söhne. Sie traten beide der Unitarier-Kirche bei, da Jim Magnus bereits in Deutschland zur lutherischen Kirche konvertiert war und Lotte nie eine starke Bindung an die jüdische Religion entwickelt hatte.

Lotte arbeitete an verschiedenen Krankenhäusern und unterrichtete als Fachlehrerin an der Medizin- und Zahnmedizin-Fakultät der Universität von Portland, Oregon, sowie in Krankenpflegeschulen. Bevor sie 1977 in Rente ging, arbeitete sie lange Jahre in ihrem Beruf am *Physicians and Surgeons Hospital* und unterrichtete am *Community College Portland*, einer Institution der Erwachsenenbildung, vergleichbar einer Volkshochschule.

Im November 1991 nahm sie in New York an einem Treffen ehemaliger Schülerinnen und Schüler des *Philanthropin* teil. Lotte war mehrfach in Frankfurt, im Sommer 1991 auf Einladung der Stadt Frankfurt am Main. In ihren letzten Jahren engagierte sie sich in der OTC. Dieses Engagement habe ihr das schönste Gefühl der Zugehörigkeit gebracht, seit sie Deutschland 1934 verlassen hatte, schrieb die Zeitung *The Oregonian* in ihrem Nachruf am 26. September 2006.

Lotte Magnus starb am 9. August 2006 in Portland, Oregon.

Für sie und ihre Familie wurden 2017 vor dem Haus Beethovenstraße 60 Stolpersteine verlegt.

Quellen

Korrespondenz der Autorin mit der Nichte Doris Melnick, Kalifornien, USA.

Magnus, Lotte (geb. Goldschmidt): Interview am 17. Juli 1992 in Portland, Oregon. Oregon Jewish Museum and Center for Holocaust Education (OJMCHE). Online: https://www.youtube.com/watch?v=J9lKgA3p3BI und https://www.youtube.com/results?search_query=Lotte+Magnuns+Pt+II [Stand am 22. Juni 2016].

Magnus, Lotte (geb. Goldschmidt): Interview vom 9. November 2001. Oregon Jewish Museum and Center for Holocaust Education (OJMCHE). Online: https://www.ojmche.org/oral-history-people/lotte-goldschmidt-magnus/ [Stand 1. April 2020].

Magnus, Lotte (geb. Goldschmidt): Interview 49094, VHA.

Günter (Gary) Grass,
geboren am 3. Januar 1920 in Strasburg/Westpreußen.

Eltern:
Eugen Grass, (*5. Januar 1879 in Strasburg/Westpreußen)
und Zerina, geb. Manasse (*24. Februar 1887 in Polzien).

Geschwister:
Charlotte, (*1913 in Strasburg/Westpreußen)
und Heinrich (*1914 in Strasburg/Westpreußen).

Die Eltern hatten am 30. Januar 1912 geheiratet. Der Vater war Kaufmann und seit 1920 Inhaber des *Schuhhauses Grass* in der Berger Straße 176; dort wohnte die Familie im ersten Stock. Nach 1933 gab es infolge des Boykotts erhebliche Umsatzeinbußen im väterlichen Schuhgeschäft. 1934 drohten SA-Leute dem Vater damit, ihn in ein Konzentrationslager einzuweisen. Daraufhin erlitt dieser einen Schlaganfall, von dem er sich nicht mehr erholte.

Der 15-jährige Günter bekam Anfang 1935 einen Platz bei einer Kinderverschickung in die USA. Am 14. Februar 1935 ging er in Hamburg mit einer Gruppe von 16 Kindern, davon drei Mädchen, an Bord der *SS New York*. Die Gruppe kam am 21. Februar 1935 im New Yorker Hafen an. In Seattle lebte ein Bruder des Vaters, der Günter vermutlich aufnahm. Fünf Monate nach Günters Ankunft in den USA starb am 24. Juli 1935 sein Vater in Frankfurt im Israelitischen Krankenhaus in der Gagernstraße mit 57 Jahren an den Folgen des erlittenen Schlaganfalls.

Die Mutter führte das Geschäft weiter, bis sie es Anfang 1938 schließen musste. Im Mai desselben Jahres verließen die Mutter und die 25-jährige Schwester Charlotte Deutschland mit dem Ziel USA. Sie fuhren zuerst zu Günters älterem Bruder Heinrich (Henry), der im Pariser Exil lebte. Am 8. Juni 1938 schifften sie sich in Cherbourg auf der *SS Aquitania* nach New York ein und kamen dort am 14. Juni 1938 an. Ihr Reiseziel waren die Verwandten in Seattle. Sein Bruder Heinrich überlebte den Krieg und die Verfolgung in Frankreich und lebte später in Paris.

Günter änderte seinen Vornamen in Gary. Er wurde im Juli 1943 zum Militär- und Kriegsdienst in die US-Armee eingezogen. Er heiratete die gebürtige New Yorkerin Elsie Miriam, geb. Bogen, mit der er zwei Kinder hatte. In den 1950er Jahren arbeitete er als Zivilangestellter der US-Armee in Stuttgart. Nach seiner Rückkehr in die USA lebte er bis zu seinem Tod in Rahway, New Jersey.

Die Mutter, Zerina Grass, starb am 14. April 1984 im Alter von 97 Jahren in New York.

Gary Grass starb 88-jährig am 6. November 2008 in Rahway, New Jersey.

Quellen

HHStAW, Abt. 518, Nr. 12334; 12337.
Zeitsprung. Kontor für Geschichte: Datenbank Gedenkstätte Neuer Börneplatz, Jüdisches Museum Frankfurt am Main. Texte.

Anneliese Amalie Grünebaum (Ann Greenbaum, verh. Davis),
geboren am 21. Juli 1926 in Frankfurt am Main.

Eltern:
Alfred Grünebaum (*30. November 1899 in Frankfurt am Main)
und Liesel, geb. Dreydel (*10. oder 14. September 1901 in Frankfurt am Main).

Der Vater war seit 1924 zusammen mit seinem Bruder Mitinhaber einer Textilfabrik für Damenbekleidung sowie eines 1931 gegründeten Geschäfts *Difa-Moden*. Nach dem Ausscheiden seines Bruders im Jahr 1933 war er Alleininhaber. Die Familie lebte nach Annelieses Geburt in Oberursel und zog 1928 nach Frankfurt in die Pfingstweidstraße 9. Ab 1930 wohnte Anneliese mit ihren Eltern im eigenen Haus Eschersheimer Landstraße 405 am Rand des gutsituierten Dichterviertels. Hier besuchte sie zunächst den städtischen Kindergarten und ab 1932 die *Ludwig Richter Grundschule* am Eschersheimer Lindenbaum. Dort war die gleichaltrige Margot Frank, die ältere Schwester von Anne Frank, ihre Schulkameradin.

1933 ließen sich die Eltern scheiden. Die Mutter zog aus, und Anneliese blieb bei ihrem Vater. Die Großeltern, Gerson und Rosa Grünebaum, zogen ins Haus und kümmerten sich fortan um Anneliese. Nachdem die Nationalsozialisten den Rektor entlassen und dem fortschrittlichen Lehrkonzept der einstigen Reformschule ein Ende bereitet hatten, wechselte Anneliese 1935 auf die *Holzhausenschule* und schließlich auf die jüdische Reformschule *Philanthropin*. Hier war sie bis zum Abschluss der fünften Klasse und ihrer Emigration in die USA Schülerin.

Am 1. September 1937 ging Anneliese im französischen Le Havre mit einer Gruppe von 17 jüdischen Kindern aus Deutschland an Bord des Ozeandampfers *SS Paris* nach New York. Am 8. September 1937 kam sie im New Yorker Hafen an.

Die elfjährige Anneliese wurde von ihren Verwandten in Great Neck, New York, aufgenommen. Annelieses Mutter kam 1938 ebenfalls in die USA, aber der Versuch, mit ihr zusammenzuleben, scheiterte und Anneliese kehrte zu den Verwandten zurück.

In Great Neck besuchte Anneliese vom 9. September 1937 bis 30. Januar 1939 die *Lakeville School* und anschließend bis 13. März 1941 die *Great Neck Junior Senior High School*. Danach wechselte sie auf die *Julia Richman High School*, wo sie im Juni 1944 ihren Abschluss machte.

Nach Kriegsende erfuhr Anneliese vom Schicksal ihres Vaters: Er war beim Novemberpogrom 1938 verhaftet und zusammen mit anderen Frankfurter Männern ins KZ Buchenwald deportiert und dort drei Monate lang inhaftiert worden. Ende 1938 wurde sein Geschäft zwangsweise geschlossen und seine Firma aufgelöst. Nach seiner Entlassung aus Buchenwald betrieb Alfred Grünebaum erfolglos seine Emigration nach England. Er wurde am 22. November 1941 aus Frankfurt nach Kowno (heute: Kaunas), Litauen, deportiert und dort am 25. November 1941 ermordet.

Am 12. September 1946 heiratete Anneliese Grünebaum Lewis David und bekam mit ihm sechs Kinder. Anlässlich ihrer Einbürgerung am 29. März 1948 änderte sie ihren Geburtsnamen in Ann Greenbaum. Vor der Geburt ihres jüngsten Kindes war sie zwei Jahre lang, von 1960 bis 1963, auf der *Columbia University* in New York City eingeschrieben.

Sie lebte mit ihrer Familie in Haworth, New York, und in Los Angeles, Kalifornien. Sie arbeitete mit ihrem Mann zusammen im eigenen Möbelgeschäft und betätigte sich als Kunstsammlerin und Schriftstellerin. Ann Davis starb am 26. Dezember 2007 mit 81 Jahren in Los Angeles.

Für den Vater Alfred Grünebaum sowie die Großeltern Gerson und Rosa Grünebaum, ebenfalls Opfer des Holocaust, wurden 2004 Stolpersteine vor dem Haus Eschersheimer Landstraße 405 verlegt.

Quellen

HHStAW, Abt. 518, Nr. 36923; 12600.

Korrespondenz der Autorin mit der Tochter Miriam Davis, Silver Spring, MA, USA.

Rieber, Angelika & Laeuen, Eberhard (2015): *»Haltet mich in gutem Gedenken«. Erinnerung an Oberurseler Opfer des Nationalsozialismus*. Oberursel: Spurensuche, S. 34 u. 35.

Steen, Jürgen & von Wolzogen, Wolf (1990): *Anne aus Frankfurt – Leben und Lebenswelt Anne Franks*. Frankfurt a. M.: Historisches Museum Frankfurt, Ausstellungskatalog, S. 57f.

Zeitsprung. Kontor für Geschichte: Datenbank Gedenkstätte Neuer Börneplatz, Jüdisches Museum Frankfurt am Main. Texte.

Erich Grünebaum (Eric Greene),
geboren am 7. Juli 1928 in Hellstein/Main-Kinzig-Kreis.

Eltern:
Jonas Grünebaum (*2. Mäz 1896 in Hellstein/Main-Kinzig-Kreis)
und Else, geb. Steinberger (*6. Februar 1897 in Dettelbach/Kitzingen, Bayern).

Geschwister:
Johanna (*24. Dezember 1925 in Hellstein/Main-Kinzig-Kreis).

Die Familie Grünebaum gehörte zum orthodoxen Judentum und war seit Generationen in Hellstein ansässig. Die Familie wohnte im eigenen Haus in der Ortsstraße 55. Der Vater hatte nach dem Besuch der Hellsteiner Volksschule zunächst im väterlichen Kolonialwarengeschäft mitgearbeitet. Am Ersten Weltkrieg nahmen er und sein älterer Bruder als Frontsoldaten teil. Weil sein Bruder gefallen war, übernahm der Vater dessen Viehhandel mit Zucht- und Schlachtvieh.

Erich besuchte von 1934 bis 1935 die Volksschule in Hellstein und danach ein Jahr lang zusammen mit seiner Schwester die Jüdische Schule im Nachbarort Birstein. Im Oktober 1937 wurden die Geschwister bei der älteren Schwester der Mutter, Bertha Marx, und deren Familie in Speyer aufgenommen. An der dortigen Jüdischen Schule wurden sie von ihrem Onkel, dem Lehrer und Rabbiner Sigmund Marx, unterrichtet. Im Zuge des Novemberpogroms wurde der Onkel verhaftet und die Familie Marx aus Speyer vertrieben. Die Tante schickte die Geschwister nach Frankfurt zu ihren Eltern. Diese arbeiteten nach ihrer Vertreibung aus Hellstein im Jüdischen Altersheim der *Männer- und Frauenkrankenkasse* an der Rechneigrabenstraße 18–20 und bewohnten ein Zimmer in einem Nebengebäude hinter der Synagoge am Dominikanerplatz 12.

Johanna nahm wenige Wochen nach dem Novemberpogrom 1938 an einer Kinderverschickung des *Israelitischen Waisenhauses* nach Holland teil. Erich wurde gegen Jahresende im *Israelitischen Waisenhaus* aufgenommen und besuchte die *Samson-Raphael-Hirsch-Schule*. Er kam am 8. März 1939 mit einer Kinderverschickung des Waisenhauses nach Paris. Hier war er in verschiedenen Heimen der OSE unter anderen in der *Villa Helvetia* und dem Heim für orthodoxe Kinder, der *Villa La Chesnaie* in Eaubonne bei Paris, untergebracht. Kurz vor der Besetzung von Paris durch die Deutschen wurde er zusammen mit den anderen Kindern in das *Château de Montintin* in Chateau-Chervix in der Nähe von Limoges evakuiert.

Im Frühjahr 1941 nahmen er sowie andere Kinder, mit denen er aus Frankfurt gekommen war, an der ersten USCOM-Kinderverschickung aus Frankreich in die USA teil. Am Samstag, den 21. Juni 1941 kam er mit der Gruppe auf dem portugiesischen Schiff *Mouzinho* in New York an. Nach einer Eingewöhnungswoche im Waisenhaus in der Amsterdam Avenue wurde er am 28. Juni 1941 mit einer Gruppe von Kindern nach Chicago in das dortige Waisenhaus *Woodlawn Hall* gebracht. Am 12. Juli 1941 hatte Erich seine Bar Mizwa in Chicago in der Gemeinde *Beth Hamidrosh Hagodol Anshei Dorom*. Im August 1941 vermittelte ihn das Chicagoer *Jewish Children's Bureau* zu Hanni und Theodor Cremer, entfernten Verwandten.

Erich besuchte die *Haugan Elementary School* in Chicago und ab 1943 die *Roosevelt High School*, an der er im Juni 1947 seinen Abschluss machte. In den fünf Jahren, bis er 1946 in eine eigene Wohnung zog und zunächst eine Teilzeit-, dann eine Vollzeitstelle bei der *Chicago Rapid Transit Company* als Subway-Fahrer annahm, hatte Erich in vier verschiedenen Pflegefamilien gelebt.

Bis zum Kriegseintritt der USA im Dezember 1941 war Erich mit seinen Eltern in Frankfurt und seiner Schwester im Waisenhaus in Utrecht in brieflichem Kontakt. Nach Kriegsende erhielt er die Nachricht, dass seine gesamte Familie von den Deutschen deportiert und ermordet worden war. Seine Eltern wurden am 15. September 1942 in das Ghetto und Durchgangslager Theresienstadt deportiert und von dort am 29. Januar 1943 weiter nach Auschwitz verschleppt und ermordet. Seine 16-jährige Schwester Johanna wurde am 12. Februar 1942 ins Sammellager Westerbork und von dort nach Auschwitz verschleppt, wo sie am 26. August 1942 ermordet wurde.

Im Oktober 1950 wurde Erich in die US-Armee eingezogen. 1952 wurde er im Rahmen der *Nato* mit der 43. Infanteriedivision in Augsburg stationiert. Er war dort als Funker, Fahrer des Hauptquartiers und Dolmetscher bei Ermittlungen und Gerichtsverhandlungen tätig und besuchte in US-Uniform zum ersten Mal wieder seinen früheren Heimatort Hellstein.

Erich änderte seinen Namen in Eric Greene. Nach der Entlassung aus dem Armee arbeitete er als Speisewagenmanager für die *Chicago and Northwestern Railroad, The Milwaukee Road*, die *Illinois Central* und die *Union Pacific Railroad* auf der Strecke von Chicago zur Westküste. 1954 heiratete er, wurde aber im selben Jahr wieder geschieden. Aus dieser Ehe ging ein 1955 geborener Sohn hervor.

Abb. 87: Eric und Eileen Greene 2018.

Anfang 1958 verließ Eric die Eisenbahn und zog nach Kalifornien, wo Oswald Kernberg (Arthur Kern), sein bester Freund aus OSE-Zeiten, lebte. Eric arbeitete beim neu gegründeten *International House of Pancakes* (IHOP) in Toluca Lake, nördlich von Los Angeles. Bei dieser auf Frühstücksspeisen spezialisierten Restaurantkette wurde er bald zum Ausbilder befördert und lernte auch seine künftige Frau Eileen Garry kennen. 1958 heirateten sie, 1960 und 1962 wurden die Söhne Jeffrey und Martin geboren. Zusammen mit Eileen wurde Eric in den 1960er Jahren Eigentümer eines Franchise IHOP in Arcadia, Kalifornien, nahe der Santa Anita Pferderennbahn.

1974 machte er mit ihr eine Europareise auf den Spuren seiner Vergangenheit: Lissabon, Limoges, Paris, Frankfurt, Hellstein. 1979 nahm er in Kalifornien an der Feier zum 40. Jubiläum der Rettung der ehemaligen OSE-Kinder teil. 1986 verkauften Eric und Eileen das Franchise-Unternehmen, ihr Wohnhaus und ihre Berghütte in Kalifornien, um sich auf Reisen einen Alterssitz zu suchen. Sie blieben in Südcolorado, wo Eric im Nationalpark *Mesa Verde* eine Arbeit an der Hotelrezeption annahm und Eileen eine Stelle im Souvenirgeschäft. 1987 kauften sie ein Anwesen in Hermosa bei Durango, einer ländlichen Gegend mit einer historischen Eisenbahn, die Eric an seinen Geburtsort Hellstein erinnerte.

Eric machte umfangreiche Recherchen zum Holocaust und schrieb ein interessantes, leider noch unveröffentlichtes Buch über sein Leben und die Geschichte der Juden in Hellstein mit dem Titel *The Lonliest Boy.* Er engagierte sich auch in der Erinnerungsarbeit an den Holocaust und hielt Vorträge an Gedenktagen. In seinem letzten Lebensjahr beteiligte er sich an den Vorbereitungen zur Einweihung eines Denkmals, das seit September 2019 an seine Familie und die anderen vertriebenen und ermordeten ehemaligen jüdischen Bürgerinnen und Bürger der Gesamtgemeinde Brachtal erinnert. An der feierlichen Einweihung in seinem Geburtsort Hellstein konnte er nur noch aus der Ferne teilnehmen. Eric Greene starb am 19. März 2020 in Durango, Colorado, im Alter von 91 Jahren.

Quellen

Greene, Eric J. (2000): *The Lonliest Boy*. Unveröffentlichtes Manuskript. Durango, Juli 2000. Mit freundlicher Genehmigung des Autors. Inzwischen kann das Manuskript online eingesehen werden unter: https://archive.org/details/loneliestboy/ [Stand 6. Dezember 2021].

HHStAW, 518, Nr. 11849; 11850.

Interview der Autorin mit Eric Greene am 15. September 2019 in Durango, CO.

Korrespondenz der Autorin mit Eric Greene zwischen Januar 2017 und Dezember 2019.

Zeitsprung. Kontor für Geschichte: Datenbank Gedenkstätte Neuer Börneplatz, Jüdisches Museum Frankfurt am Main. Texte.

Werner E. Grünebaum (Gruenebaum),
geboren am 11. Dezember 1923 in Bürgel/Offenbach am Main.

Eltern:
Robert S. Grünebaum (*27. Mai 1895 in Offenbach am Main)
und Martha, geb. Seelig (*29. Oktober 1900 in Büttelborn/Kreis Groß-Gerau).

Der Vater war Kriegsinvalide aus dem Ersten Weltkrieg und Mitglied im *Bund Jüdischer Frontsoldaten*. Die Eltern hatten am 9. August 1922 in Büttelborn geheiratet. Die Familie lebte im eigenen Haus in Bürgel, Landstraße 39. Als Kaufmann betrieb der Vater zusammen mit seinem Bruder die Schreinerei *Grüco – Holzwerke Grünebaum & Co.* in Offenbach. Schon bald nach 1933 verfolgte die NSDAP-Kreisleitung Offenbach den Vater und bezeichnete ihn in ihren Akten als *»typischen Stürmer-Juden«*. Sie verweigerten ihm die Verlängerung seines Gewerbeausweises, was einem Berufsverbot gleichkam.

Werner Grünebaum besuchte von 1930 bis 1934 die Volksschule in Bürgel. Er sollte danach aufs städtische Gymnasium in Offenbach wechseln, wurde aber als jüdisches Kind dort nicht mehr angenommen. Bis 1938 war er Schüler der jüdischen Schule in Offenbach, danach bis kurz vor dem Novemberpogrom am gymnasialen Zweig des *Philanthropin*. Vom 24. Oktober bis zum 20. Dezember besuchte er die Schreinerklasse der Jüdischen Anlernwerkstätte in der Fischerfeldstraße 13.

Der Vater, der beim Pogrom am 10. November 1938 verhaftet und bis zum 24. Dezember im KZ Buchenwald inhaftiert wurde, kam als schwer kranker Mann zurück. Die Eltern betrieben ab diesem Zeitpunkt ihre Emigration in die USA und zogen in der zweiten Jahreshälfte 1939 mit Werner nach Frankfurt in eine 4-Zimmer-Wohnung im zweiten Stock der Koselstraße 49.

Am 3. Januar 1940 konnte der 16-Jährige in einer Gruppe von acht Kindern, darunter die gleichaltrige Edith Feiner und zwei weitere Mädchen aus Frankfurt, in Triest an Bord der *SS Vulcania* gehen. Die Gruppe erreichte New York am 17. Januar 1940. Die GJCA brachte Werner bei einer Pflegefamilie in Chicago, Illinois, unter. Die Eltern konnten wenige Monate später in die USA nachkommen. Am 26. April 1940 gingen sie in Antwerpen an Bord der *SS Pennland* und trafen am 16. Mai 1940 in New York ein. Da der Vater krank und arbeitsunfähig war, wohnten sie zunächst bei dessen Bruder in Newark, New Jersey, und kamen erst Ende 1940 nach Chicago. Erst 1941 konnte Werner wieder mit seinen Eltern zusammen wohnen. In Chicago beendete er die *Kozminsky Public School*. Der Besuch der High School war ihm nicht möglich, da er seine mittellosen Eltern unterstützen und auch für seinen eigenen Lebensunterhalt sorgen musste. Er fand eine Stelle als Schreiner und machte an der *Washbourne University* Zeichenkurse. 1942 wurde er in die US-Armee eingezogen. Nach seiner Entlassung 1946 arbeitete er wieder als Schreiner in verschiedenen Unternehmen. Nach dem Tod seines Vaters am 5. Juni 1954 sorgte er allein für seine Mutter. Martha Gruenebaum starb im Februar 1980 in Calumet City, Illinois, im Alter von 79 Jahren.

Werner Gruenebaum war verheiratet mit Celia Cholico. Er starb 83-jährig am 30. Januar 2007 in South Holland, Illinois.

Abb. 88: Harry Gutman an der Gedenkstätte Börneplatz 1999.

in der Nähe von Tallin, wurden die arbeitsfähigen Männer und Frauen von ihren Familien getrennt und in ein nahe gelegenes Arbeitslager gebracht. Alte, schwache Menschen sowie Frauen mit Kindern wurden in Kalevi-Liiva, einem Dünengebiet am Ostseestrand erschossen. Über die Todesumstände der Familie Gutmann ist nichts bekannt.

Nach verschiedenen Jobs unter anderen bei *Daily News* und der *Association of National Advertisers* wurde Harry Unternehmer. Er entwarf, fabrizierte und verkaufte Kinderkleidung. Seine erste Frau Lynn lernte er in New York kennen. Sie heirateten 1955 in Gulfport, Mississippi, und lebten in Atlanta, Georgia. Dort wurden 1956 und 1960 die Töchter Lisa und Vicki geboren, und Harry adoptierte Lynns 1949 geborene Tochter Lauren. Die Ehe wurde geschieden, und Harry heiratete 1973 ein zweites Mal. Mit seiner zweiten Frau Karlene bekam er 1974 den Sohn Jason. Diese Ehe wurde 1979 wieder geschieden.

Harry Gutman lebt heute in Florida. Er kam im Juni 2009 mit seinem Sohn Jason auf einer Deutschlandreise auf den Spuren seiner Familie auch nach Frankfurt am Main und besuchte das Haus Gaußstraße 14, die letzte Frankfurter Adresse seiner Familie vor der Deportation.

Quellen

Hebauf, Renate (2010): *Gaußstraße 14. Ein »Ghettohaus« in Frankfurt am Main. Die Geschichte eines Hauses und seiner jüdischen Bewohnerinnen und Bewohner zwischen 1912 und 1945.* Hanau: CoCon, S. 145ff.

HHStAW, Abt. 518, Nr. 9063.

Korrespondenz der Autorin mit dem Sohn Jason Gutman seit 2009.

Zeitsprung. Kontor für Geschichte: Datenbank Gedenkstätte Neuer Börneplatz, Jüdisches Museum Frankfurt am Main. Texte.

Gerd Hahn,
geboren am 12. Mai 1925 in Frankfurt-Fechenheim.

Eltern:
Heinrich (*1. Juni 1893 in Frankfurt-Fechenheim)
und Else, geb. Aaron (*10. Oktober 1903 in Ehringshausen/Lahn-Dill-Kreis).

Lothar Hahn (Lawrence/Larry),
geboren am 2. Dezember 1933 in Frankfurt-Fechenheim.

Eltern:
Heinrich Hahn (zweite Ehe, s. o.)
und Ella, geb. Speier (*19. Oktober 1903 in Hoof/Landkreis Kassel).

Der Vater hatte als Soldat im Ersten Weltkrieg gekämpft, war verwundet worden und hatte das *Eiserne Kreuz* zweiter Klasse erhalten. Die Eltern heirateten 1923 in einer Doppelhochzeit mit dem Bruder des Vaters, Gustav, und der Schwester der Mutter, Lena Aaron. Der Vater war Metzger und betrieb im Wohnhaus der Familie in Alt-Fechenheim 125 eine Metzgerei, die auch an Samstagen geöffnet war. Die Familie lebte seit Generationen in Fechenheim und gehörte zur Jüdischen Gemeinde Bergen, besuchte aber nur an hohen Feiertagen die Synagoge in Offenbach.

Gerd war vier Jahre alt, als seine Mutter 1929 mit 26 Jahren an einem Lungenleiden starb. 1930 heiratete sein Vater in zweiter Ehe Ella Speier, die bei Gerd die Mutterrolle übernahm. Gerd besuchte von 1931 bis 1935 die Volksschule in Fechenheim. 1933 kam der Halbbruder Lothar zur Welt.

Ab 1936 ging Gerd für ein halbes Jahr aufs *Philanthropin* und danach bis 1939 auf die Jüdische Schule in Offenbach. Im Sommer 1939 wurde er Schüler auf einer Handelsschule der Jüdischen Gemeinde in Frankfurt. Gerd erlebte als 13-Jähriger die Zerstörung des elterlichen Geschäfts und die Verhaftung und Verschleppung des Vaters während des Novemberpogroms.

Der 14-jährige Gerd und der sechsjährige Lothar konnten Anfang Dezember 1939 mit Hilfe des Frankfurter Quäkerbüros an einer Kinderverschickung in die USA teilnehmen. Sie gingen am 10. Dezember 1939 in Genua an Bord des italienischen Schiffs *SS Saturnia* und kamen am 21. Dezember 1939 in New York an. Dort wurden sie von ihrer Tante Lena und ihrem Onkel Gustav Hahn aufgenommen, die 1936 nach USA emigriert waren und in der Bronx lebten. Bereits im April 1940 konnten die Eltern ihren Kindern ebenfalls über Genua in die USA folgen. 1941 konnte auch die Großmutter über Lissabon zu ihnen nach New York gelangen. Fortan lebte die gesamte Familie Hahn in einer 7-Zimmer-Wohnung in der Bronx. Der Vater und sein Bruder arbeiteten gemeinsam in einer Großmetzgerei in der Innenstadt.

Gerd Hahn ging im Januar 1940 für ein Schuljahr in die Ausländerklasse einer Public School in der Bronx, wo alle Kinder unterschiedliche Sprachen sprachen. Dann ging er dort ein weiteres Jahr auf die *Morris High School* und wechselte auf die *Samuel Gambus*

Vocacional High School, wo er eine Ausbildung als Radiotechniker machte. Im August 1943 wurde er zum Militär eingezogen und kam im Februar 1944 als Soldat der Infanterie nach Italien. Er wurde in Neapel beim dortigen Armeepostamt sowie beim Hafenbataillon stationiert. Im Juni 1946 kehrte er in die USA zurück und wurde aus der Armee entlassen. Er arbeitete die ersten Jahre in einem Kopierunternehmen für Werbefotos und erhielt eine finanzielle Hilfe zur beruflichen Wiedereingliederung über die *GI Bill of Rights*. 1955 gründete Gerd sein eigenes Fotokopierunternehmen, das er bis 1974 leitete. Dann spezialisierte er sich als Unternehmer auf den Verkauf von Typographie.

1947 lernte er in New York seine künftige Ehefrau Peggy, eine deutsche Emigrantin, kennen. Sie heirateten im Juni 1949 und bekamen zwei Töchter, die 1952 und 1956 geboren wurden.

Er besuchte seinen Geburtsort Frankfurt-Fechenheim im Juli 1980 und 1995 anlässlich einer Einladung der Stadt Frankfurt. Er engagierte sich als Zeitzeuge in öffentlichen Veranstaltungen und an Schulen. Gerd Hahn starb am 3. Juli 2005 im Alter von 80 Jahren in New Milford, New Jersey.

Lothar, der seinen Namen in den USA in **Lawrence (Larry)** änderte, kam im Januar 1940 in die erste Klasse der Grundschule in der Bronx. Er machte seinen Abschluss auf der *George Washington High School* und ging danach aufs *City College* in New York. Dort machte er einen Abschluss als Bauingenieur und arbeitete danach in diesem Beruf.

Abb. 89: Gerd Hahn mit seiner Ehefrau Peggy (rechts)
bei einem Besuch in Frankfurt-Fechenheim um das Jahr 1995.

Quellen

Fechenheimer Anzeiger vom 8. August 1980.
Hahn, Gerd: Interview 23703, VHA.

Else Heilbronn (Elsa, verh. Epstein),
geboren am 5. Oktober 1925 in Schmalnau/Gersfeld.

Eltern:
Julius Heilbronn (*13. September 1886 in Tann/Rhön)
und Meta, geb. Tannenwald (*24. September 1894 in Schmalnau/Gersfeld).

Geschwister:
Edith (Adler) (*7. Dezember 1920 in Schmalnau/Gersfeld)
und Margot (*24. August 1929 in Schmalnau/Gersfeld).

Der Vater, der das Fuldaer Gymnasium bis zur Mittleren Reife besucht hatte, war Soldat im Ersten Weltkrieg gewesen und hatte im Krieg ein Auge verloren. Er betrieb in Schmalnau ein Holzhandelsgeschäft, die Mutter arbeitete dort als Buchhalterin.

Die älteste Schwester Edith bekam im Sommer 1934 einen Platz bei einer der ersten Kinderverschickungen in die USA. Die 13-Jährige konnte am 28. Dezember 1934 in Hamburg in einer Gruppe von 16 Kindern an Bord der *SS Washington* gehen, die New York am 6. Januar 1935 erreichte. Sie wurde von einer Pflegefamilie in Allentown, Pennsylvania, aufgenommen.

Nachdem die Eltern ihr Geschäft 1935 aufgeben mussten, zog Else mit ihnen und der jüngeren Schwester Margot 1936 nach Frankfurt. Else und Margot wurden im Ok-

Abb. 90: Margot Heilbronn, Cousin Erich Moses und Else Heilbronn in Schmalnau (v. l. n. r.), etwa 1936.

tober 1936 im *Kinderhaus der Weiblichen Fürsorge* in der Hans-Thoma-Straße 24 untergebracht. Die Eltern wohnten in der Hölderlinstraße 10, wo sich auch das von den Hauseigentümern Joseph und Edith Mayer bis 1938 geführte *Schülerheim Beth Neorim* befand. In dem auf Wunsch und Kosten der *Israelitischen Religionsgesellschaft* 1934 eingerichteten, mit 25 Doppelbetten ausgestatteten Heim wohnten bis zu seiner erzwungenen Schließung nach dem Novemberpogrom im Laufe der Zeit 70 bis 100 Jungen aus der Umgebung Frankfurts und darüber hinaus, die die *Samson-Raphael-Hirsch-Schule* besuchten.

Am 9. April 1937 konnte auch Else an einer Kinderverschickung in die USA teilnehmen. Sie ging in einer Gruppe von 14 Kindern, vier Mädchen und zehn Jungen, in Hamburg an Bord der *SS Hansa*, die am 17. April 1937 in New York ankam. Else kam in eine Pflegefamilie in Bethlehem, Pennsylvania, das heißt, in die Nachbarschaft ihrer Schwester Edith.

Nach Abschluss der Schule machte Else eine Ausbildung zur Krankenschwester. Sie heiratete zweimal und wanderte von den USA nach Israel aus. Dort lebte sie mit ihrem zweiten Mann in einem Kibbutz in Nordgaliläa. Mit ihm bekam sie drei Kinder.

Else und Edith verloren beide Eltern und ihre jüngste Schwester Margot im Holocaust. Deren für 1939 geplante Flucht in die USA scheiterte, das Einreisevisum wurde nicht mehr erteilt. Die Eltern Julius und Meta Heilbronn mussten seit 1939 als Untermieter in einem der »Ghettohäuser« in der Ostendstraße 24 wohnen, in denen jüdische Bewohner vor ihrer Deportation auf engstem Wohnraum zusammenleben mussten. Beide Eltern arbeiteten als Hausleute im *Israelitischen Waisenhaus*. Ab Sommer 1941 war der Vater bei den Torpedowerken beschäftigt, vermutlich als Zwangsarbeiter.

Von der Ostendstraße 24 wurden die Eltern, der 55-jährige Julius und die 47-jährige Meta Heilbronn, sowie die zwölfjährige Schwester Margot am 22. November 1941 nach Kowno (heute: Kaunas), Litauen, Fort IX deportiert. Marion war zuvor aus dem *Kinderheim der Weiblichen Fürsorge* geholt und zur gemeinsamen Deportation zu ihren Eltern gebracht worden. In Kowno wurden die Frankfurter Verschleppten, darunter wahrscheinlich auch Familie Heilbronn, am 25. November 1941 ausnahmslos ermordet.

Quellen

HHStAW, Abt. 519/3, Nr. 30508; 13701; Abt. 518, Nr. 14209; 14216.

Mahnkopp, Volker (2020): *Dokumentation zu vom NS-Staat verfolgten Personen im Frankfurter Kinderhaus der Weiblichen Fürsorge e. V. Hans-Thoma-Straße 24 Zur 100.* Wiederkehr der Eröffnung am 23. März 2019, Frankfurt am Main 2011, erweitert 2018, Version: 1. September 2020, S. 63–66; Online: https://www.platz-der-vergessenen-kinder.de/assets/de/1/Ff_Kinderhaus_HT24.pdf [Stand 6. Dezember 2020].

Zeitsprung. Kontor für Geschichte: Datenbank Gedenkstätte Neuer Börneplatz, Jüdisches Museum Frankfurt am Main. Texte.

Zum Schülerheim Beth Nearim: Vgl. Projekt Jüdisches Leben in Frankfurt am Main: »Till Lieberz Groß: Die Flucht der Familie Mayer nach Palästina.« Online: http://www.juedisches-leben-frankfurt.de/de/home/biographien-und-begegnungen/biographien-a-f/yona-und-tova-dreifuss.html [Stand 6. Dezember 2020].

Hannelore Emma Herz (Harriet, verh. Goldsmith), genannt Hanni, geboren am 1. Juli 1924 in Aachen.

Eltern:
Benno Herz (*10. Juli 1890 in Aachen)
und Laura, geb. Steinberg (*11. Dezember 1888 in Brenken/Westfalen).

Geschwister:
Helmut (*26. Oktober 1921 in Aachen).

Die Familie, die vorher in Aachen gelebt und dort eine Gastwirtschaft im Schlosshotel betrieben hatte, kam 1933 nach Frankfurt. Sie wohnten zunächst in der Sömmeringstraße 31 und zogen 1934 in die Erdgeschosswohnung der Adlerflychtstraße 35. Der Vater arbeitete als Vertreter für Waschmittel bei einer Seifenfirma.

Hannelore gehörte zu den Kindern, die im Dezember 1939 mit einer von den Quäkern organisierten Kinderverschickung Deutschland verlassen konnten. Die Gruppe fuhr am 8. Dezember 1939 mit dem Zug nach Genua und schiffte sich am 10. Dezember 1939 auf der *SS Saturnia* im Hafen von Genua ein. Sie erreichte New York am 21. Dezember 1939. Hannelore wurde von ihren Verwandten in Chicago aufgenommen, die auch ihre Überfahrt bezahlt hatten. Hannelore Herz änderte ihren Vornamen in den USA in Harriet und lebte nach ihrer Heirat in Philadelphia, Pennsylvania.

Die Eltern, Benno und Laura Herz, sowie der 19-jährige Bruder Helmut waren nach Hannelores Abreise 1940 in die Erdgeschosswohnung des Hauses Westendstraße 104 gezogen, wo sie zuletzt auf engstem Wohnraum mit sechs Untermietern gelebt hatten. Von dort wurden sie bei der ersten großen Deportation aus Frankfurt am 19. Oktober 1941 in das Ghetto Litzmannstadt (Łódź) in Polen verschleppt und vermutlich ermordet. Zeitpunkt, Ort und Umstände ihres Todes sind nicht bekannt. Das Todesdatum wurde auf den 8. Mai 1945 festgesetzt.

Quellen

HHStAW, Abt. 518, Nr. 15051; 15092; Abt. 519/3, Nr. 793.
Zeitsprung. Kontor für Geschichte: Datenbank Gedenkstätte Neuer Börneplatz, Jüdisches Museum Frankfurt am Main. Texte.

Flora Hirsch (verh. Spiegel),
geboren am 15. Oktober 1926 in Frankfurt am Main.

Anselm (Asher) Hirsch,
geboren am 18. Mai 1927 in Frankfurt am Main.

Gustl Hirsch (Sarah, verh. Shartar),
geboren am 2. April 1929 in Frankfurt am Main.

Jakob (Jack) Hirsch,
geboren am 25. März 1931 in Frankfurt am Main.

Benjamin (Ben) Hirsch,
geboren am 19. September 1932 in Frankfurt am Main.

Eltern:
Hermann Naphtali Hirsch (*24. April 1900 in Frankfurt am Main)
und Mathilde, geb. Auerbach (*14. Juli 1904 in Hamburg).

Weitere Geschwister:
Werner (*10. März 1937 in Frankfurt am Main)
und Rosalene (*März 1938 in Frankfurt am Main).

Die Familie gehörte der ultraorthodoxen Austrittsgemeinde *Israelitische Religionsgesellschaft* an und besuchte die Synagoge in der Friedberger Anlage. Der Vater war in der Gemeinde auch als Kantor und »Beschneider« tätig. Er war Zahnarzt und betrieb seine Praxis zunächst im Sandweg 2 und dann im eigenen Haus Grüne Straße 30, wo die Familie auch wohnte. Die Kinder waren Schüler der *Samson-Raphael-Hirsch-Schule* am Tiergarten.

Während der Vater nach seiner Verhaftung beim Novemberpogrom 1938 noch im KZ Buchenwald inhaftiert war, sorgte die Mutter dafür, dass ihre fünf ältesten Kinder mit einer Kinderverschickung des *Israelitischen Waisenhauses* am 6. Dezember 1938 nach Frankreich kamen. Ein Onkel brachte sie von Straßburg zu Verwandten in Paris, die die Kinder aufnahmen. Benjamin wurde nach der Ankunft von seinen Geschwistern getrennt und von einem Nachbarn seines Onkels aufgenommen.

Anselm und Jakob besuchten ab Anfang 1939 das von ihrem Onkel Marcus Cohn geleitete Jüdische Internat *École Maïmonide* in Bois de Boulogne. Nach Eröffnung des OSE-Heims für orthodoxe Kinder, *Villa La Chesnaie* in Eaubonne im Juni 1939, wurden sie dort aufgenommen. Kurz vor dem Einmarsch der Deutschen in Paris im Juni 1940 wurden Anselm und Jakob mit anderen Kindern aus Eaubonne in das orthodoxe Heim *Château des Morelles* nach Broût-Vernet bei Vichy im Département Allier evakuiert.

Flora und Gustl flüchteten nach der deutschen Besetzung von Paris mit ihrem Onkel August und seiner Frau Helene Hirsch nach Le Mont-Dore im Département Puy de Dôme. Nach dem Tod ihrer Tante im April 1941 brachte der Onkel die Mädchen ins OSE-Heim *Château des Morelles* in Broût-Vernet, wo sie für kurze Zeit mit ihren Brüdern wiedervereint waren. Benjamin Hirsch, der seit Sommer 1939 im OSE-Heim *Villa Helvetia* in Montmorency gewesen war, wurde kurz vor der deutschen Okkupation ins OSE-Heim *Château du Masgelier* in Grand-Bourg im Département Creuse gebracht.

Im Mai/Juni 1941 konnten Anselm und Jakob an der ersten USCOM-Kinderverschickung in die USA teilnehmen. Sie kamen zusammen mit 109 weiteren Kindern am 21. Juni 1941 in New York an. Von dort kamen sie für einige Wochen in ein Waisenhaus in Chicago und dann zu einer Pflegefamilie nach Atlanta, Georgia. Am 2. September 1941 kamen auch Flora, Gustl und Benjamin über eine zweite USCOM-Kinderverschickung in New York an. Sie wurden ebenfalls nach Atlanta gebracht, wo Benjamin von der Pflegefamilie seiner Brüder aufgenommen wurde und Flora und Gustl von einer anderen Pflegefamilie in Atlanta.

Flora lebte zunächst mit Gustl (Sarah) und anschließend mit Anselm (Asher) und Benjamin in Pflegefamilien in Atlanta. 1945 machte sie ihren Abschluss an der *Commercial High School* in Atlanta und arbeitete dort anschließend drei Jahre als Sekretärin und Buchhalterin. Ab 1948 lebte und arbeitete sie in New York, wo sie Herbert (Herb) P. Spiegel, einen deutschen Emigranten, kennenlernte, dessen Familie kurz vor Kriegsbeginn aus Köln in die USA gekommen war. Am 23. Mai 1951 heirateten Flora und Herb in New York. Die Trauungszeremonie führte ihr Bruder Asher, inzwischen Rabbiner, in seiner Gemeinde *Mishkan Israel of Astoria* durch. Mit ihrem Mann zog Flora nach Kodiak in Alaska, wo dieser als Elektroingenieur für die US-Navy arbeitete. In Kodiak wurden ihre ersten beiden Söhne geboren, und das Haus der Spiegels wurde zum sozialen und religiösen Treffpunkt der dort stationierten Männer und Frauen der US-Streitkräfte. Hier wurde Flora Mitbegründerin einer Synagoge. 1956 zog sie mit ihrer Familie für zwei Jahre nach Albany, New York, und dann 1958 nach Corona in Kalifornien. Dort gründete sie mit ihrem Ehemann das Unternehmen *Corona Industrial Electric Inc.* 1962 wurde in Corona ihr jüngster Sohn geboren. Flora war dort Präsidentin des *Temple Beth Shalom* und engagierte sich für soziale Projekte. 1974 wurde sie als Stadtverordnete (*City Council*) gewählt und war 1976 und 1977 Bürgermeisterin von Corona. Nach ihrem Rückzug aus der Politik leitete sie mit ihrem Mann das gemeinsame Unternehmen.

Flora (geb. Hirsch) Spiegel starb 65-jährig am 8. März 1992 in Corona, Kalifornien, wo auch eine Straße nach ihr benannt wurde, *Flora Spiegel Way*.

Anselm änderte seinen Vornamen ins hebräische **Asher**. Er lebte in drei verschiedenen Pflegefamilien in Atlanta und New York. Er besuchte zunächst die *Hoke Smith Junior High School* in Atlanta. Mit 17 Jahren, im Oktober 1944, ging er nach New York, um in Washington Heights in einem orthodoxeren Umfeld zu leben und sich an der dortigen Jeshiwa Universität zum Rabbiner ausbilden zu lassen. Da das Direktorium der Jeschiwa ihm verwehrte, parallel dazu seinen High School-Abschluss zu machen, arbeitete er für einige Monate in einer Spielzeugfabrik, bis er am 28. November 1945 in die US-Armee eingezogen wurde. Im September 1946 wurde er nach Europa geschickt und beim Hauptquartier des Spionageabwehrdienstes (CIC) in Oberursel am Taunus stationiert. In Frankfurt fand er das Haus seiner Familie in der Grünestraße 30 zwischen Trümmern unversehrt, konnte aber über das Schicksal der Eltern und Geschwister keine verlässlichen Informationen erhalten.

Abb. 91: Die Geschwister Hirsch in Atlanta, etwa 1946.

Gegen Ende seiner Stationierung in Deutschland verlobte er sich während eines Besuchs bei Verwandten in Basel mit Henriette Meyer. Nach seiner Rückkehr in die USA und Entlassung aus dem Militär im Juli 1947 lebte er wieder in Washington Heights und machte seinen High School-Abschluss. Danach nahm er sein Studium an der *Yeshiva Universität* wieder auf. Im Sommer 1949 heiratete er Henriette in Basel. Das junge Paar zog nach Queens, Long Island, wo Asher parallel zu seinem Studium Reverend der orthodoxen Jüdischen Gemeinde *Mishkan Israel of Astoria* wurde. Zwei Söhne, Naphtali und Meir, wurden 1950 und 1953 geboren. 1951/52 machte Asher seinen Bachelor- und 1953 seinen Master-Abschluss. Ab 1954 war er 25 Jahre lang Vorsitzender der Gemeinde *Joseph Ben Mayer* in der Westbronx. Dort wurden die Tochter Miriam und die Söhne Samson und Elie geboren. Während dieser Zeit engagierte sich Asher ehrenamtlich als Geschäftsführer beim *American Committee for Shaare Zedek* im Fundraising für ein Krankenhaus in Jerusalem. Als er 1979 nach Israel emigrierte, übernahm er die Stelle des Leiters für die religiösen Dienste in dem neu errichteten Krankenhaus *Shaare Zedeck* in Jerusalem. Asher und Henriette Hirsch verloren drei ihrer Söhne im jungen Alter. Von ihrem Sohn Naphtali in New York bekamen sie vier Enkelkinder und von ihrer Tochter Miriam in Israel sieben Enkelkinder. Seine Autobiografie *May My Family Be Ever Perfect In Your Eyes*, wurde posthum 2010 veröffentlicht.

Asher Hirsch besuchte seine Geburtsstadt Frankfurt 1997 im Rahmen des Besuchsprogramms der Stadt. Er starb 2007 im Alter von 80 Jahren in Jerusalem.

Gustl änderte ihren Namen in **Sarah**. Sie war zuerst zusammen mit ihrer Schwester Flora in einer Pflegefamilie untergebracht und besuchte die *Clark Howell School.*

Nachdem Flora in eine andere Pflegefamilie zusammen mit Asher und Ben gezogen war, kam Jakob in ihre Pflegefamilie. Als 1947 die Pflegemutter starb, war Sarah bereits mit Harry Shartar verlobt und zog zu dessen Tante. Nach ihrem High School-Abschluss heiratete sie Harry 18-jährig am 9. Mai 1948 in Atlanta. Sie und Harry lebten in Atlanta und bekamen drei Kinder, zwei Söhne und eine Tochter.

Sarah Hirsch Shartar starb am 24. September 1990 mit 61 Jahren.

Jakob nannte sich in den USA **Jack**. Er wohnte anfangs zusammen mit seinen Brüdern Anselm und Benjamin in einer Pflegefamilie und wechselte nach einem Jahr zur Pflegefamilie seiner Schwester Sarah. Er besuchte wie Ben die *James L. Key Elementary School* und danach die Junior High School. Schon mit elf Jahren fing Jack nach der Schule an zu arbeiten, um finanziell unabhängiger zu sein. Er machte einen Abschluss auf der *Commercial High School* in Atlanta. Als die Pflegemutter 1947 starb, wurde der 16-Jährige von deren Nichte und ihrem Mann aufgenommen. Mit 19 Jahren zog er aus, nahm eine Vollzeitstelle an und besuchte an drei Abenden in der Woche Buchführungskurse am *College Atlanta Division* der Universität von Georgia. Danach arbeitete er als Buchhalter in verschiedenen Firmen und wurde schließlich ein erfolgreicher Steuerberater in Atlanta.

Im April 1951 lernte er in Birmingham, Alabama, Gladys Denaburg kennen. Im November 1952 heirateten sie in Gladys Geburtsort Birmingham und lebten anschließend in Atlanta, wo Jack ein Steuerberatungsbüro eröffnete. Gladys und Jack bekamen zwei Söhne, Stuart Nelson, geboren 1957, und Bryan Lee, geboren 1958.

Jack war zeitweise Vorsitzender der Gemeinde *Beth Jacob* in Atlanta und engagierte sich auch als Vorsitzender des *Jewish National Fund* für die Unterstützung sozialer Projekte in Israel. Jack Hirsch starb am 9. Juni 2003 mit 72 Jahren in Atlanta, Georgia.

Benjamin behielt seinen Namen und nannte sich **Ben**. Er lebte das erste Jahr mit seinen Brüdern bei der Familie Bregman. Er besuchte die *James L. Key Elementary School*, die er im Juni 1944 abschloss. Ben machte seinen Abschluss auf der *Hoke Smith High School* in Atlanta. Im Januar 1952 nahm er das Studium an der *Georgia Tech's School of Architecture* auf. 1954 unterbrach er sein Studium und meldete sich als freiwilliger Soldat für den Koreakrieg. Als er während seiner Armeezeit 1954 in Deutschland stationiert wurde, recherchierte er dort das Schicksal seiner Eltern und Geschwister. Dies war der Beginn seiner intensiven Auseinandersetzung mit seiner Familiengeschichte und dem Holocaust. Seine Rückkehr in die Staaten war auch mit seiner Rückkehr zur religiösen orthodoxen Tradition seiner Familie verbunden. Er wurde Mitglied und später Vorsitzender der orthodoxen Gemeinde *Beth Jacob* in Atlanta und der *Yeshiva Atlanta High School*.

Nach seinem Militärdienst konnte Ben mit einem Stipendium der *GI Bill of Rights* sein Architekturstudium beenden. An der Universität lernte er Jaqueline Robkin kennen. Sie heirateten im März 1959 und zogen nach Macon, wo Benjamin eine Ausbildung in einem kleinen Architekturbüro machte. Jaqueline und Ben bekamen vier Kinder, drei Töchter und einen Sohn, die heute alle in Israel leben. Zurück in Atlanta eröffnete Benjamin im Oktober 1962 sein eigenes Architekturbüro. Er wurde ein erfolgreicher Architekt: Für sein *Memorial to the Six Million*, das 1964 auf dem Jüdischen Friedhof von Greenwood eingeweiht wurde, gewann er 1968 einen Nationalen Designerpreis. 2008 wurde der Gedenkort in das *National Register of Historic Places* eingetragen.

Vom 22. Mai bis 5. Juni 2008 besuchte Benjamin Hirsch seine Geburtsstadt Frankfurt auf Einladung der Stadt. Er engagierte sich in vielfältiger Form für das Holocaust-Gedenken und sprach als Zeitzeuge vor zahlreichen Schülergenerationen. Er veröffentlichte zwei Autobiografien: *Hearing a Different Drummer* im Jahr 2000 und *Home is Where You Find it* 2006.

Benjamin Hirsch starb am 11. Februar 2018 in Atlanta, Georgia. Er wurde 85 Jahre alt.

Die Geschwister verloren im Holocaust beide Eltern und ihre beiden jüngsten Geschwister. Der Vater Hermann Naftali Hirsch wurde am 5. November 1942 in Auschwitz ermordet. Zum Tod ihrer Mutter Mathilda und der jüngeren Geschwister Werner und Roseline gibt es zwei Versionen. Nach Auskunft des Bundesarchivs wurden sie 1942 nach Raasiku, Estland, deportiert und dort ermordet. Ein Onkel, der Häftling in Auschwitz war, berichtete, er habe alle drei dort 1943 gesehen, als sie in die Gaskammern getrieben wurden.

Am 7. Juni 2010 nahmen Ben und Jaqueline Hirsch sowie Miriam Botzer, die Tochter von Asher Hirsch, an einer Stolpersteinverlegung für ihre Familie in der Grünestraße 30 teil.

Quellen

Bruch, Ingrid (2018): »Home Is Where You Find It – Flucht quer durch Frankreich und Europa«. In: Angelika Rieber & Till Lieberz-Groß (Hrsg.): *Rettet wenigstens die Kinder. Kindertransporte aus Frankfurt/Main – Lebenswege von geretteten Kindern*. Frankfurt a. M.: Fachhochschulverlag, S. 128–135.

Hirsch, Asher A. (2010): *May My Family Be Ever Perfect in Your Eyes*. Tsfat, Israel.

Hirsch, Asher (Anselm): Interview 16743, VHA.

Hirsch, Ben (Benjamin): Interview 12431, VHA.

Hirsch, Benjamin (2006): *Home Is Where You Find It. A Memoir*. Atlanta: Selbstverlag.

Hirsch, Jack (Jakob): Interview 14215, VHA.

Kurzbiografien der Frankfurter Teilnehmenden an der Reunion ehemaliger OSE-Kinder in Los Angeles zum 50. Jahrestag 1989, erhalten von Helga Krohn, Frankfurt am Main.

Zeitsprung. Kontor für Geschichte: Datenbank Gedenkstätte Neuer Börneplatz, Jüdisches Museum Frankfurt am Main. Texte.

Ruth Kaufmann,
geboren am 19. Februar 1922 in Frankfurt am Main.

Eltern:
Julius Kaufmann (*16. April 1888 in Warstein/Westfalen)
und Rosa, geb. Leichtentritt (*6. Februar 1883 in Zerkow/Polen).

Geschwister:
Martin (*11. Dezember 1924 in Frankfurt am Main).

Der Vater war Bankkaufmann und machte in den 1920er Jahren einen beruflichen Aufstieg zum stellvertretenden Direktor der *Westbank AG*, danach zum leitenden Direktor beim *Verein Kollektiv-Skonto e. V.* Ruth und ihr Bruder wuchsen in gut situierten Verhältnissen auf. Die Familie bewohnte eine 6-Zimmer-Wohnung in der Staufenstraße 28. Nach 1933 wurde der Vater als Jude entlassen, wodurch die Familie die Existenzgrundlage verlor. Ruth, die Schülerin der *Elisabethenschule* gewesen war, musste auf das *Philanthropin* wechseln. Weil sich früh abzeichnete, dass sie in Deutschland ihren Wunsch, Medizin oder Chemie zu studieren, nicht würde erfüllen können, meldeten die Eltern sie für eine Kinderverschickung in die USA an.

Abb. 92 und 93: Ruths Eltern Julius und Rosa Kaufmann.

Am 28. Oktober 1936 ging Ruth in einer Gruppe von 15 Kindern in Hamburg an Bord der *SS New York.* Das Schiff lief am 6. November 1936 im New Yorker Hafen ein. Ruth bekam einen Platz im jüdischen Waisenhaus *Homewoood Terrace* in San Francisco. Dort besuchte sie die *Lowell High School.* Nach dem Novemberpogrom 1938 erhielt sie von ihrer Mutter die Nachricht vom Tod ihres Vaters im KZ Buchenwald.

Im Januar 1941 machte Ruth ihren High School-Abschluss. Danach besuchte sie die *Gallagher Marsh Business School* in San Francisco, um sich als Buchhalterin ausbilden zu lassen. Nach dem 1. Januar 1942 musste sie ihren Lebensunterhalt selbst verdienen und arbeitete als Buchhalterin in einer Versicherungsgesellschaft.

Ruth Kaufmann verlor ihre gesamte Familie im Holocaust. Ihre Mutter, die seit 1939 als Hausangestellte im Jüdischen Krankenhaus in der Gagernstraße gearbeitet und gewohnt hatte, wurde am 18. August 1942 in das Ghetto- und Durchgangslager Theresienstadt deportiert und von dort am 23. Januar 1943 nach Auschwitz verschleppt, wo sie ermordet wurde. Der Bruder Martin, den die Mutter 1939 mit einem Kindertransport nach Belgien geschickt hatte, wurde nach der Besetzung Belgiens durch die Deutsche Wehrmacht verhaftet und ins Lager Mechelen (heute: Malines) verschleppt. Von dort wurde er am 4. August 1942 nach Auschwitz deportiert und ermordet.

Ruth Kaufmann blieb ledig. Sie starb am 27. August 1991 in Richmond, Virgina.

Quellen

Hamburger Phillips, Ilse (1936): *My diary!* Zit. n. Jason & Posner (2004), S. 133–141 sowie Schlamme Schnitzer, Ruth (1936): *Letters*. Zit. n. Jason & Posner (2004), S. 142–150.

HHStAW, Abt. 518, Nr. 19417; 19465; 19471.

Zeitsprung. Kontor für Geschichte: Datenbank Gedenkstätte Neuer Börneplatz, Jüdisches Museum Frankfurt am Main. Texte.

Hilde Levi (Hilda, verh. Levy),
geboren am 12. Januar 1922 in Frankfurt am Main.

Eltern:
Hugo Heinrich Levi (*12. Mai 1885 in Offenbach am Main)
und Eleanor Levi, geb. Siegel, (*26. November 1894 in Bingen/Rhein).

Hilde kam im Krankenhaus des *Roten Kreuz* in der Königswarterstraße 16 zur Welt. Die Eltern hatten im März 1921 in Frankfurt geheiratet. Nach der Scheidung der Eltern im Jahr 1928 wohnte Hilde mit ihrer Mutter am Hohenzollernplatz 10 und besuchte von 1928 bis 1934 die *Privatschule Anni Hamann-Schnapper*, die sich zunächst in der Parkstraße 13 und später in der Telemannstraße 13 befand.

Die zwölfjährige Hilde bekam im November 1934 einen Platz für eine der ersten Kinderverschickungen unter der Schirmherrschaft der GJCA nach USA. Sie ging mit einer Gruppe von 15 Kindern, darunter auch Lotte Goldschmidt, in Hamburg am 29. November 1934 an Bord der *SS New York*. Die Gruppe kam am 7. Dezember 1934 in New York an. Nach ihrer Ankunft wurde Hilde von Verwandten in Kansas City, Missouri, aufgenommen. Dort besuchte sie zuerst eine Grundschule und erhielt privaten Sprachunterricht. 1935 kam sie auf die High School, die sie 1939 abschloss. Danach besuchte sie für ein Jahr das *Kansas City Junior College*. Wie sie der Entschädigungsbehörde berichtete, sei sie aus finanziellen Gründen gezwungen gewesen, ihr Studium zu unterbrechen und nach New York City zu ziehen, um ihren Lebensunterhalt zu verdienen. Dort arbeitete sie tagsüber und besuchte die Abendkurse des *New York City College*. Da sie Schwierigkeiten hatte, ihren Unterhalt zu verdienen, musste sie ihr Studium ohne Abgangszeugnis beenden. Daher konnte sie auch ihren seit der Jugend gehegten Wunsch, Kinderärztin zu werden, in den USA nicht verwirklichen.

Am 31. Oktober 1938 starb der Vater Hugo Levi mit nur 53 Jahren in Frankfurt am Main. Die Mutter konnte ihrer Tochter im Januar 1939 in die USA folgen. Hilde änderte in den USA ihren Vornamen in Hilda. Sie heiratete am 25. Dezember 1941 in New York Kurt Levy, einen deutschen Emigranten aus Neuwied, mit dem sie ein Kind hatte. Hilda Levy starb am 4. April 1995 in Connecticut.

Quellen

HHStAW, Abt. 518, Nr. 81961; Abt. 519/3, Nr. 3149.

Gustav (Gabriel/Gus) Manasse,
geboren am 1. Dezember 1931 in Frankfurt am Main.

Manfred Kurt (Fred) Manasse,
geboren am 27. Juli 1935 in Frankfurt am Main.

Eltern:
Alfred Manasse (*30. Januar 1895 in Talheim/Heilbronn)
und Trude, geb. Lieblich (*1. Februar 1904 in Baden-Baden).

Weitere Geschwister:
Mirjam Mathilde (*28. Januar 1937 in Frankfurt am Main).

Abb. 94: Trude Manasse mit ihren drei Kindern, Aufnahme vom 30. Januar 1938, Manfred, Miriam, Trude und Gustav (v. l. n. r.).

Der Vater war Geschäftsführer und Mitinhaber der Offenbacher *Schuhfabrik Mainperle* in Offenbach-Bürgel, Rohrmühlstraße, die 1927 als *Record Schuhfabrik GmbH* mit Verwaltungssitz in Primasens gegründet worden war. Die Familie war orthodox und wohnte zunächst in der Moselstraße 19 und nach 1933 in einer 4-Zimmer-Wohnung im zweiten Stock der Hans-Handwerk-Straße (heute: Langestraße) 32.

Während des Novemberpogroms wurde das Wohnungsmobiliar der Familie zerstört, der Vater verhaftet und ins KZ Buchenwald verschleppt, wo er vom 12. oder 13. bis 29. November 1938 inhaftiert blieb (Häftlingsnummer 2246/29309). Kurz nach seiner Entlassung aus dem Konzentrationslager, Anfang 1939, wurde er gezwungen, sämtliche Geschäftsanteile an der Schuhfabrik, die er zusammen mit seiner Ehefrau hielt, zu veräußern; das Unternehmen wurde »arisiert« und firmierte künftig unter dem Namen *Ziegler + Dullstein*. Die Großmutter väterlicherseits, die nach dem Pogrom aus ihrem Haus in Talheim/Heilbronn vertrieben wurde, zog zur ihrer Familie nach Frankfurt. Im März 1939 kamen der siebenjährige Gustav und der dreijährige Manfred mit einer Kinderverschickung nach Belgien und wurden von der belgisch-jüdischen Kinderhilfsorganisation CAEJR in einem Brüsseler Waisenhaus untergebracht.

Mit einem kubanischen Visum ausgestattet ging der Vater am 13. Mai 1939 an Bord der *MS St. Louis*. Er hatte die Überfahrt für sich allein gebucht, weil eine Ausreise der gesamten Familie zu diesem Zeitpunkt nicht möglich war. Die kranke Großmutter wollte nicht weg, und die Mutter blieb mit der zweijährigen Schwester Miriam zurück, um sie zu pflegen. Von Kuba hoffte Alfred Manasse, in die USA einreisen und die Familie nachholen zu können. Er und die überwiegend jüdischen Passagiere der *St. Louis* mussten aber nach Europa zurückkehren, weil die korrupte kubanische Regierung ihre Visa für ungültig erklärte und ihnen die Einreise verweigerte. Auch die USA, wo ein Bruder des Vaters lebte, lehnten die Aufnahme der Flüchtlinge ab. Da den Rückkehrern in Deutschland die Einweisung in ein Konzentrationslager drohte, erklärten sich verschiedene Länder bereit, eine gewisse Anzahl der Flüchtlinge mit einem Transitvisum aufzunehmen. Die belgische Regierung genehmigte die Landung des Schiffes in Antwerpen.

Alfred Manasse blieb in Belgien und zog in die Nähe seiner Söhne nach Brüssel. Gustav und Manfred verbrachten jedes Wochenende gemeinsam mit ihrem Vater, feierten mit ihm zusammen im Juli 1939 Manfreds vierten und im Dezember 1939 Gustavs achten Geburtstag. Die Bemühungen des Vaters, den Rest der Familie aus Frankfurt nach Belgien zu holen, scheiterten mit dem Ausbruch des Zweiten Weltkriegs. Kurz vor dem deutschen Überfall auf Belgien sorgte der Vater dafür, dass Gustav und Manfred zusammen mit den Kindern aus zwei Brüsseler Kinderheimen nach Südfrankreich evakuiert wurden. Er selbst wurde, nachdem die Deutschen Brüssel besetzt hatten, auf deren Befehl verhaftet und interniert. Nach der deutschen Besetzung Frankreichs wurde er zunächst in das südfranzösische Lager Rivesaltes und anschließend in das Lager Gurs überführt. Dort traf er die Familie seiner Frau, die im Oktober 1940 aus Baden-Baden dorthin deportiert worden war.

In Seyre im Département Haute-Garonne errichteten die belgischen Betreuer und die etwa hundert Kinder in einer primitiven Unterkunft eine Kinderkolonie. Unter der Schirmherrschaft der Kinderhilfe des SRK konnten sie im Juni 1941 in eine bessere Unterkunft, das *Château de la Hille* in Montégut-Plantaurel bei Toulouse im Département Ariège, umziehen. Gustav und Manfred gehörten nicht zu den 17 Kindern aus *La Hille*, die über eine Initiative der USCOM im Sommer 1941 in die USA gerettet werden konnten. Sie blieben in *La Hille* und besuchten im Frühjahr 1942 ihren Vater und die Verwandten im Lager in Gurs. Es war das letzte Mal, dass sie ihren Vater sahen, der am 6. August 1942 ins Sammellager Drancy und von dort am 10. August 1942 nach Auschwitz deportiert und wahrscheinlich sofort ermordet wurde.

Gustav und Manfred blieben bis Ende 1943 in *La Hille* und wurden dann im Waisenhaus eines Nonnenklosters bei Toulouse versteckt. Mit Hilfe des jüdischen Widerstands sowie des JDC konnten sie im Juli 1944 zu Fuß über die Pyrenäen nach Spanien flüchten. Nach Aufenthalten in Kinderheimen in Barcelona und Lissabon konnten sie Ende Dezember 1944 mit dem Schiff *Serpa Pinto* Europa verlassen. Am 10. Januar 1945 legte das Schiff im Hafen von Philadelphia an. Sie fuhren von dort mit dem Zug zu ihrem Onkel Julius Manasse nach New York, der sie aber nicht aufnahm. Die GJCA brachte die Brüder getrennt in Pflegefamilien in New York unter. Während Gustav Glück hatte und bis zu seiner Heirat in seiner Pflegefamilie in New York blieb, erlebte Manfred schwierige Jahre in wechselnden Pflegefamilien.

Nach Kriegsende erhielten die Brüder die Nachricht vom Tod ihrer Eltern und ihrer Schwester. Der Vater Alfred wurde in Auschwitz an einem unbekannten Datum ermordet. Die 38-jährige Mutter Trude Manasse wurde vermutlich zusammen mit der fünfjährigen

Schwester Mirjam 1942 von Frankfurt ins Konzentrations- und Durchgangslager Theresienstadt deportiert. Die genaueren Umstände, Ort und Zeitpunkt ihres Todes sind bislang ungeklärt. Alle wurden mit Datum vom 8. Mai 1945 für tot erklärt.

Beide Brüder machten ihren High School-Abschluss und besuchten anschließend das *New York City College*. Gustav Manasse, der sich in den USA Gabriel nannte, promovierte nach dem College-Abschluss an der *Columbia University* in Psychologie und lehrte als Professor an der *City University New York*. Er heiratete und hatte mit seiner Frau drei Kinder, davon zwei Adoptivkinder. Er starb am 11. Dezember 2011 in Glen Cove, New York, im Alter von 80 Jahren.

Fred Manasse arbeitete nach dem College-Abschluss als Elektroingenieur. Er heiratete eine gebürtige Amerikanerin, Annette, mit der er zwei leibliche Söhne und eine Tochter sowie zwei Adoptivkinder hat. Er gewann ein Stipendium für die *Princeton University* und promovierte dort in Physik; bis 1976 lehrte er als Professor für Elektronik an mehreren Universitäten und war zudem als Unternehmensberater tätig. Er gründete ein eigenes Solarenergieunternehmen, das er bis 1986 leitete und kehrte danach in die Elektroindustrie zurück. Seit seinem Ruhestand 2002 betätigt er sich als Bildhauer. *My Diaspora* ist der Name einer seiner preisgekrönten Skulpturen, die den Verlust seiner Familie thematisiert.

Fred Manasse ist in Boston Mitglied zahlreicher Organisationen, die an den Holocaust erinnern, und hat sich vielfach als Zeitzeuge engagiert. Er hat mehrfach Deutschland besucht, unter anderen auch Frankfurt am Main.

Quellen

Cohen, Beth B. (2018): *Child Survivors of the Holocaust. The Youngest Remnant and the American Experience*. New Brunswick, NJ: Rutgers UP.

Fred Manasse discusses the Holocaust: Kindertransport – Hidden Children – The Story, with Host Paul Levine and Guest Fred Manasse on CCTV. Online: http://www.sculpturebyfredmanasse.com/?page_id=80 [Stand 11. August 2021].

Goldapper, Edith (1940): *Edith Goldapper berichtet über ihre Flucht aus Belgien nach Frankreich im Mai und Juni 1940. Jawohl, es ist der 10. Mai 1940, der Krieg in Belgien*. Online: https://die-quellen-sprechen.de/05-152.html, [Stand 13. November 2019]

Manasse, Fred (Manfred): Interview 37818, VHA.

USHMM, Fred Manasse Collection.

USHMM, Lilly Felddegen Papers.

Zeitsprung. Kontor für Geschichte: Datenbank Gedenkstätte Neuer Börneplatz, Jüdisches Museum Frankfurt am Main. Texte.

Ruth Ilse Marx (verh. Lehmann),
geboren am 19. Mai 1924 in Frankfurt-Höchst.

Hans Martin Marx,
geboren am 7. Oktober 1929 in Frankfurt-Höchst.

Eltern:
Hermann Marx (*20. Juni 1890 in Battenberg/Kreis Biedenkopf)
und Martha, geb. Würzburger (*2. Juni 1897 in Frankfurt am Main).

Die Eltern hatten 1922 geheiratet und betrieben in Höchst ein Herrenbekleidungsgeschäft, zuletzt in der Bolongarostraße 167. In ihrer Wohnung in der Zuckschwerdtstraße 16 beschäftigte die Familie ein christliches Kindermädchen. Ruth und Hans besuchten den katholischen Kindergarten und anschließend die *Oberfeldschule*, die heutige *Robert-Blum-Schule*, Ruth von 1930 bis 1934 und Hans von 1936 bis 1938.

Nach 1933 wurde die Familie ausgegrenzt und schikaniert. Vor ihrem Geschäft standen SA-Posten, die Rollläden wurden wiederholt beschmiert und die Scheiben eingeworfen. Aufgrund des Umsatzrückgangs durch die Einschüchterungen und Drohungen vonseiten der NSDAP mussten die Eltern das Geschäft schließlich ganz aufgeben.

1935 wechselte die elfjährige Ruth auf die Volksschule des *Philanthropin*, weil sie in Höchst auf keine weiterführende öffentliche Schule mehr gehen durfte. Da Ruth nach dem Ende ihrer Schulzeit im Frühjahr 1938 als Jüdin keine Lehrstelle als Laborantin bekommen konnte, arbeitete sie zunächst als Näherin bei *Hess & Stern* einer Wäschefabrik, die ihren Verwandten gehörte, bis deren Firma 1938 zwangsweise schließen musste. Danach war sie im jüdischen Altersheim in der Wöhlerstraße beschäftigt.

Während der Novemberpogrome wurde der herzkranke Vater verhaftet und ins KZ Buchenwald verschleppt. Schwer krank und arbeitsunfähig kehrte er nach seiner Entlassung im Dezember 1938 zurück. Ruth und Hans, die nach seiner Verhaftung mit der Mutter nach Frankfurt geflüchtet waren, wohnten dort vorübergehend bei einer Tante. Hans blieb vorerst bei der Frankfurter Familie und ging auf die Volksschule des *Philanthropin*, da jüdische Kinder auch an staatlichen Grundschulen ausgeschlossen wurden. Im März 1939 fand die Familie eine Wohnung in Frankfurt im zweiten Stock der Kantstraße 5. Sie wurden von ihrer ehemaligen Haushaltshilfe Anna Scherer und einer befreundeten Familie Jäger mit Lebensmitteln unterstützt. Aus Geldmangel und wegen der Krankheit des Vaters scheiterten die Pläne zur Emigration. Der Vater starb im Januar 1940 in Frankfurt.

Auf Initiative der Mutter konnten Ruth und Hans wenige Wochen nach dem Tod ihres Vaters an einer vom Frankfurter Quäkerbüro organisierten Kinderverschickung in die USA teilnehmen. Am 5. März 1940 gingen sie in Genua an Bord der *SS Rex* und kamen am 14. März 1940 im New Yorker Hafen an. Dort wurden Hans und Ruth von ihrer New Yorker Tante, einer Schwester der Mutter, aufgenommen.

Ruth besuchte in New York die *James Adams Vocational High School* bis Juni 1940. Mit Vollendung ihres 16. Lebensjahres musste sie selbst für ihren Lebensunterhalt sorgen.

Sie nahm eine Stelle in einer Fabrik an und besuchte einmal wöchentlich halbtags eine Fortbildungsschule bis zur Vollendung ihres 17. Lebensjahres.

Im Juni 1941 konnte Martha Marx über Spanien und Portugal in die USA kommen und Ruth und Hans waren mit ihrer Mutter wiedervereint.

Ruth heiratete am 6. März 1943 in Manhattan, New York City, den gebürtigen Frankfurter Kurt Lehmann (geb. 1913), mit dem sie zwei Kinder hatte. Sie lebten zunächst in New York und später in Teaneck, Bergen, New Jersey, zusammen mit der Mutter. Martha Marx starb dort 1985 im Alter von 88 Jahren. Ein Jahr danach starb auch Ruths Ehemann. Ruth verbrachte die letzten Lebensjahre in Mesa Maricopa, Arizona, und starb dort im Alter von 72 Jahren am 18. November 1996.

Hans besuchte nach einem längeren Sprachtraining zunächst die Grundschule und danach die High School, wo er Anfang 1948 seinen Abschluss machte. Danach studierte er am *New York City College* und erhielt dort 1952 sein Diplom als Ingenieur. Er heiratete die gebürtige New Yorkerin Rose Ekstein, mit der er eine Tochter hatte. Nach dem Tod seiner Ehefrau, die 1965 mit 34 Jahren in Greenwich, Fairfield, Connecticut starb, heiratete er 1967 auf den Bermudas ein zweites Mal. Mit seiner zweiten Frau ging er im Auftrag seiner Firma 1970 nach Deutschland. Ursprünglich war der Aufenthalt nur für ein Jahr geplant. Da die Firma in Konkurs ging, blieb er in Deutschland. Er machte sich als Ingenieur auf dem Gebiet Planung von Flughäfen selbstständig und arbeitete freiberuflich für die *Frankfurter Flughafen AG*. Seine Frau war ebenfalls am Frankfurter Flughafen bei der israelischen Fluggesellschaft *EL AL* beschäftigt. Das Ehepaar wohnte lange Zeit in Walldorf. Dort starb Hans Marx am 11. Januar 1997 im Alter von 67 Jahren.

Quellen

Beck, Waltraud; Frenzel, Josef & Krohn, Helga (1990): *Juden in Höchst. Die vergessenen Nachbarn. Juden in Frankfurter Vororten*. Hrsg. v. Jüdisches Museum Frankfurt am Main, S. 69f.

HHStAW, Abt. 518, Nr. 3339; 81833.

Recherchen von Waltraud Beck-Stromberger, Frankfurt-Höchst, u. a. Interview vom 5. April 1989 mit Hans Marx in Walldorf sowie ihre Korrespondenz mit Ruth Lehmann (geb. Marx) in Teaneck, NJ, USA.

Friedrich (Frederick/Fred) Mayer,
geboren am 11. August 1921 in Frankfurt am Main.

Eltern:
Siegmund Mayer (*24. September 1879 in Leimersheim/Landkreis Germersheim) und Helene, geb. Hiller (*13. November 1887 in Mußbach/Neustadt an der Weinstraße).

Geschwister:
Wilhelm (*21. November 1917 in Hanau).

Der Vater war Bankkaufmann und leitender Direktor der Hanauer Filiale der *Dresdner Bank*. Friedrich besuchte in Hanau die Volksschule und danach das Städtische Gymnasium. Am 1. April 1934 wurde der Vater zwangsweise in den Ruhestand versetzt, weil er Jude war. Noch im selben Monat schickten die Eltern Friedrichs älteren Bruder Wilhelm nach England auf ein Internat, das *Buxton College* in Derbyshire bei Manchester, das zahlreiche jüdische Flüchtlingskinder aus Deutschland aufnahm. Nach der Zwangspensionierung seines Vaters zog die Familie nach Frankfurt, zunächst in die Palmstraße 10 und ein Jahr später in den Kettenhofweg 94. Friedrich wurde Schüler am gymnasialen Zweig des *Philanthropin*. Am 14. Oktober 1936 ging er mit einer Gruppe von 13 Kindern in Hamburg an Bord der *SS President Roosevelt*. Die Gruppe kam am 24. Oktober 1936 in New York an.

Friedrich kam nach Kalifornien in das Jüdische Waisenhaus *Vista del Mar* in Los Angeles. Dort besuchte er wie alle Heimkinder die *Hamilton High School*, die er 1938 abschloss. Mit einem Stipendium nahm er im September 1938 ein Studium an der *University of Southern California* (USC) in Los Angeles in den Fächern Philosophie und Pädagogik (*Humanities*) auf. Er zog aus dem Waisenhaus aus und verdiente neben dem Studium mit Tutorien einen Teil seines Lebensunterhalts.

Seine Eltern und sein Bruder Wilhelm konnten 1940 in die USA kommen. Ende August 1939, gerade noch vor Kriegsbeginn, hatten sie nach London ausreisen können. Dort warteten sie bei Friedrichs Bruder Wilhelm in Buxton auf ihr Visum für die USA. Zusammen mit Wilhelm schifften sie sich am 16. Mai 1940 in Liverpool auf der *SS Scythia* nach New York ein, wo sie am 28. Mai 1940 ankamen. Mit einem Greyhound-Bus reisten sie weiter nach San Francisco zu einem Bruder des Vaters. Nach vier langen Jahren der Trennung war Friedrich mit seiner Familie wieder vereint. Der Vater Siegmund Mayer starb allerdings bereits zwei Jahre später, am 29. Oktober 1942, nur 63-jährig in San Francisco. Auch die Mutter Helene Mayer starb früh, am 12. September 1949 in Alameda, Oakland, im Alter von nur 61 Jahren.

Friedrich änderte seinen Namen in den USA in Frederick (Fred). Weil er sich nicht einbürgern ließ und seine deutsche Staatsbürgerschaft behielt, musste er nicht zum Militär und nicht am Zweiten Weltkrieg teilnehmen, was seiner pazifistischen Einstellung entsprach. 1944 promovierte er an der USC mit »summa cum laude«. Nach dem Studium war er einige Zeit als Erzieher für schwererziehbare Jugendliche tätig, danach als Dozent und dann als Professor für Philosophie, Pädagogik und Humanwissenschaften

Abb. 95: Frederick Mayer.

an der Universität von Redlands, Kalifornien. Er war außerdem Sonderberater im *Zentrum für das Studium der demokratischen Institutionen* in Santa Barbara. Mit seinem 1960 erschienenen und in zwanzig Sprachen übersetzten Werk *A History of Educational Thought*, das in den USA zum Pflichtlehrbuch an Hunderten Universitäten wurde, errang er internationale Bekanntheit und beeinflusste nachhaltig die Entwicklung der modernen Pädagogik.

Die Morde an John F. und Robert Kennedy sowie an Martin Luther King, aber auch die zunehmende Militarisierung der amerikanischen Gesellschaft im Verlaufe des Vietnamkriegs, veranlassten Frederick Mayer, die Vereinigten Staaten im November 1968 zu verlassen und Europa und Japan zu bereisen. Wegen seiner kritischen Haltung zum Vietnamkrieg durfte er danach nicht in die USA zurückzukehren. Er ließ sich schließlich in Wien nieder, wo er Alice Strigl, seine künftige Lebensgefährtin, getroffen hatte. In Wien war er publizistisch tätig, hielt Vorträge und engagierte sich als Vorsitzender der *Psychologischen Gesellschaft für Persönlichkeits- und Organisationsentwicklung*, der Trägerin der *Zeitschrift für Sozialpsychologie und Gruppendynamik*. 1982 verlieh ihm der damalige Wiener Bürgermeister Helmut Zilk das *Goldene Ehrenzeichen für Verdienste um das Land Wien*. Als Ehrenpräsident der Internationalen Konferenz der *United Nations Industrial Development Organization* (UNIDO) in Wien 1988 formulierte er das Projekt *Improving Industrial Administration* und wirkte an der Umgestaltung Wiens zur internationalen Stadt mit.

Frederick Mayer war nicht nur ein anerkannter Pädagoge, sondern auch als Kreativitätsforscher bekannt. Sein breites gesellschaftliches Engagement als wissenschaftlicher Berater und Mitglied in zahlreichen Stiftungen und wissenschaftlichen Gesellschaften sowie seine Forschung und umfangreiche Publikationstätigkeit konzentrierten sich auf die Förderung von Demokratie, Frieden und globalem Humanismus. Seine *Pädagogik der Ermutigung* stellte die Erziehung zur Kreativität und die Förderung des schöpferischen Potenzials eines jeden Menschen von Kindheit an bis ins hohe Alter in den Mittelpunkt. Bereits in den USA war er zum Katholizismus konvertiert, beschäftigte sich in den letzten Jahren aber vor allem mit dem Taoismus und dem Bahaitum.

Frederick Mayer starb am 26. Juni 2006 in Wien im Alter von 84 Jahren. Er wurde auf dem Neustifter Friedhof in Wien in einem Ehrengrab beigesetzt.

Quellen

HHStAW, Abt. 518, Nr. 40398; 76982.

Korrespondenz mit Prof. Dr. Rudolf O. Zucha, Wien und Villach, März bis August 2021.

Mayer, Frederick (1984): *Wahnsinn Amerika. Von einem, der auszog, die Freiheit zu finden*. Dortmund: Weltkreis.

Mayer, Frederick (2011): *Umdenken. Betrachtungen über Gesellschaft und Selbsterkenntnis*. Wien: Böhlau, 2. Aufl., S. 88 u. 168.

Wien Geschichte Wiki: »Frederick Mayer«. Online: https://www.geschichtewiki.wien.gv.at/Frederick_Mayer [Stand 2. Oktober 2021].

Wikipedia: »Frederick Mayer«. Online: https://de.wikipedia.org/wiki/Frederick_Mayer [Stand 2. Oktober 2021].

Zucha, Rudolf O. (2021): Frederick Mayer – In memoriam zum 100. Geburtstag. *Internationale Zeitschrift für Sozialpsychologie und Gruppendynamik in Wirtschaft und Gesellschaft*, 142(46), S. 36–39.

Elfriede Meyer (verh. Schloss),
geboren am 8. Juni 1926 in München-Gladbac, heute: Mönchengladbach.

Eltern:
Julius Meyer
und Recha, geb. Scheuer (*14. April 1891 in Frankfurt am Main).

Geschwister:
Klara (*25. April 1922 in München-Gladbach, heute: Mönchengladbach).

Die Familie wohnte in München-Gladbach (heute: Mönchengladbach) in der Margaretenstraße und war religiös liberal. Der Vater betrieb dort zusammen mit seiner Schwester ein Geschäft für Berufsbekleidung, das der Großvater Heinrich Hermann Meyer gegründet hatte. Der Vater hatte als Soldat am Ersten Weltkrieg teilgenommen und war tuberkulosekrank zurückgekehrt. Elfriede kannte ihren Vater nur als kranken Mann. Sie war zehn Jahre alt, als er im Frühjahr 1937 an Tuberkulose starb.

Nach dem Tod des Vaters zog die Mutter mit Elfriede zu ihrer Frankfurter Familie. Die ältere Schwester Klara blieb zunächst noch in München-Gladbach bei der Tante, die das Geschäft der Familie noch einige Zeit weiterführte.

Elfriedes Frankfurter Großmutter Johanna Scheuer lebten im Erdgeschoss der vierstöckigen Villa in der Rubensstraße 18, die Simon Scheuer, einem Bruder des bereits verstorbenen Großvaters, gehörte. Dieser war mit seiner Nichte Sitta, der älteren Schwester von Elfriedes Mutter, verheiratet und wohnte mit ihr und den gemeinsamen Kindern Trude und Manfred im ersten Stock des Hauses. Während die Mutter zu ihrer Familie zog, brachte sie Elfriede im *Israelitischen Waisenhaus* am Röderbergweg unter. Vermutlich verband sie damit die Möglichkeit, Elfriede mit einer Kinderverschickung ins Ausland in Sicherheit zu bringen. Elfriede gewöhnte sich bald an den orthodoxen Alltag und war sehr gern im Waisenhaus. Die Wochenenden verbrachte sie oft mit der Familie in Sachsenhausen.

Am 8. März 1939 ging Elfriede mit der Kinderverschickung des *Israelitischen Waisenhauses* nach Frankreich. Sie wurde zusammen mit den anderen Frankfurter Kindern zunächst im OSE-Heim *Villa Helvetia* in Montmorency und danach im Heim für orthodoxe Kinder *Villa La Chesnaie* in Eaubonne bei Paris untergebracht. Nach dem Einmarsch der Deutschen wurde sie in den unbesetzten Teil Frankreichs ins *Château de Montintin* bei Limoges evakuiert. Von dort aus nahm Elfriede Meyer zusammen mit den Frankfurter und weiteren Kindern an der ersten USCOM-Kinderverschickung über Spanien und Portugal in die USA teil. Mit den 111 Kindern kam sie am 21. Juni 1941 in New York an. Elfriede wurde von ihren Verwandten in Chicago aufgenommen. Sie ging dort auf die High School und machte 1944 ihren Abschluss. Nach dem Besuch einer Wirtschaftsschule arbeitete sie auf einer Vollzeitstelle im Büro der Universität von Chicago.

Nach dem Kriegsende bekam sie die Nachricht, dass ihre gesamte Familie im Holocaust ermordet worden war. Ihre Mutter Recha und ihre Schwester Klara Meyer, die auch nach Frankfurt gezogen war, wurden 1940 ebenso wie ihre übrigen Verwandten gezwungen, aus dem Haus Rubensstraße 18 auszuziehen. Mutter und Schwester mussten in die Scheffelstraße 27, das Haus eines jüdischen Eigentümers ziehen, in dem Juden vor ihrer Deportation auf engstem Wohnraum konzentriert wurden. Von hier wurden sie am 12. November 1941 in das Ghetto Minsk im von den Deutschen besetzten Weißrussland verschleppt und ermordet. Der Ort und der Zeitpunkt ihres Todes sind nicht bekannt. Auch die Schwestern der Mutter mit ihren Familien, ihre Großmutter und die Geschwister des Vaters wurden Opfer des Holocaust. Elfriede und ein Cousin in Australien sind die einzigen Überlebenden ihrer einst großen Familie.

Elfriede heiratete 1947 mit 21 Jahren Edmund (Ed) Schloss, einen deutschen Emigranten, den sie bereits auf der High School kennengelernt hatte. Elfriede und Ed bekamen drei Kinder, zwei Söhne und eine Tochter. Nach der Geburt ihres ersten Sohnes 1951 gab Elfriede die Berufstätigkeit auf. Später arbeitete sie im Geschäft ihres Mannes mit. Elfriede und Ed Schloss lebten lange in Chicago und nun seit vielen Jahren in San Diego.

Quellen

Kurzbiografien der Frankfurter Teilnehmenden an der Reunion ehemaliger OSE-Kinder in Los Angeles zum 50. Jahrestag 1989, erhalten von Helga Krohn, Frankfurt am Main.

Telefoninterview der Autorin mit Elfriede Schloss am 5. Januar 2016 in San Diego, CA.

Schloss, Elfriede (geb. Meyer): Interview 10907, VHA.

USHMM, Elfriede Schloss Papers, Accession Nr. 1995.A.0368.1. Gift of Elfriede Schloss.

Zeitsprung. Kontor für Geschichte: Datenbank Gedenkstätte Neuer Börneplatz, Jüdisches Museum Frankfurt am Main. Texte.

Werner Müller (Warren Miller),
geboren am 6. März 1928 in Frankfurt am Main.

Eltern:
Willy Moritz Müller (*25. Februar 1885 in Frankfurt am Main)
und Frieda, geb. Levi (*19. April 1891 in Ehringshausen, Kreis Wetzlar).

Geschwister:
Eine Halbschwester, Jaennett Levi (Elsner) (*31. März 1914).

Die Eltern hatten am 25. Mai 1927 in Frankfurt am Main geheiratet. Für den Vater war es die zweite Ehe. Die Mutter brachte eine Tochter mit in die Ehe. Der Vater war Buchhalter. Die Familie lebte im ersten Stock der Gwinnerstraße 34 (heute: Mousonstraße). Werner wurde im *Philanthropin* eingeschult und kam an Ostern 1938 dort in den gymnasialen Zweig, den er bis zur Quinta, seiner Ausreise im März 1940, besuchte. Laut Volkszählungsdatenbank lebten im Mai 1939 auch die beiden jüngeren Brüder der Mutter, Felix und Bernhard Levi aus Ehringshausen, bei der Familie.

Werner ging in einer Kindergruppe am 5. März 1940 in Genua an Bord des italienischen Ozeandampfers *SS Rex* nach New York und traf am 14. März 1940 dort ein. Er kam zu einer Pflegefamilie nach Chicago, Illinois, und besuchte bis Juni 1942 die *Eberhard School*, eine Grundschule und von September 1942 bis Juni 1946 die *Lindblom Technical High School*. Von September 1947 bis Februar 1949 studierte er am *Wilson Junior College* in Chicago Mathematik und Chemie. Während des Studiums arbeitete er, um seinen Lebensunterhalt zu verdienen. Weil er diese doppelte Belastung nicht durchhielt, gab er 1949 das Studium auf und nahm eine Vollzeitstelle als kaufmännischer Reisender bei einer Firma in Cleveland, Ohio, an. Zwischenzeitlich leistete er außerdem seinen zweijährigen Militärdienst. Werner Müller änderte in den USA seinen Namen in Warren Miller.

Sein Vater konnte ihm in die USA folgen, ebenso seine Halbschwester mit ihrem Mann. Seine Mutter blieb in Frankfurt zurück. Nach der Abreise von Werner wohnte sie in der Windeckstraße 3 bei Rosner, dann in der Oberlindau 55 und zuletzt in der Schubertstr. 20. Von hier wurde sie zu einem nicht bekannten Zeitpunkt aus Frankfurt verschleppt und im Konzentrations- und Vernichtungslager Auschwitz ermordet.

Der Vater, der seinen Namen in William Mueller geändert hatte, starb im Juli 1964 mit 79 Jahren in den USA. Warren Miller starb am 7. August 2009 in Twinsburg, Ohio, im Alter von 81 Jahren.

Quellen

HHStAW, Abt. 518, Nr. 55300; 41584; Abt. 519/3, Nr. 31212; 32027.

Gertrude (Gittel) Pfifferling (Jeanette, verh. Eisemann), geboren am 12. Februar 1927 in Rhina, Kreis Hünfeld.

Eltern:
David Pfifferling (*27. Mai 1893 in Rhina, Kreis Hünfeld)
und Henny, geb. Bachrach (*20. Oktober 1897 in Rhina, Kreis Hünfeld).

Geschwister:
Natalie (*1. Dezember 1924 in Rhina, Kreis Hünfeld).

Der Vater betrieb in Rhina einen Viehhandel nebst Metzgerei. Gertrude und ihre Schwester besuchten dort die Volksschule. Wie zwei Wachtmeister des für Rhina zuständigen Gendarmeriepostens protokollierten, begann der tägliche Terror gegen die jüdische Bevölkerung 1934: Eingeworfene Fensterscheiben, Steinwürfe, Körperverletzungen, Denunziationen, Beleidigungen, Nötigungen, Drohungen, Geschäftsschädigungen und Störungen des Gottesdienstes waren an der Tagesordnung. Einen Höhepunkt erreichte dieser Terror am 22. März 1935, als SA-Leute versuchten, die jüdischen Gottesdienstbesucher vor der Synagoge mit Gummiknüppeln zu verprügeln. Da diese sich wehrten, zerschlugen die SA-Männer einige Tage später Fenster und Türen von Häusern jüdischer Familien. Beim Novemberpogrom wurde die Synagoge mit der integrierten jüdischen Schule und der Wohnung des Lehrers angezündet und niedergebrannt.

Der Vater David Pfifferling wurde verhaftet und mit anderen jüdischen Männern aus dem Dorf ins KZ Buchenwald verschleppt, wo er vom 12. November bis 12. Dezember 1938 inhaftiert war (Häftlingsnummer 26536). Unmittelbar nach dem Pogrom flüchtete Gertrude mit der Mutter, der Schwester und der Großmutter Malchen Bachrach nach Frankfurt am Main. Dort zogen sie in eine Wohnung im zweiten Stock des Hauses Schwanenstraße 12, das der *Israelitischen Religionsgesellschaft* gehörte. Gertrude und ihre Schwester wurden Schülerinnen am *Philanthropin*. Die Schwester wurde vermutlich Anfang 1939 zur Zwangsarbeit nach Berlin geschickt.

Gertrude kam am 8. März 1939 mit der Kinderverschickung des *Israelitischen Waisenhauses* nach Paris. Dort war sie mit den anderen Frankfurter Kindern im OSE-Heim für Kinder aus strenggläubigen Familien *Villa La Chesnaie* in Eaubonne und ab Juni 1940 im OSE-Heim *Château des Morelles* in Broût-Vernet. Im Juni 1941 kam sie mit der ersten USCOM-Gruppe über Lissabon nach New York. Sie wurde von ihrer Tante in Washington Heights, New York City, aufgenommen. 1947 heiratete sie dort einen deutschen Emigranten, von dem sie 1949 wieder geschieden wurde. 1950 traf sie Albert (Al) Eisemann wieder, den sie 1952 in Manhattan heiratete. Sie hatte inzwischen ihren Vornamen in Jeannette geändert. Mit Al zog sie später nach Hartfort, Connecticut, und bekam mit ihm vier Kinder, zwei Söhne und zwei Töchter.

Gertrude verlor beide Eltern und ihre Schwester im Holocaust. David und Henny Pfifferling hatten zuletzt mit der Großmutter und drei weiteren Untermietern in der Schwanenstraße 12 gelebt, einem »Ghettohaus«, in dem jüdische Menschen vor ihrer Deportation auf engstem Raum wohnen mussten. Die *Israelitische Religionsgesellschaft* hatte das

Haus 1939 zwangsweise an die Stadt Frankfurt verkauft. Der Vater hatte – vermutlich als Zwangsarbeiter – in einer städtischen Dampfwaschanstalt, die Mutter in einem Jüdischen Altersheim gearbeitet. David und Henny Pfifferling wurden vermutlich im Frühjahr 1942 von Frankfurt in ein Konzentrations- oder Vernichtungslager verschleppt und ermordet. Umstände und Zeitpunkt ihres Todes sind nicht bekannt. Die Schwester Natalie Pfifferling wurde in Berlin am 3. Oktober 1942 im Alter von 17 Jahren mit dem 20. Osttransport nach Reval, Estland, deportiert. Sie kam in einem Lager ums Leben. Ihr Todesdatum wurde wie das der übrigen Familie auf den 8. Mai 1945 festgesetzt.

Jeannette (geb. Pfifferling) Eisemann starb am 15. März 2019 in Monsey, Rockland, New York, im Alter von 92 Jahren.

Quellen

Chotjewitz-Häfner, Renate & Peter Chotjewitz (1988): *Die Juden von Rhina. Die Juden von Rhina – Aus der Chronik eines osthessischen Dorfes*. Oberellenbach: Verlag Geisteswissenschaft Dokumentation (VGD).

HHStAW, Abt. 518, Nr. 25449; 25450.

Hirsch, Asher A. (2010): *May My Family Be Ever Perfect in Your Eyes*. Tsfat, Israel.

Kurzbiografien der Frankfurter Teilnehmenden an der Reunion ehemaliger OSE-Kinder in Los Angeles zum 50. Jahrestag 1989, erhalten von Helga Krohn, Frankfurt am Main.

Fritz (Fred) Rosenberg,
geboren am 25. Oktober 1923 in Bad Homburg v. d. Höhe.

Eltern:
Willi Michael (Meier) Rosenberg (*15. Oktober 1884 in Usingen)
und Betty, geb. Hirsch (*27. November 1896 in Groß-Gerau).

Geschwister:
Ernst (*4. Juni 1920 in Bad Homburg v. d. Höhe).

Der Vater hatte als Soldat am Ersten Weltkrieg teilgenommen. Am 4. September 1919 hatten die Eltern in Groß-Gerau geheiratet. Die Familie lebte in Bad Homburg im eigenen Haus in der Dorotheenstraße 38. Der Vater war dort Teilhaber der Weinbrennerei seines Vaters Siegmund Rosenberg. Fritz wurde 1930 in Bad Homburg eingeschult. Er war acht Jahre alt, als die Familie 1932 nach Groß-Gerau zog und er in die dortige Volksschule wechselte. In Groß-Gerau arbeitete der Vater in der Firma *Hirsch & Söhne Branntweinbrennerei, Destillation, Likör- und Essigfabrik* seines Schwiegervaters, Heinrich Hirsch, die dieser in der dritten Generation mit seinem Cousin Hugo Hirsch betrieb. Fritz Großvater war in Groß-Gerau ein angesehener und einflussreicher Mann und viele Jahre Mitglied des Gemeinderats gewesen. Nach der Machtübernahme 1933 wurde er von den Nationalsozialisten aller seiner Ämter enthoben und von NSDAP-Anhängern misshandelt und verfolgt. Er musste aus Groß-Gerau fliehen und sich zeitweise verstecken.

Im Sommer 1933 wurde der Vater bei einer Hausdurchsuchung von Polizei und NSDAP-Leuten wegen illegalem Waffenbesitzes festgenommen und in einem Gerichtsverfahren in Darmstadt zu einem Monat Gefängnis unter Anrechnung der Untersuchungshaft verurteilt. Nach der Haftentlassung konnte er wegen der Verfolgung durch die örtlichen NSDAP-Leute nicht nach Groß-Gerau zurückkehren. Nachdem er vorübergehend bei Freunden in Frankfurt und in Bad Homburg untergekommen war, floh er im November 1933 zusammen mit Fritz 13-jährigem Bruder Ernst nach Holland. Fritz und seine Mutter zogen im Herbst 1933 zu den Großeltern Hirsch, die inzwischen in Frankfurt in der Wolfsgangstraße 49 wohnten. Als seine Mutter im Juni 1935 dem Vater und Bruder nach Amsterdam folgte, blieb Fritz bei den Großeltern, die sich für ihn um einen Platz für eine Kinderverschickung nach USA bemühten. Im November 1935 zog Fritz mit ihnen in die Holzhausenstraße 59 um.

1937 erkrankte der Großvater Heinrich Hirsch und starb am 26. November 1937. Fritz Vater, der im November 1937 aus Holland zurückgekehrt war, wurde erneut inhaftiert und Ende des Jahres nach Italien abgeschoben. Die Mutter und der Bruder hielten sich noch in Holland auf und folgten dem Vater im Frühjahr 1938 nach Italien.

Am 9. Februar 1938 konnte Fritz in Hamburg mit einer Kindergruppe von zehn Jungen und sechs Mädchen an Bord der *SS Manhattan* nach New York gehen. Am 17. Februar 1938 dort angekommen, reiste er weiter zu seiner Pflegefamilie nach La Palma, Kalifornien. Fritz besuchte zunächst die High School in La Palma und danach, ab September 1938, die *High School of California* in Los Angeles. Dort machte er 1941 seinen Abschluss.

Danach studierte er zwei Semester an der *University of California Los Angeles* (UCLA) und von 1942 bis zu seiner Einberufung in die US-Armee 1944 am *College William & Mary*, einer staatlichen Universität in Williamsburg, Virginia. Fritz änderte nach seiner Einbürgerung seinen Vornamen in Fred. Nach der Entlassung aus der Armee 1946 setzte er sein Studium an der UCLA fort, unterbrach aber offenbar das Studium, um Geld für seinen und später auch den Unterhalt für seine Mutter zu verdienen. Sie hatte das Kriegsende mit seinem Bruder in England erlebt und kam im Mai 1947 zu ihm in die USA. Als Ziel hatte sie auf der Schiffspassagierliste als Adresse ihres Sohnes vermutlich die seines Arbeitgebers, *F. Rosenberg c/o Warner Bros. Pictures Cpn., Burbank, Kalifornien*, angegeben. Erst 1955 machte Fritz seinen *Bachelor of Arts* im Hauptfach Ökonomie an der UCLA.

Nach Kriegsende erfuhr Fritz, dass sein Vater Opfer des Holocaust geworden war. Im Herbst 1938 war dieser aus Italien nach Bad Homburg zurückgekehrt und beim Novemberpogrom im KZ Buchenwald inhaftiert worden. Während des Krieges musste er vermutlich Zwangsarbeit leisten, unter anderem vom 20. April 1941 bis 21. April 1942 in der *Pappenfabrik Ludwig Kriesler* in Dornolzhausen/Taunus. Ein Freund von Fritz, der nach Kriegsende als US-Soldat in der Nähe von Bad Homburg stationiert war, forschte in seinem Auftrag nach dem Vater. Ehemalige Nachbarn erzählten ihm, dieser sei nach seiner Rückkehr aus dem KZ Buchenwald seelisch nicht mehr in der Lage gewesen, seine Auswanderung weiter zu betreiben. Willi Rosenberg war am 10. Juni 1942 in Bad Homburg verhaftet und von Frankfurt in ein Vernichtungslager (Majdanek oder Sobibor) deportiert und ermordet worden.

Der Bruder Ernst blieb nach Kriegsende in England, heiratete dort und änderte seinen Nachnamen in Russel. 1948 wanderte er mit seiner Familie nach Rhodesien, Afrika, aus. Fred kehrte in den 1960er Jahren vorübergehend nach Deutschland zurück, wo er im Münchener Büro der *Lockheed Aircraft Corporation, California Division Lockheed Burbank, California* beschäftigt war. Fred Rosenberg starb im Juni 1993 in den USA im Alter von 69 Jahren.

Quellen

Brief von Johanna Kossmann an den 1936 nach Chicago geflohenen Martin Marx vom 5. April 1937. Zit. n. Vorndran, Hans-Georg & Ziegler, Jürgen (1989): *Juden in Groß-Gerau. Eine lokale Spurensuche.* Schriftenreihe des Evangelischen Arbeitskreises Kirche und Israel in Hessen und Nassau, 5. Groß-Gerau. Vgl. online: http://www.erinnerung.org/gg/haeuser/sb8.html [Stand 20. Dezember 2020].

HHStAW, Abt. 519/3, Nr. 5556; 14539; Abt. 518, Nr. 49613; 49716; 49612.

Erich (Eric) Rosenfeld,
geboren am 22. Juni 1925 in Seeheim/Bergstraße.

Eltern:
Hermann Rosenfeld (*7. Juli 1873 in Ober Ingelheim/Mainz)
und Emilie, geb. Mayer (*14. April 1888 in Seeheim/Bergstraße).

Geschwister:
Herbert (*12. Februar 1922 in Seeheim/Bergstraße).

Der Vater war Kaufmann und hatte als Soldat am Ersten Weltkrieg teilgenommen. Die Familie lebte in Seeheim im eigenen Haus in der Schloßstraße 8, wo sie einen kleinen Gemischtwarenladen mit überwiegend Textilien betrieben. Bei ihnen im Haushalt lebte auch der blinde und geistig behinderte ältere Bruder der Mutter, Max Mayer (*28. Februar 1886 in Seeheim/Bergstraße), der den Vater auf den Geschäftsreisen begleitete.

Erich wurde 1931 in der Volksschule in Seeheim eingeschult. Weil er und sein Bruder dort nach 1933 den Drangsalierungen ihrer Mitschüler ausgesetzt waren, wechselten sie 1934 auf die neu eröffnete Jüdische Schule in Darmstadt.

Durch den Nazi-Boykott und die Leukämieerkrankung des Vaters konnte die Familie ihren Laden nicht weiterführen. Die Mutter musste den Lebensunterhalt für die Familie als Hausiererin verdienen und die Waren zu Fuß in den umliegenden Odenwalddörfern verkaufen. Mitte Oktober 1938 gelang dem 16-jährigen Bruder mit Hilfe eines in New York lebenden Verwandten die Flucht ins US-amerikanische Exil.

Am 10. November 1938 wurde Erich auf seinem Schulweg in Darmstadt zunächst Zeuge des dortigen Synagogenbrandes und erlebte nach seiner Rückkehr zu Hause, wie SA-Männer die Einrichtung mit Äxten zertrümmerten und die Waren auf die Straße warfen. Wenige Wochen später, am 1. Dezember 1938, starb der 65-jährige Vater.

Am 10. März 1939 übergab Emilie Rosenfeld ihren Sohn Erich der Obhut des *Israelitischen Waisenhauses* in Frankfurt. Er besuchte die *Samson-Raphael-Hirsch-Schule* am Tiergarten, bis diese am 30. März 1939 schließen musste, und ging danach auf das *Philanthropin*. Als Vorbereitung auf die Emigration machte er ab 1940 eine Tischlerlehre in der Anlernwerkstatt der Reichsvereinigung in der Fischerfeldstraße 13. Dort bekam er auch Unterricht in Englisch, Geschichte und Religion und bei seinem Austritt 1941 ein Abschlusszeugnis.

Erich Rosenfeld konnte mit Unterstützung der HIAS im April 1941 ein Visum für die USA bekommen und im August schließlich an einer der letzten Kinderverschickungen aus Deutschland über Berlin und Lissabon teilnehmen. Am 7. August fuhr er mit dem Zug nach Berlin, von dort in einer Kleingruppe mit sieben weiteren Kindern in einem versiegelten Waggon bis zur spanischen Grenze. Der Zug, der über Paris fuhr, hielt auch im Frankfurter Hauptbahnhof. Dort, auf dem Bahnsteig sah Erich Rosenfeld seine Mutter Emilie zum letzten Mal. Sie war aus Seeheim nach Frankfurt gekommen, um sich von ihm zu verabschieden.

In Lissabon ging Erich am 21. August an Bord des portugiesischen Dampfers *Mouzinho*, auf dem sich auch die zweite von der USCOM aus Frankreich evakuierte Kindergruppe befand, darunter Benjamin, Flora und Gustl Hirsch aus Frankfurt.

Nach der Ankunft lebte Erich in New York City zusammen mit seinem Bruder und seinen amerikanischen Cousins. Er fand schnell eine Arbeit in einer Schreinerei und bekam 1942 eine Stelle in der Druckerei in New York, in der sein Bruder arbeitete. Als diese eine neue Zweigstelle in Chicago eröffnete, gingen die Brüder gemeinsam dorthin. Anfang 1944 wurde Erich in die US-Armee eingezogen und kam Anfang 1945 mit 19 Jahren als Besatzungssoldat und Mitglied eines Spionageabwehrcorps (CIC) nach Deutschland.

Nach der Rückkehr in die USA 1946 zog er nach Rochester, New York, wo die Druckerei ihm in einer neu eröffneten Zweigstelle eine besser bezahlte Stelle angeboten hatte. 1949 lernte er dort in einer Gruppe junger deutscher Immigranten im Jewish Community Center Eva Lepehne aus Königsberg kennen. Auch sie hatte ihre Eltern während des Krieges verloren. Im August 1944 war sie als 17-Jährige mit 982 europäischen Flüchtlingen auf Einladung des Präsidenten Roosevelt aus Italien in die USA geholt worden und hatte bis 1946 im einzigen Flüchtlingslager der USA, in *Fort Ontario* in Oswego, New York, gelebt. Eva und Eric heirateten 1950 und bekamen vier Kinder (zwei Söhne und zwei Töchter), von denen drei noch in Rochester geboren wurden. 1956 zogen sie nach Nashville, Tennessee.

Erics Mutter, Emilie Rosenfeld, geb. Mayer, die ihr Haus in Seeheim verlassen und in die Ludwigstraße 7 ziehen musste, wurde von dort zunächst in ein Sammellager nach Darmstadt verschleppt und am 24. März 1942 in das Ghetto und Durchgangslager Piaski in Polen deportiert. Der Ort und genaue Zeitpunkt ihres Todes sind nicht bekannt. Sein Onkel Max Maier war am 4. Februar 1941 von der Psychiatrischen Anstalt in Heppenheim nach Hadamar bei Limburg verlegt und am selben Tag dort in der anstaltseigenen Gaskammer ermordet worden.

Über viele Jahre hinweg sprach Eric in Schulen, Kirchen und anderen Organisationen über seine Kindheit und die Auswirkungen von Vorurteilen, Ausgrenzung und Hass. Eric und seine Frau Eva waren beide auf lokaler Ebene in der *Tennessee Holocaust Commission* aktiv. Eric besuchte Seeheim und Darmstadt im Jahr 2000 zusammen mit seiner Familie. Am 10. April 2013 wurden in Seeheim in Anwesenheit seines Sohnes David und seiner Enkelin Tamara für ihn und seine Familie vor deren ehemaligem Haus in der Schloßstraße 8 Stolpersteine verlegt.

Eric Rosenfeld starb am 7. November 2016 im Alter von 91 Jahren in Nashville, Tennessee.

Quellen

Bericht über die Darmstädter Jüdische Schule in: *Der Israelit* vom 7. Mai 1936.

Recherchen von Klaus Knoche, Seeheim-Jugenheim.

Rosenfeld, Eric (Erich): Interview 20961, VHA.

Transkription eines Interviews der Tennessee Holocaust Commission mit Eric Rosenfeld. Online: http://tnholocaustsurvivorsarchive.org/uploads/people/transcripts/Transcript_Eric-Rosenfeld-J24.pdf [Stand 13. August 2021].

Renate Rosenstein (Renee, verh. Torban), geboren am 14. April 1927 in Frankfurt am Main.

Eltern:
Isidor Rosenstein (*23. Mai 1890 in Herborn/Lahn-Dill-Kreis)
und Therese, geb. Fauerbach (*10. November 1892 in Zweibrücken/Westpfalz).

Geschwister:
Susanne (verh. Kahn) (*18. Oktober 1922 in Frankfurt am Main).

Der Vater war Inhaber eines Getreide- und Futtermittelgeschäfts in der Stiftstraße und zwischen 1920 und 1924 auch Mitglied der Frankfurter Getreidebörse. Die Eltern hatten am 11. Januar 1921 in Frankfurt geheiratet. Die Familie lebte zunächst in der Merianstraße 35 und ab Anfang der 1930er Jahre im Sandweg 31 im zweiten Stock. Wie ihre ältere Schwester Susanne besuchte Renate ab 1933 zunächst die Vorschule und danach den gymnasialen Zweig des *Philanthropin*.

Während des Novemberpogroms 1938 wurde der Vater verhaftet und ins KZ Buchenwald verschleppt. Die Familie bemühte sich vergebens um eine Auswanderung. Deshalb meldeten die Eltern Renate für eine über das Frankfurter Quäkerbüro organisierte Kinderverschickung in die USA an. Die ältere Tochter Susanne hatte die Altersgrenze bereits überschritten. Am 6. Februar 1940 erhielt Renate ihr Visum im Konsulat in Stuttgart. Am 28. Februar trug das Hapag-Reisebüro am Kaiserplatz ihre Fahrkarte in ihren Pass ein, am 1. März bekam sie beim italienischen Konsulat das bis zum 5. März befristete Transitvisum über den Brenner nach Genua.

Am 3. März verabschiedeten sich Renate Rosenstein und die anderen 14 Kinder der Gruppe im Frankfurter Hauptbahnhof von ihren Familien und bestiegen mit ihren Betreuern den Zug nach Italien. Unter den Kindern waren auch die Geschwister Ruth und Hans Marx aus Frankfurt-Höchst, 16 und zehn Jahre alt, sowie der zwölfjährige Werner Müller.

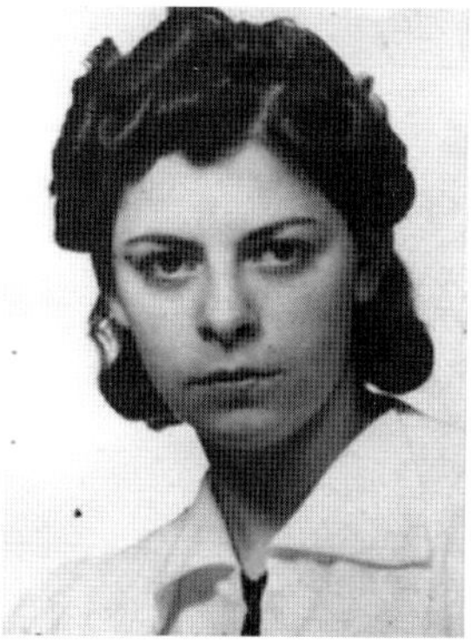

Abb. 96, 97 und 98: Isidor Rosenstein, Susanne Kahn, geb. Rosenstein, und Therese Rosenstein, geb. Fauerbach (v. l. n. r.).

Am selben Tag passierten sie auf dem Brenner die Grenze und fuhren weiter nach Genua. Dort übernachteten sie im Hotel und gingen am 5. März 1940 an Bord des italienischen Ozeandampfers *SS Rex*. Die Überfahrt dauerte neun Tage, und sie kamen am 14. März 1940 im New Yorker Hafen an. Nach einigen Tagen Aufenthalt in New York unter der Obhut der GJCA wurden die Kinder zu ihren Pflegefamilien gebracht. Renate Rosenstein fuhr mit dem Zug zur Familie Abrahams nach Philadelphia. Weil die Beziehung zur Pflegemutter nicht gut war, wurde Renate nach einiger Zeit in einer anderen Familie, bei den Rosenbaums, untergebracht. Dort blieb sie bis zu ihrem High School-Abschluss 1944. Danach arbeitete sie in einem bekannten Hotel in Philadelphia.

Nach Kriegsende erfuhr Renate Rosenstein, dass ihre gesamte Familie Opfer des Holocaust geworden war. Der Vater hatte zuletzt bei der Jüdischen Wohlfahrtspflege gearbeitet. Die Familie war in den Musikantenweg 4 umgezogen. Von dort wurden die Eltern Isidor und Therese Rosenstein und die Schwester Susanne mit ihrem Mann Helmuth Kahn am 11. November 1941 in das Ghetto Minsk im von den Deutschen besetzten Weißrussland deportiert und ermordet. Ihr Todesdatum und Todesort sind wie bei fast allen anderen nach Minsk Deportierten nicht bekannt.

Am 5. Juli 1957 heiratete Renee Rosenstein in Millbourne, Pennsylvania, den gebürtigen US-Amerikaner Carl Torban und bekam mit ihm einen Sohn namens Richard. Zuletzt lebte sie in Palm Desert in Kalifornien, wo sie am 5. November 2001 starb. *»Meine Mutter war eigentlich stolz darauf, Deutsche zu sein, trotz allem, was passiert ist«*, erzählte ihr Sohn Richard Torban bei seinem Besuch in Frankfurt im Juni 2017 anlässlich der Stolpersteinverlegung für seine Familie.

Quellen

15. Dokumentation 2017 der Initiative Stolpersteine Frankfurt am Main, S. 69.
HHStAW, 519/3, Nr. 5446; Abt. 518, Nr. 66266; 48973.
Interview der Autorin mit Richard Torban am 24. Juni 2017 in Frankfurt am Main.
Zeitsprung. Kontor für Geschichte: Datenbank Gedenkstätte Neuer Börneplatz, Jüdisches Museum Frankfurt am Main. Texte.

Heinz (Harry) Rosenthal,
geboren 21. Februar 1927 in Frankfurt am Main.

Eltern:
Albert Rosenthal (*26. August 1892 in Wenings/Oberhessen)
und Melanie, geb. Selig (*12. Oktober 1893 in Gau-Bischofsheim/Landkreis Mainz-Bingen).

Geschwister:
Trude Betti (*7. September 1924 in Frankfurt am Main).

Die Eltern hatten am 26. Mai 1921 in Gau-Bischofsheim geheiratet. Die Familie wohnte im Grüneburgweg 62. Heinz und seine Schwester Trude besuchten das *Philanthropin*. Der Vater war Kaufmann und hatte als Soldat am Ersten Weltkrieg teilgenommen. Er war zweimal verwundet worden. Seit 1918 war er Mitinhaber und später Alleininhaber der *Mitteldeutsche Matratzen-Industrie Eichberg & Rosenthal* (Taunusstraße 36, H. I., Große Sandgasse 4) mit zeitweise 25 bis 30 Angestellten. Nach der Gleichschaltung der Matratzen- und Polsterindustrie durch die Nationalsozialisten musste er die Fabrik 1935 aufgeben und die Maschinen verkaufen, um den Lebensunterhalt der Familie und die Emigration zu finanzieren.

Im Februar 1938 kam der elfjährige Heinz mit einer Kindergruppe von zehn Jungen und sechs Mädchen in die USA. Die Kinder gingen in Hamburg am 9. Februar 1938 an Bord der *SS Manhattan* und kamen am 17. Februar 1938 in New York an. Heinz wurde im jüdischen Waisenhaus *Homewoood Terrace* in San Francisco, Kalifornien, untergebracht und kam anschließend dort in eine Pflegefamilie.

Der Vater war in Frankfurt während des Novemberpogroms 1938 verhaftet und drei Wochen im KZ Buchenwald inhaftiert worden. Im Februar 1939 gelang es den Eltern, die Schwester Trude mit einem Kindertransport nach England zu schicken. Noch im selben Jahr hatten sie ihre Wohnung im Grüneburgweg 62 räumen und als Untermieter in das Haus eines jüdischen Eigentümers in die Querstraße 1 ziehen müssen. 1940 war der Vater zur Zwangsarbeit auf dem Jüdischen Friedhof verpflichtet worden.

Albert und Melanie Rosenthal erhielten im Sommer 1940 ihre amerikanischen Visa und konnten ihrem Sohn im September in die USA folgen. Ihre Flucht führte die Eltern zunächst mit dem Zug nach Berlin, wo sie einen Flug nach Moskau nahmen. Von dort fuhren sie als Teil einer Flüchtlingsgruppe mit der Transsibirischen Eisenbahn weiter durch Sibirien in die Mandschurai, China, und per Schiff nach Yokohama, Kobe, und schließlich nach Seattle und San Francisco. Dort kamen sie am 21. Oktober 1940 an. Auch die Schwester Trude konnte noch während des Krieges aus England in die USA kommen. Die 18-Jährige kam von Liverpool an Bord der *SS MV Britannio* am 29. November 1943 in New York an und reiste weiter nach San Francisco, wo die gesamte Familie wiedervereint war.

Harry, wie sich Heinz in den USA nannte, wurde Soldat in der US-Armee und bekam 1945 die amerikanische Staatsbürgerschaft. Er wartete kurz vor dem Kriegsende darauf, bei der Invasion Japans zum Einsatz zu kommen. Als Japan durch den Abwurf der

Atombomben zur Kapitulation gezwungen wurde, kam er als Besatzungssoldat dorthin und wurde in Tokio dem Stab der *Pacific Stars and Stripes*, der Zeitung der US-Armee, als Fotograf und Korrektor zugeteilt. Er lernte Japanisch und diente in der US-Armee als Übersetzer. Nach seiner Entlassung aus der Armee begann er 1950 seine Karriere im Tagesjournalismus beim *Free Lance* in Hollister, Kalifornien, und ging nach einem Jahr zum Büro der *Associated Press* (AP) in San Francisco. 1952 zog er nach Kansas City, Missouri. Dort lernte er die dort geborene Naidine Beverly (geb. 1925) kennen, die er am 13. Mai 1956 heiratete. Harry und Naidine Rosenthal bekamen einen Sohn und eine Tochter. Am 18. Juni 1961 starb der Vater Albert Rosenthal in San Francisco mit 68 Jahren. 1967 wechselte Harry zum Washingtoner Büro der AP. In seiner langen Berufslaufbahn als Reporter begleitete er die Höhepunkte der amerikanischen Raumfahrt und zahlreiche Präsidentschaften, beginnend mit Harry Truman.

Am 25. Mai 1980 starb in San Francisco die Mutter Melanie Rosenthal im Alter von 86 Jahren. 1991 nahm Harry Rosenthal in New York an der *Philanthropin-Reunion* teil. Das Jahr 1991 war vor allem geprägt durch den frühen Tod des Sohnes David Rosenthal, der wie sein Vater Journalist war. Nachdem Harry 1997 in Rente gegangen war, zogen er und seine Frau Naidene zurück in deren Heimatstadt Kansas City. Dort starb Naidene Rosenthal 82-jährig im Oktober 2007. Harry Rosenthal starb dort am 12. Dezember 2013 im Alter von 86 Jahren.

Quellen

Centure for Jewish History, New York, Albert F Hirsch Collection: Liste der Teilnehmenden an der *Philanthropin* Reunion 1991 in Centure for Jewish History, New York, Albert F. Hirsch Collection, Series 2, Folder 5. Online: https://archives.cjh.org/repositories/5/resources/3885 [Stand 13. August 2021].

Goldschmidt, Werner: Interview 52422, VHA.

HHStAW, Abt. 519/3, Nr. 20031; 27270; Abt. 518, Nr. 48861.

Nachrufe:

Associate Press. Online: https://www.ap.org/ap-in-the-news/2013/harry-rosenthal-ap-reporter-dies-at-86 [Stand 13. August 2021].

Kennedy Space Center: http://www.nasa.gov/centers/kennedy/about/history/chroniclers/rosenthal.html [Stand 4. Oktober 2021].

The Times of Israel. Online: http://www.timesofisrael.com/german-american-journalist-harry-rosenthal-dies-at-86/ [Stand 4. Oktober 2021].

Manfred Rosenthal,
geboren am 19. September 1926 in Frankfurt am Main.

Eltern:
Milan Rosenthal (*4. Juni 1887 in Wetzlar/Lahn-Dill-Kreis)
und Erna, geb. Loevinger (*18. Januar 1900 in Frankfurt am Main).

Geschwister:
Hermann (*15. Februar 1924 in Frankfurt am Main).

Manfred wuchs mit seinem Bruder in wohlhabenden Verhältnissen auf. In der großen Wohnung in der Eschersheimer Landstraße 69 beschäftigten die Eltern ein Kindermädchen, eine Köchin und ein Hausmädchen und für den Firmenwagen einen Chauffeur. Der Vater war Kaufmann und Mitinhaber der Firma *Julius Lilienthal*, einer Holzhandlung mit Geschäftsräumen in der Hanauer Landstraße. Die Familie gehörte zur liberalen Westend-Synagoge. Manfred besuchte aber auch eine orthodoxe Synagoge, in der er sich mit anderen Kindern traf.

1933 wurde Manfred in die *Holzhausenschule* eingeschult. 1936/1937 wechselte er gezwungenermaßen in den gymnasialen Zweig des *Philanthropin*. 1935 zog die Familie in die Holzhausenstraße, weil ein SS-Mann nicht mehr mit Juden im selben Haus wohnen wollte. Der neunjährige Manfred genoss viel Freiheit. Er spielte im Holzhausenpark und machte öfter stundenlange Touren auf seinem Fahrrad. Ab 1936/37 ging das Geschäftseinkommen des Vaters stark zurück, weil Geschäftsbeziehungen zwischen Juden und Nichtjuden verboten wurden und er viele Kunden bei den Schreinern verlor. Die Hausangestellten kündigten. 1937 musste die Familie erneut umziehen, weil der Hauseigentümer keine Juden mehr im Haus haben wollte. Sie zogen in eine Wohnung im vierten Stock in der Ulmenstraße 8.

Die Eltern, die sich um Affidavits für die USA bemühten, wandten sich an den bekannten Hollywood-Filmproduzenten, Carl Lämmle, der aus demselben schwäbischen Ort Laupheim stammte wie die Familie der Mutter und dafür bekannt war, dass er den Laupheimer Juden mit Affidavits half. Er konnte zwar nicht selbst bürgen, brachte aber einen fernen Verwandten der Familie dazu, für die gesamte Familie zu bürgen. Die hohe Quotennummer, die die Familie vom Stuttgarter Konsulat bekam, machte aber eine baldige Ausreise unmöglich.

Während der Pogromtage im November 1938 konnte der Vater, der gerade nach einer Lungenentzündung aus dem Krankenhaus gekommen war, mit dem Attest eines christlichen Arztes einer Verhaftung und Deportation in ein Konzentrationslager entgehen. Manfred wurde am Pogromtag wie alle Schüler des *Philanthropin* nach Hause geschickt. Auf dem Heimweg sah er, wie die Torahrollen aus der Westend-Synagoge herausgeholt wurden, die in Brand gesetzt werden sollte, wozu es aber nicht kam.

Am 6. Dezember 1939 konnte Manfred mit einer Kinderverschickung des *Israelitischen Waisenhauses* nach Straßburg und von dort weiter ins elsässische Thann fahren, wo ihn Frankfurter Freunde seiner Eltern aufnahmen. Für seinen Bruder Herbert hatten die Eltern bereits einen Platz in England gefunden. Bis zum Frühjahr 1939 blieb Manfred Rosenthal bei der Familie Metzger in Thann und ging dort zur Schule. Angesichts der Kriegsgefahr gab die Familie ihn im Frühjahr 1939 in die Obhut der Kinderhilfsorganisation OSE. Diese nahm ihn nach einer Übergangszeit in Straßburg im August 1939 in dem OSE-Heim *Les Tourelles* in Soisy-sous-Montmorency bei Paris auf. In einer Synagoge nicht weit vom OSE-Heim feierte Manfred im September 1939 zusammen mit vier anderen Jungen aus dem Heim und seinen nach Paris geflüchteten Verwandten seine Bar Mizwa.

Auch nach Kriegsbeginn konnte Manfred den Briefkontakt zu seinen Eltern über Verwandte in den USA aufrechterhalten. So erfuhr er, dass sein Bruder Herbert, der mit einem Kindertransport nach England gekommen war, dort nach Kriegsbeginn zum »enemy alien« (feindlichen Ausländer) erklärt und auf der Isle of White interniert worden war. Später wurde er zusammen mit anderen jüdischen Flüchtlingen sowie deutschen Kriegsgefangenen nach Australien gebracht und zunächst in Sydney und danach in einem Lager in der Wüste interniert.

Als die Deutschen im Juni 1940 Frankreich besetzten, wurde Manfred mit den anderen Kindern des Heims nach Südfrankreich ins OSE-Heim *Château de Chaumont* bei Mainsat im Department Creuse evakuiert und kam danach ins OSE-Heim *Château de Montitin* in Haute-Vienne. In den dortigen Ausbildungswerkstätten machte Manfred eine Schreinerlehre.

Im Juni 1941 konnte Manfred mit der ersten USCOM-Kinderverschickung über Spanien und Portugal in die USA gelangen. Seine Eltern, die schon einige Wochen vor ihm im April 1941 über Lissabon in die USA gekommen waren, empfingen ihn am Pier. Er wohnte mit den Eltern zusammen im New Yorker Stadtteil Washington Heigh und ging dort auf die *George Washington High School.*

Im Oktober 1942 war auch der Bruder Herbert auf dem Weg zu seiner Familie. Er konnte aber von Australien nicht direkt in die USA gelangen, sondern musste zuerst nach England zurück. Auf dem Weg dorthin wurde sein Schiff *SS Abosso* am 30. Oktober 1942 etwa 800 Meilen vor der irischen Küste torpediert und sank. Herbert gehörte nicht zu den Überlebenden. Diese niederschmetternde Nachricht erhielten Manfred und seine Eltern am 10. Dezember 1942.

Nach seinem High School-Abschluss 1944 wurde Manfred in die Armee eingezogen. Er kam nach dem Ende des Pazifikkrieges als Besatzungssoldat in die Philippinen und nach Japan. Nach der zweijährigen Militärzeit studierte er mit einem Stipendium der Army am *New York City College* und machte dort seine Ingenieurprüfung. 1949 lernte er Erica Tichauer, eine deutsche Emigrantin, kennen. 1952 heirateten sie. 1953, 1955 und 1968 wurden ihre drei Söhne geboren. 2003 besuchte das Ehepaar Manfreds Geburtsort auf Einladung der Stadt Frankfurt am Main.

Quellen

Rieber, Angelika (2018): »Ihr müsst die Kinder aus Deutschland holen.« Manfred und Herbert Rosenthal. In: Angelika Rieber & Till Lieberz-Groß (Hrsg.): *Rettet wenigstens die Kinder. Kindertransporte aus Frankfurt/Main – Lebenswege von geretteten Kindern*. Frankfurt a. M.: Fachhochschulverlag, S. 162–175.

Rosenthal, Manfred: Interview 37219, VHA.

Heinz Dittmar (Henry D.) Schuster,
geboren am 18. März 1926 in Sterbfritz/Landkreis Schlüchtern.

Eltern:
Abraham Schuster (*2. August 1885 in Sterbfritz/Landkreis Schlüchtern)
und Theresa, genannt Rosa, geb. Steinfeld (*19. Juni 1891 in Josbach/Landkreis Marburg-Biedenkopf).

Geschwister:
Bertha, genannt Bertel (*11. Februar 1921 in Sterbfritz/Landkreis Schlüchtern)
und Margot (*18. Oktober 1922 in Sterbfritz/Landkreis Schlüchtern).

Der Vater war Handlungsreisender für Möbel, landwirtschaftliche Geräte und Textilien und Nebenerwerbslandwirt. Die Mutter betrieb im eigenen Haus der Familie in der Schlüchterner Straße 24 einen Laden mit Lebensmitteln, Haushaltsartikeln und Kleidung. Die Schusters waren seit Jahrhunderten im Ort ansässig. Sie waren orthodox und führten einen koscheren Haushalt. Nach dem frühen plötzlichen Tod seines Vaters am 3. Mai 1935 und nach schweren Schikanen eines Lehrers gegen ihn, nahm die Mutter Heinz von der Schule und vertraute ihn nach Stationen bei Verwandten in anderen Orten 1936 der Obhut des *Israelitischen Waisenhauses* in Frankfurt an. Die Mutter und die beiden Schwestern zogen ebenfalls nach Frankfurt. Heinz Schuster kam mit einer Kinderverschickung des Frankfurter Waisenhauses am 8. März 1939 nach Paris und lebte in verschiedenen OSE-Heimen, *Villa Helvetia* in Montmorency, im Heim für orthodoxe Kinder *Villa La Chesnaie* in Eaubonne sowie im OSE-Heim *Château de Montintin* bei Limoge. Im Frühjahr 1941 gelangte Heinz mit der ersten USCOM-Kinderverschickung über Spanien und Portugal in die USA.

Nach der Ankunft in New York am 21. Juni 1941 wurde Heinz von Verwandten in Shreveport, Lousiana, aufgenommen. Dort schloss er 1944 die High School ab. Von 1944 bis 1946 war er Soldat der US-Armee und wurde 1945 als Besatzungssoldat nach Deutschland geschickt. Kurz zuvor hatte er erfahren, dass seine Schwester Bertel aus dem KZ Bergen-Belsen befreit worden war. Gleichzeitig bekam er die Nachricht, dass seine Mutter Rosa und die Schwester Margot Opfer des Holocaust geworden waren. Die Mutter und beide Schwestern waren am 24. September 1942 zusammen mit den anderen Angestellten des Altenheims und anderer aufgelöster Einrichtungen der Jüdischen Gemeinde aus Frankfurt nach Raasiku in Estland deportiert worden. Rosa und Margot Schuster wurden ermordet. Die überlebende Schwester Bertel konnte Heinz in Paris wiedersehen.

Heinz, der seinen Vornamen in Henry änderte, studierte nach seiner Entlassung aus der Armee in New York am *Manhattan Technical Institute.* Um sein Armeestipendium aufzubessern, arbeitete er nebenbei in einem Teilzeitjob. Dort lernte er die gebürtige New Yorkerin Anita Kleimann kennen, die er 1948 nach ihrem 18. Geburtstag heiratete. Sie lebten in Brooklyn, wo 1949 ihr ältester Sohn geboren wurde, zwei weitere Söhne kamen 1951 und 1952 in Bloomington, Illinois, zur Welt und eine Tochter 1955 in Peoria, Illinois. Henry war zusammen mit seiner Frau Anita im Baugeschäft tätig. Durch einen tragischen Unfall verloren Henry und Anita 1960 ihren zweiten Sohn im Alter von neun Jahren. 1969 zog Henry mit seiner Familie nach Los Angeles, wo er ein eigenes holzverarbeitendes Unternehmen leitete.

1993 zogen Henry und Anita Schuster nach Las Vegas, um dort ihren Ruhestand zu verbringen. Dort gründeten sie 1995 die *Holocaust Survivors Group of Nevada*. Am 21. März 2004 leitete Henry Schuster eine Delegation von 22 jüdischen Amerikanern und Amerikanerinnen, die in Sterbfritz drei Gedenktafeln für 32 von den Nationalsozialisten ermordete Sterbfritzer Juden aufstellten. 2010 veröffentlichte er seine Erinnerungen unter dem Titel: *Abraham's Son: The Making of an American* in den USA. 2011 erschien die deutsche Übersetzung unter dem Titel: »*Von Sterbfritz nach Las Vegas*« im Hanauer CoConVerlag.

Henry Schuster starb am 26. Mai 2014 in Las Vegas im Alter von 88 Jahren.

Quellen

Kurzbiografien der Frankfurter Teilnehmenden an der Reunion ehemaliger OSE-Kinder in Los Angeles zum 50. Jahrestag 1989, erhalten von Helga Krohn, Frankfurt am Main.

Schuster, Henry D. (2011): *Von Sterbfritz nach Las Vegas*. Hanau: CoCon.

Schuster, Henry (Heinz): Interview 10065, VHA.

University Libraries Special Collection, Southern Nevada Jewish Heritage Project, Henry and Anita Schuster Papers.

Zeitsprung. Kontor für Geschichte: Datenbank Gedenkstätte Neuer Börneplatz, Jüdisches Museum Frankfurt am Main. Texte.

Ernst (Ernest) Stock,
geboren am 6. August 1924 in Frankfurt am Main.

Lotte Stock,
geboren 12. Januar 1928 in Frankfurt am Main.

Eltern:
Leopold Stock (*7. Februar 1892 in Darmstadt)
und Julie, geb. Marx (*17. Oktober 1900 in Merzig/Saarland).

Ernst wurde 1931 in die städtische *Friedrich-Ebert-Schule* am Bornheimer Hang eingeschult. 1933 wechselte er auf das *Philanthropin.* Hier war er bis zum Novemberpogrom 1938 Schüler des gymnasialen Zweigs. Die Familie wohnte bis 1932 in der Luxemburger Allee 4, zog dann in die Helmholtzstraße 35 und im März 1937 in den Baumweg 57.

Der Vater war als Soldat im Ersten Weltkrieg verwundet und mit dem *Eisernen Kreuz* ausgezeichnet worden. Die Eltern waren Mitglied im *Reichsbund Jüdischer Frontsoldaten.* Die Familie gehörte zum liberalen Judentum. Bis 1933 betrieb der Vater zusammen mit seinem Schwager Heinrich Hirsch den Lebensmittelgroßhandel *Hirsch & Stock* in der Hammelsgasse, ab 1933, nach der Aufgabe der Geschäftsräume, eine Tafelölegroßhandlung in der Wohnung der Familie.

Nachdem der Vater beim Novemberpogrom verhaftet und ins KZ Buchenwald deportiert worden war, schickte die Mutter den 14-jährigen Ernst und die neunjährige Lotte mit einer Kindergruppe des *Israelitischen Waisenhauses* am 6. Dezember 1938 zu Frankfurter Freunden nach Thann im Elsass. Während Lotte dort die Schule besuchte, machte Ernst in Straßburg eine Lehre bei einem Fotografen. Wegen des Kriegsausbruchs im September 1939 und der Evakuierung der elsässischen Grenzgebiete, suchten Ernst und Lotte Zuflucht bei einer Frankfurter Emigrantenfamilie in Vaucressson bei Paris. Im Juni 1940 flohen die Geschwister mit Fahrrädern und Zügen vor der heranrückenden deutschen Armee nach Süden. Sie durchquerten Spanien und Portugal und konnten von Lissabon auf der *SS Manhattan*, einem Schiff für zurückkehrende US-Bürger, am 18. Juli 1940 als »blinde Passagiere« den Hafen von New York erreichen. Hier wurden sie mit ihrer Mutter wieder vereint und lebten mit ihr zusammen in New York. Der Mutter war im März 1940 die Ausreise aus Deutschland über Rotterdam in die USA gelungen, während der Vater durch den deutschen Überfall auf Holland dort festsaß.

Ernst änderte seinen Vornamen in den USA in Ernest. Er arbeitete tagsüber und besuchte abends die High School. An der New Yorker *Washington Irving Evening High School* machte er im Frühjahr 1942 seinen Abschluss und belegte anschließend Abendkurse auf dem *New York City College.* Inzwischen war der Briefkontakt zum Vater in Holland durch den Kriegseintritt der USA abgebrochen. Im Mai 1943 wurde Ernest in die US-Armee eingezogen. 1944 kam er als US-Soldat zurück nach Europa und wurde kurz nach der Landung der Alliierten in der Normandie in Le Havre und später in Brüssel stationiert. Im April 1945 kam er als GI nach Frankfurt. Kurz nach Kriegsende erhielt er die Erlaubnis, in Holland nach seinem Vater zu suchen. Er fand ihn in Utrecht, wo er bei einem holländischen Ehepaar im Versteck überlebt hatte. Der Vater konnte 1946 zu seiner Familie in die USA kommen.

Nach seiner Entlassung aus der Armee wurde Ernest Stock zum Studium an der *Princeton University* zugelassen, wo er mit einem Stipendium über die *GI Bill of Rights* an der Fakultät für öffentliche und internationale Beziehungen studierte und das Studium mit »summa cum laude« abschloss. Später machte er einen Master-Abschluss in Journalismus an der *Columbia University* und promovierte dort in Öffentlichem Recht und Staatsführung. Seine Studien über die Politik des Nahen Ostens führten ihn 1949 als freier Journalist zum ersten Mal nach Israel. Anschließend arbeitete er ein Jahr lang als Auslandskorrespondent für die *Jerusalem Post.*

Am 11. Februar 1951 heiratete er die in Israel geborene Bracha, mit der er einen 1960 geborenen Sohn hat. Mit einem Forschungsstipendium der *Ford Foundation* für den Nahen Osten nahm er 1952 ein Studium der israelischen Außenpolitik auf. 1961, sein Sohn war ein Jahr alt, emigrierte er mit seiner Familie nach Israel. Dort lebten sie in Jerusalem, wo Ernest als ständiger Vertreter der *Jewish Agency, Inc.* fungierte. Seine Doktorarbeit *Israel auf dem Weg zum Sinai* wurde 1967 bei der *Cornell University Press* veröffentlicht. Von 1966 bis 1979 leitete er das Überseestudienprogramm der amerikanisch-jüdischen *Brandeis University* in Jerusalem. Er lehrte Politik an den Universitäten in Tel Aviv und Ramat Gan und schrieb zahlreiche Bücher über die Beziehungen zwischen Israel und der jüdischen Gemeinschaft in anderen Teilen der Welt. Ernest und Bracha Stock leben in Tel Aviv.

Quellen

Stock, Ernest (Hrsg.) (2004): *Jugend auf der Flucht. Die Tagebücher von Ernst und Julie Stock.* Berlin: Metropol.

Stock, Ernest: After Kristallnacht. *Princeton Alumni Weekly*, 5. November 2008. Online: https://paw.princeton.edu/article/after-kristallnacht [Stand 13. August 2021].

Stock, Ernest (2014): *Tri-Continental Jew. A 20th Century Journey*. Charleston.

Fritz Strauß (Fred Strauss),
geboren am 14. September 1926 in Miehlen/Rheingau-Taunus-Kreis.

Eltern:
Martha Strauß (*15. April 1902 in Miehlen/Rheingau-Taunus-Kreis)
und Alfred Strauß (unbekannt).

Nach dem frühen Tod des Vaters wuchs Fritz mit seiner Mutter im Haus seiner Großeltern, Jakob und Trautchen Strauß, in Miehlen auf. Die Großeltern führten einen orthodoxen Haushalt. Der Großvater betrieb im Erdgeschoss des eigenen Hauses eine koschere Metzgerei, die er bald nach 1933 schließen musste. Fritz war eines von nur drei jüdischen Kindern der kleinen 45 Mitglieder umfassenden jüdischen Gemeinde in Miehlen. Er wurde 1932 in die Volksschule eingeschult. Einmal wöchentlich hatte er Hebräisch- und Religionsunterricht bei einem Lehrer, der nach Miehlen kam. Ab etwa 1934 wurden Fritz und die beiden anderen jüdischen Kinder in der Schule ausgegrenzt, vom Lehrer gedemütigt und von den Mitschülern gequält. 1935 nahm die Mutter Fritz deshalb von der Schule und vertraute ihn dem *Israelitischen Waisenhaus* in Frankfurt an. Er war noch in Miehlen, als die Nationalsozialisten im September 1935 einen Anschlag auf die Miehlener Synagoge verübten und das Gebäude im Inneren teilweise verwüsteten.

Im Waisenhaus fand Fritz eine warme und schützende Atmosphäre gegen die feindliche Umwelt sowie viele neue Freunde. Zusammen mit anderen Kindern des Waisenhauses besuchte er die Jüdische Volksschule am Röderbergweg und dann die *Samson-Raphael-Hirsch-Schule* am Tiergarten. Die Ferien verbrachte er mit der Familie in Miehlen.

Am 8. März 1939 konnte er mit der Kinderverschickung des *Israelitischen Waisenhauses* nach Paris kommen. Er lebte dort mit der Frankfurter Gruppe in verschiedenen Heimen der Kinderhilfsorganisation OSE, zunächst bis zum Frühjahr 1940 im orthodoxen Heim *Villa La Chesnaie* in Eaubonne und nach der deutschen Besetzung Frankreichs in der Kinderkolonie *Château de Montintin* bei Limoges. Mit seiner Mutter, die 1938 geheiratet hatte und der 1939 zusammen mit ihrem Mann die Flucht über Mexiko ins US-amerikanische Exil gelungen war, stand Fritz in brieflichem Kontakt. Im Frühjahr 1941 gehörten er und die Frankfurter Waisenhauskinder zur ersten USCOM-Gruppe, die über Spanien und Portugal in die USA gebracht wurde. Die Gruppe ging am 10. Juni 1941 in Lissabon an Bord der *Mouzinho* und kam am 21. Juni 1941 in New York an.

Fritz zog zu seiner Mutter und dem Stiefvater nach Easton, Pennsylvania. Dort besuchter er ab September 1941 zunächst die Grundschule und dann die Junior High School, wo er mit Unterstützung eines Lehrers schnell Fortschritte im Englischen machte. Am Schabbat besuchte er die Synagoge und nahm anschließend an einem Jüdischen Religionsunterricht teil. Als er bereits Schüler der High School war, starb 1943 seine Mutter völlig unerwartet nach einer Routineoperation. Da er sich mit seinem Stiefvater nicht gut verstand, brach der 16-Jährige die High School ab und zog zu seiner Tante nach New York City. Er arbeite in verschiedenen Jobs. Als die Tante in eine kleinere Wohnung ziehen musste, mietete er ein möbliertes Appartement und ging nur noch zum Essen zu ihr.

1944, mit 18 Jahren, wurde Fritz zur US-Armee eingezogen. Nach dem Kriegsende in Europa kam er zum Dschungeltraining nach Kalifornien. Zu seinem Glück waren die Kampfhandlungen auch im Pazifikkrieg bereits durch den Abwurf der Atombomben auf Hiroshima und Nagasaki beendet. Er kam als Besatzungssoldat auf die Philippinen und nach Korea. Anlässlich seiner Einbürgerung änderte Fritz seinen Vornamen in Fred Strauss.

Nach seiner Entlassung aus der Armee besuchte er mit einem Stipendium der *GI Bill of Rights* zwei Jahre lang eine Handelsschule in New York und machte dort eine Ausbildung zum Schnittmusterhersteller für Damenmoden. Anschließend arbeitete er in diesem Beruf im *Garment Center* in New York City für verschiedene Modefirmen. 1947 traf er Sigrid Jean Ansbacher, die mit ihrer Familie aus Frankfurt deportiert worden war und das KZ Auschwitz überlebt hatte. Sie heirateten 1948 und bekamen einen Sohn und eine Tochter.

Fred Strauß starb am 2. Juni 2013, 86-jährig in Bergenfield, New Jersey, USA.

Quellen

Heinz Dittmar (Henry D.) Schuster. Kurzbiografien in diesem Band.

Maier-Hussing, Brigitte (1997): Jüdisches Leben in Nastätten und Miehlen in der Zeit von 1933–1945. *Sachor. Beiträge zur jüdischen Geschichte und Gedenkstättenarbeit in Rheinland-Pfalz*, 13(1), S. 19–23.

Schuster, Henry D. (2011): *Von Sterbfritz nach Las Vegas*. Hanau: CoCon.

Strauss, Fred (Fritz Strauß): Interview 21926, VHA.

USHMM, Fred Strauss Papers.

Karl-Heinz Strauß (Charles Henry Strauss),
geboren am 8. November 1920 in Frankfurt am Main.

Eltern:
Isidor Strauß (*17. Februar 1879 in Flonheim/Rheinlandpfalz)
und Flora Toni, geb. Metzger (*13. November 1894 in Mainz).

Die Eltern hatten am 19. Oktober 1919 in Mainz geheiratet und lebten in Frankfurt in der Schumannstraße 26. Der Vater betrieb ein Kurzwaren-en-Gros-Geschäft mit acht bis zehn Angestellten in der Kaiserstraße 42. Karl-Heinz war das einzige Kind seiner Eltern und sollte nach deren Wunsch später Jura studieren. Nach dem Besuch der Grundschule wurde er Schüler der *Wöhlerschule*, die er aber Mitte 1934 wegen Beschimpfungen verlassen musste. Er wechselte auf das *Philanthropin*, bis er nach einem halben Jahr einen Platz für eine Kinderverschickung in die USA bekam. Am 12. Februar 1935 ging der 14-Jährige in einer Gruppe von zwölf Kindern in Hamburg an Bord der *SS Manhattan*. Am 20. Februar 1935 kam das Schiff in New York an.

Bei der jüdischen Familie, die ihn aufnahm, habe er Helferdienste tun müssen, um seinen Aufenthalt zu bestreiten, berichtete er später. Er habe eine öffentliche Schule besucht, die er erst mit 19 Jahren verlassen konnte. Seinen Wunsch zu studieren konnte er nicht verwirklichen, weil er sofort nach Beendigung der Schulzeit eine Stellung annehmen musste, um seinen und den Unterhalt seiner inzwischen in die USA gekommenen Mutter zu bestreiten. Die Mutter hatte ihn schon einmal 1936 besucht. Nach der Scheidung der Eltern am 25. November 1937 gelang Flora Strauß 1939 die Flucht ins US-amerikanische Exil. Am 12. Mai 1939 war sie im französischen Hafen Cherbourg an Bord der *SS Deutschland* gegangen und am 19. Mai 1939 in New York angekommen.

Der Vater hatte in Deutschland erneut geheiratet. Er und seine zweite Ehefrau Betty, geb. Preuss, wurden beide Opfer des Holocaust. Sie hatten zuletzt im Jüdischen Altersheim, Sandweg 7 gewohnt. Isidor Strauß wurde 1942 in ein Konzentrations- und Vernichtungslager deportiert. Die näheren Umstände sowie Zeitpunkt und Ort seines gewaltsamen Todes sind nicht bekannt. Seine zweite Frau Betty wurde am 15. September 1942 von Frankfurt nach Theresienstadt deportiert und von dort am 18. Mai 1944 ins Vernichtungslager Auschwitz, wo sie ermordet wurde.

Karl-Heinz änderte in den USA seinen Vornamen in Charles Henry. Er heiratete am 21. Januar 1946 in Yonkers Westchester, New York, und wurde dort 1947 Vater eines Sohnes.

Charles Henry Strauss starb am 9. April 1990 im Alter von 69 Jahren.

Quellen

HHStAW, Abt. 518, Nr. 81200; 42862; 42863.
Zeitsprung. Kontor für Geschichte: Datenbank Gedenkstätte Neuer Börneplatz, Jüdisches Museum Frankfurt am Main. Texte.

Camilla Tidor (verh. Maas),
geboren am 11. Dezember 1930 in Frankfurt am Main.

Manfred Tidor (Tydor),
geboren am 18. März 1932 in Frankfurt am Main.

Eltern:
Heinrich Chaskel Tidor (Tydor) (*29. Oktober 1903 in Bochnia/Krakau)
und Berta, geb. Greiver (*6. September 1904 in Bochnia/Krakau).

Beide Eltern stammten aus orthodoxen jüdischen Familien aus Bochnia im Südosten von Polen. Nach der Heirat in Bochnia im Februar 1930 zogen sie nach Frankfurt, wo der Vater seit 1929 Inhaber der Metallhandlung *S. Feuchtwanger & Co.* war, bei der er seit 1923 zuerst als Buchhalter und später als Metallurg gearbeitet hatte. Die Mutter hatte eine Ausbildung als Chemikerin. Die Familie lebte bis November 1930 kurz vor der Geburt ihrer Tochter Camilla am Schaumainkai 5 und danach in der Simsonstraße 12. Im Frühjahr 1932 zogen sie in die Habsburger Allee 18. Die Situation der Familie, die in gut bürgerlichen Verhältnissen mit zwei Hausangestellten gelebt hatte, verschlechterte sich nach 1933 so, dass der Vater 1936 beschloss, nach England zu gehen. Obwohl er Einreisepapiere für die gesamte Familie, inklusive der Schwiegereltern in Polen, hatte, blieb die Familie in Frankfurt. Am 28. Oktober 1938 wurde der Vater bei der »Polen-Aktion« verhaftet und nach Polen abgeschoben. Auch Camilla und Manfred wurden zusammen mit ihrer Mutter zur polnischen Grenze gebracht, dort aber wieder zurück nach Frankfurt geschickt. Etwa zwei Wochen nach dem Novemberpogrom wurde Camilla auf ihrem Schulweg mit Steinen beworfen und kam mit einer Kopfwunde und einem Nervenschock nach Hause. Der Mutter gelang es daraufhin im März 1939, Camilla und Manfred mit einer Kindergruppe nach Brüssel zu schicken, wo die belgisch-jüdische Kinderhilfsorganisation CAEJR sie betreute. Camilla wurde von einer katholisch-belgischen Familie aufgenommen und Manfred kam ins Jüdische Kinderheim *Herbert Speyer* in Anderlecht bei Brüssel, wo er mit deutschen und österreichischen Flüchtlingskindern zusammenlebte, darunter auch mit Wilhelm Wolpert aus Frankfurt.

Im Juli/August 1939 kehrte Chaskel Tidor mit Erlaubnis der Behörden nach Deutschland zurück, um für sich und seine Frau die zugesagten Einreisepapiere für England zu holen. Berta Tidor hatte mit der Unterstützung eines Vorarbeiters bereits das Warenlager der Firma zu Schleuderpreisen verkauft und den Haushalt in Kisten verpackt zur Spedition gebracht. Aber der Kriegsausbruch verhinderte die geplante Ausreise. Am 9. September 1939 wurde Chaskel Tidor von der Gestapo festgenommen und im Gefängnis in der Klapperfeldgasse und danach im KZ Buchenwald inhaftiert.

Nach dem Überfall der Deutschen auf das neutrale Belgien im Mai 1940, gehörte Manfred Tidor mit den anderen Kindern des Heims zu den knapp einhundert Flüchtlingskindern, die mit ihren Betreuern ins unbesetzte Frankreich evakuiert werden konnten. Manfred lebte ein Jahr lang in der Kinderkolonie in Seyre im Département Haute-Garonne und danach im *Château de la Hille* in Montégut-Plantaurel. Seine Schwester

Camilla floh im Mai 1940 zusammen mit ihrer Pflegefamilie vor den deutschen Truppen im Auto und zu Fuß aus Brüssel nach Südfrankreich. Dort gab die Familie sie in die Obhut der OSE, die sie in ihr Heim *Château du Masgelier* im Département Creuse aufnahm. Im Frühjahr 1941 wurde Manfred zu seiner Schwester ins *Château du Masgelier* gebracht. Im August 1941 konnten die Geschwister zusammen mit der zweiten Gruppe der USCOM-Kinderverschickung über Spanien nach Portugal in die USA gelangen. Die Gruppe ging am 9. September 1941 an Bord der *Serpa Pinto*, die über Casablanca, Marokko, und die Bermudas am 24. September 1941 den Hafen von New York erreichte. Anfang Oktober wurden die Geschwister von einer Pflegefamilie in Brighton, einem Stadtteil von Rochester, New York, aufgenommen. Dort gingen sie zur Schule. Im Frühjahr 1945 zog die Pflegefamilie mit ihnen ins Zentrum von Rochester, wo Camilla und Manfred die *Monroe High School* besuchten.

Nachdem die US-Streitkräfte im April 1945 das KZ Buchenwald befreit hatten, bekamen die Geschwister im Mai desselben Jahres die Nachricht, dass ihr Vater einer der Überlebenden war. Über einen Briefwechsel mit ihm erfuhren sie von seiner Leidensgeschichte der letzten Jahre: 1942 war Chaskel Tidor vom KZ Buchenwald nach Buna/Monowitz (Auschwitz III) deportiert worden. Ende Januar 1945 wurde er mit den anderen Häftlingen auf einem »Todesmarsch« nach Gleiwitz (heute: Gliwice) und von dort in offenen Kohlewaggons nach Buchenwald geschickt, wo er am 11. April 1945 von der US-Armee befreit wurde.

Die Mutter Berta hatte Frankfurt 1941 verlassen und war zurück zu ihren Eltern ins von den Deutschen besetzte Polen gegangen. In dem 45 Kilometer östlich von Krakau gelegenen Ort hatten die deutschen Besatzer deren Textilfabrik konfisziert und die Familie gezwungen, die Fabrik und die Produktion von Uniformen aufrecht zu erhalten. 1942, als Berta Tidor bereits die Papiere für die USA hatte, wurde sie mit den anderen Juden von Bochnia verhaftet und ins Ghetto gesperrt. Von dort wurde sie zusammen mit ihren Eltern und ihrem Bruder 1942 in ein Vernichtungslager deportiert und ermordet. Ort und Zeitpunkt ihres Todes nicht nicht bekannt.

Nach seiner Befreiung ging Chaskel Tidor mit anderen Überlebenden des KZ Buchenwald nach Palästina und gründete dort mit ihnen einen »Buchenwald« genannten Kibbutz. Erst später folgte er seinen Kindern in die USA.

1949 machte Camilla ihren High School-Abschluss in Rochester. Sie heiratete und wurde Mutter von vier Kindern, drei Söhnen und einer Tochter. Auch Manfred heiratete und wurde Vater von drei Kindern, zwei Töchtern und einem Sohn.

Quellen

HHStAW, Abt. 519/3, Nr. 874; 16330; 32065; Abt. 518, Nr. 518/67009.

Rochester Holocaust Survivers Archive: Interview mit Camilla Maas und Kurzbiografie. »Camila Tidor Maas«. Online: http://rochesterholocaustsurvivors.org [Stand 25. Februar 2021].

Tidor Maas, Camilla & Cudzillo, Sarah (2001): For the next generation: Uprooted during the Holocaust In: Jason, Philip K. & Posner, Iris (Hrsg.) (2004): *Don't Wave Good Bye: The Children's Flight From Nazi Persecution to American Freedom.* Westport, CT/London: Praeger, S. 95.

Ernst Siegmar Valfer,
geboren am 4. Juli 1925 in Frankfurt am Main.

Eltern:
Heinrich Hermann Valfer (*23. Januar 1882 in Friesenheim/Baden)
und Frieda, geb. Kahn (*13. Februar 1887 in Kuppenheim/Baden).

Der Vater war Kaufmann, Prokurist, Mitgesellschafter und zuletzt alleiniger Inhaber der *Weinhandlung und Cognac-Destillation »Johann Müller & Co. Kellerei Germania«* in der Schleusenstraße 15. Dort befanden sich die Hauptkellerei und die Büroräume. Zum Geschäft gehörte auch ein Weinberg und eine Nebenkellerei in Hochheim am Taunus. Der Vater war Soldat im Ersten Weltkrieg gewesen. Die Mutter hatte die Volksschule in Kuppenheim und die Höhere Töchterschule in Rastatt besucht und eine Ausbildung als Schneiderin gemacht. Vor ihrer Heirat hatte sie zusammen mit ihrer Schwester ein Modeatelier in Rastatt betrieben. Seit ihrer Heirat war sie Hausfrau und besaß zuletzt Prokura im Geschäft ihres Ehemannes.

Bei Ernsts Geburt wohnten die Eltern in der Goethestraße 33, dritter Stock. 1927 zogen sie in den Grüneburgweg 62. Ernst wurde 1931 in der im Oktober 1929 neu eröffneten *Holzhausenschule* an der Eschersheimer Landstraße eingeschult, die von den Architekten Martin Elsässer und Walter Körte im Rahmen des *Neuen Frankfurt* geplant wurde. Als Ernst mit seinen Eltern 1932 in die Gutleutstraße 85 zog, wechselte er auf die *Karmeliterschule* in der Moselstraße 11.

Ernst wuchs in behüteten, gutbürgerlichen Verhältnissen auf. Zum Haushalt der Familie gehörte immer ein christliches, zuletzt ein jüdisches Hausmädchen. Ernst beschreibt sich selbst als ein altkluges, aber lebendiges und aktives Kind, stets zu harmlosen Streichen aufgelegt, als guten Schüler, der immer Klassensprecher war, als ein Kind, das gerne las und Sport trieb. Die Eltern gehörten zum liberalen Judentum und besuchten die Westend-Synagoge.

Kurz nach der Machtübergabe an die Nationalsozialisten 1933 erlebte der Achtjährige, wie SA-Posten vor ihrem Hauseingang in der Gutleutstraße 85 die Patienten des jüdischen Arztes Dr. Georg Lewysohn einschüchterten, die dessen Praxis im Erdgeschoss aufsuchen wollten. 1935 kam Ernst auf die *Sachsenhäuser Oberrealschule*, die er bereits nach einem Jahr wieder verlassen musste, weil seine Situation als jüdischer Schüler dort untragbar geworden war. Er wechselte auf den gymnasialen Zweig des *Philanthropin* und schloss sich der *Hashomer Hatzair* an, einer sozialistisch-zionistischen Jugendbewegung.

Ende September 1938 mussten die Eltern die Weinhandlung aufgeben. Beim Novemberpogrom war Ernst dabei, als sein Vater verhaftet wurde, und erlebte, wie er nach mehreren Wochen als gebrochener Mann aus dem KZ Buchenwald (Häftlingsnummer 21387) zurückkehrte. Der Initiative der Mutter war es zu verdanken, dass Ernst am 8. März 1939 an einer Kinderverschickung des *Israelitischen Waisenhauses* nach Frankreich teilnehmen konnte. Er kam mit der Frankfurter Kindergruppe in die Heime der OSE bei Paris, zunächst in die *Villa Helvetia* in Montmorency, dann in das Heim für

Abb. 99: Uniabschluss 1950.

orthodoxe Kinder, *Villa La Chesnaie* in Eaubonne und nach dem Einmarsch der Deutschen in Frankreich in das *Château de Montintin* bei Limoges.

Im Juni 1941 konnte Ernst mit der Frankfurter Gruppe an der ersten USCOM-Kinderverschickung über Spanien und Portugal in die USA teilnehmen. Eine Schwester seines Vaters, die in San Francisco lebte, nahm Ernst in ihre Familie auf. Er besuchte dort die High School und trug nach dem Unterricht und in den Ferien mit verschiedenen Jobs zu seinem Unterhalt bei. Nach seinem High School-Abschluss 1943 studierte er einige Zeit am Junior College in San Francisco und wurde dann zur US-Armee eingezogen.

Im Dezember 1944 kam er als US-Soldat nach Europa und nahm an den Kämpfen an Rhein und Ruhr teil. Nach Kriegsende war er in Deutschland als CIC-Mitarbeiter und -Offizier an der Entnazifizierung beteiligt. Bei seinen Nachforschungen zum Schicksal seiner Eltern in Frankfurt am Main erfuhr er, dass diese bei der ersten Massendeportation aus Frankfurt am 19./20. Oktober 1941 in das Ghetto Litzmannstadt (Łódź) in Polen deportiert und ermordet worden waren. Der Zeitpunkt, der Ort und die Umstände ihres Todes konnten bis heute nicht ermittelt werden.

Nach seiner Entlassung aus der Armee absolvierte Ernst an der *University of California Berkeley* (UCB) ein Studium zum Industrieingenieur, das er im Juni 1950 mit der Bachelor- und im Januar 1952 mit einer Master-Prüfung abschloss. Nach einer Tätigkeit als Ingenieur in einer Flugzeugfabrik promovierte er 1965 an der UCB in Ingenieurwissenschaften mit Schwerpunkt Organisationspsychologie. Danach arbeitete er als Forscher und Berater auf dem Gebieten Organisationspsychologie und Management-Wissenschaften für die *National Academy of Sciences/National Research Counsel* und für das *US-Department of Agriculture* in Washington. Gleichzeitig nahm er Lehr- und Forschungsaufträge an der UCB und zuletzt bis 1982 als Leiter einer Forschungsgruppe an der *University of California Los Angeles* (UCLA) wahr. Für seine Arbeiten wurde Ernst Valfer mit mehreren Preisen ausgezeichnet und fand 1984 in der ersten Edition des *Marquis* von *Who's Who in Frontier Science and Technology* als Management-Wissenschaftler, Psychologe und Berater Erwähnung.

Ernst Valfer machte auch einen Studienabschluss in klinischer Psychologie. Seit 1976 ist er lizenzierter und staatlich zertifizierter Psychologe, wechselte aber erst 1990 zur klinischen Psychologie. Er gründete mehrere kommunale Gesundheitszentren, die bis

Abb. 100: Ernst und Lois Valfer in Berkeley, um 2000.

heute bestehen. In einem dieser Zentren *La Cheim Behavioral Health Services* in Oakland, das er als Direktor leitete, war der heute 96-Jährige noch bis vor zwei Jahren als klinischer Supervisor und Berater tätig. Die dortigen von ihm entwickelten Trauma-orientierten ambulanten Behandlungsangebote für Erwachsene mit ernsthaften psychischen Problemen wurden nach ihm *Valfer Life Renewal Program* benannt. Wie Ernst Valfer betont, ist er froh, dass er seine berufliche Laufbahn mit einer Tätigkeit abschließen konnte, die sich in direkter Weise auf die Verbesserung der Gesundheit und das Wohlbefinden schwerkranker Menschen konzentriert. 1959 hatte Ernst Valfer die gebürtige New Yorkerin Lois Brandwynne kennengelernt, die dann eine internationale Karriere als Konzertpianistin machte und bis heute als Professorin für Musik an der *University of California San Francisco* (UCF) tätig ist. Sie heirateten im Juli 1961 und bekamen zwei Töchter, Rachel und Lilah, die 1974 und 1976 zur Welt kamen.

Ernst und Lois Valfer besuchten Frankfurt am Main mehrmals und folgten auch einer Einladung der Stadt Frankfurt im Jahr 1996. Stolpersteine für die Eltern Frieda und Heinrich Valfer wurden am 4. Juni 2011 in der Schleusenstraße 15 verlegt.

Quellen

Gespräch der Autorin mit Ernst Valfer am 6. September 2019 in Berkeley, CA.

Interview mit Ernst Valfer: The Tauber Holocaust Library oral history archive of the *Jewish Family and Children's Services*, San Francisco (JFCS).

Korrespondenz der Autorin mit Ernst Valfer seit 2016.

Ortmeyer, Benjamin (Hrsg.) (1994): *Berichte gegen Vergessen und Verdrängen von 100 überlebenden jüdischen Schülerinnen und Schülern über die NS-Zeit in Frankfurt am Main.* Witterschlick/Bonn: Wehle.

Telefoninterview der Autorin mit Ernst Valfer am 9. Oktober 2016.
Valfer, Ernst: Interview 28206, VHA.
Valfer, Ernst: Interview 52608, VHA.
Zeitsprung. Kontor für Geschichte: Datenbank Gedenkstätte Neuer Börneplatz, Jüdisches Museum Frankfurt am Main. Texte.

Ernst Siegfried Weinberg (Ernest Walton),
geboren am 14. August 1922 in Frankfurt am Main.

Eltern:
Hirsch Hugo Weinberg (*26. Oktober 1882 in Lichenroth/Birstein)
und Hedwig, geb. Strauß (*26. April 1890 in Herleshausen/Werra-Meißner-Kreis).

Geschwister:
Heinz (Henry) (*7. Mai 1912 in Frankfurt am Main).

Die Eltern hatten 1911 geheiratet. Der Vater war Kaufmann und seit 1906 alleiniger Inhaber der Firma *Weinberg & Co. Öle und Lacke*. 1912 hatte er die *Frankfurter Ölfabrik Löwenstein & Co.* gekauft und beide Firmen als Handel mit Ölen weiterbetrieben. Die Mutter arbeitete in der Firma ihres Mannes mit und hatte Prokura. Die Familie wohnte in der Wolfsgangstraße 34III.

Ernst besuchte von Herbst 1928 bis Herbst 1932 die *Uhlandschule*. Danach wurde er wie sein Bruder Heinz Schüler der *Musterschule*. Wegen des antisemitischen Verhaltens von Lehrern verließ er bereits nach sechs Monaten, im Frühjahr 1933, die Musterschule wieder und wechselte auf den gymnasialen Zweig des *Philanthropin*. Im Frühjahr 1935 emigrierte sein Bruder Heinz, der 1934 an der Frankfurter Universität in Philosophie promoviert hatte, in die USA, um an der *University of Chicago* Chemie zu studieren. Ernst sollte in den USA Jura studieren und Rechtsanwalt werden, was in Deutschland nicht mehr möglich war. Daher beantragten die Eltern für ihn einen Platz bei einer Kinderverschickung. Ernst blieb bis zur Untertertia auf dem *Philanthropin* und konnte Deutschland am 14. Oktober 1936 in einer Kindergruppe von drei Mädchen und zehn Jungen in Hamburg an Bord der *SS President Roosevelt* mit Ziel New York verlassen. Die Gruppe kam am 24. Oktober 1936 in New York an, wo Ernst vermutlich von seinem in New York City lebenden Bruder Heinz begrüßt wurde.

Ernst wurde von der Familie Honoroff in Chicago aufgenommen. Nach einem Grundschuljahr, um die Sprache zu lernen, kam er im Herbst 1937 in die *Hyde Park High School*, die er bis zum 6. Juni 1939 besuchte. Dann konnte er zu seinen Eltern nach New York City ziehen, die vermutlich mit Hilfe des Bruders ihren Söhnen in die USA folgen konnten. Sie hatten sich am 31. März 1939 in Bremen mit der *SS Europa* eingeschifft und waren am 7. April 1939 in New York angekommen. Sie wohnten zunächst bei dem Bruder Heinz, der inzwischen in Chemie promoviert und seinen Namen in Dr. Henry Walton geändert hatte.

Nach Ernsts Abreise hatten die Eltern in Frankfurt eine kleinere Wohnung im ersten Stock der Freiherr-vom-Stein-Str. 56 bezogen und die Firmen von dort aus weitergeführt, bis sie diese Ende 1938, Anfang 1939 abmelden mussten. 1938 hatten die Nazi-Behörden Hugo Weinberg die Reiselegitimationskarte verweigert, was einem Berufsverbot gleichkam.

In New York City ging Ernst auf die renommierte *Stuyvesant High School* in Manhattan, eine reine Jungenschule, für die er eine Aufnahmeprüfung bestanden hatte.

Hier machte er Ende 1940 seinen High School-Abschluss. Danach musste der 18-Jährige aus Rücksicht auf die wirtschaftlich schwierige Lage seiner Eltern für seinen eigenen Unterhalt sorgen. Tagsüber arbeitete er als Büroangestellter und besuchte abends Jura-Kurse am *New York City College*. Am 29. Dezember 1942 wurde er zum Militär eingezogen. Erst nach Kriegsende 1946 wurde er aus dem Militär entlassen und konnte sein Jurastudium fortsetzen. Im Juni 1951 machte er sein juristisches Doktor-Examen an der *University of Chicago*. Nach einem einjährigen Praktikum in einer Anwaltskanzlei erhielt er am 1. Dezember 1952 seine Zulassung als Rechtsanwalt.

In New York City traf er den Rabbiner Dr. Isaak Bick wieder, seinen früheren Lehrer für Religion und Hebräisch am *Philantropin* wieder. Dieser war mit seiner Frau Mira und seiner Tochter Inge 1939 nach England geflüchtet und von dort 1940 über Kanada nach New York City gekommen.

Ernst nahm ebenso wie seine Eltern und sein Bruder den Nachnamen Walton an und änderte seinen Vornamen in Ernest. Er starb im September 1983 in New York City im Alter von 61 Jahren.

Quellen

HHStAW, Abt. 518, Nr. 56286; 56290; 44688; 56292; Abt. 519/3, Nr. 15807.

Ruth Amalia Wellhöfer (verh. Sommer),
geboren 12. Februar 1920 in Frankfurt am Main.

Eltern:
Georg Wellhöfer (*4. Juli 1881 in Retzelfembach/Landkreis Fürth)
und Adelhaid Wellhöfer, geb. Barth (*1. Oktober 1882 in Ottweiler/Saarland).

Die Eltern hatten am 22. Februar 1918 in Frankfurt geheiratet und wohnten seitdem in der Wohnung im vierten Stock der Kronberger Straße 19. Ruth, ihr einziges Kind, wurde im Jüdischen Krankenhaus in der Gagernstraße geboren und war wie die Mutter jüdischer Religion. Der Vater war evangelisch. Er arbeitete als kaufmännischer Angestellter von 1919 bis 1930 bei *Zeiss Union* in der Versandabteilung und von 1931 bis 1938 bei der *Härdtner Milchgesellschaft* in Frankfurt. In der Heiratsurkunde sowie im Adressbuch (1928) ist seine Berufsbezeichnung mit »Packer« angegeben.

Ruth besuchte von 1926 bis 1930 die *Holzhausenschule* und von 1930 bis 1933 die *Elisabethenschule*, die sie 1933 verlassen musste, nachdem dort ein NSDAP-Mann, Alfred Bär, als Direktor eingesetzt wurde. Sie wechselte auf das *Philanthropin* und blieb dort bis zu ihrer Auswanderung in die USA im Februar 1935. Auf beiden Schulen hatte sie eine Freistelle wegen sehr guter Leistungen gehabt. Sie wollte später Chemie studieren.

Am 14. Februar 1935 konnte sich Ruth als eines von drei Mädchen in einer Gruppe von 16 Kindern auf der *SS New York* in Hamburg einschiffen. Die Gruppe kam am 24. Februar 1935 in New York an. Ruth wohnte zuerst bei einer Verwandten ihrer Mutter in Philadelphia, Pennsylvania. Sie besuchte dort die High School und machte im Januar 1938 ihren Abschluss. Danach absolvierte sie einen Handelsschulkursus bei der *Phildelphia School of Office Training*.

Ende August 1938 gelang auch den Eltern die Flucht ins US-amerikanische Exil. Sie trafen am 2. September 1938 in New York ein. Die inzwischen 18-jährige Ruth lebte wieder mit ihren Eltern in Philadelphia, wo diese von 1939 bis 1945 als Dienerehepaar Arbeit fanden. Ruth arbeitete als Büroangestellte. Sie heiratete am 8. März 1942 in Guilford County, North Carolina, den ebenfalls in Frankfurt am Main geborenen Max Sommer (geb. 1911). Mit ihm bekam Ruth fünf Kinder.

Ihr Vater starb am 1. September 1951 in Dayton, Ohio, mit 70 Jahren, die Mutter am 2. September 1971 mit 88 Jahren. Nach 50 Ehejahren wurde sie 1993 Witwe. Ruth Sommer starb am 28. März 2008 im Alter von 88 Jahren.

Quellen

HHStAW, Abt. 518, Nr. 2109; 2111.

Rolf Westerfeld (Ralph Westerfield),
geboren 1922 in Frankfurt am Main.

Gretel Westerfeld (Greta Westerfield, verh. Moses),
geboren am 25. Oktober 1923 in Frankfurt am Main.

Eltern:
Isidor Ernst Westerfeld (*12. September 1881/1884 in Frankfurt am Main) und Lilli, geb. Lehmann (*14. März 1889).

Geschwister:
Hans Ernst (Jean Ernest) Westerfeld (*10. Mai 1913 in Frankfurt am Main).

Die Eltern hatten am 16. September 1910 in Frankfurt am Main geheiratet. Der Vater war Wirtschaftstreuhänder und hatte ab 1926 ein Büro für *Finanzierung, Treuhand, Steuer- und Wirtschaftsberatung* in der Goethestraße 2, ab 1930 in der Schillerstraße 15. Er hatte inzwischen seinen jüdisch klingenden Vornamen »Isidor« mit seinem zweiten Vornamen »Ernst« ausgetauscht. Die Familie war gutsituiert und hatte vor 1933 im Holzhausenviertel eine 5-Zimmer-Wohnung im ersten Stock der Eysseneckstraße 39 sowie zwei Mansarden für die Hausangestellten.

Gretel wurde 1929, ein Jahr nach ihrem Bruder Rolf, in der *Holzhausenschule* eingeschult und besuchte ab Herbst 1933 das Realgymnasium des *Philanthropin*. Hier hatte auch der zehn Jahre ältere Bruder Hans seine Mittlere Reife gemacht.

Die Machtübernahme der Nationalsozialisten hatte das Leben der Familie Westerfeld innerhalb kurzer Zeit völlig verändert: Der älteste Sohn Heinz, der bei der *Allgemeinen Optiker Gesellschaft m. b. H.* in Frankfurt eine Lehre gemacht und dort als Optikergehilfe gearbeitet hatte, wurde am 5. Mai 1933 als »Jude« entlassen und ging nach Frankreich. Der Vater wurde von der Gestapo verfolgt und musste noch 1933 ins Ausland flüchten, zunächst in die Schweiz, dann nach Italien und zuletzt nach Frankreich. Die häufigen Gestapo-Besuche hatten die damals neunjährige Gretel so verängstigt, dass sie sich nicht mehr getraute, zur Schule zu laufen oder auf der Straße zu spielen. Deshalb schickte die Mutter beide Kinder nach dem Umzug der Familie in die Kronberger Straße 20 ab Herbst 1934 in die nahe gelegene *Privatschule von Anni Hamann-Schnapper* im ersten Stock der Telemannstraße 13. Obwohl diese Schule in unmittelbarer Nähe war, musste Gretel jeden Tag gebracht und abgeholt werden.

1935 bekam der zwölfjährige Rolf einen Platz bei einer Kinderverschickung in die USA. Er ging am 12. April 1935 in Bremen in einer Gruppe von sechs Kindern an Bord der *SS Bremen*, die New York am 18. April 1935 erreichte. Erst zwei Jahre später konnte Gretel ihrem Bruder in die USA folgen. Am 29. Dezember 1937 schiffte sie sich mit einer Gruppe von fünf Kindern in Hamburg auf der *SS Washington* nach New York ein. Die Gruppe kam dort am 6. Januar 1938 an. Wenige Monate nach ihrer Ankunft erreichte die Geschwister die Nachricht vom Tod ihres Vaters in Paris. Er war dort infolge der Entbehrungen und schlechten Lebensverhältnisse krank geworden und am 20. Mai 1938 gestorben.

In den USA musste sich Gretel wegen ihrer nachhaltigen Angstzustände zunächst in Pflege begeben. Erst nach monatelanger psychologischer Betreuung und Vorbereitung konnte sie Ende 1938 auch dank der Unterstützung ihrer Pflegefamilie in Saint Louis, Missouri, ihre Schulausbildung wieder aufnehmen. Gretel machte 1942 ihren Abschluss an der *Wydown Junior High School* in Saint Louis. Sie änderte ihren Namen in Greta Westerfield und arbeitete in verschiedenen Jobs, um Geld für das College zu verdienen, unter anderen bei *McDonnell Aircraft* in St. Louis. Dort lernte sie Robert Davis Moses kennen, der dort als Ingenieur arbeitete. Am 22. August 1942 heirateten sie. 1943 absolvierte Greta zwei Semester auf dem *Washington University College for Engineering* in Saint Louis, konnte aber wegen Geldmangels die Tageskurse nicht weiter besuchen. Sie arbeitete zwei Jahre in einem Ingenieurbüro als Aushilfe und besuchte nebenbei die Abendschule der *Washington University*.

Als ihr Mann 1946 aus dem Kriegsdienst entlassen wurde, zog Greta mit ihm nach Philadelphia, Pennsylvania, wo er eine Stelle als Ingenieur gefunden hatte. Dort wurde 1948 das erste ihrer drei Kinder, eine Tochter, geboren. 1950 zog die Familie nach Bloomfield, Connecticut, wo Robert Moses in einem Flugzeugunternehmen eine Führungsposition bekam. Zwei weitere Kinder, ein Sohn und eine Tochter, wurden dort in den 1950er Jahren geboren.

Nach Kriegsende erfuhren Gretel und Rolf, dass ihre Mutter Lilli den Holocaust in Frankreich überlebt hatte. Sie war nach Gretels Abreise nach Mannheim gezogen, wo sie eine Stelle im Haushalt eines Ehepaares angenommen hatte. Dort wurde sie im Oktober 1940 bei der »Wagner-Bürckel-Aktion« zusammen der jüdischen Bevölkerung von Baden und der Saarpfalz nach Vichy-Frankreich deportiert und dort in dem südfranzösischen Lager Gurs interniert. Sie konnte der Deportation nach Auschwitz entgehen und ihren Kindern einige Jahre nach dem Krieg in die USA folgen. Auch sie änderte ihren Nachnamen in Westerfield. Sie starb am 7. Dezember 1982 in West Hartford, Connecticut.

Greta Moses starb am 19. Oktober 1991 in Connecticut kurz vor ihrem 68. Geburtstag.

Quellen

HHStAW, Abt. 518, Nr. 77991; 43977; 55692.

Wilhelm (William/Willi) Wolpert,
geboren am 29. September 1930 in Frankfurt am Main.

Eltern:
Emil Wolpert (*13. März 1895 in Fränkisch-Crumbach)
und Thekla, geb. Spier (*12. September 1897 in Groß-Zimmern).

Geschwister:
Maria Marion (*9. Januar 1934 in Frankfurt am Main).

Der Vater war Soldat im Ersten Weltkrieg. Er war Kaufmann und eröffnete nach dem Krieg in Frankfurt ein Geschäft für Strickmaschinen und Zubehör. Die Eltern hatten am 30. April 1929 in Groß-Zimmern geheiratet und Wilhelm nach dem Bruder des Vaters benannt, der 1918 als Soldat in Frankreich gefallen war. Die Mutter hatte eine Ausbildung als Damenschneiderin. Die Familie wohnte 1936 in der Gwinnerstraße 22I (heute: Mousonstraße), wo sie zwei Haushaltshilfen beschäftigte, 1937 in der Julius-Heymann-Straße 6, in demselben Haus, in dem auch Heinz-Siegfried Gutmann (Harry Gutman) und seine Familie wohnten. Der Vater wurde beim Novemberpogrom verhaftet und vom 13. November bis 10. Dezember 1938 im KZ Dachau inhaftiert.

Nach dem Pogrom konnte der achtjährige Wilhelm mit einer Kinderverschickung nach Belgien gelangen. Dort wurde er von der belgisch-jüdischen Kinderhilfsorganistion CAEJR im Kinderheim *Herbert Speyer* in Anderlecht bei Brüssel untergebracht. Hier lebten etwa 50 Flüchtlingskinder aus Deutschland und Österreich, darunter auch Manfred Tidor. Bei der Besetzung Belgiens durch die Deutschen, am 10. Mai 1940, gehörte Wilhelm zu der Gruppe von rund 100 Kindern, die nach Seyre in den unbesetzten Teil von Südwestfrankreich evakuiert wurden und ab 1941 im Heim der Secours Suisse *Château de la Hille* in Montégut-Planturel bei Toulouse lebten.

Wilhelms Vater Emil gelang am 15. März 1939 die Flucht ins Britische Exil. Am 25. Januar 1941 emigrierte er von England über Kanada in die USA. Von dort bemühte er sich um die Ausreise seiner Frau Thekla und Tochter Maria Marion aus Deutschland sowie um die seines Sohnes Wilhelm aus Frankreich. Am 1. Juni 1942 konnte Wilhelm Wolpert mit drei weiteren Kindern aus *La Hille* Vichy-Frankreich verlassen. Der Elfjährige ging in Marseille am 25. Juni 1942 mit einer Gruppe von 38 Kindern an Bord der *Imerithe II* nach Casablanca, Marokko, und dort an Bord des portugiesischen Schiffes *SS Nyassa*. Am 30. Juli 1942 ging die Gruppe in Lower Canton in Baltimore, Maryland, an Land. Wilhelm Wolpert war mit seinem Vater glücklich wiedervereint und lebte mit ihm in Philadelphia, Pennsylvania.

Ab 1939 arbeitete die Mutter als Näherin in einer Wäschefabrik in der Lange Straße. Die Flucht der 44-Jährigen zusammen mit der siebenjährigen Schwester Maria Marion in die USA scheiterte wahrscheinlich aufgrund der geänderten US-Visumbestimmungen und später wegen des Emigrationsverbots der NS-Behörden. Die Mutter und die Schwester wurden am 11. November 1941 in ihrer Wohnung Thomasiusstraße 11 verhaftet und am Tag darauf in das Ghetto Minsk im besetzten Weißrussland deportiert. Über den

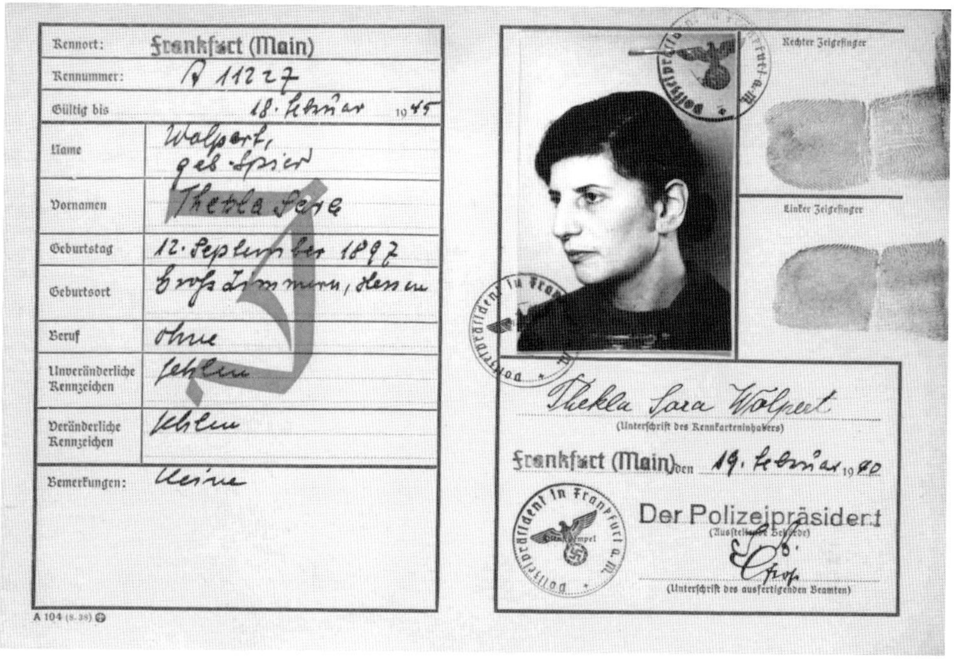
Kennort: Frankfurt (Main)
Kennummer: A 11227
Gültig bis 18. Februar 1945
Name Wolpert, geb. Spier
Vornamen Thekla Sara
Geburtstag 12. September 1897
Geburtsort Groß Zimmern, Hessen
Beruf ohne
Unveränderliche Kennzeichen fehlen
Veränderliche Kennzeichen fehlen
Bemerkungen: keine
A 104 (8.38)
Rechter Zeigefinger
Linker Zeigefinger
Thekla Sara Wolpert
(Unterschrift des Kennkarteninhabers)
Frankfurt (Main), den 19. Februar 1940
Der Polizeipräsident
(Ausstellende Behörde)
(Unterschrift des ausfertigenden Beamten)

Abb. 101: Diskriminierende Kennkarte von Thekla Wolpert.

Zeitpunkt und Ort ihres Todes ist nichts bekannt. Auch die Großeltern Spier wurden Opfer des Holocaust.

Wilhelm Wolpert änderte in den USA seinen Vornamen in William. Sein Vater heiratete im November 1948 in New York in zweiter Ehe eine gebürtige Berlinerin. Er starb am 27. Juli 1986 im Alter von 91 Jahren. William heiratete am 14. August 1963 in Bronx County, New York, und wurde Vater einer Tochter. Am 17. Dezember 1995 ging er in Queens County, New York, eine zweite Ehe ein. William Wolpert starb am 3. Juli 2013 in New York City, New York, im Alter von 82 Jahren.

Quellen

HHStAW, Abt. 467, Nr. 3925; Abt. 676, Nr. 1829; Abt. 518, Nr. 80475; 43274.

Reed, Walter W. (2015): *The Children of La Hille. Eluding Nazi Capture During World War II.* Modern Jewish History. Syracuse, NY: Syracuse UP, S. 59, 76f. u. 188.

USHMM, Lilly Felddegen Papers, Accession Nr. 2005.473, RG-19.066; Series 2. Willi Wolpert File, 1940–1941. In English and French.

Zeitsprung. Kontor für Geschichte: Datenbank Gedenkstätte Neuer Börneplatz, Jüdisches Museum Frankfurt am Main. Texte.

Literatur

Ammerschubert, Silke (2004): Juden in Frankreich – Verfolgung und Rettung 1940–1944. In: Wolfgang Benz u. Juliane Weizel (Hrsg.): *Soldiarität und Hilfe für Juden während der NS-Zeit. Rettungsversuche – Regionalstudien Slowakei, Bulgarien, Serbien, Kroatien mit Bosnien und Herzegowina, Belgien, Italien*. Berlin: Metropol.

Anciens de la Résistance Juive en France (2002): *Organisation juive de combat. Résistance/sauvetage. France 1940–1945*. Paris: Ed. Autrement.

Ankaoua, Frédéric (2019): *Là où m'attend la liberté*. Selbstverlag.

Arbeitsstelle zur Vorbereitung des Frankfurter Lern- und Dokumentationszentrums des Holocaust (Hrsg.) (1996): Martha Wertheimer: In mich ist die große dunkle Ruhe gekommen. Briefe an Siegfried Guggenheim in New York. Geschrieben vom 27.5.1939 bis 2.9.1941 in Frankfurt am Main (Materialien Nr. 8). Frankfurt am Main.

Barnett, Ruth (2012): Therapeutic Aspects of Working Through the Trauma of Kindertransport Experience. In: Andrea Hammel u. Bea Lewkowicz (Hrsg.): *The Kindertransport to Britain 1938/39. New Perspectives*. The Yearbook of the Research Center for German and Austrian Exile Studies, Vol. 13. Amsterdam: Editions Rodopi B. V., S. 157–171.

Barnett, Ruth (2016): *Nationalität: Staatenlos – Die Geschichte der Selbstfindung eines Kindertransportkindes*. Berlin: Metropol.

Bauer, Yehuda (1981). *American Jewry and the Holocaust. The American Jewish Joint Distribution Committee, 1939–1945*. Detroit: Wayne State University Press.

Beck, Waltraud; Frenzel, Josef & Krohn, Helga (1990): *Juden in Höchst*. Die vergessenen Nachbarn. Juden in Frankfurter Vororten. Hrsg. v. Jüdischen Museum Frankfurt am Main.

Becker, Hanna (1999): »...das Leben in die Tiefe kennengelernt«. Martha Wertheimer und ihr Wirken nach der »Kristallnacht«. In: Monica Kingreen (Hrsg.): *»Nach der Kristallnacht.« Jüdisches Leben und antijüdische Politik in Frankfurt am Main 1938–1945*. Schriftenreihe des Fritz-Bauer-Institutes, Bd. 17. Frankfurt a. M.: Campus, S. 187–210.

Becker, Hanna (2018): »Die Boote füllen, soweit wir welche haben.« Martha Wertheimer und die Kindertransporte. In: Angelika Rieber u. Till Lieberz-Gross (Hrsg.): *Rettet wenigstens die Kinder. Kindertransporte aus Frankfurt am Main – Lebenswege von geretteten Kindern*. Frankfurt am Main: Fachhochschulverlag, S. 234–245.

Bergel Ralph: Die Jüdische Wohlfahrtspflege 1933–1939. Geschrieben 1961. In: Kommission zur Erforschung der Geschichte der Frankfurter Juden (Hrsg): *Dokumente zur Geschichte der Frankfurter Juden 1933–1945*. Frankfurt a. M.: Verlag Waldemar Kramer, S. 293–298.

Braumann, J.; Loinger, G. & Watterberg, F. (Hrsg.) (2002): *Organisation juive de Combat. Résistance/Sauvetage. France 1940–1945*. Paris: Autrement.

Bruch, Ingrid (2018): »Home Is Where You Find It – Flucht quer durch Frankreich und Europa«. In: Angelika Rieber & Till Lieberz-Groß (Hrsg.): *Rettet wenigstens die Kinder. Kindertransporte aus Frankfurt/Main – Lebenswege von geretteten Kindern*. Frankfurt a. M.: Fachhochschulverlag, S. 128–135.

Bonavita, Petra (2014) : *Die Quäker als Retter ...im Frankfurt am Main der NS-Zeit*, Stuttgar: Schmetterling.

Calvet, Josep (2014): *Huyendo del Holocausto. Judíos evadidos del nazismo a través del Pirineo de Lleida*. Lleida: Milenio.

Caron, Vicky (1999): *Uneasy asylum – France and the Jewish refugee crisis 1933–1942*. Studies in Jewish History and Culture. Stanford, CA: Stanford UP.

Chotjewitz-Häfner, Renate & Peter Chotjewitz (1988): *Die Juden von Rhina. Die Juden von Rhina – Aus der Chronik eines osthessischen Dorfes*. Oberellenbach: Verlag Geisteswissenschaft Dokumentation (VGD).

Cohen, Beth B. (2018): *Child Survivors of the Holocaust. The Youngest Remnant and the American Experience*. New Brunswick, NJ: Rutgers UP.

Director Knudsen, Jenn (2002): One In a Thousand. Oregon Woman Followed Little-Known Escape Route from Germany to U. S. *The Jewish Review*. Online: https://onethousandchildren.yivo.org/cimages/one_in_a_thousand.pdf [Stand 11. August 2021].

Dreifuss, Werner (2016): *The Epitome of »The American Dream«. Memoirs of Werner Dreifuss*. Selbstverlag.

Eichler, Volker (1999): Das »Judenreferat« der Frankfurter Gestapo. In: Kingreen, Monica (Hrsg.): *»Nach der Kristallnacht.« Jüdisches Leben und antijüdische Politik in Frankfurt am Main 1938–1945*. Schriftenreihe des Fritz-Bauer-Institutes, Bd. 17. Frankfurt a. M.: Campus. S. 211–236.

Fittko, Lisa (1985): *Mein Weg über die Pyrenäen. Erinnerungen 1940/41*. München/Wien: Hanser.

Friedländer, Saul (2007): *Das Dritte Reich und die Juden. Die Jahre der Verfolgung 1933–1939. Die Jahre der Vernichtung 1939–1945*. München: C. H. Beck.

Frieß, Jutta (2007): *Der Frankfurter Reformschulversuch 1930-1937*. Online: https://www.frankfurt1933-1945.de/nc/beitraege/show/1/thematik/schule-und-bildung/artikel/der-frankfurter-reformschulversuch-1930-1937/suche/Reformschule/ [Stand 10. August 2019]. Buch: *Der Frankfurter Reformschulversuch 1921–1937. Verdrängt und vergessen*. Frankfurt a. M.: Brandes & Apsel.

Gemeinde Seeheim-Jugenheim (Hrsg.) (2012): *Geschichtswerkstatt Geschwister Scholl: Opfer des Nationalsozialismus aus Seeheim-Jugenheim*. Eine Dokumentation im Auftrag der Gemeinde Seeheim-Jugenheim. Bensheim. Online: https://arbeitsplattform.bildung.hessen.de/netzwerk/geschichtswerkstatt/ns-opfer/manuskript_seeheim-jugenheim.pdf [1. November 2021].

Göpfert, Rebekka (1999): *Der jüdische Kindertransport von Deutschland nach England 1938/39*. Frankfurt a. M.: Campus.

Gohl, Beate (1997): *Jüdische Wohlfahrtspflege im Nationalsozialismus. Frankfurt am Main 1933–1943*. Frankfurt a. M.: Fachhochschulverlag.

Goldapper, Edith (1940): *Edith Goldapper berichtet über ihre Flucht aus Belgien nach Frankreich im Mai und Juni 1940. Jawohl, es ist der 10. Mai 1940, der Krieg in Belgien*. Online: https://die-quellen-sprechen.de/05-152.html, [Stand 13. November 2019]

Greene, Eric J. (2000): *The Lonliest Boy*. Unveröffentlichtes Manuskript. Durango, Juli 2000. Mit freundlicher Genehmigung des Autors.

Gumpert, Laura (2002): *Humble Heroes. How American Friends Service Committee struggled to save Oswald Kernberg and three hundred other Jewish Children from Nazi Europa*. A Senior Thesis submitted to the Haverford College History Department.

Häsler, Alfred A. (1976): *Die Geschichte der Karola Siegel. Ein Bericht von Alfred A. Häsler in Zusammenarbeit mit Ruth K. Westheimer*. Bern: Benteli.

Hartig, Christine (2015): Grenzen ziehen durch professionelle Hilfe? Transnationale Flüchtlingsarbeit am Beispiel der Immigration unbegleiteter jüdischer Kinder in die USA 1934–1941. *WerkstattGeschichte*, 70.

Hazan, Katy (2009): *Le sauvetage des enfants juifs pendant l'Occupation dans les maisons de l'OSE, 1938–1945*. Paris: Éditions d'art Somogy.

Hazan, Katy & Weill, George (2011): *Andrée Salomon, une femme de lumière*. Fondation pour la Mémoire de la Shoah. Paris: Éditions Le Manuscrit.

Hebauf, Renate (2010): *Gaußstraße 14. Ein »Ghettohaus« in Frankfurt am Main. Die Geschichte eines Hauses und seiner jüdischen Bewohnerinnen und Bewohner zwischen 1912 und 1945.* Hanau: CoCon.

Heim, Susanne (Hrsg.) (2009): *Die Verfolgung und Ermordung der europäischen Juden durch das nationalsozialistische Deutschland 1933–1945. Bd. 2: Deutsches Reich 1938–August 1939.* München: De Gruyter/Oldenbourg.

Heuberger, Rachel & Krohn, Helga (1988): *Hinaus aus dem Ghetto ... Juden in Frankfurt am Main, 1800–1950.* Begleitbuch zur ständigen Ausstellung des Jüdischen Museums der Stadt Frankfurt am Main. Frankfurt a. M.: S. Fischer.

Heymann, Claude (2004): Les Orphelinats juifs du Bas-Rhin 1850–1950. Extrait de *Carrefour d'Histoire Religieuse ERCAL*, Chapitre 19. Online: http://judaisme.sdv.fr/traditio/bienfais/orphelin.htm [Stand 18. Januar 2019].

Hirsch, Asher A. (2010): *May My Family Be Ever Perfect in Your Eyes*. Tsfat, Israel.

Hirsch, Benjamin (2006): *Home Is Where You Find It. A Memoir*. Atlanta: Selbstverlag.

Hobson Faure, Laura (2017): European Expectations, American Realities: The Emigration of Jewish Children from Occupied France to the United States 1941–42. In: Martine Gross, Sophie Nizard & Yann Scioldo-Zürcher (Hrsg.): *Gender, Families and Transmission in Contemporary Jewish Context*. Newcastle upon Tyne, UK: Cambridge Scholars Publishing, S. 143–157.

Hobson Faure, Laura (2019): *A Gendered Reception? Negotiating Refuge for Central European Jewish children in France, 1938–39.* Vortrag vom 21. März 2019 im Centre Les Recollets, Paris im Rahmen der Tagung »Negotiating asylum and accomodation. Migrants, refugees and host societies« des Deutschen Historischen Institut Paris vom 20. bis 22. März 2019, S. 6ff.

Hofreiter, Gerda (2010): *Allein in der Fremde. Kindertransporte von Österreich nach Frankreich, Großbritannien und in die USA 1938–1941*. Innsbruck/Wien/Bozen: StudienVerlag.

Jason, Philip K. & Posner, Iris (Hrsg.) (2004): *Don't Wave Good Bye: The Children's Flight From Nazi Persecution to American Freedom*. Westport, CT/London: Praeger.

Kanner, Amalia & Rosenzweig Kugler, Eve (1997): *Shattered Crystals*. Lakewood, NJ: C.I.S. Publishers.

Kommission zur Erforschung der Geschichte der Frankfurter Juden (Hrsg) (1963): *Dokumente zur Geschichte der Frankfurter Juden 1933–1945*. Frankfurt a. M.: Verlag Waldemar Kramer.

Kingreen, Monica (Hrsg.) (1999): *»Nach der Kristallnacht.« Jüdisches Leben und antijüdische Politik in Frankfurt am Main 1938–1945*. Schriftenreihe des Fritz-Bauer-Institutes, Bd. 17. Frankfurt a. M.: Campus.

Klarsfeld, Serge (1996): *French Children of the Holocaust. A Memorial*. New York, NY: New York UP.

Klarsfeld, Serge (20047): *Vichy – Auschwitz Die Zusammenarbeit der deutschen und französischen Behörden bei der »Endlösung der Judenfrage« in Frankreich*. Darmstadt: Wissenschaftliche Buchgesellschaft (WBG).

Krohn, Helga; Lenger, Christine & von Soden, Kristine (Hrsg.) (1995): *Vor den Nazis gerettet. Eine Hilfsaktion für Frankfurter Kinder 1939/40*. Schriftenreihe des Jüdischen Museums Frankfurt am Main, Bd. 3. Sigmaringen/Frankfurt a. M.: Thorbecke.

Krohn, Helga (1999): »Holt sie raus, bevor es zu spät ist!« Hilfsaktionen zur Rettung jüdischer Kinder zwischen 1938 und 1940. In: Monica Kingreen (Hrsg.): *»Nach der Kristallnacht.« Jüdisches Leben und antijüdische Politik in Frankfurt am Main 1938–1945*. Schriftenreihe des Fritz-Bauer-Institutes, Bd. 17. Frankfurt a. M.: Campus, S. 91–118.

Lazare, Lucien (1996): *Rescue as résistance: How Jewish organizations fought the Holocaust in France*. New York, NY: Columbia UP 1996.

Lustiger, Arno (2011): *Rettungswiderstand. Über die Judenretter in Europa während der NS-Zeit*. Göttingen: Wallstein.

Maier, Lilly (2018): *Arthur und Lilly. Das Mädchen und der Holocaust-Überlebende. Zwei Leben – Eine Geschichte*. München: Heyne.

Maier, Lilly (2021): *Auf Wiedersehen, Kinder! Ernst Papanek. Revolutionär, Reformpädagoge und Retter jüdischer Kinder*. Wien: Molden.

Maier, Max Hermann (1963): Auswanderungsberatung in Frankfurt/M 1936–1938. In: Kommission zur Erforschung der Geschichte der Frankfurter Juden (Hrsg): *Dokumente zur Geschichte der Frankfurter Juden 1933–1945*. Frankfurt a. M.: Verlag Waldemar Kramer, S. 382–398.

Maierhof, Gudrun (2004a): »Es ist hier mit einem Wort gesagt: Wonderful.« Die Geschichte von Ruth Calmon und die Abteilung Kinderauswanderung. In: Gudrun Maierhof, Chana Schütz, Chana & Hermann Simon (Hrsg.): *Aus Kindern wurden Briefe. Die Rettung jüdischer Kinder aus Nazi-Deutschland*. Berlin: Textpunkt, S. 203–223.

Maierhof, Gudrun (2004b): »Wir hatten gehofft, mehr Kinder zu retten!« Die Abteilung Kinderauswanderung in der Reichsvertretung der Juden in Deutschland 1934 bis 1941. In: Inge Hansen-Schaberg (Hrsg.): *Als Kind verfolgt. Anne Frank und die Anderen*. Berlin: Weidler, S. 53–63.

Maierhof, Gudrun; Schütz, Chana & Simon, Hermann (Hrsg.) (2004): *Aus Kindern wurden Briefe. Die Rettung jüdischer Kinder aus Nazi-Deutschland*. Berlin: Textpunkt.

Maier-Hussing, Brigitte (1997): Jüdisches Leben in Nastätten und Miehlen in der Zeit von 1933–1945. *Sachor. Beiträge zur jüdischen Geschichte und Gedenkstättenarbeit in Rheinland-Pfalz*, 13(1), S. 19–23.

Marrus, Michael R. & Paxton, Robert O. (1981): *Vichy France and the Jews*. New York, NY: Basic Books.

Mayer, Frederick (1984): *Wahnsinn Amerika. Von einem, der auszog, die Freiheit zu finden*. Dortmund: Weltkreis.

Mayer, Frederick (2011): *Umdenken. Betrachtungen über Gesellschaft und Selbsterkenntnis*. Wien: Böhlau, 2. Aufl.

Müller, Hanno (2016): *Juden in Schotten 1629–1945 und Einartshausen 1800–1942*. Hrsg. v. Ernst-Ludwig-Chambré-Stiftung zu Lich. Unter Mitarbeit v. Monica Kingreen u. Frank Eckardt. Archiv für hessische Geschichte und Altertumskunde, 75. Lich.

Ortmeyer, Benjamin (Hrsg.) (1994): *Berichte gegen Vergessen und Verdrängen von 100 überlebenden jüdischen Schülerinnen und Schülern über die NS-Zeit in Frankfurt am Main*. Witterschlick/Bonn: Wehle.

Papanek, Ernst mit Linn, Edward (1975): *Out Of The Fire*. New York, NY 1975. Dt. Ausgabe: Papanek, Ernst: (1980): *Die Kinder von Montmorency*. Wien: Europaverlag.

Plas, P. & Kiener, M.-C. (2006): *Enfances Juives. Limousin-Dordogne-Berry Terres de Refüges. 1939–1945*. Lucien Souny.

Posner, Iris (2013): Rede vom 27. Oktober 2013 beim YIVO Institute for Jewish Research, New York City, NY. Online: https://onethousandchildren.yivo.org/2013-Reunion [Stand am 10. März 2021].

Prior, Anne (2015): *»Geben Sie diese Kinder nicht auf!« Kindertransport nach Belgien und die Schicksale der Bewohner des Israelitischen Waisenhauses Dinslaken 1938–1945*. Essen: Klartext.

Reed, Walter W. (2015): *The Children of La Hille. Eluding Nazi Capture During World War II*. Modern Jewish History. Syracuse, NY: Syracuse UP.

Richards, Steven L. (2014): *Sitting on top of the World*. Selbstverlag.

Rieber, Angelika (2018): *»Ihr müsst die Kinder aus Deutschland holen.« Manfred und Herbert Rosenthal*. In: Angelika Rieber & Till Lieberz-Groß (Hrsg.): *Rettet wenigstens die Kinder. Kindertransporte aus Frankfurt/Main – Lebenswege von geretteten Kindern*. Frankfurt a. M.: Fachhochschulverlag, S. 162–175.

Rieber, Angelika & Laeuen, Eberhard (2015): *»Haltet mich in gutem Gedenken«. Erinnerung an Oberurseler Opfer des Nationalsozialismus*. Oberursel: Spurensuche, S. 34 und 35.

Rieber, Angelika & Lieberz-Groß, Till (Hrsg.) (2018): *Rettet wenigstens die Kinder. Kindertransporte aus Frankfurt/Main – Lebenswege von geretteten Kindern*. Frankfurt a. M.: Fachhochschulverlag.

Ritscher, Berta (1998): *Geschichte der Vilbeler Juden – Von der Integration zur Deportation*. Hrsg. v. Bad Vilbeler Verein für Geschichte und Heimatpflege e. V. im Auftrag des Magistrats der Stadt Bad Vilbel unter Mitarbeit der Jüdischen Gemeinde Bad Vilbel e. V. Bad Vilbeler Heimatblätter. Heimatkundliche Mitteilungen, Heft 45.

Ritter, Thorwald; Haas, Hildegard & Fichter, Dietrich (2019): *Stolpersteine in Seligenstadt, Rundgang zu Wohnhäusern, Synagogenplatz und jüdischem Friedhof*, Frankfurt a. M.: Brandes & Apsel, S. 89.

Saks, Judith A. (1987): Rosenfeld Recalls Two Years at Waisenhaus. *Nashville Observer*, October, 2nd.

Schulze, Katharina (2009): *»Und trotzdem bin ich froh, Du bist nicht hier.« Die Transporte jüdischer und »nichtarisch«-christlicher Kinder in die Vereinigten Staaten von Amerika*. Marburg: Tectum.

Schuster, Henry D. (2011): *Von Sterbfritz nach Las Vegas*. Hanau: CoCon.

Sonnert, Gerhard & Holton, Gerald (2008): *Was geschah mit den Kindern? Erfolg und Trauma junger Flüchtlinge, die von den Nationalsozialisten vertrieben wurden*. Berlin: LIT Verlag.

Steen, Jürgen & von Wolzogen, Wolf (1990): *Anne aus Frankfurt – Leben und Lebenswelt Anne Franks*. Frankfurt a. M.: Historisches Museum Frankfurt, Ausstellungskatalog.

Stock, Ernest (Hrsg.) (2004): *Jugend auf der Flucht. Die Tagebücher von Ernst und Julie Stock*. Berlin: Metropol.

Stock, Ernest (2014): *Tri-Continental Jew. A 20th Century Journey*. Charleston.

Strigl, Alice (Hrsg.) (2008): *Frederick Mayer – zum Gedenken. Schöpferische Expansion. Können wir kreativer, sensibler, wacher werden?* Wien: Böhlau.

Strobl, Ingrid (1998): *Die Angst kam erst danach. Jüdische Frauen im Widerstand 1939–1945*, Frankfurt a. M.: Fischer.

Sutro, Nettie (1952): *Jugend auf der Flucht 1933–1948*. Zürich: Europaverlag.

Tidor Maas, Camilla & Cudzillo, Sarah (2001): For the next generation: Uprooted during the Holocaust In: Jason, Philip K. & Posner, Iris (Hrsg.) (2004): *Don't Wave Good Bye: The Children's Flight From Nazi Persecution to American Freedom*. Westport, CT/London: Praeger, S. 93–96.

Tydor Baumel, Judith (1990): *Unfulfilled Promise. Rescue and Resettlement of Jewish Refugee Children in the United States 1934–1945*. Juneau, AK: Denali Press 1990.

Vorndran, Hans-Georg & Ziegler, Jürgen (1989): *Juden in Groß-Gerau. Eine lokale Spurensuche*. Schriftenreihe des Evangelischen Arbeitskreises Kirche und Israel in Hessen und Nassau, 5. Groß-Gerau.

Walter, Hans-Albert (1984): *Deutsche Exil-Literatur 1933–1950*. Bd. 2. Stuttgart: Metzler.

Wassermann Schwarz, Lea (1982): About our Family, For Our Family. In: Jason, Philip K. & Posner, Iris (Hrsg.) (2004): *Don't Wave Good Bye: The Children's Flight From Nazi Persecution to American Freedom*. Westport, CT/London: Praeger. S. 84–93.

Wyman, David S. (1984): *The Abandonment of the Jews. America and the Holocaust 1941–1945.* New York, NY: Pantheon Books.

Zeitoun, Sabine (2011): Accueil des enfants juifs étrangers en France et leur sort sous l'Occupation. *Documents pour l'histoire du français langue étrangère ou seconde* [En ligne], 46, mis en ligne le 25 septembre 2012, consulté le 02 mai 2019. Online: http://journals.openedition.org/dhfles/2108 [Stand 12. August 2021].

Zucha, Rudolf O. (2021): Frederick Mayer – In memoriam zum 100. Geburtstag. *Internationale Zeitschrift für Sozialpsychologie und Gruppendynamik in Wirtschaft und Gesellschaft*, 142(46), S. 36–39.

Zucker, Bat-Ami (2004): Frances Perkins und die amerikanische Flüchtlingspolitik 1933 bis 1940. In: Gudrun Maierhof, Chana Schütz, Chana & Hermann Simon (Hrsg.): *Aus Kindern wurden Briefe. Die Rettung jüdischer Kinder aus Nazi-Deutschland.* Berlin: Textpunkt, S. 203–223.

Zucker, Bat-Ami (2008): *Cecilia Razovsky and the American-Jewish Women's Rescue Operation in the Second World War*. London/Portland, OR: Vallentine Mitchell.

Quellen

Eigene Interviews mit Zeitzeugen und Nachkommen

Eric Greene (Erich Grünebaum)	15. September 2019 in Durango, CO, USA
Elfriede Schloss (geb. Meyer)	5. Januar 2016 (telefonisch)
Ernst Valfer	9. Oktober 2016 (telefonisch)
	6. September 2019 in Berkeley, CA, USA
Richard Torban (Sohn von Renee Torban, geb. Rosenstein)	24. Juni 2017 in Frankfurt am Main

Korrespondenzen mit Zeitzeugen und Nachkommen

Lisa Berger (Tochter von Edith Sarett, geb. Feiner)	Juni/Juli 2021
Miriam Botzer (Tochter von Asher Hirsch)	Oktober 2021
Miriam Davis (Tochter von Ann Davis, geb. Anneliese Grünebaum)	Juni 2018, September 2021
Werner Dreifuss (Dreyfuß)	Dezember 2020
Bob Feiner (Sohn von Max Feiner)	Juli 2021
Eric Greene (Erich Grünebaum)	Januar 2017 – Dezember 2019
Jason Gutman (Sohn von Harry Gutman)	Juni 2009 – Dezember 2020
Linda Hilson (Tochter von Eva Haber, geb. Fränkel)	März 2021
Benjamin (Ben) Hirsch	Juli – November 2016
Fred Manasse (Manfred Manasse)	Mai 2016
Doris Melnick (Nichte von Lotte Magnus, geb. Goldschmidt)	September 2016 – Juni 2018
Colette van der Meulen (Schwiegertochter von Lilli Bythiner, geb. Fränkel)	März 2021
Ronald Mossler (Sohn von Edward Mossler/Egon Auerhan)	Mai 2021 – August 2021
David Rosenfeld (Sohn von Erich/Eric Rosenfeld)	November 2016 – Februar 2017
Reuven Sarett (Sohn von Edith Sarett, geb. Feiner)	Juni/Juli 2021
Ernest Stock	November/Dezember 2018
Ernst S. Valfer	September 2016 – 2021
Rudolf O. Zucha (Freund von Frederick Mayer)	März – August 2021

Interviews des Visual History Archive (VHA) der USC Shoah Foundation

Feiner, Max:	Interview 25307
Hahn, Gerd:	Interview 23703
Hirsch, Asher (Anselm):	Interview 16743
Hirsch, Ben (Benjamin):	Interview 12431
Hirsch, Jack (Jakob):	Interview 14215
Magnus, Lotte (geb. Goldschmidt):	Interview 49094
Manasse, Fred (Manfred):	Interview 37818
Mossler, Edward (Egon Auerhan):	Interview 35767
Rosenberg, Fred (Fritz):	Interview 43530
Rosenfeld, Eric (Erich):	Interview 20961
Rosenthal, Manfred:	Interview 37219
Schloss, Elfriede (geb. Meyer):	Interview 10907
Schuster, Henry (Heinz):	Interview 10065
Singer, Margaret:	Interview 48213
Strauss, Fred (Fritz Strauß):	Interview 21926
Strauss, Sigrid:	Interview 22002
Sussman, Annette (Hannelore Berney):	Interview 20217
Valfer, Ernst:	Interview 28206 , 52608

Archive und Datenbanken

Alemannia Judaica – Arbeitsgemeinschaft für die Erforschung der Geschichte der Juden im süddeutschen und angrenzenden Raum
http://www.alemannia-judaica.de

American Jewish Joint Distribution Committee (JDC) Archives, New York, NY
https://archives.jdc.org

Ancestry, Online Genealogie, Stammbäume
https://www.ancestry.de/family-tree

Archinsys Hessen – Archivinformationssystem des Hessischen Landesarchivs
https://arcinsys.hessen.de/arcinsys/start

Archives départementales de l'Ariège
http://archives.ariege.fr

Archives départementales du Bas-Rhin, Straßburg
http://archives.bas-rhin.fr

Bundesarchiv Datenbank Volkszählung 1939

Bundesarchiv, Online-Gedenkbuch
http://www.bundesarchiv.de

Central Archives for the History of the Jewish People (CAHJP), Jerusalem
http://cahjp.nli.org.il

Center for Jewish History, New York, NY
https://www.cjh.org

German Jewish Children's Aid Records
https://archives.cjh.org/

Hessisches Hauptstaatsarchiv Wiesbaden (HHStAW)
https://landesarchiv.hessen.de/hessisches-hauptstaatsarchiv-wiesbaden

Hessisches Staatsarchiv Darmstadt (HStAD)
https://landesarchiv.hessen.de/hessisches-staatsarchiv-darmstadt

Institut für Stadtgeschichte Frankfurt am Main (ISG)
https://www.stadtgeschichte-ffm.de/

Internetarchive
https://archive.org

ITS, International Tracing Service Arolsen; Arolsen Archives. International Center on Nazi Persecution
https://arolsen-archives.org/

Joods Monument. Digitales Mahnmal der jüdischen Gemeinschaft in den Niederlanden
https://www.joodsmonument.nl/

Judaisme d'Alsace et de Lorraine
http://judaisme.sdv.fr

Jüdisches Museum Frankfurt am Main – Dokumente und Fotografien
http://juedischesmuseum.de/sammlung/dokumente-fotografien/

Lagis – Landesgeschichtliches Informationssystem Hessen
http://www.lagis-hessen.de

Leo Baeck Institut New York/Berlin
https://www.lbi.org

Mémorial de la Shoah – Musée et Centre de documentation, Paris
http://www.memorialdelashoah.org/

The Nashville Holocaust Memorial
http://nashvilleholocaustmemorial.org

Oregon Jewish Museum and Center for Holocaust Education (OJMCHE)
https://www.ojmche.org

Rochester Holocaust Survivor's Archive
http://rochesterholocaustsurvivors.org

Schweizerisches Bundesarchiv
https://www.bar.admin.ch/bar/de/home.html

Statistik des Holocaust
http://www.statistik-des-holocaust.de

The Statue of Liberty – Ellis Island Foundation, Inc.
https://heritage.statueofliberty.org

Social Security Death Index
https://www.fold3.com//title/830/social-security-death-index

The Tauber Holocaust Library oral history archive of the Jewish Family and Children's Services, San Francisco (JFCS) – JFCS oral history archive; Library & Archives
https://holocaustcenter.jfcs.org/library-archives/

United States Holocaust Memorial Museum (USHMM), Washington, D.C.
https://www.ushmm.org

University of Nevada, Las Vegas, Library (UNLV), Digital Collections – Southern Nevada Jewish Heritage Project
http://digital.library.unlv.edu/jewishheritage

Wiener Library for the Study of the Nazi Era and the Holocaust, Tel Aviv – Sourasky Central Library Tel Aviv University
https://en-cenlib.tau.ac.il/Wiener/online_wiener_archive

Yad Vashem, The World Holocaust Remembrence Center, Jerusalem
https://www.yadvashem.org

YIVO Institute for Jewish Research, New York
https:www.yivo.org

Zentralarchiv zur Erforschung der Geschichte der Juden in Deutschland
https://zentralarchiv-juden.de

Zeitsprung. Kontor für Geschichte: Datenbank Gedenkstätte Neuer Börneplatz, Jüdisches Museum Frankfurt am Main.
http://www.zeitsprung-online.de/info/recherchen/boerneplatz.html

Gedruckte Quellen

Bibliothèque national de France:
Tribune Juive
http://www.gallica.bnf.fr

Frankfurter Universitätsbibliothek:
Adressbücher der Stadt Frankfurt 1868 bis 1943
https://sammlungen.ub.uni-frankfurt.de/periodika/nav/classification/8688176

Compact Memory
http://sammlungen.ub.uni-frankfurt.de/cm/nav/index/title/

Leo Baeck Institute New York:
Jüdisches Nachrichtenblatt, Ausgabe Berlin (23. November 1938 bis 4. Juni 1943)
https://www.archive.org/details/juedischesnachberlin

Periodika

Aufbau (digitalisierte Ausgaben 1934–2004)
https://archive.org/details/aufbau

Gemeindeblatt der Israelitischen Gemeinde Frankfurt am Main

Der Israelit. Ein Centralorgan für das orthodoxe Judentum

Links

Château de Montintin durant la Seconde Guerre mondiale (WWII).
http://www.ajpn.org/sauvetage-Chateau-de-Montintin-19.html

Die Quellen sprechen. Dokumente. Diskurs. Zeitzeugen
https://die-quellen-sprechen.de/

Freunde Sprendlingens
http://www.freunde-sprendlingens.de/sprendlinger-juden.

Gedenkbuch für das Heim des Jüdischen Frauenbundes in Neu-Isenburg (1907–1942).
http://gedenkbuch.neu-isenburg.de

Geschichtswerkstatt Geschwister Scholl Bensheim
https://arbeitsplattform.bildung.hessen.de/netzwerk/geschichtswerkstatt/index.html

Jewish Women's Archive
https://jwa.org/

Juden in Groß-Gerau. Eine lokale Spurensuche
http://www.erinnerung.org

Mauthausen Memorial – KZ-Gedenkstätte
www.mauthausen-memorial.org

One Tousand Children
https://onethousandchildren.yivo.org/

Projekt Jüdisches Leben in Frankfurt am Main
http://www.juedisches-leben-frankfurt.de/de/home/kindertransporte.html

Bildnachweis

Abb. 1:	© Jason Gutman
Abb. 2–3:	© Hendrik Hebauf
Abb. 4–5:	© Eric Greene
Abb. 6–7:	© USHMM, Fred Strauss Papers, Accession Nr. 2015.533.3, Gift of Sigrid Jean Ansbacher Strauss.
Abb. 8:	© Doris Melnick
Abb. 9–10:	© Ronald Mossler
Abb. 11:	© Hessisches Hauptstaatsarchiv Wiesbaden (HHStAW), Abt. 518, Nr. 19417
Abb. 12:	© Miriam Davis
Abb. 13:	© YIVO, RG-249, GJCA, case file of Eva Fränkel.
Abb. 14:	© YIVO, RG-249, GJCA, case file of Martin Buxbaum.
Abb. 15:	© USHMM, Desig #523.659; W/S #59997; Museum Photo Archives CD # 0483
Abb. 16:	© Institut für Stadtgeschichte Frankfurt am Main, S7Z1938/140106
Abb. 17:	© Abraham Goldfinger
Abb. 18:	© Yad Vashem, Hall of Names, Page of Testimony for »Rosa Marx, nee Schwab« Item ID 14179289
Abb. 19:	© Cilly Peiser
Abb. 20:	© USHMM, Fred Strauss Papers, Accession Nr. 2015.533.3 Gift of Sigrid Jean Ansbacher Strauss
Abb. 21:	© USHMM, Collections: 2004.52.1; Provenance(s): 1. Walter Reed
Abb. 22–23:	© USHMM, Fred Manasse Collection, Accession Nr. 2007.116.1 Gift of Fred Manasse
Abb. 24:	© Ernest Stock
Abb. 25:	© Jaqueline Hirsch, Atlanta.
Abb. 26–27:	© Eric Greene
Abb. 28:	© USHMM, Elfriede Schloss Papers, Accession Nr. 1995.A.0368.1 Gift of Elfriede Schloss
Abb. 29:	© Ernst Valfer
Abb. 30:	© USHMM, Fred Strauss Papers, Accession Nr. 2015.533.3 Gift of Sigrid Jean Ansbacher Strauss
Abb. 31:	© Anita Schuster
Abb. 32–33:	© Eric Greene
Abb. 34–37:	© USHMM, Fred Strauss Papers, Accession Nr. 2015.533.3 Gift of Sigrid Jean Ansbacher Strauss
Abb. 38:	© Benjamin Hirsch
Abb. 39–40:	© Elfriede Schloss
Abb. 41:	© USHMM, neg. 09682; Provenance(s): 1. Vivette Herman Samuel
Abb. 42:	© Geschichtsverein Fechenheim
Abb. 43:	© Lisa Berger
Abb. 44:	© Bob Feiner
Abb. 45:	© Richard Torban
Abb. 46:	© Geschichtsverein Frankfurt-Höchst

Abb. 47: © Ronald Mossler
Abb. 48: © Reuven Sarett
Abb. 49–50: © USHMM, Lilly Felddegen Papers, Accession Nr. 2005.473, RG-19.066
Abb. 51: © USHMM, Provenance(s): 1. Daniel (Heilbronner) Barnea; neg. 12326
Abb. 52–53: © USHMM, Fred Strauss Papers, Accession Nr. 2015.533.3
Gift of Sigrid Jean Ansbacher Strauss
Abb. 54: © USHMM, Elfriede Schloss Papers, Accession Nr. 1995.A.0368.1
Gift of Elfriede Schloss.
Abb. 55: © USHMM, Fred Strauss Papers, Accession Nr. 2015.533.3
Gift of Sigrid Jean Ansbacher Strauss
Abb. 56: © Ernst Valfer
Abb. 57: © USHMM, Fred Strauss Papers, Accession Nr. 2015.533.3
Gift of Sigrid Jean Ansbacher Strauss
Abb. 58: © Eric Greene
Abb. 59: © HHStAW 518 Nr. 7285
Abb. 60: © Copyright, 1941, by the newspaper PM, Inc.; Photo Leo Lieb;
Aufbau-Archiv der Jüdischen Medien AG Zürich
Abb. 61: © USHMM, Lilly Felddegen Papers, Accession Nr. 2005.473, RG-19.066
Abb. 62–64: © USHMM, Fred Manasse Collection, Accession Nr. 2007.116.1
Gift of Fred Manasse
Abb. 65: © Doris Melnick
Abb. 66–67: © USHMM, Fred Strauss Papers, Accession Nr. 2015.533.3
Gift of Sigrid Jean Ansbacher Strauss
Abb. 68: © Ernst Valfer
Abb. 69: © University Libraries (UNLV) Special Collections, MS-00580,
Henry and Anita Schuster Papers, Box 4.
Abb. 70: © Miriam Botzer
Abb. 71: © Doris Melnick
Abb. 72: © Eric Greene
Abb. 73: © Ernst Valfer
Abb. 74: © USHMM, Ansbacher Family Papers, Accession Nr. 2015.534.2;
Provenance: Sigrid (Jean) Ansbacher Strauss
Abb. 75: © Ronald Mossler
Abb. 76: © USHMM, Fred Strauss Papers, Accession Nr. 2015.533.3
Gift of Sigrid Jean Ansbacher Strauss
Abb. 77: © Zentralarchiv zur Erforschung der Geschichte der Juden in Deutschland:
Bestände: Personenstandsregister: Archivaliensammlung Frankfurt:
Abteilung IV: Kennkarten, Mainz 1939 an der Universität Heidelberg
Abb. 78–79: © Lore Schwarz
Abb. 80–82: © Lisa Berger/Reuven Sarett
Abb. 83: © Bob Feiner
Abb. 84: © Lisa Berger/Reuven Sarett
Abb. 85: © Colette van der Meulen
Abb. 86: © Doris Melnick
Abb. 87: © Jeffrey Greene
Abb. 88: © Jason Gutman

Abb. 89: © Geschichtsverein Fechenheim
Abb. 90: © Sammlung Pfr. Volker Mahnkopp, Frankfurt
Abb. 91: © Miriam Botzer
Abb. 92–93: © Yad Vashem, Hall of Names, Pages of Testimony for »Julius Kaufmann und Rosa Kaufmann«.
Abb. 94: © USHMM, Fred Manasse Collection, Accession Nr. 2007.116.1 Gift of Fred Manasse
Abb. 95: © Böhlau Verlag Wien
Abb. 96–98: © Yad Vashem, Hall of Names; Testimonies for Isidor Rosenstein, Item ID 14242120, Susanne Kahn, nee Rosenstein Item ID 14141004, Therese Rosenstein, nee. Fauerbach, Item ID 14254344
Abb. 99–100: © Ernst Valfer
Abb. 101: © Zentralarchiv zur Erforschung der Geschichte der Juden in Deutschland: Bestände: Personenstandsregister: Archivaliensammlung Frankfurt: Abteilung IV: Kennkarten, Mainz 1939 an der Universität Heidelberg

Dank

Mein herzlicher Dank gilt vor allem den ehemaligen Kinderflüchtlingen, die ihre Erinnerungen mit mir geteilt und mir wertvolle persönliche Dokumente und Fotografien zugänglich gemacht haben: Werner Dreifuss, Eric Greene (verst. 2020), Harry Gutman, Benjamin Hirsch (verst. 2018), Fred Manasse, Elfriede (geb. Meyer) Schloss, Ernest Stock und Ernst Valfer.

Es freut mich, dass auch zahlreiche Angehörige meine Recherchen durch die Überlassung von Briefen, Tagebüchern, Fotos sowie durch eigene Erinnerungen unterstützt haben und mit mir in einen persönlichen Austausch getreten sind: Dafür bedanke ich mich sehr herzlich bei Lisa Berger, Miriam Botzer, Miriam Davis, Bob Feiner, Jeffrey Greene, Linda Hilson, Ronald Magnus, Doris Melnick, Colette van der Meulen, Ronald Mossler, Susan Oxman, David Rosenfeld, Reuven Sarett, Anita Schuster, Alice Strigl, Richard Torban und Rudolf O. Zucha.

Danken möchte ich insbesondere den Institutionen, mit deren finanziellen Zuwendungen dieses Buchprojekt realisiert werden konnte, der *Chaja Stifung* in Frankfurt am Main, der *Stiftung CITOYEN*, dem *Kulturamt der Stadt Frankfurt am Main* sowie der *Ernst-Ludwig-Chambré-Stiftung* zu Lich.

Wichtige Hinweise und Material aus ihren Forschungen verdanke ich Waltraud Beck-Stromberger, Petra Bonavita, Laura Hobson Faure, Klaus Knoche, Helga Krohn, Pfr. Volker Mahnkopp, Iris Posner, Thorwald Ritter, Lore Schwarz und Michael Ströder. Herzlichen Dank dafür.

Für ihre Unterstützung danke ich auch Hermann Altpass vom *Geschichtsverein Fechenheim*, Gunnar Berg vom *YIVO Institute for Jewish Research*, Ron Coleman vom *United States Holocaust Memorial Museum*, Ernst Gottschalk von der *AG Gedenken Brachttal*, Peter Haberkorn und Jochen Lehnhardt vom *Hessischen Hauptstaatsarchiv Wiesbaden*, Sigrid Kämpfer vom *Institut für Stadtgeschichte*, Peter Lotz von der *Geschichtswerkstatt Geschwister Scholl Seeheim-Jugenheim*, Gail und David Lupton von der *Stolpersteine Interessensgemeinschaft Gelnhausen*, Valentino Massoglio vom *Jüdischen Museum Frankfurt am Main* sowie Gerlinde Pohl.

Für die Vermittlung von Kontakten bedanke ich mich bei Ute Daub, Edith Haase, Monica Kingreen (verst. 2017), Gisela und Harko Makatsch und Hartmut Schmidt von der *Initiative Stolpersteine Frankfurt am Main e. V.*

Sehr dankbar bin ich auch Petra Bonavita und Elke Schüller für das arbeitsintensive Lektorat und Korrekturlesen und ihre wertvollen Anregungen.